# LANGENSCHEIDTS UNIVERSAL-WÖRTERBUCH

# SPANISCH

SPANISCH-DEUTSCH
DEUTSCH-SPANISCH

LANGENS
BERLIN · MÜ
ZÜRICH · N

# Inhaltsverzeichnis
*Índice*

| | |
|---|---|
| Vorbemerkungen . . . . . . . . . . . . . . . . . . . | 3 |
| Abkürzungen — *Abreviaturas* . . . . . . . . . . . . . | 3 |
| Die Aussprache des Spanischen . . . . . . . . . . | 5 |
| Erklärung der Aussprachebezeichnung . . . . . | 7 |
| Spanisch-deutsches Wörterverzeichnis — *Vocabulario español-alemán* . . . . . . . . . . . . . | 9 |
| Geographische Namen spanisch-deutsch — *Nombres propios geográficos español-alemán* . | 223 |
| Deutsch-spanisches Wörterverzeichnis — *Vocabulario alemán-español* . . . . . . . . . . . . . | 233 |
| Geographische Namen deutsch-spanisch — *Nombres propios geográficos alemán-español* . | 464 |
| Spanische Abkürzungen — *Abreviaturas españolas* . . . . . . . . . . . . . . . . . . . . . . . . . . . . | 473 |
| Speisenkarte — *Lista de platos* . . . . . . . . . . . | 475 |
| Zahlwörter — *Numerales* . . . . . . . . . . . . . . . | 479 |

*lage:* 19. 18. 17. 16. 15. | Letzte Zahlen
1997 96 95 94 93 | maßgeblich

0, 1966, 1976, 1983 Langenscheidt KG,
Berlin und München
haus Langenscheidt, Berlin-Schöneberg
Germany · ISBN 3-468-18342-9

## Vorbemerkungen

**Die Tilde** (~, bei veränderter Groß- bzw. Kleinschreibung ℒ) ersetzt das Stichwort oder den vor dem senkrechten Strich (|) stehenden Teil davon,

z. B. **fiado...; ~r** (= **fiador**); **aus|liefern...; ℒlieferung** (= **Auslieferung**)

**Das grammatische Geschlecht** wurde bei den Übersetzungen nur dann angegeben, wenn es nicht mit dem des Stichwortes übereinstimmt.

## Abkürzungen

(in beiden Teilen des Wörterbuches)

## *Abreviaturas*

(usadas en ambas partes del diccionario)

*a* auch, también
*Abk* Abkürzung, abreviatura
*ac* Akkusativ, acusativo
*adj* Adjektiv, adjetivo
*adv* Adverb, adverbio
*alg* span. alguien, *jemand*
*allg* allgemein, en general
*Am* amerikanisches Spanisch, español de América
*Anat* Anatomie, anatomía
*Arch* Architektur, arquitectura
*Arg* Argentinien, Argentina

*a/su* auch *Substantiv*, usado también como sustantivo
*Biol* Biologie, biología
*Bol* Bolivien, Bolivia
*Bot* Botanik, botánica
*bsd* besonders, en particular
*Chem* Chemie, química
*Chi* Chile, Chile
*cj* Konjunktion, conjunción
*Col* Kolumbien, Colombia
*dat* Dativ, dativo
*ea* einander, uno(s) a otro(s)
*e-e* eine, (a) una

*El Elektrotechnik*, electrotecnia
*e-m einem*, a un(o)
*e-n einen*, (a) un(o)
*e-r einer*, un(o); de, a una
*e-s eines*, de un(o)
*Esb Eisenbahn*, ferrocarril
*et etwas*, algo
*excl Ausruf*, exclamación
*f Feminin*, femenino
F *familiär*, familiar
*fig figürlich*, en sentido figurado
*Flgw Flugwesen*, aviación
*Fot Fotografie*, fotografía
*fpl Feminin Plural*, plural del femenino
*Gastr Gastronomie, Speisen, Getränke*, gastronomía, comidas, bebidas
*gen Genitiv*, genitivo
*Geogr Geographie*, geografía
*Geom Geometrie*, geometría
*Gr Grammatik*, gramática
*Hdl Handel*, comercio
*hist historisch*, histórico
*inf Infinitiv*, infinitivo
*infant Kindersprache*, lenguaje infantil
*inv unveränderlich*, invariable
*j jemand*, alguien
*j-m jemandem*, a alguien (dativo)
*j-n jemanden*, (a) alguien (acusativo)
*j-s jemandes*, de alguien
*jur Rechtswissenschaft*, término jurídico
*Kfz Kraftfahrwesen*, automovilismo
*Lit Literatur, literarischer Stil*, literatura, estilo literario
*m Maskulin*, masculino
*Mal Malerei*, pintura
*Mar Marine*, navegación, marina
*Math Mathematik*, matemáticas
*Med Medizin*, medicina
*Méj Mexiko*, Méjico
*Mil Militärwesen*, militar
*mpl Maskulin Plural*, plural del masculino
*mst meist*, generalmente
*Mus Musik*, música
*n Neutrum*, neutro
*neol Neologismus*, neologismo
*npl Neutrum Plural*, plural del neutro
*od oder*, o, u
P *populär, volkssprachlich*, popular
*Par Paraguay*, Paraguay
*pej pejorativ*, despectivo
*Phono Tontechnik*, fonotecnia
*Phys Physik*, física
*Pol Politik*, política
*pron Pronomen*, pronombre
*prp Präposition*, preposición
*PR Puerto Rico*, Puerto Rico
*refl reflexiv*, reflexivo
*Rel Religion*, religión
*Rf Rundfunk*, radiodifusión
*RPl Rio-de-la-Plata-Staaten: Argentinien, Uruguay, Paraguay*, rioplatense (se usa en Argentina, Uruguay, Paraguay)
*s siehe*, véase
*s. sich*, se

sg *Singular*, singular
s-m *seinem*, a su (dativo)
s-n *seinen*, (a) su (acusativo)
s-r *seiner*, a su (dativo), de su
sp *Sport*, deporte
Span *in Spanien*, en España
Stk *Stierkampf*, tauromaquia
su *doppelgeschlechtiges Substantiv* (m u f), sustantivo ambiguo
Süda *Südamerika*, América del Sur
Tab *tabuisiertes Wort*, voz tabuizada
Tech *Technik*, tecnología
Tel *Fernsprechwesen*, teléfonos
Thea *Theater*, teatro
TV *Fernsehen*, televisión

u *und*, y, e
u/c span. *una cosa*, *etwas*
usw *undsoweiter*, etcétera
v *von*, *vom*, de, del, de la
V *vulgär*, vulgar
Ven *Venezuela*, Venezuela
v/i *intransitives Verb*, verbo intransitivo
Vkw *Verkehrswesen*, transportes
v/t *transitives Verb*, verbo transitivo
Wi *Wirtschaft*, economía
zB *zum Beispiel*, por ejemplo
Zo *Zoologie*, zoología
zs *zusammen*, junto(s)
Zssg(n) *Zusammensetzung(en)*, compuesto(s)

## Die Aussprache des Spanischen

**Vokale:** Die spanischen Vokale werden weder extrem offen noch extrem geschlossen, weder sehr lang, noch sehr kurz gesprochen.

**Doppellaute** (Diphthonge): Bei den Doppellauten behalten die Vokale ihren Lautwert bei – also wird z. B. **eu** nicht wie deutsch **oi** ausgesprochen. **ai**, **ay**, **au**, **ei**, **ey**, **eu**, **oi**, **oy** und **ou** werden auf dem ersten Laut betont. Bei **ia**, **ie**, **io**, **ua**, **ue**, **uo**, **iu**, **ui** wird der zweite Vokal betont.

Aussprache der **Konsonanten** („im absoluten Anlaut" bedeutet: zu Beginn des Sprechens oder nach einer Pause):

b   im absoluten Anlaut und nach m und n wie **b** in „Bombe": bomba, un **b**uen día;
    in den übrigen Fällen ist b ein mit beiden Lippen gebildeter Reibelaut: la**b**io, ca**b**er, ár**b**ol

c   vor den Vokalen, a, o und u und vor Konsonanten wie **k** in „kalt": la**c**a, **c**aldo, **c**reer;
    vor e und i ähnlich wie engl. „th" in „think": **c**ero, **c**ita

| | |
|---|---|
| ch | wie **tsch** in „rutschen": mu**ch**o, **ch**ico |
| d | im absoluten Anlaut und nach n und l wie **d** in „Dorf": **d**onde, al**d**ea;<br>in den übrigen Fällen ähnlich wie engl. „th" in „other": de**d**o, ma**d**re, ce**d**er;<br>auslautendes d ist sehr schwach oder gar nicht zu hören: uste**d**, Madri**d** |
| g | im absoluten Anlaut vor a, o und u und vor Konsonanten sowie nach n wie **g** in „groß": **g**olpe, **g**ustar, **g**rande, ten**g**o;<br>vor e und i wie **ch** in „Dach": **g**ente, **g**irar, co**g**er;<br>in den übrigen Fällen als Reibelaut wie **g** in „Hagel": re**g**alar, a**g**osto, ale**g**re |
| h | ist immer stumm: **h**elado, re**h**acer |
| j | wie **ch** in „Dach": ro**j**o, **j**erez, pá**j**aro |
| ll | etwa wie „lie" in „Familie": ca**ll**e, **ll**orar, **ll**uvia |
| ñ | wie **gn** in „Champagner": ni**ñ**a, a**ñ**o |
| qu | wie **k**: **qu**eso, **qu**itar |
| r | einfach gerolltes Zungenspitzen-r: mad**r**e, pe**r**o;<br>am Wortanfang, nach l, n und s sowie bei rr-Schreibung, mehrfach gerolltes Zungenspitzen-r: **r**osa, alrededor, pe**rr**o |
| s | wie **s** in „Wasser": ca**s**a, e**s**o, **s**ujeto |
| v | im absoluten Anlaut und nach n wie **b** in „Bombe": **v**aca, en**v**iar;<br>in den übrigen Fällen ist v ein mit beiden Lippen gebildeter Reibelaut: a**v**ería, her**v**ir |
| x | vor Vokalen wie **gs**: e**x**amen;<br>vor Konsonanten meistens wie **s**: e**x**tranjero, e**x**terior |
| y | wie **j**: a**y**er, **y**ate, **y**o;<br>am Ende des Wortes (und alleinstehend „y" = *und*) wie i: re**y** |
| z | wie engl. „th" in „think": ra**z**a, **z**ona, a**z**ul |

ü steht zwischen g und e oder u und wird nie ausgesprochen. Das Trema (¨) bedeutet, daß du u mit ausgesprochen wird: lingüista [lingŭista]

Alle übrigen nicht aufgeführten Buchstaben werden praktisch wie im Deutschen ausgesprochen.

**Betont** werden die spanischen Wörter auf der vorletzten Silbe, wenn sie auf Vokal, auf n oder s enden (gru**p**o, **me**nos, **Car**men), auf der letzten, wenn sie auf Konsonanten außer n und s enden (deprim**ir**, facult**ad**, termin**al**). Ausnahmen tragen einen Akzent (cup**ó**n, cr**é**dito, az**ú**car).

# Erklärung der Aussprachebezeichnung

## Vokale

| | | |
|---|---|---|
| a | *a* wie in *Abend*, doch kürzer | mano [mano] |
| ɛ | offenes *e* wie in *ändern* | ayer [aɛr] |
| e | halboffenes *e*, zwischen *e* in *geben* und *e* in *essen* | meseta [meseta] |
| i | geschlossenes *i* wie in *hier* | mina [mina] |
| ĭ | unbetonter Teil der Doppellaute ai, ay, ei, ey, oi, oy (wie in *Saite* usw.) sowie ia, ie, io, iu | baile [baĭle], hay [aĭ], peine [pɛĭne], hoy [ɔĭ], boina [bɔĭna], fiambre [fiambre], piel [piɛl], piojo [pĭɔxo] |
| ɔ | offenes *o* wie in *Wolle* | ojo [ɔxo] |
| o | halboffenes *o*, zwischen *o* in *Ofen* und *o* in *offen* | olla [oʎa] |
| u | geschlossenes *u* wie in *Huhn* | pluma [pluma] |
| ŭ | unbetonter Teil der Doppellaute au, eu, ou sowie ua, ue, ui, uo | causa [kaŭsa], deuda [dɛŭda]; cuadro [kŭadro], cuidar [kŭidar] |

## Konsonanten

| | | |
|---|---|---|
| b | stimmhafter, mit beiden Lippen gebildeter Reibelaut | cebolla [θeboʎa], rejuvenecer [rrɛxubeneθɛr] |

| | | |
|---|---|---|
| d | stimmhafter Reibelaut, ähnlich dem *th* in „other" | precedencia [preθedenθia] |
| g | stimmhafter Reibelaut wie in *Hagel* | águila [agila] |
| k | wie deutsches *k* | máquina [makina], coqueta [koketa] |
| x | wie *ch* in *Dach* | jefe [xefe], girar [xirar] |
| ʎ | mouilliertes *l* wie in *Familie*, aber schwächer, fast ohne *l* | gallo [gaʎo], llama [ʎama] |
| ɲ | wie *gn* in *Champagner* | España [espaɲa] |
| ŋ | wie deutsches *n* vor *g* oder *k* in *Menge*, *Anker* | esponja [espoŋxa], quinqué [kiŋke] |
| r | Zungen-r | señor [seɲor] |
| rr | stark gerolltes Zungenspitzen-r | honra [ɔnrra], perro [perro] |
| s | stimmloses *s* wie in *Messer* | escoger [eskoxer] |
| z | stimmhaftes *s* wie in *Sonne* | mismo [mizmo] |
| θ | stimmloser Lispellaut ähnlich dem *th* in englisch *thing* | centro [θentro], haz [aθ], calcio [kalθio] |
| tʃ | wie *tsch* in *Pritsche* | mucho [mutʃo], chico [tʃiko] |

---

*Die Nennung von Waren erfolgt in diesem Werk, wie in Nachschlagewerken üblich, ohne Erwähnung etwa bestehender Patente, Gebrauchsmuster oder Warenzeichen. Das Fehlen eines solchen Hinweises begründet also nicht die Annahme, eine Ware oder ein Warenname sei frei.*

# Spanisch-Deutsches Wörterverzeichnis

## A

**a** in, an, auf, nach, zu; **a las trece** um dreizehn Uhr; **¿a qué precio?** zu welchem Preis?; **a un kilómetro** ein Kilometer entfernt; **voy a comer** ich gehe essen
**abad** m Abt; **~ía** f Abtei
**abajo** [-xo] unten; hinunter; **río ~** stromabwärts
**abalear** Am beschießen
**abandon|ar** aufgeben, überlassen; **~o** m Aufgabe f; Verzicht
**abanic|ar** fächeln; **~o** m Fächer
**abaratar** verbilligen
**abarca** f Sandale; **~r** umfassen, umschließen; **~r con la vista** überblicken
**abarrote** m: **~ od tienda** f **de ~s** Am Lebensmittelgeschäft n
**abast|ecer** [-θ-] versorgen, beliefern (**de** mit); **~ecimiento** [-θ-] m Versorgung f; **~o** m Am Lebensmittelgeschäft n; Arg Markt
**abati|miento** m Abreißen n; Niedergeschlagenheit f; **~r** nieder-reißen, -werfen; Baum fällen
**abdica|ción** [-θ-] f Abdankung; Aufgabe f; **~r** abdanken
**abecé** [-θe] m Alphabet n, Abc n
**abedul** m Birke f
**abeja** [-xa] f Biene
**abertura** f Öffnung; Spalt m; **~ de manga** Ärmelloch n
**abeto** m Tanne f
**abierto** offen; frei
**abism|arse** s. versenken (**en** in); Am s. wundern; **~o** m Abgrund
**abjura|ción** [-xuraθ-] f Widerruf m; **~r** abschwören, widerrufen
**abland|ar** weich machen; fig besänftigen; **~se** nachlassen (Wind usw)
**abnega|ción** [-θ-] f Selbstverleugnung, -losigkeit; **~do** selbstlos
**abofetear** ohrfeigen
**abog|ado** [-ɣ-] m Anwalt; **~ar** fig eintreten (**por** für)
**aboli|ción** [-θ-] f Abschaffung; **~r** abschaffen
**abolla|do** [-ʎ-] ver-, zerbeult; **~dura** f Beule
**abomina|ble** abscheulich; **~ción** [-θ-] f Abscheu (-lichkeit) f; Greuel m; **~r (de)** verabscheuen
**abona|ble** zahlbar; fällig; **~do** m Abonnent; Tel Teil-

**abonar** 10

nehmer; ~r zahlen; begleichen; düngen; ~r en cuenta gutschreiben; ~rse a et abonnieren

**abono** m Düngen n; Dünger; *Thea* Abonnement n; Vergütung f; *Esb* Zeitkarte f

**abordar** j-n ansprechen; *fig* anschneiden

**aborígenes** [-x-] mpl Ureinwohner

**aborre|cer** [-θ-] verabscheuen, hassen; ~cimiento [-θ-] m Abscheu, Haß

**aborto** m Fehlgeburt f; Abtreibung f

**abotonar** zuknöpfen; Knospen treiben

**abrasar** versengen

**abra|zar** [-θ-] umarmen; ~zo [-θo] m Umarmung f

**abre|botellas** [-ʎ-] m Flaschenöffner; ~cartas m Brieföffner; ~latas m Büchsenöffner

**abrevar** Vieh tränken

**abrevia|r** ab-, ver-kürzen; ~tura f Abkürzung

**abridor** m Flaschenöffner

**abrigar** schützen; *fig* Hoffnung usw hegen; ~rse s. zudecken; s. warm anziehen; ~o m Mantel; Obdach n; *fig* Schutz; **al ~o de** geschützt vor

**abril** m April

**abrir** öffnen, aufmachen, eröffnen; ~ paso Platz machen; ~se camino s. durchdrängen

**abrochar** [-tʃ-] zuknöpfen, zuhaken; ~se el cinturón *Kfz*, *Flgw* s. anschnallen

**abrogar** *jur* außer Kraft setzen

**abrumar** bedrücken; überhäufen; ~se neblig werden; *fig* beeindruckt sein

**abrupto** jäh; heftig

**absceso** [-θ-] m Abszeß

**absolu|ción** [-θ-] f *Rel* Absolution; *jur* Freispruch m; ~tamente durchaus; ~to absolut; unbedingt; **en ~to** keineswegs

**absolver** *jur*, *Rel* freisprechen

**absor|ber** absorbieren; ~berse s. vertiefen; ~ción [-θ-] f Aufnahme, Absorption

**absten|ción** [-θ-] f Enthaltung; ~erse s. enthalten (**de** *gen*)

**abstinente** enthaltsam

**abstrac|ción** [-θ-] f Abstraktion; ~ción hecha de abgesehen von; ~to abstrakt

**abstra|er** abstrahieren; ~erse s. vertiefen; ~ído gedankenvoll, entrückt

**absurdo** unsinnig, absurd

**abuchear** [-tʃ-] auszischen

**abue|la** f Großmutter; ~o m Großvater; **los ~os** pl die Großeltern

**abultar** sperrig sein, viel Platz brauchen

**abunda|ncia** [-θ-] f Überfluß m, Reichtum m; ~nte reichlich; ~r reichlich vor-

**aburri|do** verdrießlich; langweilig; **~miento** m Überdruß; Langeweile f; **~r** langweilen; belästigen; **~rse** s. langweilen

**abu|sar de** et, j-n mißbrauchen; **~sivo** mißbräuchlich; **~so** m Mißbrauch

**acá** her(her); **de ~ para allá** hin und her

**acaba|do** fertig, vollendet; erledigt (a fig); m (End-)Verarbeitung f, Finishing n; **~r** (be)enden, fertigstellen; **~r de hacer** soeben getan haben; **~r con** Schluß machen mit; **~rse** zu Ende gehen, aufhören

**academia** f Akademie; Fachschule; Privatschule

**acalora|do** erhitzt; fig hitzig; **~r** erhitzen; fig anfeuern

**acallar** [-ʎ-] zum Schweigen bringen; beruhigen

**acampar** kampieren, zelten

**acantilado** m Steilküste f

**acaparar** hamstern, horten

**acariciar** [-θ-] liebkosen; fig hegen

**acarre|ar** transportieren, befördern; Hdl anliefern; **~o** m Transport; Anlieferung f

**acaso** m Zufall; adv vielleicht; **por si ~** für alle Fälle

**acata|miento** m Ehrfurcht f; Beachtung f; **~r** beachten, befolgen

**acatarrarse** s. erkälten

**acaudalado** vermögend

**acaudillar** [-ʎ-] befehligen, anführen

**acce|der** [-θ-] (a) zustimmen (dat); **~sible** zugänglich; **~so** m Zutritt, Zugang; Zufahrt f; Med Anfall; **~sorio** zugehörig; Neben...; **~sorios** mpl Zubehör n; Mode Accessoires npl

**accidenta|do** [-θ-] verunglückt; hügelig; **~al** zufällig; **~e** m Zufall; Unfall; Unglück n; **~e de tráfico** Verkehrsunfall; **~es en cadena** Massenkarambolage f

**acción** [-θ-] f Handlung, Tat; jur Klage; Hdl Aktie

**acciona|miento** [-θ-] m Tech Antrieb; **~r** betätigen; Tech antreiben

**accionista** [-θ-] m Aktionär

**acech|ar** [aθetʃ-] v/t auflauern (dat); **~o** m Hinterhalt; Jagd Ansitz

**acei|te** [aθ-] m Öl n; **~te combustible (broncedor)** Heiz- (Sonnen-)öl n; **~te de motor (para la caja de cambios)** Motor- (Getriebe-)öl n; **~tera** f Ölkanne; **~tuna** f Olive

**acelera|ción** [aθelera-] f Beschleunigung f; **~dor** m Gaspedal n; **~r** beschleunigen

**acelgas** [aθ-] fpl Mangold m

**acen|to** [aθ-] m Akzent, Ton; **~tuar** betonen, hervorheben

**acepillar** [aθepiʎ-] hobeln; bürsten

**acepta|ble** [aθ-] annehm-

**aceptación** 12

bar; **~ción** [-θ-] *f* Annahme; Anerkennung; *Gr* Bedeutung; **~r** annehmen; billigen; *Scheck* in Zahlung nehmen

**acequia** [aθek-] *f* Bewässerungsgraben *m*

**acera** [aθ-] *f* Bürgersteig *m*

**acerca** [aθ-] **de** bezüglich; über; **~r** näher heranbringen; **~rse** s. nähern

**acero** [aθ-] *m* Stahl

**acer|tado** [aθ-] geschickt; treffend (*Bemerkung*); **~tar** richtig treffen; erraten; **~tijo** [aθertiχo] *m* Rätsel *n*

**acetona** [aθ-] *f* Azeton *n*

**acidez** [aθideθ] *f* saurer Geschmack *m*; Sodbrennen *n*

**ácido** [aθ-] sauer; *m* Säure *f*

**acierto** [aθ-] *m* Treffer (*Lotterie*); Gelingen *n*; Richtigkeit *f*

**aclama|ción** [-θ-] *f* Beifall(srufen) *m*; **~r** Beifall spenden

**aclarar** (auf)klären; erläutern; *Wäsche* spülen; *Haar* blondieren; **~se** s. aufklären (*Wetter*)

**aclimatarse** s. akklimatisieren; s. eingewöhnen

**acné** *f Med* Akne

**acobardar** einschüchtern; **~se** verzagen

**acoger** [-x-] *Gast, Nachricht* aufnehmen; **~rse a** s. an *j-n* halten; **~ida** *f* Aufnahme, Empfang *m*; *fig* Beifall *m*

**acolchar** [-tʃ-] polstern

**acometer** angreifen; an e-e *Sache* herangehen; befallen (*Schlaf*); **~tida** *f* Angriff *m*; *Tech* Anschluß *m*

**acomoda|ble** anpassungsfähig; **~do** geeignet; bequem; **~dor** *m* Platzanweiser; Logenschließer; **~miento** *m* Anpassen *n*; **~r** anpassen

**acompaña|miento** [-ɲ-] *m* Begleitung *f*; **~nte** *m* Begleiter; *Kfz* Beifahrer; **~r** begleiten; beilegen (*im Brief*)

**acompasado** nach dem Takt, gemessen

**acondiciona|dor** [-θ-] *m* **de aire** Klimaanlage *f*; **~r** herrichten, gestalten; zubereiten

**aconseja|ble** [-x-] ratsam; **~r** *j-m* raten, *j-n* beraten; **~rse de** (*od* **con**) s. Rat holen bei

**aconte|cer** [-θ-] s. ereignen; **~cimiento** [-θ-] *m* Ereignis *n*, Begebenheit *f*

**acopla|do** *m Rpl Kfz* Anhänger; **~r** zs-fügen; *Esb* ankoppeln

**acoraza|do** [-θ-] gepanzert; *m* Panzerkreuzer; **~r** panzern

**acord|ar** beschließen, vereinbaren; übereinstimmen; *Rpl* gewähren; **~arse de** s. erinnern an; **~e** einig; übereinstimmend; *m Mus* Akkord

**acordeón** *m* Akkordeon *n*

**acordonar** abriegeln, absperren

**acortar** ab-, ver-kürzen

**acosar** hetzen, jagen
**acostar** zu Bett bringen; **~se** s. niederlegen, schlafen gehen
**acostumbra|do** gewohnt; **estar ~do a** gewöhnt sein an, gewohnt sein zu; **~r +** *inf* pflegen zu; **~rse** s. gewöhnen
**acota|do** *m* (privates) Jagdrevier *n*; **~r** abgrenzen
**acre** scharf; *fig* schroff, beißend
**acrece|ntar** [-θ-] steigern; **~r** vermehren
**acredita|do** geachtet; **~r** Ansehen verleihen; *Pol* akkreditieren; **~rse** s. bewähren
**acreedor** anspruchsberechtigt; *m* Gläubiger
**acróbata** *m* Akrobat
**acta** *f* (*el*) Protokoll *n*
**actitud** *f* Haltung, Einstellung
**activ|ar** beleben; beschleunigen; **~idad** *f* Tätigkeit; Geschäftigkeit; **~o** tätig, aktiv
**acto** *m* Handlung *f*; *Thea* Akt; Feier(lichkeit) *f*; **en el ~sofort, ~r** *m* Schauspieler; **~r(a)** *m* (*f*) *jur* Kläger(in)
**actriz** [-θ-] *f* Schauspielerin
**actua|ción** [-θ-] *f* Wirken *n*; Amtsführung; Auftreten *n* (*a Thea*); Handeln *n*; **~l** gegenwärtig, aktuell; **~lidad** *f* Gegenwart; **~r** tätig sein; wirken; handeln; *v/t* in Gang setzen; **~r de** auftreten als

**acuaplano** *m* Surfbrett *n* (*Wellenreiten*)
**acuarela** *f* Aquarell *n*; **caja** *f* **de ~s** Malkasten *m*
**acuartelar** kasernieren
**acuchillar** [-tʃi-] niederstechen; Parkett abziehen
**acudir** herbeieilen
**acuerdo** *m* Abkommen *n*; Beschluß; Übereinstimmung *f*; **de ~** einverstanden; **estar de ~ con alg sobre u/c** mit j-m über et einig sein; **ponerse de ~** s. einigen
**acumula|dor** *m* Akkumulator; **~r** anhäufen
**acuñar** [-n-] Münzen prägen
**acuoso** wässerig; saftig
**acusa|ción** [-θ-] *f* Anklage; Beschuldigung; **~r** beschuldigen; *Hdl* **~r recibo** den Empfang bestätigen
**acuse** *m* **de recibo** [-θ-] Empfangsbestätigung *f*
**acústico** akustisch
**achacar** [atʃ-]: **~ la culpa a** j-m die Schuld zuschieben
**achaque** [atʃake] *m* Gebrechen; **~s** *pl* Beschwerden *fpl*
**achicar** [atʃ-] verkleinern
**achisparse** [atʃ-] s. beschwipsen
**achuras** [atʃ-] *fpl Arg* Innereien
**adaptar** anpassen; **~ a la pantalla** für den Film bearbeiten; **~se** s. anpassen
**adecuado** angemessen

**adefesio** m F Unsinn; Spottfigur f

**adelanta|do** fortgeschritten; **por ~do** im voraus; **ir ~do** vorgehen (Uhr); **~miento** m Fortschritt; Kfz Überholen n; **~r** vorrücken; Geld vorschießen; vorgehen (Uhr); Kfz überholen; **~rse** vorangehen; **~rse a** j-m zuvorkommen

**adelan|te** vor(an), vorwärts; **¡~te!** herein!; los!; **más ~te** weiter vorn; weiter hinten (im Buch); **~to** m Vorsprung; Hdl Vorschuß

**adelfa** f Oleander

**adelgazar** [-θ-] dünner werden, abnehmen

**ademán** m Haltung f; Gebärde f; **~es** außerdem; **~s de** außer

**adentro** d(a)rinnen; hinein

**adere|zar** [-θ-] herrichten; zubereiten; **~zo** [-θo] m Zubereitung f; Anordnung f; Appretur f; **~zos** pl Gerätschaften fpl

**adeuda|do** verschuldet; **~r se** Schulden machen

**adhe|rencia** [-θ-] f Anhaften n; **~rir** anhaften; beitreten; **~rirse** s. anschließen; beitreten; **~sión** f Anschluß m, Beitritt m; **~sivo** anhaftend; m Klebstoff

**adición** [-θ-] f Beifügung f; Addieren n; **~onal** zusätzlich; **~onar** addieren, hinzufügen

**adicto** ergeben, zugetan

**adiestrar** abrichten; Pferd zureiten

**adinerado** vermögend

**adiós** auf Wiedersehen!; m Lebewohl n

**adivin|ar** (er)raten; **~no, ~na** f Wahrsager(in)

**adjetivo** [-x-] m Adjektiv n

**adjudicar** [-x-] jur zuteilen; **~se** s. aneignen, anmaßen

**adjunto** [-x-] beigefügt; anliegend; m Assistent; Gehilfe

**administra|ción** [-θ-] f Verwaltung; **~dor** m Verwalter; **~r** verwalten; **~tivo** Verwaltungs...

**admira|ble** bewundernswert; **~ción** [-θ-] f Bewunderung; **~dor** m Bewunderer, Verehrer; **~r** bewundern; **~rse** s. wundern

**admi|sible** zulässig; **~sión** f Zulassung; **~tir** zulassen, dulden; et zugeben

**ado|bar** zubereiten; pökeln; gerben; **~be** m Luftziegel

**adolescen|cia** [-θenθ-] f Jugend; **~te** m Heranwachsen(der)

**adonde** wohin; **¿adónde?** wohin?

**adop|ción** [-θ-] f Adoption f; Pol Verabschiedung (Gesetz); **~tar** adoptieren; annehmen

**adoquín** [-k-] m Pflasterstein; fig Dummkopf; **~quinado** [-k-] m Pflaster n

**adora|ble** anbetungswürdig; **~ción** [-θ-] f Anbetung; **~r** anbeten; verehren

**adormece|dor** [-θ-] einschläfernd; **~r** einschläfern

**afeminado**

fern; ~rse einschlafen
**adormidera** f (Schlaf-)
Mohn m
**ador|nar** schmücken, verzieren; ~**no** m Schmuck;
Zierde f
**adqui|rente** [-k-], ~**ridor**,
~**sidor** m Erwerber; ~**rir**
erwerben; anschaffen; ~**sición** [-θ-] f Erwerb m, Anschaffung; **poder** m ~**sitivo**
Kaufkraft f
**adrede** absichtlich
**adua|na** f Zollamt n; Zoll m;
~**nero** m Zollbeamte(r)
**aducir** [-θ-] Beweise usw erbringen, anführen
**adueñarse** [-ñ-] **de** s. bemächtigen (gen)
**adula|ción** [-θ-] f Schmeichelei; ~**dor** m Schmeichler; ~**r** schmeicheln
**adulte|rador** m Fälscher; ~**rar** (ver)fälschen; die Ehe
brechen; ~**rio** m Ehebruch
**adúlter|o** m, ~**a** f Ehebrecher(in)
**adulto** erwachsen; m Erwachsene(r)
**adusto** unfreundlich; unwirtlich
**adverbio** m Adverb n
**adver|sario** m Gegner; ~**sidad** f Widrigkeit; ~**so** widrig; feindlich
**advertencia** [-θ-] f Hinweis
m; Warnung
**adverti|do** erfahren, klug;
~**miento** m Bekanntmachung f; ~**r** bemerken; warnen (j-n vor et **u/c a alg**)
**adyacente** [-θ-] angrenzend

**aéreo** Luft...; **ferrocarril** m
~ Schwebebahn f
**aero|bús** m Airbus; ~**deslizador** [-θ-] m Luftkissenboot n; ~**dinámico** stromlinienförmig
**aeródromo** m Flugplatz
**aero|foto** f Luftaufnahme;
~**grama** m Luftpostleichtbrief
**aeromo|za** [-θa] f Flgw Am
Stewardeß; ~**zo** [-ðo] m Am
Steward
**aero|náutica** f Luftfahrt; ~**nave** f Luftschiff n; ~**plano**
m Flugzeug n; ~**puerto** m
Flughafen; ~**sol** m Aerosol
n; Spray n; ~**vía** f Fluglinie
**afab|ilidad** f Leutseligkeit;
~**le** leutselig
**afamado** berühmt
**afán** m Eifer; Col Eile f;
**estar de** ~ Col es eilig haben
**afan|arse** s. abmühen; ~**oso**
beschwerlich; strebsam
**afear** verunstalten
**afección** [-θ-] f Zuneigung;
Med Leiden n, Krankheit
**afecta|ción** [-θ-] f Ziererei;
~**do** geziert; ~**r** zur Schau
tragen; betreffen
**afecto** geneigt, gewogen; m
Affekt; Zuneigung f
**afectuo|sidad** f Herzlichkeit; ~**so** herzlich, zärtlich
**afei|tada** f Am, ~**tado** m
Span Rasur f; ~**tadora** f
Elektrorasierer m; ~**tarse** s.
rasieren; ~**te** m Putz;
Schminke f
**afeminado** weibisch, verweichlicht; m Weichling

**aferrado** 16

**aferrado a** verrannt in
**afianzar** [-θ-] befestigen; **~se** s. stützen; s. festigen
**afición** [-θ-] f Zuneigung; Liebhaberei; Hobby n
**aficiona|do** [-θ-] zugetan; m Liebhaber, Kunstfreund; **~rse a** (od **de**) s. verlieben in
**afiche** [-tʃe] m Am Plakat n
**afila|dor** m Scherenschleifer; Streichriemen; **~lápices** [-θ-] m Bleistiftspitzer; **~r** schleifen; (an)spitzen
**afilón** m Wetzstahl
**afín** verschwägert; verwandt (a Chem)
**afin|ar** verfeinern; Mus stimmen; **~idad** f Affinität; fig Verwandtschaft
**afirm|ación** [-θ-] f Behauptung; Bestätigung; **~ar** befestigen; bejahen; behaupten; **~ativa** f Bejahung; Zusage; **~ativo** bejahend
**afli|cción** [-θ-] f Betrübnis, Kummer m; **~gir** [-x-] betrüben; bedrücken
**aflojar** [-x-] lockern; nachlassen; erschlaffen
**afluen|cia** [-θ-] f Zufluß m; Andrang m; **~te** einmündend; m Nebenfluß
**afluir** einmünden; (herbei-) strömen
**aforrarse** F tüchtig essen
**afortunado** glücklich; **mal ~** unglücklich
**afrecho** [-tʃo] m Süda Kleie f
**afrenta** f Beschimpfung; **~r** beschimpfen
**afreza** [-θa] f Köder m (für Fische)
**afrontar** gegenüberstellen; **~ el peligro** der Gefahr ins Auge sehen
**afuera** (dr)außen; **~s** fpl Umgebung f
**agarr|adero** m Griff; Henkel; **~r** ergreifen, packen; RPl nehmen; **~rse a** s. klammern an
**agasaj|ar** [-x-] ehren; beschenken; **~jo** [-xo] m Ehrung f; Geschenk n
**agencia** [axenθ-] f Agentur; **~ de viajes** Reisebüro n; **~ marítima** Schiffsagentur; **~ de transportes** Speditionsfirma
**agen|ciar** [axenθ-] betreiben; **~cioso** [-θ-] betriebsam
**agenda** [ax-] f Taschenkalender m; Notizbuch n
**agente** [ax-] m Agent, Vertreter; **~ (de policía)** Polizist; **~ de bolsa** Börsenmakler; **~ de transportes** Spediteur; **~ de tráfico** Verkehrspolizist
**ágil** [ax-] behend, flink; geistig beweglich
**agio** [ax-] m Hdl Agio n
**agita|ción** [axitaθ-] f Aufregung; Unruhe; **~r** hin und her bewegen, schwenken; aufregen; Med, Tech
**aglomera|ción** [-θ-] f Anhäufung; städtischer Ballungsraum m; **~r** anhäufen
**aglutina|nte** m Klebstoff; Wundpflaster n; **~r** verkle-

ben; *Med* zs-wachsen

**agobiado** gebeugt, krumm; überhäuft *(mit Arbeit)*

**agolparse** s. drängen; s. überstürzen *(Gedanken)*

**agon|ía** *f* Todeskampf *m*; **~izar** [-θ-] mit dem Tode ringen

**agosto** *m* August

**agota|do** erschöpft; ausverkauft; vergriffen; **~miento** *m* Erschöpfung *f*; **~r** erschöpfen; aufbrauchen; **~rse** versiegen; ausgehen

**agraciado** [-θ-] anmutig, zierlich

**agrada|ble** angenehm; **~r** gefallen, zusagen; angenehm sein

**agrade|cer** [-θ-] danken (**u**(**c a alg**) *m* für et); **~cido** [-θ-] dankbar; **~cimiento** [-θ-] *m* Dank; Dankbarkeit *f*

**agrado** *m* Anmut *f*; Belieben *n*

**agrandar** vergrößern, erweitern

**agrava|nte** erschwerend; **~r** erschweren, verschärfen; **~rse** s. verschlimmern

**agravi|ar** beleidigen; **~arse** s. beleidigt fühlen; **~o** *m* Beleidigung *f*

**agrega|do** *m* Zusatz; Attaché; **~r** beigeben, hinzufügen; **~rse** (**a**) s. anschließen (**dat od an**)

**agres|ión** *f* Angriff *m*; Aggression; **~ivo** herausfordernd; **~or** *m* Pol Aggressor *m*

**agriarse** sauer werden, *fig* s. ärgern

**agrícola** landwirtschaftlich

**agricul|tor** *m* Landwirt; **~tura** *f* Landwirtschaft

**agridulce** [-θ-] süßsauer

**agrietarse** rissig werden

**agrio** sauer; scharf; grell

**agrónomo** *m* Agronom; **ingeniero** *m* **~** Diplomlandwirt

**agrupar** gruppieren

**agua** *f* (**el**) Wasser *n*; **~ aromática** Süda Kräutertee *m*; **~ bendita** Weihwasser *n*; **~ abajo (arriba)** stromabwärts (-aufwärts); **~ de Colonia** Kölnisch Wasser *n*; **~ de Seltz** Selterswasser *n*; **~ mineral (potable, dentífrica)** Mineral- (Trink-, Mund-)wasser *n*

**agua|cate** *m* Avokado(birne) *f*; **~cero** [-θ-] *m* Regenguß; **~dor** *m* Wasserträger; **~fiestas** *m* Spielverderber; **~itar** Süda warten; **~marina** *f* Aquamarin; **~ntar** ertragen, aushalten; dulden; **~ burlas** Spaß verstehen; **~se** s. beherrschen

**aguante** *m* Ausdauer *f*, Geduld *f*

**aguar** wässern; mit Wasser verdünnen

**aguar|dar** (er)warten; **j-m e-e** Frist gewähren; **~diente** *m* Branntwein

**aguarrás** *m* Terpentin(öl) *n*

**agu|deza** [-θa] *f* (Gesichts-) Schärfe; Scharfsinn *m*; **~do** spitz; scharf; stechend

**aguijón** [agix-] *m* Stachel; *fig* Ansporn

**águila** [agi-] *f (el)* Adler *m*

**aguilón** [agi-] *m* Dachgiebel

**aguinaldo** [agi-] *m* Geschenk *n*; Trinkgeld *n* (*zu Weihnachten, Neujahr*)

**agüista** *m* Badegast

**aguja** [-xa] *f* Nadel; Uhrzeiger *m*; *Esb* Weiche; **~ de coser** Nähnadel

**aguje|rear** [-x-] *f* durchlöchern; **~ro** *m* Loch *n*, Öffnung *f*; Schlüsselloch *n*; **~tas** *fpl* Muskelkater *m*

**agusanado** wurmstichig

**aguzar** [-θ-] schleifen, wetzen; spitzen; *fig* ermuntern; **~ el oído** die Ohren spitzen

**¡ah!** ach!, oh!, ah!

**ahí** da, dort(hin); **de ~ que** daraus folgt, daß ...; **por ~** so ...; dort(herum)

**ahijad|o** [-x-] *m*, **~a** *f* Patenkind *n*

**ahínco** *m* Nachdruck, Eifer

**ahitarse** s. überessen

**ahíto** *m* Überladung *f* (*Magen*)

**ahogado** dumpf; unterdrückt (*Schrei*); **~gar** ersticken; ertränken; **~garse** ersticken; ertrinken; **~go** *m* Ersticken *n*; Atemnot *f*; *fig* Bedrängnis *f*

**ahondar** vertiefen; *fig* ergründen

**ahora** jetzt, nun; soeben, gleich; **~ mismo** sofort, gleich; **~ bien** also; **por ~** vorläufig

**ahorcar** (auf)hängen; **~se** s. erhängen

**aho|rrar** (er)sparen; *fig* (ver)schonen; **~rro** *m* Sparen *n*; Ersparnis *f*

**ahuma|do** geräuchert; rauchig; rauchfarben; **~r** räuchern

**ahuyama** *f Col* Kürbis *m*

**airar** erzürnen

**aire** *m* Luft *f*; Wind; Gestalt *f*; *Mus* Tempo *n*; Weise *f*, Melodie *f*; **~ acondicionado** Klimaanlage *f*; **~ comprimido** Preßluft *f*; **al ~ libre** im Freien; **tomar el ~** frische Luft schöpfen; **~ar** lüften; **~arse** an die Luft gehen; s. erkälten

**airoso** luftig; anmutig

**aisla|do** isoliert, vereinzelt; **~dor** *m* Isolator; **~miento** *m* Isolierung *f (a Tech)*; **~r** isolieren; absondern

**ajedrez** [axedreθ] *m* Schach(-spiel) *n*

**ajeno** [ax-] fremd

**ajetre|arse** [ax-] s. plagen; **~o** *m* Plackerei *f*

**ajiaceite** [axiaθ-] *m* Knoblauchmayonnaise *f*

**ajo** [axo] *m* Knoblauch; **estar en el ~** s-e Hände im Spiel haben, F mitmischen

**ajuar** [ax-] *m* Hausrat; Aussteuer *f*

**ajusta|do** [ax-] gerecht, billig; ordentlich, passend; eng anliegend (*Kleidung*); **~r** einrichten; anpassen; *Tech* einstellen

**ajuste** [ax-] m Anpassung f; Einstellung f (e-r Maschine); Montage f
**ajusticiar** [axustiθ-] hinrichten
**al** dem; den
**ala** f (el) Flügel m; Krempe f
**alaba|nza** f [-θa] f Lob n; **~r** loben; rühmen; **~rse de** mit et prahlen
**alabastro** m Alabaster
**alacena** [-θ-] f Wandschrank m
**alacrán** m Skorpion
**alado** ge-, beflügelt
**alambi|cado** gekünstelt, spitzfindig; geziert; **~que** [-ke] m Destillierkolben, Retorte f
**alambra|da** f Drahtverhau m; **~do** m Drahtgeflecht n; Stacheldrahtzaun
**alambre** m **(de púas)** (Stachel-)Draht
**alameda** f Allee
**álamo** m Pappel f
**alarde** m Prahlerei f
**alargar** verlängern; Hand ausstrecken; Schritt beschleunigen
**alarma** f Alarm m; fig Beunruhigung; **falsa ~** blinder Alarm m; **~r** alarmieren; **~rse** besorgt werden
**alazán** [-θ-] m Fuchs (Pferd)
**alba** f (el) Morgendämmerung
**albañil** [-ɲ-] m Maurer; **~ería** f Maurerhandwerk n
**albaricoque** [-ke] m Aprikose f; **~ro** m Aprikosenbaum

# alcoba

**albedrío** m Willkür f; **libre ~** freier Wille
**alberca** f Zisterne; Méj Schwimmbecken n
**albergue** [-ge] m Herberge f; **~ juvenil** Jugendherberge f; **~ de carreteras** Rasthaus n
**albóndiga** f Klößchen n, kleiner Knödel m
**albornoz** [-θ] m Bademantel
**alboro|tador** m Aufwiegler; Ruhestörer; **~tar** beunruhigen; aufwiegeln; **~to** m Lärm; Aufruhr; **~zo** [-θo] m Jubel
**albufera** f (Salz-)Lagune
**álbum** m Album n
**albuminoso** eiweißhaltig
**alcachofa** [-tʃ-] f Artischocke
**alcahuet|e** m, **~a** f Kuppler (-in); **~ear** verkuppeln
**alcal|de** m Bürgermeister; **~día** f Bürgermeisteramt n
**alcance** [-θe] m Bereich, Reichweite f; Tragweite f; **de poco ~** belanglos
**alcanfor** m Kampfer
**alcantarillado** [-ʎ-] m Kanalisation f
**alcanzar** [-θ-] einholen, erreichen; treffen
**alcaparras** fpl Kapern
**alcaucil** m Rpl Artischocke f
**alcazaba** [-θ-] f maurische Festung
**alcázar** [-θ-] m maurische Burg f
**alcazuz** [-θuθ] m Lakritze f
**alcoba** f Alkoven m, Schlafzimmer

**alcohol**

zimmer *n*
**alco|hol** *m* Alkohol; Spiritus; **~holemia** *f* Blutalkohol(spiegel) *m*; **~hólico** alkoholisch; **~holismo** *m* Alkoholismus
**alcorán** *m* Koran
**alcornoque** [-ke] *m* Korkeiche *f*
**aldea** *f* Dorf *n*; **~na** *f* Bäuerin; **~no** dörflich; *m* Bauer
**alega|r** (*als Beweis*) anführen; *Süda* protestieren; **~to** *m jur* Schriftsatz; *Am a* Streit
**alegoría** *f* Allegorie
**ale|grar** erfreuen; **~grarse** s. freuen; **~gre** fröhlich; *fig* angeheitert; **~gría** *f* Freude
**aleja|miento** [-x-] *m* Entfernung *f*; **~r(se** s.) entfernen
**alentar** *v/i* atmen; *v/t* ermutigen
**alergia** [-x-] *f* Allergie
**alérgico** [-x-] allergisch (**a** gegen) (*a fig*)
**alerta** *inv* wachsam; aufmerksam; *m* Alarm; **¡~!** Achtung!
**aleta** *f* Flosse; *Kfz* Kotflügel *m*; **~s** *fpl* **de natación** *Sp* Schwimmflossen
**alete|ar** flattern; zappeln; **~o** *m* Herzklopfen *n*
**alevosía** *f* Hinterlist
**alfa|bético** alphabetisch; **~betización** [-θaθ-] *f* Bekämpfung der Analphabetentums; **~beto** *m* Alphabet *n*
**alfalfa** *f* Luzerne
**alfarero** *m* Töpfer

**alféizar** [-θ-] *m* Fensterbrett *n*
**alférez** [-θ] *m* Leutnant; Fähnrich
**alfil** *m* Läufer (*Schach*)
**alfiler** *m* Stecknadel *f*; **~ de gancho** *Am* Sicherheitsnadel *f*; **~es** *pl* Trinkgeld *n* (*für Zimmermädchen*); Taschengeld *n*
**alfombra** *f* Teppich *m*; **~do** *m Am* Teppichboden
**alforjas** [-x-] *fpl* Reisesack *m*
**alga** *f* Alge; Tang *m*
**algarro|ba** *f* Johannisbrot *n*; **~bo** *m* Johannisbrotbaum
**álgebra** [-x-] *f* (*el*) Algebra
**álgido** [-x-]: **punto** *m* **~** Gefrierpunkt
**algo** etwas; **~dón** *m* Baumwolle *f*; Watte *f*
**alguacil** [-θ-] *m* Gerichts-, Amts-diener
**alguien** [-gi-] jemand
**algun|o** (*vor msg* **algún**) jemand; mancher; (irgend-)einer; **~os** einige, ein paar; **algún día** eines Tages; **~a vez** bisweilen
**alhaja** [-xa] *f* Schmuck *m*
**alia|do** verbündet; *m* Verbündete(r); **~nza** [-θa] *f* Bündnis *n*; Ehering *m*; **~rse** s. verbünden
**alias** sonst auch; alias
**alicates** *mpl* Flachzange *f*
**aliciente** [-θ-] *m* Lockmittel *n*; Anreiz
**alienar** veräußern
**aliento** *m* Atem, Hauch; *fig* Mut; **tomar ~** Atem schöpfen; **sin ~** atemlos, außer

Atem
**aligerar** [-x-] erleichtern; Schritt beschleunigen; *Med* **~se** s. freimachen
**alimen|tación** [-θ-] *f* Ernährung, Verpflegung; **~tar** ernähren; *Tech* speisen; **~ticio** [-θ-]: **substancia ~ticia** Nährstoff *m*; **~to** *m* Nahrung *f*; **~tos** *mpl* Alimente *pl*
**aliño** [-no] *m* Schmuck, Verzierung *f*; Würze *f*
**alisar** glätten; polieren
**alistar** einschreiben (*Liste*); *Mil* anwerben; erfassen; *Am* fertigmachen; **~se** s. (freiwillig) melden; *Am* s. fertigmachen
**alivi|ar** erleichtern, lindern; **~arse** s. erholen; **~o** *m* Erleichterung *f*; Erholung *f*
**aljibe** [-x-] *m* Zisterne *f*
**alma** *f* (*el*) Seele; Gemüt *n*; **con toda mi ~** von ganzem Herzen
**almacén** [-θ-] *m* Lager *m*; *RPl* Lebensmittelgeschäft *n*
**almace|nar** [-θ-] (ein)lagern; (**grandes**) **~nes** *mpl* Warenhaus *n*; **~nista** *m* Lagerhalter; Grossist
**almadía** *f* Floß *n*
**almanaque** [-ke] *m* Almanach, Kalender
**almeja** [-xa] *f* Venusmuschel
**almen|dra** *f* Mandel; **~dro** *m* Mandelbaum
**almíbar** *m* Sirup; **~peras** *fpl* **en ~** Birnenkompott *n*
**almidón** *m* Stärke(mehl *n*)

*f*; **~onar** Wäsche stärken
**alminar** *m* Minarett *n*
**almirante** *m* Admiral
**almohada** *f* (Kopf-)Kissen *n*; **~neumática** Luftkissen *n*; **consultar u/c con la ~** et überschlafen
**almohadilla** [-ʎa] *f* kleines Kissen *n*; **~ de tinta (eléctrica)** Stempel-(Heiz-)kissen *n*
**almorranas** *fpl Med* Hämorrhoiden
**almorzar** [-θ-] zu Mittag essen; frühstücken
**almuerzo** *m* Mittagessen *n*; *Span* zweites Frühstück *n*
**aloja|miento** [-x-] *m* Unterkunft *f*; **~r** beherbergen; unterbringen; **~rse** s. einquartieren
**alpargata** *f* Hanfschuh *m*
**alpinis|mo** *m* Bergsteigen *n*; **~ta** *m* Bergsteiger
**alqui|lador** [-k-] *m* (Ver-)Mieter; **~lar** (ver)mieten; **~ler** in Miete *f*; **de ~ler** Miet...; **~ler de botes** Bootsverleih; **~ler de coches** Autovermietung *f*
**alquitr|án** [-k-] *m* Teer; **~anar** teeren
**alrededor** [-rr-] ringsherum; **~es** *mpl* Umgebung *f*
**alta** *f* (*el*) Entlassungsschein *m*; **dar de ~** gesundschreiben; entlassen; *bei Behörden usw* anmelden; **darse de ~** s. anmelden
**altaner|ía** *f* Hochmut *m*; **~o** hochmütig, stolz

**altar**

**altar** *m* Altar; **~ mayor** Hochaltar
**altavoz** [-θ-] *m* Lautsprecher
**altera|ble** veränderlich; **~ción** [-θ-] *f* Veränderung, Störung; **~r** verändern; **~rse por** s. ärgern über
**alterca|do** *m* Wortwechsel; Streit; **~r** (s.) streiten
**alter|nar** abwechseln; **~nativo, ~no** abwechselnd
**alti|planicie** [-θ-] *f*, **~plano** *m* Hoch-ebene *f*, -fläche *f*; **~tud** *f* Höhe; **~vo** stolz, hochmütig
**alto** hoch; groß; **en alta voz** mit lauter Stimme; **¡~!** halt!; **~parlante** *m* Süda Lautsprecher
**altura** *f* Höhe; Gipfel *m*; *fig* Erhabenheit; **a estas ~s** in diesem Moment, so wie die Dinge stehen
**alubia** *f* weiße Bohne
**alud** *m* Lawine *f*
**aludir a** anspielen auf
**alumbra|do** *m* Beleuchtung *f*; **~miento** *m* Beleuchtung *f*; *Med* Entbindung *f*; **~r** er-, be-leuchten; *Med* entbinden
**aluminio** *m* Aluminium *n*
**alumn|o** *m*, **~a** *f* Schüler(in)
**alunizar** [-θ-] auf dem Mond landen
**alusi|ón** *f* Anspielung; **~vo a** anspielend auf
**aluvión** *m* Schwemmland *n*
**alza** [-θa] *f* (*el*) Erhöhung, Steigerung; **~miento** *m* Erhebung *f*; **~r** aufheben; *Karten* abheben; **~rse** s. er-heben (*Aufruhr*)
**allá** [aʎa] dort; dahin; **más ~** weiter (dort); **~ abajo** dort hinten
**allanar** [aʎ-] ebnen; **~se (a)** s. fügen (*dat*)
**allegado** [aʎ-] nahestehend, verwandt
**allí** [aʎi] da, dort; **de ~** daher; **de ~ a poco** kurz darauf; **por ~** ungefähr dort
**ama** *f* (*el*) (Haus-)Herrin; **~ de casa** Hausfrau; **~ de cría, ~ de leche** Amme
**ama|bilidad** *f* Liebenswürdigkeit; **~ble** liebenswürdig; **~dor** *m* Liebhaber
**amaestrar** abrichten, dressieren; unterrichten
**amainar** s. legen (*Wind*)
**amamantar** säugen, stillen
**amanecer** [-θ-] tagen, Tag werden; *m* Tagesanbruch, Morgengrauen *n*
**amansar** zähmen, bändigen; **~se** zahm werden
**amante** *su* Liebhaber(in)
**amañarse** [-ɲ-] s. geschickt anstellen; s. einarbeiten; *Am* s. eingewöhnen, s. anpassen
**amar** lieben; **hacerse ~** beliebt machen
**amara|je** [-xe] *m* *Flgw* Wasserung *f*; **~r** *Flgw* wassern
**amar|go** *fig* verbittern; *m* Magenbitter; **~gor** *m*, **~gura** *f* Bitterkeit *f*
**amari|llento** [-ʎ-] gelblich; **~llo** [-ʎo] gelb
**amarr|a** *f* Ankertau *n*; **~ar** *Mar* vertäuen; *Am allg* an-

**amplificador**

fest-binden; **~e** m Verankerung f
**amasar** einrühren; *Teig* kneten
**amazona** f Reiterin
**ambages** [-x-]: **sin ~** ohne Umschweife, unverhohlen
**ámbar** m Bernstein
**ambici|ón** [-θ-] f Ehrgeiz m; **~onar** erstreben; **~oso** ehrgeizig
**ambien|tador** m Luftverbesserer; **~tal** Umwelt...; **~te** m Umwelt f; Milieu n; Atmosphäre f
**ambigú** m kaltes Büfett n
**ambi|güedad** f Zweideutigkeit; **~guo** zweideutig, doppelsinnig
**ámbito** m Bereich
**ambo** m *Arg* Anzug
**ambos** beide
**ambulan|cia** [-θ-] f Krankenwagen m; **~te** umherziehend
**amén** m Amen n; **en un decir ~** im Nu
**amenaza** [-θa] f Drohung; **~dor, ~nte** drohend, bedrohlich; **~r** drohen
**ame|nidad** f Anmut; **~no** lieblich; angenehm (*anzuhören usw*)
**americana** f Jackett n, Sakko n
**ametralladora** [-ʎ-] f Maschinengewehr n
**amianto** m Asbest
**ami|ba** f *Zo*, **~ba** *Med* Amöbe; **~biasis** f *Med* Amöbenruhr
**amiga** f Freundin; **~ble** freundschaftlich

**amígdala** f *Anat* Mandel
**amigdalitis** f Mandelentzündung
**amigo** m Freund
**aminorar** vermindern
**amis|tad** f Freundschaft; Zuneigung; **~tarse** s. anfreunden; **~toso** freundschaftlich
**amnistía** f Amnestie
**amo** m Herr; Eigentümer; Dienstherr
**amoblado** *Am* möbliert
**amodorrado** schlaftrunken
**amoldar** formen; **~se** s. anpassen, s. einfügen
**amonesta|ciones** [-θ-] *fpl* (Heirats-)Aufgebot n; **~r** (er)mahnen
**amoníaco** m Ammoniak n; Salmiakgeist
**amontonar** anhäufen, stapeln; **~se** s. häufen
**amor** m Liebe f; **~es** *pl* Liebschaft f; **¡por ~ de Dios!** um Gottes willen!
**amorti|guador** m Stoßdämpfer; Schalldämpfer; **~guar** abschwächen; **~zar** [-θ-] tilgen, abschreiben
**amoscarse** F einschnappen
**ampa|rador** m Beschützer; **~rar** schützen; **~ro** m Schutz
**amperio** m Ampere n
**amplia|ción** [-θ-] f Ausdehnung; *Fot* Vergrößerung; **~r** ausdehnen, erweitern; *Fot* vergrößern
**amplifica|ción** [-θ-] f Erweiterung; **~dor** m Mus

**amplificar** 24

Verstärker; **~r** erweitern, ausdehnen; verstärken
**amplio** weit(läufig); reichlich; **~tud** f Ausdehnung, Weite
**ampolla** [-ʎa] f Blase (Haut); Med Ampulle
**ampolleta** [-ʎ-] f Süda Glühbirne
**amputar** amputieren
**amuebla|do** möbliert; **~r** möblieren
**amuleto** m Amulett n
**anales** mpl Jahrbuch n
**analfabeto** m Analphabet
**analgésico** [-x-] m schmerzstillendes Mittel n
**análisis** m Analyse f, Untersuchung f
**análogo** analog, entsprechend
**ananá(s)** m Süda Ananas
**anaquel** [-k-] m Schrankbrett n; Regal n
**anarquía** [-k-] f Anarchie
**anatomía** f Anatomie
**anca** f(el) Zo Hinterbacke f; **~s de rana** Froschschenkel mpl
**ancia|na** [-θ-] f Greisin; **~nidad** f hohes Alter n; **~no** alt, betagt; m Greis
**ancla** f(el) Anker m; **estar al ~** vor Anker liegen; **echar ~s** Anker werfen; **levar ~s** die Anker lichten; **~r** ankern
**ancho** [-tʃo] breit; m Breite f; Esb **de vía** Spurweite f
**anchoa** [-tʃ-] f Anschovis, Sardelle
**anchura** [-tʃ-] f Breite, Weite

**andamio** m (Bau-)Gerüst n
**andar** gehen; m Gang(art f) m; **~ triste** traurig sein
**andarivel** m Chi Skilift
**andén** m Bahnsteig; Am Gehsteig
**andrajo** [-xo] m Lumpen; **~so** zerlumpt
**anejo** [-xo] angefügt, zugehörig; m Anlage f; Anhang; Anbau
**anemia** f Blutarmut, Anämie
**anestesia** f Betäubung
**ane|xion(ar)** einverleiben; **~xión** f Einverleibung, Angliederung; **~xo** m = **anejo**; Hotel Dependance f, Nebenhaus n
**anfiteatro** m Amphitheater n; Thea Rang
**anfitrión** m Gastgeber
**ánfora** f Amphore; Am Wahlurne
**ángel** [-x-] m Engel
**angina** [-x-] f Angina
**angost|o** eng, knapp; **~ura** f Enge, Verengung
**angui|la** [-gi-] f Aal m; **~la** f Zo, Gastr Glasaal m; **~lar** eckig, wink(e)lig
**ángulo** m Winkel; Ecke f
**anguloso** wink(e)lig
**angustia** f Angst; Beklemmung; **~r** ängstigen, quälen
**anhe|lar** wünschen, erstreben; **~lo** m Sehnen n, Trachten n; **~loso** keuchend; sehnsüchtig
**anidar** nisten
**anilina** f Anilin n

**anillo** [-ʎo] m Ring; ~ **de boda** Ehering
**ánima** f (el) Lit Seele
**anima|ción** [-θ-] f Belebung; Lebhaftigkeit; Betrieb m; **~dor** m Conférencier; **~dora** f Animierdame
**animal** tierisch; m Tier n; fig P brutaler Kerl
**animar** beleben; aufmuntern; **~se** Mut fassen, s. aufraffen
**ánimo** m Seele f; Geist; Gemüt m; Mut f; Lust f; Absicht f
**animo|sidad** f Groll m; **~so** mutig
**aniña|do** [-n-] kindisch; **~rse** kindisch werden
**aniquilar** [-k-] vernichten
**an|ís** m Anis(likör); **~isado**, **~isete** m Anislikör
**aniversario** m Jahrestag
**ano** m After
**anoche** [-tʃe] gestern abend; **antes de ~** vorgestern abend; **~cer** [-θ-] Nacht werden; m Dunkelwerden n; **al ~cer** bei Einbruch der Dunkelheit
**ánodo** m Anode f
**anomalía** f Anomalie, Abnormität; Regelwidrigkeit
**anómalo** abnorm
**anónim|o** anonym, namenlos; **sociedad** f **~a** Aktiengesellschaft
**anorak** m Anorak m
**anotar** notieren
**ansi|a** f (el) Begierde; Beklemmung; Pein; **~ar** ersehnen; **~edad** f Seelen-

angst; Unruhe; **~oso** begierig; **~oso por** darauf erpicht zu + inf
**anta** f (el) Am Tapir m
**ante** vor, in Gegenwart; m Wildleder n; **~ todo** vor allem; **~anoche** [-tʃe] vorgestern abend; **~ayer** vorgestern
**antecedente** [-θ-] vorhergehend; **~s** mpl Vorleben m; **~s penales** Vorstrafen fpl
**antece|der** [-θ-] vorhergehen; **~sor** m Vorgänger
**ante|datar** zurückdatieren; **~dicho** [-tʃo] obengenannt; **~guerra** [-ɡe-] f Vorkriegszeit
**antelación** [-θ-]: **con ~** im voraus
**antemano: de ~** im voraus
**antena** f Antenne; Zo Fühler m
**anteojo** [-xo] m Fernrohr n; **~s** pl Fernglas n; Brille f
**antepasado** vorhergegangen; **~s** mpl Vorfahren
**antepecho** [-tʃo] m Brüstung f; Fensterbrett n
**anteponer** voranstellen
**anterior** vorhergehend, früher; **~idad** f Vorzeitigkeit; Priorität; **con ~idad** früher, vorher
**antes** vorher, früher; **~ de** vor; **~ (de) que** bevor, ehe; **poco ~** kurz vorher; **el día ~** tags zuvor
**antesala** f Vorzimmer n
**anti|biótico** m Antibiotikum n; **~ciclón** [-θ-] m Hoch(-druckgebiet) n

**anticipación** 26

**anticip|ación** [-θipaθ-] f Vorausnahme; Voraus(be-)zahlung; **con ~ación** im voraus; **~ar** vorwegnehmen; zuvorkommen; **~o** m Vorschuß; Anzahlung f

**anticon|ceptivo** [-θ-] m Empfängnisverhütungsmittel n; **~gelante** [-x-] m Frostschutzmittel n

**anti|cuado** veraltet; **~deslizante** [-θ-] m Gleitschutz

**antídoto** m Gegengift n; fig Gegenmittel n

**antier** Süda vorgestern

**antifaz** [-θ] m Gesichtsmaske f, Larve f

**antigüedad** f Altertum n; **~es** fpl Antiquitäten

**antiguo** alt, antik; ehemalig

**antihemorrágico** [-x-] m blutstillendes Mittel n

**anti|patía** f Widerwille m, Abneigung; **~pático** abstoßend, unsympathisch; **~pirético** m fiebersenkendes Mittel n

**anti|rrobo** m Diebstahlschutz; **~séptico** antiseptisch; **~social** [-θ-] unsozial; **~toxina** f Gegengift n

**antojarse** [-x-]: **se me antoja** ich habe Lust zu

**anto|jitos** [-x-] mpl Méj pikante Vorspeisen fpl; **~jo** [-xo] m Gelüst n; Laune f

**antorcha** [-tʃa] f Fackel

**antro|pofagia** [-x-] f Kannibalismus m; **~pófago** m Menschenfresser

**anua|l** jährlich; **~lidad** f Annuität; Jahresbetrag m; **~rio** m Jahrbuch n; Adreßbuch n; Kalender

**anublarse** s. bewölken

**anudar** verknoten, binden; anknüpfen

**anular** v/t annullieren; absagen; streichen; adj ringförmig; m (**dedo**) **~** Ringfinger

**anun|ciar** [-θ-] anzeigen, ankündigen; v/i annoncieren, inserieren; **~cio** [-θ-] m Anzeige f, Inserat n, Annonce f; Bekanntmachung f

**anverso** m Bildseite f (der Münze); Vorderseite f

**anzuelo** [-θ-] m Angelhaken

**añadi|dura** [aɲ-] f Zusatz m; **~r** hinzufügen

**añejo** [aɲexo] alt (bsd Wein)

**año** [aɲo] m Jahr n; 2 **Nuevo** Neujahr n

**añoranza** [aɲoranθa] f wehmütige Erinnerung; Sehnsucht

**apacentar** [-θ-] v/t Vieh weiden

**apaci|ble** [-θ-] milde; **~guador** m Kfz Stoßdämpfer; **~guar** Frieden stiften unter; besänftigen

**apadrinar** j-s (Tauf-)Pate sein; fig begünstigen

**apaga|do** erloschen; gedämpft (Farbe, Töne); leise; **~r** löschen; mildern; dämpfen; Licht ausschalten; **~rse** ausgehen; erlöschen (Licht)

**apagón** m Stromausfall

**apalear** prügeln

**aparador** m Schanktisch;

Anrichte f
**aparato** m Apparat, Gerät n; **~ de televisión** Fernsehgerät n; **~so** prunkhaft
**aparca|dero** m, **~miento** m Parkplatz; **~r** parken
**aparecer** [-θ-] erscheinen
**aparej|ador** [-x-] m Baumeister; **~ar** herrichten, rüsten; *Mar* auftakeln; **~o** m Flaschenzug; **~os** pl Gerätschaften fpl
**aparen|tar** vorspiegeln, vorgeben; **~tar +** inf s. stellen, als ob; **~te** scheinbar; **muerte** f **~te** Scheintod m
**aparición** [-θ-] f Erscheinung; Gespenst n
**apariencia** [-θ-] f Aussehen n, Erscheinung; Schein m
**aparta|dero** m Ausweichgleis n, -stelle f; **~do** abgelegen, entfernt; **~do** m (**de correos**) Post(schließ)fach n; **~miento** m Appartement n; *Am* Wohnung f; **~r** absondern, trennen; **~rse** ausweichen
**aparte** beiseite; m Absatz (*in Texten*)
**apasiona|do** leidenschaftlich; **~do por** begeistert für; **~r(se)** (s.) begeistern
**apatía** f Teilnahmslosigkeit
**apático** teilnahmslos, apathisch
**apearse** absteigen (*v Pferd*); aussteigen; **~ del burro** *fig* klein beigeben
**apedrear** steinigen
**apego** m Anhänglichkeit f
**apela|ción** [-θ-] f *jur* Berufung; **~r** appellieren; Berufung einlegen
**apellido** [-ʎ-] m Familienname
**apenar** bekümmern
**apenas** kaum; mit Mühe
**apéndice** [-θ-] m Anhang; *Anat* Wurmfortsatz m
**apendicitis** [-θ-] f Blinddarmentzündung
**aperitivo** appetitanregend; m Aperitif; kleine Vorspeise f
**aperos** mpl (Acker-)Geräte npl
**apertura** f (Er-)Öffnung
**apestar** verpesten; v/i stinken
**apetec|er** [-θ-] begehren; **~ible** wünschenswert
**apetito** m Appetit; Verlangen n, Begierde f
**ápice** [-θ-] m Spitze f, Gipfel m
**apilar** aufschichten, stapeln
**apio** m Sellerie f od m
**apisona|dora** f Straßenwalze; **~r** feststampfen
**aplacable** versöhnlich
**aplanar** planieren, ebnen
**aplastar** plattdrücken
**aplau|dir** Beifall spenden; klatschen; **~so** m Beifall
**aplazar** [-θ-] vertagen, aufschieben
**aplica|ble** anwendbar; **~ción** [-θ-] f Anwendung; **~r** anwenden; **~rse a** gelten für
**apodera|do** m Prokurist; Bevollmächtigte(r); **~r** bevollmächtigen; **~rse de** s. bemächtigen (*gen*)

**apodo**

**apodo** m Spitzname
**apoplejía** [-x-] f Schlaganfall m
**aporrear** verprügeln; **~tar** (ein)bringen; beisteuern
**aposentar** einquartieren; **~to** m Gemach n; Quartier n
**apostar** wetten; setzen (**por** auf)
**apóstol** m Apostel
**apostrofar** anreden; hart anfahren
**apoyar** stützen; unterstützen; **~o** m Stütze f; Hilfe f
**apreciable** [-θ-] schätzbar, berechenbar (fig schätzenswert; **~ción** [-θ-] f (Wert-) Schätzung f; **~do** angesehen, geachtet; **~r** schätzen (a fig), taxieren
**aprecio** [-θ-] m Schätzung f; Achtung f
**apremio** m Zwang, Druck; Mahnung f
**aprender** (er)lernen; **~iz** [-θ] m Lehrling, Auszubildende(r); **~izaje** [-θaxe] m Lehrzeit f; Lehre f
**aprestar** zu-, bereiten, -rüsten; appretieren; **~tarse** s. anschicken zu; **~to** m Vorbereitung f; Appretur f
**apresurar** drängen, antreiben; beschleunigen; **~se** s. beeilen
**apretado** eng, knapp; gedrängt; **~r** zs-drücken, -pressen
**aprieto** m Not(lage) f
**aprisa** adv schnell
**apriscar** einpferchen; festsetzen
**aprobación** [-θ-] f Billigung; Zustimmung; **~do** bewährt; bestanden (Examen); **~r** billigen, gutheißen
**apropiación** [-θ-] f Aneignung; Anpassung; **~do** geeignet; **~r** anpassen
**aprovechado** [-t]-] selbstsüchtig; m Profitler; **~miento** m Benutzung f; Nutzung f; **~r** gebrauchen, ausnutzen; **¡que aproveche!** guten Appetit!
**aprovisionamiento** m Versorgung f; **~r** versorgen
**aproximación** [-θ-] f Annäherung; **~r** nähern; **~rse** s. nähern; **~tivo** annähernd
**aptitud** f Eignung, Fähigkeit; **~to** fähig, geschickt
**apuesta** f Wette; Einsatz m
**apuntador** m spitz; **~dor** m Souffleur; **~r** v/i zielen; v/t aufzeichnen; anmerken; soufflieren
**apunte** m Zielen n; Anmerkung f; Notiz f; Thea Stichwort n; Mal Skizze f
**apuñalar** [-ɲ-] erdolchen
**apurado** leer, erschöpft; arm; **~r** erschöpfen; leeren; fig drängen; **~rse** s. beeilen; Am s. beeilen
**apuro** m Kummer; Not f; Bedrängnis f; Am Eile f; **estar en un ~** in der Klemme sein
**aquel** [-k-], **~la** (-ʎa), **~lo** [-ʎo] jener, jene, jenes
**aquí** [akí] hier; jetzt; **de ~ a ...** heute in ...; **por ~** hier

**árido**

(herum); ~ **cerca** in der Nähe
**aquiescencia** [akīesθenθ-] f Zustimmung
**aquietar** [ak-] beruhigen
**ara|da** f Pflügen n; **~do** m Pflug
**arancel** [-θ-] m (bsd Zoll-) Tarif; Gebührenordnung f; **~ario** Zoll...; Gebühren...
**arándanos** mpl Heidelbeeren fpl; **~ rojos** Preiselbeeren fpl
**araña** [-ɲa] f Spinne; Kronleuchter m; **~r** kratzen
**arar** pflügen, beackern
**arbi|traje** [-xe] m Schiedsspruch; **~trar** entscheiden, schlichten; **~trario** willkürlich; **~trio** m freier Wille; Ausweg
**árbitro** m Schiedsrichter
**árbol** m Baum; Tech Welle f; **~ del cardán** Kardanwelle f
**arbolar** Fahne, Kreuz aufpflanzen; Mar hissen
**arbusto** m Strauch, Busch
**arca** f (el) Kasten m, Truhe; Geldschrank m; **~da** f Bogengang m
**arcaico** altertümlich; veraltet
**arcángel** [-x-] m Erzengel
**arcano** m Geheimnis n
**arce** [-θe] m Ahorn
**arcén** [-θ-] m Kfz Randstreifen (Straße)
**arcilla** [-θiʎa] f Ton(erde) f
**arco** m Bogen; **~ de violín**

Geigenbogen
**archiduque** [-tʃiduke] m, **~sa** f Erzherzog(in)
**archi|vador** [-tʃ-] m (Akten-)Ordner; **~var** archivieren; Akten ablegen; **~vo** m Archiv n; Ablage f
**arder** (ent)brennen
**ardi|d** m List f, Trick; **~ente** brennend, heiß, feurig
**ardilla** [-ʎa] f Eichhörnchen n
**ardor** m Glut f; Eifer; **~ del estómago** Sodbrennen n
**arduo** schwierig, mühselig
**área** f (el) (Bau-, Acker-) Fläche; Gelände n; Gebiet n; **~ de descanso** Rastplatz m; **~ de servicio** Tankstelle f (u. Raststätte f) (Autobahn)
**are|na** f Sand m; Arena f; **~noso** sandig
**arenque** [-ke] m Hering
**arepa** f Col, V en Art Maisbrot n
**arequipe** [-k-] m Col Süßspeise mit Karamel
**arete** m Ring; Süda Ohrring
**argolla** [-ʎa] f Türring m; Am Ehering m
**arg|ucia** [-θ-] f Spitzfindigkeit; **~üir** folgern, schließen; argumentieren
**argument|ación** [-θ-] f Argumentation; **~ar** folgern, argumentieren; **~to** m Beweis; Argument n; Film usw Handlung f
**aria** f Arie
**aridez** [-θ] f Trockenheit f
**árido** dürr; unfruchtbar

**arisco** unbändig (*Tier*)
**arma** f (el) Waffe; **~ de fuego** Schußwaffe; **~s** pl Waffen n; **~da** f Kriegsflotte; **~día** f Floß n
**armadillo** [-ʎo-] m Gürteltier n
**arma|dor** m Reeder; **~dura** f Rüstung; (Brillen-)Fassung; Tech Armatur; **~r** bewaffnen; ausrüsten
**armario** m Schrank; **~rio empotrado** Einbauschrank; **~zón** [-θ-] f Gerüst n; Rahmen m
**armería** f Waffenhandlung
**armiño** [-ɲo] m Hermelin n (*Pelz* m)
**armisticio** [-θ-] m Waffenstillstand
**armonía** f Harmonie; Eintracht
**armóni|ca** f Mundharmonika; **~co** harmonisch
**arnés** m (Pferde-)Geschirr n
**aro** m (Eisen-)Ring; Süda Ohrring
**aroma** m Aroma n, Duft; **~tizar** (el) würzen
**arpa** f (el) Harfe
**arpón** m Harpune f
**arqu|ear** [-k-] wölben, rundbiegen; **~eología** [-x-] f Archäologie; **~itecto** m Architekt
**arrabal** m Vorort, Vorstadt f
**arraigado** verwurzelt; ansässig
**arran|cadero** m Sp Start (-platz); **~car** ausreißen, herausziehen; v/i Tech anlaufen; anfahren, starten; anspringen (*Motor*); **~que** [-ke] m Ausreißen n; Tech Anlauf; Start; Kfz Anlasser
**arrastrar** schleifen, schleppen; **~se** kriechen
**arreba|tado** ungestüm, jäh; **~tador** hinreißend, entzückend; **~tar** entreißen; mitreißen; **~tarse** außer s. geraten; **~to** m Erregung f; Anwandlung f
**arrecife** [-θ-] m Felsenriff n
**arredrar** zurückstoßen; **~se** zurückweichen
**arregl|ado** ordentlich; geregelt; **~ar** regeln; arrangieren; ausbessern; in Ordnung bringen; **~o** m Regelung f; Anordnung f; jur Vergleich
**arremeter** angreifen, anfallen
**arrenda|miento** m Verpachtung f; Am a Vermietung f; **~r** (ver)pachten; Am a (ver)mieten; **~tario** m, **~taria** f Pächter(in); Am a Mieter(in)
**arrepentirse** a/ bereuen
**arres|tado** verhaftet; unerschrocken; **~tar** verhaften; **~to** m Verhaftung f; Arrest; fig Schneid
**arriba** oben, droben; **por ~** oberhalb, oben; **¡~!** hoch!; los!
**arri|bada** f Mar Einlaufen n; **~bar** Mar einlaufen; Am a allg ankommen; **~bo** m Ankunft f
**arriero** m Maultiertreiber
**arriesgar** wagen, riskieren

**arri|mar** heranrücken; anlehnen; ~**mo** *m* Annäherung *f*; Lehne *f*, Stütze *f*
**arrodillarse** [-ʎ-] *f* niederknien
**arrogan|cia** [-θ-] *f* Anmaßung, Arroganz; ~**te** anmaßend, arrogant; forsch
**arro|jar** [-x-] schleudern; *Gewinn* abwerfen; ~**jarse a** s. stürzen (auf (in)); ~**jo** [-xo] *m* Verwegenheit *f*
**arrollar** [-ʎ-] (auf)rollen; überfahren (*a fig*)
**arropar** bekleiden; zudecken
**arroyo** *m* Bach; Gosse *f*
**arroz** [-θ] *m* Reis
**arruga** *f* Runzel; ~**r** runzeln; zerknittern
**arruinar** zerstören, ruinieren
**arsenal** *m* Arsenal *n*; *Mil* Marinewerft *f*
**arte** ~**o** *a* ~**s** *fpl* Kunst *f*; Kunstfertigkeit *f*
**arteria** *f* Arterie, Schlagader
**arte|ría** *f* Schlauheit, List; ~**ro** listig, schlau
**artesa** *f* Trog *m*; ~**nía** *f* (Kunst-)Handwerk *n*; ~**no** *m* Handwerker
**articul|ación** [-θ-] *f* Gelenk *n*; Gliederung; Artikulation; ~**ado** gegliedert; ~**ar** artikulieren; ~**ista** *m* Artikelschreiber
**artículo** *m* Artikel; ~ **de fondo** Leitartikel *m*; ~ **de gran consumo** Massenartikel
**artífice** [-θe] *m* Künstler; *fig* Urheber

**artifi|cial** [-θ-] künstlich; ~**cio** [-θ-] *m* Kunstgriff; ~**cioso** [-θ-] kunstvoll
**artillería** [-ʎ-] *f* Artillerie
**artista** *su* Künstler(in)
**artístico** künstlerisch
**arveja** [-xa] *f* *Span* Wicke; *Am* Erbse
**as** *m* As *n*; *fig* Kanone *f*
**asa** *f* (el) Henkel *m*
**asado** *m* Braten; *RPl* Grillfleisch *n*; Grillparty *f*; *adj* gebraten; **bien** ~ durchgebraten; ~**r** *m* Grill; Bratspieß
**asalariado** *m* Lohn-, Gehalts-empfänger
**asal|tar** angreifen, überfallen; ~**to** *m* Angriff, Überfall; *fig* Ansturm
**asamblea** *f* Versammlung
**asar** braten; ~ **a la parrilla** grillen
**ascen|dente** [-θ-] aufsteigend; ~**der** *v/t im Amt* befördern; *v/i* (auf)steigen
**ascendiente** [-θ-] *m* Einfluß; ~**s** *mpl* Vorfahren
**ascensión** [-θ-] *f* Aufstieg *m*; ♀ Himmelfahrt
**ascensor** [-θ-] *m* Fahrstuhl *m*
**asco** *m* Ekel
**ascua** *f* Glut (*Kohle*)
**asegura|do** *m* Versicherte(r); ~**r** (ver)sichern; zusichern
**asemejarse** [-x-] s. ähneln, ähnlich sein (*dat* a)
**asenta|dor** *m* Zwischenhändler; ~**r** hin-, aufsetzen; errichten; *Hdl* buchen; *v/i* passen

**asenti|miento** m Zustimmung f; **~r** beipflichten
**aseo** m Sauberkeit f; Toilette f, W.C. n; **~ personal** Körperpflege f
**asequible** [-k-] erreichbar, erschwinglich
**aserra|dero** m Sägewerk n; **~r** sägen
**asesin|ar** ermorden; **~ato** m Mord; **~o** m, **~a** f Mörder(in)
**asesor** m Gerichtsbeisitzer; Berater
**asfalto** m Asphalt
**asfixiar(se)** ersticken (v/i)
**así** so; **~ como** sowieso; **~ que** so daß
**asidu|idad** f Pünktlichkeit; Emsigkeit; **~o** emsig; häufig, ständig; m (**parroquiano**) **~o** Stammgast
**asiento** m Sitz, Platz; Hdl Buchung f; **~ de ventanilla** Fensterplatz; **~ trasero (expulsor)** Rück- (Schleuder-)sitz
**asigna|r** zuweisen, anweisen; **~tura** f Studienfach n
**asilo** m Asyl n; Heim n
**asimilar** angleichen; geistig verarbeiten, erfassen; im Körper verarbeiten
**asimismo** ebenso, ebenfalls
**asis|tencia** [-θ-] f Anwesenheit; Beistand m; **~tenta** f Putzfrau; **~tente** m Assistent; Teilnehmer, Anwesende(r); **~tir** pflegen; beistehen; **~tir a** teilnehmen an
**asma** f (el) Asthma n

**asno** m Esel
**asocia|ción** [-θĭaθ-] f Vereinigung; Verband m; **~do** bsd Pol assoziiert; m Teilhaber; **~r** verbinden, vereinigen
**asomarse** (**a**) hinausschauen; **¡no ~!** nicht hinauslehnen!
**asom|bradizo** [-θ-] scheu; schreckhaft; **~brar** verdunkeln; in Erstaunen setzen; **~bro** m Erstaunen n; **~broso** erstaunlich
**asomo** m Anschein, Anzeichen n; **ni por ~** nicht die Spur
**aspecto** m Anblick; Aussehen n; Gesichtspunkt
**aspereza** [-θa] f Rauheit; Herbheit; Strenge
**áspero** rauh (Fläche); herb
**áspid** m Natter f
**aspira|ción** [-θ-] f Atemholen n; fig Trachten n, Streben n; **~dor** m Staubsauger; **~nte** m Anwärter; **~r** einatmen; Tech einsaugen; **~r a** trachten nach
**aspirina** f Aspirin n
**asque|ar** [-k-] anwidern, (an)ekeln; **~roso** ekelhaft, widerlich (a fig)
**asta** f (el) Schaft m; Horn n (des Stiers); Mar Topp m; **a media ~** halbmast
**astill|a** [-ʎa] f Splitter m, Span m; **~ero** m Schiffswerft f
**astracán** m Persianer(mantel)
**astro** m Gestirn n

**astrólogo** m Astrologe
**astro|nauta** m Astronaut, Raumfahrer; **~nave** f Raumschiff n; **~nomía** f Astronomie
**astu|cia** [-θ-] f Verschlagenheit, List; **~to** schlau, verschlagen
**asueto** m Ruhetag; **día** m **de ~** schulfreier Tag
**asunto** m Angelegenheit f, Sache f; Geschäft n
**asustar** erschrecken
**atacar** angreifen; befallen (*Krankheit*)
**atadura** f Bindung f (*Ski*)
**ataj|ar** [-x-] Weg abschneiden; **~o** m Abkürzung(sweg m) f
**atalaya** f Aussichtsturm m
**ataque** [-ke] m Angriff; *Med* Anfall
**atar** (an-, fest-, zu-)binden
**atardecer** [-θ-] dämmern; **al ~** gegen Abend
**atasco** m *Kfz* Stau
**ataúd** m Sarg
**atavío** m Putz, Schmuck
**aten|ción** [-θ-] f Aufmerksamkeit; Achtung!; **~der** beachten; betreuen; bedienen; **~tado** m Attentat n, Anschlag; **~to** aufmerksam
**atenu|ante** mildernd; strafmildernd; **~ar** mildern; abschwächen
**ateo** gottlos, atheistisch
**aterrar** *Mar, Flgw* landen; **~(se)** erschrecken (v/i)
**aterriza|je** [-θaxe] m *Flgw* Landung f; **~je forzoso** Notlandung f; **~r** *Flgw* landen
**aterrorizar** [-θ-] terrorisieren
**atest|ación** [-θ-] f Zeugenaussage; **~ado** m Bescheinigung f; Attest n; **~iguar** bezeugen
**ático** m Dachgeschoß n
**atizar** [-θ-] schüren (*a fig*)
**atleta** m Leichtathlet
**atmósfera** f Atmosphäre (*a fig*)
**atolondrado** leichtsinnig, unvernünftig
**atómic|a** f *Méj* Kugelschreiber m; **~o** in Zssgn Atom...; **bomba** f **~a** Atombombe
**átomo** m Atom n
**atontar** dumm machen; verblüffen
**atormentar** foltern; quälen
**atornillar** [-ʎ-] ein-, an-, fest-schrauben
**atraca|dero** m Anlegeplatz; **~r** *Mar* anlegen; v/t überfallen
**atrac|ción** [-θ-] f Anziehung(skraft); Attraktion; **~o** m Raubüberfall; **~tivo** anziehend; m (Lieb-)Reiz
**atraer** anziehen, anlocken
**atrás** hinten; zurück; **por ~** von hinten; **hacia ~** rückwärts
**atra|sado** rückständig; **~sar** v/t verzögern; zurückstellen; v/i nachgehen (*Uhr*); **~sarse** s. verspäten; **~so** m Zurückbleiben n; Rückgang; **~sos** pl *Hdl* Rückstände

# atravesar

**atravesar** durchqueren; überqueren
**atre|verse a** (es) wagen zu; **~vido** dreist, kühn
**atribu|ir** zuschreiben; zuerkennen; **~to** m Eigenschaft f
**atril** m Notenständer; Pult n
**atrio** m Vorhalle f
**atrocidad** [-θ-] f Greuel m; Scheußlichkeit
**atropella|do** [-ʎ-] überstürzt, übereilt; **~r** überfahren; umrennen; **~rse** s. überstürzen
**atropello** [-ʎo] m Zs-stoß; Gewalttätigkeit f; F Pöbelei
**atroz** [-θ] gräßlich, scheußlich
**atún** m Thunfisch
**auda|cia** [-θ-] f Kühnheit; **~z** [-θ] kühn; verwegen
**audible** hörbar
**audiencia** [-θ-] f Audienz, Empfang m; Gerichts-hof m, -saal m; **~ territorial** etwa Oberlandesgericht n
**aula** f (el) Hörsaal m; Klassenzimmer n
**aulaga** f Bot Stechginster m
**aumen|tar** vermehren, vergrößern; erhöhen; v/i zunehmen; steigen (Preise); **~to** m Vermehrung f; Vergrößerung f; Erhöhung f; **~to de sueldo** Gehaltserhöhung f
**aun, aún** noch, noch immer; **ni ~** nicht einmal
**aunque** [-ke] obwohl, wenn auch
**auricular** m Tel Hörer; Kopfhörer
**aurífero** goldhaltig
**aurora** f Morgenröte
**auscultar** Med abhorchen
**ausen|cia** [-θ-] f Abwesenheit; Fehlen n; **~tarse** s. entfernen; **~te** abwesend
**austral** südlich
**auténtico** glaubwürdig, echt; zuverlässig
**auto** m Auto n; **~banco** m Autoschalter (Bank); **~bús** m Autobus; **~car** m Reisebus; **~cine** [-θ-] m Autokino n; **~escuela** f Kfz Fahrschule; **~estopista** su Anhalter(in); **~expreso** m Autoreisezug
**autógrafo** m Autogramm n
**auto|motor** m Triebwagen; **~móvil** m Kraftfahrzeug n; Auto n
**automovil|ismo** m Autosport; **~ista** su Autofahrer(in)
**autonomía** f Autonomie
**autopista** f Autobahn
**autor** m Urheber; Verfasser, Autor
**autori|dad** f Autorität, Macht; Behörde; **~zación** [-θaθ-] f Bevollmächtigung; Genehmigung; **~zar** [-θ-] ermächtigen; beglaubigen
**auto|rriel** m Schienenbus; **~servicio** m Selbstbedienung f
**autostop** m Autostop; **~ista** m Anhalter
**auto|tren** m Autoreisezug; **~vía** f Schienenbus m;

**azuzar**

Schnellstraße
**auxi|liar** helfen; *adj* Hilfs...; *m* Gehilfe, Assistent; **~io** *m* Hilfe *f*; Beistand; **~io en carretera** Pannenhilfe *f*
**avalancha** [-tʃa] *f* Lawine
**avan|ce** [-θe] *m* Vorrücken *n*; *Hdl* Vorschuß *f*; *Film:* Vorschau *f*; **~zar** [-θ-] vorrücken
**avar|icia** [-θ-] *f* Geiz *m*; **~o** geizig; *m* Geizhals
**ave** *f* (*el*) Vogel *m*; **~s** *pl* Geflügel *n*
**avecindarse** [-θ-] s-n Wohnsitz nehmen
**avellana** [-ʎ-] *f* Haselnuß
**avena** *f* Hafer *m*
**avenencia** [-θ-] *f* Übereinkunft; Eintracht
**avenida** *f* Allee; Hochwasser *n*
**aventu|ra** *f* Abenteuer *n*, Erlebnis *n*; **~rar** wagen; **~rarse** s. vorwagen; **~rero** abenteuerlich; *m* Abenteurer
**avergonzar** [-θ-] beschämen; **~se** s. schämen
**avería** *f* Mar Havarie *f*; *Kfz* Panne *f*; Beschädigung
**averiarse** verderben (*Ware*); beschädigt werden
**averiguar** untersuchen; ermitteln; ergründen
**aversión** *f* Abneigung
**avestruz** [-θ-] *m* *Zo* Strauß
**avia|ción** [-θ-] *f* Luftfahrt, Flugwesen *n*; **~dor** *m* Flieger
**avidez** [-θ-] *f* Gier
**avión** *m* Flugzeug *n*; **~ de reacción** Düsenflugzeug *n*; **~ chárter (de línea)** Charter- (Linien-)maschine *f*; **por ~** mit Luftpost
**avisador** *m*: **~ luminoso** Lichthupe *f*; **~ de incendios** Feuermelder
**avi|sar** benachrichtigen; **~so** *m* Nachricht *f*; Bescheid; Warnung *f*; *Am* Inserat *n*
**avispa** *f* Wespe; **~do** aufgeweckt, clever
**avivar** beleben; *a fig* anfachen
**axila** *f* Achsel(höhle)
**¡ay!** ach!, oh!
**ayer** gestern
**ayuda** *f* Hilfe; **~r** helfen
**ayuntamiento** *m* Gemeinderat; Rathaus *n*
**azafata** [aθ-] *f* Stewardeß; Hosteß
**azahar** [aθ-] *m* Orangenblüte *f*
**azorarse** [aθ-] Lampenfieber (*od* Angst) bekommen
**azotea** [aθ-] *f* Dachterrasse
**azúcar** [aθ-] *m* Zucker; **~ en terrones** Würfelzucker
**azufre** [aθ-] *m* Schwefel
**azul** [aθ-] blau; **~ celeste** himmelblau; **~ejo** [-xo] *m* Kachel *f*
**azuzar** [aθuθ-] anstacheln; aufhetzen

2*

# B

**babor** *m Mar* Backbord *n*
**baby** *m Span* Kittel
**bacalao** *m* Kabeljau; **cortar el ~** den Ton angeben
**bacán** F *Am* reich, betucht
**bacín** [-θ-] *m* Nachtgeschirr *n*
**bache** [-tʃe] *m* Schlag-; Luft-loch *n*
**bachiller** [-tʃiʎ-] *m* Abiturient; **~ato** *m* Abitur *n*
**bagaje** [-xe] *m* Gepäck *n*
**bagatela** f Kleinigkeit
**bahía** f Bucht, Bai
**bai|lador(a)** *m* Tänzer(in); **~lar** tanzen; **~larín** *m*, **~larina** f Ballettänzer(in); **~le** *m* Tanz; Ball; **~lete** *m* Ballett *n*
**baja** [-xa] f Fallen *n*; Rückgang *m*; *Hdl* Sinken *n* (*des Preises*); **dar de ~** abmelden; **~da** f Abstieg *m*; *Flgw* Niedergehen *n*; **~r** herunternehmen; senken; (hin-) absteigen; sinken; fallen; **~r las luces** *Am* abblenden; **~rse** s. bücken; aussteigen
**bajeza** [-xeθa] f Gemeinheit
**bajío** [-x-] *m* Untiefe f; *Am* Tiefland *n*
**bajo** [-xo] niedrig; tief; leise (*Stimme*); unten, unter; *m Mus* Baß *m*; **~s** *mpl* Sandbänke *fpl*
**bala** f Kugel; Ballen *m*; **~cera** [-θ-] f *Am* Schießerei
**balance** [-θe] *m* Bilanz f, Saldo; **~ar** balancieren;

schwanken; *Mar* schlingern; *Am Kfz* auswuchten
**balandro** *m* Jolle f
**balanza** [-θa] f Waage
**balbucear** [-θ-] stammeln, stottern
**balcón** *m* Balkon
**baldadura** f Lähmung
**balde** *m Am* Eimer; **de ~** unentgeltlich; **en ~** umsonst, vergebens
**baldío** brach; unbebaut
**balneario** *m* Badeort
**bal|ompié** *m* Fußball; **~ón** *m* Ball
**balon|cesto** [-θ-] *m* Basketball(spiel *n*) *m*; **~mano** *m* Handball(spiel *n*) *m*
**balsa** f Floß *n*; **~salvavidas** Schlauchboot *n*
**baluarte** *m* Bollwerk *n*
**balle|na** [-ʎ-] f Wal *m*; **~t** *m* Ballett *n*
**bambú** *m* Bambus(rohr *n*) *m*
**banal** banal; F abgedroschen
**banana** f *Am* Banane
**banc|a** f Schemel *m*; *Hdl u. Spiel* Bank; Bankwesen *n*; **~o** *m* Bank f (*a Hdl*)
**banda** f Band *n*; Schärpe; (Musik-)Kapelle; **~ verde** Grünstreifen *m*
**bandeja** [-xa] f Tablett *n*
**bande|ra** f Fahne, Flagge; Banner *n*; **~rilla** [-ʎa-] f *Stk* Banderilla (*kleiner Spieß*); **~rilla de fuego** Banderilla mit Schwärmern; **~rola** f Wimpel *m*

**bandolero** *m* Räuber, Bandit

**banque|ro** [-k-] *m* Bankier; Bankhalter; **~ta** *f* Schemel *m*; *Méj* Gehsteig *m*; **~te** *m* Bankett *n*, Festessen *n*; **~tear** schlemmen

**bañ|adera** [-ɲ-] *f Arg* Badewanne; **~ador** *m* Badehose *f*; **~ar** baden; **~era** *f* Badewanne; **~ero** *m* Bademeister; **~ista** *m* Badegast; Kurgast; **~o** *m* Bad *n*; *Am* Toilette *f*, W.C. *n*; **~o maría** Wasserbad *n*; **~os** *pl* Badeanstalt *f*

**baptisterio** *m* Taufkapelle *f*

**baqu|eta** [-k-] *f* Gerte; **~iano** *m* Süda ortskundiger Führer

**bar** *m* Imbißstube *f*

**baraja** [-xa] *f* Spiel *n* Karten; **~r** Karten mischen

**baranda** *f* Geländer *n*; Billard Bande

**bara|tear** verschleudern; **~tija** [-xa] *f* Ramsch *m*, Schund *m*; **~tillo** [-ʎo] *m* Trödelmarkt; **~to** billig, preiswert

**barba** *f* Kinn *n*; Bart *m*

**barbaridad** *f* Barbarei; F Unmenge

**bárbaro** barbarisch; *m* Barbar

**bar|bero** *m* Barbier; **~billa** [-ʎa] *f* Kinn *n*; **~budo** vollbärtig

**barca** *f* Barke, Kahn *m*; **~ de pedales (de remos)** Tret-(Ruder-)boot *n*; **~za** [-θa] *f* Barkasse

**barco** *m* Schiff *n*; **~ de vela (de vapor)** Segel-(Dampf-)schiff *n*

**barítono** *m* Bariton

**barniz** [-θ] *m* Firnis; Lack; Glasur *f*; **~ar** firnissen; glasieren; lackieren

**barómetro** *m* Barometer *n*

**barqu|ero** [-k-] *m* Fährmann; **~illo** *m* Waffel *f*

**barra** *f* Stange; Theke; **~**, *Sp* **~s paralelas** Barren *m*; **~ca** *f* Baracke; *Span* Bauernhütte; *Am* Schuppen *m*

**barranco** *m* Schlucht *f*

**barre|dera** *f* Straßenkehrmaschine; **~na** *f* Bohrer *m*; **entrar en ~na** *Flgw* trudeln; **~r** kehren, (weg)fegen; **~ra** *f* Schranke; Sperre (*Bahnsteig*); Hindernis *n*; **~ra del sonido** Schallmauer; **~ro** *m* Töpfer

**barriada** *f* Stadtteil *m*; *Am* Elendsviertel *n*

**barriga** *f* Bauch *m*

**barril** *m* Faß *m*

**barrio** *m* Stadtviertel *n*; **irse al otro ~** *f* abkratzen, sterben

**barrita** *f* **de carmín** Lippenstift *m*

**barro** *m* Schlamm, Kot; Töpfererde *f*; Lehm

**barruntar** ahnen

**barullo** [-ʎo] *m* Wirrwarr; Krach

**basa** *f* Säulenfuß *m*; **~lto** *m* Basalt; **~r** gründen; stützen (**en, sobre**) auf)

**báscula** *f* Waage

**base** *f* Grundlage, Basis;

**basílica**

*Chem* Base; *Mil* Stützpunkt *m*
**basílica** *f* Basilika
**¡basta!** genug jetzt!, Schluß!
**basta|nte** ausreichend, genug; ziemlich; **~r** genügen
**bastidor** *m* Rahmen; Kulisse *f*; *Fot* Kassette *f*
**bastón** *m* Stock
**basu|ra** *f* Kehricht *m*, Müll *m*; **~rero** *m Span* Müllfahrer; *Am* Abfallhaufen; Mülldeponie *f*
**bata** *f* Morgenmantel *m*; **~ de baño** *Am* Bademantel *m*
**batalla** [-λa] *f* Schlacht
**batea** *f Süda* (Wasch-)Trog *m*
**batería** *f* Batterie; *Mus* Schlagzeug *n*; **~ de cocina** Küchengeschirr *n*
**batida** *f* Treibjagd; Razzia
**batido** gebahnt; *m* Schütteln *n*, Schlagen *n*; **~ (de leche)** Milchmixgetränk *n*; **~r** *m* Schneeschläger; **~ra** *f* Mixer *m*
**bati|ente** *m* Fenster-, Türflügel; **~r** schlagen
**batista** *f* Batist *m*
**batuta** *f* Taktstock *m*; **llevar la ~** *fig* den Ton angeben
**baúl** *m* großer Koffer; *Col Kfz* Kofferraum
**bauti|smo** *m* Taufe *f*; **~zar** [-θ-] taufen; *Wein* panschen; **~zo** [-θo] *m* Taufe *f*
**baya** *f* Beere
**bayo** falb (*Pferd*)
**baza** [-θa] *f* (*Kartenspiel*) Stich *m*

38

**bazar** [-θ-] *m* Basar; Warenhaus *n*
**bazo** [-θo] *m* Milz *f*
**bea|tería** *f* Frömmelei; **~titud** *f* Seligkeit; **~to** fromm; naiv
**bebé** *m* Baby *n*
**bebe|dero** *m* Tränke *f*; **~dor** *m* Trinker; **~r** trinken; saufen (*Tiere*)
**bebida** *f* Getränk *n*
**beca** *f* Stipendium *n*; **~rio** *m* Stipendiat
**beige** [bes] beige
**bejuco** [-x-] *m Am* Liane *f*; Schnur *f*
**belén** *m* (Weihnachts-)Krippe *f*
**bélico** kriegerisch
**beli|coso** kriegerisch, streitbar; **~gerante** [-x-] *f* kriegführend
**bell|eza** [-λeθa] *f* Schönheit; **~o** schön; **las bellas artes** die schönen Künste
**bellota** [-λ-] *f* Eichel
**bencina** [-θ-] *f* (Wasch-, Wund-)Benzin *n*
**bendecir** [-θ-] segnen
**benefi|cencia** [-θenθ-] *f* Wohltätigkeit; **~ciar** [-θ-] wohltun; verbessern; anbauen, nutzen; **~cio** [-θ-] *m* Wohltat *f*; Nutzen; Gewinn; **~cioso** [-θ-] vorteilhaft
**benéfico** wohltätig
**Benemérit|a** *f Span* F = **guardia civil**; **~o** verdienstvoll
**benévolo** wohlwollend
**berberecho** [-tʃo] *m* Herz-

muschel *f*
**berenjena** [-x-] *f* Aubergine
**berbiquí** [-ki] *m* Drillbohrer
**bermejo** [-xo] (hoch)rot
**berza** [-θa] *f* Kohl *m*
**be|sar** küssen; **~so** *m* Kuß
**bestia** *f* Tier *n*, Vieh *n*; Dummkopf *m*; **~l** bestialisch; F toll, unwahrscheinlich; **~lidad** *f* Bestialität
**besugo** *m* Seebrassen
**besuquear** [-k-] (ab)knutschen
**betabel** *m* Méj Runkelrübe *f*
**betún** *m* Schuhcreme *f*; Teer
**biberón** *m* Saugflasche *f*
**Biblia** *f* Bibel
**biblioteca** *f* Bibliothek; **~rio** *m* Bibliothekar
**bicarbonato** *m* Natron *n*
**bicicleta** [-θ-] *f* Fahrrad *n*; **~ acuática** Wassertretrad *n*
**bicho** [-tʃo] *m* Tier *n*; Stier; **~s** *pl* Ungeziefer *n*; **mal ~** gemeiner Kerl
**bid|é** *m*, **~et** *m* Bidet *n*; **~ón** *m* Kanister
**biela** *f* Pleuel-, Kurbelstange
**bien** gut, wohl; recht; sehr; *m* (das) Gute; Wohl *n*; **~es** *pl* Vermögen *n*; Gut *n*; Habe *f*; *cj* **si** obschon; **no ~** kaum; **¡está ~!** gut!; das ist recht!
**bien|al** zweijährig; **~aventurado** selig; **~estar** *m* Wohlbefinden *n*; Wohlstand; **~hechor** [-tʃ-] *m* Wohltäter
**bienveni|da** *f*: **dar la ~da**

willkommen heißen; **~do** willkommen
**bife** *m* Súda Beefsteak *n*
**biftec** *m s* **bistec**
**bifurcarse** s. **gabelin**; abzweigen
**bigamia** *f* Bigamie
**bigote** *m* Schnurrbart
**bigudíes** *mpl* Lockenwickel
**bilateral** zweiseitig, bilateral
**bilis** *f* Galle; *fig* Zorn *m*
**billar** [-ʎ-] *m* Billard(spiel) *n*
**billete** [-ʎ-] *m* Fahrkarte *f*; **~ de lotería** Lotterielos *n*; **~ de banco** Banknote *f*
**billón** [-ʎ-] *m* Billion *f*
**bimestral** zweimonatlich
**bimotor** zweimotorig
**bio|grafía** *f* Biographie; **~gráfico** biographisch
**biógrafo** *m* Biograph
**bio|logía** [-x-] *f* Biologie; **~lógico** [-x-] *n* biologisch
**biombo** *m* spanische Wand *f*
**birome** *m* Arg Kugelschreiber
**birria** *f* Plunder *m*, Mist *m*
**bis** *adv* noch einmal; da capo
**bisabuel|a** *f*, **~o** *m* Urgroßmutter, -vater
**bisagra** *f* Türangel, Scharnier *n*
**bisel** *m* Schrägkante *f*
**bisemanal** zweimal wöchentlich
**bisiesto: año ~** Schaltjahr *n*
**bisnieto** *m*, **~a** *f* Urenkel (-in)
**bisonte** *m* Bison
**biso|ñé** [-ɲe] *m* Haarteil *n*,

**bisoño**

Toupet *n*; **~ño** [-ɲo] *m* Neuling, Grünschnabel; **Mil** Rekrut
**bist|é, ~ec** *m* Beefsteak *n*
**bisutería** *f* Modeschmuck *m*
**bíter** *m*, **bitter** *m* Bitter (*Aperitif*)
**bituminoso** teerhaltig
**bizarro** mutig; ritterlich
**bizco** [-θ-] schielend; **~cho** [-tʃo] *m* Zwieback
**blanco** weiß; blank; *m* Ziel *n*; Zielscheibe *f*: **~ y negro** Eiskaffee; **dar en el ~** (ins Ziel) treffen; **firmar en ~** blanko unterschreiben
**blan|do** weich; **~dura** *f* Weichheit; Weichlichkeit
**blanqu|ear** [-k-] weißen; bleichen; tünchen; **~illo** [-ʎo] *m Méj, Am* Cent (Hühner-)Ei *n*
**blasfe|mar** lästern; **~mia** *f* Gotteslästerung; **~mo** *m* Gotteslästerer
**blasón** *m* Wappen *n*
**blinda|do** gepanzert; **~je** [-xe] *m* Panzerung *f*; *El* Abschirmung *f*
**bloc** [-k] *m* (Schreib-)Block
**bloque** [-ke] *m* Block; Klotz; **~ar** blockieren
**blusa** *f* Bluse; Kittel *m*
**bluyín** *m Súda* Blue Jeans *pl*
**boa** *f Zo* Boa
**bob|ada** *f* Dummheit; **~ina** *f* Spule, Rolle; **~ina de(l) encendido** Zündspule; **~o** dumm, albern; *m* Narr
**boca** *f* Mund *m*; Maul *n*; Mündung; Öffnung; **~ de riego** Hydrant *m*; **~ abajo**

(**arriba**) auf dem Bauch (Rücken); **~calle** [-ʎe] *f* Straßeneinmündung; **~dillo** [-ʎo] *m* belegtes Brötchen *n*; *Col* Guavagelee *n*
**bocina** [-θ-] *f* Hupe; Horn *n*; **tocar la ~** hupen
**bocio** [-θ-] *m Med* Kropf
**bocha** [-tʃa] *f* Bocciakugel; **~s** *pl* Bocciaspiel *n*
**bochorno** [-tʃ-] *m* Schwüle *f*
**boda** *f* Hochzeit
**bode|ga** *f* Weinkeller *m*; Laderaum *m*; Weinstube; **~gón** *m Mal* Stilleben *n*
**bofetada** *f* Ohrfeige
**boga** *f* Rudern *n*; **estar en ~** in Mode sein
**bohío** *m Am* Stroh-, Schilfhütte *f*
**boina** *f* Baskenmütze
**boj** [box] *m* Buchsbaum
**bola** *f* Kugel; F Schwindel *m*, Lüge *f*; **~s** *pl Am* P Hoden *pl*
**bolate** *m Am* Boldo(tee) (*für Magen- und Leberleiden*)
**boldo** *m Am* Boldo(tee) (*für Magen- und Leberleiden*)
**bolero** *m* Bolero(tänzer); Schwindler; Aufschneider; *Méj* Schuhputzer
**boletín** *m* Schein; Bericht; **~ meteorológico** Wetterbericht; **~ oficial** Amtsblatt *n*
**boleto** *m Am* Fahrkarte *f*
**boliche** [-tʃe] *m* Fangspiel *n*; *Súda* Kramladen; Kneipe *f*
**bólido** *m Kfz* Rennwagen
**bolígrafo** *m* Kugelschreiber
**bolo** *m* Kegel
**bol|sa** *f* Beutel *m*; Tüte; Geldbeutel *m*; *Hdl* Börse;

**~a de agua** Wärmflasche; **~sillo** [-ʎo] m Tasche f; Geldbörse f; **~so** m Handtasche f

**bollo** [-ʎo] m Milchbrötchen n

**bomba** f Pumpe; Bombe; Col Tankstelle; Col Luftballon m; adj inv toll; **~chas** [-tʃ-] fpl RPl Höschen n, Schlüpfer m; **~rdear** bombardieren

**bombero** m Feuerwehrmann; **~s** pl Feuerwehr f

**bom|billa** [-ʎa] f Glühbirne; **~bones** mpl Pralinen fpl

**bonachón** [-tʃ-] gutmütig

**bondad** f Güte; **tenga la ~** seien Sie bitte so freundlich ...; **~oso** gütig

**bonifica|ción** [-θ-] f Vergütung; Düngung; **~r** vergüten; meliorieren

**bonito** hübsch; m Bonito (kleiner Thunfisch)

**bono** m Bon, Gutschein; Bonus

**boquerón** [-k-] m Art Sardelle f

**boqui|abierto** [-k-] mit offenem Mund; sprachlos; **~lla** [-ʎa] f Mundstück n; Zigaretten-, Zigarrenspitze; (Zigaretten-)Filter m

**borbo|llón** [-ʎ-], **~tón** m Sprudeln n; **a ~tones** hastig

**bordado** m Stickerei f

**borde** m Rand; Kante f; Krempe f

**bordo** m Bord; **a ~** an Bord

**boreal** nördlich; **aurora** f **~** Nordlicht n

**borla** f Quaste

**borne** m Klemmschraube f

**borona** f Hirse; Mais(brot n) m; Am Brotkrümel m

**borrach|era** [-tʃ-] f Rausch m; **~o** betrunken; m Trunkenbold; Betrunkene(r)

**borra|dor** m Entwurf; Am Radiergummi; **~dura** f Streichung; **~r** streichen; a Tonband löschen

**borrasca** f Sturm m; Sturmtief n

**borrego** m Schaf n; Dummkopf; Méj falsche Nachricht f, Ente f

**borrón** m Klecks

**bosque** [-ke] m Wald; Gehölz n; **~jar** [-x-] skizzieren; entwerfen; **~jo** [-xo] m Entwurf; Skizze f

**bostezar** [-θ-] f gähnen

**bota** f Stiefel m; Lederflasche; Weinschlauch m; **~dura** f Stapellauf m; **~nas** fpl Méj kleine, pikante Vorspeisen

**botánica** f Botanik; **~o** botanisch; m Botaniker

**botar** hinauswerfen; bocken (Pferd); Am wegwerfen; **~ata** m Col Verschwender

**bote** m Boot m; Stoß; Span gemeinsame Trinkgeldkasse f; **~ neumático (salvavidas)** Schlauch- (Rettungs-)boot n

**bote|lla** f Flasche; **~llero** [-ʎ-] m Flaschenkorb, -gestell n

**botica** f F Apotheke; **~rio** m F Apotheker

**botija**

**boti|ja** [-xa] f kurzhalsiger Krug m; **~jo** [-xo] m Wasserkrug (mit Henkel und Tülle); **~llería** [-ʎ-] f Chi Getränkemarkt m
**botín** m Halbstiefel; (Diebes-, Kriegs-)Beute f
**botiquín** [-k-] m Reise-, Haus-, Auto-apotheke f; Verbandskasten
**boto** plump
**botón** m Knopf; Knospe f; **~ de presión** Druckknopf
**botones** m Page, (Hotel-)Boy
**bóveda** f Gewölbe n
**boxe|ador** m Boxer; **~ar** boxen; **~o** m Boxkampf
**boya** f Boje; Schwimmer m (Kork)
**bozal** [-θ-] m Maulkorb
**bracero** [-θ-] m Hilfsarbeiter; Tagelöhner
**bra|ga** f Hebeseil n; **~gas** fpl Schlüpfer m, Slip m; **~gueta** [-ge-] f Hosenschlitz m
**bram|a** f Brunft; **~ar** brüllen; heulen; **~ido** m Brüllen n; Gebrüll
**branquias** [-k-] fpl Kiemen
**bras|a** f Kohlenglut; **~ero** m Kohlenbecken n; **~sier**[-θ-] m Am Büstenhalter
**brav|eza** [-θa] f Wut (Elemente); **~o** tapfer; wild; Col böse, wütend; **~ura** f Tapferkeit; Wildheit
**braz|alete** [-θ-] m Armband n; **~o** m Arm; Vorderbein n (der Tiere); fig Mut; Gewalt f; **a todo ~o** aus Leibeskräften; **~os** mpl Arbeitskräfte

fpl

**brea** f Teer m, Pech n
**brecha** [-tʃa] f Bresche
**breg|a** f Kampf m, Streit m; **~r** s. ablegen, hart arbeiten
**breva** f (grüne) Feige
**breve** kurz; **en ~** bald, in Kürze; **~dad** f Kürze
**brezo** [-θo] m Heidekraut n
**bribón** m Taugenichts
**bricolaje** [-xe] m Basteln n, Heimwerken n
**brida** f Zaumzeug n; Zügel m
**brill|ante** [-ʎ-] glänzend, strahlend; m Brillant; **~antez** [-θ] f Glanz m; **~ar** [-θ] glänzen, funkeln; **~o** m Glanz, Schein
**brin|car** springen, hüpfen; **~co** m Sprung, Satz
**brin|dar** anstoßen (beim Trinken; auf por); **~dar a alg con** j-m anbieten; **~dis** m Trinkspruch, Toast
**brío** m Kraft f; Mut; Schneid; fig Feuer n
**brioso** mutig; feurig
**briquet** [-ke] m Am Feuerzeug n
**brisa** f Brise
**brocha** [-tʃa] f großer Pinsel m; Rasierpinsel m; **~e** m Haken und Öse f; Brosche f; Am Büroklammer f
**brom|a** f Spaß m, Scherz m; **~ear** scherzen; **~ista** m Spaßmacher
**bromo** m Brom n
**bronca** f F Zank m, Krach m; Rüffel m

**bronce** [-θe] *m* Bronze *f*; **~ado** bronzefarben; braungebrannt; **~ar** bronzieren; *Haut* bräunen

**bronco** roh, unbearbeitet; spröde (*Metall*); rauh (*Stimme*)

**bronquial** [-k-]: **catarro** *m* **~al** Bronchialkatarrh; **~os** *mpl* Bronchien *fpl*; **~tis** *f* Bronchitis

**brotar** keimen, sprießen; hervorquellen; **~te** *m* Knospe *f*, Sproß; *fig* Anfang

**bruja** [-xa] *f* Hexe

**brújula** [-x-] *f* Kompaß *m*; Magnetnadel

**bruma** *f Mar* Nebel *m*; **~oso** neblig

**bruñir** [-ɲ-] polieren

**brusco** plötzlich; jäh, brüsk

**brutalidad** *f* Brutalität; **en ~o** tierisch; dumm; in rohem Zustand; **peso** *m* **~o** Brutto-, Rohgewicht *n*

**buceador** [-θ-] *m* Taucher; **~r** tauchen

**bucle** *m* Locke *f*

**buche** [-tʃe] *m* Kropf (*der Vögel*)

**budín** *m* Pudding

**buen** (*vor msg*) = **bueno**

**buenaventura** *f* Glück *n*

**bueno** gut; tüchtig; gesund; **¡~!** na schön!; **dar por ~** billigen

**buey** *m* Ochse; Rind *n*

**búfalo** *m* Büffel

**bufanda** *f* Schal *m*

**bufete** *m* Anwaltsbüro *n*; Büfett *n*

**bufón** närrisch; *m* Spaßmacher; Hofnarr

**búho** *m* Uhu

**buitre** *m* Geier

**bujía** [-x-] *f* Zündkerze

**bulto** *m* Bündel *n*; Gepäckstück *n*; **~s** *pl* **de mano** Handgepäck *n*; **a ~** draufloss (*reden*)

**bulla(nga)** [-ʎ-] *f* Tumult *m*; Krach *m*

**bullicio** [-ʎiθo-] *m* Tumult, Lärm; **~r** sieden, (auf-)wallen

**bungaló** *m* Bungalow

**buñuelo** [-ɲ-] *m* Ölkringel

**buque** [-ke] *m* Schiff *n*; **~ petrolero** Tanker *m*; **~ de vapor (de guerra)** Dampf- (Kriegs-)schiff *n*

**burbuja** [-xa] *f* Wasser-, Luftblase

**burdel** *m* Bordell *n*

**burgués** [-ges] *m* Bürger; **~guesía** [-ge-] *f* Bürgerstand *m*; Bourgeoisie

**burla** *f* Spott *m*, Hänselei; **~r** verspotten; an der Nase herumführen; vereiteln

**burlesco** scherzhaft; burlesk

**burocracia** [-θ-] *f* Bürokratie

**burro** *m* Esel

**bus** *m* Bus

**busca** *f* Suche; **en ~ de** auf der Suche nach; **~r** suchen; holen (*lassen*)

**buseca** *f Arg* Kaldaunen *fpl*

**búsqueda** [-k-] *f* Suche

**busto** *m* Büste *f*; Brustbild *n*

**butaca** *f* großer Lehnstuhl

**butifarra** 44

*m*, Sessel *m*; *Thea* Parkettplatz *m*
**butifarra** *f typisch katalanische Bratwurst*

**buzo** [-θo] *m* Taucher; *Chi* Trainingsanzug; *Col* Rollkragenpullover
**buzón** [-θ-] *m* Briefkasten

# C

**cabal** völlig; richtig
**cabalga|dura** *f* Reit-, Lasttier *n*; **~ta** *f* Reitertrupp *m*
**caballa** [-ʎa] *f* Makrele
**caballe|ría** [-ʎe-] *f* Kavallerie; **~riza** [-θa] *f* Pferdestall *m*; **~rizo** [-θo] *m* Stallmeister; **~ro** *m* Ritter; Kavalier; mein Herr! (*als Anrede*); **~s** *pl* Herren (*Toilette*); **~roso** ritterlich
**caballete** [-ʎ-] *m* Staffelei *f*; Arbeitsgestell *n*
**caballo** [-ʎo] *m* Pferd *n*; Springer (*Schach*); **a ~** zu Pferd; **~s de vapor** (*Abk C.V.*) Pferdestärken *fpl* (*Abk PS*)
**cabaña** [-ɲa] *f* Hütte; Schafherde; Viehbestand *m*
**cabaret** *m* Nachtbar *f*; Kabarett *n*
**cabece|ar** [-θ-] den Kopf schütteln; (ein)nicken; *Mar* stampfen (*Schiff*); **~ra** *f* Kopfseite *f*; Stirnseite; Ehrenplatz *m* (*am Tisch*); Hauptteil *m*; **~ra médico** *m* **de ~ra** Hausarzt
**cabecilla** [-θiʎa] *m* Rebellen-, Rädelsführer
**cabell|o** [-ʎo] *m* Haar *n*; **~udo** langhaarig; behaart
**caber** Platz haben; hineingehen; möglich sein; zufal-

len
**cabestro** *m* Halfter
**cabez|a** [-θa] *f* Kopf *m*, Haupt *n*; Spitze; Verstand *m*; (Familien-)Oberhaupt *n*; **~al** *m* Kfz Kopfstütze *f*; **~udo** dickköpfig (*a fig*)
**cabida** *f* Raum(gehalt) *m*, Fassungsvermögen *n*
**cabina** *f* Kabine; (Telefon-)Zelle; **~ presurizada** Druckkabine
**cabinera** *f* *Süda* Stewardeß
**cable** *m* Kabel *n*; Ankertau *n*; **~ de remolque** Schleppseil *n*; **~ de encendido** Zündkabel *n*
**cabo** *m* Ende *n* (*räumlich u zeitlich*); Spitze *f*; Stummel; Kap *n*; Gefreite(r), Korporal; Anführer; **al ~** am Ende, schließlich; **~taje** [-xe] *m* Küstenschiffahrt *f*
**cabra** *f* Ziege; *Chi F* Frau, Mädchen *n*
**cabrearse** P sauer werden; s. ärgern
**cabritilla** [-ʎa] *f* Ziegen-, Schaf-, Glacé-leder *n*
**cabrón** *m Tab* Hahnrei; *Am a* Zuhälter; **~!** Sauker!!
**cacahuete** *m* Erdnuß *f*
**cacao** *m* Kakao
**cacarear** *a fig* gackern
**cacería** [-θ-] *f* Jagd; Jagd-

**ausflug** m
**cacerola** [-θ-] f Kasserolle
**cacique** [-θike] m (Indio-)Häuptling; F fig hohes (od großes) Tier n
**cac|to, ~tus** m Kaktus
**cacharro** [-tʃ-] m Topf; fig pej Karre f
**cache|o** [-tʃ-] m Leibesvisitation f; **~te** m Klaps; Col Gesäßbacke f; **~tudo** pausbäckig
**cachiporra** [-tʃ-] f Knüppel m; Keule
**cacho** [-tʃ-] m Brocken; Scherbe f; Am Horn n (Huftiere); **~ndeo** m F Riesenspaß; **~ndo** geil, lüstern
**cachupín** [-tʃ-] m Méj pej Spanier
**cada** jeder, jede, jedes; **~ uno, ~ cual** ein jeder
**cadáver** m Leichnam; Kadaver
**cadena** f Kette; TV **1a ~.** 1. Programm; **~s** pl fig Fesseln; **~ antideslizante** Schneekette; **~ de montaje** Fließband n
**cadencia** [-θ-] f Rhythmus m; Tonfall m
**cadera** f Hüfte
**cadete** m Kadett; Am a Laufbursche
**caduc|ar** verfallen; ablaufen; ungültig werden; **~idad** [-θ-] f Verfall m, a fig Hinfälligkeit; **~o** baufällig, hinfällig
**caer** fallen; ab-, aus-fallen (Blätter, Haare)
**café** m Kaffee; Café n; (~)

**cortado, ~ perico** Col, **~ marroncito** Ven Kaffee mit etwas Milch; **~ solo** schwarzer Kaffee; **~ con leche** Kaffee verkehrt
**cafe|tal** m Kaffeepflanzung f; **~tera** f Kaffeekanne
**cag|ada** f Tab Scheiße; **~adera** f Tab Dünnschiß m; **~ar** Tab scheißen; kaputtmachen; **~arse** in die Hose machen (a fig); **~ón** m Tab Scheißkerl, Angsthase
**caíd|a** f Fall m, Fallen n; Sturz m; **a la ~a del sol** bei Sonnenuntergang; **~o** herabhängend; m Gefallene(r) m
**caja** [-xa] f Kiste; Schachtel; Karton m; Packung; Kasse; **~ de ahorros** Sparkasse; **~ de caudales** Geldschrank m, Tresor m; **~ de reloj** Uhrgehäuse n; **~ de seguros contra la enfermedad** Krankenkasse; Kfz **~ de cambios** Getriebe n
**cajero** [-x-] m Kassierer
**cajón** [-x-] m Kasten, große Kiste f; (Schub-)Lade f
**cal** f Kalk m; **~a** f Bucht
**calabaza** [-θa] f Kürbis m; **dar ~s** fig e-n Korb geben
**calado** m Tiefgang (Schiff); adj durchnäßt
**calamar** m Tintenfisch
**calambre** m Krampf
**calamidad** f Plage; Unheil n
**calar** hinein-, durch-stoßen; eindringen in, durch-

**calavera**

nässen; *Mar* Tiefgang haben; **~se** absaufen (*Motor*); naß werden (*Person*)
**calavera 1.** *f* Totenkopf *m*; **2.** *m fig* Leichtfuß
**calcañar** [-ɲ-] *m* Ferse *f*
**calcar** durchzeichnen
**calce|ta** [-θ-] *f* Strumpf *m*; **hacer ~ta** stricken; **~tín** *m* Herrensocke *f*
**calcio** [-θ-] *m* Kalzium *n*
**calco** *m* Durchzeichnung *f*, Pause *f*; **~manía** *f* Abziehbild *n*
**calcul|able** zählbar, berechenbar; **~adora** *f* Rechenmaschine *f*; **~adora de bolsillo** Taschenrechner *m*; **~ar** (be)rechnen, kalkulieren
**cálculo** *m* (Be-)Rechnung *f*; Rechnen *n*; Kalkulation *f*; **~s pl biliares** Gallensteine
**calde|ar** erwärmen; **~ra** *f* Kessel *m*; **~ra de vapor** Dampfkessel *m*; **~rilla** [-ʎa] *f* Kleingeld *n*
**caldo** *m* Fleischbrühe *f*
**calefacción** [-θ-] *f* Heizung; Erhitzung; **~ central** Zentralheizung
**calendario** *m* Kalender
**calenta|dor** *m* Boiler; **~miento** *m* Wärmen *n*, Erhitzen *n*; *m* (er)wärmen, heizen; **~rse** s. erhitzen
**calentura** *f* Fieber *n*
**calidad** *f* Beschaffenheit, Eigenschaft; Qualität
**cálido** *Lit*, *Mal*, *fig* warm; heiß (*Klima usw*)
**calien|taplatos** *m* Warmhalteplatte *f*; **~te** warm, heiß; *fig* feurig; **agua** *f* **~te** Warmwasser *n*
**calific|ación** [-θ-] *f* Benennung, Qualifikation; **~do** fähig, geeignet; **~r** benennen, bezeichnen, qualifizieren; **~tivo** bezeichnend; *m* Beiname
**cáliz** [-θ] *m* Kelch
**calma** *f* Ruhe, Stille; Windstille; Gelassenheit; **~nte** beruhigend; *m* schmerzstillendes Mittel *n*; **~r** beruhigen
**calor** *m* Wärme *f*, Hitze *f*; **hace (mucho) ~** es ist warm (heiß)
**calumni|a** *f* Verleumdung; **~ar** verleumden; **~oso** verleumderisch
**caluroso** heiß; *fig* hitzig
**calv|a**, **~icie** [-θ-] *f* Glatze; **~o** kahlköpfig; *m* Kahlkopf
**calz|ada** [-θ-] *f* Fahrbahn; **~ado** *m* Schuhwerk *n*; **~ador** *m* Schuhanzieher; **~oncillos** [-θiʎ-] *mpl* Unterhose *f*
**calla|do** [-ʎ-] schweigend; heimlich; **~r** (ver)schweigen; **¡calla!** ist still!; nanu!
**callampa** [-ʎ-] *Chi* *f* Pilz *m*; Elendsviertel *n*
**calle** [-ʎe] *f* Straße; **~ lateral (mayor)** Seiten- (Haupt-)straße; **~ con prioridad** *f* *Ven* Sackgasse; **~ ciega** **~ja** [-xa] *f* Gasse; **~jear** [-x-] durch die Straßen bummeln; **~jero** [-x-] Stra-

**canalla**

ßen..., Gassen...; streunend (*Hund*); *m* Straßenverzeichnis *n*; **~jón** [-x-] *m* Gasse *f*; **~jón sin salida** Sackgasse *f*
**callo** [-ʎo] *m* Schwiele *f*; Hühnerauge *n*; **~s** *pl* Kaldaunen *fpl*
**cama** *f* Bett *n*; **guardar ~** das Bett hüten
**camaleón** *m* Chamäleon *n*
**cámara** *f* Kammer; *Fot* Kamera; **~ de aire** *Kfz* Schlauch *m*; **2 de Diputados** Abgeordnetenhaus *n*
**cama|rada** *m* Kamerad; **~rera** *f* Kellnerin; Zimmermädchen *n*; *auf e-m Schiff* Stewardeß; **~rero** *m* Kellner; Steward; **~rón** *m* Garnele *f*, Krabbe *f*, **~rote** *m* Schiffskabine *f*, Kajüte *f*, **~rote exterior (individual)** Außen- (Einzel-) kabine *f*
**cambia|ble** austauschbar; **~r** (aus)wechseln, tauschen
**cambio** *m* Tausch; Wechsel; Wechselgeld *n*; (Wechsel-)Kurs; Wandel; Umsteigen *n*; *Esb* Weiche *f*; **~ del día** Tageskurs; **~ automático** automatisches Getriebe *n*; **~ de aceite** Ölwechsel; **~ de marcha** Gangschaltung *f*
**cambista** *m* Geldwechsler
**cambur** *m* *Ven* Banane *f*
**camello** [-ʎo] *m* Kamel *n*
**camilla** [-ʎa] *f* Tragbahre
**camin|ar** wandern, gehen; **~o** *m* Weg; Straße *f*; Gang

**cami|ón** *m* Last(kraft)wagen; **~oneta** *f* Lieferwagen *m*
**cami|sa** *f* Hemd *n*; **~sa de noche** *Span*, **~sa de dormir** *Am* Nachthemd *n*; **~seta** *f* Unterhemd *n*; **~són** *m* Nachthemd
**camo|rra** *f* Streit *m*; **~te** *m* *Am* Süßkartoffel *f*
**campamento** *m* *Mil* Lager *n*; *a* Camping(platz *m*) *n*
**campana** *f* Glocke; Rauchfang *m*; **~da** *f* Glockenschlag *m*; **~rio** *m* Glockenturm
**campaña** [-ɲa] *f* Feld *n*; Feldzug *m*
**campechano** [-tʃ-] jovial
**campe|ón** *Sp* Meister; **~onato** *m* Meisterschaft *f*
**campesin|o** bäuerlich, ländlich; *m*, **~a** *f* Bauer, Bäuerin
**campestre** ländlich
**camping** *m* Camping(platz *m*) *n*; **~sta** *m* Camper, Zeltler
**campo** *m* Land *n* (*nicht Stadt*); Feld *n*; **~ santo** Kirchhof; **~ de deportes** Sportplatz; **tener ~** *Col* Platz haben; **~s** *pl* Ländereien *fpl*
**camufla|je** [-xe] *m* *Mil* Tarnung *f*; **~r** tarnen (*a fig*)
**cana** *f* weißes Haar *n*
**canal** *m* Meerenge *f*; Kanal; **~izar** [-θ-] kanalisieren; **~ón** *m* Dachrinne *f*
**canalla** [-ʎa] 1. *f* Gesindel *n*; 2. *m* Lump

**canasta**

**canast|a** *f* Korb *m*; Canasta *n* (*Kartenspiel*); **~o** *m* Korb
**cancelar** [-θ-] (aus)streichen; ungültig machen; *Scheck* sperren; *Am Rechnung* zahlen
**cáncer** [-θ-] *m Med* Krebs
**canciller** [-θiλ-] *m* Kanzler; *Am* ~ Außenminister
**canción** [-θ-] *f* Gesang *m*; Lied *n*; **~ popular** Volkslied *n*; **~ protesta** Protestsong *m*
**cancha** [-tʃa] *f* Spielplatz *m*; *Am Sportplatz m*; (*bsd Pferde-*)Rennbahn; **tener ~ (en)** *Am* Erfahrung haben (in)
**candado** *m* Vorhängeschloß *n*
**candela** *f* Kerze; **dar ~la** *Am* Feuer geben (*Raucher*); **~lero** *m* Leuchter
**candida|to** *m* Kandidat; **~tura** *f* Kandidatur, Bewerbung
**cándido** einfältig, naiv
**canela** *f* Zimt *m*
**cangrejo** [-xo] *m* (Fluß-)Krebs
**canguro** *m* Känguruh *n*; *Span* Babysitter
**cani|cas** *fpl* Murmeln; **~llita** [-λ-] *m Rpl, Pe* Zeitungsverkäufer
**canje** [-xe] *m* Wechsel, Austausch; **~ar** auswechseln
**canoa** *f* Kanu *n*; **~taje** [-xe] *m* Kanusport
**cansa|do** müde, matt; **~r** ermüden; **s. ~rse** müde werden; s. langweilen

**cansón** *Süda* lästig
**canta|nte** *su* Sänger(in); **~r** singen
**cántaro** *m* Krug
**cantatriz** [-θ-] *f* (Konzert-)Sängerin
**cantera** *f* Steinbruch *m*
**cantidad** *f* Anzahl, Menge
**cantimplora** *f* Feldflasche
**cantina** *f* Kantine; Weinkeller *m*
**canto** *m* Gesang; Kante *f*; Dicke *f*; **~r** *m* Sänger
**caña** [-ɲa] *f* Rohr *n*; Stiefelschaft *m*; kleines Bier; **~ de pescar** Angelrute; **~ de azúcar** Zuckerrohr *n*
**cáñamo** [-ɲ-] *m* Hanf
**cañ|ería** [-ɲ-] *f* Wasser-, Gas-leitung; **~o** *m* Röhre *f*; Abflußrohr *n*; *Arg* Wasserhahn; **~ón** *m* Gewehrlauf; Kanone *f*
**caoba** *f* Mahagoni-baum *m*, -holz *n*
**caos** *m* Chaos *n*
**caótico** chaotisch
**capa** *f* Pelerine, Umhang *m*; Schicht; **~cidad** [-θ-] *f* (Leistungs-)Fähigkeit; Kapazität; **~taz** [-θ] *m* Vorarbeiter; **~z** [-θ] fähig, begabt
**capilar** haarfein
**capilla** [-λa] *f* Kapelle
**capital** hauptsächlich; *f* Hauptstadt; *m* Kapital *n*; **~ismo** *m* Kapitalismus; **~ista** kapitalistisch; *m* Kapitalist
**capitán** *m* Hauptmann; Kapitän
**capitula|ción** [-θ-] *f* Kapi-

tulation; **~r** kapitulieren
**capítulo** m Kapitel n
**capó** m Motorhaube f
**caporal** m Anführer
**capota** f Autoverdeck n
**capricho** [-tʃo] m Laune f; **~so** launisch; wunderlich
**cápsula** f Kapsel, Hülse
**capt|ar** erschleichen; erfassen; **~ura** f Festnahme; **~urar** fangen
**cara** f Gesicht n, Miene; Vorderseite
**carabi|na** f Karabiner m; **~nero** m Grenzpolizist
**caracol** m Schnecke f
**carácter** m Charakter, Art f; Buchstabe
**character|ística** f Kennzeichen n, Merkmal n; **~ístico** bezeichnend; **~izar** [-θ-] charakterisieren, kennzeichnen
**caracú** m RPl Knochenmark n
**caradura** m unverschämter Kerl
**carajillo** [-xiʎo] m Kaffee mit etwas Schnaps
**¡caramba!** Donnerwetter!
**carátula** f Maske, Larve; Am Titelseite
**caravana** f Karawane; Wohnwagen(anhänger) m
**carbón** m Kohle f
**carbon|era** f Kohlenmeiler m; **~ero** m Kohlenhändler; Köhler; **~izar** [-θ-] verkohlen; **~o** m Kohlenstoff
**carbura|dor** m Kfz Vergaser; **~nte** m Treibstoff
**carcajada** [-x-] f Gelächter n
**cárcel** [-θ-] f Gefängnis n
**carcelero** [-θ-] m Gefängniswärter
**cardenal** m Kardinal; blauer Fleck
**cardíaco** Herz...; m herzstärkendes Mittel n
**care|cer** [-θ-] **de** nicht haben, ermangeln, entbehren; **~ncia** [-θ-] f Mangel m; Fehlen n
**careo** m Gegenüberstellung f
**carestía** f Teuerung f
**careta** f Maske
**carey** m Karettschildkröte f; Schildpatt n
**carga** f Last, Bürde; Fracht; Ladung; **~dero** m Ladeplatz, -bühne f; **~dor** m Lader; Ladevorrichtung f; **~mento** m Schiffsladung f; Fracht f; **~nte** lästig, beschwerlich; **~r** (be)laden, belasten
**cargo** m Last f; Amt m; **hacerse de** et übernehmen; s. klar sein über; **a ~ de ...** Hdl zu Lasten von ...
**carguero** [-ge-] m Frachter
**caricatura** f Karikatur
**caricia** [-θ-] f Liebkosung
**caridad** f christliche Nächstenliebe
**caries** f Karies
**cariño** [-ɲo] m Zuneigung f; **~so** zärtlich
**caritativo** mildtätig, barmherzig
**carlinga** f Cockpit m
**carmín** m Lippenstift

**carnaval**

**carnaval** *m* Karneval
**carne** *f* Fleisch *n*; **~ro** *m* Hammel
**carnet** *m*: **~ de conducir** Führerschein; **~ de identidad** Personalausweis
**carnicer|ía** [-θ-] *f* Metzgerei, Fleischerei; **~o** *m* Metzger, Fleischer
**caro** teuer; lieb, wert
**carpa** *f* Karpfen *m*; *Am* Zelt *n*
**carpeta** *f* Aktendeckel *m*; Schreibmappe; *Pe* Schulbank
**carpintero** *m* Zimmermann; Schreiner
**carrera** *f* Lauf *m*; Rennen *n*; zurückgelegte Strecke; Karriere; Laufmasche
**carretle** *f* Karren *m*; **~te** *m* Spule *f*, Rolle *f*; Rollfilm; **~tera** *f* Landstraße
**carril** *m* Fahrspur *f*; *Esb* Schiene *f*
**carr|o** *m* Karren; Wagen; *Am* Auto *n*; **~ocería** [-θ-] *f* Karosserie; **~oza** [-θa] *f* Staatskutsche; **~uaje** [-xe] *m* Fuhrwerk *n*; **~usel** *m Am* Karussell *f*
**carta** *f* Brief *m*, Schreiben *n*; Spielkarte; Speisekarte; **~ blanca** Blankoformular *n*; Blankovollmacht, freie Hand; **~ certificada**, *Am* **~ registrada**, **recomendada** Einschreibebrief *m*; **~ de crédito** Kreditbrief *m*; **~ exprés**, **~ urgente** Eilbrief *m*
**cartel** *m* Plakat *n*; Anschlag;

estar en **~** auf dem Spielplan stehen; **~era** *f* Anschlagsäule; Vergnügungsanzeiger *m* (*in Zeitungen*)
**carte|ra** *f* Brieftasche; Aktenmappe; *Am a* (Damen-)Handtasche; **~ro** *m* Briefträger
**cartón** *m* Pappe *f*; Pappschachtel *f*; Stange *f* (*Zigaretten*)
**cartucho** [-tʃo] *m* Patrone *f*; Geldrolle *f*
**cartuja** [-xa] *f* Kartäuserkloster *n*
**casa** *f* Haus *n*; Firma; **~ adosada** Reihenhaus *n*; **~ de alquiler** Mietshaus *n*; **~ rodante** *Arg* Wohnwagenanhänger *m*
**casa|dero** heiratsfähig; **~miento** *m* Heirat *f*; **~r** verheiraten; *jur* aufheben; **~se** heiraten
**cascada** *f* Wasserfall *m*
**casca|jo** [-xo] *m* Schotter; **~r** zerknacken; verprügeln
**cáscara** *f* Schale
**casco** *m* Helm; Scherbe *f*, Splitter; Rumpf; Huf; **~ (de la ciudad)** Stadtkern, Innenstadt *f*
**casero** häuslich; hausgemacht
**caseta *f* de baño** [-no] Badekabine *f*
**caset(t)e** *m s* cassette
**casi** beinahe, fast
**casilla** [-ʎa] *f* Hütte; Fach *n*; Feld *n* (*Schachbrett*); **~ de correos** *Am* Postfach *n*; **~ de seguridad** (Bank-)

**cebar**

Schließfach *n*
**caso** *m* Fall; *Gr* Kasus; **en ~ de que** falls; **hacer ~ a alg auf j-n hören, eingehen; el ~ es que** die Sache ist die, daß
**¡cáspita!** Donnerwetter!
**casquete** [-k-] *m* Kappe *f* (*a Tech*)
**cassette 1.** *m* Kassettenrecorder; **2.** *f* (Tonband-) Kassette
**casta** *f* Rasse, Art; **de ~** reinrassig, Rasse...
**castaña** [-ɲa] *f* Kastanie; Ohrfeige; **~ño** [-ɲo] kastanienbraun; *m* Kastanie *f* (*Baum*); **~ñuela** [-ɲ-] *f* Kastagnette
**castellano** [-ʎ-] kastilisch, spanisch; *m* Kastilier
**castidad** *f* Enthaltsamkeit
**cast|igar** (be)strafen; **~igo** *m* Strafe *f*
**castillo** [-ʎo] *m* Burg *f*; Schloß *n*
**cast|izo** [-θo] rein, echt; **~o** rein; keusch
**castrar** kastrieren
**casual** zufällig; **~idad** *f* Zufall *m*; **por ~idad** zufällig(erweise)
**catálogo** *m* Katalog
**catar** kosten, probieren
**catarata** [-θ-] *f* Wasserfall *m*; *Med* grauer Star *m*
**catarro** *m* Katarrh
**catástrofe** *f* Katastrophe
**cátedra** *f* Katheder *n*; Lehrstuhl *m*
**catedral** *f* Kathedrale, Dom *m*

**catedrático** *m* Professor
**categoría** *f* Kategorie; Rang *m*; **de ~** bedeutend, hervorragend
**categórico** unbedingt, bestimmt
**catiro** *Ven* blond
**católico** katholisch; *m* Katholik
**catre** *m* Feldbett *n*
**caución** [-θ-] *f* Kaution, Sicherheit
**caucho** [-tʃo] *m* Kautschuk, Gummi
**caudal** *m* Vermögen *n*; **un ~ de** eine Menge *f* von
**caudillo** [-ʎo] *m* Anführer
**causa** *f* Ursache; Grund *m*; Rechtssache; **a ~ de** wegen; **~r** verursachen
**cáustico** ätzend, brennend
**cautela** *f* Vorsicht, Vorbehalt *m*; **~larse** s. hüten; **~loso** vorsichtig, behutsam
**cautiv|ar** gefangennehmen; *fig* fesseln, entzücken; **~o** gefangen
**cauto** vorsichtig u schlau
**cavar** (be)hacken; graben
**caverna** *f* Höhle
**caviar** *m* Kaviar
**cavidad** *f* Höhlung, Vertiefung
**caza** [-θa] **1.** *f* Jagd; Wild *n*; **~ submarina** Unterwasserjagd; **2.** *m* Jagdflugzeug *n*; **~dor** *m* Jäger; **~r** jagen
**cazuela** [-θ-] *f* Tiegel *m*, Kasserolle *f*
**ceba** [θ-] *f* Mast (*Vieh*); **~da** Gerste; **~r** mästen, füttern; *fig* schüren

**cebiche**

**cebiche** [θeβitʃe] *m Süda Gericht aus rohem Fisch, Essig, Zwiebeln usw*
**cebo** [θ-] *m* Köder; Futter *n*
**cebolla** [θeβoʎa] *f* Zwiebel; **~eta** *f*, **~ino** *m* Schnittlauch *m*
**cebra** [θ-] *f* Zebra *n*; **paso** *m* **de ~** Zebrastreifen
**cecear** [θeθ-] lispeln
**ceder** [θ-] abtreten; nachgeben; **~ el paso a alg** j-m den Vortritt lassen; **ceda el paso** Vorfahrt beachten!
**cédula** [θ-] *f* Zettel *m*, Schein *m*; **~ de identidad** *Süda* Personalausweis *m*
**cegar** [θ-] erblinden; blenden; *fig* verblenden; **~uedad** [-ge-] *f* Blindheit
**ceja** [θexa] *f* Augenbraue; **~r** zurückweichen; *fig* nachgeben
**celda** [θ-] *f* Zelle
**celebración** [θeleβraθ-] *f* Feier; Vollziehung; **~r** preisen, feiern; abhalten; **~rse** stattfinden
**célebre** [θ-] berühmt
**celebridad** [θ-] *f* Berühmtheit
**celeste** [θ-] himmlisch, himmelblau; **~tial** *a fig* himmlisch
**celibato** [θ-] Zölibat *n* *u* *m*
**celo** [θ-] *m* Eifer; Brunst *f*; Tesafilm; **~s** *pl* Eifersucht *f*; **~so** eifrig; eifersüchtig
**célula** [θ-] *f* Gewebs-/Zelle
**celular** [θ-] Zell(en)...; **~losa** *f* Zellulose
**cementerio** [θ-] *m* Friedhof; **~to** *m* Zement
**cena** [θ-] *f* Abendessen *n*; ♀ *Rel* Abendmahl *n*; **~dor** *m* Gartenlaube *f*; **~r** zu Abend essen
**cenicero** [θeniθ-] *m* Aschenbecher; **~za** [-θa] *f* Asche
**censo** [θ-] *m* Volkszählung *f*; Pachtzins; **~sor** *m* Zensor, Kritiker; **~sura** *f* Zensur; Kritik; **~surar** zensieren; tadeln, kritisieren
**centavo** [θ-] *m* Hundertstel *n*; Centavo (*süda* Münze, *1/100 Peso*)
**centella** [θenteʎa] *f* Funke *m*; Blitz
**centenario** [θ-] hundertjährig; *m* Jahrhundertfeier *f*
**centeno** [θ-] *m* Roggen
**centésimo** [θ-] hundertste(r)
**centígrado** [θ-] hundertgradig; **dos grados ~s** zwei Grad Celsius
**centímetro** [θ-] *m* Zentimeter
**céntimo** [θ-] *m span* Münze (= 1/100 Peseta)
**centinela** [θ-] *m* 1. *f* Wache *f*; 2. *m* Wachposten; **estar de ~** Wache stehen
**centolla** [θentoʎa] *f*, **~o** *m* Meerspinne *f*
**central** [θ-] zentral; *f* Zentrale; **~ eléctrica** Kraftwerk *n*; **~ nuclear, ~ atómica** Kernkraftwerk *n*; **~ita** *f* Telefonzentrale (*im Hotel usw*)
**céntrico** [θ-] Zentral...

**centrifugadora** [θ-] f Zentrifuge; ~o m Mittelpunkt, Zentrum n; ~o comercial Einkaufszentrum n
**ceñido** [θen-] eng anliegend; ~irse s. umgürten; fig s. kurz fassen; ~o m Stirnrunzeln n
**cepa** [θ-] f Baumstumpf m; Rebstock m
**cepillar** [θepiʎ-] bürsten; hobeln; ~o m Hobel; Bürste f; ~o de dientes Zahnbürste f
**cera** [θ-] f Wachs n
**cerámica** [θ-] f Keramik (-waren fpl)
**cerca** [θ-] nahe; f Zaun m; Gehege n; ~ de bei; ungefähr
**cercanía** [θ-] f Nähe; ~ías pl Umgebung; tren m de ~ías Nahverkehrszug m; ~o nah
**cerciorarse** (de gen) s. vergewissern
**cerco** [θ-] m Reif(en) (Faß)
**cerda** [θ-] f Roßhaar m; Borste f; ~o m Schwein n
**cereales** [θ-] mpl Getreide n; ~belo m Kleinhirn n; ~bral Gehirn...; conmoción f ~bral Gehirnerschütterung; ~bro m Gehirn n
**ceremonia** [θ-] f Feierlichkeit; Zeremonie; sin ~ ohne Umstände; ~al adj (u m) zeremoniell; ~oso förmlich
**cereza** [θereθa] f Kirsche; ~o m Kirsch-baum, -holz n
**cerilla** [θeriʎa] f Streichholz n; Ohrenschmalz n; **caja de ~s** Streichholzschachtel
**cero** [θ-] m Null f
**cerquita** [θerk-] ganz nahe
**cerrado** [θ-] geschlossen; fig verschlossen; ~dura f (Tür- usw) Schloß n; ~jero [-x-] m Schlosser; ~r (ab-, ver-, zu-)schließen; zuklappen; Radio ausschalten
**cerro** [θ-] m Hügel; Am Berg; ~jo [-xo] m Riegel
**certamen** [θ-] m Wettstreit; Leistungsschau f
**certero** [θ-] treffsicher; treffend, genau; ~za [-θa] f Gewißheit
**certidumbre** [θ-] f Gewißheit, Sicherheit
**certificado** [θ-] m Bescheinigung f, Zeugnis n; ~r bescheinigen, beglaubigen; Brief einschreiben (lassen)
**cervecería** [θerbeθ-] f Bierbrauerei; Bierlokal n; ~za [-θa] f Bier n
**cesación** [θesaθ-] f Aufhören n; **dejar ~r** Beamte entlassen; ~r aufhören; **sin ~r** unaufhörlich
**cese** [θ-] m Einstellung f, Aufgabe f; ~ión f Abtretung
**césped** [θ-] m Rasen
**cesta** f, ~to [θ-] m Korb m **ch siehe ab Seite 72**
**ciática** [θ-] f Ischias f u m
**cicatriz** [θikatriθ] f Narbe; ~ar vernarben
**ciclismo** [θ-] m Radsport; ~ta su Radfahrer(in)
**ciclo** [θ-] m Zyklus, Kreis-

**ciclón**

lauf
**ciclón** [θ-] *m* Zyklon
**cieg|as** [θ-] *adv*: **a ~as** blindlings; **~o** blind; *m*, **~a** *f* Blinde(r)
**cielo** [θ-] *m* Himmel; **~s** *pl Rel* Himmel *m*; **a ~ raso** (*od* **abierto**) im Freien; **~rraso** *m Am* (Zimmer-)Decke *f*
**cien** [θ-] hundert (*vor Subst*)
**cien|cia** [θjenθ-] *f* Wissenschaft; **~cias** *fpl* Naturwissenschaften; **~tífico** wissenschaftlich; *m* Wissenschaftler
**ciento** [θ-] hundert; **el dos por ~** zwei Prozent, 2%
**cierre** [θ-] *m* Schluß; Schließung *f*; Verschluß
**cierto** [θ-] gewiß; sicher; **~s** manche; **estar en lo ~** recht haben
**ciervo** [θ-] *m* Hirsch
**cifra** [θ-] *f* Ziffer, Zahl; Code *m*, Chiffre *f*; **~r** verschlüsseln
**cigarr|illo** [θigarriʎo] *m* Zigarette *f*; **~o** *m* Zigarette *f*; **~puro** Zigarre *f*
**cigüeña** [θigüeɲa] *f* Storch *m*; **~l** *m* Kurbel(welle) *f*
**cilindr|ada** [θ-] *f* Hubraum *m*; **~dora** *f Am* Straßenwalze
**cilíndrico** [θ-] zylindrisch
**cilindro** [θ-] *m* Zylinder
**cima** [θ-] *f* Gipfel *m*, Bergspitze; Höhepunkt *m*
**cimentar** [θ-] (be)gründen; fundamentieren
**cimiento** [θ-] *m* Grundmauer *f*; **~s** *pl* Fundament *n*

**cinc** [θ-] *m* Zink *n*
**cincel** [θinθ-] *m* Meißel; **~ado** *m* Ziselierarbeit *f*; **~ar** meißeln; stechen
**cincha** [θintʃa] *f* Sattelgurt *m*
**cine** [θ-] *m* Kino *n*; **~ sonoro** Tonfilm
**cínico** [θ-] zynisch; *m* Zyniker
**cinismo** [θ-] *m* Zynismus
**cinta** [θ-] *f* Band *n*, Streifen *m*; Rand *m*; **~ adhesiva** *Span.*, **~ pegante** *Am* Klebestreifen *m*; **~ aislante (magnetofónica)** Isolier-(Ton-)band *n*; **~ métrica** Zentimetermaß *n*
**cintu|ra** [θ-] *f* Taille; **~rón** *m* Gürtel; Gurt; **~rón de seguridad** Sicherheitsgurt
**ciprés** [θ-] *m* Zypresse *f*
**circo** [θ-] *m* Zirkus
**circu|ito** [θ-] *m* Stromkreis; **~ corto** *m* Kurzschluß; **~lación** [-θ-] *f* Kreislauf *m* (*a Med*), Umlauf *m*; Straßenverkehr *m*; **~lar** kreisförmig; *f* Rundschreiben *n*; *v/i* umlaufen, zirkulieren; *Esb* verkehren
**círculo** [θ-] *m* Kreis (*a fig*)
**circunferencia** [θirkumferenθ-] *f Math* Umfang *m*, Umkreis *m*
**circuns|cribir** [θ-] *Geom* umschreiben; **~tancias** [-θ-] *fpl* Umstände *mpl*, Lage *f*
**circunvalación** [θirkumbalaθ-] *f*: **carretera** *f* **de ~** Umgehungsstraße

**ciruela** [θ-] f Pflaume; **~seca**, **~ pasa** Backpflaume
**ciru|gía** [θirux-] f Chirurgie; **~jano** [-x-] m Chirurg
**cisne** [θ-] m Schwan
**cisterna** [θ-] f Zisterne
**cita** [θ-] f Verabredung; Zitat n; **~ción** [-θ-] f Vorladung; Zitat n; **~r** vorladen; zitieren; **~rse** s. verabreden
**ciudad** [θ-] f Stadt; **~anía** f Staatsbürgerschaft f; **~ano** städtisch; m Bürger; Städter; **~ela** f Zitadelle
**cívico** [θ-] (staats)bürgerlich; **deber** m **~** Bürgerpflicht f
**civil** [θ-] bürgerlich, zivil; m Zivilist: **guerra** f **~** Bürgerkrieg m; **por lo ~** standesamtlich; **~ización** [-θaθ-] f Zivilisation; Kultur; **~izado** [-θ-] zivilisiert, gebildet; **~izar** [-θ-] zivilisieren, erziehen
**clandestino** heimlich
**clara** f lichte Stelle (*Haar*, *Wald*); Eiweiß n; **~boya** f Oberlicht n, Dachluke
**clar|ear** hell werden; s. aufklären; **~idad** f Helle; Klarheit; **~ificar** *Tech* klären; *fig* erhellen
**clarín** m (Signal-)Horn n
**claro** hell; klar; deutlich; **poner en ~** klarstellen
**clase** f Art; Klasse (*a Schule*); Unterricht(sstunde f) m; Vorlesung
**clásico** klassisch; mustergültig
**clasifica|ción** [-θ-] f Einteilung, Einordnung; Klassifikation; **~dor** m Vor-, Pult-ordner; **~r** einordnen, sortieren
**claudicar** *fig* hinken
**claustro** m Kreuzgang; **~ de profesores** Lehrkörper
**cláusula** f Klausel
**clavar** nageln; F *Kunden*, *Gäste* ausnehmen
**clave** f *fig* Schlüssel m, Lösung; Code m; **en ~** chiffriert, verschlüsselt
**clavel** m Nelke f
**clavija** [-xa] f Stift m, Bolzen m; Stecker m
**clavo** m Nagel; Gewürznelke f
**claxon** m Hupe f
**clemen|cia** [-θ-] f Milde, Gnade; **~te** mild, gnädig
**clérigo** m Geistliche(r)
**cliente** m Klient; Patient; Kunde; **~la** f Kundschaft
**clima** m Klima n; *fig* Stimmung f; **~tizador** [-θ-] m Klimaanlage f
**clínica** f Klinik
**clip** m Haarklemme f; Ohrclip; Büroklammer f
**clisé** m Klischee n
**cloroformo** m Chloroform n
**clóset** m *Méj*, *Am Cent*, *Col* Einbauschrank
**club** m Klub; **~ nocturno** Nachtlokal n
**clueca** f Glucke
**coagular** verdicken; **~se** gerinnen
**coalición** [-θ-] f *Pol* Koalition; Zs-schluß m

**cobarde**

cobard|e feige; *m* Feigling; ~ía *f* Feigheit
cobayo *m* Meerschweinchen *n*; *fig* Versuchskaninchen *n*
cober|tizo [-θo] *m* Schuppen; ~tura *f* Überdecke; *Hdl* Deckung
cobija [-xa] *f* *Col, Ven* (Woll-)Decke
cobra *f* Kobra (*Schlange*)
cobra|ble einziehbar (*Geld*); ~dor *m* Kassierer; Schaffner (*Bus*); ~r (ein)kassieren; *Geld* abheben; *Gehalt* beziehen; *Scheck* einlösen
cobre *m* Kupfer *n*
cobro *m* Erhebung *f*; Einziehung *f* (*Geld*), Inkasso *n*
cocaína *f* Kokain *n*
cocer *m* Koch
coci|do [-θ-] *m* Eintopf(gericht *n*) *m*; ~na *f* Küche; ~na de gas (eléctrica) Gas- (Elektro-)herd *m*; ~nar kochen; ~nera *f* Köchin; ~nero *m* Koch
coco *m* Kokosnuß *f*; ~drilo *m* Krokodil *m*
coche *m* Wagen, Auto *n*; Waggon; ~ de alquiler (sin placa) Leihwagen; ~ de carreras Rennwagen; ~-cama *m* Schlafwagen; ~-grúa *m* Abschleppwagen; ~-literas *m* Liegewagen; ~-restaurante *m* Speisewagen; ~ro *m* Kutscher
cochi|na [-tʃ-] *f* Sau; ~nada *f* Schweinerei; ~nillo [-ʎo] *m* Spanferkel *n*; ~nillo de Indias Meerschweinchen *n*; *fig* Versuchskaninchen *n*

códice [-θe] *m* Kodex
codici|a [-θ-] *f* Habsucht; ~ar sehnlicht wünschen; ~oso habsüchtig
código *m* Gesetzbuch *n*
codo *m* Ellbogen; *Tech* Knie(rohr) *n*; **hablar por los ~s** F quatschen
codorniz [-θ] *f* Wachtel
coeficiente [-θ-] *m* Koeffizient
coexistencia [-θ-] *f* Koexistenz
cofre *m* Koffer, Truhe *f*
coger [-x-] (er)greifen, fassen; *RPl Tab* vögeln
cogida [-x-] *f* Obsternte; Verletzung *f* (durch den Stier)
coheren|cia [-θ-] *f* Zs-hang *m*; ~te zs-hängend
cohete *m* Rakete *f*
coinci|dencia [-θ-] [-θidenθ-] *f* Zs-treffen *n*; Gleichzeitigkeit; ~dir zs-treffen; s. überschneiden
coj|ín [-x-] *m* Kissen *n*; ~inete *m* kleines Kissen *n*; *Tech* (Kugel-)Lager *n*
cojo [-xo] hinkend, lahm; wackelig (*Möbel*)
col *f* Kohl *m*; ~ de Bruselas Rosenkohl *m*
cola *f* Leim *m*; Schwanz *m*; hacer ~ Schlange stehen; a la ~ am Ende, hinten
colabora|ción [-θ-] *f* Mitarbeit; ~dor *m* Mitarbeiter; ~r mitarbeiten
colación [-θ-] *f* Imbiß *m*

**colador** m Sieb n
**colarse** s. einschmuggeln
**colcha** [-tʃa] f Bettdecke
**colchón** [-tʃ-] m Matratze f; **~ neumático** Luftmatratze f
**colec|ción** [-θ-] f Sammlung; **~cionar** [-θ-] sammeln; **~tividad** f Gesamtheit; gemeinsam, kollektiv; m Am Streckentaxi n; Kleinbus; RPl a Autobus
**coleg|a** m Kollege; **~io** [-x-] m Schule f; Kammer f; Kollegium n; **~ir** [-x-] folgern, schließen
**cólera** 1. f Zorn m; 2. m Cholera f
**colga|dor** m Kleiderbügel; **~r** (an-, auf-, ein-)hängen; Hörer auflegen
**colibrí** m Kolibri
**cólico** m Kolik f
**coliflor** f Blumenkohl m
**colilla** [-Áa] f (Zigaretten-)Stummel m
**colina** f Hügel m, Anhöhe
**colindante** angrenzend
**colisión** f Zs-stoß m
**colmo** m Übermaß n; fig Gipfel, Höhe f; **¡es el ~!** das ist das Letzte!
**coloca|ción** [-θ-] f Aufstellung; Anstellung; **agencia f de ~ciones** Stellenvermittlung; **~r** an-, aufstellen
**coloni|a** f Kolonie; (An-)Siedlung; **~zar** [-θ-] besiedeln, kolonisieren
**color** m Farbe f; Farbton; **de ~ farbig; ~ado** farbig; rot; **~ar** färben; **~ete** m Am Lippenstift
**colosal** riesig, kolossal
**columna** f Säule; Kolumne; Kolonne; **~ vertebral** Wirbelsäule
**columpio** m Schaukel f
**collar** [-ʎ-] m Halsband n, Kette f
**comadr|e** f Klatschbase; **~ona** f Hebamme
**comandan|cia** [-θ-] f Kommandantur; **~te** m Kommandant; Major
**comandita** f: **sociedad f en ~** Hdl Kommanditgesellschaft
**comarca** f Gegend
**combat|e** m Kampf; **~ir** kämpfen
**combina|ción** [-θ-] f Zs-stellung; Kombination; Unterrock m; **~r** zs-stellen; kombinieren
**combusti|ble** brennbar; m Brennstoff; **~ón** f Verbrennung
**comedia** f Lustspiel n; Schauspielhaus n; **~nte** m Schauspieler
**comedor** m Eßzimmer n; Speisesaal
**comején** [-x-] m Am Termite f
**comen|tar** auslegen, kommentieren; **~zar** [-θ-] anfangen (**a** zu)
**comer** essen, speisen
**comer|cial** [-θ-] kaufmännisch; Handels..., Geschäfts...; **~ciante** [-θ-]

Kaufmann; **~ciar** [-θ-] handeln; **~cio** [-θ-] *m* Handel; Geschäft *n*; Umgang

**comestible** eßbar; **~s** *mpl* Eßwaren *fpl*

**cometa** 1. *m* Komet; 2. *f* (Papier-)Drachen *m*

**cometer** Verbrechen usw begehen

**comida** *f* Essen *n*; Mahlzeit; *Col, Chi, Ven* Abendessen *n*

**comienzo** [-θo] *m* Anfang

**comillas** [-λ-] *fpl* Anführungszeichen *npl*

**comis|aría** *f* Kommissariat *n*; Polizeirevier *n*; **~ario** *m* Kommissar; **~sión** *f* Auftrag *m*; Kommission

**comité** *m* Ausschuß

**como** wie, sowie; *(in der Eigenschaft)* als; ungefähr; ¿**cómo**? wie?; ¿**cómo no**? *Am* natürlich!, klar!, gern(e)!

**comodidad** *f* Bequemlichkeit

**cómodo** bequem

**compacto** kompakt; fest

**compa|decer** [-θ-] bemitleiden; **~dre** *m* Gevatter; **~ñero** [-ɲ-] *m* Kamerad, Begleiter; Kollege; **~ñía** [-ɲ-] *f Hdl* Gesellschaft; **~ñía aérea (de seguros)** Flug- (Versicherungs-)gesellschaft; **~ñía naviera** Reederei; **hacer ~ñía a alg** j-m Gesellschaft leisten

**compara|ble** vergleichbar; **~ción** [-θ-] *f* Vergleich *m*; **en ~ción de** *(od* **con)** im Vergleich mit; **~r** verglei-

chen

**compare|cer** [-θ-] vor Gericht erscheinen; **~ciente** [-θ-] *su* Erschienene(r)

**compar|sa** 1. *f* Gefolge *n*; 2. *su* Statist(in); **~timiento** *m* Abteilung *f*; **~tir** teilen

**compás** *m* Zirkel; *Mus* Takt

**compa|sión** *f* Mitleid *n*; **~sivo** mitleidig; **~tible** vereinbar

**compatriota** *su* Landsmann *m*, Landsmännin *f*

**compendio** *m* Auszug; Abriß, Kurzlehrbuch *n*

**compensa|ción** [-θ-] *f* Ersatz *m*, Ausgleich *m*; **~r** ausgleichen, ersetzen

**compe|tencia** [-θ-] *f* Konkurrenz, Wettbewerb *m*; Zuständigkeit; **~tidor** Konkurrenz...; *m* Konkurrent; **~tir** wetteifern, konkurrieren

**compla|cerse** [-θ-] s. freuen; Gefallen finden (**en** an); **~ciente** [-θ-] gefällig

**complemen|tario** ergänzend; **~to** *m* Ergänzung *f*

**comple|tar** vervollständigen; ergänzen; **~to** vollständig; besetzt *(Wagen)*; **por ~to** *adv* vollständig

**complica|ción** [-θ-] *f* Verwicklung *f*; **~r** verwickeln, komplizieren

**cómplice** [-θe] *su* Mitschuldige(r)

**complicidad** [-θ-] *f* Mitschuld; Beihilfe

**compone|nte** *m* Bestandteil; **~r** zs-setzen; *Mus*

**concierto**

komponieren; **~rse** bestehen (**de** aus)
**comportar** (mit s.) bringen; **~se** s. betragen, s. aufführen
**composi|ción** [-θ-] f Zs-setzung; Komposition; **~tor** m Komponist
**compostura** f Zs-setzung; Zierde; Ausbesserung
**compota** f Kompott n
**compra** f Kauf m; Einkauf m; **~dor(a** f**)** m Käufer(in); **~r** kaufen, einkaufen
**compren|der** verstehen; **~sible** verständlich; **~sión** f Verständnis n
**compre|sa** f Med Umschlag m; **~sa (higiénica)** (Damen-)Binde; **~sión** f Druck m, Tech Kompression; **~sor** m Tech Kompressor
**comprimido** m Tablette f; **~r** zs-drücken; pressen; unterdrücken
**comproba|ción** [-θ-] f Bestätigung; Kontrolle; **~nte** m Beleg; **~r** bestätigen; nachweisen
**comprometer** j-n bloßstellen; **~se** s. verpflichten
**compromiso** m Verpflichtung f; Kompromiß m
**compuesto** zs-gesetzt; m Zs-setzung f
**computa|dor(a** f**)** m Computer m; **~r** berechnen
**común** gemeinsam; gewöhnlich; allgemein; **por lo ~** adv gewöhnlich
**comunal** Gemeinde...
**comuni|cación** [-θ-] f Mitteilung; Verbindung; Tel Anschluß m; **~caciones** pl Verkehrswege mpl; Nachrichtenverbindungen; **~car** mitteilen; verbinden; **~dad** f Gemeinschaft; Am a jur, Pol Gemeinde; **~ón** f Kommunion, Abendmahl n; **~smo** m Kommunismus; **~sta** kommunistisch; su Kommunist(in)
**con** mit; durch; bei (Personen); **para ~** gegen, zu (Beziehung); **~ eso** demnach
**cóncavo** konkav
**conce|bir** [-θ-] empfangen (Frau); begreifen; Gedanken fassen; **~der** gewähren; zugeben; zugestehen
**conceja|l** [-θex-] m Stadt-, Gemeinde-rat (Person); **~o** m Stadt-, Gemeinde-rat (Körperschaft)
**concentrar** [-θ-] konzentrieren
**concep|ción** [-θebθ-] f Empfängnis f; Fassungskraft f; **~to** m Begriff; Entwurf; Auffassung f
**concerni|ente** [-θ-] **a** betreffend; **~r** betreffen
**concertar** [-θ-] Geschäft, Kauf abschließen; vereinbaren; übereinstimmen
**concesión** [-θ-] f Bewilligung; Konzession
**concien|cia** [-θienθ-] f Gewissen n; Bewußtsein n; **~zudo** [-θ-] gewissenhaft
**concierto** [-θ-] m Einklang; Übereinkunft f; Konzert n

**concilia|ble** [-θ-] vereinbar; **~liación** [-θ-] *f* Versöhnung; Einigung; *jur* Vergleich *m*; **~liante** versöhnlich; vermittelnd; **~liar** ver-, aus-söhnen; in Einklang bringen; **~liar el sueño** einschlafen; **~liarse** s. versöhnen; für s. einnehmen; s. zuziehen; **~lio** *m* Konzil *n*
**conciso** [-θ-] gedrängt; knapp
**conciudadan|o** [-θ-] *m*, **~a** *f* Mitbürger(in)
**conclu|ir** (ab)schließen, vollenden; folgern; enden; **~sión** [-θ-] *f* Vollendung; Schlußfolgerung; Abschluß *m*; **~yente** überzeugend, bündig; schlagend
**concorda|ncia** [-θ-] *f* Übereinstimmung; **~r** in Einklang bringen; übereinstimmen; **~to** *m* Konkordat *n*
**concre|tar** zs-setzen; zs-fassen; vereinbaren; **~to** kurzgefaßt; konkret; *m Am* Beton
**concubinato** *m* wilde Ehe *f*
**concurr|encia** [-θ-] *f* Zulauf *m*, Publikum *n*; Versammlung; *Am* Wettbewerb *m*; **~ente** zs-wirkend; *m* Mitbewerber; Teilnehmer; **~ido** stark besucht; **~ir** zs-kommen; **~ir a** mitwirken bei; teilnehmen an
**concurso** *m* Zulauf; Wettbewerb; öffentl. Arbeiten, Stelle Ausschreibung *f*; **~ de acreedores** Gläubigerversammlung *f*; **sacar a ~** ausschreiben
**concha** [-tʃa] *f* Muschel; Bucht; Souffleurkasten *m*; *Chi*, *RPI Tab* Votze
**condecora|ción** [-θ-] *f* Auszeichnung; Orden *m*; **~r** mit Orden auszeichnen
**condena** *f* Urteilsspruch *m*; Strafe; Verurteilung; **~r** verurteilen; verdammen; **~rse** verdammt werden
**condensa|dor** *m* Kondensator *m*; **~r** verdichten, kondensieren
**condescen|dencia** [-θendenθ-] *f* Herablassung; Einwilligung; **~der** s. herablassen; einwilligen; **~diente** herablassend; gefällig
**condic|ión** [-θ-] *f* Bedingung; Beschaffenheit; **a ~ón que** vorausgesetzt, daß; **estar en ~ones de** in der Lage sein zu; **~onal** bedingend; bedingt
**condiment|ar** würzen; **~o** *m* Gewürz *n*
**condiscípul|o** [-θ-] *m*, **~a** *f* Mitschüler(in)
**condolencia** [-θ-] *f* Beileid *n*
**condominio** *m* Mitbesitz; *Am* Eigentumswohnung *f*
**conduc|ción** [-θ-] *f* Hinschaffen *n*; *Auto* Lenkung; *Tech* Leitung; **~ir** [-θ-] führen, leiten; *Auto* lenken, fahren; **~ta** *f* Führung; Betragen *n*, Verhalten *n*; **~tivo** leitend; **~to** *m* Röhre *f*; Wasserleitung *f*; Weg; **~tor**

**congelador**

*m* Führer, *a El* Leiter; Fahrer
**conectar** verbinden; einschalten
**cone|jillo** [-xiƒo] *m* **de Indias** Meerschweinchen *n*; *fig* Versuchskaninchen *n*; **~jo** [-xo] *m* Kaninchen *n*
**conexión** *f* Verbindung; Schaltung; *Flgw, Esb* Anschluß *m*
**confec|ción** [-θ-] *f* Anfertigung (*von Kleidern*); Konfektion; *jur* Ausarbeitung; **~ionar** anfertigen
**confederarse** s. verbinden
**confer|encia** [-θ-] *f* Konferenz; Vortrag *m*; *Tel* (*mst* Fern-)Gespräch *n*; **~enciante** [-θ-] *m* Vortragende(r); **~enciar** [-θ-] s. besprechen; verhandeln; **~encista** [-θ-] *m* Am Vortragende(r); **~ir** beraten; *Amt* verleihen
**confe|sar** beichten; bekennen; **~sarse** s. beichten; **~sión** *f* Beichte; Bekenntnis *n*; **~sionario** *m* Beichtstuhl; **~so** geständig; **~sor** *m* Beichtvater
**confia|nza** [-θa] *f* Vertrauen *n*; *de* **~nza** zuverlässig; **~r** vertrauen; anvertrauen; **~r en que** hoffen, daß
**confiden|cia** [-θ-] *f* Vertrauen *n*; vertrauliche Mitteilung; **~cial** [-θ-] vertraulich; **~te** *m* Vertraute(r)
**configuración** [-θ-] *f* Gestalt (*bsd Boden*)
**confirma|ción** [-θ-] *f* Bestätigung; Firmung, Einsegnung; **~r** bestätigen
**confisca|ción** [-θ-] *f* Einziehung, Beschlagnahme; **~r** einziehen, beschlagnahmen
**confi|tar** überzuckern, mit Zucker einmachen; **~te** *m* Zuckerwerk *n*; **~tería** *f* Süßwarenladen *m*; **~tero** *m* Konditor; **~tura** *f* Eingemachte(s) *n*
**conflicto** *m* Konflikt, Zsstoß
**conflu|encia** [-θ-] *f* Zs-fluß *m*; **~ente** zs-fließend; **~ir** zs-fließen; zuströmen
**confor|mar** in Übereinstimmung bringen; **~marse con** s. begnügen, s. abfinden mit; **~me** übereinstimmend; **¡~me!** einverstanden!; **~me a** gemäß, nach; **~midad** *f* Übereinstimmung, Einwilligung; Ergebung
**conforta|nte** *m* Stärkungsmittel *n*; **~r** stärken; trösten
**confraternidad** *f* Brüderlichkeit
**confronta|ción** [-θ-] *f* Gegenüberstellung; **~r** gegenüberstellen
**confu|ndir** verwechseln, vermengen; verwirren; beschämen; **~ndirse** in Verwirrung geraten; s. schämen; **~sión** *f* Verwirrung; Beschämung; **~so** verwirrt; beschämt; **~tar** widerlegen
**congela|ción** [-xelaθ-] *f* Gefrieren *n*; **~dor** *m* Gefrier-

fach n; -schrank; ~rse gefrieren; gerinnen
**congenia|l** [-x-] geistesverwandt; ~r harmonieren, übereinstimmen
**congestión** [-x-] f Stauung (a Verkehr); Blutandrang m
**conglomerar** anhäufen
**congoja** [-xa] f Angst; Kummer m
**congraciarse** [-θ-] **con** s. beliebt machen bei
**congratula|ción** [-θ-] f Glückwunsch m; ~r beglückwünschen; gratulieren; ~rse de (od por) s. über et freuen
**congre|gación** [-θ-] f Kongregation; ~gar versammeln; ~so m Kongreß; 2so **de Diputados** Abgeordnetenhaus n
**congruen|cia** [-θ-] f Übereinstimmung; Geom Kongruenz; ~te angemessen, passend; Geom kongruent
**cónico** kegelförmig, konisch
**coníferas** fpl Nadelhölzer n pl
**conjuga|ble** [-x-] abwandelbar; ~ción [-θ-] f Konjugation; ~r konjugieren; vereinigen
**conjunto** [-x-] verbunden; m Ganze(s); Gefüge n; Ensemble n; **en ~** im ganzen
**conjura|ción** [-xuraθ-] f Verschwörung; ~do m Verschwörer; ~r beschwören; ~rse s. verschwören
**conmemoración** [-θ-] f Gedenkfeier; Gedenken n

**conmigo** mit mir, bei mir
**conmo|ción** [-θ-] f Erschütterung; fig Aufruhr m; ~ción cerebral Gehirnerschütterung; ~ver erschüttern
**conmuta|ción** [-θ-] f Tausch m; ~dor m El Umschalter, Schalter; Am Telefonzentrale f; ~r tauschen; jur Strafe umwandeln; El umschalten
**cono** m Kegel; (Tannen-) Zapfen
**cono|cer** [-θ-] (er)kennen; **(llegar a)** ~cer kennenlernen; ~cido [-θ-] bekannt; ~cimiento [-θ-] Kenntnis f; Bekanntschaft f; Bewußtsein n
**conque** [-ke] also, nun
**conquista** [-k-] f Eroberung; ~dor m Eroberer; ~r erobern; für s. gewinnen
**consabido** bewußt
**consagrar** weihen, einsegnen; widmen; ~se a s. widmen
**consanguíneo** [-gi-] blutsverwandt
**cons|ciente** [-θ-] f bewußt; ~cripción [-θ-] f Mil Aushebung
**consecuen|cia** [-θ-] f Folge; **en ~encia de** gemäß, zufolge; ~ente folgerichtig; konsequent; ~tivo aufeafolgend; **tres veces** ~tivas dreimal nacheaaa
**conseguir** [-gir] erlangen; erreichen
**conse|jero** [-x-] m Rat (Ti-

**constituyente**

tel); Ratgeber, Berater; **~jo** [-xo] m Rat(schlag); Ratsversammlung f; **~jo de ministros** Ministerrat, Kabinett n

**consenti|do** wissentlich betrogen (*Ehemann*); verwöhnt (*Kind*); **~miento** m Einwilligung f, Zustimmung f; **~r** gestatten, billigen; zustimmen; *Am* liebkosen

**conserje** [-x-] m Hausmeister, Portier

**conserva** f Konserve; **~dor** erhaltend; konservativ; m Kustos; Konservative(r); **~r** erhalten, bewahren; aufbewahren; *Früchte* einmachen; konservieren; **~rse bien** s. pflegen; **~atorio** m Konservatorium n

**considera|ble** ansehnlich, beträchtlich; **~ción** [-θ-] f Betrachtung, Erwägung; Berücksichtigung; Hochachtung; **en ~ción a** in Anbetracht (*gen*); **tomar en ~ción** in Erwägung ziehen; **~r** bedenken, erwägen; hochachten

**consigna** f Losung, Weisung; Gepäckaufbewahrung; **~ automática** *Esb, Flgw* Schließfach n; **~ción** [-θ-] f Anweisung; Kaution; **~r** anweisen; *Gepäck* zur Aufbewahrung geben; *Am* Scheck in Zahlung geben

**consigo** mit sich, bei sich

**consiguiente** [-gi̯-]: **~ a** s. ergebend aus; entsprechend; **por ~** folglich

**consis|tencia** [-θ-] f Dauer, Bestand m; Festigkeit; **~tente** fest, stark; **~tir en** bestehen aus; beruhen auf

**consolar** trösten

**consolida|ción** [-θ-] f Sicherung, Befestigung; **~r** sichern, befestigen

**consomé** m Kraftbrühe f

**consonan|cia** [-θ-] f Einklang m, Übereinstimmung; **~te** zs-stimmend; reimend; f Konsonant m

**consor|cio** [-θ-] m Verband; Konsortium n; **~te** *su* Genosse, Genossin; Ehegatte, -gattin

**conspira|ción** [-θ-] f Verschwörung; **~dor** m Verschwörer; **~r s.** verschwören (**contra** gegen); **~r a** hinwirken auf

**constancia** f Beharrlichkeit, Ausdauer

**consta|nte** standhaft; konstant; **~r** gewiß sein; bestehen (**de** aus); **me consta** ich weiß sicher; **hacer ~r** feststellen

**conste|lación** [-θ-] f Sternbild n; **~rnarse** bestürzt werden

**constipado** m Schnupfen

**constitu|ción** [-θ-] f Beschaffenheit, Zustand m; *Pol, Med, jur* Verfassung; **~cional** [-θ-] verfassungsmäßig; **~ir** bilden, errichten, einsetzen; **~yente** begründend; verfassungs-

**construcción** 64

bend
**constru|cción** [-θ-] f Konstruktion; Bau m; Gr Satzbau m; **~ctor** m Erbauer; **~ir** bauen; errichten
**consuelo** m Trost
**cónsul** m Konsul
**consula|do** m Konsulat n; **~r** konsularisch
**consult|a** f Beratung; Befragung; Gutachten n; (Arzt-)Praxis; **hora de ~a** Sprechstunde (Arzt); **~ar** um Rat fragen; konsultieren; **~orio** m bds Am (Arzt-)Praxis f
**consu|mar** vollbringen; **~midor** m Abnehmer, Verbraucher; **~mir** auf-, verzehren; verbrauchen; **~mo** m Verbrauch; Konsum
**conta|bilidad** f Buchführung; **~ble** m Buchhalter
**contacto** m Berührung f; Kontakt
**conta|do: al ~do** bar (Geld); **~dor** m Rechnungsführer; Mar Zahlmeister; Tech Zähler; Am Buchhalter; **~duría** f Buchführung; Thea Vorverkauf(skasse f) m; **~giar** [-x-] anstecken; **~giarse** angesteckt werden; **~gio** [-x-] m Ansteckung f; **~gioso** [-x-] ansteckend
**contamina|ción** [-θ-] f Ansteckung; Verseuchung; **~ ambiental** Umweltverschmutzung
**conta|nte** bar (Geld); **~r** zählen; rechnen; erzählen; **~r con** rechnen mit; besitzen
**contempla|ción** [-θ-] f Betrachtung; **~r** betrachten
**contemporáneo** zeitgenössisch; m Zeitgenosse
**contenedor** m Container
**conten|er** enthalten; **~erse** s. beherrschen, an s. halten; **~ido** m Inhalt; Gehalt; **~tar** befriedigen; **~tarse con** vorliebnehmen mit; **~to** zufrieden
**contesta|ble** bestreitbar, fragwürdig; **~ción** [-θ-] f Antwort; **~r** (be)antworten; in Frage stellen
**contienda** f Zank m, Streit m
**contigo** mit dir; bei dir
**contiguo** anstoßend; nebeneinanderliegend
**continen|cia** [-θ-] f Enthaltsamkeit; **~tal** kontinental; **~te** m Festland n; Kontinent
**continu|ación** [-θ-] f Fortsetzung; **a ~ación** nachher, dann; **~ar** fortsetzen; fortfahren; **~o** ständig, fortwährend
**contor|near** umkreisen; umreißen; **~no** m Umgegend f; Umriß f; Gastr Beilage f; **en ~no** ringsumher; **~sión** f Verdrehung; Med Verrenkung
**contra** gegen; gegenüber (dat); **en ~** entgegen; dagegen; **el pro y el ~** das Für und Wider; **~bandista** m Schmuggler; **~bando** m Schmuggel; **pasar de ~bando** ein-, durchschmuggeln
**contracción** [-θ-] f Zs-zie-

**contraceptivo** [-θ-] empfängnisverhütend; *m* Empfängnisverhütungsmittel *n*; **~corriente** *f* Gegenströmung, -strom *m* (*El*)

**contradecir** [-θ-] widersprechen; **~dicción** [-θ-] *f* Widerspruch *m*; Unvereinbarkeit

**contraer** zs-ziehen; *Hdl* (ab-)schließen; *Schulden* machen

**contralto** *m Mus* Alt

**contraluz** *f Fot* Gegenlicht *n*

**contramaestre** *m* Werkmeister; *Mar* Bootsmann; **~marca** *f* Gegenzeichen *n*; **~medida** *f* Gegenmaßnahme; Zollmarke; **~orden** *f* Gegenbefehl *m*; **~prueba** *f* Gegenprobe

**contrario** entgegengesetzt; widrig; *m* Gegner; **al ~ por el ~** im Gegenteil; **de lo ~** andernfalls; **en ~** dagegen

**contrasentido** *m* Widersinn; **~ña** [-ɲa] *f Thea* Garderobenmarke

**contrastar** einen Gegensatz bilden; eichen; im Widerspruch stehen (**con** zu); **~e** *m* Gegensatz; Kontrast; Eichamt *n*

**contrata** *f* Vertrag *m*; **~nte** *m* Vertragschließende(r); **~r** einen Vertrag schließen; engagieren, einstellen

**contratista** *m* (Bau-)Unternehmer; **~to** *m* Vertrag

**contravención** [-θ-] *f* Übertretung; **~eno** *m* Gegengift *n*; Gegenmittel *n*; **~ir** zuwiderhandeln (*dat* **a**)

**contraventana** *f* Fensterladen *m*; **~vidriera** *f* Doppelfenster *n*

**contribución** [-θ-] *f* Beitrag *m*; Steuer, Abgabe; **~ir** beitragen, beisteuern (**a** zu); mitwirken; **~yente** steuerpflichtig; *m* Steuerzahler

**control** *m* Kontrolle *f*, Überwachung *f*; **~ aéreo** Flugsicherung *f*; **~ador** Kontrolleur; *aéreo* Fluglotse; **~ar** kontrollieren

**controversia** *f* Kontroverse, Wortwechsel *m*; **~tible** strittig

**contumacia** [-θ-] *f* Hartnäckigkeit; **~z** [-θ] hartnäckig

**contusión** [-θ-] *f* Quetschung

**convalecencia** [-θenθ-] *f* Genesung; **~r** genesen

**convencer** [-θ-] überzeugen; überreden; **~cimiento** [-θ-] *m* Überzeugung *f*; **~ción** [-θ-] *f* Übereinkunft; **~cional** [-θ-] herkömmlich; **~iencia** [-θ-] *f* Schicklichkeit; Nutzen *m*; Bequemlichkeit; **~iente** schicklich; angemessen; **~io** *m* Übereinkunft *f*; Abkommen *n*; **~ir** übereinkommen; zusagen (*dat*)

**convento** *m* Kloster *n*

**conversación** [-θ-] *f* Unterhaltung, Gespräch *n*; **~r** s. unterhalten

**conver|sión** f Umkehrung; Bekehrung; *Hdl* Konvertierung; **~tir** umwandeln; bekehren
**convex|idad** f Wölbung; **~o** konvex
**convic|ción** [-θ-] f Überzeugung; **~to** j/ überführt
**convida|do** m Eingeladene(r), Gast; **~r** einladen
**convoca|r** einberufen; **~toria** f Einberufung
**convoy** m Geleit(zug m) n; (Eisenbahn-)Zug
**convulsi|ón** f Zuckung, Krampf m; **~vo** krampfhaft
**conyugal** ehelich
**cónyuge** [-xe] su Ehegatte m, -gattin f
**coña** [-ɲa] Tab: **es la ~a** so e-e Scheiße!; **~o** Tab m Votze f; Chi Spanier; **¡~o!** excl Mensch!, Donnerwetter!
**coopera|ción** [-θ-] f Mitwirkung, Zs-arbeit; **~r** mitwirken, mitarbeiten; **~tiva** f Genossenschaft; **~tivo** mitwirkend
**coordinar** koordinieren; aufea abstimmen
**copa** f Pokal m; Glas n (mit Stiel); Baumkrone; **tomar(se) una ~** e-n Drink nehmen; **~r** besetzen; monopolisieren
**copia** f Abschrift; Abbild n; Durchschlag m; Fot Abzug m; **~dor** m Kopiergerät n; **~r** abschreiben; kopieren; nachahmen
**copioso** reichlich

**copla** f Strophe; Liedchen n
**copo** f Flocke f
**copulativo** verbindend
**coque** [-ke] m Koks
**coquet|a** [-k-] adj f kokett; **~ear** kokettieren; liebäugeln
**cora|je** [-xe] m Mut; Zorn, Wut f; **~judo** [-x-] jähzornig
**coral 1.** m Koralle f; **2.** f Choral m
**corazón** [-θ-] m Herz n; Mut; **de ~** herzlich
**corbata** f Krawatte
**corcova** f Höcker m; **~do** höckerig
**corchete** [-tʃ-] m Haken mit Öse
**corcho** [-tʃo] m Kork; **~s de baño** Schwimmgürtel m
**cordel** m Schnur f, Bindfaden; **~ería** f Seilerei
**cordero** m Lamm n (a fig)
**cordial** herzstärkend; herzlich; m Magenlikör
**cordillera** [-ʎ-] f Gebirgskette
**cordón** m Schnur f; Band n; Schnürsenkel; Postenkette f
**cordura** f Verstand m, Umsicht
**cornada** f Hornstoß m
**córnea** f Hornhaut (des Auges)
**corneja** [-xa] f Krähe
**córner** m Eckball
**corneta 1.** f Mus Horn n; Ven Kfz Hupe; **2.** m Hornist
**cornudo** gehörnt (a fig)

**coro** m Mus Chor; Choral; Arch Chor
**corona** f Krone; Kranz m; Tonsur; Zahnkrone; Hof m (um den Mond)
**coronel** m Oberst
**coronilla** f Haarwirbel m; **estar hasta la ~** F die Schnauze voll haben
**corpiño** [-ɲo] m Mieder n; RPl Büstenhalter
**corporación** [-θ-] f Körperschaft; Innung
**Corpus** m Fronleichnam
**corral** m Hof, Hühnerhof, Gehege n; Stall
**correa** f Riemen m; Am a Gürtel m; **~ motriz** Tech Treibriemen m; **~ del ventilador** Kfz Keilriemen m
**correc|ción** [-θ-] f Verbesserung; Tadel m; **~tivo** verbessernd; m mildernder Ausdruck; **~to** fehlerfrei, korrekt; **~tor** m Korrektor
**corre|dor** leichtfüßig; m Läufer; Rennfahrer; Makler; Korridor; **~gible** [-x-] verbesserungsfähig; **~gir** [-x-] (ver)bessern; tadeln
**correla|ción** [-θ-] f Wechselwirkung; **~tivo** wechselseitig
**correo** m Bote; Post f; ~s pl Postamt m; **a vuelta de ~** postwendend
**correr** laufen; fließen; ver-; um-gehen; Risiko eingehen
**correspon|dencia** [-θ-] f Briefwechsel m; Esb Anschluß m; **~der** erwidern; entsprechen; zukommen; **~diente** entsprechend; **~sal** m Geschäftsfreund; Korrespondent
**corretaje** [-xe] m Maklergeschäft m; Maklergebühr f
**corrida** f Hetze; Lauf m; **~ de toros** Stierkampf m
**corriente 1.** adj laufend; gewöhnlich, alltäglich; **agua ~** fließendes Wasser; **estar al ~** auf dem laufenden sein (**de** über); **¡~!** gut!; **2.** f Strömung, Strom m; **~ alterna** (**continua**) Wechsel- (Gleich-)strom m
**corroborar** bestärken, bekräftigen
**corro|er** zer-, an-fressen; fig nagen an; **~mper** verderben; fig bestechen; verführen; **~mperse** verfaulen; fig verkommen; **~sivo** ätzend; m Ätzmittel n
**corrup|ción** [-θ-] f Verderben n; Verwesung, Fäulnis; Korruption; Bestechung; **~tela** f Mißbrauch m; **~tible** bestechlich; **~to** fig verdorben, korrupt; **~tor** sittenverderbend; m Verderber; Verführer
**corsario** m Korsar, Freibeuter
**corsé** m Korsett n
**corta|césped** [-θ-] m Rasenmäher; **~circuito** [-θ-] m El Sicherung f; Espresso mit et Milch; **~lápices** [-θ-] m Bleistiftspitzer; **~plumas** m Federmesser n; **~r** schneiden; unterbre-

3*

chen; ~rse verlegen werden; steckenbleiben
**corte 1.** *m* Schneiden *n*; Schnitt; Zuschnitt (*Stoff*); **2.** *f* (Königs-)Hof *m*; Am (höheres) Gericht *n*
**cort|és** höflich; ~**esía** *f* Höflichkeit
**corteza** [-θa] *f* Baumrinde; Kruste (*Brot*); Schwarte
**cortijo** [-xo] *m* Gehöft *n*
**cortina** *f* Gardine; Vorhang *m*; ~ **de hierro** *Am* Eiserner Vorhang
**corto** kurz; klein; ~ **(de alcances)** (geistig) beschränkt; ~ **de vista** kurzsichtig; ~**circuito** [-θ-] *m El* Kurzschluß; ~**metraje** [-xe] *m* Kurzfilm
**corva** *f* Kniekehle
**corzo** [-θo] *m* Reh(bock *m*) *n*
**cosa** *f* Sache, Ding *n*; ¡~ **rara!** seltsam!
**cosecha** [-tʃa] *f* Ernte; Ausbeute; ~**ar** ernten; ~**ero** *m* Erntearbeiter; Pflücker
**coser** nähen; heften; **máquina** *f* **de** ~ Nähmaschine
**cosido** *m* Nähen *n*; Zs-heften *n*
**cosmético** *m* Schönheitsmittel *n*
**cosmopolita** kosmopolitisch; *m* Weltbürger
**coso** *m* Stierkampfarena *f*
**cosquillas** [-kiʎ-] *fpl*: **hacer** ~ kitzeln
**costa** *f* Küste; Kosten *pl*; ~**s** *pl* Gerichtskosten; **a do** ~ **do** Seite *f*; **dolor** *m* **de** ~**do** Seitenstechen *n*; ~**r** kosten;

schwerfallen; ~**r caro** teuer sein
**coste** *m* Preis, Kosten *pl*; ~ **de vida** Lebenshaltungskosten *pl*
**costilla** [-ʎa] *f* Rippe
**costoso** kostspielig
**costra** *f* Kruste, Rinde; *Med* Schorf *m*
**costumbre** *f* Gewohnheit, Sitte, Brauch *m*; **mala** ~ schlechte Angewohnheit; **de** ~ gewöhnlich
**costu|ra** *f* Naht; Nähen *n*; ~**rera** *f* Näherin, Schneiderin
**cote|jar** [-x-] vergleichen; ~**jo** [-xo] *m* Vergleich
**cotidiano** (all)täglich
**cotización** [-θaθ-] *f* (Börsen-)Notierung, Kurs *m*
**coto** *m* Jagdrevier *n*; *Süda Med* Kropf
**cráneo** *m* Schädel
**cráter** *m* Krater
**crea|ción** [-θ-] *f* Schöpfung; ~**dor** schöpferisch; &**ador** *m* Schöpfer; ~**ar** (er)schaffen; ~**cer** [-θ-] wachsen; zunehmen; ~**cida** [-θ-] *f* Hochwasser *n*; ~**ciente** [-θ-] wachsend, steigend; ~**cimiento** [-θ-] *m* Wachstum *n*; Zunahme *f*
**crédito** *m* Kredit; Ansehen *n*; **de** ~ glaubwürdig; vertrauenswürdig
**cre|dulidad** *f* Leichtgläubigkeit; ~**er** glauben; meinen; ~**íble** glaubhaft
**crema** *f* Rahm *m*; Creme *f*; ~ **de afeitar (bronceadora)**

**Rasier- (Sonnen-)creme; ~ para el cutis** Hautcreme
**cremación** [-θ-] f (Leichen-)Verbrennung
**cremallera** [-ʎ-] f Reißverschluß m; **ferrocarril** m **de ~** Zahnradbahn f
**crepitar** prasselen, knistern
**crep|uscular** dämmerig; **~dero** m Züchterei f; fig Brutstätte f; **~dillas** [-ʎ-] fpl Gastr Hoden mpl; **~do 1. bien ~do** wohlerzogen; **2. m** Diener; Knecht; **~dor** m Züchter; **~r** erzeugen; säugen; züchten; **~rse** aufwachsen; **~tura** f Kreatur, F Kind n
**criba** f Sieb n; **~r** sieben
**crim|en** m Verbrechen n; **~inal** verbrecherisch; m Verbrecher
**criollo** [-ʎo] kreolisch; Am einheimisch; m Kreole
**crisis** f Wendepunkt m; Krise
**cristal** m Kristall n; Kristall m; Fensterscheibe f; **~izar** [-θ-] kristallisieren
**cristia|na** taufen; **~ndad** f Christenheit; **~nismo** m Christentum n; **~nizar** [-θ-] christianisieren; **~no** christlich; m Christ

# cuadrilla

**Cristo** m Christus
**criterio** m Kriterium n, Gesichtspunkt; Urteil n
**crítica** f Kritik
**criticar** kritisieren, beurteilen; tadeln
**crítico** kritisch; entscheidend; m Kritiker
**crónic|a** f Chronik; Bericht m (Zeitung); **~o** chronisch
**cron|ista** m Chronist; **~ológico** [-x-] chronologisch; **~ómetro** m Zeitmesser; Sp Stoppuhr f
**croqueta** [-k-] f Krokette
**croquis** [-k-] m Skizze f
**cruce** [-θe] m Kreuzung f; **~ro** m Mar Kreuzer; Kreuzfahrt f
**cruci|ficar** [-θ-] kreuzigen; **~grama** m Kreuzworträtsel n
**crudeza** [-θa] f Roheit, Strenge
**crudo** roh, ungekocht
**cruel** grausam; **~dad** f Grausamkeit
**cruj|iente** [-x-] knusprig; **~ir** krachen; knirschen
**cruz** [-θ] f Kreuz n; fig Leid n; **~ar** kreuzen; durchstreichen
**cuaderno** m Heft n; Notizbuch n
**cuadra** f Pferdestall m; Am Entfernung zwischen zwei Querstraßen; **~do** viereckig; Quadrat...; m Viereck n; Quadrat(zahl f) n; **~nte** m Quadrant; Sonnenuhr f
**cuadrilla** [-ʎa] f Trupp m;

**cuadro**

Team n; Stk Mannschaft
**cuadro** m Quadrat n; Gemälde n; Rahmen; Tabelle f; Tafel f; **de ~s** kariert
**cuadrúpedo** m Vierfüßler
**cuádrupl|e** vierfach; **~o** m Vierfache(s) n
**cuaja|da** [-x-] f geronnene Milch; **~r** gerinnen, verdicken
**cual: el, la, lo ~** der, die, das; welche(r, -s); **~ si** als ob; **¿cuál?** wer?, welcher?
**cualesquier(a)** [-k-] pl v **cualquier(a)**
**cualidad** f Qualität, Eigenschaft; Fähigkeit
**cualquier|(a)** [-k-] irgendein (usw), jeder beliebige; jemand; **~ día** irgendwann
**cuando** wann; cj wenn; als; **de ~ en ~** von Zeit zu Zeit; **~ quiera** jederzeit; **¿cuándo?** wann?
**cuant|ía** f Summe; Bedeutung, Belang m; **~ioso** zahlreich, bedeutend
**cuanto** wieviel; alles was; soviel als; **~ antes** möglichst bald; **en ~ a** was anbetrifft; **~ más** que um so mehr als; **~ menos** um so weniger; **¿~ cuánto?** wieviel?; **¿a cuántos estamos?** der wievielte ist heute?
**cuarentena** f Quarantäne
**cuaresma** f Fasten n
**cuartel** m Quartier n; Kaserne f; **no dar ~** keinen Pardon geben
**cuarto** vierte(r); m Viertel n;

Zimmer n; **~s** m pl F Geld n, Zaster m; **~ de hora** Viertelstunde f
**cuatro** vier; fig ein paar
**cuba** f Faß n; Kübel m
**cube|ro** m Küfer; **~ta** f Holzzuber m; Kübel m; Schale
**cúbico** kubisch; Kubik...
**cubier|ta** f Decke; Buchdeckel m; Mar Deck n; **~to** bedeckt; m Dach n; Besteck n; Gedeck n
**cubilete** m Würfelbecher
**cub|ito** m kleiner Würfel; **~to de hielo** Eiswürfel; **~o** m Würfel; Kubikzahl f; Eimer; Tech Nabe f
**cubrir** (be-, ver-, zu-, über-) decken; **~se s.** bedecken; den Hut aufsetzen
**cucaracha** [-tʃa] f Kakerlak m
**cuclillas: en ~** hockend
**cuco** m Kuckuck; adj schlau; niedlich, nett
**cucurucho** [-tʃo] m Papiertüte f
**cuchar|a** [-tʃ-] f Löffel m; **~rada** f Löffelvoll m; **~rilla** [-ʎa], **~rita** f Kaffeelöffel m; **~rón** m Schöpflöffel
**cuchichear** [-tʃitʃ-] flüstern, tuscheln
**cuchill|a** [-tʃiʎa] f Hackmesser n; Schneide f; bsd Am Rasierklinge f; **~o** m Messer n
**cuello** [-ʎo] m Hals; Kragen m
**cuenca** f tiefes Tal n; Becken n (Fluß)
**cuenta** f Rechnen n; Rech-

**cuneta**

nung; Konto n; ~ **corriente** laufendes Konto; ~ **darse de** et bemerken, s. über et klarwerden; **echar la** ~ abrechnen; **tener en** ~ in Betracht ziehen; ~**gotas** m Tropfenzähler; ~**kilómetros** m Kilometerzähler

**cuen|tista** m Erzähler; Aufschneider; ~**to** m Erzählung f; Märchen n; Gerede n; ~**to chino** F Ammenmärchen n

**cuerda** f Seil n; Leine; Geom Sehne; Mus Saite; **dar** ~ **(al reloj)** die Uhr aufziehen

**cuerdo** klug, vernünftig

**cuerno** m a Mus Horn n; **mandar al** ~ F zum Teufel schicken

**cuero** m Haut f; Leder n; **en** ~**s** F splitternackt

**cuerpo** m Körper, Leib; Körperschaft f; ~ **docente** Lehrkörper

**cuervo** m Rabe

**cuesta** f (Ab-)Hang m; Anhöhe; Steigung

**cuestión** f (Streit-)Frage

**cuestionar** erörtern; in Frage stellen; ~**io** m Fragebogen

**cueva** f Höhle; Keller m

**cuida|do** m Sorge f; Aufmerksamkeit f; Pflege f; **tener** ~ **do** achtgeben, sich vorsehen; **de** ~**do** gefährlich, mit Vorsicht zu genießen; **sin** ~ **do** unbesorgt; ¡~**do**! Achtung!; ~**doso** sorgfältig; besorgen; pflegen; ~**rse de** s. hüten vor; s. kümmern um

**culata** f Gewehrkolben m; Kfz Zylinderkopf m

**culebra** f Schlange; Col F Gläubiger m

**culminante** überragend

**culo** m F Hintern; Unterteil n, Boden

**culpa** f Schuld (an et); **echar la** ~ **de** u/c **a alg** j-m die Schuld an et geben; **tener la** ~ **de** schuld sein an; ~**ble** strafbar; schuldig; ~**r** beschuldigen

**cultiv|able** anbaufähig; ~**ador** m Züchter; Pfleger; Landmann; ~**ar** anbauen; kultivieren; ~**o** m Anbau; Pflege; Kultur f

**culto** gebildet; m Kult; Gottesdienst

**cultura** f Kultur; Bildung

**cumbre** f (Berg-)Gipfel m; ~**ra** f Dachfirst m

**cumpleaños** [-n-] m Geburtstag

**cumplido** vollkommen, höflich; pflichtbewußt; m Glückwunsch; Kompliment n; **sin** ~ ohne Umstände; **~r** Am gewissenhaft, pflichtbewußt

**cumpli|mentar** begrüßen; beglückwünschen; ~**miento** m Erfüllung f; Vollziehung f; ~**r** erfüllen; ausführen: ~**r 40 años** 40 Jahre (alt) werden; ~**r el deber** s-e Pflicht tun

**cuna** f Wiege (a fig); Krippe; Kinderbett n (Hotel)

**cuneta** f Straßengraben m

**cuña** [-ɲa] f Keil m; **tener ~s gute Beziehungen haben**; **~da** f Schwägerin; **~do** m Schwager
**cuota** f Quote; Beitrag m
**cupié** m Coupé n; **~o** m Kontingent n, Anteil; **~ón** m Zinsschein; Kupon
**cúpula** f Kuppel
**cura** 1. f Kur; **~ termal** Bäderkur; 2. m Pfarrer; **este ~** F ich; **~ble** heilbar; **~ción** f Heilung; **~r** heilen; behandeln; **~rse** genesen; **~tivo** heilend
**curí** m Col Meerschweinchen n
**curia** f Kurie
**curio|sidad** f Neugierde; Sehenswürdigkeit; **~so** neugierig; merkwürdig
**curita** f Am Schnellverband m
**curs|ar** Fach studieren; Telegramm aufgeben; Gesuch einreichen; **~i** kitschig, geschmacklos; affektiert; **~ilería** f Kitsch m; Getue n; Snobismus m; **~illista** [-ʎ-] su Kursteilnehmer(in); **~illo** [-θo] m Kurs, Lehrgang; **~o** m Lauf; Gang; Lehrgang, Kurs(us)
**curti|do** abgehärtet; sonnengebräunt; m Gerben n; **~r** gerben; fig abhärten
**curv|a** f Kurve; **~o** krumm, gebogen
**cúspide** f Spitze
**custodia** f Aufbewahrung; Gewahrsam m; Obhut; **~r** bewachen, beaufsichtigen
**cutáneo** Haut...
**cutis** m Haut f
**cuy** m Pe Meerschweinchen n
**cuy|o, ~a** dessen, deren; **¿cúyo?** wessen?

## Ch

**chabacano** [tʃ-] f geschmacklos; m Méj Aprikose f
**chabola** [tʃ-] f Hütte; Span Elendsquartier n
**chacal** [tʃ-] m Schakal
**chacra** [tʃ-] f Süda kleine Farm
**chacha** [tʃatʃa] f F Dienstmädchen n
**cháchara** [tʃatʃ-] f (leeres) Geschwätz n
**chafar** [tʃ-] zerknittern
**chaflán** [tʃ-] m Schrägkante f
**chal** [tʃ-] m Schultertuch n;
**~ado** F bekloppt
**chalán** [tʃ-] gerissen; m Pferdehändler
**chaleco** [tʃ-] m Weste f; **~ salvavidas** Schwimmweste f
**chalet** [tʃ-] m Villa f, Bungalow, Landhaus n
**chalupa** [tʃ-] f Mar Schaluppe
**chama|ca** [tʃ-] f Méj Mädchen n; **~co** m Méj Junge m
**chamba** [tʃ-] f Glückstreffer m; fig Schwein n
**chambón** [tʃ-] m Stümper

Glückspilz
**champán** [tʃ-] *m*, **~paña** [-ɲa] *m* Champagner, Sekt
**champú** [tʃ-] *m* Shampoo *n*
**chamuscar** [tʃ-] ansengen, abbrennen
**chance** [tʃanθe] *m Am* Glück *n*; Glücksspiel *n*; Chance *f*
**chancleta** [tʃ-] *f* Pantoffel *m*
**chanclo** [tʃ-] *m* Gummischuh, Überschuh
**chan|cho** [tʃantʃo] *m* Südamer Schwein *n*; **~chullo** [-tʃuʎo] *m* Schwindel, Schiebung *f*
**chándal** [tʃ-] *m* Trainingsanzug
**changador** [tʃ-] *m Arg* Dienstmann
**chango** [tʃ-] *m Méj* Affe; *Arg* Junge, Kind *n*; *adj Chi* lästig
**chantaje** [tʃantaxe] *m* Erpressung *f*; **~ar** erpressen
**chanza** [tʃanθa] *f* Scherz *m*, Spaß *m*
**chapa** [tʃ-] *f* Blech *n*; Platte; Blechmarke; *Am* Türschloß *n*; *RPl Kfz* (polizeiliches) Kennzeichen *n*
**chaparrón** [tʃ-] *m* Regenguß
**chapetón** [tʃ-] *m Col, Ven pej* Spanier
**chapista** [tʃ-] *m Span* Autospengler
**chapotear** [tʃ-] plan(t)schen; plätschern
**chapuce|ar** [tʃapuθ-] pfuschen; **~ro** stümperhaft; *m* Pfuscher
**chapuz** [tʃapuθ] *m*, **~a** *f*

## chequear

Pfuscharbeit *f*; **~ar** untertauchen; **~ón** *m* Tauchen *n*
**chaqu|é** [tʃake] *m* Cut(away); **~eta** *f* Jacke, Jackett *n*; **~eta de punto** Strickjacke
**charc|a** [tʃ-] *f* Tümpel *m*; **~o** *m* Pfütze *f*, Lache *f*
**charla** [tʃ-] *f* Plauderei; **~r** schwatzen, plaudern
**charol** [tʃ-] *m* Lack; Glanzleder *n*
**charqui** [tʃarki] *m Pe, Bol, Chi* Dörrfleisch *n*
**chárter** [tʃ-]: **vuelo** *m* **~** Charterflug
**chasco** [tʃ-] *m* Streich, Possen; Hereinfall; **llevarse un ~** hereinfallen
**chasis** [tʃasis] *m* Fahrgestell *n*; *Fot* Kassette *f*
**chasquear** [tʃask-]: **~ los dedos** mit den Fingern schnalzen
**chato** [tʃ-] flach; stumpfnasig; klein, untersetzt (*Person*); *m* breites Weinglas *n*; **tomar un ~**s. ein Gläschen genehmigen
**chaucha** [tʃautʃa] *f RPl* grüne Bohne
**chaval** [tʃ-] *m* F Junge; **~a** *f f* Mädchen *n*
**chaveta** [tʃ-] *f* Keil *m*, Splint *m*; **perder la ~** F den Kopf verlieren
**chelín** [tʃ-] *m* Schilling
**chepa** [tʃ-] *f* F Buckel *m*; *adj* F buckelig
**cheque** [tʃeke] *m* Scheck; **~ de viaje** Reisescheck; **~ postal** Postscheck; **~ar**

**chequeo** 74

überprüfen; *Med* untersuchen; **~o** *m* Überprüfung *f*; *Med* Generaluntersuchung *f*
**chic|a** [tʃ-] *f* Kleine, Mädchen *n*; **~ano** *m* Mexikaner, der in den USA lebt; **~le** *m* Kaugummi; **~o** klein; *m* Kleine(r), Junge
**chicote** [tʃ-] *m* *Am* Peitsche *f*; *Col a* Zigarettenstummel
**chicha** [tʃitʃa] *f* *Am* Maisbranntwein *m*; **ni ~ ni limonada** weder Fisch noch Fleisch
**chícharo** [tʃitʃ-] *m* *Méj* Erbse *f*
**chichón** [tʃitʃ-] *m* Beule *f* (*bsd am Kopf*)
**chifa** [tʃ-] *f* *Pe* chinesisches Restaurant *n*
**chifla|do** [tʃ-] F bescheuert; **~rse por u/c** nach et verrückt sein
**chile** [tʃ-] *m* *Méj* scharfer Pfeffer
**chill|ar** [tʃiʎ-] kreischen, heulen; **~ón** grell, auffällig (*Farbe*); *m Kind* Schreihals
**chimenea** [tʃ-] *f* Kamin *m*; Schornstein *m*
**china** [tʃ-] *f* Kieselstein *m*; *Súda* Mädchen *n*; *PR* Orange; *Col* Fächer *m* (*für das Feuer*)
**chinchar** [tʃintʃ-] F belästigen
**chinche** [tʃintʃe] *f* Wanze; Reißzwecke; *fig* lästiger Mensch *m*; **~ta** *f* Reißzwecke
**chincho|rro** [tʃintʃ-] *m* *Col*, *Ven* Hängematte *f*; **~so** zudringlich
**chino** [tʃ-] *m* *Súda* Junge
**chiquill|ada** [tʃikiʎ-] *f* Kinderei; **~ería** *f* Haufen *m* kleiner Kinder; **~o**, **~a** *f* kleines Kind *od* Mädchen *n*
**chiri|moya** [tʃ-] *f* Chirimoya (*Frucht*); **~pa** *f* Zufall *m*
**chirona** [tʃ-] *f* P Knast *m*
**chirriar** [tʃ-] knarren, quietschen
**chisme** [tʃ-] *m* Klatsch; Dingsda *n*
**chisp|a** [tʃ-] *f* Funke *m*; **~ear** funkeln; rieseln; **~orrotear** Funken sprühen; spritzen
**chist|e** [tʃ-] *m* Scherz, Witz; **~oso** witzig
**¡chito!, ¡chitón!** [tʃ-] pst!, Ruhe!
**chiv|ar** [tʃ-] verpetzen; **~ato** *m* F Petzer; **~era** *f* *Am* Spitzbart *m*; **~o** *m* Zicklein *n*
**choca|nte** [tʃ-] anstößig; auffällig; **~r** an-, zs-stoßen; aufprallen (**contra** gegen); Anstoß erregen, schockieren; **~r los vasos** anstoßen
**choclo** [tʃ-] *m* Holzschuh; *Súda* Maiskolben
**chocolate** [tʃ-] *m* Schokolade *f*
**choch|a** [tʃotʃa] *f* *Span* Schnepfe; *PR Tab* weibl. Geschlechtsorgan *n*; **~o** schwachköpfig, tatterig
**chófer** [tʃ-], *Am* **a chofer** *m* Fahrer, Chauffeur
**chompa** [tʃ-] *f* *Súda* Pullover *m*
**choque** [tʃoke] *m* Stoß; Zu-

sammenstoß
**chorizo** [tʃoriθo] *m* Paprikawurst *f*
**chorr|ear** [tʃ-] triefen; rieseln; **~o** *m* Wasserstrahl; Guß, Strom; *fig* Schwall
**choza** [tʃoθa] *f* Hütte
**christmas** [k-] *m* Weihnachtskarte *f*
**chubasco** [tʃ-] *m* (Regen)Schauer
**chucrut** [tʃ-] *m* Sauerkraut *n*
**chufa** [tʃ-] *f* Erdmandel
**chul|eta** [tʃ-] *f* Kotelett *n*; **~o** *m* Zuhälter; Angeber; *Stk* Gehilfe; *adj Méj* hübsch, nett
**chumb|era** [tʃ-] *f* Feigenkaktus *m*; **~o:** **higo** *m* **~o** Kaktusfeige *f*

**chup|ada** [tʃ-] *f* Zug *m* (beim Rauchen, Trinken); **~ar** lutschen, saugen; **~ar del bote** von et mit profitieren (*bsd Pfründe*); **~ete** *m* Schnuller
**churr|asco** [tʃ-] *m* *Süda* Fleisch *n* vom Grill; **~oso** grobwollig; *m* Art Schmalzgebäck *m*; *Col* gutaussehender Mann
**chus|co** [tʃ-] drollig; *Col* gutaussehend; **~ma** *f* Pack *n*, Gesindel *n*
**chut|ar** [tʃ-], **~ear** *Am a* **~ear** Fußball schießen; **esto va que ~a** *Span* das klappt prima
**chuz|ar** [tʃuθ-] *Col* stechen; **~o** *m* Spieß; *Col* Bratspieß

# D

**dactilografiar** mit der Maschine schreiben, tippen
**dado** *m* Würfel; **~ que** gesetzt den Fall, daß
**dall|ar** [-Λ-] mähen; **~e** *m* Sense *f*
**dama** *f* Dame (*a Spiel*); **~juana** [-x-] *f* große Korbflasche
**damasco** *m* Damast; *Süda* Aprikose *f*
**damnificar** (be)schädigen
**danza** [-θa] *f* Tanz *m*; **~ar** tanzen
**dañ|ado** [-ɲ-] verdorben; **~ar** schaden; schädigen; **~arse** Schaden leiden; verderben (*v/i*); **~ino** schädlich; **~o** *m* Schaden, Ver-
lust; Verletzung *f*; **hacer ~o** Schaden anrichten; schmerzen (*Wunde usw*); **hacerse ~o** s. verletzen; s. wehtun
**dar** geben; schenken; *Schrei* ausstoßen; **~ a la calle** nach der Straße gehen (*Fenster*); **dan las cinco** es schlägt fünf (Uhr); **me da igual (lo mismo)** das ist mir egal; **~se de alta** s. anmelden; **~se de baja** s. abmelden
**dársena** *f* Hafenbecken *n*; Dock *n*
**datar** datieren
**dátil** *m* Dattel *f*
**datos** *mpl* Angaben *fpl*,

Daten *npl*; ~ **personales** Personalien *pl*
**de** von; aus; **un vaso ~ agua** ein Glas Wasser; **~ 20 años** zwanzigjährig; **~ miedo** aus Furcht; *adverbial*: ~ **veras** im Ernst; **~ niño** als Kind; **~ noche** bei Nacht, nachts; **¡pobre ~ mí!** ich Armer!
**debajo** [-xo] unten, unterhalb; **~jo de** unter; **~te** *m* Debatte *f*, Besprechung *f*; **~tir** erörtern
**deb|er 1.** *m* Pflicht *f*; **~eres** *pl* Hausaufgaben *fpl*; **2.** *v/t*, *v/i* schulden; verdanken; müssen (*Pflicht, mit inf*); **~ de** (eigentlich) müssen, sollen; **~erse s.** gehören; **~ido** gebührend; **~ido a** wegen
**débil** schwach
**debili|dad** *f* Schwäche *f*; **~tar** schwächen
**débito** *m* Schuld *f*; Verpflichtung *f*
**década** *f* Dekade *f*; Jahrzehnt *n*
**deca|dencia** [-θ-] *f* Verfall *m*, Niedergang *m*, Dekadenz *f*; **~dente** dekadent; **~er in** Verfall geraten; abnehmen; **~imiento** *m* Verfall
**decapitar** enthaupten
**decena** [-θ-] *f* (etwa) zehn; **~l** zehnjährig
**decen|cia** [-θenθ-] *f* Anstand *m*; Schicklichkeit *s*; **~io** *m* Jahrzehnt *n*; **~te** anständig; F ganz ordentlich; gut
**decepción** [-θεbθ-] *f* Enttäuschung *f*; **~onar** enttäuschen
**deceso** [-θ-] *m Am* Tod, Sterbefall
**decidi|do** [-θ-] entschlossen, entschieden; **~r** entscheiden; **~rse** s. entschließen (**a** zu)
**décima** [-θ-] *f* Zehntel *n*
**decimal** [-θ-] *f* Dezimal...
**décimo** [-θ-] zehnt
**decir** [-θ-] sagen, sprechen; **es ~** das heißt; **se dice que** es heißt daß ...; **¡diga!** *Tel* Hallo! (*Angerufener*); **por así ~lo** sozusagen
**decis|ión** [-θ-] *f* Entscheidung; Entschlossenheit *f*; **~vo** entscheidend
**declamar** vortragen; deklamieren
**declara|ción** [-θ-] *f* Erklärung, Aussage; **~ción de aduana** Zollerklärung; **~r** erklären, aussagen; **~rse** ausbrechen (*Feuer usw*)
**declina|ción** [-θ-] *f* Deklination; Abweichung (*Gestirne*); **~r** *Gr* deklinieren; ablehnen; s. neigen
**declive** *m* Abhang; **en ~** abschüssig
**decolaje** [-xe] *m Am Flwg* Start; **~r** *Am Flwg* starten
**decolorar** entfärben
**decora|ción** [-θ-] *f*, **~do** *m* Ausschmückung *f*; Bühnenbild *n*; **~r** dekorieren
**decoro** *m* Anstand
**decrecer** [-θ-] abnehmen
**decrepitud** *f* Altersschwäche

**decret|ar** verordnen; **~o** m Verordnung f, Erlaß
**dedal** m Fingerhut
**dedica|ción** [-θ-] f Weihung; Widmung; **~r** widmen, zueignen; **~rse** a s. e-r Sache widmen, s. mit et befassen; **~toria** f Widmung
**dedo** m Finger; **~ (del pie)** Zehe f; **~ del corazón** Mittelfinger; **~ gordo** Daumen
**deduc|ción** [-θ-] f Ableitung; Abzug m; **~ir** Lo folgern; Kosten usw abziehen
**defec|to** m Fehler, Mangel; **~tuoso** fehlerhaft
**defen|der** verteidigen; beschützen; **~sa** 1. f Verteidigung; Schutz m; **~ Méj** Kfz Stoßstange; 2. m Sp Verteidiger; **~sivo** verteidigend; **~sor(a** f) m Verteidiger(in)
**deferencia** [-θ-] f Nachgiebigkeit; Entgegenkommen n
**deficien|cia** [-θi̯enθ-] f Mangel m; Fehlerhaftigkeit; **~te** mangelhaft
**déficit** [-θ-] m Defizit n
**defini|ble** bestimmbar; **~ción** [-θ-] f Erklärung; Definition; **~r** definieren; **~tivo** endgültig
**deform|ar** entstellen; **~e** unförmig
**defrauda|ción** [-θ-] f Unterschlagung; Hinterziehung; **~r** veruntreuen; betrügen (um et)
**defunción** [-θ-]f Tod(esfall) m

**degenerar** [-x-] entarten
**degollar** [-ʎ-] köpfen
**degrada|ción** [-θ-] f Degradierung; Erniedrigung
**degusta|ción** [-θ-] f Probe, Kosten n; **~r** probieren, kosten
**dehesa** f Weide (für Vieh)
**deja|dez** [-xadeθ] f Lässigkeit; Schlamperei; **~do** (nach)lässig; schlaff; **~r** lassen; weg-, hinter-, los-, zulassen; **no ~r de** ... unaufhörlich ...; **¡déjame en paz!** laß mich in Ruhe!; **~rse** s. gehenlassen
**delantal** m Schürze f
**delante** vorn, voran; **~ de** vor, in Gegenwart von; **~ra** f Vorderteil n; **~ro** Vorder...; m Sp Stürmer
**dela|tar** anzeigen; **~tor** m Denunziant
**delco** m Kfz Verteiler
**delectación** [-θ-] f Ergötzen n
**delega|ción** [-θ-] f Abordnung; Deputation; **~do** m Abgeordnete(r)
**deleit|ar** ergötzen; **~e** m Wonne f
**deletrear** buchstabieren
**delfín** m Delphin
**delga|dez** [-θ] f Dünne, Feinheit; Schlankheit; **~do** dünn; fein; schlank
**deliberar** beraten; erwägen
**delica|deza** [-θa] f Zartheit; Takt m; **~do** zart, fein, empfindlich; heikel
**delici|a** [-θ-] f Vergnügen n;

**delicioso**

Lust; **~oso** köstlich
**delinea|ción** [-θ-] f Umriß m; **~dor** m Augenbrauenstift; **~nte** m technischer Zeichner; **~r** umreißen; fig entwerfen
**delir|ante** wahnsinnig, irreredend; stürmisch (Beifall); **~io** m Delirium n; Raserei f
**delito** m Vergehen n; Verbrechen n
**demanda** f Forderung; jur Klage; Hdl Nachfrage; **~do** m, **~da** f Beklagte(r); **~nte** su Kläger(in); **~r** fordern; jur verklagen
**demarca|ción** [-θ-] f Abgrenzung; **~r** abgrenzen
**demás** übrig; ander; lo **~** das übrige; los **~** die anderen estar **~** überflüssig sein; por lo **~** im übrigen; y **~** und so weiter
**demasiado** zu viel; zu; zu sehr
**demen|cia** [-θ-] f Wahnsinn m; **~te** wahnsinnig; su Geistesgestörte(r)
**democracia** [-θ-] f Demokratie
**demócrata** su Demokrat(in)
**demo|ler** zerstören; **~lición** [-θ-] f Zerstörung; Bau Abbruch m
**demonio** m Dämon; Teufel; ¿qué **~**...? was zum Teufel ...?
**demora** f Verzögerung; Verzug m; **~r** verzögern; aufschieben
**demostra|ción** [-θ-] f Beweis m; Darlegung; **~r** beweisen; darlegen; bekunden; **~tivo** beweisend, demonstrativ
**denegar** verweigern, abschlagen
**denigrar** fig anschwärzen
**denomina|ción** [-θ-] f Benennung; **~r** benennen
**denotar** bedeuten, bezeichnen
**den|sidad** f Dichte; **~so** dicht; Dickicht (Flüssigkeit)
**den|tadura** f Gebiß n; **~tición** [-θ-] f Zahnen n (der Kinder); **pasta** f **~tífrica** su Zahnpasta; **~tista** su Zahnarzt, -ärztin; **~ón** m Zo, Gastr Zahnbrassen
**dentro** darin, drinnen; **~ de** innerhalb (gen); **por ~** d(r)innen, im Innern
**denuncia** [-θ-] f, **~ción** [-θ-] f Anzeige; **~r** anzeigen; Vertrag kündigen
**departamento** m Abteilung f; Esb Abteil n; Méj Wohnung f
**depen|dencia** [-θ-] f Abhängigkeit; **~der de** abhängen von; **~de** das kommt darauf an; **~diente** abhängig; m Untergebene(r); Angestellte(r); Verkäufer
**deplora|ble** bedauerlich; **~r** beklagen; bejammern
**deponer** niederlegen
**deport|e** m Sport; **~ista** su Sportler(in); **~ivo** sportlich; Sport...
**deposi|ción** [-θ-] f Med Stuhl(gang) m; jur (Zeu-

gen-)Aussage
**deposi|tar** hinterlegen, deponieren
**depósito** *m* Depot *n*; Behälter; *Hdl* Einlage *f*; ~ **de gasolina** Benzintank
**deprava|ción** [-θ-] *f* Verderbnis, Sittenlosigkeit; ~**do** lasterhaft
**depre|ciación** [-θiaθ-] *f* Entwertung (*a Geld*); ~**ciar** [-θ-] entwerten; herabsetzen; ~**sión** *f Hdl, Med* Depression
**deprimi|do** deprimiert; ~**r** niederdrücken; demütigen
**depura|ción** [-θ-] *f* Reinigung; Klarstellung (*von Tatsachen*); ~**r** reinigen, läutern
**derech|a** [-tʃa] *f* rechte Hand; *Pol* Rechte; **a la ~a** (nach) rechts; ~**ista** *Pol* rechtsstehend, der Rechten; ~**o** recht; gerade; aufrecht; *m* Recht *n*; ~**os** *pl* Steuer *f*; Zoll *m*; Gebühren *fpl*
**deriva|ción** [-θ-] *f* Ableitung; ~**r** ableiten; *Mar* abtreiben (*v/i*)
**derram|ar** vergießen; ~**arse** s. ergießen; auslaufen; ~**e** *m* Auslaufen *n*; *Med* Erguß
**derrapar** schleudern (*Auto*)
**derrengarse** s. verrenken; *fig* s. abrackern
**derretir** schmelzen; ~**se** schmelzen (*v/i, a fig*)
**derribar** ein-, ab-reißen; zu Boden werfen; *Flugzeug* abschießen; abwerfen (*Pferd*)
**derroch|ador** (*a f*) [-tʃ-] *m* Verschwender(in); ~**ar** verschwenden; ~**e** *m* Verschwendung *f*
**derrota** *f* Niederlage; *Mar, Flgw* Kurs *m*; ~**r** vernichten, schlagen; ruinieren
**derrumb|amiento** *m* Erdrutsch; Einsturz; ~**arse** einstürzen; ~**e** *m Am* Einsturz; Erdrutsch
**desabotonar** aufknöpfen
**desabri|do** fade, geschmacklos; langweilig; ~**gado** ungeschützt
**desabrochar** [-tʃ-] aufhaken, aufknöpfen
**desaca|tar** unehrerbietig behandeln; ~**to** *m* Unehrerbietigkeit *f*, Mißachtung *f*
**desa|certar** [-θ-] (s.) irren; ~**consejar** [-x-] abraten; ~**coplar** auskuppeln; ~**costumbrar de** *et* abgewöhnen (*j-m*); ~**creditar** in Mißkredit bringen; ~**cuerdo** *m* Unstimmigkeit *f*; Meinungsverschiedenheit *f*
**desafi|ador** *m* Herausforderer, Duellant; ~**ar** herausfordern; trotzen (*dat*); ~**nar** falsch spielen, singen
**desafío** *m* Herausforderung *f*
**desafor|ado** gewalttätig; ~**tunado** unglücklich
**desagra|dable** unangenehm; ~**decido** [-θ-] undankbar
**desa|guar** entwässern,

**desagüe**

münden (*Fluß*); **~güe** *m* Wasserabfluß; Entwässerung *f*

**desahoga|do** bequem, zwanglos; **~r** erleichtern, Linderung verschaffen

**desahuciar** [-θ-] *Kranken* aufgeben; *jur* zwangsräumen

**desai|rar** zurücksetzen; herabsetzen; **~re** *m* Zurücksetzung *f*, Kränkung *f*

**desa|lentar** entmutigen; **~liento** *m* Mutlosigkeit *f*; **~liñado** [-ɲ-] verwahrlost

**desalmado** herzlos; *m* Bösewicht

**desaloja|miento** [-x-] *m* Vertreibung *f*, Räumung *f* (*Wohnung, Stellung*); **~r** aus-, vertreiben; ausziehen; *Wohnung, Zimmer* räumen

**desampar|ado** hilflos, verlassen; **~o** *m* Schutzlosigkeit *f*, Verlassenheit *f*

**desandar: ~ el camino** den Weg zurückgehen

**desangrar** *fig* ausbeuten; **~se** verbluten

**desanimar** entmutigen; **~se** den Mut verlieren

**desapacible** [-θ-] unangenehm; barsch; unfreundlich (*Wetter*)

**desapar|ecer** [-θ-] verschwinden; **~ición** [-θ-] *f* Verschwinden *n*

**desapercibido** [-θ-] unvorbereitet; unbemerkt

**desaprob|ación** [-θ-] *f* Mißbilligung *f*; **~ar** mißbilligen

**desaprovecha|do** [-tʃ-] unnütz; zurückgeblieben (*Schüler*); **~r** versäumen, ungenutzt lassen; zurückbleiben

**desar|mador** *m Pe* Schraubenzieher; **~mar** entwaffnen; abmontieren; abrüsten; **~me** *m* Entwaffnung *f*; Abrüstung *f*; **~raigar** entwurzeln; ausrotten; **~raigo** *m* Entwurzelung *f*; Ausrottung *f*

**desarr|eglar** in Unordnung bringen; **~eglo** *m* Unordnung *f*; **~ollar** [-ʎ-] entrollen; abspulen; *fig* entwickeln; **~ollarse** s. entwickeln; **~ollo** [-ʎo] *m* Entwicklung *f*; Ablauf; Erklärung *f*

**desa|seado** unsauber; **~seo** *m* Unsauberkeit *f*; Schlamperei *f*

**desasir** loslassen; **~se** entsagen; verzichten auf

**desaso|segar** beunruhigen; **~siego** *m* Unruhe *f*

**desas|tre** *m* Katastrophe *f*; **~troso** schrecklich, katastrophal

**desatar** losbinden; lösen

**desaten|ción** [-θ-] *f* Unaufmerksamkeit; Unhöflichkeit; **~der** vernachlässigen; nicht beachten; **~to** unaufmerksam; unhöflich

**desatin|ado** unsinnig; **~o** *m* Unsinn; Fehlgriff

**desatornillar** [-ʎ-] ab-, losschrauben; **~venencia** [-θ-]

**descontar**

f Uneinigkeit; Streit m
**desayu|nar** frühstücken; ~no m Frühstück n
**desba|ratar** zerstören; zunichte machen; ~star abhobeln; fig Schliff beibringen (dat)
**desbordar** überlaufen; überfließen
**descabezar** [-θ-] köpfen
**desca|feinado** koffeinfrei; ~labro m Widerwärtigkeit f; Mil Schlappe f; ~lificar disqualifizieren
**descalz|ar** [-θ-] (Schuhe, Strümpfe) ausziehen; ~o barfuß
**descans|ar** ausruhen, rasten; ~o m Rast f, Ruhe f; Thea Pause f
**descapotable** m Kfz Kabriolett n
**descarado** unverschämt
**descarga** f Entladung; Mar Löschen n; Salve; ~dor m Ablader; ~r abladen; löschen; Waffe entladen; abfeuern; Schlag versetzen; fig entlasten
**descar|go** m Entlastung f; ~gue [-ge] m Abladen n, Löschen n; ~o m Unverschämtheit f
**descarrila|miento** m Entgleisung f; ~r entgleisen
**descartar** ausschließen
**descen|dencia** f [-θendenθ-] Nachkommenschaft; ~dencia f Abstammung; ~dente absteigend; fallend; ~der herabsteigen; abstammen; sinken; ~diente abstammend;

m Nachkomme; ~so m Heruntersteigen n; Hdl Fallen n
**descifrar** [-θ-] entziffern, enträtseln
**descolgar** et abhängen, abnehmen
**descolo|rar** entfärben; ~rido blaß, farblos
**descomedido** unhöflich
**descompo|ner** zerlegen, zergliedern; ~nerse s. zersetzen, verwesen; ~sición [-θ-] f Zersetzung, Verwesung
**descompuesto** unordentlich; zersetzt; verstört
**desconcerta|do** [-θ-] verblüfft; zerrüttet; ~r stören; entzweien; verwirren; verrenken
**desconectar** aus-, abschalten
**desconfia|do** mißtrauisch; ~nza [-θa] f Mißtrauen n; ~r de mißtrauen (dat)
**descongelar** [-x-] Kost auftauen; Kühlschrank abtauen; enteisen; Löhne, Mieten freigeben
**descono|cer** [-θ-] nicht kennen; nicht wissen; ~cido [-θ-] unbekannt; m Unbekannte(r); ~cimiento [-θ-] m Unkenntnis f
**desconsola|dor** trostlos; hoffnungslos; ~r betrüben; ~rse untröstlich sein
**desconsuelo** m tiefe Betrübnis f, Enttäuschung f
**descon|tar** herabsetzen; abziehen; diskontieren; ~ten-

**descontento**

to unzufrieden; mißvergnügt; *m* Unzufriedenheit *f*
**descorch|ador** [-tʃ-] *m* Korkenzieher; **~ar** entkorken
**descorrer** Vorhang, Riegel zurück-ziehen, -schieben
**descor|tés** unhöflich; **~tesía** *f* Unhöflichkeit
**descoser** Naht auftrennen; **~se** aufgehen
**descrédito** *m* Verruf
**descri|bir** beschreiben; **~p-ción** [-θ-] *f* Beschreibung; **~ptivo** beschreibend
**descubierto** unbedeckt; *Hdl* überzogen; ungedeckt; *m* Rückstand; Kontoüberziehung *f*; **al ~** im Freien; *Hdl* ungedeckt
**descubri|dor** *m* Entdecker; **~miento** *m* Entdeckung *f*; **~r** entdecken, finden; **~rse** den Hut abnehmen
**descuento** *m* Abzug, Skonto *n*; **(tipo *m* de) ~** Diskont (-satz)
**descui|dado** nachlässig; **~dar** vernachlässigen; **¡descuide!** seien Sie unbesorgt; **~darse** nachlässig sein; **~do** *m* Nachlässigkeit *f*; **por ~do** aus Versehen
**desde** seit, von ... an; von, von ... aus; **~ aquí** von hier aus; **~ hace un año** seit e-m Jahr
**desdecirse** [-θ-] widerrufen
**desdén** *m* Verachtung *f*
**desdeñ|ar** [-n-] geringschätzen, verschmähen; **~oso** verächtlich
**desdicha** [-tʃa] *f* Unglück *n*,

82

Elend *n*; **~do** unglücklich, elend; *m* armer Teufel
**desea|ble** wünschenswert; begehrenswert; **~r** wünschen, ersehen; wollen
**deseca|ción** [-θ-] *f* Trockenlegung; **~r** trocknen; entwässern
**dese|char** [-tʃ-] wegwerfen; verwerfen; **~cho** [-tʃo] *m* Abfall; Ausschuß
**desembalar** auspacken
**desembar|car** ausschiffen; ausladen; *v/i* an Land gehen; **~co** *m* Ausschiffung *f*; **~que** [-ke] *m* Landung *f*; *Hdl* Löschen *n*
**desembo|cadura** *f* Mündung; **~car** münden; **~lsar** Geld ausgeben, auszahlen; auslegen; **~lso** *m* Zahlung *f*; Ausgabe *f*
**desembra|gar** auskuppeln, ausschalten; **~gue** [-ge] *m* Auskuppeln *n*; Auslösung *f*
**desempa|car** *Am* auspacken; **~cho** [-tʃo] *m* Dreistigkeit *f*; **~quetar** [-k-] auspacken
**desempate** *m* Stichentscheid
**desempe|ñar** [-n-] *Pfand* auslösen; *Pflicht* erfüllen; *Amt* ausüben; *e-e Rolle* spielen; **~ño** [-no] *m* Einlösen *n*; Pflichterfüllung *f*; Erledigung *f*
**desempleo** *m* Arbeitslosigkeit *f*
**desempolvar** abstauben
**desencadenar** entfesseln; **~se** losbrechen, wüten

**desencan|tar** entzaubern, ernüchtern; **~to** m Entzauberung f, Enttäuschung f

**desenfad|ado** ungezwungen; **~o** m Ungezwungenheit f

**desenfreno** m Zügellosigkeit f; Ungestüm n

**desenga|nchar** [-tʃ-] aus-, los-haken; *Pferde* ausspannen; **~ñar** [-ɲ-] enttäuschen; j-m die Augen öffnen; **~ñarse** e-e Enttäuschung erleben; **~ño** [-ɲo] m Enttäuschung f

**desenlace** [-θe] m Lösung f, Ausgang m

**desenredar** [-rr-] entwirren

**desen|voltura** f Unbefangenheit, Ungezwungenheit f; **~volver** auf-, los-, aus-wickeln; *fig* entwickeln, darlegen; **~vuelto** ungezwungen

**deseo** m Wunsch; Verlangen n; **~so** de begierig nach

**desequilibrar** [-k-] aus dem Gleichgewicht bringen

**deser|ción** [-θ-] f Abfall m; Fahnenflucht; **~tar** desertieren; **~tor** m Deserteur, Fahnenflüchtig(r)

**desespera|ción** [-θ-] f Verzweiflung; **~do** hoffnungslos; verzweifelt; **~r** zur Verzweiflung bringen; verzweifeln (**de** an); **~rse** die Hoffnung aufgeben

**desestimar** verachten, geringschätzen; *jur* Klage abweisen

**desfacha|tado** [-tʃ-] frech; **~tez** [-θ] f Frechheit

**desfalle|cer** [-ʎeθ-] schwächen; in Ohnmacht fallen; **~cimiento** [-θ-] m Ohnmacht f; Schwäche f

**desfavorable** ungünstig

**desfigurar** verzerren; entstellen

**desfil|adero** m Engpaß, Hohlweg; **~ar** vorbeimarschieren; **~e** m Vorbeimarsch, Zug m; Parade f; **~e de modelos,** *Am* **~e de modas,** Modenschau f

**desflorar** entjungfern

**desgana** f Appetitlosigkeit, Unlust; **a ~** ungern

**desgarr|ado** frech, schamlos; **~ador** herzzerreißend; **~ar** zerreißen; **~o** m Frechheit f; Riß

**desgas|tado** abgenützt, abgetragen; **~tar** abnutzen; **~te** m Abnutzung f, Verschleiß

**desgracia** [-θ-] f Unglück n; *adv* **por ~** leider; **~do** unglücklich; unbeholfen

**desgrasar** Fett entziehen (*dat*), entfetten

**desgreñar** [-ɲ-] zerzausen

**desguazar** [-θ-] verschrotten

**deshacer** [-θ-] auseinandernehmen; zerteilen; *Koffer* auspacken; **~se** entzweigehen; s. auflösen

**deshelar** auftauen; **deshiela** es taut

**desheredar** enterben

**deshielo** m Auftauen n; Tauwetter n (*a fig*)

**deshojar**

**deshojar** [-x-] entblättern
**deshonr|a** [-rra] f Ehrverlust m; Schande; **~ar** entehren; schänden; **~oso** schändlich
**deshora** f: **a ~** zur Unzeit
**deshuesar** Fleisch entbeinen; Obst entkernen
**desierto** öde, leer, verlassen; m Wüste f
**designa|ción** [-θ-] f Bezeichnung; Ernennung; **~r** bezeichnen; bestimmen; ernennen
**desigual** ungleich; uneben; fig unbeständig; **~dad** f Ungleichheit
**desilu|sión** [-θ-] f Enttäuschung; **~sionar** enttäuschen
**desinfec|ción** [-θ-] f Desinfektion; **~tante** f Desinfektionsmittel n; **~tar** desinfizieren
**desintegra|ción** [-θ-] f Zerfall m; **~rse** a fig zerfallen
**desinte|rés** m Uneigennützigkeit f; Mangel an Interesse; **~resado** selbstlos; desinteressiert
**desistir (de)** verzichten (auf); Abstand nehmen (von); zurücktreten (von)
**desleal** treulos; **~tad** f Treulosigkeit
**desle|ír** auflösen; **~se** zergehen
**deslenguado** unverschämt
**desli|gar** aufbinden; **~gar** aufbinden; von einer Pflicht entbinden; **~ndar** abgrenzen; **~z** [-θ-] m Ausgleiten n; Fehltritt

84

**desliza|dor** [-θ-] m: **~dor acuático** Luftkissenboot n; Am a Motorboot n; **~r** ab-, aus-gleiten; ausrutschen; gleiten lassen
**desluc|ido** [-θ-] unscheinbar; glanzlos; **ir** den guten Eindruck verderben; **~irse** unscheinbar werden; Glanz verlieren
**deslumbrar** (ver)blenden
**desmán** m Ausschreitung f; Übergriff
**desmaquillar** [-ʎ-] abschminken
**desma|yado** schwach, matt; ohnmächtig; **~yarse** ohnmächtig werden; **~yo** m Ohnmacht f, Schwäche f
**desme|dido** übermäßig; **~jorar** [-x-] verschlechtern; **~mbrar** zergliedern, (ab)trennen
**desmenti|da** f Dementi n; **~r** Lügen strafen; dementieren
**desmesura** f Maßlosigkeit; **~do** übermäßig; unverschämt
**desmont|ar** abholzen, roden; abreißen; demontieren; **~e** m Demontage f; Rodung f, Holzfällen n
**desnatar** Milch entrahmen
**desnaturaliza|ción** [-θaθ-] f Ausbürgerung f; **~do** entartet; **~r** entstellen; denaturieren, vergällen; ausbürgern
**desnivel** m Höhenunterschied; Gefälle n (a fig)
**desnu|dar** entblößen; ent-

**kleiden;** ~**darse** s. ausziehen; ~**dez** [-θ-] f Nacktheit, Blöße; ~**dismo** m Freikörperkultur f (FKK); ~**do** nackt, bloß; kahl; m Mal Akt

**desobe|decer** [-θ-] nicht gehorchen; ~**diencia** [-θ-] f Ungehorsam m; ~**diente** ungehorsam

**desocupa|ción** [-θ-] f Untätigkeit; Arbeitslosigkeit; ~**do** müßig; frei; arbeitslos; ~**r** (aus)räumen; ~**rse** frei werden (Wohnung)

**desodorante** m Deodorant n

**desol|ación** [-θ-] f Verheerung; Trostlosigkeit; ~**ar** verheeren; ~**arse** untröstlich sein

**desorden** m Unordnung f; ~**ar** in Unordnung bringen

**desorganiza|ción** [-θaθ-] f Zerrüttung; ~**do** unordentlich; schlecht organisiert; ~**r** zerrütten

**desorientarse** die Richtung verlieren; s. verirren

**desovar** laichen

**despacio** [-θ-] langsam, sachte; ~**to** ganz sachte

**despach|ar** [-tʃ-] abfertigen; erledigen, ausführen; (ab)senden; ~**o** m Abfertigung f; Erledigung f; Geschäftszimmer n; Büro n; Verkauf m; ~**o de billetes** Fahrkartenschalter; ~**o de equipajes** Gepäckabfertigung f; ~**o de bebidas** Ausschank

**desparramar** zerstreuen; verschwenden; ~**se** s. ausbreiten

**despedazar** [-θ-] zerstückeln; zerreißen, zerfetzen

**despedi|da** f Abschied m; Verabschiedung; Entlassung; ~**r** verabschieden; entlassen, kündigen; ~**rse** Abschied nehmen

**despeg|ar** (ab-, los)lösen; Flgw abheben; ~**ue** [-ge] m Flgw Abheben n, Start

**despejado** [-x-] hell, wolkenlos; munter, unbefangen

**despensa** f Speisekammer

**desper|dicio** [-θ-] m Verschwendung f; ~**dicios** pl Abfall m; ~**fecto** m Fehler

**desperta|dor** m Wecker (Uhr); ~**r** (auf)wecken; aufmuntern; ~**r(se)** aufwachen

**despido** m Entlassung f

**despierto** wach; aufgeweckt

**despilfarrar** verschwenden

**desplante** m Frechheit f

**desplaza|miento** [-θ-] m Verschiebung f; Verlagerung f; Fahrt f; Reise f; ~**r** verschieben; ~**rse** a s. begeben zu, nach

**desplegar** entfalten; ausbreiten

**desplomarse** zs-sinken; einstürzen (Wand)

**desplumar** rupfen (a fig); fig ausnehmen

**despobla|do** m Einöde f; unbewohnter Ort m; ~**r** entvölkern

**despojar** [-x-] berauben (de

**despreciar**

gen)
**despreci|ar** [-θ-] verachten; verschmähen; **~o** m Verachtung f
**despren|der** losmachen; **~derse** s. lösen; **~dimiento** m Erdrutsch
**desprevenido** ahnungslos, unvorbereitet
**después** nachher, dann; darauf; prp **~ de** nach; cj **~ de que** nachdem, als
**desquit|arse** [-k-] **de** s. für et rächen; s. für et schadlos halten; **~e** m Vergeltung f; Spiel Revanche f
**destacar** abkommandieren; hervorheben
**destajo** [-xo] m Akkordarbeit f; **a ~** im Akkord
**destap|ar** aufdecken; Flasche öffnen; **~e** m Striptease
**dest|errar** verbannen; **~ierro** m Verbannung f
**destila|ción** [-θ-] f Destillation; **~r** destillieren
**desti|nación** [-θ-] f Bestimmung; **~nar** bestimmen; ausersehen; **~natario** m Empfänger; **~no** m Schicksal n; Bestimmung(sort m) f, Ziel n
**destornilla|dor** [-λ-] m Schraubenzieher; **~r** ab-, los-, heraus-schrauben
**destreza** [-θa] f Geschicklichkeit, Fertigkeit
**destrozar** [-θ-] zerstückeln; zerreißen
**destru|cción** [-θ-] f Zerstörung; **~ctivo** zerstörend; **~ir** zerstören, vernichten

**desunión** f Uneinigkeit
**desván** m Dachboden
**desvel|ar** wach halten; **~arse** besorgt sein; **~o** m Schlaflosigkeit f; Sorge f
**desven|taja** [-xa] f Nachteil m; **~tajoso** [-x-] nachteilig, ungünstig; **~tura** f Unglück n; **~turado** unglücklich; einfältig
**desvergonzado** [-θ-] unverschämt
**desvia|ción** [-θ-] f Abweichung; Umleitung; Ablenkung; **~r** umleiten
**detall|ar** [-λ-] ausführlich beschreiben; **~e** m Einzelheit f; Einzelhandel; **~ista** m Einzelhändler
**deten|ción** [-θ-] f Verhaftung; Haft; **~er** verhaften, an-, auf-halten; **~erse** stehenbleiben; verweilen
**detergente** [-x-] m Waschmittel n; Detergens n
**deteriorar** beschädigen
**determina|ción** [-θ-] f Bestimmung; Entschluß m; **~do** entschlossen; bestimmt; **~r** bestimmen; **~rse** s. entschließen (**a** zu)
**detestar** verabschieden
**detrás** hinten; **por ~** von hinten; prp **~ de** hinter; **uno ~ de otro** hintereinander
**detrimento** m Schaden
**deud|a** f Schuld; **~or(a** f) m Schuldner(in)
**devastar** verwüsten
**devoción** [-θ-] f Rel Andacht; Frömmigkeit
**devolver** zurückgeben, er-

**statten**

**devoto** andächtig; fromm; ergeben

**día** m Tag; ~ festivo Feiertag; de ~ tagsüber; un ~ eines Tages; el otro ~ neulich; al ~ auf den laufenden; ¡buenos ~s! guten Morgen (Tag)

**diab|etes** f Zuckerkrankheit; ~ético zuckerkrank; m Diabetiker

**diablo** m Teufel; Teufelskerl; ¿qué ~s? was zum Teufel ...?

**diafragma** m Anat Zwerchfell n; Fot Blende f; Schalldose f

**diagnóstico** m Diagnose f

**diamante** m Diamant

**diámetro** m Durchmesser

**diapositiva** f Fot Dia(positiv) n

**diario** täglich; Tages...; m Tagebuch n; (Tages-)Zeitung f; ~ hablado Nachrichten fpl

**diarrea** f Med Durchfall m

**dibu|jante** [-x-] m Zeichner; ~jar [-x-] zeichnen; ~jarse s. abzeichnen; ~jo [-xo] m Zeichnung f; Dessin n; ~jos pl animados Zeichentrickfilm m

**diccionario** [-θ-] m Wörterbuch n; Lexikon n

**diciembre** [-θ-] m Dezember

**dictado** m Diktat n; al ~ nach Diktat; ~r m Diktator

**dictam|en** m Meinung f; Gutachten n; ~inar ein Gutachten abgeben

**dictar** diktieren; vorschreiben; Gesetze usw erlassen; Vortrag halten

**dicha** [-tʃa] f Glück n; por ~ zum Glück

**dicho** [-tʃo] genannt, besagt; m Ausspruch; ~so glücklich; verflixt

**diente** m Zahn; Zacken

**diestro** geschickt; m Torero

**dieta** f Diät; ~ cruda Rohkost

**difama|ción** [-θ-] f Verleumdung; ~dor(a f) m Verleumder(in); ~r verleumden; ~torio verleumderisch

**dife|rencia** [-θ-] f Unterschied m; Streit m; ~rencial [-θ-] m Differential n; ~renciar [-θ-] unterscheiden; ~rente verschieden; ~rir verzögern; aufschieben; differieren, abweichen

**difícil** [-θ-] schwer, schwierig

**dificult|ad** f Schwierigkeit; ~ar erschweren

**difteria** f Diphtherie

**difunto** verstorben, tot

**digerir** [-x-] verdauen

**digesti|ble** [-x-] verdaulich; ~ón [-x-] f Verdauung; ~vo m verdauungsförderndes Mittel n

**dign|arse** + inf geruhen zu + inf; ~tario m Würdenträger

**dign|idad** f Würde; Anstand m; ~o würdig (de gen); angemessen; wert

**dije** [-xe] *m* Anhänger (*Schmuck*)
**dila|pidar** verschwenden; **~table** [-θ-] *f* Erweiterung; Ausdehnung; **~tación** [-θ-] *f* Erweiterung; Ausdehnung; **~tar** ausdehnen; ausweiten; **~torio** aufschiebend
**diligen|cia** [-xenθ-] *f* Fleiß *m*, Eifer *m*; *bsd Am* Besorgung, Behördengang *m*; **~te** fleißig, sorgfältig; flink
**diluir** auflösen; verdünnen
**dimensión** *f* Ausdehnung
**diminutivo** *Gr* verkleinernd
**dinamita** *f* Dynamit *n*
**dínamo** *f* Lichtmaschine
**dinero** *m* Geld *n*; **~ efectivo** (**suelto**) Bar- (Klein-)geld *n*
**Dios** *m* Gott; **¡~** (**mío**)! (mein) Gott!; **¡por ~!** um Gottes willen!
**dios** *m heidnischer* Gott; **~a** *f* Göttin
**diputa|ción** [-θ-] *f* Abordnung; **~do** *m* Abgeordnete(r)
**dique** [-ke] *m* Damm; Dock *n*
**direc|ción** [-θ-] *f* Leitung; Richtung; Anschrift; **~tivo** leitend; *m* Führer, Manager; **~to** unmittelbar; gerade, direkt; **tren ~** *m* Schnellzug; **~tor** *m* Leiter; **~tor de orquesta** Dirigent; **~torio** *m* Direktorium *n*; Leitung *f*; *Am* Adreß-, Telefon-buch *n*; **~triz** [-θ-] *f* Richtlinie; Direktorin

**dirigir** [-x-] leiten; lenken, steuern; **~se** s. wenden (**a** an); s. begeben (**a** nach)
**discípulo** [-θ-] *m* Schüler, Jünger
**disco** *m* Scheibe *f*; Diskus *m*; Schallplatte *f*; Span (Verkehrs-)Ampel *f*; **~ microsurco** Langspielplatte *f*; **~ de(l) embrague** Kupplungsscheibe *f*; **~ de horario** Parkscheibe *f*
**discontinuo** unterbrochen
**discordar** nicht übereinstimmen
**discoteca** *f* Diskothek
**discre|ción** [-θ-] *f* Urteilskraft; Takt *m*, Diskretion; **~to** klug; diskret
**disculpa** *f* Entschuldigung; **~r** entschuldigen
**discu|rso** *m* Rede *f*; Abhandlung *f*; **~sión** *f* Diskussion, Erörterung; **~tir** erörtern, diskutieren
**disentería** *f* Ruhr
**diseño** [-ɲo] *m* Entwurf *m*; Zeichnung *f*
**disfraz** *m* Verkleidung *f*; (Masken-)Kostüm *n*; **~arse de** s. verkleiden als
**disfrutar** (de) genießen; s. erfreuen (gen)
**disgus|tar** verdrießen; **~tarse** s. ärgern; **~to** *m* Verdruß; **~to a ~to** widerwillig
**disimular** verhehlen; übersehen
**disipar** verschwenden
**dislocación** [-θ-] *f Med* Verrenkung
**disminuir** ver-kleinern,

**documentación**

-mindern; *Preise* senken
**disol|ución** [-θ-] f Auflösung; **~ver** auflösen; trennen
**dispara|dor** m Drücker, Abzug; *Fot* Auslöser; **~dor automático** Selbstauslöser; **~r** abdrücken, abschießen; schießen, feuern
**disparate** m Unsinn
**disparo** m Schuß
**dispens|ar** befreien, entbinden (**de** von); gewähren; **~** (**Vd.**) entschuldigen Sie
**dispersar** zerstreuen
**dispo|ner** (an)ordnen; verfügen (**de** über); **~nible** verfügbar; **~sición** [-θ-] f Anordnung; Verfügung; **~sitivo** m Vorrichtung f
**dispuesto** (**a**) geneigt (zu); bereit (zu)
**disputa** f Wortstreit m, Disput m; **~r** streiten
**dista|ncia** [-θ-] f Entfernung; **~ncia focal** Fot Brennweite; **~nte** entfernt; **~r** entfernt sein
**distin|guido** [-gi-] ausgezeichnet; vornehm; **~guir** [-girʳ] unterscheiden; **~guirse** s. auszeichnen; **~tivo** m Merkmal n; **~to** unterschiedlich; deutlich
**distorsión** f Zerrung, Verstauchung
**distra|cción** [-θ-] f Zerstreutheit; Zerstreuung; **~er** zerstreuen, unterhalten; **~ído** zerstreut
**distribu|ción** [-θ-] f Verteilung; Briefzustellung; **~i-**
**dor** m (**automático**) Automat; **~ir** aus-, ver-teilen; *Hdl* vertreiben
**distrito** m Bezirk
**disuadir** abraten; ausreden
**diurno** täglich; Tag(es)...
**divagar** abschweifen, vom Thema abkommen
**diván** m Diwan
**diver|sidad** f Verschiedenheit; **~so** verschieden(artig)
**diverti|do** lustig, unterhaltsam; **~miento** m Vergnügen n; **~r** unterhalten, ablenken; **~rse** s. amüsieren
**dividir** teilen; dividieren
**divino** göttlich; himmlisch
**divisa** f Hdl, fig Devise
**divi|sible** teilbar; **~sión** [-θ-] f Teilung; Math, Mil Division; **~sor** m Teiler
**divorci|ado** [-θ-] geschieden; **~arse** s. scheiden lassen; **~o** m (Ehe-)Scheidung f
**divulgar** Gerücht usw verbreiten
**doblar** verdoppeln; biegen; falten; Film synchronisieren; **~ la esquina** um die Ecke gehen, biegen
**doble** doppelt; Doppel...; m Doppelgänger m; Double n; **~z** [-θ] m Falte f; a f fig Falschheit f
**docena** [-θ-] f Dutzend n
**dócil** [-θ-] gelehrig; geschmeidig
**doctor** m Doktor; F Arzt, Doktor
**documen|tación** [-θ-] f Unterlagen fpl; (Ausweis-)

**documental**

Papiere *npl*; **~tal** *m* Kulturfilm; **~tar** urkundlich belegen; **~to** *m* Urkunde *f*; Beweis; **~to** *m* **de identidad** *Span* Kennkarte *f*
**dog|ma** [-ɣ-] *m* Lehrsatz; **~mático** dogmatisch; **~matista** *m* Dogmatiker
**dogo** *m* Dogge *f*
**dólar** *m* Dollar
**dol|encia** [-θ-] *f* Leiden *n*; **~er** weh tun, schmerzen; *fig* leid tun; **~erse** klagen (**de** über); **~or** *m* Schmerz *f*; **~oroso** schmerzhaft; kläglich; **~oso** betrügerisch
**domador** *m* Dompteur
**domar** zähmen, bändigen
**doméstico** häuslich; *m* Dienstbote; **animal** *m* **~** Haustier *n*
**domici|liado** [-θ-] wohnhaft; **~liar** ansiedeln; **~lio** Wohnung *f*; Wohn-ort, -sitz
**domin|ación** [-θ-] *f* Herrschaft; **~ante** dominierend; herrschsüchtig; **~ar** beherrschen; vorherrschen
**domingo** *m* Sonntag
**dominio** *m* Herrschaft *f*; Gebiet *n*; Eigentum *n*
**don** *m* Don (*Titel vor Vornamen v Männern*), Herr; Gabe *f*, Talent *n*
**donaire** *m* Anmut *f*
**doncella** [-θeʎa] *f* Zofe
**donde** wo; a ~ wohin; **de ~** woher, von wo; **en ~** wo; **hacia** (*od* **para**) ~ wohin; **por ~** woher, woraus; **¿dónde?** wo?; **vamos ~**

**Juan** *Am* gehen wir zu Juan; **~quiera** *adv* überall
**doña** [-ɲa] *f* (*vor dem Vornamen der Verheirateten*) Frau
**dorado** golden; *m* Vergoldung *f*
**dormi|lón** verschlafen; *m* Langschläfer; **~r** schlafen; einschläfern; **~rse** einschlafen; **~torio** *m* Schlafzimmer *n*
**dorso** *m* Rücken; Rückseite *f*
**dosis** *f* Dosis
**dotar** ausstatten; stiften
**dote** *f* u *m* Mitgift *f*; Begabung *f*
**draga** *f* Bagger *m*; **~r** (aus-) baggern
**drama** *f* Drama *n*; **~tizar** [-θ-] dramatisieren; **~turgo** *m* Dramatiker
**drena|je** [-xe] *m* Entwässerung *f*, Drainage *f*; **~r** entwässern
**droga** *f* Droge; Rauschgift *n*; **~dicto** drogensüchtig
**droguería** [-ge-] *f* Drogerie; *Am a* Apotheke
**dúctil** dehnbar; geschmeidig
**ducha** [-tʃa] *f* Dusche; **~rse** (s.) duschen
**ducho** [-tʃo] erfahren, bewandert (**en** in)
**du|da** *f* Zweifel *m*; Ungewißheit *f*; **sin ~da** sicherlich; **~dar** bezweifeln (**de** *ac*), zweifeln (**de** an); unschlüssig sein; **~doso** zweifelhaft; fragwürdig
**duelo** *m* Trauer *f*; Duell *n*

**edificio**

**duende** *m* Kobold
**dueñ|a** [-ɲa] *f* Eigentümerin; Herrin; **~o** *m* Eigentümer; Herr; Wirt
**dul|ce** [-θe] süß; lieblich; sanft; *m* Zuckerwerk *n*; Kompott *n*; **~ces** *pl* Süßigkeiten *fpl*; **~cificar** [-θ-] (ver)süßen; **~zura** [-θ-] *f* Süße; Sanftmut
**dupl|icado** *m* Duplikat *n*, Zweitschrift *f*; **~car** verdoppeln; **~cidad** [-θ-] *f* Doppelzüngigkeit

**duque** [-ke] *m*, **~sa** *f* Herzog(in)
**dura|ble** dauerhaft; **~ción** [-θ-] *f* Dauer; **~dero** dauerhaft; **~nte** während; **~r** dauern; **~zno** [-θ-] *m* Herzpfirsich; *Süda* Pfirsich
**dureza** [-θa] *f* Härte
**durmiente** *m* *Esb* *Am* Schwelle *f*
**duro** hart; hartherzig; *Am* a laut; *m* Duro (*Münze* = 5 *Peseten*); **~ de oído** schwerhörig

# E

**e** und (*statt* y *vor* i *und* hi)
**ebanis|ta** *m* Kunsttischler; **~tería** *f* Kunsttischlerei
**ebrio** trunken, berauscht
**ebullición** [-ʎiθ-] *f* Sieden *n*; *fig* Aufwallung
**eclesiástico** kirchlich; *m* Geistliche(r)
**eclipse** *m* (Sonnen-, Mond-) Finsternis *f*
**eco** *m* Echo *n*; Widerhall
**ecolog|ía** [-x-] *f* Ökologie; **~ógico** [-x-] ökologisch, Umwelt...; **~ogista** [-x-] *su* Umweltschützer *m*
**ecólogo** *m* Ökologe
**economía** *f* Wirtschaft; Sparsamkeit; **~s** *pl* Ersparnisse; **~ política** Volkswirtschaftslehre
**económico** wirtschaftlich; haushälterisch, sparsam; billig
**economi|sta** *m* Volkswirt; **~zar** [-θ-] sparsam umge-

hen; (ein)sparen
**ecuador** *m* Äquator
**eczema** [-θ-] *m* Ekzem *n*
**echado** [etʃ-] liegend; **estar ~** liegen
**echar** [etʃ-] werfen; wegwerfen; wegjagen, hinauswerfen; eingießen; *Benzin* tanken; *Angestellten* feuern; *Film* vorführen, zeigen; *Blick* werfen; **~ a** anfangen zu; **~ de menos** vermissen; **~se** s. hinlegen; s. legen (*Wind*); F s. *e-n Freund* anlachen; **~se a perder** verderben (*v*/*i*)
**edad** *f* Alter *n*; Zeitalter *n*; ♀ **Media** Mittelalter *n*
**edición** [-θ-] *f* Ausgabe, Auflage
**edicto** *m* Verordnung *f*
**edifica|ción** [-θ-] *f* Erbauung; **~r** (er)bauen (*a fig*); **~cio** [-θ-] *m* Gebäude *n*, Bauwerk *n*; *bsd Am*

**editar**

Hochhaus n, großes Mietshaus n
**edi|tar** Werk herausgeben; **~tor** m Herausgeber; Verleger; **~torial 1.** m Leitartikel; **2.** (**casa** f) **~torial** f Verlagshaus n
**edredón** m Steppdecke f; Federbett n
**educa|ción** [-θ-] f Erziehung; Bildung; **~ción física** Turnen n; **~r** erziehen, unterrichten
**efec|tivo** wirklich; **en ~tivo** in bar; **~to** m Wirkung f; **en ~to** in der Tat; **hacer mal ~to** e-n schlechten Eindruck machen; **~tuar** bewirken; ausführen
**efi|cacia** [-θ-] f Wirksamkeit; **~caz** [-θ] wirksam; leistungsfähig; **~ciencia** [-θienθ-] f Wirksamkeit; Leistungsfähigkeit; **~ciente** [-θ-] wirkend; leistungsfähig, tüchtig
**efigie** [-x-] f Bildnis n
**efusi|ón** f Ergießen n; **~vo** herzlich
**egoís|mo** m Egoismus; **~ta** selbstsüchtig; su Egoist (-in)
**egregio** [-x-] vortrefflich; erlaucht
**egres|ado** m Am Hochschulabsolvent m; **~ar** Am hinausgehen; e-n Hochschulabschluß erreichen; **~o** m Am Ausgang; Hochschulabschluß
**eje** [exe] m Achse f; Tech Welle f

**ejecu|ción** [exekuθ-] f Ausführung, Vollziehung; Hinrichtung; **~tar** ausführen; pfänden; hinrichten
**ejempl|ar** [ex-] musterhaft; m Exemplar n; **~o** m Beispiel n; Vorbild n; **por ~o** zum Beispiel
**ejer|cer** [exerθ-] ausüben; Amt bekleiden; praktizieren; **~cicio** [-θiθ-] m Übung f; Aufgabe f
**ejército** [exerθ-] m Heer n; Armee f
**ejido** [ex-] m Am Gemeindeland n; kommunale Agrargenossenschaft f
**ejote** [ex-] m Méj grüne Bohne f
**el** der; **él** er
**elaborar** ausarbeiten
**elasticidad** [-θ-] f Elastizität
**elástico** elastisch; m Gummiband n
**elec|ción** [-θ-] f Wahl; Auswahl; **~to** auserlesen; **~tor**(**a** f) m Wähler(in)
**electrici|dad** [-θ-] f Elektrizität; **~sta** m Elektriker
**eléctrico** elektrisch
**electr|izar** [-θ-] elektrisieren; fig begeistern; **~odomésticos** mpl Elektrogeräte npl; **~omotor** Elektromotor; **~ónica** f Elektronik; **~ónico** elektronisch
**elefante** m Elefant
**elegan|cia** [-θ-] f Eleganz; **~te** elegant
**elegía** [-x-] f Klagelied n
**elegi|ble** [-x-] wählbar; **~r** wählen; aussuchen

**elemento** *m* Element *n*, Bestandteil; Grundbegriff
**eleva|ción** [-θ-] *f* Erhebung; Beförderung; Erhöhung; **~do** hoch, erhaben; **~dor** *m* Elevator; Hebebühne *f*; *Am a* Aufzug; **~r** erheben, steigern; **~rse** a s. belaufen auf
**elimi|nar** entfernen; ausschließen; (**prueba**) **~natoria** *f Sp* Ausscheidungskampf *m*
**elocuen|cia** [-θ-] *f* Beredsamkeit; **~te** beredt
**elogi|ar** [-x-] loben, preisen; **~o** *m* Lob(rede *f*) *n*
**elote** *m Méj* unreifer Maiskolben
**eludir** Schwierigkeiten umgehen
**ella(s)** [eʎ-] sie (*fpl*)
**ello** [eʎ] es; **~s** *mpl* sie
**emana|ción** [-θ-] *f* Ausströmen *n*; **~r** ausfließen; entströmen
**emancipa|ción** [-θipaθ-] *f* Emanzipation; Befreiung; **~r** emanzipieren
**embadurnar** beschmieren
**embaja|da** [-x-] *f* Botschaft; **~dor** *m* Botschafter
**embala|je** [-xe] *m* Verpackung *f*; **~r** verpacken
**embalse** *m* Stausee
**embaraz|ada** [-θ-] schwanger; **~ar** versperren; behindern; verwirren; **~o** *m* Hindernis *n*; Schwangerschaft *f*; **~oso** hinderlich; peinlich
**embar|cación** [-θ-] *f* Verschiffung; Schiff *n*; **~cadero** *m* Landungssteg, -brücke *f*; **~car** verschiffen; **~carse** s. einschiffen; **~co** *m* Einschiffung *f* (*von Reisenden*)
**embar|gar** beschlagnahmen; **~go** *m* Beschlagnahme *f*; **sin ~go** jedoch; **~que** [-ke] *m* Verschiffung *f*
**embaucar** verlocken; betrügen
**embelesar** berücken
**embellecer** [-λeθ-] verschönern
**embestir** anfallen, angreifen
**emblema** *m* Sinnbild *n*; Abzeichen *n*
**embola|dor** *m Col* Schuhputzer; **~r** *Col* Schuhe putzen; **~tar** *Col* hereinlegen
**émbolo** *m* Stempel, Kolben
**embolsar** einnehmen; einstecken
**emboquillado** [-kiʎ-] *m* Filterzigarette *f*
**emborrach|ar** [-tʃ-] berauschen; **~se** s. betrinken
**emborronar** beklecksen
**emboscada** *f* Hinterhalt *m*
**embotar** abstumpfen
**embotella|miento** [-ʎ-] *m* Verkehrsstau(ung *f*) *m*; **~r** auf Flaschen ziehen, abfüllen
**embra|gar** *Tech* kuppeln; **~gue** [-ge] *m* Kupplung *f*
**embravecerse** [-θ-] wütend werden
**embria|gar** berauschen; entzücken; **~guez** [-geθ] *f* Trunkenheit

**embrollar** 94

**embro||llar** [-ʎ-] verwirren; entzweien; **~llo** [-ʎo] *m* Verwirrung *f*; **~mar** spaßen; verulken

**embru|jar** [-x-] behexen; **~tecido** [-θ-] verroht; verdummt

**embudo** *m* Trichter

**embuste** *m* Betrügerei *f*; **~ro** lügnerisch; *m* Lügner

**embuti|do** *m* Intarsie *f*; **~dos** *pl* Wurstwaren *fpl*; **~r** füllen; hineinstopfen

**emergencia** [-xenθ-] *f* Vorkommnis *m*; Notfall *m*; Pol, jur Notstand *m*; **~er** auftauchen

**emigra|ción** [-θ-] *f* Auswanderung; **~do** *m* Emigrant; **~nte** *su* Auswanderer; **~r** auswandern

**eminente** hervorragend

**emi|sión** [-θ-] *f von Banknoten usw* Ausgabe; *Radio* Sendung; **~sora** *f* Sender *m*; **~tir** *Banknoten usw* ausgeben; senden (*Radio*); *Stimme* abgeben

**emoción** [-θ-] *f* Gemütsbewegung

**empacar** *bsd Am* verpakken; *Koffer* packen

**empalago** *m* Ekel; **~so** zudringlich

**empal|mar** verbinden; Anschluß haben; **~me** *m Esb* Knotenpunkt; Anschluß (*-station f*) *m*

**empanada** *f* (Teig-)Pastete (*mit Füllung*)

**empapa|do** durchnäßt; **~r** eintauchen, tunken

**empapelar** tapezieren

**empaque** [-ke] *m* Aufmachung *f*; Verpackung *f*; *Am Tech* Dichtung *f*; **~tador** *m* Packer; **~tar** einpacken

**empare|dado** *m* Sandwich *n*; **~jar** [-x-] gleichrichten, verkleben

**empar|rado** *m* Weinlaube *f*; **~illado** [-ʎ-] *m* Rost

**empas|tar** *Zähne* plombieren; verkleben; **~e** *m* (Zahn-)Plombe *f*

**empatar** unentschieden ausgehen; **~e** *m Sp* Unentschieden *n*

**empedernido** eingefleischt, leidenschaftlich

**empedra|do** *m* Pflaster *n*; **~r** pflastern

**empeine** *m* Spann

**empe|ñar** [-ɲ-] verpfänden; zwingen; **~ñarse en** darauf bestehen (*a*); **~ño** [-ɲo] *m* Verpfändung *f*; Bestreben *n*; **con ~ño** beharrlich

**empeora|miento** *m* Verschlimmerung *f*; **~r** verschlimmern; verschlechtern

**empera|dor** *m* Kaiser; **~triz** [-θ-] *f* Kaiserin

**emperrarse** F stur werden

**empezar** [-θ-] anfangen, beginnen (**a** zu)

**empina|do** steil; **~rse** s. auf die Fußspitzen stellen; *s*. aufbäumen

**emplasto** *m Med* Pflaster *n*

**emple|ado** *m* Angestellte(r); **~ar** anwenden; benutzen; **~o** *m* Anwendung *f*; Stel-

**lung** *f*; Amt *n*
**empo|brecer** [-θ-] arm machen (*u* werden); **~lvar** mit Staub bedecken; pudern; *Gastr* bestäuben; **~llar** [-ʎ-] aus-, be-brüten; *fig* F büffeln; **~llón** [-ʎ-] *m Schule* Streber
**empre|nder** unternehmen; **~sa** *f* Unternehmen *n*, Betrieb *m*
**empréstito** *m* Anleihe *f*
**empu|jar** [-x-] stoßen, drücken, schieben; **~je** [-xe] *m* Stoß; Wucht *f*; Tech Schub; *Person* Schwung; **~ñar** [-ɲ-] *bsd Waffe* ergreifen, packen
**en** in; an; auf; bei
**enaguas** *fpl* Unterrock *m*
**enajenar** [-x-] veräußern; entfremden; von Sinnen bringen
**enamora|do** verliebt; **~rse** s. verlieben
**enano** *m* Zwerg
**enarbolar** hissen
**encabezamiento** [-θ-] *m* Kopf (*Brief usw*)
**encabritarse** s. bäumen
**enca|jar** [-x-] einfügen; inea passen; *Schlag* versetzen; **~je** [-xe] *m* Einfügen *n*; **~jes** *pl* Spitze *f* (*Kleidung usw*)
**enca|lar** weißen, kalken; **~llar** [-ʎ-] *Mar* stranden, auflaufen; *fig* stocken; **~minar** auf den Weg bringen
**encanta|do** entzückt; **~do de conocerle** es freut mich, Sie kennenzulernen; **~dor**

bezaubernd; *m* Zauberer; **~r** bezaubern, entzücken
**encanto** *m* Zauber; Charme; Entzücken *n*
**encapotarse** s. bedecken (*Himmel*)
**encarcelar** [-θ-] einkerkern
**encare|cer** [-θ-] verteuern; ans Herz legen; **~cerse** [-θ-] teu(r)er werden; **~cidamente** [-θ-] inständig; **~cimiento** [-θ-] *m* Verteuerung *f*; Nachdruck
**encar|gado** beauftragt; *m* Beauftragte(r); Leiter, Verwalter; **~gar** beauftragen; übergeben; **~garse de** übernehmen; **~go** *m* Auftrag; Amt *n*
**encar|nado** (hoch)rot; **~nar** verkörpern
**encartonar** kartonieren
**encen|dedor** [-θ-] *m* Feuerzeug *n*; **~der** anzünden; *Motor* zünden; *Licht* anmachen; *fig* entflammen; **~dido** *m* Zündung *f*
**encera|do** [-θ-] *m* Wandtafel *f*; Bohnern *n*; *Ski* Wachsen *n*; **~r** Fußboden bohnern; *Ski* wachsen
**encerrar** [-θ-] einschließen; *Schach* matt setzen
**encía** [-θ-] *f* Zahnfleisch *n*
**enciclopedia** [-θ-] *f* Enzyklopädie, Konversationslexikon *n*
**encierro** [-θ-] *m* Einschließen *n*; *Stk* Eintreiben *n*
**encima** [-θ-] oben; obendrein; darauf; **por ~** oberflächlich; **~ de** auf; über

**encina** [-θ-] *f* Steineiche
**encinta** [-θ-] schwanger
**enclenque** [-ke] schwächlich
**encogerse** [-x-] ein-gehen; -laufen (*Stoff*); **~ de hombros** die Achseln zucken
**encom|endar** beauftragen; anvertrauen; **~ienda** *f* Auftrag *m*; *Süda***~ienda postal** Postpaket *n*
**encontrar** finden, treffen; **~se** s. (be)finden; zs-treffen
**encorva|do** gebeugt, gekrümmt; **~dura** *f* Biegen *n*, Krümmung; **~r** krümmen, biegen
**encuaderna|ción** [-θ-] *f* Einbinden *n*; Einband *m*; **~dor** *m* Buchbinder; **~r** (ein)binden
**encubri|dor** *m* Hehler; **~r** verbergen, verhehlen
**encuentro** *m* Begegnung *f*; **ir al ~ de** *j-m* entgegengehen
**encuesta** *f* Umfrage, Untersuchung
**encurtidos** *mpl* Mixed Pickles *pl*
**enchufar** [-tʃ-] *El* anschließen; **~e** *m* Steckdose *f*; Anschluß *f* Pöstchen *n*; *f* gute Beziehungen *fpl*
**ende: por ~** deswegen
**endeble** schwach, kraftlos
**enderezar** [-θ-] geraderichten; (auf)richten
**endeudarse** s. in Schulden stürzen
**endosar** *Hdl* indossieren
**endulzar** [-θ-] (ver)süßen,
mildern
**endurecer** [-θ-] (ver)härten; **~se** hart werden (*a fig*)
**enebro** *m* Wacholder
**eneldo** *m* Dill
**enemi|go** feindlich; *m* Feind; **~stad** *f* Feindschaft
**energ|ético** [-x-] Energie...; **~ía** *f* Energie; **sin ~ía** kraftlos; **~ía nuclear** Kernenergie
**enérgico** [-x-] tatkräftig, nachdrücklich
**enero** *m* Januar
**enervar** *v/t* auf die Nerven gehen (*dat*)
**enfad|ar** ärgern; **~arse** s. ärgern, böse werden; **~o** *m* Ärger
**enfático** nachdrücklich
**enfer|mar** erkranken; **~medad** *f* Krankheit; **~mería** *f* Kranken-station, -zimmer *n*; **~mero**, **~mera** *f* Kranken-wärter, -schwester; **~mo** krank
**enfilar** aufreihen
**enflaquecer** [-keθ-] schwächen; **~(se)** abmagern
**enfo|cador** *m* *Fot* Sucher; **~car** *Fot* einstellen; *fig* an *et* herangehen; **~que** [-ke] *m* *Fot* Einstellung *f*; Problemstellung *f*
**enfrenar** zäumen; zügeln
**enfrente (de)** gegenüber
**enfriar** (ab)kühlen; **~se** s. abkühlen; kalt werden
**enfurecerse** [-θ-] wütend werden; toben
**engan|char** [-tʃ-] anhaken, koppeln; *Pferde* anspan-

**enrollar**

nen; anwerben; **~che** [-tʃe] m Ankoppeln n; Mil Anwerbung f

**engañ|ar** [-ɲ-] betrügen; täuschen; **~o** m Betrug, Täuschung f; **~oso** (be)trügerisch

**engatusar** F um den Finger wickeln, bezirzen

**engendrar** [-x-] (er)zeugen

**englobar** einbegreifen

**engomar** gummieren

**engor|dar** [-x-] mästen; v/i dick werden; **~de** m Mast f

**engranaje** [-xe] m Verzahnung f; **~r** verzahnen; ineagreifen

**engrandecer** [-θ-] vergrößern; loben; übertreiben

**engras|ar** einfetten, ölen, schmieren; **~e** m (Ab-)Schmieren n

**engreído** eingebildet

**engrosar** vermehren, vergrößern; v/i dick werden

**engrudo** m Kleister

**enhorabuena** f Glückwunsch; dar la **~ a** alg j-m gratulieren

**enig|ma** m Rätsel n; **~mático** rätselhaft

**enjabonar** [-x-] einseifen

**enjambre** [-x-] m (Bienen-)Schwarm

**enjaular** [-x-] in e-n Käfig sperren

**enjuag|ar** [-x-] Mund, Wäsche (aus)spülen; **~ue** [-ge] m Spülen n

**enjuto** [-x-] trocken, dürr

**enla|ce** [-θe] m Verbindung f; Heirat f; Mil, Pol Verbindungsmann; **~zar** [-θ-] verknüpfen; verbinden; Esb Anschluß haben; **~zarse** s. verheiraten

**enloquecer** [-keθ-] verrückt machen od werden

**enlutado** in Trauer(kleidung)

**enmarañar** [-ɲ-] verwirren, verwickeln

**enmendar** (ver)bessern; gutmachen; Gesetz usw abändern

**enmienda** f (Ver)Besserung; Entschädigung; Pol Abänderung(santrag m) f

**enmohecerse** [-θ-] (ver)schimmeln; (ein)rosten

**enmudecer** [-θ-] zum Schweigen bringen; verstummen

**ennegrecer** [-θ-] schwärzen; **~se** s. verfinstern

**enoj|ar** [-x-] erzürnen; **~arse** s. ärgern; **~o** m Zorn, Ärger; **~oso** ärgerlich

**enorme** ungeheuer, enorm

**enreda|dera** f Schlingpflanze; **~r** verwirren, verstricken **~o** m Verwirrung f; **~os** pl Zeug n; Ränke pl; **~oso** verwickelt, heikel

**enreja|do** [-rrex-] m Gitterwerk n; Geflecht n; **~r** vergittern

**enriquecer** [-rrikeθ-] bereichern; **~se** s. bereichern; reich werden

**enrojecer** [-rroxeθ-] röten; **~se** erröten

**enrollar** [-rroʎ-] (auf)rollen

**ensaimada** f *typisch mallorkinisches Blätterteiggebäck* n

**ensalada** f Salat m

**ensanch|ar** [-tʃ-] erweitern; **~e** m Ausbau; Erweiterung f; Ausdehnung f

**ensañarse** [-ɲ-] con *od* en s-e Wut auslassen an

**ensa|yar** versuchen; *Thea* proben; **~yo** m Versuch, Probe f; *Lit* Essay; *Chem* Experiment n

**ensenada** f Bucht, Bai

**enseñ|anza** [-ɲ-] f Unterricht m; Bildungswesen n; **~ar** unterrichten; zeigen

**enseres** mpl Gerätschaften f pl; Sachen fpl

**ensillar** [-ʎ-] satteln

**ensimisma|do** gedankenverloren; **~rse** grübeln

**ensordecer** [-θ-] betäuben

**ensuciar** [-θ-] beschmutzen; **~se** F in die Hose machen

**ensueño** [-ɲo] m Traum

**entablar** täfeln; dielen; *Prozeß* einleiten; *Verbindungen* anknüpfen

**entalla|do** f [-ʎ-] tailliert (*Hemd*); **~dura** f Einschnitt m, Kerbe f; **~r** schnitzen; in Stein hauen; ein-kerben, -schneiden

**entarima|do** m Parkettboden; Täfelung f; **~r** täfeln; Parkett legen

**ente** m Wesen n; komischer Kauz

**entender** verstehen; *Sprache* können; meinen; **a mi ~**
meiner Meinung nach; **~se** s. verstehen; s. verständigen (**con** mit)

**entendi|do** verständig; beschlagen; m Kenner; **~miento** m Verständnis n; Verstand; Begriffsvermögen n

**entera|do** erfahren; auf dem laufenden; **~mente** ganz; gänzlich; **~r** unterrichten, informieren; **~rse de** von et erfahren, Kenntnis erhalten

**entereza** [-θa] f Vollständigkeit; *Charakter* Integrität

**enteritis** f Darmkatarrh m

**entero** ganz; gesund; **por ~** adv ganz, vollständig

**enterra|dor** m Totengräber; **~miento** m Begräbnis n; **~r** begraben

**enti|bar** stützen, versteifen; **~dad** f Wesen n; Verein m, Körperschaft

**entierro** m Begräbnis n

**entoldado** m Sonnendach n; Festzelt n

**entona|ción** [-θ-] f Intonation; **~r** anstimmen

**entonces** [-θ-] damals; dann; da; **desde ~** seitdem

**entorpe|cer** [-θ-] lähmen, erschweren; **~cimiento** [-θ-] m Lähmung f; Hemmung f; Behinderung f

**entrada** f Eingang m; Diele, Vestibül n; Eintritt m; Einreise; Einfahrt; Eintrittskarte; *Hdl* Eingang m; Einfuhr; *Gastr* erster Gang m; **~s** fpl Einnahmen; F Ge-

heimratsecken
**entramado** m Fachwerk n
**entrante: mes** m ~ kommender Monat
**entrañas** [-ɲ-] fpl Eingeweide npl
**entrar** eintreten; hineingehen; ~ **en años** (**en carnes, en razón**) alt (dick, vernünftig) werden; ~ **en relaciones** (**con**) Beziehungen aufnehmen (mit, zu); **me entra miedo** ich bekomme Angst
**entre** zwischen, unter; ~**acto** m Zwischenakt; ~**cortado** stoßweise, stockend
**entredicho** [-tʃo] m Verbot n; Kirchenbann; **poner en** ~ in Abrede stellen
**entrega** f Übergabe; Lieferung; ~ **inmediata** Col Post Eilzustellung; **plazo** m **de** ~ Lieferfrist f; ~**r** (ab)liefern; aushändigen; übergeben; ~**rse** s. ergeben; s. hingeben (**a** dat)
**entrelazar** [-θ-] verflechten
**entre**|**meses** mpl Vorspeisen fpl; ~**ter** einschieben; ~**terse** s. einmischen
**entrena**|**miento** m Training n; ~**r** trainieren
**entre**|**sacar** aus-, heraussuchen; lichten; ~**suelo** m Hochparterre n; ~**tanto** indessen
**entretejer** [-x-] durch-, ein-, verweben; einstreuen
**entrete**|**ner** hinhalten; unterhalten; ablenken; Ge-

liebte aushalten; ~**nerse** s. vergnügen (**con** mit); ~**nido** unterhaltend; ~**nimiento** m Unterhaltung f, Zeitvertreib; Wartung f
**entretiempo** m Übergangszeit f (Frühling od Herbst)
**entrever** undeutlich sehen; ahnen
**entrevista** f Zs.-kunft; Besprechung; Interview n; ~**r** interviewen
**entristecer** [-θ-] betrüben
**entumecerse** [-θ-] einschlafen (Glieder); anschwellen (Fluß)
**enturbiar** trüben
**entusias**|**mar** begeistern; ~**marse por** s. begeistern für; ~**mo** m Begeisterung f
**enumerar** auf-, herzählen
**enunciar** [-θ-] äußern, eröffnen
**enva**|**sar** Flüssigkeiten abfüllen; ~**se** m Füllen n; Gefäß n, Behälter; Verpackung f; ~**se perdido** od **no recuperable**, Am a **desechable** Einweg-, Wegwerf-packung f
**envejecer** [-xeθ-] alt machen; v/i alt werden
**envenenar** vergiften
**envia**|**do** m Bote; ~**r** (ab)senden, schicken
**envidia** f Neid m; ~**r** beneiden; mißgönnen; ~**oso** neidisch; m Neider
**envío** m Sendung f; Versand
**envite** m Spiel Bieten n
**envol**|**torio** m Bündel n; Verpackung f; ~**tura** f Hül-

4*

**envolver** 100

le, Packung; **~tura hermética** Frischhaltepackung; **~ver** einwickeln, einpacken
**enyesar** ver-, ein-, zu-gipsen
**epidemia** f Epidemie
**epilepsia** f Epilepsie; **~éptico** epileptisch
**epílogo** m Nachwort n
**episcopal** bischöflich
**episodio** m Episode f; *Thea, fig* Nebenhandlung f
**época** f Zeitraum m, Epoche f
**equili|brar** [ek-] ins Gleichgewicht bringen; *Reifen* auswuchten; **~brio** m Gleichgewicht n
**equinoccio** [ekinoɣθ-] m Tagundnachtgleiche f
**equipaje** [ekipaxe] m Gepäck n; **~ libre (de mano)** Frei- (Hand-)gepäck n
**equip|ar** [ek-] ausrüsten; **~o** m Ausrüstung f; *Tech* Anlage f; *Sp* Mannschaft f, Team n; Besatzung f; Schicht f
**equita|ción** [ekitaθ-] f Reitkunst, -sport m; **~tivo** recht u. billig
**equivale|ncia** [ekibalenθ-] f Gleichwertigkeit; **~nte** gleichwertig; äquivalent; m Gegenwert; **~r** gleichwertig sein
**equivoca|ción** [ekibokaθ-] f Irrtum m, Verwechslung; **~do** irrtümlich; **estar ~do** falsch sein, nicht stimmen; s. irren; **~r** verwechseln; **~rse** s. irren
**equívoco** [ek-] doppelsin-

nig; zweideutig; m Doppelsinn, Wortspiel n; Irrtum
**era** f Zeitalter n; Tenne; Gartenbeet n
**erario** m Staatskasse f
**erección** [-θ-] f Errichtung, Erektion
**erguir** [-gir] auf-, er-richten
**erial** öde, wüst; m Ödland n
**erigir** [-x-] errichten, gründen
**eriza|do de** [-θ-] borstig; *fig* **~do de** starrend von; **~rse** s. sträuben
**erizo** [-θo] m Igel; *fig* Kratzbürste f; **~ de mar** Seeigel
**ermita** f Wallfahrtskapelle f; **~ño** [-ɲo] Eremit; Einsiedlerkrebs
**er|ótico** erotisch; **~otismo** m Erotik f
**erra|bundo** umher-irrend, -schweifend; **~r** irren; verfehlen; **~ta** f Druckfehler m
**erróneo** irrig
**error** m Irrtum; Fehler; **~ de cálculo** Rechenfehler
**eructar** aufstoßen, Fr *rülpsen*
**erudito** gelehrt; m Gelehrte(r)
**erupción** [-θ-] f Ausbruch m; **~ cutánea** Hautausschlag m
**esbel|tez** [-θ] f schlanker Wuchs m; **~to** schlank
**esbo|zar** [-θ-] skizzieren; **~zo** [-θo] m Skizze f
**escabe|char** [-tʃ-] marinieren, sauer einlegen; **~che** [-tʃe] m Marinade f; marinierter Fisch
**escabroso** holprig; heikel

**escabullirse** [-ʎ-] entwischen

**escafandra** f Taucheranzug m

**escala** f Treppe; Skala; Tonleiter; Hafen; **hacer ~ e-n** Hafen anlaufen; *Flgw* zwischenlanden; **~da** f Besteigung; *Pol* Eskalation

**escaldar** ab-, verbrühen

**escalera** f Treppe; Leiter; ~ **automática** Rolltreppe

**escalofrío** m Schauer; Schüttelfrost

**escalón** m Sprosse f, Stufe f; Etappe f; ~ **lateral** Randstreifen (*Straße*)

**escalo|pa** f, **~pe** m Schnitzel n

**escama** f Schuppe; Groll m; **~r** *Fische* schuppen

**escamo|tear** verschwinden lassen; wegzaubern; **~da** f Taschenspielertrick

**escanciar** [-θ-] Wein usw einschenken

**escandaliza|do** [-θ-] entrüstet; **~r** Ärgernis erregen; **~rse** s. empören

**escándalo** m Ärgernis n; Skandal; Krach, Lärm

**escandaloso** unerhört, skandalös; anstößig

**escaño** [-ɲo] m Bank f mit Lehne; *Pol* Sitz

**escapa|da** f Entwischen n, Ausreißen n; **~r** entrinnen; entwischen, entkommen; entschlüpfen (*Wort*); **~rse** entweichen; **~rate** m Glasschrank; Schaufenster m

**escape** m eilige Flucht f; *Kfz* Auspuff; **a ~** eilig

**escaque** [-ke] m (Schach-) Feld n

**escar|abajo** [-xo] m Käfer; **~bar** scharren; **~cha** [-tʃa] f Rauhreif m; **~dar** jäten

**escarlat|a** f Scharlach m; *adj* (scharlach)rot; **~ina** f *Med* Scharlach m

**escarmenta|do** gewitzt; **~r** durch Schaden klug werden

**escarnecer** [-θ-] verhöhnen

**escarola** f Endivie(nsalat m) f

**escarpa** f Abhang m; Böschung; **~do** steil; abschüssig

**esca|sear** selten sein (*od* vorkommen); knapp sein; **~sez** [-θ-] f Kargheit, Mangel m; **~so** knapp

**escayola** f Gips m; Stuck m; **~r** *a Med* ein-, vergipsen

**escena** [-θ-] f Bühne; Szene, Auftritt m; **poner en ~** inszenieren; **~rio** m Bühne f; Schauplatz

**esc|epticismo** [-θeptiθ-] m Skepsis f; **~éptico** skeptisch

**esclarecer** [-θ-] erleuchten; aufklären; hell werden

**escla|vitud** f Sklaverei; **~vo** m Sklave

**esclusa** f Schleuse

**esco|ba** f Besen m; **~cer** [-θ-] brennen; jucken; **~fina** f Raspel; **~ger** [-x-] auswählen

**escolar** m Schüler; *adj* **en edad ~** schulpflichtig

**escolta**

**escolta** f Eskorte, Geleit n; **~r** eskortieren, begleiten
**esco|llo** [-ʎo] m Klippe f (a fig); **~mbros** mpl Bauschutt m
**esconder** verstecken, verbergen; verheimlichen
**escondid|as: a ~as** im geheimen; **~te** m Versteck n
**escopeta** f Flinte
**escoplo** m Meißel
**escor|buto** m Skorbut m; **~ia** f Schlacke; **~pión** m Skorpion
**esco|tado** ausgeschnitten, dekolletiert; **~te** m Ausschnitt; Dekolleté n
**escotill|a** [-ʎa] f Schiffssluke; **~ón** m Falltür f
**escri|banía** f Kanzlei; Am Notariat n; **~bano** m Am Notar; **~biente** m Schreiber; **~bir** schreiben; verfassen; **~to** geschrieben; m Schrift f, Schreiben n; Werk n; **por ~to** schriftlich; **~tor(a** f) m Schriftsteller(in); **~torio** m Büro n; Schreibtisch; **~tura** f Schreiben n; Schrift; Urkunde
**escrúpulo** m Skrupel, Bedenken n
**escrupulo|sidad** f Gewissenhaftigkeit; **~so** gewissenhaft, peinlich genau
**escrutar** Stimmen zählen
**escuadra** f Geschwader n
**escuchar** [-tʃ-] zu-, an-, mithören
**escudo** m Schild; Wappen n
**escuela** f Schule; Schulgebäude n; **~ preparatoria** Vorschule; **~ elemental** (od **primaria**) Grundschule; **~ superior** Hochschule; **~ de párvulos** Kindergarten m
**escul|tor(a** f) m Bildhauer(in); **~tura** f Skulptur
**escupi|dera** f Spucknapf m; Chi, Arg Nachttopf m; **~r** (aus)spucken
**escurrir** abtropfen lassen; **~se** ausrutschen
**ese, esa, eso,** pl **esos, esas** diese(r, -s); **eso es** ganz richtig!; **por eso** deswegen
**esencia** [-θ-] f Wesen n; Essenz f; Benzin n; **~l** wesentlich
**esfer|a** f Sphäre, Kugel; Zifferblatt n; Bereich m; **~o** m Col Kugelschreiber
**esforza|do** [-θ-] tapfer; **~r** ermutigen; verstärken; **~rse** s. anstrengen
**esfuerzo** [-θo] m Anstrengung f; **sin ~** mühelos
**esgri|ma** f Fechtkunst; **~mir** fechten; Argument vorbringen
**eslabón** m (Ketten-)Glied n; fig (Zwischen-)Glied n
**esmal|tar** emaillieren; **~te** m Email n; Nagellack
**esmera|do** sorgfältig; **~lda** f Smaragd m; **~rse** s. Mühe geben
**esmerilar** schmirgeln
**esmero** m Sorgfalt f
**esófago** m Speiseröhre f
**espabilado** aufgeweckt
**espaci|al** [-θ-] f Raum...; **vuelo m ~al** Raumflug; **~

**espumoso**

*m* Raum; Zeitraum; Zwischenraum; *TV* Sendereihe *f*; ~**oso** weit; geräumig
**espada** 1. *f* Degen *m*; 2. *m* Matador
**espagueti** [-ge-] *m* Spaghetti *pl*
**espalda** *f* Rücken *m*; Rückseite; **a ~s de** hinter dem Rücken von; **por la ~** von hinten
**espan|tar** erschrecken; ~**to** *m* Schrecken, Entsetzen *n*; ~**toso** schrecklich; erstaunlich
**españolada** [-ɲ-] *f* falsches, einseitig folkloristisches Spanienbild *n*
**esparadrapo** *m* Heftpflaster *n*
**esparci|do** [-θ-] *fig* aufgeräumt; ~**r** ausstreuen, verbreiten; ~**rse** s. zerstreuen (*a fig*)
**espárrago** *m* Spargel
**esparto** *m* Espartogras *n*
**espasmo** *m* Krampf
**especia** [-θ-] *f* Gewürz *n*
**especial** [-θ-] besonder; eigentümlich; ~**idad** *f* Besonderheit; Fachgebiet *n*; ~**ista** *m* Spezialist; Facharzt; ~**mente** besonders
**especie** [-θ-] *f* Art; Sorte; falsche Nachricht, Gerücht *n*
**espec|ificar** [-θ-] im einzelnen angeben; spezifizieren; ~**ífico** spezifisch
**espect|áculo** *m* Schauspiel *n*; Vorstellung *f*; ~**ador(a** *f*) *m* Zuschauer *m*; ~**ro** *m*

*Phys* Spektrum *n*; *fig* Gespenst *n*
**especula|ción** [-θ-] *f* Spekulation; Mutmaßung; ~**r** spekulieren
**espejo** [-xo] *m* Spiegel
**espera** *f* Warten *n*; Erwartung; ~**nza** [-θa] *f* Hoffnung; ~**r** (er)warten, hoffen
**esperma** *f* Sperma *n*; *Col* Kerze
**espeso** dick; gedrängt; dicht; ~**r** *m* Dicke *f*, Stärke *f*
**espía** *su* Spion(in)
**espi|ar** (aus)spionieren; ~**char** [-tʃ-] *Am* (zer)drücken, zerknautschen; ~**ga** *f* Ähre; *Tech* Zapfen *m*, Stift *m*
**espina** *f* Dorn *m*, Stachel *m* (*a Anat*); Fisch Gräte; ~ **dorsal** Rückgrat *n*
**espinacas** *fpl* Spinat *m*
**espionaje** [-xe] *m* Spionage *f*
**espira|l** spiralförmig; *f* Spirale; ~**r** (aus)atmen
**espíritu** *m* Geist; Seele *f*; Spiritus
**espiritual** geistig; geistlich
**espl|éndido** prächtig; glänzend; ~**endor** *m* Glanz, Pracht *f*
**espliego** *m* Lavendel
**esponja** [-xa] *f* Schwamm *m*; ~**r** aufblähen; ~**rse** aufgehen (*Teig*); s. brüsten
**espontáneo** spontan
**espos|as** *fpl* Handschellen; ~**o** *m*, ~**a** *f* Gatte, Gattin
**espum|a** *f* Schaum *m*; ~**ar** (ab)schäumen; ~**oso** schaumig

**esputo** *m* Speichel; *Med* Auswurf

**esque|la** [-k-] *f* **de defunción** [-θ-] Todesanzeige; **~leto** *m* Skelett *n*; **~ma** *f* Schema *n*

**esquí|** [-ki] *m* Ski; **~í acuático** Wasserski; **~iador** *m* Skifahrer; **~iar** Ski laufen

**esqui|lar** [-k-] *Schafe usw* scheren; **~na** *f* Ecke, Straßenecke; **~rol** *m* Streikbrecher

**esquivar** [-k-] *v/t* vermeiden; ausweichen (*dat*)

**esta|bilidad** [-θ-] *f* Beständigkeit, Stabilität; **~ble** beständig, fest; **~blecer** [-θ-] errichten, gründen; herstellen; **~blecimiento** [-θ-] *m* Festsetzung *f*; Niederlassung *f*; Anstalt *f*; Geschäft *n*; **~blo** *m* (Rinder-)Stall

**esta|ción** [-θ-] *f* Station, Stelle; Stätte; Jahreszeit *f*; Bahnhof *m*; **~ción de invierno** Winterkurort *m*; **~ción de servicio** Tankstelle; **~ción terminal** Endstation; **~cionamiento** [-θ-] *m* Parken *n*; **~cionarse** [-θ-] stehenbleiben; parken; **~día** *f Am* Aufenthalt *m*; **~dio** *m* Stadion *n*

**estado** *m* Stand; Zustand; ♀ Staat

**estafa** *f* Betrügerei, Gaunerei; **~dor(a)** *f) m* Gauner(in); **~r** betrügen

**estafeta** *f* Nebenpostamt *n*

**estallar** [-λ-] explodieren; knallen; ausbrechen (*Krieg*)

**estampa** *f* Druck *m*; Stich *m*; **~r** prägen; *Unterschrift* setzen (en auf, unter)

**estampilla** [-λa] *f* Stempel *m*; *Súda* Briefmarke

**estan|car** hemmen; stauen; **~carse** stagnieren; **~cia** [-θ-] *f* Aufenthalt *m*; *Súda* Farm, Besitztum; **~ciero** [-θ-] *m Súda* Großgrundbesitzer; **~co** *m* Monopol *n*; *Span* Tabakladen

**estandarte** *m* Standarte *f*

**estanque** [-ke] *m* Teich

**estantería** *f* Gestell *n*, Regale *npl*

**estaño** [-ɲo] *m* Zinn *n*

**estar** sein; s. befinden; **~ de viaje** verreist sein; **¿cómo está usted?** wie geht es Ihnen?; **~ leyendo** gerade lesen; **~ para** + *inf* im Begriff sein zu + *inf*; **~ por** Lust haben zu

**estatua** *f* Statue

**estatutos** *mpl* Satzung *f*

**este** *m* Osten

**este, esta, esto,** *pl* **estas, estos** dieser, diese, dieses; diese

**estera** *f* (Fuß-)Matte

**estercolar** düngen

**estereo|fonía** *f* Stereophonie; **~fónico** stereophon; Stereo...

**estéril** unfruchtbar

**esterilizar** [-θ-] unfruchtbar machen; sterilisieren

**esterlina: libra** *f* **~** Pfund *n* Sterling

**estero** *m Am* sumpfiges Ge-

lände *n*
**estertor** *m* Röcheln *n*
**estéti|ca** *f* Ästhetik; **~co** ästhetisch
**estiércol** *m* Dung, Mist
**estigma** *m* Stigma *n*; *Med* Narbe *f*
**estil|o** *m* Stil; **~ográfica** *Span f*, **~ógrafo** *Am m* Füllfederhalter
**estima|ble** schätzbar; achtenswert; **~ción** [-θ-] *f* Schätzung; **~do** geehrt; **~r** schätzen; taxieren; (hoch)achten; meinen
**estimula|nte** anregend; *m* Stimulans *n*; **~r** *Med u fig* anregen; anspornen
**estímulo** *m fig* Anreiz, Ansporn
**estío** *Lit m* Sommer
**estipula|ción** [-θ-] *f jur* Bestimmung; **~r** vereinbaren
**estir|ado** feingekleidet; hochnäsig; knauserig; **~ar** ziehen, strecken; recken; **~ar la pata** F abkratzen, verrecken; **~arse** s. strekken; **~ón** *m* Ruck
**estival** sommerlich
**estocada** *f* Degenstoß *m*
**estofado** *m* mit Zwiebeln geschmortes Fleisch (*in Stükken*)
**estomacal** Magenbitter
**estómago** *m* Magen
**estor|bar** stören, behindern; **~bo** *m* Störung *f*; Hindernis *n*
**estornudar** niesen
**estrag|ar** verheeren; **~o** *m* Verheerung *f*

**estrambótico** extravagant
**estrangula|ción** [-θ-] *f* Erdrosselung; *Tech* Drosselung; **~r** erdrosseln; *Ader* abklemmen; *Tech* drosseln
**estraperlo** *m* Schwarz-, Schleich-handel
**estra|tagema** [-x-] *f* Kriegslist; Streich *m*; **~tegia** [-x-] *f* Strategie; **~tégico** [-x-] strategisch
**estrech|ar** [-tʃ-] verengen; enger verbinden; *Hand* drücken; **~o** eng, schmal; *m* Meerenge *f*, Straße *f*
**estrella** [-ʎa] *f* Stern *m*; (Film-)Star *m*; **~ de mar** Seestern *m*; **~do** gestirnt; **~rse** zerschellen; **~rse contra un árbol** gegen e-n Baum fahren
**estremec|er** [-θ-] erschüttern; **~erse** (er)zittern, schaudern; **~cimiento** [-θ-] *m* Zittern *n*, Schauder
**estre|nar** zum erstenmal benutzen; *Thea* erstmalig aufführen; **~no** *m* Einweihung *f*; *Thea* Erstaufführung *f*, Premiere *f*
**estreñimiento** [-ɲ-] *m* (Stuhl-)Verstopfung *f*
**estr|épito** *m* Lärm, Getöse *n*; **~epitoso** lärmend
**estriba|ción** [-θ-] *f* Ausläufer *m* (*Gebirge*); **~r en** s. stützen auf, beruhen auf
**estribo** *m* Steigbügel; Trittbrett *n*; Stütze *f*; **~r** *m Mar* Steuerbord *n*
**estricto** sreng; strikt
**estridente** schrill, gellend

**estropeado**

**estropea|do** defekt, kaputt; **~r** beschädigen; verstümmeln

**estructura** f Bau m, Struktur; **~r** strukturieren, gestalten

**estruendo** m Getöse n

**estrujar** [-x-] zerdrücken; Frucht auspressen; fig aussaugen

**estuco** m Stuck

**estuche** [-tʃe] m Futteral n; Etui n; **~ de aseo** Reisenecessaire m

**estudia|nte** su Student(in); F Schüler(in); **~r** studieren

**estudio** m Studium n; Studie f; Fleiß; Atelier n; Studio n; Büro n; (Einzimmer-)Appartement n; Chi, Arg Anwaltskanzlei f

**estufa** f Ofen m; Am a (Gas-, Elektro-)Herd m; Bot Treibhaus n

**estupefa|ciente** [-θ-] m Rauschgift n; **~cto** erstaunt, sprachlos

**estupendo** fabelhaft, toll

**estupidez** [-θ] f Dummheit

**estúpido** dumm, stumpfsinnig

**estupro** m Notzucht f

**etapa** f Etappe; Phase

**éter** m Äther

**etern|idad** f Ewigkeit; **~o** ewig

**etiqueta** [-k-] f Etikette; Etikett n

**eucaristía** f Rel Abendmahl n

**eufonía** f Wohlklang m

**evacua|ción** [-θ-] f Räumung; **~ción (de vientre)** Stuhlgang m; **~r** leeren, räumen

**evadir** vermeiden; aus dem Wege gehen; **~se** fliehen, entweichen; F s. drücken

**evalua|ción** [-θ-] f Einschätzung, Bewertung; **~r** schätzen, bewerten

**evangelio** [-x-] m Evangelium

**evapor|ación** [-θ-] f Verdunstung; **~arse** verdunsten

**evasi|ón** f Entweichen n, Flucht; **~va** f Ausrede; **~vo** ausweichend

**evento** m bsd Am Ereignis n; **a todo ~** jedenfalls

**eventual** möglich; **~idad** f Möglichkeit

**eviden|cia** [-θ-] f Offenkundigkeit; **~te** offenkundig, klar; **ser ~te** einleuchten

**evita|ble** vermeidbar; **~r** vermeiden

**evocar** heraufbeschwören, erinnern an

**evolu|ción** [-θ-] f Entwicklung; **~cionar** [-θ-] s. weiterentwickeln, s. ändern

**exac|titud** f Genauigkeit; Richtigkeit; **~to** genau, richtig; pünktlich

**exagera|ción** [-xeraθ-] f Übertreibung; **~r** übertreiben

**exalta|do** überspannt; **~rse** s. steigern; in Hitze geraten; schwärmen

**examen** m Prüfung f; Untersuchung f

**examina|dor** *m* Prüfer; **~ndo** *m* Prüfling; **~r** prüfen, untersuchen
**exánime** leblos; entseelt
**excava|dora** *f* Bagger *m*; **~r** aushöhlen, -graben
**exce|dente** [-θ-] überzählig; *m* Überschuß; **~r** übersteigen; übertreffen
**excelen|cia** [-θelenθ-] *f* Exzellenz; **~te** vortrefflich
**excep|ción** [-θebθ-] *f* Ausnahme; **~cional** [-θ-] außerordentlich; **~to** *adv* außer, ausgenommen; **~tuar** ausnehmen
**exce|sivo** [-θ-] übermäßig; maßlos; **~so** *m* Übermaß *n*; Ausschreitung *f*; **~so de equipaje** *Flgw* Übergepäck *n*; **~so de peso** Übergewicht *n*
**excita|ción** [-θitaθ-] *f* Anregung; Reiz *m*; Erregung; **~nte** erregend; *m* Anregungsmittel *n*; **~r** anregen; erregen; anstacheln; (auf-) reizen
**exclamar** ausrufen
**exclu|ir** ausschließen; **~sión** *f* Ausschluß *m*; **~siva** *f* Alleinverkauf *m*, -vertretung; **~sivo** ausschließlich
**excomulgar** exkommunizieren
**excremento** *m* Ausscheidung *f*
**excursión** *f* Ausflug *m*; **~ en coche** Autotour
**excusa** *f* Entschuldigung; **~r** entschuldigen; vermeiden
**exento** *de* frei von

**exhausto** erschöpft
**exhortar** ermahnen
**exig|encia** [-xenθ-] *f* Forderung, Erfordernis *n*; **~ente** anspruchsvoll; **~ir** (er)fordern
**exil|iar** verbannen; **~arse** ins Exil gehen; **~o** *m* Exil *n*
**exis|tencia** [-θ-] *f* Dasein *n*; **~tencias** *pl Hdl* Bestände *m pl*; Vorrat *m*; **~tencialismo** [-θ-] *m* Existenzialismus; **~tir** bestehen; dasein; leben
**éxito** *m* Erfolg; Ausgang
**exótico** fremdartig, exotisch
**expansi|ón** *f* Ausdehnung; **~vo** expansiv; *fig* überschwenglich
**expatriarse** auswandern
**expecta|ción** [-θ-] *f* Erwartung; **~tiva** *f* sichere Erwartung; Anwartschaft
**expectorante** *m Med* schleimlösendes Mittel *n*
**expedi|ción** [-θ-] *f* Beförderung, Versand *m*; Abfertigung; Expedition; **~dor** *m* Absender; **~ente** *m* Akten *pl*; Rechtssache *f*; (Akten-) Vorgang; **~r** absenden; erledigen; ausstellen
**experi|encia** [-θ-] *f* Erfahrung; Versuch *m*; **~mentar** erproben; erfahren; erleiden; **~mento** *m* Experiment *n*
**experto** sachkundig, erfahren; *m* Fachmann, Sachverständige(r)
**expia|ción** [-θ-] *f* Sühne; **~r** sühnen; *Strafe* verbüßen
**expirar** sterben; ablaufen

**explanar**

(*Frist*)
**explanar** einebnen; erklären
**explica|ble** erklärlich; **~ción** [-θ-] *f* Erklärung; **~r** erklären; **~tivo** erläuternd
**explora|ción** [-θ-] *f* Erforschung; **~dor** *m* Forscher; *Span* Pfadfinder; **~r** erforschen; auskundschaften
**explosi|ón** *f* Ausbruch *m*; Explosion; **~vo** explosiv; Spreng...; *m* Sprengstoff
**explota|ción** [-θ-] *f* Ausbeutung; Ausnutzung; Abbau *m*; **en ~ción** in Betrieb; **~r** ausnutzen; ausbeuten; betreiben; explodieren
**exponer** darlegen; ausstellen; *Kind* aussetzen; *Fot* belichten; **~se** s. aussetzen (*e-r Gefahr usw*)
**exporta|ción** [-θ-] *f* Ausfuhr; **~dor** *m* Exporteur; **~r** *Hdl* ausführen
**expo|sición** [-θ-] *f* Ausstellung; Darlegung; *Fot* Belichtung; **~símetro** *m* *Fot* Belichtungsmesser
**expre|sar** ausdrücken; **~sarse** s. äußern; **~sión** *f* Ausdruck *m*; **~sivo** ausdrucksvoll; **~so** ausdrücklich; **por ~so** durch Eilbote; *Esb* (**tren**) **~so** *m* Schnellzug
**exprimi|dor(a** *f*) *m* (Zitronen-)Presse *f*; **~r** auspressen
**expropiar** enteignen
**expuesto** ausgesetzt, preisgegeben

**expuls|ar** vertreiben; ausstoßen; ausweisen; **~ión** *f* Ausweisung, Vertreibung
**exquisito** [-k-] erlesen, vortrefflich
**éxtasis** *m* Verzückung *f*
**exten|der** ausbreiten; erweitern; ausdehnen; *Schriftstücke* ausfertigen; ausstellen; **~derse** s. erstrecken; s. ausbreiten; **~sión** *f* Ausdehnung, Umfang *m*; Ausbreitung; *Am* Verlängerungsschnur; *Am Tel* Nebenstelle
**exterior** äußerlich; *m* Äußere(s) *n*; Aussehen *n*; **~es** *mpl* *Film* Außenaufnahmen *fpl*
**exter|minar** ausrotten; **~no** äußerlich; extern; *m Schule* Externe(r)
**extin|guir** [-gir] (aus)löschen; tilgen; **~tor** *m* Feuerlöscher
**extrac|ción** [-θ-] *f* Ausziehen *n* (*Zahn, Chem*); Ziehung (*Lotterie*); Förderung; **~to** *m* Auszug
**extraer** (heraus)ziehen
**extranje|ro** [-x-] fremd, ausländisch; *m* Ausland *n*; **~ra** *f* Ausländer(in)
**extra|ñar** [-ɲ-] erstaunt sein über; entfremden; vermissen; **~ñarse de** s. wundern über; **~ño** [-ɲo] fremd; sonderbar, seltsam; **~ordinario** außergewöhnlich; **~viar** irreführen; *Gegenstand* verlegen; **~viarse** s. verirren; abhanden kommen

**extre|mar** übertreiben; **~maunción** [-θ-] f Rel letzte Ölung; **~midad** f äußerstes Ende n; **~mismo** m Extremismus; **~mista** su Extremist m; **~mo** äußerst; letzt; m Ende n; Punkt, Angelegenheit f

**exuberante** üppig

# F

**fabada** f typisch asturisches Gericht aus Saubohnen, Speck, Würsten usw
**fábrica** f Fabrik; Mauerwerk n; **de ~** gemauert
**fabrica|ción** [-θ-] f Fabrikation, Herstellung; **~nte** m Fabrikant; **~r** fabrizieren, (an)fertigen
**fácil** [-θ-] leicht
**facili|dad** [-θ-] f Leichtigkeit; Fertigkeit; **~dades** pl Erleichterungen; **~tar** erleichtern; be-, verschaffen
**factura** f Warenrechnung; **~r** Hdl die Rechnung ausstellen; Gepäck aufgeben
**facultad** f Fähigkeit; (Universität) Fakultät
**facha** [-tʃa] F **1.** m Faschist; **2.** ~ Visage; **~da** f Fassade
**faena** f Arbeit; Stk Stil n (des Toreros); **~r** Arg schlachten
**faisán** m Fasan
**faja** [-xa] f Leibbinde; Schärpe; Hüftgürtel m; Post Kreuzband n
**falaz** [-θ] trügerisch
**falda** f (Damen-)Rock m; **~-pantalón** f Hosenrock m
**falsedad** f Falschheit
**falsifica|ción** [-θ-] f Fälschung; **~r** fälschen

**falso** falsch; unwahr
**falta** f Fehler m; Mangel m; Schuld; **a** (od **por**) **~ de** mangels (gen); **hacer ~** nötig sein; **~r** fehlen; ausbleiben; **~ a** verstoßen gegen
**falla** [-ʎa] f Am Versagen n, Fehler m; **~r** entscheiden, ein Urteil fällen; fehlschlagen; a Tech, Med versagen
**falleba** [-ʎ-] f Tür-, Fensterriegel m
**fallec|er** [-ʎeθ-] sterben, verscheiden; **~imiento** m Tod
**fallo** [-ʎo] m a Med, Tech Versagen n; jur Urteil n; Spruch
**fama** f Ruf m; Ruhm m; Col Metzgerei, Fleischerei; **de ~** berühmt
**familia** f Familie; **~r** familiär; vertraut, bekannt; m Verwandte(r), Angehörige(r); **~ridad** f Vertraulichkeit; **~rizar** [-θ-] vertraut machen
**famoso** berühmt
**fanático** fanatisch
**fanatismo** m Fanatismus
**fanega** f Getreidemaß = 55,5 l
**fanfarr|ón** m Angeber, Aufschneider; **~onear** auf-

**fango** 110

schneiden, großtun
**fango** m Schlamm
**fanta|sía** f Einbildung; Phantasie; **de ~ía** bunt, gemustert (*Stoff*); **~ma** m Trugbild n; Gespenst n
**fantástico** phantastisch, unglaublich; F super, toll
**fantoche** [-tʃe] m Marionette(nfigur f) f (*a fig*)
**farándula** f Komödiantentruppe; *bsd Am* Welt der Theaters, Kabaretts *usw*, Showbusiness n
**fardo** m Ballen; Last f
**farma|céutico** [-θ-] m Apotheker; **~cia** [-θ-] f Apotheke
**faro** m Leuchtturm; *Kfz* Scheinwerfer; *fig* Leuchte f; **~l** m Laterne f; Straßenlaterne f
**farra** f *Am* lärmendes Fest n, Kneipenbummel m; **irse de ~** s. toll amüsieren
**farsa** f *Thea* Posse
**fascis|mo** [-θ-] m Faschismus; **~ta** faschistisch; m Faschist
**fase** f Entwicklungsstufe; Phase
**fastidi|ar** anöden; **~o** m Ekel; Überdruß; **~oso** ekelhaft; lästig, langweilig
**fatal** verhängnisvoll; schlimm; **~idad** f Verhängnis n
**fatig|a** f Ermüdung; Mühsal; **~ar** ermüden; anstrengen; **~oso** mühselig
**fatuo** eingebildet
**favor** m Gunst f; Gefälligkeit f, Gefallen; **a ~ de** zugunsten von; **por ~** bitte!; **hacer el ~ de** die Güte haben zu; **~able** günstig; **~ecer** [-θ-] begünstigen; *Hdl* beehren; **~ito** m Günstling, Favorit
**faz** [-θ] f Antlitz n; Vorderseite
**fe** f Glaube m; **buena ~** Ehrlichkeit; **mala ~** Unredlichkeit; **de buena ~** im guten Glauben, gutgläubig
**fealdad** f Häßlichkeit
**febrero** m Februar
**febrífugo** m fiebersenkendes Mittel n
**febril** fieberhaft (*a fig*)
**fecun|dar** befruchten; **~didad** f Fruchtbarkeit; **~do** fruchtbar (*a fig*)
**fecha** [-tʃa] f Datum n; Termin m; *Hdl* **a dos meses ~** zwei Monate dato; **a partir de esta ~** seit damals, von diesem Tage an; **~r** datieren
**federa|ción** [-θ-] f Föderation; Bund m; **~l** Bundes-...
**felici|dad** [-θ-] f Glück n; **¡muchas ~dades!** herzlichen Glückwunsch!; **~tación** [-θ-] f Glückwunsch m; **~tar** beglückwünschen; gratulieren (*dat*)
**feliz** [-θ] glücklich; **~mente** *adv* glücklicherweise
**felpa** f Plüsch m
**femenino** weiblich; m *Gr* Femininum n
**feminista** *su* Feminist(in)
**fen|omenal** F toll, Klasse;

**~ómeno** m Phänomen n (a fig); Erscheinung f
**feo** häßlich; schändlich
**feria** f Jahrmarkt m, Volksfest n; Ruhetag m; Hdl Messe; **Am a** (Lebensmittel-)Markt m
**fermenta|ción** [-θ-] f Gärung; **~r** gären lassen; gären
**fero|cidad** [-θ-] f Wildheit; **~z** [-θ] wild, grausam
**férreo** eisern; fig hart
**ferretería** f Eisenwarenhandlung
**ferro|carril** m Eisenbahn f; **~viario** Eisenbahn...; m Eisenbahner
**fértil** fruchtbar; ertragreich
**fertilizar** [-θ-] fruchtbar machen; düngen
**ferviente** heftig, inbrünstig
**festival** m Festspiele npl, Festival n
**festivo** scherzhaft; festlich; **día** m **~** Feiertag
**fétido** stinkend
**fiado** geborgt; **al ~** F auf Pump; **~r** m Bürge; **salir ~ de** für j-n bürgen
**fiambre** m Aufschnitt; P Leiche f
**fia|nza** [-θa] f Bürgschaft; Kaution; **~r** verbürgen; anschreiben (Wirt); **~rse de** j-m vertrauen; bauen auf
**fibra** f Faser
**fich|a** [-tʃa] f Spielmarke, Jeton, m; Telefonmarke, Karteikarte; **~ero** m Kartei
**fidelidad** f Treue

**fideos** mpl Fadennudeln fpl
**fiebre** f Fieber n
**fiel** treu; gläubig
**fieltro** m Filz
**fiera** f wildes Tier n
**fiesta** f Fest n; Feiertag m; **~ brava** Stierkampf m; **~ mayor** Patronatsfest n; **hacer ~** blaumachen
**figura** f Figur; Gestalt; Bild n; **~do** figürlich; sinnbildlich; **~nte** m Statist; **~r** vorkommen, stehen (**en** auf, in); **~rse** s. et vorstellen
**fija|ción** [-xaθ-] f Festsetzung; Fot Fixierung; Ski Bindung; **~dor** m, **~pelo** m Haarfestiger; **~r** befestigen, ankleben; festsetzen; Plakate ankleben; Fot fixieren; Aufmerksamkeit richten (**en** auf); **~rse en** bemerken, achten auf
**fijo** [-xo] fest
**fila** f Reihe; **en ~ india** im Gänsemarsch
**film** m Film; **~ación** [-θ-] f Verfilmung; **~ar** filmen
**fil|osofía** f Philosophie; **~ósofo** m Philosoph
**filtrar** filtern; **~se** einsickern
**filtro** m Filter; **~ amarillo (de aire)** Gelb-(Luft-)filter
**fin** m Ende n; Ziel n, Zweck; **dar ~ a** vollenden; **a ~ de mayo** Ende Mai; **al (od por) ~** endlich; **a ~ de** um zu
**final** schließlich; End...; m Ende n; f Sp Endrunde, Finale n; **~izar** [-θ-] beendigen; **~mente** endlich

**financiación** 112

**financiación** [-θǐaθ-] *f* Finanzierung
**finca** *f* Grundstück *n*; ~ (**rural**) Landgut *n*
**fineza** [-θa] *f* Feinheit; Aufmerksamkeit
**fingir** [-x-] vortäuschen, tun als ob
**fin|o** fein; höflich; **~ura** *f* Feinheit; Höflichkeit
**fique** [-ke] *m Am* Agave(nfaser) *f*; Schnur *f*
**firma** *f* Unterzeichnung; Unterschrift; *Hdl* Firma; **~nte** *m* Unterzeichner; **~r** unterzeichnen
**firme** fest, beständig; sicher; *m* (Straßen-)Belag, Decke *f*; **~za** [-θa] *f* Festigkeit; Beharrlichkeit
**fiscal** fiskalisch; *m* Staatsanwalt; **~izar** [-θ-] kontrollieren
**físi|ca** *f* Physik; **~ca nuclear** Kernphysik; **~co** körperlich, physisch; physikalisch; *m* Physiker
**flaco** schlaff, schwach; mager
**flamenco** flämisch; *fig* angeberisch; *m Zo* Flamingo; (**cante** ~) Flamenco (*Gesang*)
**flaqueza** [-keθa] *f* Schwäche
**flash** *m* Blitzlicht *n*
**flau|ta** *f* Flöte; **~ta dulce** Blockflöte; **~tista** *su* Flötenspieler(in)
**flecha** [-tʃa] *f* Pfeil *m*
**fletar** befrachten; chartern
**flete** *m* Fracht *f*; Frachtgebühr *f*

**flexi|bilidad** *f* Biegsamkeit, Anpassungsfähigkeit; **~ble** biegsam; nachgiebig
**flirte|ar** flirten; **~o** *m* Flirt
**flojo** [-xo] schlaff, schwach; faul; flau
**flor** *f* Blume; Blüte; *das* Feinste; **~ecer** [-θ-] blühen; **~ecimiento** [-θ-] *m* Blühen *n*; Gedeihen *n*; **~ero** *m* Blumenvase *f*
**floris|ta** *su* Blumenhändler(in); **~tería** *f* Blumengeschäft *n*
**flota** *f* Flotte; *Col* Überlandbus *m*; **~ble** schwimmfähig; **~dor** *m Tech* Schwimmer; **~r** schwimmen, treiben; (*in der Luft*) schweben
**fluctua|ción** [-θ-] *f* Schwankung; **~nte** schwankend; **~r** schwanken
**fluido** flüssig; fließend
**flujo** [-xo] *m* Fluß, Fließen *n*
**fluvial** Fluß...
**flux** *m Am* (Herren-)Anzug
**foca** *f* Seehund *m*
**foco** *m* Brennpunkt; *Am* Glühbirne *f*; *Am* Scheinwerfer
**fogón** *m* Herd (*Küche*)
**fogonero** *m* Heizer
**fólder** *m Am* Aktendeckel
**follaje** [-λaxe] *m* Laubwerk *n*
**folleto** [-λ-] *m* Broschüre *f*, Prospekt
**fomen|tar** fördern, begünstigen; **~to** *m* Förderung *f*; Pflege *f*
**fonda** *f* Gasthaus *n*; Bahnhofsgaststätte
**fondear** loten; ankern

**fond|ero** m Am, **~ista** m Span m Gastwirt
**fondo** m Grund, Boden; Meeresgrund; Hintergrund; Fonds; Am a Unterrock; **esquí ~ de ~** Sp Langlauf; **a ~** gründlich; **irse a ~** untergehen; **~s** m Vermögen n
**fontanero** m Klempner, Spengler
**forastero** fremd, auswärtig
**forestal** Forst..., Wald...
**forjar** [-x-] schmieden
**forma** f Form; Gestalt; **estar en ~** in Form sein; **~ción** [-θ-] f Bildung; **~l** formal; förmlich; solide; **~lidad** f Förmlichkeit; Formalität; **~r** bilden
**formidable** furchtbar; F toll, prima
**fórmula** f Formel
**formular** formulieren; **~rio** m Formular n
**foro** m Forum n; Thea Hintergrund
**forr|aje** [-xe] m Futter n; **~ar** Kleid usw füttern; **~o** m Futter n (Kleidung); Überzug
**fortale|cer** [-θ-] stärken; befestigen; **~za** [-θa] f Festung
**fortifica|ción** [-θ-] f Befestigung; **~r** befestigen
**fortuito** zufällig; **~na** f Schicksal n, Geschick n; Glück n; Vermögen n; **por ~na** zum Glück
**forz|ado** [-θ-] Zwangs...; ge-, er-zwungen; **trabajo**

**~ado** Zwangsarbeit f; **~ar** (er)zwingen; Tür usw aufbrechen; **~oso** zwingend; Not...
**fosa** f Grab n
**fósforo** m Phosphor; Am Streichholz n
**foso** m Grube f; Thea Versenkung f
**foto** f Foto n; **~copia** f Fotokopie; **~copiar** fotokopieren; **~grafía** f Fotografie, Lichtbild n; **~grafiar** fotografieren; **~gráfico** fotografisch
**fotó|grafo** m Fotograf; **~metro** m Belichtungsmesser
**fraca|sar** scheitern; mißlingen; Thea durchfallen; **~so** m Scheitern n
**fracción** [-θ-] f Math Bruch m; (Bruch-)Teil m
**fractura** f (Knochen-)Bruch m; **robo** m **con ~** Einbruch
**frágil** [-x-] zerbrechlich; vergänglich
**fragilidad** [-x-] f Zerbrechlichkeit; Vergänglichkeit
**fragua** f Schmiede, Esse; **~r** schmieden
**fraile** m Mönch
**frambuesa** f Himbeere
**francmasón** m Freimaurer
**franco** frei; offenherzig; **~ de porte** portofrei
**franela** f Flanell m
**franja** [-xa] f Franse
**franque|ar** [-k-] a Briefe freimachen; **~o** m Porto n; **~za** [-θa] f Offenheit

**frasco** *m* Flakon, Fläschchen *n*

**frase** *f* Satz *m*; Redensart

**frater|nal** brüderlich; **~nidad** *f* Brüderlichkeit; **~nizar** [-θ-] *v/i* s. verbrüdern

**fraud|e** *m* Betrug *m*; **~ulento** betrügerisch

**fray** *m* Rel Bruder (*vor dem Namen*)

**frazada** [-θ-] *f* Süda (Woll-)Decke

**frecuen|cia** [-θ-] *f* Häufigkeit, Frequenz; **con ~cia** häufig; **~tar** (häufig) besuchen; **~te** häufig

**fregar** scheuern; abwaschen; *Am a* F belästigen, ärgern

**freír** backen, braten

**frenar** bremsen

**freno** *m* Tech Bremse *f*; Zügel, Zaum (*a fig*); **~ de mano** (**de alarma**) Hand- (Not-)bremse *f*

**frente 1.** *f* Stirn; Antlitz *n*; **2.** *m* Vorderseite *f*; Front *f*; **de ~** von vorn, frontal; geradeaus; **en ~** gegenüber; **~ a** *prp* gegenüber (*dat*)

**fresa** *f* Erdbeere

**fres|co** frisch; kühl; neu; frech; *m* Kühle *f*; **~cura** *f* Frechheit

**frialdad** *f* Kälte, Gleichgültigkeit

**fricción** [-θ-] *f*, **friega** *f* Frottieren *n*; Einreibung

**frigorífico** Kühl...; *m* Kühlschrank; *Süda* Kühlhaus *n*

**fríjol** [-x-] *Col*, **frijol** [-x-] *m* weiße Bohne *f*

**frío** kalt; *m* Kälte *f*; **tengo ~** mich friert; **coger ~** s. erkälten

**friolen|to** *Am*, **~ro** *Span* verfroren; *fig* frostig

**frito** gebacken; *m* Gebackene(s) *n*; **estar ~** F aufgeschmissen sein

**fronte|ra** *f* Grenze; **~rizo** [-θo] angrenzend, Grenz...

**frotar** ab-, ein-reiben; frottieren

**fructuoso** fruchtbringend, einträglich

**fruncir** [-θ-] runzeln

**fru|ta** *f* Obst *n*; Frucht; **~tal** *m* Obstbaum; **~tería** *f* Obsthandlung; **~tero** *m*, **~tera** *f* Obsthändler(in); **~tilla** [-ʎa] *f* RPl, Chi, Pe Erdbeere; **~to** *m* Frucht *f*; *fig* Ausbeute *f*, Nutzen

**fuego** *m* Feuer *n*; Gewehrfeuer *n*; **~s** *pl* **artificiales** Feuerwerk *n*

**fuelle** [-ʎe] *m* (*a* Blase-)Balg; faltbares Wagenverdeck *n*

**fuente** *f* Quelle, Brunnen *m*; Schüssel

**fuera** *adv* außen; auswärts, außerhalb; heraus; *prp* **~ de** außer; **~ de eso** außerdem; **~ de servicio** außer Betrieb; **¡~!** hinaus!, fort!; **~ borda** *f* Außenborder *m*; **~bordo** *m* Außenbordmotor

**fuerte** stark; kräftig; hart; *m* Fort *n*; *fig* starke Seite *f*

**fuer|za** *f* [-θa] *f* Kraft; Gewalt; Wirksamkeit; **~s** *fpl* **armadas** Streitkräfte; **a la**

(*od* **por**) ~ mit Gewalt; notgedrungen
**fuete** *m Süda* Peitsche *f*
**fuga** *f* Flucht; *Mus* Fuge; **~rse** fliehen
**fugitivo** [-x-] flüchtig; *m* Flüchtling
**fulan|a** *f* Nutte; **~o** *m* Kerl, Typ; **~o de tal** Herr Soundso
**fulmina|nte** blitzartig; heftig; **~r** blitzen; schleudern; *fig* wettern; *Strafe* verhängen
**fuma|dor(a** *f) m* Raucher(in); **~r** rauchen
**funci|ón** [-θ-] *f* Funktion; Amt *n*; Tätigkeit; Feier; *Thea* Vorstellung; **~onar** gehen, funktionieren; sein Amt ausüben; **no ~ona** außer Betrieb; **~onario** *m* Beamte(r)
**funda** *f* Überzug *m*; Futteral *n*; Bezug *m*
**funda|ción** [-θ-] *f* Gründung; Stiftung; **~dor(a** *f) m* Gründer(in), Stifter(in); **~mental** grundlegend; **~mentar** gründen; stützen; **~mento** *m* Grund; Grundlage *f*; **~r** gründen
**fundi|ble** schmelzbar; **~ción** [-θ-] *f* Gießen *n*; Gießerei; **~r** schmelzen, gießen
**fúnebre** Trauer...; Grab...
**funera|l** *m* Begräbnis *n*; **~ria** *f* Bestattungsinstitut *n*
**funicular** *m* Drahtseilbahn *f*
**furcia** [-θ-] *f* F Nutte
**furgón** *m Esb* Gepäckwagen; *Kfz* Lieferwagen
**furi|a** *f* Wut, Raserei; **~oso** rasend; heftig
**furor** *m* Raserei *f*; Wut *f*; **hacer ~** Furore machen, einschlagen
**furtivo** heimlich; **cazador** *m* **~** Wilderer
**fusible** schmelzbar; *m El* Sicherung *f*
**fusil** *m* Gewehr *n*; Flinte *f*; **~amiento** *m* Erschießung *f*; **~ar** erschießen; **~azo** [-θo] *m* Gewehrschuß
**fusión** *f* Schmelzen *n*; *fig* Verschmelzung, Fusion
**fustán** *m Süda* Unterrock
**fútbol** *m* Fußballspiel *n*; Fußball
**futbolista** *m* Fußballer
**futuro** künftig; *m* Zukunft *f*; F Bräutigam

# G

**gabacho** [-t∫o] *m desp* Franzose; *Am* Schweiß; *adj RPl* schmutzig
**gabán** *m bsd Am* Mantel
**gabardina** *f* Gabardine *m*; *Span* Regenmantel *m*
**gabinete** *m* Kabinett *n*
**gach|í** [-t∫i] *f P* Mädchen *n*, Biene; **~ó** *m P* Mann, Typ; **~upín** *m Méj pej* Spanier
**gafas** *fpl* Brille *f*; **~ de sol** Sonnenbrille *f*
**gago** *m Am* Stotterer *m*; *adj* stotternd

**gaita** f Dudelsack m
**gala** f Festkleidung; Prunk m; **de ~** in Gala
**galán** m Thea Liebhaber; Verehrer
**galante** galant, fein; **~ría** f Höflichkeit
**galardón** m Lit Lohn
**gale|ra** f Galeere; Süda F Zylinder(hut m) m; **~ría** f Galerie; Stollen m
**galgo** m Windhund
**galón** m Gallone f; **~onera** f Pe (Benzin-)Kanister m
**galop|ar** galoppieren; **~e** m Galopp
**galpón** m Am Schuppen
**galleg|o** [-ʎ-] galicisch; m, **~a** f Galicier(in); **~o** m Arg pej Spanier
**galleta** [-ʎ-] f Schiffszwieback m; Keks m; Ven Verkehrsstau m
**galli|na** [-ʎ-] f 1. Henne, Huhn m; 2. m fig Memme f; **carne** f (Am **piel** f) **de ~** fig Gänsehaut; **~nero** m Hühnerstall; Thea Olymp
**gallo** m [-ʎo] m Hahn; Chi F Mann
**gama** f Tonleiter; Bereich m; Skala
**gam|ba** f Krabbe, Garnele; **~berro** m Halbstarke(r)
**gamín** m Col asozialer Straßenjunge
**gamo** m Damhirsch; **~nal** m Am Ortsgewaltige(r), Boß
**gamuza** [-θa] f Gemse; Fensterleder n; bsd Am Wildleder n
**gana** f Hunger m, Appetit m;

**~s** pl Lust f; **de buena ~** gern; **de mala ~** ungern; **no me da la ~** ich habe keine Lust (dazu); **tener ~s de** Lust haben zu
**gana|dería** f Viehzucht; **~dero** m Viehzüchter; **~do** m Vieh n
**gana|ncia** [-θ-] f Gewinn m; **~r** gewinnen; verdienen; **~rse la vida** s-n Lebensunterhalt verdienen
**gancho** m [-tʃo] m Haken; fig Sex-Appeal; Am Kleiderbügel; **~ de nodriza** Col Sicherheitsnadel f
**gandul** faul; **~a** f Hängematte; Liegestuhl m
**ganga** f Gelegenheitskauf m
**ganso** m Gans f; Dummkopf
**ganzúa** [-θ-] f Dietrich m
**garaje** [-xe] m Garage f
**garan|tía** f Garantie; **~tir, ~tizar** [-θ-] gewährleisten
**garapiñado** [-ɲ-] kandiert
**garbanzo** [-θo] m Kichererbse f
**garbo** m Anmut f
**gargajo** [-xo] m Schleim
**garganta** f Kehle; Rist m; Schlucht; **dolor** m **de ~** Halsschmerzen pl
**gárgara** f Gurgeln n; **hacer ~s** gurgeln
**garra** f Klaue, Kralle; **~fa** f Karaffe; **~pata** f Zecke
**garúa** f Am, bsd Pe Nieselregen m; Strohfeuer n
**garz|a** [-θa] f Reiher m; **~ón** m Chi Kellner
**gas** m Gas n; **bombona** f (Am **garrafa** f) **de ~** Gas-

**gimnasio**

flasche
**gasa** *f* Gaze; Mull *m*
**gaseosa** *f* (Brause-)Limonade
**gas|fiter, ~fitero** *m* Süda, bsd Chi Klempner
**gasóleo** *m* Diesel(kraftstoff)
**gasolin|a** *f* Benzin *n*; **echar ~a** tanken; **~era** *f* Motorboot *n*; Tankstelle
**gas|tar** ausgeben; aufwenden; abnutzen; tragen, besitzen; **~to** *m* Ausgabe *f*; Aufwand; **~tos** *pl* Kosten *pl*; Spesen *pl*
**gato** *m* Katze *f*; Kater; Wagenheber
**gaucho** [-tʃo] *m* Süda Gaucho
**gavilán** *m* Sperber; **~ota** *f* Möwe
**gay** *m* F Homosexuelle(r)
**gazpacho** [-θpatʃo] *m* kalte Suppe aus Knoblauch, Paprikaschoten, Zwiebel, Tomaten, Essig u Öl
**gelatina** [x-] *f* Gelatine; Sülze
**gemelo** [x-] *f* Zwillings...; *m* Zwilling; **hermano** *m* ~ Zwillingsbruder; **~s** *pl* Zwillinge; Opernglas *n*; Manschettenknöpfe *pl*
**gemir** [x-] seufzen, stöhnen
**genciana** [xenθ-] *f* Enzian *m*
**general** [x-] allgemein; *m* General; **en** (*od* **por lo**) ~ im allgemeinen; **~idad** *f* Allgemeinheit; **~idades** *fpl* Allgemein(es)n; **~izar** *f* verallgemeinern; **~izarse** allgemein werden

**género** [x-] *m* Gattung *f*; Art *f*; Sorte *f*; **~s** *pl* Waren *fpl*; **~s de punto** Strick-, Wirkwaren *fpl*
**genero|sidad** [x-] *f* Großmut *m*; Freigebigkeit; **~so** edelmütig; großzügig
**geni|al** [x-] eigentümlich; genial; **~o** *m* Gemütsart *f*; Wesen *n*; Genie *n*
**geni|tales** [x-] *mpl* Genitalien *pl*; **~tivo** *m* Gr Genitiv
**gen|te** [x-] *f* Leute *pl*, Volk *n*; **~til** hübsch; artig; **~tileza** [-θa] *f* Anmut; Anstand *m*; **~tilhombre** *m* Edelmann; **~tío** *m* Menschenmenge *f*, Gedränge *n*
**geren|cia** [xerenθ-] *f* Geschäftsführung; **~te** *m* Geschäftsführer
**geriatría** [x-] *f* Geriatrie
**ger|men** [x-] *m* Keim; Ursprung; **~minar** keimen
**gesticula|ción** [xestikulaθ-] *f* Gebärdenspiel *n*; **~r** gestikulieren
**gesti|ón** [x-] *f* Führung; Betreibung; **~onar** betreiben, besorgen
**gesto** [x-] *m* Gesichtsausdruck, Miene *f*; Geste *f*; **hacer ~s** *a* Grimassen schneiden
**gib|a** [x-] *f* Buckel *m*; **~oso** bucklig
**gigan|te** [x-] *m* Riese; **~tesco** riesenhaft; gewaltig
**gilipollas** [xilipoʎ-] *m* Span F *fig* Flasche *f*, Niete *f*
**gim|nasia** [x-] *f* Turnen *n*, Gymnastik; **~nasio** *m*

**gimnástico** 118

Turnhalle *f*; ~**nástico** Turn...
**ginebra** [x-] *f* Gin *m*
**ginecólogo** [x-] *m* Gynäkologe
**gira|r** [x-] (s.) drehen, kreisen; *Geld* überweisen; *Wechsel* ziehen; ~**sol** *m* Sonnenblume *f*; ~**torio** kreisend, Dreh...
**giro** [x-] *m* Drehung *f*, Wendung *f*; *Hdl* Überweisung *f*; ~ **postal** Postanweisung *f*; ~ **obligatorio** Kreisverkehr *m*
**gitan|o** [x-] *m*, ~**a** *f* Zigeuner(in)
**glacia|l** [-θ-] eiskalt, eisig; ~**r** *m* Gletscher
**glándula** *f Anat* Drüse
**glicerina** [-θ-] *f* Glyzerin *n*
**global** global; Pauschal...
**globo** *m* Kugel *f*; Erdball; *Flgw* ~ **aerostático** Ballon; ~ **del ojo** Augapfel
**glori|a** *f* Ruhm *m*; Herrlichkeit, Seligkeit; **saber a** ~**a** herrlich schmecken; ~**arse** s. rühmen; ~**eta** *f öffentlicher* Platz *m*; ~**ficar** verherrlichen; rühmen; ~**oso** glorreich; rühmlich
**glosa** *f* Randbemerkung, Glosse; ~**r** auslegen; bekritteln; ~**rio** *m* Glossar *n*
**glotón** *m* Vielfraß
**glucosa** *f* Traubenzucker *m*
**gluten** *m* Klebstoff
**governa|ción** [-θ-] *f* Regierung, Statthalterschaft; *Span* **Ministerio** *m* **de la** **Sción** Ministerium *n* des

Inneren; ~**dor** *m* Gouverneur; ~**r** regieren; leiten; *Mar* steuern
**gobierno** *m* Regierung *f*; *fig* Richtschnur *f*
**goce** [-θe] *m* Genuß
**gol** *m Sp* Tor *n*
**golf** *m Sp* Golf *n*; ~**illo** [-ʎo] *m* Gassenjunge; ~**ista** *m* Golfspieler; ~**o** *m Geogr* Golf *m*; F Ganove
**golondrina** *f* Schwalbe
**golos|ina** *f* Nascherei; ~**o** naschhaft
**golpe** *m* Schlag; Stoß; *fig* Eindruck; ~ **de Estado** Staatsstreich; **a** ~ stoßweise; **de** ~ (**y porrazo** [-θo]) plötzlich; ~**ar** schlagen; klopfen; ~**o** *m* Schlagen *n*
**gom|a** *f* Gummi *m*; Radiergummi *m*; ~**oso** gummiartig; *m fig* Geck; *Méj* Grünschnabel
**gor|do** dick; **el** ~**do** das große Los; ~**dura** *f* Fett *n*; Korpulenz
**gorr|a** *f* Mütze; Kappe; ~**ión** *m* Sperling, Spatz; ~**o de baño** Badekappe *f*; ~**ón** *m* F Nassauer
**gota** *f* Tropfen *m*; *Med* Gicht; **a** ~ tropfenweise
**gote|ar** tröpfeln; ~**ra** *f* Dachrinne
**goz|ar** [-θ-] genießen; s. erfreuen (**de** *gen*); ~**o** *m* Freude *f*, Vergnügen *n*; ~**oso** freudig; fröhlich
**graba|ción** [-θ-] *f* Gravur, (Tonband-)Aufnahme; ~ **ción de video** Fernsehauf-

zeichnung; ~do m Gravierkunst f; Stich; Abbildung f; ~dor m Graveur; ~dora f bsd Am Tonbandgerät n; ~r gravieren; einritzen; ~r (en cinta) (auf Tonband) aufnehmen

graci|a [-θ-] f Anmut; Witz m; Gnade; ¡~as! danke!; ~as a prp Dank; dar las ~as danken; ~oso anmutig, witzig; m Spaßmacher

grada f Stufe; Egge

grado m Grad, Rang; Wert; akademischer Grad; ~ de doctor Doktortitel

gradua|ción [-θ-] f Abstufung; Einstellung; Rangordnung; ~do graduiert; Grad..., Meß...; ~l allmählich; ~r abstufen; einstellen; j-m e-e akademische Würde verleihen

gráfic|a f graphische Darstellung; Kurve; ~o geographisch; anschaulich

grafito m Graphit

gragea [-x-] f Dragée n

grajo [-xo] m Krähe f; Am a Schweiß

gramátic|a f Grammatik; ~co (a gramatical) grammatisch

gramo m Gramm n

granada f Granatapfel m; Mil Granate

grande groß; erwachsen; bedeutend; 2 m (de España) Grande; ~za [-θa] f Größe; Erhabenheit

grandi|locuencia [-θ-] f hochtrabende Ausdrucksweise; ~osidad f Großartigkeit; ~oso großartig, herrlich

granel: a ~ lose, offen, unverpackt

graniz|ado [-θ-] m Art Eiskaffee; ~ar hageln; ~o m Hagel

granja [-xa] f Meierei; Bauernhof m; Farm; Span a Milchbar

grano m Korn n; Kern (Obst); ~s pl Getreide n; ir al ~ zur Sache kommen

granuja [-xa] F m Lump

grapa f (Heft-)Klammer; ~dora f Heftmaschine

gra|sa f Fett n; ~siento fettig; schmierig; ~so fett

gratifica|ción [-θ-] f Vergütung; ~r belohnen; erfreuen

grat|itud f Dankbarkeit; ~o angenehm; ~uito unentgeltlich; grundlos (Behauptung)

gratula|ción [-θ-] f Glückwunsch m; ~r beglückwünschen

grava f Kies m; Schotter m; ~men m Last f; Auflage f; ~r belasten

grave schwer; ernst; gefährlich; ~dad f Schwere; Ernst m

gravilla [-ʎa] f Kies m; ~ (suelta) Rollsplitt m

gravitación [-θ-] f Schwerkraft

gremio m Genossenschaft f; Innung f; Gremium n

gresca f Lärm m, Tumult m;

**grieta** 120

Rauferei
**grieta** f Spalte; Riß m
**grif|a** f Rauschgift n, bsd Marihuana n; **~ero** m Pe Tankwart; **~o** m (Wasser-)Hahn; Pe Tankstelle f; **agua** f **del ~o** Leitungswasser n
**grillo** [-ʎo] m Zo Grille f
**gringo** m pej Yankee; Arg (nicht pej) Europäer; Yankee; adj nordamerikanisch
**grip|a** f Col, Méj, **~e** f Grippe
**gris** grau
**gri|tar** schreien; zurufen; **~tería** f Geschrei n; **~to** m Schrei
**grose|ría** f Grobheit; **~ro** grob; plump; ungebildet
**grúa** f Kran m; Abschleppwagen m
**grues|o** dick; mar f **~a** grobe See; **~o** m Dicke f; Gros n
**grulla** f Kranich m
**gruñir** [-ñ-] grunzen; brummen; knurren; fig murren
**grupo** m Gruppe f; **~ sanguíneo** Blutgruppe f
**gruta** f Grotte, Höhle
**guaca** f Am indianisches Grab n; **~mayo** m Am Ara (Papageienart)
**guadaña** [-ɲa] f Sense; **~r** mähen
**guagua** f PR Bus m; Chi kleines Kind n
**guajalote** [-x-] m Méj Truthahn
**guante** m Handschuh; **~ra** f

Kfz Handschuhfach n; **~ría** f Handschuhgeschäft n
**guapo** hübsch; Am tapfer
**guarapo** m Süda alkoholisches Getränk aus Zuckerrohrsaft
**guarda** m Wächter, Wärter; **~ forestal** Forstwart; **~agujas** [-x-] m Esb Weichensteller; **~almacén** [-θ-] m Lagerverwalter; **~barreras** m Esb Schrankenwärter; **~barros** m Schutzblech n; Kfz Kotflügel; **~costas** m Küstenwachtboot n; **~frenos** m Bremser; **~meta** m Torwart
**guardar** (auf)bewahren; behalten; beschützen; hüten; **~ silencio** schweigen; **~ cama** das Bett hüten; **~se** s. hüten (**de** vor)
**guarda|rropa** m Garderobe f; **~vía** m Esb Streckenwärter
**guardería** f (**infantil**) Kinderkrippe
**guardia** 1. f Wache; Gewahrsam m; Schutz m; **estar de ~** Wache stehen; **~ civil** Span Landpolizei; 2. m Posten; Polizist; **~ civil** Span Landpolizist
**guarida** f Unterschlupf m
**guar|necer** [-θ-] besetzen, einfassen; auslegen; garnieren; **~nición** [-θ-] f Besatz m; (Ein-)Fassung; Pferdegeschirr n; Garnison; Gastr Beilage
**guarro** F dreckig
**guasa** f F Spaß m

# habituar

**guayab|a** f Am Guave (Frucht); **~era** f Am Buschhemd n; **~o** m Guavenbaum; Col F Kater (nach Alkoholgenuß)
**gubernativo** Regierungs...
**güero** Méj blond
**guerr|a** [ge-] f Krieg m; **2a mundial** Weltkrieg m; **~ear** Krieg führen; streiten; **~ero** kriegerisch; m Krieger; **~illa** [gɛrriʎa] f Guerilla(krieg) m
**guía** [gia] 1. m Führer (Person); 2. f Wegweiser m; Richtschnur; Kursbuch n; Reiseführer m; **~ comercial** Werbefunk m; Hdl Adreßbuch n, Firmenverzeichnis n; **~ telefónica** Fernsprechbuch n
**guiar** [gi-] führen; leiten; lenken
**guijarro** [gix-] m Kieselstein

**guind|a** [gi-] f Sauerkirsche; **~illa** [-ʎa] f Span scharfer Pfeffer m, Chili m
**guiñar** [giɲ-] blinzeln; **~ los ojos** zwinkern
**guión** [gi-] m Gr Bindestrich; Film Drehbuch n
**guis|ado** [gi-] m Gastr Gericht n; **~ante** m Span Erbse f; **~ar** kochen; **~o** m Gastr Gericht n
**guitarra** [gi-] f Gitarre
**gusano** m Wurm; **~ de luz** Leuchtkäfer m; **~ de seda** Seidenraupe f
**gus|tar** v/t kosten, schmecken; v/i gern haben; gefallen; gern essen; **¿Vd. gusta?** darf ich anbieten?; **si Vd. gusta** wenn Sie wollen; **~to** m Geschmack; Vergnügen n; Gefallen n; **con mucho ~to** sehr gern; **~toso** schmackhaft; gern

# H

**haba** f (el) (Sau-)Bohne
**habano** m Havanna f (Zigarre); Am Banane f; adj Am braun
**haber** 1. haben, sein (Hilfszeitwort); **~ de** sollen, müssen; **hay** es gibt; **hay que** man muß; **no hay de qué** keine Ursache, bitte!; 2. m Habe f, Vermögen n; Hdl Haben n; **~es** pl Einkünfte pl
**habichuela** [-tʃ-] f (Col bsd grüne) Bohne

**hábil** geschickt, fähig; **día m ~** Werktag
**habili|dad** f Geschicklichkeit, Fähigkeit; **~tar** befähigen; bevollmächtigen
**habita|ble** bewohnbar; **~ción** [-θ-] f Wohnung; Zimmer n; **~ción doble (individual)** Doppel-(Einzel-)zimmer n; **~nte** m Bewohner; Einwohner; **~r** bewohnen; wohnen
**habitual** üblich, gewohnt; m Stammgast; **~ar** gewöhn-

**habla**

nen
**habla** f (el) Sprache; Mundart; **~r** sprechen, reden
**hacendado** [aθ-] begütert; m Gutsbesitzer
**hacer** [aθ-] machen, tun; anfertigen; **hace una semana** vor einer Woche; **hace frío (calor)** es ist kalt (warm); **~se** werden; **se hace tarde (de noche)** es wird spät (Nacht)
**hacia** [aθ-] gegen, nach; Zeit: gegen; **~ atrás** rückwärts, nach hinten; **~ aquí** hierher; **~ la tarde** gegen Abend
**hacienda** [aθ-] f Landgut n, Vermögen n; **2 pública** öffentliche Finanzen fpl; **Delegación f de 2** Finanzamt n
**hacha** [atʃa] f (el) Fackel; Axt; F fig As n, Kanone
**hala|gar** [-g-] m schmeicheln; **~go** m Schmeichelei f; **~güeño** [-ŋo] schmeichelhaft; **~r** Süda ziehen
**halcón** m Falke (a Pol fig)
**hall** m (Hotel-)Halle f
**halla|r** [aʎ-] finden; **~zgo** [-θ-] m Fund
**hamaca** f Hängematte; Süda Schaukel; Liegestuhl m
**hambr|e** f (el) Hunger m; **~iento** hungrig
**hamburguesa** [-ge-] f Gastr Hamburger m
**hampa** f (el) Unterwelt
**harapo** m Lumpen
**harina** f Mehl n

**hart|ar** sättigen; **~o** satt, überdrüssig; Am a viel; **estoy ~o** ich habe genug davon
**hasta** prp bis; adv sogar, selbst; **¡~ luego!** bis nachher!; cj **~ que** bis
**hato** m Viehherde f; Bündel n
**hay** es gibt; s. **haber**
**haya** f (el) Buche
**haz** [aθ] m Garbe f, Bündel n
**hazaña** [aθaɲa] f Heldentat
**hebilla** [-ʎa] f Schnalle
**hebra** f Faden m; Faser
**hectárea** f Hektar m u n
**hectolitro** m Hektoliter n
**hechizar** [etʃiθ-] bezaubern
**hech|o** [etʃo] gemacht; fertig; m Tat f; Tatsache f; **~o a mano** handgemacht; **~ura** f Anfertigung; Schnitt m
**heder** stinken
**hela|da** f Reif m; Frost m; **~dería** f Eisdiele; **~do** gefroren; starr; m Speiseeis n; **~dora** f RPl Kühlschrank m; **~r** gefrieren lassen; frieren; **~rse** ge-, zu-frieren
**helecho** [-tʃo] m Farn
**hélice** f [-θe] f Propeller m; Mar Schraube
**helicóptero** m Hubschrauber
**hematoma** m Bluterguß
**hembra** f Zo Weibchen n; F Weib n, Frau
**hemisferio** m Halbkugel f
**hemorr|agia** [-x-] f Blutung; **~oides** fpl Hämorrhoiden
**hender** spalten

**heno** m Heu n
**here|dad** f Grundstück n; Erbgut n; **~dar** erben; **~dero** erblich; m Erbe; **~ditario** erblich, Erb...
**hereje** [-xe] m Ketzer; **~ía** f Ketzerei
**herencia** [-θ-] f Erbschaft; Erbe n
**herético** ketzerisch
**heri|da** f Verletzung; Wunde; Kränkung; **~r** verwunden, verletzen (a fig)
**herman|a** f Schwester; **~ar** verbrüdern; vereinen; **~astra** f, **~astro** m Stiefschwester, -bruder; **~dad** f a Rel Bruderschaft; **~o** m Bruder; **~os** mpl Geschwister pl
**hermético** hermetisch; luftdicht
**hermo|so** schön; **~sura** f Schönheit
**hernia** f Med Bruch m
**héroe** m Held
**hero|ico** heroisch, heldenhaft; **~ína** f Heldin; Heroin n
**herra|dor** m Hufschmied; **~dura** f Hufeisen n; **~je** [-xe] m Eisenbeschlag; **~mienta** f Werkzeug n; **~r** Pferd beschlagen
**herre|ría** f Schmiede; **~ro** m Schmied
**herrumbre** f Rost m
**hervi|dor** m Kocher; **~dor de inmersión** Tauchsieder; **~r** aufkochen, sieden
**hez** [eθ] f Hefe
**hidalgo** m (Land-)Edelmann
**hidráulico** hydraulisch
**hidr|oavión** m Wasserflugzeug n; **~ofobia** f Tollwut; **~ógeno** [-x-] m Wasserstoff; **~oplano** m Wasserflugzeug n
**hiedra** f Efeu m
**hiel** f Galle (a fig); Bitterkeit; **~o** m Eis n; Frost
**hiena** f Hyäne
**hierba** f Gras n; Kraut n; F Marihuana n; **mala ~** Unkraut n
**hierro** m Eisen n
**hígado** m Leber f
**higi|ene** [-x-] f Hygiene; Gesundheitswesen n; **~énico** hygienisch
**hig|o** m Feige f; **~uera** [-ge-] f Feigenbaum m
**hij|a** [ixa] f Tochter; **~astro** m, **~astra** f Stiefsohn, -tochter; **~o** m Sohn; **~o de puta** V Schweinehund, Saukerl
**hilar** spinnen
**hilo** m Faden; Garn n; Schnur f; feiner Draht
**himno** m Hymne f
**hincha** [-tʃa] 1. f Am Wut, Ärger m; 2. m bsd Sp, Mus Fan; **~do** geschwollen; stolz; **~r** aufblasen; anschwellen lassen; Arg ärgern, reizen; **~rse** anschwellen; fig s. aufblähen
**hinojo** [-xo] m Fenchel
**hipo** m Schluckauf
**hipócrita** heuchlerisch; su Heuchler(in)
**hipódromo** m Rennbahn f

**hipopótamo** *m* Nilpferd *n*

**hipoteca** *f* Hypothek; **~r** mit Hypotheken belasten

**hirviente** siedend, kochend

**hispano** spanisch

**histérico** hysterisch

**hist|oria** *f* Geschichte; **~órico** geschichtlich

**hito** *m* Grenz-, *fig* Meilenstein

**hockey** *m* Hockey *n*; **~ sobre hielo** Eishockey *n*

**hog|ar** *m* Herd; *fig* Heim *n*; **~uera** [-ge-] *f* Scheiterhaufen *m*; (Lager-)Feuer *n*

**hoja** [oxa] *f* Blatt *n*; Metallplatte; Klinge; **~ de afeitar** Rasierklinge; **~ de vida** *Süda* (Kurz-)Lebenslauf *m*

**hojala|ta** [ox-] *f* Blech *n*; **~tero** *m* Klempner

**hojear** [ox-] durchblättern

**¡hola!** hallo!, guten Tag!

**holga|r** müßig sein, feiern; s. erübrigen; **~zán** [-θ-] *m* Faulenzer

**hollín** [-ʎ-] *m* Ruß

**hombre** *m* Mann; Mensch; **~cillo** [-θiʎo] *m* Männchen

**hombro** *m* Schulter *f*

**homenaje** [-xe] *m* Huldigung *f*, Ehrung *f*; Festschrift *f*

**homeópata** *m* Homöopath

**homicidio** [-θ-] *m* Totschlag

**homo|géneo** [-x-] homogen; **~sexual** homosexuell

**hon|da** *f* Schleuder; **~do** tief; **~dura** *f* Tiefe

**honesto** ehrbar; anständig

**hongo** *m* Pilz, Schwamm

**honor** Ehre *f*; **~able** ehrenwert; **~ario** Ehren...; **~arios** *mpl* Honorar *n*

**honra** [-rra] *f* Ehre; **~s** *pl* Trauerfeier *f*; **~dez** [-θ-] *f* Rechtschaffenheit; **~do** ehrenhaft; ehrlich; rechtschaffen; **~r** ehren; beehren; *Hdl* einlösen

**honroso** [-rr-] ehrenvoll

**hora** *f* Stunde; Zeit; **~s** *pl* **de oficina** Geschäftsstunden; **a la ~** pünktlich; **¿qué ~ es?**, *Am* **¿qué ~ son?** wie spät ist es?; **~rio** stündlich; *m* Stundenzeiger; Stundenplan; *Esb* Fahrplan; *Flgw* Flugplan

**horca** *f* Galgen *m*; Heugabel

**horchat|a** [-tʃ-] *f* Erdmandelmilch; **~ería** *f* Erfrischungshalle

**horizonte** [-θ-] *m* Horizont

**horma** *f* Form; Leisten *m*

**hormi|ga** *f* Ameise; **~gón** *m* Beton; **~gón armado** Stahlbeton; **~guero** [-ge-] *m* Ameisenhaufen; Menschengewimmel *n*

**hormona** *f* Hormon *n*

**hor|nillo** [-ʎo] *m* Kochherd; **~nillo de alcohol** Spirituskocher; **~no** *m* (Back-)Ofen; Bratrohr *n*; **alto ~no** Hochofen

**horquilla** [-kiʎa] *f* Haarnadel; *Tech* Gabel

**horrendo** grausig

**horrible** schrecklich

**horror** *m* Schrecken; Schauder; Abscheu; **¡qué**

~! wie schrecklich!; **~oso** entsetzlich

**hort|aliza** [-θa] f Gemüse n; **~icultura** f Gartenbau m

**hospeda|je** [-xe] m Beherbergung f; **~r** beherbergen; **~rse** logieren

**hospi|cio** [-θ-] m Armenhaus n; **~tal** m Krankenhaus n; **~talario** gastfrei; gastlich; **~talidad** f Gastfreundschaft

**hostal** m Hotel n; (feines) Restaurant n

**hostil** feindlich; **~idad** f Feindseligkeit

**hotel** m Hotel; **~, ~ito** m Span Villa f

**hoy** heute; jetzt; **de ~ en adelante** von heute an; **~ por ~** vorläufig; **~ (en) día** heutzutage

**hoy|o** m Grube f, Loch n; **~uelo** m Grübchen n (im Gesicht)

**huaso** m chilenischer Bauer

**hucha** [utʃa] f Sparbüchse f

**hueco**, leer; eitel; m Hohlraum, Lücke f; Am Schlagloch n

**huelg|a** f Streik m; **declararse en ~a** streiken; **~uista** [-gi-] m Streikende(r)

**huella** [-ʎa] f Spur

**huérfan|o** verwaist; m, **~a** f Waise f

**huert|a** f Obst-, Gemüseland n; **~o** m Obst-, Gemüse-garten

**hueso** m Knochen; Kern

**huésped** m Gast; **casa** f **de ~es** Pension

**hue|vera** f Eierbecher m; **~vo** m Ei n; **~vo pasado por agua, ~vo tibio** weichgekochtes Ei; **~vo duro** hartgekochtes Ei; **~vo frito, ~vo al plato, ~vo estrellado** Spiegelei m; **~vos** pl ∨ Eier n pl (= Hoden); **~vos revueltos**, Col **~vos pericos** Rühreier npl

**hui|da** f Flucht; **~r** fliehen; **~r de** meiden

**hule** m Wachstuch m; Méj Gummi m, Kautschuk m

**hulla** [uʎa] f Steinkohle

**huma|nidad** f Menschheit; Menschlichkeit; **~nizar** [-θ-] humanisieren; **~no** menschlich, human

**humear** v/i rauchen

**hume|dad** f Feuchtigkeit; **~decer** [-θ-] anfeuchten; **~medo** feucht

**humilde** bescheiden, demütig

**humillar** [-ʎ-] demütigen

**humo** m Rauch; **echar ~** rauchen, qualmen

**humor** m Laune f; **~ismo** m Humor; **~ista** su Humorist(in)

**hundi|miento** m Einsturz; Zs-bruch (a fig); **~r** versenken; zerstören; **~rse** versinken

**huracán** m Orkan

**hurtadillas** [-ʎ-]: **a ~** verstohlen

**hurt|ar** stehlen; **~o** m Diebstahl

**ibérico**

# I

**ibéric|o** iberisch; **Península** f **~a** Pyrenäenhalbinsel
**ictericia** [-θ-] f Gelbsucht
**ida** f Gehen n; Gang m, Hin-weg m, -reise, -fahrt; **~s y venidas** fpl Hin- und Hergehen n; **billete** m **de ~ y vuelta** Rückfahrkarte f
**idea** f Idee; Begriff m; **no tengo ~** ich habe keine Ahnung; **~l** vorbildlich; m Ideal n; **~lismo** m Idealismus; **~lista** idealistisch; su Idealist(in); **~lizar** [-θ-] idealisieren; **~r** ersinnen
**identidad** f Identität; Personalien pl
**idéntico** identisch, gleich
**identificar** [-x-] Personalien feststellen; **~se con** s. identifizieren mit
**idilio** m Idyll n
**idio|ma** m Sprache f; Idiom n; **~ta** idiotisch; m Idiot; **~tez** [-θ-] f Idiotie
**iglesia** f Kirche
**ignora|ncia** [-θ-] f Unwissenheit; **~nte** unwissend; **~r** nicht wissen (od kennen); **no ~r** wohl wissen
**igual** gleich(mäßig, -förmig, -gültig); **es ~** das ist egal; **sin ~** unvergleichlich; **~ar** gleichmachen; planieren; **~dad** f Gleichheit; Ebenheit (Gelände); **~mente** adv ebenfalls, auch
**iguana** f Leguan m
**ilegal** ungesetzlich; **~idad** f Gesetzwidrigkeit

**ileg|ible** [-x-] unleserlich; **~ítimo** ungesetzlich; unehelich
**ilimitado** unbeschränkt
**ilumina|ción** [-θ-] f Beleuchtung; fig Aufklärung; **~do** aufgeklärt; **~r** beleuchten; aufklären; ausmalen
**ilu|sión** f Illusion; Täuschung; **~so** getäuscht, betrogen; naiv, gutgläubig; **~sorio** trügerisch
**ilus|tración** [-θ-] f Bildung, Abbildung; Bebilderung; **~trado** gebildet; illustriert; **~trar** erläutern; mit Bildern versehen; **~tre** berühmt, erlaucht
**imagen** [-x-] f Bild(nis n) n
**imagina|ble** [-x-] vorstellbar; **~ción** [-θ-] f Phantasie; **~r** vorstellen; s. et einbilden; **~tivo** einfallsreich
**imán** m Magnet
**imbécil** [-θ-] blödsinnig; m Dummkopf
**imita|ble** nachahmbar; **~ción** [-θ-] f Nachahmung; **~r** nachahmen; imitieren
**impacien|cia** [-θiεn-] f Ungeduld; **~tarse** ungeduldig werden; **~te** ungeduldig
**impacto** m Aufprall; fig Wirkung f
**impar** ungleich, ungerade; **~cial** [-θ-] unparteiisch
**impávido** unerschrocken
**impecable** tadellos, ein-

**wandfrei**

**impedir** (ver)hindern; **~ el paso** den Weg versperren

**impenetrable** undurchdringlich; unerforschlich

**imperar** (vor)herrschen

**imper|ceptible** [-θ-] unmerklich; **~dible** unverlierbar; *m* Sicherheitsnadel *f*; **~donable** unverzeihlich; **~fecto** unvollkommen

**imperi|al** kaiserlich; *f* Oberdeck *n (Autobus)*; **~o** *m* (Kaiser-)Reich *n*

**impermeable** undurchlässig; wasserdicht; *m* Regenmantel

**impertinen|cia** [-θ-] *f* Ungehörigkeit; **~te** ungehörig; flegelhaft; unpassend

**ímpetu** *m* Ungestüm *n*; Schwung

**impetuoso** heftig; ungestüm, stürmisch *(fig)*

**implantar** einpflanzen; Sitten einführen

**implicar** verflechten; mit einbegreifen; verwickeln

**implorar** anflehen

**imponer** geben; aufdrängen; erheben; Geld einzahlen; **~se** s. durchsetzen; s. aufdrängen

**impopular** unbeliebt

**importa|ción** [-θ-] *f* Einfuhr; **~dor** *m* Importeur; **~ncia** [-θ-] *f* Wichtigkeit, Bedeutung; **~nte** wichtig, bedeutend; **~r** einführen; wichtig sein; Geld betragen; **no ~** das macht nichts; **¿qué me ~?** was liegt daran?

**importe** *m* Betrag

**importuno** lästig

**imposi|bilidad** *f* Unmöglichkeit; **~ble** unmöglich

**impoten|cia** [-θ-] *f* Unvermögen *n*; *Biol* Impotenz; **~te** machtlos; unfähig; *Biol* impotent

**impracticable** unausführbar

**impregnar** imprägnieren; durchtränken **(de** mit)

**imprenta** *f* (Buch-)Druckerei, Druckerei *f*

**impre|sión** *f* Abdruck *m*; Druck *m*; *fig* Eindruck *m* **(causar** machen); **~sionar** Eindruck machen auf; **~so** gedruckt; *m* Drucksache *f*; Vordruck; **~sor** *m* Drucker

**imprimir** (ab)drucken; *fig* einprägen

**improductivo** unproduktiv; unfruchtbar *(Boden)*

**improvis|ar** improvisieren; **~o** unvorhergesehen; **de ~o** unversehens, plötzlich

**imprudente** unklug, unüberlegt

**impuesto** *m* Steuer *n*, Abgabe *f*

**impugnar** anfechten

**impul|sar** antreiben; **~sión** *f* Antrieb *m*, Anstoß *m*; **~sivo** treibend; impulsiv; **~so** *m* Stoß; Antrieb; Bewegung *f*; Impuls; Anregung *f*

**impu|nidad** *f* Straflosigkeit; **~tar** *Schuld* zuschreiben

**inacabable** endlos

**inaceptable** [-θ-] unannehmbar
**inad|misible** unzulässig; **~vertido** unachtsam
**inagotable** unerschöpflich
**inalterable** unveränderlich
**inarrugable** knitterfrei
**inaudito** unerhört
**inaugura|ción** [-θ-] *f* Einweihung, Eröffnung; **~r** einweihen, eröffnen
**incansable** unermüdlich
**incapa|cidad** [-θ-] *f* Unfähigkeit; **~z** [-θ] unfähig (**de** zu)
**incautarse de** *et* beschlagnahmen; **~o** unvorsichtig
**incen|diar** [-θ-] anzünden; in Brand stecken; **~dio** *m* Feuer *n*, Brand
**incertidumbre** [-θ-] *f* Ungewißheit
**incidente** [-θ-] *m* Zwischenfall
**incienso** [-θ-] *m* Weihrauch
**incierto** [-θ-] ungewiß; unsicher
**incisivo** [-θ-]: (**diente**) **~** *m* Schneidezahn
**incitar** [-θ-] anreizen, antreiben
**inclina|ción** [-θ-] *f* Neigung (*a fig*); **~r** neigen, beugen; **~rse a** *fig* neigen zu
**inclu|ir** einschließen; beifügen; **~sión** *f* Einschluß *m*; **~siv(ament)e** einschließlich; **~so** sogar
**incoheren|cia** [-θ-] *f* Zshanglosigkeit; **~te** unzshängend
**incomodar** belästigen; **~se**

s. ärgern
**incómodo** unbequem
**incomparable** unvergleichlich
**incompeten|cia** [-θ-] *f* Unzuständigkeit; Unfähigkeit; **~te** unzuständig
**incom|pleto** unvollständig; **~prensible** unverständlich, unbegreiflich
**incomunicado** abgeschnitten (*Ort*); isoliert (*Gefangener*)
**inconscien|cia** [-θïenθ-] *f* Unzurechnungsfähigkeit; Bewußtlosigkeit; **~te** unbewußt
**incontestable** unbestreitbar
**inconvenien|cia** [-θ-] *f* Unschicklichkeit; **~te** unschicklich; unpassend; *m* Hindernis *n*; **no tengo ~** ich habe nichts dagegen (**en** zu)
**incorpora|ción** [-θ-] *f* Einverleibung; **~r** einverleiben; **~rse** s. aufrichten
**incorrecto** unrichtig; unhöflich
**increíble** unglaublich
**incuba|dora** *f* Brutapparat *m*; *Med* Brutkasten *m*; **~r** (aus)brüten
**incul|par** beschuldigen; **~to** ungebildet
**incurrir en** in *Schuld* verfallen; geraten in; **~sión** *f* feindlicher Einfall *m*
**inde|cente** [-θ-] unanständig; **~fenso** wehrlos; **~finible** unbestimmbar
**indemniza|ción** [-θaθ-] *f*

Entschädigung; **~r** entschädigen; ersetzen
**indepen|dencia** [-θ-] *f* Unabhängigkeit; Freiheit; **~diente** unabhängig; selbständig
**inde|scriptible** unbeschreiblich; **~terminado** unbestimmt
**indica|ción** [-θ-] *f* Hinweis *m*; Angabe; **~dor** *m* Zeiger; **~dor de camino** Wegweiser; **~r** anzeigen; **~tivo** *m Radio* Pausenzeichen *n*; *Gr* Indikativ; *Tel* Vorwahlnummer *f*
**índice** [-θe] *m* Inhaltsverzeichnis *n*; Anzeichen *n*; Index; (**dedo** *m*) **~** Zeigefinger
**indicio** [-θ-] *m* Anzeichen *n*
**indiferen|cia** [-θ-] *f* Gleichgültigkeit; **~te** gleichgültig
**indígena** [-x-] eingeboren; *su* Eingeborene(r)
**indiges|tión** [-x-] *f* Verdauungsstörung; **~to** unverdaulich (*a fig*)
**indign|ación** *f* Empörung; **~o** unwürdig (**de** *gen*)
**indio**, **~a** *f* Inder(in); Indianer(in); *bsd Süda* Indio (-frau); *adj* indisch; indianisch
**indirec|ta** *f* Anspielung; **~to** indirekt
**indiscre|ción** [-θ-] *f* Indiskretion; **~to** indiskret
**indi|scutible** unbestreitbar; **~soluble** unauflöslich; **~pensable** unerläßlich; **~puesto** unwohl, unpäßlich

**individu|al** individuell; *m* (Tisch-)Set *n*; **~o** *m* Person *f*, *a pej* Individuum *n*
**indivisible** unteilbar
**índole** *f* Art; Natur
**indolen|cia** [-θ-] *f* Lässigkeit; Trägheit; **~te** teilnahmslos
**indomable** un(be)zähmbar
**indu|bitable** unzweifelhaft; **~dable** zweifellos
**indul|gencia** [-xenθ-] *f* Nachsicht; *Rel* Ablaß *m*; **~tar** begnadigen; **~to** *m* Begnadigung *f*
**indumentaria** *f* Kleidung *f*
**industria** *f* Industrie; Gewerbe *n*; Betriebsamkeit; **~l** industriell; *su* Gewerbetreibende(r); **~l**, **Süda ~lista** *m* Industrielle(r)
**ines|perado** unerwartet; **~timable** unschätzbar
**inevitable** unvermeidlich
**inex|perto** unerfahren; **~plicable** unerklärlich
**infalible** unfehlbar (*a Rel*)
**infa|me** ehrlos; **~mia** *f* Ehrlosigkeit; Schande
**infan|cia** [-θ-] *f* Kindheit; **~te** *m Span* Infant; **~til** Kinder..., kindlich, kindisch
**infarto** *m Med* Infarkt
**infatigable** unermüdlich
**infec|ción** [-θ-] *f* Infektion; **~oso** ansteckend
**infeliz** [-θ] unglücklich, arm; *m* armer Kerl
**inferior** unter; niedriger

**infiel** untreu; *R* el ungläubig
**infier|nillo** [-ʎo] *m* Spirituskocher; **~no** *m* Hölle *f*
**ínfimo** unterst, niedrigst
**infini|dad** *f* Unendlichkeit; **~to** endlos; grenzenlos
**inflación** [-θ-] *f* Inflation
**inflama|ble** entzündbar; **~ción** [-θ-] *f* Entzündung (*a Med*); **~r** entzünden; entflammen
**inflar** auf-, blasen, -pumpen
**inflexible** steif; *fig* unbeugsam
**influ|encia** [-θ-] *f* Einfluß *m*; **~ir** beeinflussen; **~jo** [-xo] *m* Einfluß
**inform|ación** [-θ-] *f* Information, Auskunft; **~al** ungezwungen; unzuverlässig; **~ar** informieren; **~ática** *f* Informatik; **~ativo** unterrichtend; **~e** *m* Bericht; Auskunft *f*; Erkundigung *f*; *jur* Plädoyer *n* (*des Staatsanwalts*)
**infracción** [-θ-] *f* strafbare Handlung
**infrarrojo** [-xo] infrarot
**ingeni|ero** [-x-] *m* Ingenieur; **~o** *m* Geist; Genie *n*; *Súda* Zuckerfabrik *f*; **~oso** erfinderisch; geistreich
**ingle** *f Anat* Leiste
**ingra|titud** *f* Undankbarkeit; **~to** undankbar; unangenehm; **~videz** [-eθ] *f Phys* Schwerelosigkeit
**ingre|diente** *m* Bestandteil; Zutat *f*; **~dientes** *pl Arg* kleine pikante Vorspeisen *f pl*; **~sar** eintreten; eingeliefert werden; eingehen (*Geld*); **~so** *m* Eintritt; **~sos** *pl* Einnahmen *fpl*
**inhalar** einatmen; *Med* inhalieren
**inhibición** [-θ-] *f* Hemmung
**inhumano** unmenschlich
**inicia|r** [-θ-] anfangen, einleiten; einführen; **~tiva** *f* Anregung, Anstoß *m*; Initiative
**injuria** [-x-] *f* Beschimpfung; Beleidigung; **~r** beleidigen
**injus|ticia** [-xustí-θ-] *f* Ungerechtigkeit; **~to** ungerecht
**inme|diato** unmittelbar; sofortig; **~jorable** [-x-] *f* unübertrefflich; **~nso** unermeßlich
**inmigra|ción** [-θ-] *f* Einwanderung; **~nte** *m* Einwanderer; **~r** einwandern
**inmor|al** unmoralisch; **~tal** unsterblich
**inmóvil** unbeweglich
**inmueble** unbeweglich (*Besitz*); *m* Grundstück *n*; **~s** *m pl* Immobilien *fpl*
**innecesario** [-θ-] unnötig
**innovación** [-θ-] *f* Neuerung
**inocen|cia** [-θenθ-] *f* Unschuld; **~te** unschuldig; einfältig
**inodoro** geruchlos; *m* Wasserklosett *n*
**inofensivo** harmlos
**ino|lvidable** unvergeßlich; **~portuno** ungelegen; un-

**intacto**

passend; **~xidable** rostfrei
**inquie|tar** [-k-] beunruhigen; **~to** unruhig
**inquilin|o** [-k-] *m*, **~a** *f* Mieter(in)
**inquisición** [-kisi θ-] *f* Nachforschung; 2 Inquisition
**inscri|bir** einschreiben; eintragen; **~pción** [-θ-] *f* Inschrift; Eintragung
**insec|ticida** [-θ-] *m* Insektenmittel *n*; **~to** *m* Insekt *n*
**insegu|ridad** *f* Unsicherheit; **~ro** unsicher
**inser|ción** [-θ-] *f* Einschaltung; Inserat *n*; **~tar** einschalten; einfügen
**inservible** unbrauchbar
**insignificante** geringfügig
**insinua|ción** [-θ-] *f* Einschmeichelung; Andeutung; **~r** andeuten
**insípido** geschmacklos; fade
**insis|tencia** [-θ-] *f* Nachdruck *m*; Drängen *n*; **~tir** dringen, beharren (**en** auf)
**insolación** [-θ-] *f* Sonnenstich *m*
**insolen|cia** [-θ-] *f* Unverschämtheit; **~te** unverschämt, frech
**insólito** ungewöhnlich
**insoluble** unlöslich
**insolven|cia** [-θ-] *f* Zahlungsunfähigkeit; **~te** zahlungsunfähig
**insomnio** *m* Schlaflosigkeit *f*
**insoportable** unerträglich
**inspec|ción** [-θ-] *f* Kontrolle, Prüfung; **~cionar** [-θ-] inspizieren; beaufsichti-

gen; **~tor** *m* Aufseher; Inspektor
**inspira|ción** [-θ-] *f* Inspiration, Eingebung; **~r** einatmen; *fig* eingeben; begeistern; inspirieren
**instala|ción** [-θ-] *f* Einrichtung, Anlage; **~r** einrichten; (*Amt*) einführen; **~rse** s. niederlassen
**instan|tánea** *f* Schnappschuß *m*; **~táneo** augenblicklich; löslich (*Kaffee*); **~te** *m* Augenblick; **al ~te** sofort
**instinto** *m* Instinkt, Trieb
**institu|ción** [-θ-] *f* Einrichtung; Anstalt; **~ir** einrichten; einsetzen (zum Erben **por heredero**); **~to** *m* Anstalt *f*, Institut *n*; **~to** **(de enseñanza media)** *Span staatliches* Gymnasium *n*; **~to de belleza** Kosmetiksalon; **~triz** [-θ] *f* Erzieherin
**instru|cción** [-θ-] *f* Unterricht *m*; Bildung; *jur* Untersuchung; **~ctivo** belehrend; lehrreich; **~ido** gebildet; **~ir** unterrichten; schulen; einleiten
**instrumento** *m* Werkzeug *n*; *a Mus* Instrument *n*
**insuficien|cia** [-θienθ-] *f* Unzulänglichkeit; **~te** ungenügend
**insul|tar** beleidigen; **~to** *m* Beleidigung *f*
**insuperable** unüberwindlich; unübertrefflich
**intacto** unberührt, intakt

**intachable**

**intachable** [-tʃ-] tadellos
**integr|ar** integrieren; bilden; **~idad** f Vollständigkeit; Redlichkeit
**íntegro** vollständig; redlich
**intelec|to** m Intellekt; **~tual** geistig, intellektuell; m Intellektuelle(r)
**inteligen|cia** [-xenθ-] f Intelligenz; Scharfsinn m; **~te** klug, intelligent
**intemperie** f Unbilden pl der Witterung
**intención** [-θ-] f Absicht; Zweck m; **~onal** absichtlich
**intensi|dad** f Nachdruck m; Stärke; **~vo, intenso** nachdrücklich; stark
**inten|tar** beabsichtigen, vorhaben; versuchen; **~to** m Absicht f; Versuch; **~tona** f Putschversuch m
**intercalar** ein-schalten, -fügen, -schieben
**interce|der** [-θ-] s. verwenden (**por** für); **~ptar** abfangen
**intercomunicador** m Gegensprechanlage f
**interés** m Interesse n; Nutzen; Zins
**interesa|do** interessiert; beteiligt; m, **~da** f Teilhaber(in) (**en** an); Beteiligte(r); **~nte** interessant; **~r** interessieren; **~rse por** s. interessieren für
**inter|ino** einstweilig; stellvertretend; Zwischen...; **~ior** inner; m das Innere; Inland n; **~locutor** m Gesprächspartner

**interme|diario** Zwischen...; m Vermittler; Zwischenhändler; **~dio** dazwischenliegend, Zwischen...; m Zwischenzeit f; **por ~dio de** durch Vermittlung (gen)
**intermitente** aussetzend; m Kfz Blinker; **luz** f **~** Blinklicht n
**inter|nacional** [-θ-] international; **~nado** m Internat n; **~no** inner (-lich); m Interne(r) (Schüler)
**interpelación** [-θ-] f Parlament Anfrage
**interpretar** auslegen, deuten; (ver)dolmetschen; Thea darstellen
**intérprete** su Dolmetscher(in); Thea Darsteller(in)
**interroga|ción** [-θ-] f Frage; Fragezeichen n; **~r** befragen; verhören; **~tivo** fragend; **~torio** m Verhör n
**interru|mpir** unterbrechen; **~pción** [-θ-] f Unterbrechung; **~ptor** m (Licht-)Schalter
**intervalo** m Zwischenzeit f; Mus Intervall n
**interven|ción** [-θ-] f Eingreifen n, Vermittlung f; **~ir** vermitteln; eingreifen; Med operieren; Tel abhören; Güter rationieren
**interviú** f Interview n
**intesti|nal** Eingeweide...; **~no** m Darm; **~nos** pl Eingeweide npl
**intimida|d** f Vertraulich-

**íntimo** innerst; vertraut; intim, Intim...
**intolerante** unduldsam, intolerant
**intoxica|ción** [-θ-] *f* Vergiftung; **~r** vergiften
**intran|quilo** [-k-] unruhig; ängstlich; **~sferible** nicht übertragbar
**intransi|gente** [-x-] unduldsam; **~table** unwegsam, nicht befahrbar
**intratable** unzugänglich, abweisend
**intriga|** Intrige; **~r** intrigieren
**intui|ción** [-θ-] *f* Intuition; **~r** ahnen
**introdu|cción** [-θ-] *f* Einführung; Einleitung; **~cir** [-θ-] einführen; **~ctor** einführend
**inunda|ción** [-θ-] *f* Überschwemmung; **~r** überschwemmen
**inútil** unnütz, zwecklos
**inutili|dad** *f* Nutzlosigkeit; **~zar** [-θ-] unbrauchbar machen
**inválido** invalide; ungültig; *m* Invalide
**invariable** unveränderlich
**invasión** *f* Invasion, Eindringen *n*
**invenci|ble** [-θ-] unbesiegbar; **~ón** *f* Erfindung
**invendible** unverkäuflich
**inven|tar** erfinden, ersinnen; **~tario** *m* Inventar *n*; Inventur *f*; **~to** *m* Erfindung *f*; **~tor** *m* Erfinder

# irregularidad

**inver|náculo** *m*, **~nadero** *m* Treibhaus *n*
**inverna|l** winterlich; **estación** *f* **~l** Winterkurort *m*; **~r** überwintern
**inver|sión** *f* Umkehrung; (*Kapital-*)Anlage; **~sionista** *m* *Am* (Geld-)Anleger; **~so** umgekehrt; **~sor** *m* (Geld-)Anleger; **~tido** umgekehrt; homosexuell
**investiga|ción** [-θ-] *f* Forschung; Untersuchung (*a jur*); **~dor** *m* Forscher; **~r** forschen; untersuchen
**invierno** *m* Winter
**invisible** unsichtbar
**invita|ción** [-θ-] *f* Einladung; **~r** einladen
**involuntario** unfreiwillig
**inyec|ción** [-θ-] *f* Spritze, Injektion; **~tar** injizieren; *Tech* **~** einspritzen
**ir** gehen; fahren; reisen; **~ a hacer** s. anschicken *et zu* tun; **~ a buscar** holen; **~ a caballo** reiten; **~ en avión** fliegen; **~ sentado** sitzen; **~ para viejo** alt werden; **¡vamos!** los!, gehen wir!; **~se** (weg)gehen; verschwinden
**ira** *f* Zorn *m*
**iracundo** jähzornig
**iris** *m* Iris *f*; **arco ~** *m* Regenbogen
**ironía** *f* Ironie
**irónico** ironisch, spöttisch
**irradiación** [-θ-] *f* Ausstrahlung; *Med* Bestrahlung
**irregular** unregelmäßig; **~idad** *f* Unregelmäßigkeit (*a*

**irrevocable** 134

*jur*
**irrevocable** unwiderruflich
**irriga|ción** [-θ-] *f* Bewässerung; **~r** bewässern; *Med* durchbluten
**irrita|ción** [-θ-] *f* Reizung; Gereiztheit; **~r** reizen; ärgern; **~rse** in Zorn geraten
**irrompible** unzerbrechlich
**isla** *f* Insel

**israelita** *Rel su* Israelit(in)
**istmo** *m* Landenge *f*
**itinerario** *m* Reiseplan, -route *f*; (Weg-)Strecke *f*
**izar** [-θ-] *v*: hissen
**izquier|da** [iθk-] *f* linke Hand; *Pol* die Linke; **a la** (*od* **por la**) **~da** links; **~dista** *m Pol* Linke(r); *adj* linksgerichtet; **~do** linke(r)

## J

**jabalí** [x-] *m* Wildschwein *n*
**jab|ón** [x-] *m* Seife *f*; **~onera** *f* Seifenschale
**jacinto** [xaθ-] *m* Hyazinthe *f*
**jacta|ncia** [xaktanθ-] *f* Prahlerei, Großsprecherei; **~rse** prahlen (**de** mit)
**jadear** [x-] keuchen
**jaez** [xaeθ] *m* Pferdegeschirr *n*
**jaguar** [x-] *m* Jaguar
**jal|ar** [x-] *Süda* ziehen; **~ea** *f* Obstgelee *n*; **~ear** anfeuern; **~eo** *m* F Rummel, Radau
**jalón** [x-] *m* Meßstange *f*; **~onar** *Weg usw* abstecken
**jamás** [x-] niemals; ie(mals)
**jamón** [x-] *m* Schinken; **~ dulce** *od* **York** *Span*, **~ cocido** *Am* gekochter Schinken; **~ serrano** *Span*, **~ crudo** *Am* roher Schinken
**jaque** [xake] *m* Schach *n*; **~ mate** schachmatt; *fig* **tener en ~** in Schach halten; **~ca** *f* Migräne
**jarabe** [x-] *m* Sirup
**jarcias** [xarθ-] *fpl* Takelwerk *n*
**jardín** [x-] *m* Garten; **~ de infancia**, *Arg* **de infantes** Kindergarten
**jardiner|o** [x-] *m*, **~a** *f* Gärtner(in)
**jarr|a** [x-] *f* Wasserkrug *m*; **~o** *m* Krug, Kanne *f*
**jaula** [x-] *f* Käfig *m*; Förderkorb *m*; *Auto* Box
**jazmín** [xaθ-] *m* Jasmin
**jef|atura** [x-] *f* Behörde; Vorsitz *m*; **~e** *m* Chef; Haupt *n*; Leiter; **~e de tren** Zugführer
**jerez** [xereθ] *m* Sherry
**jerg|a** [x-] *f* Jargon *m*, Slang *m*; **~ón** *m* Strohsack
**jeringa** [x-] *f* Spritze; **~r** F belästigen
**jersey** [x-] *m Span* Pullover
**jibia** [x-] *f* Sepia, Tintenfisch *m*
**jinete** [x-] *m* Reiter
**jir|a** [x-] *f* Tournee; **~afa** *f* Giraffe; **~ón** *m* Fetzen; *Pe* Straße
**jitomate** [x-] *m Méj* Tomate *f*
**jocoso** [x-] scherzend

**jod|a** [x-] *f Am* ∨ Ärger *m*; **~er** *Span Tab* vögeln; *Span Tab, Am P* ärgern, belästigen; **¡~er!** *Span Tab* Donnerwetter!; **~ienda** *f Span Tab* Vögelei; *Am P* Belästigung, Ärger

**jorna|da** [x-] *f* Tagereise; Arbeitstag *m*; **~l** *m* Tagelohn; **~lero** *m* Tagelöhner

**joroba** [x-] *f* Buckel *m*; **~do** buckelig; **~r** F belästigen

**joven** [x-] jung; *su* junger Mann; junges Mädchen *n*

**joya** [x-] *f* Juwel *n*; Schmuckstück *n*; *fig* Perle

**joye|ría** [x-] *f* Juweliergeschäft *n*; **~ro** *m* Juwelier; Schmuckkästchen *n*

**jubilar** [x-] in den Ruhestand versetzen; **~se** in Pension gehen

**júbilo** [x-] *m* Jubel

**judía** [x-] *f* Jüdin; *Span* Bohne

**judicial** [xudiθ-] richterlich, gerichtlich

**judío** [x-] *m* Jude

**juego** [x-] *m* Spiel *n*; Satz, Garnitur *f*; **hacer ~** zueinander passen

**juerga** [x-] *f* Kneipenbummel *m*; lärmendes Fest *n od* Vergnügen *n*; F Saustall *m*; **irse de ~, correrse una ~** s. toll amüsieren

**jueves** [x-] *m* Donnerstag

**juez** [xuẽθ] *m* Richter

**juga|da** [x-] *f Spiel* Zug *m*; Streich *m*; **~dor** *m* Spieler; **~r** spielen; scherzen; **~rse** einsetzen; aufs Spiel setzen

**jugo** [x-] *m* Saft; **~so** saftig

**jugue|te** [xuge-] *m* Spielzeug *n*; **~tería** *f* Spielwaren(handlung *f*) *pl*

**juicio** [xũiθ-] *m* Urteil *n*; Meinung *f*; Urteilsvermögen *n*; Verstand; **~so** vernünftig; brav *(Kind)*

**julio** [x-] *m* Juli

**junco** [x-] *m Bot* Binse *f*

**jungla** [x-] *f* Dschungel *m*

**junio** [x-] *m* Juni

**junta** [x-] *f* Versammlung; *Tech* Dichtung; *Pol* **~ militar** Militärjunta; **~ directiva** Vorstand *m*; **~mente** zusammen; **~r** versammeln; verbinden; *Hände* falten

**jun|to** [x-] verbunden, vereint; nahe; **~tos** zusammen; **~to a** neben *od* in der Nähe von; **~tura** *f* Scharnier *n*; Fuge

**jura|do** [x-] *m* Geschworene(r); Jury *f*; **~mentar** vereidigen; **~mentarse** eidlich verpflichten; **~mento** *m* Eid, Schwur; Fluch; **~r** schwören; fluchen

**jurídico** [x-] rechtlich; juristisch

**juris|dicción** [xurizdiθ-] *f* Rechtsprechung, Gerichtsbarkeit; **~ta** *m* Jurist

**justi|cia** [xustiθ-] *f* Gerechtigkeit; Justiz; **~ficar** rechtfertigen

**justo** [x-] *adj* gerecht; richtig; genau; eng, knapp

**juven|il** [x-] jugendlich; **~tud** *f* Jugend

**juzga|do** [xuθ-] *m* Gericht *n*; **~r** richten; beurteilen

# K

*(Vergleiche auch que..., qui...)*

**karate** *m* Karate *n*; **~ca** *m* Karatesportler
**kart** *m* Go-Kart *n*
**kermesse** *f* Kirmes; Wohltätigkeitsfest *n*
**kero|seno, ~sén** *m* Kerosin *n*
**kilo** *m* Kilo *n*
**kilómetro** *m* Kilometer *m*
**kilovatio** *m* Kilowatt *n*
**kiosco** *m* Kiosk *m*

# L

**la** die; sie; ihr *(dat)*; *m Mus* A, a *n*
**labi|a** *f* Zungenfertigkeit, Mundwerk *n*; **~o** *m* Lippe *f*; Wundrand
**labor** *f* Arbeit; **~able: día ~able** Werktag; **~atorio** *m* Labor(atorium) *n*
**labra|do** bestellt *(Feld)*; **~dor** *m* Landmann; **~r** bearbeiten; formen
**laca** *f* Lack *m*; Haarspray *n*
**lacrar** versiegeln
**lacre** *m* Siegellack
**ladera** *f* (Ab-)Hang *m*
**lado** *m* Seite *f*; Gegend *f*; **al ~** daneben, nebenan; **al otro ~ de** jenseits *(gen)*
**ladrar** bellen
**ladrillo** [-ʎo] *m* Ziegelstein
**ladrón** *m* Dieb, Räuber
**lagar** *m* Wein-, Ölpresse *f*
**lagart|ija** [-xa] *f* kleine Eidechse; *f* Eidechse *f* in *(Frau)*; **~o** *m* große Eidechse *f*; **¡~o, ~o!** toi, toi, toi!
**lago** *m* See
**lágrima** *f* Träne
**laguna** *f* Lagune
**laico** Laien...; weltlich; *m* Laie *(Kirche)*
**lamenta|ble** kläglich; bedauerlich; **~r** beklagen; bedauern
**lamer** lecken
**lámina** *f* Metallplatte, Blech *n*; Folie
**laminar** Metall (aus)walzen
**lámpara** *f* Lampe; Leuchte; Röhre *(Radio)*
**lamp|arilla** [-ʎa] *f* Nachtlicht *n*; **~arín** *m Pe* Petroleumlampe *f*; **~ista** *m* (Elektro-)Installateur
**lana** *f* Wolle; **~r** Woll...
**lance** [-θe] *m* Werfen *n*; Stoßen *n*; Wurf; Vorfall
**lancha** [-tʃa] *f* Boot *n*
**langosta** *f* Languste; Heuschrecke
**lanza|miento** [-θ-] *m* Werfen *n*; Schleudern *n*; Mil Ab-schuß, -wurf; *Sp* **~miento de bolas** Kugelstoßen *n*; **~r** werfen, schleudern; **~rse** s. stürzen; **~rse al agua** ins Wasser springen
**lapice|ra** [-θ-] *f* Süda Federhalter *m*; **~ra** *Süda*, **~ro** *m*

Bleistifthalter
**lápiz** [-θ] *m* Bleistift; Stift; ~ **de cejas** Augenbrauenstift
**largar** losmachen; locker lassen; **~se** F abhauen
**larg|o** lang; *m* Länge *f*; **a lo ~o de** längs, entlang; **a la ~a** auf die Dauer; **¡~o de aquí!** raus!, hau ab!
**laringe** [-xe] *f* Kehlkopf *m*
**lascivo** [-θi-] wollüstig
**lástima** *f* Mitleid *n*; **dar ~** leid tun; **es una ~** es ist schade; **¡qué ~!** wie schade!
**lastimarse** s. verletzen; wehklagen
**lastre** *m* Ballast
**lata** *f* Blech *n*; Konservendose; **dar la ~ a** F *j-m* auf den Wecker fallen
**lateral** seitlich
**latifun|dio** *m* Großgrundbesitz; **~dista** *m* Großgrundbesitzer
**látigo** *m* Peitsche *f*
**la|tín** *m* Latein *n*; **~tino** lateinisch
**latir** klopfen (*Herz*)
**latitud** *f* Geogr Breite; Breitengrad *m*
**latón** *m* Messing *n*
**laucha** [-tʃa] *f* Rpl, Chi Maus
**laudo** *m* Arg Gastr Bedienungsgeld
**laurel** *m* Lorbeer
**lav|able** waschbar; **~bo** *m* Wasch-becken *n*, -raum; Toilette *f*; **~coches** [-tʃ-] *Kfz m* Wagenwaschanlage *f*; **~do** *m* **en seco** chem. Reinigung *f*; **~dora** *f*

Waschmaschine; **~manos** *m bsd Am* Handwaschbecken *n*; **~ndería** *f* Wäscherei *f*; *Am* *a* chem. Reinigung; **~parabrisas** *m Kfz* Scheibenwaschanlage *f*; **~platos** *m* Tellerwäscher; Geschirrspülmaschine *f*; **~r** waschen; **~torio** *m Am* Waschbecken *n*
**laxante** *m* Abführmittel *n*
**lazo** [-θo] *m* Schleife *f*; Lasso *n*; Schlinge *f*
**le** ihm; ihr; Ihnen; ihn, Sie
**leal** treu; ehrlich; **~tad** *f* Treue; Loyalität
**lec|ción** [-θ-] *f* Lesen *n*; Unterricht *m*, Lektion; **~tor** *m* Leser; Lektor; **~tura** *f* Lesen *n*; Lektüre
**leche** [-tʃe] *f* Milch; **¡~s!** *Tab* so e-e Scheiße!; **~ra** *f* Milchfrau; Milchkanne; **~ría** *f* Milchladen *m*; **~ro** *m* Milchmann
**lech|o** [-tʃo] *m* Lit Bett *n*; Lager *n*; Flußbett *n*; **~ón** *m* Spanferkel *m*; **~osa** *f* Ven Papaya (*Frucht*)
**lechuga** [-tʃ-] *f* Kopfsalat *m*
**leer** lesen; vorlesen
**lega|ción** [-θ-] *f* Gesandtschaft; *f* gesetzmäßig; **~lidad** *f* Gesetzmäßigkeit; Legalität; **~lizar** [-θ-] beglaubigen
**legendario** [-x-] sagenhaft
**legisla|ción** [-xislaθ-] *f* Gesetzgebung; **~tivo** gesetzgebend
**legitima|ción** [-xitimaθ-] *f* Legitimation; **~r** für recht-

**legítimo**

mäßig erklären; **~rse** s. ausweisen
**legítimo** [-x-] rechtmäßig, legitim
**lego** m Laie
**legua** f (Land-)Meile (5½ km)
**legumbre** f Hülsenfrucht; Gemüse n
**lejano** [-x-] entfernt, fern
**lejía** [-x-] f Lauge; Eau n de Javel
**lejos** [-x-] weit weg; **a lo ~** in der Ferne
**lema** m Math Lehrsatz; Pol Devise f; (Wörterbuch) Stichwort m
**lengua** f Zunge; Sprache; **~ materna** Muttersprache; **irse de la ~** et ausplaudern; **~do** m Zo Seezunge; **je** [-xe] m Sprache f; Ausdrucksweise f
**lenitivo** lindernd
**lente** m od f Fot, Opt Linse f; **~s** pl Brille f; **~s de contacto** Kontaktlinsen f pl; **~ja** [-xa] f Bot f Linse
**lentitud** f Langsamkeit; **~to** langsam
**leña** [-ɲa] f Brennholz n; **dar ~ a** j-n verprügeln; **~dor** m Holzfäller
**león** m Löwe
**lerdo** schwerfällig
**les** ihnen, Ihnen; sie, Sie
**lesión** f Verletzung; **~onar** verletzen
**letra** f Buchstabe m; Handschrift; Hdl Wechsel m; **~ a la vista** Sichtwechsel m; **~s** pl Geisteswissenschaften f

pl; **al pie de la ~** wörtlich; **~do** m Rechtsgelehrte(r); Rechtsanwalt
**letrero** m Aufschrift f, Etikett n
**levadura** f (Back-)Hefe
**levanta|miento** m Erhebung f; **~r** (er)heben; errichten, bauen; **~rse** aufstehen; s. erheben
**levante** m Osten
**leve** leicht; gering(fügig)
**ley** f Gesetz n; **~enda** f Legende, Sage; Wandparole Am Pol a Wandparole
**liar** binden; wickeln; Zigarette drehen
**libera|ción** [-θ-] f Befreiung; **~l** liberal; freigebig; **~r** befreien
**liber|tad** f Freiheit; **~tador** m Befreier; **~tar** befreien; bewahren; **~tinaje** [-xe] m Zügellosigkeit f
**libra** f Pfund n
**libre** frei; ungebunden; **~ría** f Buchhandlung; Bücherei; **~ro** m Buchhändler; **~ta** f Notizbuch n; **~ta de ahorros** Sparbuch n
**libro** m Buch n; **~ de texto** Schul-, Lehrbuch n
**licencia** [-θenθ-] f Lizenz; Genehmigung
**licitar** [-θ-] bieten (Auktion)
**licor** [-θ-] m Flüssigkeit f; Likör; **~uadora** f Entsafter m
**lidia** (Stier-)Kampf m; **~r** kämpfen
**liebre** f Hase m; Chi Schnellbus m
**lienzo** [-θo] m Leinwand f

**liga** f Bund m; Strumpfhalter m; **~r** (ver)binden; mit j-m anbandeln
**ligero** [-x-] leicht(sinnig); flink
**lignito** m Braunkohle f
**ligue** [-ge] m (Liebes-)Verhältnis n; **~ro** m Strumpfhalter
**lija** [-xa]: **papel** m **de ~** Schmirgelpapier n
**lima** f Feile; **~r** feilen; ausfeilen
**limita|do** knapp; begrenzt; **~r** begrenzen; beschränken
**límite** m Grenze f; *Hdl* Limit n
**limón** m Zitrone f
**limo|nada** f Zitronenlimonade; **~nero** m Zitronenbaum
**limosna** f Almosen n
**limpia|botas** m Schuhputzer; **~parabrisas** m Scheibenwischer; **~r** reinigen, säubern; **~uñas** [-ɲ-] m Nagelreiniger
**lim|pieza** [-θa] f Reinheit, Sauberkeit; **~pio** rein, sauber
**limusina** f Limousine
**linaje** [-xe] m Abstammung f, Geschlecht n
**lince** [-θe] m Luchs
**lin|dante** angrenzend; **~dar** angrenzen; **~de m** Grenze f
**lindo** hübsch, schön; zierlich; **de lo ~** adv gründlich, ordentlich, tüchtig
**línea** f Linie; Zeile; **~ aérea** Fluglinie
**linear** liniieren

**lingote** m Metallbarren
**lingü|ista** m Linguist; **~ístico** sprachlich, Sprach(en)-...
**lino** m Flachs
**linterna** f Laterne; Taschenlampe
**lío** m Bündel n; F Durcheinander n; (Liebes-)Verhältnis n
**liquid|ación** [-kiðaθ-] f Hdl Liquidation; Ausverkauf m; **~dar** flüssigmachen; abwickeln, auflösen
**líquido** [-k-] flüssig; verfügbar; m Flüssigkeit f
**lira** f Leier; Lira (*Münze*)
**lírica** f Lyrik
**lisiado** gebrechlich; m Krüppel
**liso** eben, glatt; schlicht; uni (*Stoff*)
**lisonja** [-xa] f Schmeichelei; **~jear** [-x-] schmeicheln
**lista** f Streifen m; Liste; **~ de platos** Speisekarte; **~ de correos** Postlagernd
**listín** m bsd Span Telefonbuch n
**listo** fertig, bereit; gewandt
**listón** m Leiste f
**litera** f Sänfte; *Esb* Liegeabteil n; **~rio** literarisch; **~tura** f Literatur
**litigio** [-x-] m Streit (*a jur*)
**litoral** Küsten-...; m Küstenstreifen, -gebiet n
**litro** m Liter n (a m)
**liviano** Am leicht (*Gewicht, Kleidung, Speise*)
**lo** das; es; ihn; **~ que** was; **no sabes ~ difícil que es** ... wie

**lobo**

schwierig es ist
**lobo** m Wolf; **~ marino** Seehund
**local** örtlich; m Lokal n; **~idad** f Örtlichkeit; Ort m; **Thea** Eintrittskarte; Sitzplatz m; **~izar** [-θ-] lokalisieren
**loción** [-θ-] f Lotion; **~ bronceadora** Bräunungsmilch; **~ capilar** Haarwasser n
**loco** närrisch; verrückt; m Verrückte(r); **Chi** häufige Muschel(art) f
**locomo|ción** [-θ-] f Fortbewegung; **~tora** f Lokomotive
**locuaz** [-θ] geschwätzig
**locu|ra** f Narrheit; Wahnsinn m; **~tor** m Rf, TV Sprecher, Ansager
**lodo** m Morast, Schlamm
**lógic|a** [-x-] f Logik; **~o** logisch
**logr|ar** erreichen, erlangen; **~o** m Gewinn; Erfolg; Errungenschaft f; (erbrachte) Leistung f
**lomo** m Rücken (Tiere, Buch, Messer); **Anat** Lende f; **Gastr** Filet n
**lona** f Segeltuch n
**lonch|a** [-tʃa] f Schnitte (Fleisch); **~e** m Am Snack; **~ería** f Am Snackbar, Imbißstube
**longitud** [-x-] f Länge
**lonja** [-xa] f Schnitte; **Hdl** Warenbörse
**loro** m Papagei
**los** m pl die; sie (ac)

**losa** f Steinplatte; (Grab-) Stein m
**lote** m Anteil; Posten; Am a Parzelle f; **~ría** f Lotterie; **~ro** m Losverkäufer
**loza** [-θa] f Tonware
**lubina** f Wolfsbarsch m (Fisch)
**lubricar** [-θ-] ölen, schmieren
**luci|ente** [-θ-] strahlend; **~érnaga** f Glühwürmchen n; **~o** m Hecht; **~r** leuchten; glänzen; **~rse** s. hervortun
**lucrativo** einträglich
**lucha** [-tʃa] f Ringkampf m; Kampf m; **~r** kämpfen
**luego** nachher, dann; gleich; **desde ~** selbstverständlich; **hasta ~** bis nachher; **~ que** sobald (als)
**lugar** m Ort, Stelle f; **dar ~ a** Anlaß geben zu; **tener ~** stattfinden; **en ~ de** statt; **en primer ~** erstens
**lujo** [-xo] m Luxus, Pracht f; **~so** luxuriös
**lumbre** f (Herd-)Feuer n; **dar ~** Feuer geben (Raucher); **~ra** f Dachfenster n; fig Leuchte f; gescheiter Kerl m
**luminoso** leuchtend; glänzend
**luna** f Mond m; Spiegelglas n; **~ llena** Vollmond m; **media ~** Halbmond m (a Islam); Am Hörnchen n (Gebäck); **de miel** Flitterwochen fpl; **~r** m Muttermal n
**lunes** m Montag
**lupa** f Lupe

**macedonia**

**lustr|abotas** m Arg, Chi, Méj, Par, **~ador** m Arg, Ec, Par, Pe Schuhputzer; **~ar** blankputzen; polieren; Schuhe putzen; **~e** m Glanz; Politur f
**luto** m Trauer f; Trauerkleidung f
**luz** [-θ-] f Licht n; **dar a ~** gebären; **salir a ~** herauskommen (Buch); **~ de población** (**de cruce, de carretera**) Stand- (Ablend-, Fern-)licht n

## Ll

**ll** das spanische Doppel-L
**llaga** [ĺ-] f eiternde Wunde
**llama** [ĺ-] f Flamme; Zo Lama n; **~da** f Rufen n; Tel Anruf m; Mil Appell m; **~da a larga distancia** Am Tel Ferngespräch n; **~da de socorro** Hilferuf m; **~r** (an)rufen; nennen; **~r por teléfono** telefonieren, anrufen; **~rse** heißen; **~tivo** auffällig, grell
**llan|itos** [ĺ-] mpl Einwohner von Gibraltar; **~o** eben; schlicht; deutlich; m (bsd weite Tief-)Ebene f
**llant|a** [ĺ-] f Kfz Felge; Col (Auto-)Reifen m; **~o** m Weinen n
**llanura** [ĺ-] f Ebene
**llave** [ĺ-] f Schlüssel m; (Wasser-, Gas-)Hahn m; Lichtschalter m; **~ de contacto** (**inglesa**) Zünd-(Schrauben-)schlüssel m;

**echar la ~** absperren, abschließen; **~ro** m Schlüsselring
**lleg|ada** [ĺ-] f Ankunft f; **~r** ankommen; ein-laufen, -fahren; erreichen, gelangen zu; **~r a saber** erfahren; **~r a (ser)** werden
**llenar** [ĺ-] füllen; Pflicht erfüllen; Formular ausfüllen
**lleno** [ĺ-] voll
**llevar** [ĺ-] mit-, hin-bringen; tragen; anhaben; Bücher führen; **~ 5 años en ...** seit 5 Jahren in ... leben; **~ a cabo** vollenden, verwirklichen; **~se** mitnehmen; **~se bien** s. gut vertragen
**llorar** [ĺ-] weinen; v/t beklagen
**llover** [ĺ-] regnen; **llueve** (**a cántaros**) es regnet (in Strömen)
**lluvi|a** [ĺ-] f Regen m; **~oso** regnerisch

## M

**maca|na** f Am Keule; bsd RPl, Chi Dummheit; Ärger m; Lüge; **~nudo** Am F dufte, Klasse
**macarrones** mpl Makkaroni pl
**macarse** anfaulen (Obst)
**macedonia** [-θ-] f (**de fru-**

**maceta** 142

tas) Obstsalat *m*
**maceta** [-θ-] *f* Blumentopf *m*
**macizo** [-θiθo] massiv; *m* Massiv *n*
**machacar** [-tʃ-] zerstoßen; quetschen
**machete** [-tʃ-] *m* Seitengewehr *n*; Machete *f*
**macho** [-tʃo] *m* Männchen *n* (*Tier*); *adj Am* tapfer; **~te** *m* richtiger Mann; *adj Chi* unfruchtbar (*Tier*)
**machu|car** [-tʃ-] zerstampfen; **~cho** [-tʃo] F gesetzt, verständig
**madeja** [-xa] *f* Strähne (*Wolle, Garn*); Knäuel *n*
**mader|a** *f* Holz *n*; **~o** *m* Stück *n* Holz; Balken
**madr|astra** *f* Stiefmutter; **~e** *f* Mutter; Flußbett *n*; **~eperla** *f* Perlmutt(er *f*) *n*
**madrina** *f* (Tauf-)Patin
**madrugada** *f* Morgenfrühe; **de ~da** sehr früh; **~dor(a** *f*) *m* Frühaufsteher(in); **~r** früh aufstehen
**madu|rar** reifen (*a fig*); **~rez** [-θ] *f* Reife; *adj m* **~ro** reif
**maes|tra** *f* Lehrerin; **~tría** *f* Meisterschaft; **~tro** Meister...; *m* (Lehr-)Meister; Lehrer; Maestro
**mágico** [-x-] magisch, Zauber...
**magistra|do** [-x-] *m* (höherer) Richter; **~l** meisterhaft
**magnético** magnetisch
**magnet|ofón** [-], **~ófono** *m* Tonbandgerät *n*; **~oscopio** *m* Videorecorder

**magn|ífico** prächtig; ausgezeichnet; **~itud** *f* Größe
**mago** *m* Zauberer
**magro** mager
**maguey** [-geĭ] *m Am* Agave *f*
**mahome|tano** *m* Mohammedaner; **~tismo** *m* Islam
**maíz** [-θ] *m* Mais
**maizal** [-θ-] *m* Maisfeld *n*
**maja** [-xa] *f* hübsches Mädchen *n*; **~dero** *m* Trottel, blöder Kerl
**majestad** [-x-] *f* Majestät
**majo** [-xo] nett, hübsch; sympathisch
**mal** (*vor m*) schlecht, böse; übel; *m* Übel *n*; Böse(s) *n*; Leiden *n*; **tomar a ~** übelnehmen
**mal|aventura** *f* Unglück *n*; **~casado** unglücklich verheiratet; **~criado** ungezogen
**mal|dad** *f* Bosheit; Schlechtigkeit; **~decir** [-θ-] lästern; verfluchen; **~dición** [-θ-] *f* Fluch *m*, Verwünschung; **~dito** verflucht, verdammt
**malecón** *m* Damm; Mole *f*
**male|ficio** [-θ-] *m* Schaden, Verhexung *f*; **~ntendido** *m* Mißverständnis *n*; **~star** *m* Unwohlsein *n*; *fig* Unbehagen *n*
**male|ta** *f* Koffer *m*; *Kfz* Kofferraum *m*; **hacer la ~ta** den Koffer packen; **~tero** *m* Gepäckträger; *Kfz* Span Kofferraum *m*; **~tín** *m* Köfferchen *n*
**maleza** [-θa] *f* Gestrüpp *n*

**malgastar** verschwenden
**mal|hechor** [-tʃ-] *m* Übeltäter; **~humorado** schlechtgelaunt
**malici|a** [-θ-] *f* Bosheit; Tücke; **~oso** boshaft; heimtückisch
**malintencionado** [-θ-] übelgesinnt; heimtückisch
**malo** schlecht; böse; krank; **~grado** früh verstorben; **~grarse** mißlingen; **~gro** *m* Mißerfolg; Mißlingen *n*
**malparar** übel zurichten
**malta** *f* Malz *m*
**maltra|tar** mißhandeln; **~to** *m* Mißhandlung *f*
**maluco** *bsd Am* kränklich; krank
**malvado** *m* Bösewicht
**malvender** verschleudern
**malversación** [-θ-] *f* Veruntreuung *f*
**malla** [-/a] *f* Masche; Trikot *n*
**mamá** *f* Mama, Mutti
**mama** *f* weibliche Brust; Euter *m*; **~dera** *f* *RPl, Pe* (Baby-)Flasche; **~r** saugen; **dar de ~r** stillen
**mamarracho** [-tʃo] *m* Sudelei *f*; komische Figur *f*; Quatsch
**mameluco** *m* Tölpel; *Arg* Arbeitsanzug; *Süda* Strampelhose *f*
**mamífero** *m* Säugetier *n*
**mamón** *m RPl, Chi, Pe* Papaya *f* (*Frucht*)
**manada** *f* Herde, Rudel *n*
**mana|ntial** *m* Quelle *f*; **~r** quellen, fließen

# mango

**manco** einarmig; einhändig; mangelhaft
**man|cornas** *Col*, **~cuernas** *Méj fpl* Manschettenknöpfe *mpl*
**mancha** [-tʃa] *f* Fleck *m*; Schandfleck *m*; **~r** beflecken
**manda|más** *m* Obermacher; **~r** befehlen; (zu)senden; **~r al diablo, al cuerno, a freír espárragos** zum Teufel schicken; **~r por** holen lassen; **~rina** *f* Mandarine; **~tario** *m* Bevollmächtigte(r); **~to** *m* Befehl; Auftrag; *Pol* Mandat *n*
**mandíbula** *f* Kiefer *m*
**mandil** *m* (Handwerker-, Freimaurer-)Schürze *f*
**mando** *m* Herrschaft *f*; Kommando *n*; *Tech* Steuerung *f*, Schaltung; **cuadro** *m* **de ~** Armaturenbrett *n*
**mane|cilla** [-θiʎa] *f* (Uhr-)Zeiger *m*; **~jar** [-x-] handhaben; führen; *Maschine* bedienen; *Am Kfz* fahren; **~jo** [-xo] *m* Handhabung *f*; Geschäftsführung *f*; Bedienung *f*
**manera** *f* Art, Weise; **de ~ que** so daß; **de otra ~** sonst; **de tal ~** derart
**manga** *f* Ärmel *m*; Schlauch *m*; **en ~s de camisa** hemdsärmelig, in Hemdsärmeln; **~nte** *m pej* fauler Kunde
**manglar** *m* Mangrovensumpf
**mango** *m* Stiel; (Messer-)Heft *n*; Mango *f* (*Frucht*)

**manguito** [-gi-] *m* Muff; *Tech* Muffe *f*

**maní** *m Am* Erdnuß *f*; **~a** *f* Manie

**manicomio** *m* Irrenanstalt *f*

**manicur|a** *f* Maniküre (*Handlung*, *Span a Person*); **~ista** *f Am* Maniküre (*Person*)

**manifesta|ción** [-θ-] *f* Bekundung; Kundgebung, Demonstration; **~nte** *su* Demonstrant(in); **~rte** zu erkennen geben; bekunden; **~rse** s. äußern; demonstrieren

**manifiesto** offenkundig, deutlich; *m* Manifest *n*

**maniobra** *f* Handhabung, Manöver *f*; Kniff *m*; **~s** *pl* Ränke *pl*; **~r** manövrieren; rangieren

**manipula|ción** [-θ-] *f* Verfahren *n*; Eingriff *m*; Manipulation; **~r** handhaben; manipulieren (*a pej*)

**maniquí** 1. *m* Schneiderpuppe *f*; 2. *f* Mannequin *n*

**manivela** *f* Kurbel

**manjar** [-x-] *m Lit* Speise *f*; **~ blanco** *Am Art* Karamelmasse *f* (*Süßigkeit*)

**mano** *f* Hand; *Zo* Vorderfuß *m*; **de obra** Arbeitskräfte *fpl*; **de propia ~** eigenhändig; **de segunda ~** aus zweiter Hand, gebraucht

**mano|jo** [-xo] *m* Bündel *n*; **~pla** *f* Fausthandschuh *m*; **~sear** betasten, befummeln

**mansión** *f* Aufenthalt *m*; herrschaftliches Haus *n*, Herrensitz *m*

**manso** sanft; mild; zahm

**manta** *f* Decke; **~ de lana** Wolldecke

**mante|ca** *f* Fett *n*; Schmalz *n*; *RPl* Butter; **~cado** *m* Vanilleeis *n*; Schmalzgebäck *n*; **~l** *m* Tischtuch *n*; **~ner** halten; er-, unter-, aufrecht-halten; **~nerse** s. behaupten; leben (de von); **~quilla** [-kiλa] *f* Butter

**mant|illa** [-λa] *f* Mantille, **~o** *m* Pelerine *f*, Umhang *m*; **~ón** *m* Schultertuch *n*

**manual** handlich; *m* Handbuch *n*, Lehrbuch *n*; **trabajo** **~** *m* Handarbeit *f*

**manubrio** *m* Kurbel *f*; *Chi Kfz* Steuer(rad) *n*

**manuscrito** *m* Handschrift *f*; Manuskript *n*

**manza|na** *f* Apfel *m*; **~na de casas** Häuserblock *m*; **~nilla** [-λa] *f* Kamille(ntee *m*) *f*; Manzanillawein *m*

**maña** [-ɲa] *f* Geschicklichkeit; Schläue

**mañana** [-ɲ-] *f* Morgen *m*; Vormittag *m*; *adv* morgen; **por la ~** morgens; **pasado ~** übermorgen

**mapa** *m* Landkarte *f*; **~ de carreteras** Straßen-, Auto-karte *f*

**maquilla|je** [-kiλaxe] *m* Make-up *n*; Schminke *f*; **~r** schminken

**máquina** [-k-] *f* Maschine *f*; Fotoapparat *m*; Spielauto-

**mat** *m*; ~ **de escribir (portátil)** (Reise-)Schreibmaschine

**maqui|naria** [-k-] *f* Maschinenpark *m*; Maschinerie; **~nilla** [-ʎa] *f* **(de afeitar)** Rasierapparat *m*; **~nista** *m* Maschinenführer; Lokomotivführer

**mar** *m* (*u*ƒ) Meer *n*, See *f*; **en alta ~** auf hoher See; **la ~ de** e-e Unmenge (von); **hacerse a la ~** in See stechen

**maracas** *fpl* Rumbakugeln

**maraña** [-ɲa] *f* Wirrwarr *m*; Gestrüpp *n*

**maravill|a** [-ʎa] *f* Wunder *n*; **de ~a** wunderbar; **~arse** s. wundern; **~oso** wunderbar

**marca** *f* Marke; Warenzeichen *n*; *Sp* Rekord *m*; **~pasos** *m Med* (Herz-)Schrittmacher; **~r** kennzeichnen; markieren; *Tel* wählen; eichen; *Sp* Tor schießen; *Takt* schlagen; *Haar* (ein-)legen

**marco** *m* Rahmen; Mark *f*

**marcha** [-tʃa] *f* Marsch *m*; Lauf *m*; Gang *m*; Abreise; *Kfz* **~ atrás** Rückwärtsgang *m*; **~mo** *m* Zollplombe *f*; **~r** marschieren; gehen; **~rse** weggehen

**marchitarse** [-tʃ-] (ver)welken

**mare|a** *f* Ebbe und Flut; **~arse** seekrank, schwind(e)lig werden; **me mareo** *a* mir wird schlecht; **~jada** [-x-] *f* hoher Seegang *m*; **~o**

*m* Seekrankheit *f*; Schwindel; Übelkeit *f*

**marfil** *m* Elfenbein *n*

**margari|na** *f* Margarine; **~ta** *f* Gänseblümchen *n*; Perlmuschel

**marg|en** [-x-] **1.** *su* Rand *m*; Ufer *n*; *fig* Spielraum *m*; **2.** *m Hdl* Spanne *f*; **~inal** Rand...

**mari|ca, ~cón** *m* P warmer Bruder; **~conera** *f* F Herrenhandtasche; **~do** *m* Ehemann

**mari|na** *f* Marine; **~nero** seetüchtig; *m* Matrose; **~no** *m* Seemann; **~oneta** *f* Marionette (*a fig*); **~posa** *f* Schmetterling *m*

**mariscos** *mpl* Meeresfrüchte *fpl*

**marítimo** Meer...

**marmita** *f* Kochtopf *m*

**mármol** *m* Marmor

**marqu|és** [-k-] *m*, **~esa** *f* Marquis(e); **~esina** *f* Glasdach *n*; Markise; **~ito** *m* Diarähmchen *n*

**marrón** braun

**marta** *f* Marder *m*

**martes** *m* Dienstag

**martill|ar** [-ʎ-] hämmern; **~ero** *m Am* Versteigerer; **~o** *m* Hammer

**mártir** *su* Märtyrer(in)

**marzo** [-θo] *m* März

**mas** aber

**más** mehr; ferner; noch; überdies; *Math* plus; **~ allá** jenseits; **a lo ~** höchstens; **de ~** zuviel, mehr; **ni ~ ni menos** genau so; **sin ~**

**masa** 146

ohne weiteres; **tanto ~ cuanto que** um so mehr als; **estar de ~** überflüssig sein
**masa** f Teig m; Masse; Menge; **~cre** f bsd Am Massaker n
**masaje** [-xe] m Massage f; **dar ~e, ~ear** massieren; **~ista** su Masseur, Masseuse
**mascar** kauen
**máscara** f Maske; fig Vorwand m, Deckmantel m; **~ (de crema)** Gesichtsmaske (Kosmetik)
**masculino** männlich; m Gr Maskulinum n
**masía** f typisch katalanisches Bauernhaus n
**masón** m Freimaurer
**masticar** kauen
**mástil** m Mar Mast; Pfahl
**mata** f Strauch m, Busch m; Am allg Pflanze; **~dero** m Schlachthaus n; **~nza** f [-θa] f Töten n; Gemetzel n; **~r** töten, umbringen; schlachten; **~r el tiempo** die Zeit totschlagen; **~r el hambre** den Hunger stillen; **~rse** ums Leben kommen; **~ratas** m Rattengift n; **~sellos** [-ʎ-] m (Post-)Stempel
**mate** matt, glanzlos; m Mate; Mategefäß n; Am F Kopf, Birne f
**matemátic|as** fpl Mathematik f; **~o** mathematisch
**materia** f Materie, Stoff m; Gegenstand m; **en ~ de** auf dem Gebiet von; **~ prima** Rohstoff m; **~l** materiell; Sach...; m Material n;

Werkstoff
**mater|nal** mütterlich; **~nidad** f Mutterschaft; Entbindungsanstalt
**matinal** morgendlich
**matiz** [-θ] m Färbung f; Farbton; **~ar** schattieren; fig nuancieren
**matón** m Schlägertyp; Rausschmeißer
**matorral** m Gestrüpp n
**matrícula** f Autonummer; Register n
**matricular** immatrikulieren; einschreiben
**matrimon|ial** ehelich; **~io** m Ehe f; Ehepaar n
**matriz** [-θ] f Gebärmutter; Matrize; **casa ~** Stammhaus n
**matutino** früh; Morgen...
**máxi|ma** f Maxime; **~mo** sehr groß; größt; Höchst...; **~mum** el das Äußerste; Maximum n
**mayo** m Mai
**mayonesa** f Mayonnaise
**mayor** größer, größt; älter, ältest; Ober..., Haupt...; m Major; **la ~ parte** die meisten; **~ de edad** volljährig; **al por ~** Hdl en gros; **~ía** f Mehrheit; **~ía (de edad)** Großjährigkeit; **~ista** m Großhändler m
**mayúscula** f großer Buchstabe m
**maza** [-θa] f Keule; **~morra** f bsd Am Art Maisbrei m; **~pán** m Marzipan n
**mazo** [-θo] m Klopfer; Holzhammer; **~rca** f (Am

**menesteroso**

*bsd* grüner, unreifer) Maiskolben *m*; *Chi a* Bande, Gang
**me** mir; mich
**mear** *P* pinkeln
**mecáni|ca** *f* Mechanik; **~co** mechanisch; *m* Mechaniker
**mecanógrafa** *f* Schreibkraft
**mecanografía** *f* Maschinenschreiben *n*
**mece|dora** [-θ-] *f* Schaukelstuhl *m*; **~r** wiegen, schaukeln
**mecha** [-tʃa] *f* Docht *m*; Haarsträhne; **~ero** *m* Feuerzeug *n*; **~ero de gas** Gasbrenner; Gasfeuerzeug *n*; **~ón** *m* Haarbüschel *n*
**medalla** [-ʎa] *f* Medaille
**media** *f* Strumpf *m*; Mittel *n*, Durchschnitt *m*; *Am a* (Herren-)Socke; **~s** halb; **~ción** [-θ-] *f* Vermittlung; **~do** halb(voll); **a ~dos de junio** Mitte Juni; **~dor** *m* Vermittler; **~nero** dazwischenliegend; **~no** mittelmäßig; **~noche** *f* Mitternacht; **~nte** mittels; **~pantalón** *f Am* Strumpfhose
**medi|camento** *m* Medikament *n*; **~cina** [-θ-] *f* Medizin
**médico** ärztlich; *m* Arzt
**medida** *f* Maß *n*; Maßnahme; **a ~ de** gemäß; **a ~ que** je nachdem
**medi|o** halb, halb...; mittelmäßig; *m* Mitte ...; Hilfsmittel *n*; Läufer (Fußball) *m*; **en ~o de** inmitten (*gen*);

zwischen (*dat, ac*); **Edad** *f* **~a** Mittelalter *n*; **por ~o de** mittels; **~odía** *m* Mittag
**medir** messen
**meditar** nachdenken über
**médula** *f* Mark *n*; **~ espinal** Rückenmark *n*
**mejilla** [-xiʎa] *f* Wange; **~ón** *m* Miesmuschel *m*
**mejor** [-x-] besser; **lo ~** das Beste; **tanto ~** um so besser; **~a** *f* Verbesserung; **~ana** *f* Majoran *m*; **~ar** (ver)bessern; **~ía** *f* Besserung
**melena** *f* Mähne
**melocotón** *m* Pfirsich
**melón** *m* Melone *f*
**meloso** *pej* süßlich, schmalzig
**mell|a** [-ʎa] *f* Scharte; **hacer ~a** Eindruck machen (en auf); **~izo** [-θo] *m* Zwilling
**mem|brana** *f* Häutchen *n*; Membran(e); **~brete** *m* Briefkopf; **~brillo** [-ʎo] *m* Quitte *f*
**memo|rable** denkwürdig; **~rándum** *m* Denkschrift *f*
**memoria** *f* Gedächtnis *n*; Erinnerung; **de ~** auswendig; **~l** *m* Bittschrift *f*; Eingabe *f*
**menci|ón** [-θ-] *f* Erwähnung; **~onar** erwähnen
**mendi|gar** (er)betteln; **~go** *m* Bettler
**menear** schwenken; **mit dem Schwanz wedeln**
**menester** *m* Notwendigkeit *f*; **es ~** es ist notwendig; **~es** *pl* Obliegenheiten *fpl*; **~oso** bedürftig

**mengua**

**mengua** f Schaden m; **~nte** abnehmend; m Ebbe f; **~r** schmälern; abnehmen, s. vermindern
**menor** kleiner, kleinst; minder, mindest; jünger; ~ (**de edad**) minderjährig; *su* Minderjährige(r); **al por** ~ en détail; **~ista** m Einzelhändler
**menos** weniger; minder; *Math* minus; **al** ~ wenigstens; **a ~ que** sofern nicht; **~cabar** vermindern; **~cabo** m Verminderung f
**menospreciar** [-θ-] geringschätzen; **~io** m Verachtung f
**mensaje** [-xe] m Botschaft f; **~ro** m Bote
**menso** *Méj* dumm
**mensual** monatlich; **~idad** f Monatsgehalt n; Monatsrate
**mensurable** meßbar
**menta** f Pfefferminze; **~lidad** f Denkweise, Mentalität; **~r** erwähnen
**mentecato** schwachsinnig
**mentir** lügen; **~a** f Lüge; **parece una ~** unglaublich!; **~oso** lügenhaft; trügerisch
**mentís** m Dementi n
**menú** m Menü n
**menu|deo** m *Am* Einzelhandel; **~do** klein, winzig; geringfügig; **a ~do** oft; **¡~do lío!** was für ein Durcheinander!
**meñique** [-nike] m kleiner Finger
**merca|chifle** [-tʃ-] m Hausierer; *fig* Krämer; **~dería** f *Am* Ware; **~do** m Markt; Marktplatz; **~ncía** [-θ-] f Ware; **~ntil** kaufmännisch
**merced** [-θ-] f Gnade, Gunst; **~ a** *prp* dank
**merce|nario** [-θ-] m Söldner; **~ría** f Kurzwaren(geschäft n) *fpl*
**mercurio** m Quecksilber n
**merece|dor** [-θ-] verdienstvoll; würdig; **~r** verdienen; **no ~ la pena** es lohnt s. nicht
**meren|dar** vespern; **~gue** [-ge] m Baiser n
**meridi|ano** m Meridian; **~onal** südlich
**merienda** f Vesper, zweites Frühstück n; (*im Freien*) Picknick n
**mérito** m Verdienst n
**meritorio** verdienstvoll; m Volontär, Praktikant
**merluza** [-θa] f Seehecht m
**merma** f Verkürzung, Abzug m; **~r** abnehmen; v/t (ver)kürzen
**mermelada** f Marmelade
**mero** rein, bloß; m Zackenbarsch
**mes** m Monat
**mes|a** f Tisch m; **poner la ~a** den Tisch decken; **~ero** m, **~era** f *Col*, *Méj* Kellner(in); **~eta** f Hochebene; **~ita** f Tischchen n; **~ita de noche** Nachttisch m
**mestizo** [-θo] m Mestize
**mesura** f Mäßigung; Maß n; **~do** gemäßigt; gesetzt; **~r** mäßigen

**meta** f Ziel n; (Fußball-)Tor n; ~bolismo m Stoffwechsel
**metal** m Metall n; Erz n; ~ligero Leichtmetall n
**metálico** metallen; m Hartgeld n; en ~ in bar
**metalúrgico** [-x-] Hütten...
**metamorfosis** f Umwandlung, Metamorphose
**meteoro** m Meteor m; ~logía [-x-] f Meteorologie; ~lógico [-x-] Wetter...; parte m ~lógico Wetterbericht
**meter** hinein-stecken, -legen (en, Am a a in); ~se s. einmischen; ~se a s. anschicken zu; ~se con alg s. mit j-m anlegen
**meticuloso** peinlich genau; pej pedantisch
**metido** gedrängt; ~ en sí o s. gekehrt; muy ~ en política tief in Politik steckend
**metódico** planmäßig
**método** m Methode f; Lehrbuch n
**metro** m Meter (a n); Versmaß n; U-Bahn f, Metro f
**metr|ópoli** f Hauptstadt; Mutterland n; ~opolitano hauptstädtisch
**mezcla** [-θ-] f Mischung; ~r mischen; ~rse s. einmischen (en in)
**mezquin|dad** [-θk-] f Kargheit; Kleinlichkeit; ~no knauserig; kleinlich; armselig; ~ta f Moschee
**mi, mis** mein(e)
**mí** mir; mich (nach prp)

**microbio** m Mikrobe f
**microbús** m Kleinbus
**micrófono** m Mikrophon n
**micros|cópico** mikroskopisch; ~copio m Mikroskop n
**miedo** m Furcht f, Angst f (a vor); ~so furchtsam
**miel** f Honig m
**miembro** m Glied n; Mitglied n
**mientras** (zeitl.), ~que (Gegensatz) während; ~ tanto unterdessen
**miércoles** m Mittwoch
**mierda** V 1. f Scheiße; 2. m Scheißkerl
**miga** f Brotkrume
**migración** [-θ-] f Wanderung
**migratori|o** Wander...; ~ave f ~a Zugvogel m
**milagro** m Wunder n; ~so wunderbar
**mili|cia** [-θ-] f Miliz; Militär n; Wehrdienst m; ~ciano [-θ-] m Milizsoldat; ~tar militärisch; m Soldat
**mill|a** [-ʎa] f Seemeile; ~ar m Tausend n; ~onario m Millionär
**mimar** verhätscheln
**mimbre** m Korbweide f; ~s muebles mpl de ~ Korbmöbel npl
**mime|ografiar** Am vervielfältigen; ~ógrafo m Vervielfältigungsapparat
**mímica** f Mimik
**mina** f Bergwerk n; Mine; ~r verminen; fig untergraben

**mine|ral** Mineral...; *m* Erz *n*; Mineral *n*; **~ría** *f* Bergbau *m*; **~ro** bergmännisch; *m* Bergmann

**minifalda** *f* Minirock *m*

**míni|mo** kleinste(r); Mindest...; **~mum** *f* Minimum *n*

**minis|terial** ministeriell; **~terio** *m* Ministerium *n*; **~tro** *m* Minister

**minoría** *f* Minderheit; **(de edad)** *f* Minderjährigkeit

**minucios|idad** [-θ-] *f* Kleinlichkeit; peinliche Genauigkeit; **~o** eingehend, peinlich genau

**minúscula** *f* kleiner Buchstabe *m*

**minu|ta** *f* Entwurf; Gebührenrechnung *f*; Speisekarte *f*; **~tero** *m* Minutenzeiger; **~to** *m* Minute *f*

**mío, mía** *usw* mein; meinig

**miope** kurzsichtig

**mira|da** *f* Blick *m*; **~dor** *m* Erker; Aussichtspunkt; **~r** ansehen; zusehen

**mirlo** *m* Amsel *f*

**mirón** *m* Gaffer; Zaungast

**misa** *f* Rel Messe; **~l** *m* Meßbuch *n*

**mise|rable** elend; knauserig; **~ria** *f* Elend *n*, Not *f*; **~ricordia** *f* Barmherzigkeit

**mísero** elend; unglücklich

**misi|ón** *f* Mission; Sendung; **~onero** *m* Missionar

**mism|o, ~a** (*usw*) selbst; derselbe (*usw*); genau; noch; **ahora ~o** gleich, soeben

**misterio** *m* Mysterium *n*; Geheimnis *n*; **~so** geheimnisvoll

**místic|a** *f* Mystik; **~o** mystisch; *m* Mystiker

**mitad** *f* Hälfte; **por la ~** mittendurch; **a ~ de camino** auf halbem Wege

**mitigar** mildern; beschwichtigen

**mi|tín, ~tin** *m* Pol Versammlung *f*

**mito** *m* Mythos

**mix|to** gemischt; **~tura** *f* Mixtur; Mischung

**mobiliario** *m* Mobiliar *n*

**mocedad** [-θ-] *f* Jugendzeit

**moción** [-θ-] *f* Bewegung; *Pol* Antrag *m*

**moco** *m* Nasenschleim; rotzig; *m* F Rotznase

**mochila** [-tʃ-] *f* Rucksack *m*, Tornister *m*

**moda** *f* Mode; **fuera** (*od* **pasado**) **de ~** unmodern; **estar de ~** (in) Mode sein

**mode|lar** formen; **~lo** 1. *m* Vorbild *n*; Modell *n*; 2. *f* (*Maler-, Foto-*)Modell *n*

**modera|ción** [-θ-] *f* Mäßigung; **~dor** *m* Moderator; **~r** mäßigen; herabsetzen

**moder|nizar** [-θ-] modernisieren; **~no** modern; neuzeitlich

**modes|tia** *f* Bescheidenheit; **~to** bescheiden; sittsam

**módico** mäßig, gering

**modi|ficar** ab-, ver-ändern; modifizieren; **~smo** *m* Redewendung *f*; **~sta** *f* Modi-

**stin;** Schneiderin

**modo** m Art f, Weise f; Verfahren n; **de ~ que** so daß; **en cierto ~** gewissermaßen; **de ningún ~** keineswegs; **de todos ~s** jedenfalls

**mofa** f Spott m; **~rse de** s. lustig machen über

**mofeta** f Zo Stinktier n

**mofletudo** pausbäckig

**moho** m Schimmel; Rost; **~so** schimmelig; rostig

**moja|do** [-x-] naß, feucht; **~r** anfeuchten; eintunken

**mojigat|o** [-x-] m, **~a** f Frömmler(in)

**mojón** [-x-] m Grenzstein

**molar:** (**diente**) **~** m Backenzahn

**molde** m Gußform f; **de ~** wie gerufen; **~ar** formen; abgießen

**molécula** f Molekül n

**moler** mahlen; zerreiben; **~ a palos** verprügeln

**moles|tar** belästigen; stören; **~tia** f Belästigung; Mühe; Ärger m; **~to** lästig; unbequem

**moli|nero** m Müller; **~nillo** [-ʎo] m Kaffee-, Pfeffermühle f; **~no** m Mühle f

**molleja** [-ʎexa] f Anat, Gastr Bries n

**momen|táneo** augenblicklich; **~to** m Augenblick; **al ~to** sofort

**mona** f Äffin; F Rausch m; **~da** f Kinderei; niedliches Ding n

**monar|ca** m Monarch; **~quía** [-k-] f Monarchie

**monasterio** m Kloster n

**monda** f Putzen n; **es la ~** F das ist das Letzte!; **~dientes** m Zahnstocher; **~pipas** m Pfeifenreiniger; **~r** schälen; reinigen

**mone|da** f Münze; Geld n; Währung; **~da suelta** Kleingeld n; **~ría** f Kinderei; Albernheit; **~tario** Münz...; **sistema** m **~tario** Währungssystem n

**monitor** m TV Monitor; **~io** erinnernd; mahnend

**monj|a** [-xa] f Nonne; **~e** [-xe] m Mönch

**mono** m Affe; Arbeitsanzug; Col blonder Junge; adj niedlich, hübsch; **~polio** m Monopol n; **~tonía** f Einförmigkeit

**monótono** eintönig

**monstruo** m Ungeheuer n, Monstrum n; **~sidad** f Ungeheuerlichkeit; **~so** ungeheuer; scheußlich

**monta|cargas** m Lastenaufzug; **~do** beritten; **~dor** m Monteur; **~je** [-xe] m Einbau; Montage f

**monta|ña** [-ɲa] f Gebirge n; Berg m; **~ña rusa** Achterbahn; **~ñoso** [-ɲ-] bergig; gebirgig; **~r** montieren; Pferd reiten; besteigen; **~r en bicicleta** radfahren

**monte** m Berg; Wald; **~ alto** Hochwald; **~ bajo** Buschwald

**montera** f Stierkämpfermütze

**montón** *m* Haufen; **ser del ~ nichts Besonderes sein**
**montura** *f* Reittier *n*; Reitzeug *n*; Montur; Fassung (*Brille*)
**monumento** *m* Denkmal *n*
**moñ|a** [-ɲa] *f* Haar-, Zopfschleife; **~o** *m* Haarknoten
**moqueta** [-k-] *f* Teppichboden *m*
**mora** *f* Maulbeere; Brombeere; *Chi Art* Blutwurst; **~da** *f* Wohnung; **~do** lila
**moral** moralisch; sittlich; *f* Moral; **~idad** *f* Sittlichkeit
**moratón** *m* blauer Fleck
**mórbido** krankhaft
**morcilla** [-θiλa] *f* Blutwurst
**mor|daz** [-θa] *f* ätzend, beißend; **~der** beißen; ätzen; **~disco** *m* Biß
**moreno** dunkel(braun)
**morfina** *f* Morphium *n*
**morir** sterben; erlöschen; **~se** sterben; absterben
**morisco** maurisch
**moro** maurisch; *m* Maure
**mortal** sterblich; tödlich; **~idad** *f* Sterblichkeit
**mortero** *m* Mörser; Mörtel
**mortífero** todbringend
**mosaico** *m* Mosaik *n*; gekachelter Fußboden
**mosc|a** *f*, **~o** *Col m* Fliege; *F* Geld *n*
**mosquit|ero** [-k-] *m* Moskitonetz *n*; **~o** *m* Stechmücke *f*, Moskito
**mos|taza** [-θa] *f* Senf *m*; **~to** *m* Most
**mostra|dor** *m* Ladentisch;

Büfett *n*, Theke *f*; **~r** zeigen
**motín** *m* Meuterei *f*
**moti|var** verursachen; motivieren; **~vo** *m* Grund; Anlaß, Motiv *n*
**moto** *F f*, **~cicleta** [-θ-] *f* Motorrad *n*; **~nave** *f* Motorschiff *n*
**motor** *m* Motor; **~ de dos (cuatro) tiempos** Zwei-(Vier-)taktmotor; **~ trasero** Heckmotor; **~ismo** *m* Motorsport; **~ista** *m* Kraftfahrer
**motriz** [-θ] *f*: **fuerza ~** [-θa] *f* ~ Triebkraft
**mov|edizo** [-θo] bewegbar; **~er** bewegen, antreiben; anregen; **~ible** beweglich
**móvil** beweglich; *m fig* Triebfeder *f*; Beweggrund
**movi|lidad** *f* Beweglichkeit; **~lizar** [-θ-] mobil machen; **~miento** *m* in Bewegung *f*; Unruhe *f*; Betrieb
**moz|a** [-θa] *f* Mädchen *n*; Magd; **~o** jung; *m* junger Mensch; Kellner; Gepäckträger
**mucam|a** *f RPl, Chi* Dienstmädchen *n*; **~o** *m RPl* Zimmerkellner
**muco|sa** *f* Schleimhaut; **~sidad** *f* Schleim *m*
**muchach|a** [-tʃatʃa] *f* Mädchen *n*; Dienstmädchen *n*; **~o** *m* Knabe, Junge
**much|edumbre** [-tʃ-] *f* Menge; **~o** viel, sehr; lange, oft; **por ~ que** wie sehr auch
**muda** *f* Stimmbruch *m*;

**Mauser** f; Häuten n; **~nza** [-θa] f Veränderung; Wandel m; Wohnungswechsel m; **~r** ändern; wechseln; **~rse (de casa)** umziehen; **~rse (de ropa)** s. umziehen
**mud|ez** [-θ] f Stummheit; **~o** stumm
**mueble** m Hausrat; Möbel n; **~s** pl **funcionales** Anbaumöbel npl
**muela** f Schleifstein m; Backenzahn m; **dolor** m **de ~s** Zahnschmerzen mpl
**muelle** [-ʎe] m Sprungfeder f; Mole f; Esb Laderampe
**muer|te** f Tod m; **peligro** m **de ~te** Lebensgefahr f; **~to** tot; gestorben; m Tote(r)
**muestra** f Warenprobe; Muster n; **~rio** m Musterbuch n; -kollektion f
**mugr|e** [-x-] f Frau; **~ de la vida** Nutte
**mul|a** f Maultier n; **~ato** m Mulatte; **~eta** f Krücke; Stk Muleta; **~o** m Maulesel
**multa** f Geldstrafe
**multico|lor** bunt; **~piar** bsd Span vervielfältigen; **~pista** f bsd Span Vervielfältigungsapparat m
**múltiple** vielfältig
**multiplica|ción** [-θ-] f Vervielfältigung; Multiplikation; **~r** vervielfältigen; **~rse** s. vermehren
**multitud** f Menge
**mundial** Welt...; m Sp Weltmeisterschaft f
**mundo** m Welt f; Menschheit f; **todo el ~** jedermann; die ganze Welt
**munición** [-θ-] f Munition
**municipal** [-θ-] städtisch; **(guardia)** m Schutzmann; **~idad** f Gemeindeverwaltung; Am Rathaus n
**municipio** [-θ-] m Gemeinde(rat m) f; Rathaus n
**muñeca** [-ɲ-] f Handgelenk n; (Kinder-)Puppe
**mura|lla** Mauer...; **~lla** [-ʎa] f Stadtmauer
**murciélago** [-θ-] m Fledermaus f
**murmurar** murmeln; rauschen; murren; lästern
**muro** m Mauer f; Wand f
**muscula|r** Muskel...; **~tura** f Muskulatur
**músculo** m Muskel
**musculoso** muskulös
**museo** m Museum n
**musgo** m Moos n
**música** f Musik; Noten fpl
**musical** Musik...
**músico** musikalisch; m Musiker
**muslo** m Oberschenkel
**mustio** traurig; welk
**muta|bilidad** f Veränderlichkeit; **~ción** [-θ-] f Wechsel m; Mutation
**mutila|do** m Krüppel; **~r** verstümmeln
**mutis** m Thea Abgang
**mutuo** gegenseitig
**muy** sehr; zu(viel); **~ Sr. mío** sehr geehrter Herr (Briefanrede)

**nabo**

# N

**nabo** m weiße Rübe f
**nácar** m Perlmutt(er f) n
**nacer** [-θ-] geboren werden; sprießen; entspringen
**naci|do** [-θ-] (an)geboren; entstanden; **~miento** m Geburt f; Anfang f; (Weihnachts-)Krippe f
**nación** [-θ-] f Nation; Volk n
**nacional** [-θ-] National...; **~idad** [-θ-] f Nationalität; Staatsangehörigkeit; **~ismo** m Nationalismus; **~izar** [-θ-] verstaatlichen
**nada** nichts; **~ de eso** keineswegs; **~ más** nichts weiter; **¡de ~!** keine Ursache!; **pues, ~** also gut (so)
**nada|dor** m Schwimmer; **~r** schwimmen
**nadie** niemand
**nado** adv: **a ~** schwimmend
**naft|a** f Arg Benzin n; **~ero** m Arg Tankwart
**naipe** m (Spiel-)Karte f
**naran|ja** [-xa] f Apfelsine; adj inv orange; **~jal** [-x-] m Apfelsinenpflanzung f; **~jo** [-xo] m Orangenbaum
**nar|cosis** f Narkose; **~cótico** betäubend
**nariz** [-θ] f Nase
**narra|ción** [-θ-] f Erzählung; **~r** erzählen
**nasal** Nasen..., nasal
**nata** f Sahne; **~ batida** Schlagsahne
**natación** [-θ-] f Schwimmen n
**natal** heimatlich; Geburts...; **país ~** Geburtsland n
**nativo** angeboren; gebürtig (**de** aus); m Einheimische(r)
**natural** natürlich; m Naturell n; **~ de** (gebürtig) aus; **~eza** [-θa] f Natur; Wesen n; **~izar** [-θ-] einbürgern
**naufra|gar** Schiffbruch erleiden (a fig); **~gio** [-x-] m Schiffbruch
**náufrago** schiffbrüchig; m Schiffbrüchige(r)
**náuseas** fpl Übelkeit f; Ekel m
**náutico** nautisch; **deporte ~** Segelsport
**nava|ja** [-xa] f Taschenmesser n; **~ de afeitar** Rasiermesser n
**naval** See...; Schiffs...
**nave** f (Kirchen-)Schiff n; Tech Halle; **~gable** schiffbar; **~gación** [-θ-] f Schiffahrt; **~gar** zur See fahren
**Navidad** [-θ-] f Weihnachten n
**naviero** m Reeder
**nebuloso** neblig, dunstig; fig nebelhaft
**nece|sario** [-θ-] notwendig, erforderlich; **~ser** m Necessaire n; Reiseetui n; **~sidad** [-θ-] f Notwendigkeit; Bedürfnis n; Hdl **~sidades** pl Bedarf m; **hacer sus ~sidades** ein Bedürfnis verrichten; **~sitar** benötigen, brauchen
**necio** [-θ-] albern, dumm
**necrología** [-x-] f Nachruf m

**nega|ción** [-θ-] f Verneinung; ~r verneinen, leugnen; abschlagen; ~rse a s. weigern zu; ~tiva f abschlägige Antwort; Weigerung; Fot Negativ n; ~tivo verneinend; m Negativ n

**negligen|cia** [-xenθ-] f Nachlässigkeit; ~te nachlässig

**negocia|ción** [-θiaθ-] f Verhandlung; ~nte m Geschäftsmann; ~r handeln, verhandeln

**negocio** [-θ-] m Geschäft n; RPl Laden; **hombre m de ~s** Geschäftsmann

**negr|o** schwarz; m, ~a f Neger(in)

**nen|a** f, ~e, ~é Col m kleines Kind n

**nervio** m Nerv; Tech, Bot, Mar Rippe f; ~sismo m Nervosität f; ~so nervig; nervös

**neto**: precio m ~ Nettopreis

**neumático** pneumatisch; Luft...; m Kfz Reifen; ~ **radial** Gürtelreifen

**neumonía** f Lungenentzündung

**neu|ralgia** [-x-] f Neuralgie; ~rosis f Neurose

**neutr|al** neutral; ~alidad f Neutralität; ~alizar [-θ-] neutralisieren; unschädlich machen; ~o neutral; sächlich

**neva|da** f Schneefall m; ~r schneien

**nevera** f Kühlschrank m; ~ría f Méj Eisdiele

**ni** auch nicht; ~ ... ~ weder ... noch; ~ **siquiera** nicht einmal

**nido** m Nest n

**niebla** f Nebel m

**niet|o** m, ~a f Enkel(in)

**nieve** f Schnee m; Méj (Speise-)Eis n

**nigua** f Sandfloh m

**nilón** m Nylon n

**ninfa** f Nymphe; Span F Mädchen n, Biene

**ning|ún, ~uno** kein(er), niemand; **de ~una manera** keineswegs

**niñ|a** [-ɲa] f Mädchen n; ~**a del ojo** Pupille; ~**era** f Kindermädchen n; ~**ez** [-θ] f Kindheit; ~**o** kindlich; m Kind n

**níquel** [-k-] m Nickel n

**nitidez** [-θ] f Fot, TV Schärfe, Bildschärfe

**nítido** glänzend, rein; Fot, TV scharf

**nivel** m Wasserwaage f; Niveau n; Wasserspiegel; **a ~** waagerecht; ~**ar** ebnen, planieren; nivellieren (a fig)

**no** nicht; nein; ~ **más que** nur; ~ **por cierto** gewiß nicht

**noble** adlig; edel; m Adlige(r); ~**za** [-θa] f Adel m; Vornehmheit

**noci|ón** [-θ-] f Begriff m; ~**ones** pl Kenntnisse

**nocivo** [-θ-] schädlich

**nocturno** nächtlich

**noche** [-tʃe] f Nacht; Abend m; Dunkelheit; **de** (od **por la**) ~ nachts; **de la ~ a la**

**mañana** von heute auf morgen
**Noche|buena** [-tʃ-] f Weihnacht(sabend m) f; **~vieja** [-x-] f Silvesternacht
**nodriza** [-θa] f Amme
**nogal** m Nußbaum
**nomás**, a no más Am nur
**nombr|ado** berühmt; **~amiento** m Ernennung f; **~ar** (er)nennen; **~e** m Name; fig Ruf; **~e (de pila)** Vorname
**nominal** namentlich; **valor** m **~** Nennwert
**nopal** m Feigenkaktus
**nordeste** m Nordost(en)
**noria** f Schöpfrad n; **~ gigante** Riesenrad n (Volksfest)
**norma** f Norm, Regel; **~l** regelrecht; normal; **~lizar** [-θ-] normalisieren; Tech normen
**noroeste** m Nordwest(en)
**norte** m Norden
**nos** uns; **~otros** wir; uns
**nostalgia** [-x-] f Heimweh n; Sehnsucht
**nota** f Notiz; Vermerk m; Rechnung f; Mus Note; **~bilidad** f Ansehen n; Berühmtheit; **~ble** bemerkenswert; **~r** an-, vermerken; bemerken; **~rio** m Notar
**noticia** [-θ-] f Nachricht, Kenntnis; **~rio** m Film: Wochenschau f; Rf, TV Nachrichten fpl
**notificar** zustellen; mitteilen
**notorio** offenkundig, notorisch
**novedad** f Neuheit; Neuigkeit; **sin ~** alles beim alten; wohlbehalten
**novela** f Roman m; **~ corta** Novelle; **~ policíaca (rosa)** Kriminal- (Kitsch-)roman m
**novia** f Braut, Verlobte; Freundin
**novicio** [-θ-] unerfahren; m Neuling; Novize
**noviembre** m November
**novill|ada** [-λ-] f Stierkampf m mit Jungstieren; **~o** m junger Stier
**novio** m Bräutigam; Freund
**nube** f Wolke; **estar por las ~s** sehr hoch sein (Preise); **estar en las ~s** geistesabwesend sein
**nubla|do** bewölkt; **~rse** s. bewölken
**nuca** f Nacken m
**nuclear** Kern..., Nuklear...
**núcleo** m Kern
**nud|illo** [-λo] m Fingerknöchel; **~o** m Knoten; Schlinge f
**nuera** f Schwiegertochter
**nuestro** unser
**nuevo** neu; modern; **de ~** von neuem, nochmals; **¿qué hay de ~?** was gibt es Neues?
**nuez** [-θ] f (Wal-)Nuß f; **~ de la garganta** Adamsapfel m
**nulo** nichtig; ungültig
**numera|ción** [-θ-] f Zählen n; Numerierung; **~r** zählen; beziffern

**obstinado**

**número** *m* Zahl *f*; Ziffer *f*; Nummer *f*; **sin ~** unzählig
**numeroso** zahlreich
**nunca** nie, niemals; **~ más** nie mehr
**nupcial** [-θ-] Hochzeits...
**nutria** *f* Fischotter *m*
**nutri|r** (er)nähren; **~tivo** nahrhaft

## Ñ

**Ñ, ñ** *f das spanische* ñ
**ñame** [ɲ-] *m Bot* Jamswurzel *f*
**ñandú** [ɲ-] *m Süda* Strauß
**ñaño** [ɲaɲo] *m Pe* Kind *n*
**ñapa** [ɲ-] *f Süda* Dreingabe
**ñoñ|ería** [ɲoɲ-] *f* Gefasel *n*; **~o** kindisch

## O

**o** oder; **~ ... ~** entweder ... oder
**oasis** *f* Oase *f*
**obe|decer** [-θ-] gehorchen; **~diencia** [-θ-] *f* Gehorsam *m*; **~diente** gehorsam
**obelisco** *m* Obelisk
**obertura** *f* Ouvertüre
**obes|idad** *f* Fettleibigkeit; **~o** fett(leibig)
**obispo** *m* Bischof
**obje|ción** [-xθ-] *f* Einwand *m*; **~tar** einwenden; **~tivo** sachlich; *m Fot* Objektiv *n*; **~to** *m* Gegenstand, Objekt *n*; Zweck; Absicht *f*
**oblea** *f* Oblate
**oblicuo** schräg
**obliga|ción** [-θ-] *f* Verpflichtung; *Hdl, jur* Obligation; **~r** nötigen; verpflichten; **~rse** vb. verpflichten; **~torio** verbindlich; Pflicht...
**oboe** *m Mus* Oboe *f*
**obra** *f* Werk *n*; Arbeit; Schrift; Bauwerk *n*; Unternehmen *n*; **~ de consulta** Nachschlagewerk *n*; **~s** *pl* Bauarbeiten *fpl*; **~s completas** Gesamtausgabe *f*; **~s públicas** Tiefbau *m*; **~r** arbeiten; bauen; wirken
**obrero** Arbeiter...; *m* Arbeiter
**obsceno** [-θ-] unzüchtig
**obsequi|ar** [-k-] gefällig sein; bewirten; beschenken; **~o** *m* Gefälligkeit *f*; Geschenk *n*
**observa|ción** [-θ-] *f* Beobachtung; Wahrnehmung; **~r** beobachten; bemerken; befolgen; **~torio** *m* Observatorium *n*
**obst|aculizar** [-θ-] behindern; **~áculo** *m* Hindernis *n*
**obstante: no ~** dessenungeachtet
**obstetricia** [-θ-] *f Med* Geburtshilfe
**obstina|ción** [-θ-] *f* Eigensinn *m*; **~do** hartnäckig, ei-

**obstrucción**

gensinnig; **~rse en u/c** s. auf et versteifen, (hartnäckig) auf et beharren

**obstru|cción** [-θ-] f Verstopfung; **~ir** verstopfen; versperren

**obtener** erlangen, erreichen

**obturador** m Fot Verschluß

**obvio** einleuchtend; augenfällig

**oca** f Gans

**ocasión** f Gelegenheit; **Hdl de ~ón** aus zweiter Hand, Gebraucht...; **con ~ón de** anläßlich (gen); **~onar** veranlassen; verursachen

**occiden|tal** [-θ-] abendländisch; **~te** m Abendland n

**océano** [oθ-] m Ozean

**ocelote** [oθ-] m Zo Ozelot

**ocio** [oθ-] m Muße f; **~so** müßig, untätig

**octav|a** f Mus Oktave; **~illa** [-ʎa] f Flugblatt n; **~o** m Achtel n

**octubre** m Oktober

**ocul|ar** Augen...; m Okular n; **testigo ~** Augenzeuge; **~ista** m Augen-arzt m, -ärztin f; **~tar** verbergen; Steuern hinterziehen; **~to** geheim, verborgen

**ocupa|ción** [-θ-] f Besetzung; Beschäftigung; **~do** besetzt; **~r** beschäftigen; besetzen; Raum einnehmen; Amt bekleiden; **~rse de (od en)** s. m. et beschäftigen, befassen

**ocurren|cia** [-θ-] f Vorfall m; (witziger) Einfall m; **~te** clever, ideenreich

**ocurrir** s. ereignen; vorkommen; **se me ocurre** mir fällt ein

**odi|ar** hassen; **~o** m Haß; **~oso** gehässig; niederträchtig

**odont|ología** [-x-] f Zahnmedizin; **~ólogo** m Zahnarzt

**odorante** (wohl)riechend

**oeste** m Westen

**ofen|der** beleidigen, verletzen; **~sa** f Beleidigung; **~siva** f Angriff m; **~sivo** angriffslustig; Offensiv...

**oferta** f Angebot n

**oficial** [-θ-] offiziell, amtlich; m Offizier; Geselle; **~idad** f Offizierskorps n

**oficina** f Amt n; Büro n; **~ de turismo** Verkehrsamt n

**oficio** [-θ-] m Handwerk n; Beruf; Gottesdienst; Am Hausarbeit f; **de ~ von Amts wegen**; **~so** dienstfertig; offiziös

**ofre|cer** [-θ-] anbieten; **¿qué se le ofrece?** was kann ich für Sie tun?; **~cimiento** [-θ-] m Anerbieten n; Angebot n

**oftalmólogo** m Augenarzt

**oí|ble** hörbar; **de ~das** vom Hörensagen; **~do** m Gehör n; Ohr n

**oír** (an-, zu-)hören; **¡oiga!** hören Sie mal!; Tel hallo! (Anrufender)

**ojal** [-x-] m Knopfloch n

**¡ojalá!** [ɔx-] hoffentlich!

**oje|ada** [ɔx-] f Blick m; **~dor**

**opresión**

*m* Treiber; ~r treiben; *fig* aufschrecken
**ojeo** [ox-] *m* Treibjagd *f*
**ojete** [ox-] *m* Öse *f*
**oji|negro** [ox-] schwarzäugig; ~**va** *f* Spitzbogen *m*
**ojo** [oxo] *m* Auge *n*; ¡~! Vorsicht!; **no pegar** ~ kein Auge zutun
**ola** *f* Woge, Welle
**¡olé!** bravo!; recht so!
**olea|da** *f bsd fig* Welle; ~**je** [-xe] *m* Wellengang
**óleo** *m* Mal Öl *n*; **los santos** ~**s** *pl* letzte Ölung *f*
**oleo|ducto** *m* Pipeline *f*; ~**so** ölhaltig; ölig
**oler** riechen; wittern
**olfa|tear** beriechen; *fig* wittern; ~**to** *m* Geruchssinn *m*
**olimpíada** *f* Olympiade
**oliv|a** *f* Olive; ~**o** *m* Ölbaum
**olmo** *m* Ulme *f*
**olor** *m* Geruch; ~**oso** wohlriechend
**olvid|ar** vergessen; verlernen; ~**arse de u/c** et vergessen; ~**o** *m* Vergeßlichkeit *f*; Vergessenheit *f*
**olla** [oʎa] *f* (Koch-)Topf *m*; Gemüseeintopf *m*; ~ **a presión** Schnellkochtopf *m*; **estar en la** ~ *Col* in der Tinte sitzen
**ombligo** *m* Nabel
**omi|sión** *f* Unterlassung; Auslassung; ~**tir** unterlassen; übergehen, auslassen
**ómnibus** *m* Omnibus
**omni|potencia** [-θ-] *f* Allmacht; ~**potente** allmächtig; ~**sciente** [-θ-] allwissend
**onces** [-θ-]: **tomar** ~ *Col* vespern
**onda** *f* Woge, Welle; ~ **corta (media, larga)** Kurz- (Mittel-, Lang-)welle *f*; F **estar en la** ~ ,,in" sein
**ondear** wogen; flattern
**ondula|ción** [-θ-] *f* Wellenbewegung; ~**r** Haar wellen
**onza** [-θa] *f* Unze; *Südam* Jaguar *m*
**opaco** undurchsichtig
**ópalo** *m* Opal
**ópera** *f* Oper
**opera|ción** [-θ-] *f Med, Mil, Hdl* Operation; ~**ción de bolsa** Börsengeschäft *n*; ~**dor** *m* Operateur; Vorführer; Kameramann; Funker; ~**dora** *f Am* Telefonistin; ~**r** bewirken; operieren; ~**rio** *m* Handwerker; (Fach-)Arbeiter
**opereta** *f* Operette
**opin|ar** meinen, glauben; ~**ión** *f* Meinung
**opio** *m* Opium *n*
**oponer** entgegensetzen; einwenden; ~**se** s. widersetzen
**oportu|nidad** *f* Gelegenheit; Zweckmäßigkeit; ~**nismo** *m* Opportunismus; ~**nista** opportunistisch; ~**no** gelegen; zweckmäßig, angebracht
**oposi|ción** [-θ-] *f* Widerspruch *m*, -stand *m*; ~**iones** *pl* Auswahlprüfung *f*
**opresión** *f* Unterdrückung; Beklemmung

**oprimir** unterdrücken
**oprobio** *m* Schimpf; Schande *f*
**optar por** s. entscheiden für, optieren für
**ópti|ca** *f* Optik; **~co** optisch; *m* Optiker
**optimis|mo** *m* Optimismus; **~ta** *su* Optimist(in)
**óptimo** vortrefflich
**opuesto** entgegengesetzt
**opulen|cia** [-θ-] *f* großer Reichtum *m*; **~to** üppig
**oración** [-θ-] *f* Gebet *n*; Rede; *Gr* Satz *m*
**oráculo** *m* Orakel *n*
**orador** *m*, **~a** *f* Redner(in)
**oral** mündlich
**orden** 1. *m* Ordnung *f* (*a Biol*); **~ del día** Tagesordnung *f*; **poner en ~** ordnen; 2. *f* Befehl *m* (*a Mil*); **por ~ de** auf Befehl von; **~anza** [-θa] 1. *f* Verordnung; 2. *m Mil* Ordonnanz *f*; **~ar** ordnen; **~arse sacerdote** zum Priester geweiht werden
**ordeñar** [-ɲ-] melken
**ordinario** gewöhnlich, gemein; ordentlich
**oreja** [-xa] *f* Ohr *n*; *bsd Am* Henkel *m*
**orfanato** *m* Waisenhaus *n*
**orfebrería** *f* Goldschmiedearbeit, -kunst
**orgánico** organisch
**organillo** [-ʎo] *m* Drehorgel *f*, Leierkasten
**organismo** *m* Organismus
**organiza|ción** [-θaθ-] *f* Organisation; Veranstaltung; **~dor(a** *f*) *m* Veranstal-

ter(in); **~r** organisieren; aufbauen; gliedern; veranstalten
**órgano** *m Anat*, *fig* Organ *n*; *Mus* Orgel *f*
**orgasmo** *m* Orgasmus
**orgullo** [-ʎo] *m* Stolz; **~so** stolz; hochmütig
**orien|tación** [-θ-] *f* Orientierung; **~tal** orientalisch; **~tar** orientieren; beraten; **~tarse** s. zurechtfinden; **~te** *m* Osten, *Lit* Morgen
**orificio** [-θ-] *m* Öffnung *f*, Loch *n*
**origen** [-x-] *m* Ursprung *m*; Herkunft *f*; *fig* Ursache *f*
**original** [-x-] ursprünglich; *m* Urfassung *f*; Original *n*; Sonderling; **~lidad** *f* Ursprünglichkeit, Originalität; **~r** veranlassen; verursachen; **~rio** ursprünglich; angeboren
**orilla** [-ʎa] *f* Rand *m*; Ufer *n*; **a ~s del** am (Ufer des)
**orín** *m* Rost
**orina** *f* Urin *m*; **~l** *m* Nachttopf; **~r** Wasser lassen, urinieren
**ornamen|tar** verzieren; **~to** *m* Verzierung *f*, Schmuck *m*
**oro** *m* Gold *n*
**orquesta** [-k-] *f* Orchester *n*
**orquídea** [-k-] *f* Orchidee *f*
**ortiga** *f* Brennessel
**orto|doncia** [-θ-] *f Med* Gebißregulierung *f*; **~doxo** orthodox; **~grafía** *f* Rechtschreibung *f*; **~pedista** *su* Orthopäde *m*
**oruga** *f Zo*, *Tech* Raupe *f*

**país**

orzuelo [-θ-] m Med Gerstenkorn n
os euch
osado kühn
oscilar [-θ-] schwingen; schwanken
oscu|recer [-θ-] verdunkeln; dunkel werden; ~ridad f Dunkelheit; ~ro dunkel
oso m Bär
ostensi|ble offensichtlich; deutlich; ~vo auffallend
ostentar vor-, aufweisen
ostión m Méj Auster f
ostra f Auster; ~s! Mensch, sowas!
otoñ|al [-ɲ-] herbstlich; ~o m Herbst
otorga|nte m Aussteller e-s Dokuments; ~r bewilligen; ausfertigen
otorrinolaringólogo m Hals-Nasen-Ohrenarzt
otro ein anderer; noch ein; el ~ día neulich; ~ tanto ebensoviel; de un lado a ~ hin und her; otra vez noch einmal
ovación [-θ-] f Beifallssturm m, Ovation
oval, ~ado eiförmig; oval
ovario m Anat Eierstock
oveja [-xa] f Schaf n
overol m Arbeitsanzug
ovillo [-ʎo] m Knäuel n
oxidarse oxydieren; rosten
óxido m Oxyd n
oxígeno [-x-] m Sauerstoff
oyente su Hörer(in)

# P

pabellón [-ʎ-] m Rundzelt n; Mar Flagge f; Pavillon
pacer [-θ-] v/i weiden; v/t abgrasen
pacien|cia [-θiɛnθ-] f Geduld; ~te geduldig; m Patient
pacífico [-θ-] friedfertig
pacifista [-θ-] su Pazifist(in)
paco m Chi F Polizist; ~tilla [-ʎa] f Schund m; de ~tilla minderwertig
pactar ausbedingen; paktieren
padecer erleiden; leiden (de an)
padrastro m Stiefvater
padre m Vater; adj inv F enorm, gewaltig; ~ de familia Familienvater; ~s pl Eltern
padri|nazgo [-θɣo] m Patenschaft f; ~no m Taufpate; Brautführer; Gönner
paga f Zahlung; Löhnung; ~dero zahlbar; ~dor Zahler; ~duría f Zahlstelle
paga|nismo m Heidentum n; ~no heidnisch; m Heide
pagar bezahlen; me la ~ás das wirst du noch büßen; ~é m Schuldschein
página [-x-] f Seite (Buch)
paginar [-x-] paginieren
pago m Zahlung; ~ al contado (a plazos) Bar- (Raten-)zahlung f
país m Land n; ~ en (vías

*Uni Span.-Dtsch.* 6

**paisaje** 162

de) desarrollo Entwicklungsland n; del ~ einheimisch
**paisa|je** [-xe] m Landschaft f; **~jista** [-x-] m Landschaftsmaler; **~no** m Zivilist; Landmann
**paja** [-xa] f Stroh n; **hacerse una ~** Tab wichsen
**pájaro** [-x-] m Vogel
**pala** f Schaufel; Ballschläger m
**palabra** f Wort n; fig Versprechen n; **bajo ~ (de honor)** auf Ehrenwort; **de ~** mündlich
**pala|cio** [-θ-] m Palast, Schloß n; **~dar** m Gaumen
**palan|ca** f Hebel m; fig gute Beziehungen fpl, Einfluß m; **~gana** f Waschbecken n
**palco** m Thea Loge f; **~ de platea** Parterreloge f
**paleta 1.** f Palette; Maurerkelle; Tech Schaufel; **2.** m F Maurer
**palide|cer** [-θ-] m erbleichen, erblassen; **~z** [-θ] f Blässe
**pálido** bleich, blaß
**palillo** [-ʎo] m Zahnstocher
**palique** [-ke] m Plauderei f; **~ar** plaudern
**paliza** [-θa] f Tracht Prügel; **~da** f Palisade
**palma** f Palme; Handfläche; **dar ~das** in die Hände klatschen
**palmera** f Palme
**palmo** m Spanne f; Handbreit f; **~tear** Beifall klatschen
**palo** m Stock; Mar Mast;

Karten Farbe f; Ven Drink; **~s de tejer** Pe Stricknadeln fpl
**palo|ma** f Taube; **~mar** m Taubenschlag; **~mitas** fpl Puffmais m
**palpa|ble** greifbar; deutlich; **~r** a Med, Tech betasten, befühlen
**palpita|ción** [-θ-] f Herzklopfen n; **~r** klopfen; zucken
**palta** f RPl, Chi, Pe Avocado(birne)
**paludismo** m Malaria f
**pampa** f Grasebene; **die Pampa**
**pan** m Brot n; **~ integral** Vollkornbrot n
**pana** f Plüsch m; Cordsamt m
**panade|ría** f Bäckerei; **~ro** m Bäcker
**panal** m Wabe f
**pande|reta** f, **~ro** m Tamburin n
**pando** Süda seicht, flach (Gewässer)
**panecillo** [-θiʎo] m Brötchen n
**panta|leta** f Am (Damen-)Slip m, Höschen n; **~lón** m Hose f; **~loncillo(s)** [-θiʎ-] m(pl) Col Unterhose f; (Damen-)Schlüpfer m
**pantalla** [-ʎa] f Lampenschirm m; Bildschirm m; Film Leinwand; **~ panorámica** Breitwand
**pantano** m Sumpf; Talsperre f; Stausee; **~so** sumpfig
**pantorrilla** [-ʎa] f Wade

**panty** m Strumpfhose f
**panza** [-θa] f Bauch m, Wanst m
**pañal** [-ɲ-] m Windel f
**paño** [-ɲo] m Tuch n; ~s pl higiénicos Damenbinde f
**pañuelo** [-ɲ-] m Taschen-, Hals-tuch n; ~ (**de cabeza**) Kopftuch n
**papa 1.** f Am Kartoffel; **2.** m Papst
**papá** m Papa; **los ~s** f die Eltern pl
**papa|da** f Doppelkinn n; **~gayo** m Papagei; **~ya** f Papaya (Frucht)
**papel** m Papier n; Schriftstück n; Thea Rolle f; ~ **carbón** (**de carta, higiénico**) Kohle- (Brief-, Toiletten-)papier n; **~ pintado** Tapete f; ~ **de regalo** Geschenkpapier n; **~era** f Papierkorb m; Col Kollegmappe; **~ería** f Schreibwarenhandlung
**papera** f Med Kropf m; ~s pl Mumps m
**papilla** [-ʎa] f Kinderbrei m
**paquete** [-k-] m Paket n; Päckchen n; Bündel n
**par** gerade (Zahl); gleich; **de ~ en ~** sperrangelweit offen; **sin ~** unvergleichlich
**par** m Paar n; **a ~es** paarweise
**para 1.** örtlich: nach, z. B. **salir ~** abfahren nach; **2.** zeitlich: **~ siempre** für immer; **3.** Zweck: für; um zu; **vaso ~ agua** Wasserglas n; **~ eso** dazu, deshalb; **¿~**

**qué?** wozu?; **estar ~ im** Begriff sein zu
**para|brisas** m Windschutzscheibe f; **~caídas** m Fallschirm; **~caidista** m Fallschirm-springer, Mil -jäger; **~choques** [-tʃok-] m Stoßstange f
**para|da** f Stillstand m; Anhalten n; Aufenthalt m; Haltestelle; **~da discrecional** Bedarfshaltestelle; **~da de taxi** Taxistand m; **~dero** m Verbleib; Aufenthaltsort; Am a Haltestelle f; **~dójico** [-x-] widersinnig, paradox; **~dor** m Span staatl. Touristenhotel m
**paraguas** m Regenschirm
**paraíso** m Paradies n; Thea F Galerie f, Olymp
**paraje** [-xe] m Ort, Platz; Gegend f
**parale|la** f Parallele; **~las** fpl Sp Barren; **~lismo** m Parallelität f; **~lo** parallel; m Gegenüberstellung f
**parálisis** f Lähmung
**paralítico** gelähmt
**paralizar** [-θ-] lähmen (a fig); **~se** erlahmen; stocken
**páramo** m Ödland m; Am Hochfläche f; Am feiner Nieselregen
**parapeto** m Brüstung f
**parar** v/t abstellen; Tech abstellen; v/i halten; absteigen, wohnen; stehenbleiben; **sin ~** unaufhörlich; **~se** stehenbleiben; Am aufstehen
**pararrayo(s)** m Blitzablei-

**parásito**

ter

**parásito** *m* Parasit, Schmarotzer; **~s** *pl* Rf Störungen *f pl*

**parasol** *m* Sonnenschirm; *Kfz*, *Fot* Sonnenblende *f*

**parcela** [-θ-] *f* Parzelle; **~r** *Land* parzellieren

**parcial** [-θ-] teilweise, Teil...; parteiisch

**parco en palabras** wortkarg

**parche** [-tʃe] *m Med* Pflaster *n*; *Kfz* Flicken *(für Reifen)*

**pardo** braun; trübe

**parecer** [-θ-] **1.** scheinen; **~ bien** gefallen; **al ~** dem Anschein nach; **¿qué le parece?** was meinen Sie (dazu)?; **2.** *m* Meinung *f*; **~se** s. ähneln

**parecido** [-θ-] ähnlich; *m* Ähnlichkeit *f*

**pared** *f* Wand; Mauer

**pareja** [-xa] *f* (Liebes-, Tanz-)Paar *n*; **~o** gleichmäßig

**paren|tela** *f* Verwandtschaft *(Personen)*; **~tesco** *m* Verwandtschaft(sverhältnis *n*) *f*

**paréntesis** *m* Klammern *f pl*

**paridad** *f* Gleichheit

**pari|ente** *su* Verwandte(r); **~r** gebären; werfen *(Tiere)*

**parlamen|tar** parlamentieren; **~to** *m* Parlament *n*; Parlamentsgebäude *n*

**parlante** *m Súda* Lautsprecher

**parné** *m* ∨ Zaster, Moneten *pl*

**parodia** *f* Parodie; **~r** parodieren

**párpado** *m* Augenlid *n*

**parque** [-ke] *m* Park; **~ de atracciones**, *Am*. **~ de diversiones** Vergnügungspark; **~ infantil** Kinderspielplatz; **~ nacional** Nationalpark; **~adero** *m Col* Parkplatz; **~ar** *Col* parken

**parquímetro** [-k-] *m* Parkuhr *f*

**párrafo** *m* Paragraph; Abschnitt

**parrilla** [-ʎa] *f* (Feuer-)Rost *m*; Grill *m*; **~da** *f Gastr* Grillplatte; Grillparty

**párroco** *m* Pfarrer

**parroquia** [-k-] *f* Pfarrkirche; Kirchspiel *n*; Kundschaft; **~no** *m* Pfarrkind *n*; Kunde

**parsimonia** *f* Sparsamkeit

**parte 1.** *m* Nachricht *f*; Bericht; **dar ~ de** et melden, berichten; **2.** *f* Teil *m*; Seite, Partei; Gegend; *Thea*, *Mus* Part *m*; **de ~ de** (im Namen) von; **en ~** teilweise; **en ninguna ~** nirgends; **en otra ~** anderswo; **en todas ~s** überall; **por una ~, por otra ~** einerseits, andererseits

**partera** *f* Hebamme

**parterre** *m* (Blumen-)Beet *n*

**participa|ción** [-θipaθ-] *f* Teilnahme; Bedingung; Anteil *m*; (Heirats-, Geburts-)Anzeige; **~nte** *m* Teilnehmer; **~r** teilnehmen; mitteilen

**partícipe** [-θ-] beteiligt
**particular** besonders; eigentümlich; Privat...; *su Privatperson f*; **en ~** im besonderen; **~idad** *f* Besonderheit; Eigenheit
**parti|da** *f* Abreise; Ausflug *m*; Spiel *n*, *Hdl* Partie, Posten *m*; **~da de nacimiento (de matrimonio)** Geburts-(Heirats-)urkunde; **~dario** *m* Parteigänger; *adj* parteiisch; **~do** *m* Partei *f*; *Sp* Partie *f*, Spiel *n*; **sacar ~do de u/c** aus et Nutzen ziehen
**partir** teilen; *v/i* abreisen; **a ~ de hoy** von heute an
**parto** *m* Geburt *f*
**parvulario** *m* Kindergarten
**pasa** *f* Rosine
**pasabocas** *mpl Col* kleine pikante Vorspeisen *fpl*
**pasa|da** *f* Durchgang *m*; Heftstich *m*; **mala ~** übler Streich *m*; **~do** vergangen; *m* Vergangenheit *f*; **~r** *m* Riegel; Haarspange *f*; *Pe* Schnürsenkel
**pasaje** [-xe] *m* Durchgang; Überfahrt *f*, Passage *f* (*a Buch*); **~ro** vorübergehend; *m* Reisende(r); Passagier; *Am a* (Hotel-)Gast
**pasa|mano** *f* Treppengeländer *n*; **~nte** *m* Praktikant; Assistent; **~palos** *mpl Ven* kleine pikante Vorspeisen *fpl*; **~porte** *m* (Reise-)Paß
**pasar** durchschreiten, durchmachen; sieben; übergeben; *Schrift* durchsehen; *Zeit* verbringen; *Prüfung* bestehen; weitergehen; vorüberfahren; vergehen (*Zeit*); abkommen (*Mode*); s. ereignen; passen (*Spiel*); **~lo bien** es s. gut gehen lassen; **¡pase!** herein!; **~ por sabio** als weise gelten; **~ de largo** weitergehen; **~se** übergehen; überlaufen; vorbeigehen; lecken (*Gefäß*)
**pasarela** *f* Laufsteg *m*
**pasatiempo** *m* Zeitvertreib
**Pascua** *f*: **~ de Navidad** Weihnacht(en) *f*; **~ de Resurrección** Ostern *n*; **~ del Espíritu Santo** Pfingsten *n*
**pase** *m* Passierschein; Freikarte *f*; **~arse** spazierengehen; **~o** *m* Spaziergang; Promenade *f*
**pasillo** [-ʎo] *m* Korridor; *Thea* Posse *f*
**pasión** *f* Leidenschaft; *Rel* Passion Christi
**pasiv|idad** *f* Untätigkeit; **~o** passiv; *m Gr* Passiv *n*; *Hdl* Passiva *pl*
**pasmar** lähmen; verblüffen; **~se** starr sein; erstaunen
**paso** *m* Schritt; Gangart *f*; Durchgang; Durchfahrt *f*; **~ a nivel** Bahnübergang; **al** (*od* **de**) **~** im Vorübergehen; beiläufig; **de ~** auf der Durchreise; **a cada ~** Schritt und Tritt; **~ cebra**,

**pasota**

**~ de peatones** Zebrastreifen, Fußgängerüberweg
**pasota** *su* Ausgeflippte(r), Aussteiger *m*
**pasta** *f* Teig *m*; Masse; *(Buch-)*Einband *m*; Nudeln *fpl*; F Geld *n*, Zaster *m*
**pastel** *m* Kuchen; Pastete *f*; Pastell(malerei *f*) *n*; **~ería** *f* Konditorei
**pastilla** [-ʎa] *f* Stück *n* (*Seife*); Tafel (*Schokolade*); *Med* Tablette
**pasto** *m* Weide *f*; Futter *n*; *Am* Gras *n*, Rasen; **~r** *m* Hirt, Schäfer; *evang.* Pfarrer
**pata** *f* Pfote; **meter la ~ fig** ins Fettnäpfchen treten; **~ da** *f* Fußtapfer; Fußtritt *m*
**patata** *f* Kartoffel; **~s pl doradas** Bratkartoffeln; **~s pl fritas** Pommes *pl* frites; (Kartoffel-)Chips *mpl*
**paté** *m* (Leber-)Pastete *f*
**patear** trampeln; *Thea* ausbuhen
**patente** klar; *f* Patent *n*
**pater|nal** väterlich; **~nidad** *f* Vaterschaft; **~no** Vater...
**patético** pathetisch
**patíbulo** *m* Galgen
**patilla** [-ʎa] *f* Col Wassermelone; **~s pl** Backenbart *m*
**patín** *m* Schlittschuh; Kufe *f*; *Mar*, *Sp* Katamaran; **~ de ruedas** Rollschuh
**patina|dor** *m* Schlittschuh-, Rollschuh-läufer; **~r** Schlittschuh, Rollschuh laufen; *Kfz* schleudern; **~zo** [-θo] *m* Rutschen *n*; **dar**

**un ~zo** ins Schleudern geraten
**patio** *m* (Innen-)Hof; *Thea* Parkett *n*
**pato** *m* Ente *f*; *PR* P warmer Bruder; *Col* Urinflasche *f* (*für Kranke*); **pagar el ~** es ausbaden müssen
**patológico** [-x-] krankhaft, pathologisch
**patraña** [-ɲa] *f* grobe Lüge; Bluff *m*
**patri|a** *f* Vaterland *n*; Heimat; **~monial** Erb..., Vermögens..., **~monio** *m* Erbe *n*, Vermögen *n*; **~ota** *su* Patriot(in); **~otismo** *m* Vaterlandsliebe *f*; **~ótico** patriotisch
**patrón** *m* Schutzheilige(r); *Am* Chef, Arbeitgeber; Hauswirt; Schnittmuster *n*
**patron|a** *f* Schutzheilige; Chefin; Hauswirtin; **~o** *m* *Span* Arbeitgeber, Chef
**patrulla** [-ʎa] *f* Patrouille; **~r** durchstreifen
**paulatino** bedächtig, allmählich
**pausa** *f* Pause; **~do** ruhig, langsam
**pava** *f* Truthenne
**pavimento** *m* Bodenbelag; Estrich
**pavo** *m* Puter; **~ real** Pfau; **~nearse** einherstolzieren; **~r** *m* Schreck
**pay|aso** *m* Clown; **~és** *m* *Span* Bauer
**paz** [-θ] *f* Friede *m*; Ruhe
**pea**|**je** [-xe] *m* Autobahngebühr *f*; **~tón** *m* Fußgänger

**peca** f Sommersprosse
**peca|do** m Sünde f; **~dor** m Sünder; **~r** sündigen; **~rí** m Zo Pekari n
**pecoso** sommersprossig
**peculiar** eigen(tümlich)
**pecuniario** Geld...
**pech|era** [-tʃ-] f Hemdbrust; **~o** m Brust f; Busen; **~uga** f Bruststück n *des Geflügels*; *Span* P Titten *fpl*; *Chi* Mut m; Frechheit
**peda|gogía** [-x-] f Pädagogik; Erziehung f; **~gógico** [-x-] pädagogisch
**pedal** m Pedal n; **~ de freno (de gas)** Brems- (Gas-)pedal n
**pedante** pedantisch; **~ría** f Schulmeisterei
**pedazo** [-θo] m Stück n
**pedestal** m Sockel
**pedicura** f Fußpflege, Pediküre
**pedi|do** m *Hdl* Auftrag, Bestellung f; *RPl* a Antrag, Forderung f; **~r** bitten; fordern; *Hdl* bestellen, anfordern
**pedo** m P Furz; **soltar ~s** furzen
**pedrada** f Steinwurf m
**pedrea** f Steinhagel m
**pega|dizo** [-θo-], **~joso** [-x-] klebrig; ansteckend; *fig* aufdringlich; **~mento** m Klebstoff; **~r** (an)kleben; festmachen; prügeln; *Krankheit* übertragen; *Schrei* ausstoßen; *Schuß* abgeben; *Feuer* legen; **~rse** haften; anbrennen (*Speisen*)
**peina|do** m Frisur f; **~r** kämmen
**peine** m Kamm
**pela|do** kahl; F blank; m *Col* Kind n; **~dura** f Schälen n; **~duras** *pl* (Obst-)Schalen *fpl*; **~je** [-x-] m Fell n (*Tier*); **~r** enthaaren; (ab)schälen; rupfen; **~rse** haaren; Haare verlieren
**peldaño** [-ɲo] m Treppenstufe f
**pelea** f Streit m, Handgemenge n, Schlägerei f; **~r** kämpfen; **~rse** s. balgen
**peletería** f Pelzgeschäft n; Pelzwaren *fpl*
**pelicula** f Häutchen n; Film(streifen) m; **~ de corto (largo) metraje** Kurzfilm m (Spielfilm m); **~ policíaca** Kriminalfilm m
**peligro** m Gefahr f; **correr (el) ~ de** Gefahr laufen zu; **~so** gefährlich
**pelo** m Haar n; Kopfhaar n; Flaum; **~ a** wie gerufen; **tomar el ~** verulken; **a medios ~s** beschwipst
**pelota** f Ball m; Pelota f (*baskisches Ballspiel*); **~s** *pl* Hoden *mpl*; **en ~s** (splitter)nackt; **~ri** m Pelotaspieler
**pelu|ca** f Perücke; **~do** behaart
**peluqu|ería** [-k-] f Friseursalon m; **~ero** m Friseur; **~ín** m Toupet n, Haarteil n
**pelusa** f Flaum m; Fasern *fpl*

**pellejo** [-λexo] *m* Fell *n*; Obst Haut *f*; Weinschlauch; **jugarse el ~** Kopf und Kragen riskieren

**pellizcar** [-λiθ-] kneifen; zupfen

**pena** *f* Strafe; Mühe; Leid *n*; **(no) vale la ~** es lohnt s. (nicht); **¡qué ~!** wie schade!; **me da ~** es tut mir leid; Col es ist mir peinlich; **~cho** [-tʃo] *m* Feder-, Hutbusch; **~l** *m* Strafanstalt *f*; **~lidad** *f* Strafbarkeit

**pend|encia** [-θ-] *f* Zank *m*; **~er** hängen; abhängen; **~iente 1.** hängend, unerledigt; **2.** *m* Ohrring; **3.** *f* Abhang *m*, Gefälle *n*

**péndulo** *m* Pendel *n*

**pene** *m* Anat Penis

**penetra|ción** [-θ-] *f* Eindringen *n*; fig Scharfsinn *m*; **~nte** durchdringend; schrill; **~r** durch-, eindringen; ergründen

**penicilina** [-θ-] *f* Penicillin *n*

**península** *f* Halbinsel

**penitencia** [-θ-] *f* Buße

**penoso** schmerzlich

**pensa|miento** *m* Gedanke *m*, Denken *n*; Bot Stiefmütterchen *n*; **~r** denken; gedenken (*et zu tun*); meinen; **~tivo** nachdenklich

**pensión** *f* Rente; Pension; **~ completa** Vollpension

**Pentecostés** *m* Pfingsten *n*

**penúltimo** vorletzt

**penuria** *f* Mangel *m*, Not *f*

**peña** [-ɲa] *f* Fels *m*; Freundeskreis *m*

**peñón** [-ɲ-] *m* Felskuppe *f*; Span El ~ Gibraltar *n*

**peón** *m* (Hilfs-, Land-)Arbeiter; Kreisel (*Spielzeug*); Schach Bauer

**peor** schlechter, schlimmer

**pepa** *f* Am (Obst-)Kern *m*, Stein *m*

**pepi|no** *m* Gurke *f*; **me importa un ~no** *f* das ist mir piepegal; **~ta** *f* (Obst-)Kern *m*

**peque|ñez** [-keneθ] *f* Kleinheit; Lappalie; **~ño** [-keno] klein; gering

**pera** *f* Birne; Kinnbart *m*; **~l** *m* Birnbaum

**perca** *f* Barsch *m*

**percep|ción** [-θeθ-] *f* Wahrnehmung; **~tible** wahrnehmbar; vernehmlich

**perci|bir** [-θ-] wahrnehmen; bemerken; Steuer erheben; **~bo** *m* Einnahme *f*

**percusión** [-θ-] *f* Stoß *m*

**percha** [-tʃa] *f* Stange; Kleiderbügel *m*; **~ständer** *m*

**perder** verlieren; versäumen; **echar a ~** ruinieren; **~ de vista** aus den Augen verlieren; **~se** verlorengehen; zugrunde gehen; s. verirren

**pérdida** *f* Verlust *m*; Schaden *m*

**perdi|do** verloren; verirrt; liederlich; **~gones** *mpl* Schrot *m*

**perdiz** [-θ] *f* Rebhuhn *n*

**perdón** *m* Verzeihung *f*; Vergebung *f*, Gnade *f*; **pe-**

**dir ~** um Verzeihung bitten
**perdonar** begnadigen; vergeben; verzeihen
**perdurable** dauerhaft
**perece|dero** [-θ-] vergänglich; **~r** vergehen; umkommen, sterben
**peregri|nación** [-θ-] f Wallfahrt; Pilgerfahrt; **~nar** pilgern; **~no** m Pilger
**perejil** [-x-] m Petersilie f
**perezoso** [-θ-] faul, träge; m Zo Faultier n
**perfec|ción** [-θ-] f Vollendung; Vollkommenheit; **~cionamiento** [-θ-] m Vervollkommnung f; **~cionar** [-θ-] vervollkommnen; **~tamente!** ausgezeichnet!; **~to** vollkommen; vorzüglich
**perfidia** f Treulosigkeit
**pérfido** treulos
**perfil** m Profil n; **~ar** umreißen, skizzieren
**perforar** durchbohren, durchlöchern, lochen
**perfum|ador** m (Duft-) Zerstäuber; **~ar** parfümieren; **~e** m Parfüm n; Duft; **~ería** f Parfümerie(waren pl)
**pergamino** m Pergament n
**pericia** [-θ-] f Erfahrung; Sachkenntnis
**perico** m Col Kaffee mit etwas Milch
**periferia** f Umkreis m; Stadtrand m
**perí|frasis** f Umschreibung; **~metro** m Umfang
**periódico** periodisch; m Zeitung f
**periodis|mo** m Zeitungswesen n; **~ta** su Journalist(in)
**período** m Periode f; Zeitraum
**peripecias** [-θ-] fpl Wechselfälle mpl
**perito** erfahren; m Sachverständige(r), Fachmann
**perju|dicar** [-x-] (be)schädigen; **~dicial** [-θ-] schädlich; **~icio** [-θ-] m Schaden; Nachteil; **sin ~icio de** unbeschadet (gen)
**perjurio** [-x-] m Meineid
**perla** f Perle; **de ~s** ausgezeichnet
**permane|cer** [-θ-] bleiben, verharren; fortdauern; **~ncia** [-θ-] f Fortdauer; Verweilen n; **~nte** bleibend; dauernd; f Dauerwelle
**permeable** durchlässig
**permi|sible** zulässig; **~so** m Erlaubnis f; Urlaub; **~so de conducir** Führerschein; **con ~so** mit Verlaub; **~tir** erlauben; zulassen; gestatten
**permuta** f Tausch m; **~r** vertauschen; umsetzen
**pernicioso** [-θ-] verderblich; Med bösartig
**perno** m Bolzen; Zapfen
**pernoctar** übernachten
**pero** aber, jedoch; **~grullada** [-Λ-] f Binsen-wahrheit, -weisheit
**perpendicular** senkrecht
**perpetrar** Verbrechen begehen
**perpetu|ar** verewigen; **~o**

ewig; ständig, fortdauernd
**perplejo** [-xo] verlegen; verwirrt
**perr|a** f Hündin; **~o** m Hund; **~o caliente** Hot dog
**persecución** [-θ-] f Verfolgung
**persegu|idor**(a f) [-gi-] m Verfolger(in); **~ir** verfolgen
**persevera|ncia** [-θ-] f Beharrlichkeit; **~nte** beharrlich, ausdauernd; **~r** beharren
**persiana** f Jalousie
**persignarse** s. bekreuzen
**persist|encia** [-θ-] f Andauern n; Ausdauer; **~ente** andauernd; **~ir** an-dauern, -halten; bestehen
**persona** f Person; **en ~** persönlich; **~je** [-xe] m (hohe) Persönlichkeit f; **~l** persönlich; m Personal n; **~lidad** f Persönlichkeit; **~lismo** m Personenkult; **~lizar** [-θ-] personifizieren; **~rse** persönlich erscheinen
**personificar** verkörpern
**perspectiva** f Perspektive; fig Aussicht
**perspica|cia** [-θ-] f Scharfblick m, -sinn m; **~z** [-θ] scharfsinnig
**persua|dir** überreden, überzeugen; **~sión** f Überredung; Überzeugung; **~siva** f Überredungsgabe; **~sivo** überzeugend; überredend
**pertenecer** [-θ-] (an)gehören; **~iente** zugehörig
**pértiga** f Stange

**pertinaz** [-θ] hartnäckig
**pertinen|cia** [-θ-] f Sachgemäßheit; **~te** treffend; sachgemäß
**pertre|char** [-tʃ-] ausrüsten; herrichten; **~chos** [-tʃ-] mpl Geräte npl
**perturba|ción** [-θ-] f Störung; Unruhe; **~dor** m Unruhestifter; **~r** stören; beunruhigen
**perver|sidad** f Verderbtheit; **~sión** f Entartung; **~so** verderbt; pervers; **~tir** verderben; verdrehen
**pesa** f Gewicht(stück) n; **~ cartas** m Briefwaage f; **~dez** [-θ] f Schwere; Plumpheit; **~dilla** [-ʎa] f Alpdruck m; **~do** schwer; lästig; langweilig; schwül (Wetter); **~dumbre** f Kummer m
**pésame** m Beileidsbezeigung f, Beileid n
**pesar** wiegen; leid tun; m Kummer; Leid n; **a ~ de** trotz
**pesca** f Fischfang m; **~dería** f Fischhandlung; **~dero** m Fischhändler; **~do** m Fisch; **~dor** m Fischer; **~nte** m Kutschbock; **~r** fischen; fig F Krankheit erwischen; **~r (con caña)** angeln
**pescuezo** [-θο] m Genick n; Nacken
**pesebre** m Krippe f
**peseta** f Pesete (Münze)
**pesimis|mo** m Pessimismus; **~ta** su Pessimist(in)
**pésimo** sehr schlecht
**peso** m Gewicht n; Waage f;

**píldora**

*fig* Bürde *f*, Last *f*; *Am* Peso (*Münze*)
**pesquisa** [-k-] *f* Fahndung; Nachforschung
**pesta|ña** [-ɲa] *f* (Augen-)Wimper; **~ñear** [-ɲ-] blinzeln
**peste** *f* Pest; **echar ~s** (**contra**) schimpfen (auf)
**pestillo** [-ʎo] *m* Riegel
**peta|ca** *f* Zigarrentasche; Tabaksbeutel *m*; **~te** *m* Süda (Stroh-)Matte *f*
**petici|ón** [-θ-] *f* Bitte; Gesuch *n*; **~onario** *m* Bittsteller
**petrificar** versteinern
**petróleo** *m* Erdöl *n*
**petulan|cia** [-θ-] *f* Ungestüm *n*; Anmaßung; **~te** ungestüm; anmaßend
**pez** [-θ] **1.** *m* Fisch; **2.** *f* Pech *n*
**piadoso** fromm; barmherzig
**pia|nista** *su* Klavierspieler(in); **~no** *m* Piano *n*; **~no de cola** Flügel
**pibe** *m* RPl Junge
**pica** *f* Pike, Lanze; Spitzhacke; *Am* (Urwald-)Pfad *m*; **~da** *f* (Insekten-)Stich *m*; **~dero** *m* Reitbahn *f*; **~dillo** [-ʎo] *m* Hackfleisch *n*; **~dor** *m* Zureiter; berittener Stierkämpfer mit Pike; **~dura** *f* Insektenstich *m*; Schnittabak *m*
**pica|flor** *m* Süda Kolibri; **~nte** scharf, pikant (*a fig*); **~r** stechen; picken; kleinhacken, spornen; *fig* reizen; **~rse** F einschnappen; **~rdía** *f* Gerissenheit; Gaunerei
**pícaro** spitzbübisch; schlau; *m* Schelm; Schlingel; Gauner
**pico** *m* Schnabel; Spitze *f*; Berggipfel; Eispickel; Hacke *f*; Specht; *Chi Tab* Schwanz, Penis; **a las tres y ~** kurz nach drei (Uhr); **~tear** picken
**pichón** [-tʃ-] *m* junge Taube *f*; Jungvogel
**pie** *m* Fuß; Gestell *n*, Ständer; Untersatz; Versfuß *m*; **a ~ zu Fuß**; **de ~, en ~** stehend; aufrecht; **dar ~ a u/c** zu et Anlaß geben; **estar de ~** stehen; **ponerse de ~** aufstehen
**piedad** *f* Frömmigkeit; Mitleid *n*; **monte de ~** Leihhaus *n*
**piedra** *f* Stein *m*; Hagel *m*; **~ preciosa** Edelstein *m*
**piel** *f* Haut; Leder *n*
**pienso** *m* Trockenfutter *n*
**pierna** *f* Bein *n*; *Gastr* Keule *f*
**pieza** [-θa] *f* Stück *n*; Teil *n*; Zimmer *n*; Geldstück *n*; Spiel Stein *m*, Figur *f*; **~ de repuesto** *od* **recambio** Ersatzteil *n*
**pija** [-xa] *f* Tab Schwanz *m*, Penis *m*; **~da** *f* V Dummheit; **~ma** *m* Schlafanzug
**pila** *f* Wassertrog *m*; Taufbecken *n*; Stapel *m*; *Tech* Element *n*; Batterie *f*; **~r** *m* Pfeiler
**píldora** *f* Pille; **~ (anticon-**

**pileta**

ceptiva) Antibabypille, Pille
**pileta** f RPl Schwimmbassin n
**pilo|tar** Kfz, Flgw lenken; **~to** m Pilot
**pilla|da** [-ʎ-] f Schurkenstreich m; **~je** [-xe] m Kriegsbeute f; Raub m; **~r** plündern; rauben; F wegnehmen
**pillo** [-ʎo] m Schurke; Spitzbube
**pimien|tero** m Pfefferstrauch; **~tón** m Paprika (Gewürz)
**pimient|a** f Pfeffer m; **~o** m Paprikaschote f
**pincel** [-θ-] m Pinsel
**pinch|ar** [-tʃ-] stechen; fig sticheln; **~azo** [-θo] m Kfz Reifenpanne f; **~o** m Stachel
**pingüino** m Pinguin
**pino** m Pinie; Kiefer f
**pinta** f F Aussehen n; **~r** malen; anstreichen; fig schildern; **~rse** s. schminken
**pintor(a)** m (f) Maler(in); **~oresco** malerisch; **~ura** Malerei; Anstrich m; Gemälde n; (Mal-)Farbe f
**pinzas** [-θ-] f/pl Pinzette f; Krebs Scheren
**piñ|a** [-ɲa] f Kiefern-, Piniennen-zapfen m; **~a (de América)** Ananas; **~ón** m kleines Zahnrad n; Pinienkern
**pío** fromm
**piojo** [-xo] m Laus f

**pipa** f Tabakspfeife; **~s** pl Sonnenblumenkerne m/pl;
**fumar en ~** Pfeife rauchen
**pipí** m infant Pipi m
**pique** [-ke] m Groll; Mar **irse a ~** untergehen
**pira|rse** F abhauen; **~ta** m Seeräuber; Pirat; **~tería** f Seeräuberei f
**piropo** m Kompliment n
**pirotécnico** m Feuerwerker
**pisa** f Treten n; **~da** f Fußspur; **~papeles** m Briefbeschwerer; **~r** treten; feststampfen
**piscina** [-θ-] f Schwimmbecken n; -bad n; **~ cubierta** Hallenbad n
**pisco** m Súda Tresterschnaps; Col Truthahn; Col f Kerl, Type f
**piso** m Boden; Stockwerk n, Etage f; Wohnung f
**pista** f Spur, Fährte; Rennbahn; Rollfeld n; Piste; (Tennis-)Platz m
**pistol|a** f Pistole; **~ero** m Bandit; Killer
**pistón** m Kfz Kolben
**pita** f Agave; **~r** pfeifen; F (gut) funktionieren
**pitill|era** [-ʎ-] f Zigarettenetui f; **~o** m Zigarette f
**pito** m (Triller-)Pfeife f; Span V Schwanz; Penis
**piyama** m u f Am Schlafanzug m
**pizarra** [-θ-] f Schiefer m; Schreibtafel
**pizza** f Pizza
**placa** f Fot Platte; Schild n; Plakette f; Col, Ven Kfz

polizeiliches Kennzeichen n; ~r m RPl Einbauschrank
**placer** [-θ-] m Vergnügen n
**plaga** f Plage; Landplage
**plan** m Plan, Entwurf
**plana** f Blattseite; Ebene
**plancha** [-tʃa] f Platte; Blech n; Bügeleisen n; **tirarse una** ~ s. blamieren; **~do** m Bügeln n; **~r** bügeln, plätten
**planea|dor** m Segelflugzeug n; **~r** planen; Flwg (nieder-)gleiten
**plan|icie** [-θ-] f Ebene, **~o** eben; platt; m Fläche f; Ebene f; (Bau-, Stadt-)Plan
**planta** f Pflanze; Fußsohle; Stockwerk n; Fabrik; **~baja** Erdgeschoß n; **~ción** [-θ-] f Pflanzung, Plantage; **~r** pflanzen; hinstellen
**plantear** entwerfen; Frage usw aufwerfen
**plantilla** [-ʎa] f Einlegesohle; Schablone
**plantón: dar un** ~ **a alg** j-n versetzen; j-m e-e Abfuhr erteilen
**plástico** plastisch; m Kunststoff; **de** ~ Plastik...
**plata** f Silber n; Süda Geld n; **~forma** f Plattform
**plátano** m Banane f; Platane f
**platea** f Thea Parkett n; **~r** versilbern
**platicar** bsd Am plaudern (**sobre** über)
**platillo** [-ʎo] m Untertasse f; ~ **volante,** Am ~ **volador** fliegende Untertasse f

**plato** m Teller; Gericht n; ~ **hondo** od **sopero** Suppenteller; **~llano** flacher Teller
**play|a** f Strand m; Seebad n; **~a de estacionamiento** RPl, Chi, Pe Parkplatz m; **~eras** fpl Strandschuhe m pl
**plaza** [-θa] f Platz m; Markt (-platz) m; ~ **de toros** Stierkampfarena
**plazo** [-θo] m Frist f; Rate; **pagar a** ~**s** auf Raten zahlen, abzahlen; **a largo** ~ langfristig
**plega|ble** biegsam; Falt...; Klapp...; **~r** falzen; falten; **~rse** nachgeben
**pleito** m Prozeß, Rechtsstreit
**plenipotenciario** [-θ-] m Bevollmächtigte(r)
**pleno** voll
**pliego** m Bogen (Papier)
**plom|ada** f Lot n; **~ero** m Am Klempner, Spengler; **~o** m Blei n; **sin** ~ bleifrei
**pluma** f Feder; **~zo** [-θo] m Federstrich
**plural** m Mehrzahl f; **~lidad** f Mehrheit
**pobla|ción** [-θ-] f Bevölkerung; Ortschaft; Stadt; **~dor** m Ansiedler; **~r** bevölkern; bepflanzen
**pobre** arm; armselig; su Arme(r); **~za** [-θa] f Armut
**poco** wenig; gering; ~ **a** ~ nach und nach; **a** ~ kurz darauf; **hace** ~ vor kurzem; **por** ~ fast, beinahe
**poder** können; dürfen; m

**poderoso**

*Phys* Kraft *f*; Vermögen *n*, Fähigkeit *f*; Macht *f*; **no menos de** nicht umhin können zu; **puede ser** vielleicht; **~oso** mächtig
**podrido** faul, verfault
**poe|sía** *f* Gedicht *n*; Poesie; **~ta** *m* Dichter
**polaina** *f* Gamasche
**polea** *f* Tech Rolle
**polibán** *m* Brausewanne *f*
**policía** *f* [-θa] *f* 1. Polizei; 2. *m* Polizist; **~co** Kriminal...
**poligamia** *f* Polygamie
**político** politisch; *m* Politiker; **padre ~** Schwiegervater
**póliza** *f* [-θa] *f* Police
**poliz|ón** [-θ-] *m* blinder Passagier; Schwarzfahrer; **~onte** *m* P Polyp, Bulle
**polo** *m* Pol; *Gastr* Eis *n* am Stiel
**poltrona** *f* Lehnstuhl *m*
**polvera** *f* Puderdose
**polvo** *m* Staub; **echar un ~** *Tab* vögeln; **~s** *pl* Puder *m*
**pólvora** *f* Schießpulver *n*
**polvoriento** staubig
**poll|a** *f* [-θa] *f* junge Henne; *fig* Backfisch *m*; *Span Tab* Schwanz *m*, Penis *m*; *RPl*, *Chi* Lotterie; **~era** *f* *RPl*, *Chi* Rock *m*; **~o** *m* junges Huhn *n*; Hühnchen
**pomada** *f* Pomade; Salbe
**pomelo** *m* Grapefruit *f*
**pompa** *f* Pracht
**poncho** *m* [-tʃo] *m* *Am* Poncho
**ponderar** abwägen; rühmen
**poner** stellen; setzen; legen;

*Kleidung* anziehen; *Tisch* decken; einschalten; **~ con alg** *Tel* mit j-m verbinden; **~se** untergehen (*Sonne usw*); werden; *Kleidung* anziehen; **~se a + inf** s. anschicken zu
**poniente** *m* Westen
**pop|a** *f* Heck *n*; **~ó** *m* *Col bsd infant* Kacke *f*
**popular** volkstümlich; **~idad** *f* Volkstümlichkeit; Popularität; **~izar** [-θ-] allgemein verbreiten
**por** durch; (*beim Passiv*) durch, von; für; wegen, aus; **~ fin** endlich; **~ más que** so sehr auch; **~ (lo) tanto** deswegen; **~ donde** weswegen; **~ lo demás** übrigens; **~ consiguiente** folglich; **¿~ qué?** warum?
**porcelana** [-θ-] *f* Porzellan *n*
**porción** [-θ-] *f* Portion, Menge
**porche** [-tʃe] *m* Arkaden *f pl*, Kolonnade *f*
**pormenor** *m* Einzelheit *f*
**poroto** *m* *RPl* Bohne *f*
**por|que** [-ke] weil; **~qué** [-ke] *m* Warum *n*, Grund
**porquería** [-k-] *f* Schweinerei; Plunder *m*, Mist *m*
**porr|a** *f* Knüppel *m*; **mandar a la ~a** zum Teufel schicken; **a ~adas** in Unmengen; **~o** *m* P Haschisch(zigarette *f*) *n*, Joint
**port|ada** *f* Portal *n*; Titelblatt *n*; **~dor** *m* *Hdl* Überbringer; Inhaber; **~l** *m* Portal *n*, Vorhalle *f*

**porta|monedas** *m* Geldbeutel; **~plumas** *m* Federhalter

**portarse bien (mal)** s. gut (schlecht) betragen

**portátil** tragbar; Hand...

**porta|viones** *m* Flugzeugträger; **~voz** *m* [-θ-] *m* Sprecher; *fig* Sprachrohr *n*

**porte** *m* Porto *m*; **~ño** aus (*m* Einwohner von) Buenos Aires; **~ría** *f* Pförtnerloge; **~ro** *m* Pförtner; Torwart; **~zuela** [-θ-] *f* Wagentür

**pórtico** *m* Säulengang

**porvenir** *m* Zukunft *f*

**posa|da** *f* Gasthaus *n*; **~r** Modell sitzen od stehen; **~rse** s. setzen (*Vögel usw*); aufsetzen (*Flugzeug*)

**poseer** besitzen; *Sprache* beherrschen

**posesi|ón** *f* Besitz *m*; Besitzung; **tomar ~ón, ~onarse de** Besitz ergreifen von; *Amt* übernehmen

**posib|ilidad** *f* Möglichkeit; **~ilitar** ermöglichen; **~le** möglich

**posición** [-θ-] *f* Stellung

**positivo** *m* *Fot* Positiv *n*

**postal**: **(tarjeta** [-x-]**) ~** *f* Postkarte

**poste** *m* Pfosten; Pfeiler

**postergar** zurücksetzen; *Am* verschieben, vertagen

**posterior** nachherig; später; **~idad** *f* Nachwelt; **con ~idad** nachträglich

**pos(t)guerra** [-ge-] *f* Nachkriegszeit

**postizo** [-θo] falsch, künstlich; *m* Haarteil *n*

**postre** *m* Nachtisch

**postura** *f* Haltung, Lage; Stellung

**potable** trinkbar

**potaje** [-xe] *m* Gemüsesuppe *f*, -eintopf *m*

**potencia** [-θ-] *f* Macht; *Tech* Kraft, Leistung; Fähigkeit; *Biol* Potenz

**potr|ero** *m* *Am* (Vieh-)Koppel *f*; **~o** *m* Fohlen *n*; *Sp* Bock

**pozo** [-θo] *m* Brunnen; Schacht; *Vkw Arg* Schlagloch *n*

**práctica** *f* Übung; Praxis

**practi|cable** ausführbar; **~car** ausüben; *Sport* treiben

**práctico** praktisch; *m* Lotse

**prad|era** *f*, **~o** *m* Wiese *f*

**preaviso** *m* *Tel* Voranmeldung *f*

**precario** unsicher; heikel

**precaución** [-θ-] *f* Vorsicht

**precede|ncia** [-θedenθ-] *f* Vorrang *m*; **~nte** vorhergehend; früher; *m* Präzedenzfall; **~r** vorhergehen

**precin|tar** [-θ-] verplomben; **~to** *m* Zollverschluß *m*

**precio** [-θ-] *m* Preis; Wert; **~so** kostbar

**precipita|ción** [-θipitaθ-] *f* Überstürzung; Niederschlag *m*; **~do** hastig; **~r** hinabstürzen; übereilen; **~rse** s. stürzen

**preci|sar** [-θ-] brauchen; genau angeben; **~sión** *f* Genauigkeit; **~so** nötig; genau

**precoz** [-θ] frühreif

**precursor**

**precursor** *m* Vorläufer, Pionier *(fig)*
**predecir** [-θ-] voraussagen
**predic|ar** predigen; **~ción** [-θ-] *f* Vorhersage
**predilecto** bevorzugt
**predominar** vorherrschen; **~io** *m* Vorherrschaft *f*
**prefacio** [-θ-] *m* Vorwort *n*, Vorrede *f*
**prefe|rencia** [-θ-] *f* Vorzug *m*; Vorliebe; *Thea* Sperrsitz *m*; **~rencia de paso** *Kfz* Vorfahrt(srecht *n*) *f*; **~rente** bevorrechtet; **~rido** Lieblings...; **~rir** vorziehen
**prefijo** [-xo] *m* *Tel* Vorwahlnummer; *Gr* Vorsilbe *f*, Präfix *n*
**pregunta** *f* Frage; **~r** fragen
**prejuicio** [-xuiθ-] *m* Vorurteil *n*
**prematuro** frühreif
**pre|miar** belohnen; **~mio** *m* Preis; Prämie *f*; **~mio gordo** Hauptgewinn
**prenda** *f* Pfand *n*; Kleidungsstück *n*; (Geistes-)Gabe
**prende|dor** *m* Brosche *f*; **~r** ergreifen; verhaften; befestigen, anstecken; *Feuer* legen; *Licht, Radio etc* anschalten
**prensa** *f* Presse; **~** Buchdruckerpresse; **~ diaria** Tagespresse; **~r** pressen
**preocupa|ción** [-θ-] *f* Sorge, Besorgnis; **~r** besorgt machen; **~rse por** s. sorgen um
**prepara|ción** [-θ-] *f* Vorbereitung; **~do** *m* Präparat *n*; **~r** vorbereiten; **~tivos** *mpl* **de viaje** Reisevorbereitungen *fpl*
**prepo|nderar** überwiegen; vorherrschen; **~sición** [-θ-] *f Gr* Präposition
**presa** *f* Ergreifung; Beute, Fang *m*; Staudamm *m*
**présbita** weitsichtig
**prescri|bir** vorschreiben; **~pción** [-θ-] *f* Vorschrift; *Med* Verordnung
**presen|cia** [-θ-] *f* Gegenwart; Anwesenheit; **~r** beiwohnen (*dat*)
**presen|tación** [-θ-] *f* Vorstellung; Vorlegung; Einreichen *n*; **~tar** vorstellen; vorzeigen; einreichen; **~tarse** s. vorstellen; auftreten; **~te** gegenwärtig, jetzig; *m* Gegenwart *f*; **~tir** ahnen
**preserva|r** bewahren, schützen; **~tivo** schützend; *m* Schutz; Präservativ *n*
**presiden|cia** [-θ-] *f* Vorsitz *m*; **~te** *m* Präsident
**presidio** *m* Zuchthaus *n*
**presidir** den Vorsitz führen von; vorstehen
**presi|ón** [-θ-] *f* Druck *m*; **~onar sobre** Druck ausüben auf
**preso** *m* Gefangene(r)
**préstamo** *m* Darlehen *n*
**prestar** leihen; **~ oídos** Gehör schenken; **~ juramento** e-n Eid leisten
**prestigio** [-x-] *m* Ansehen *n*, Ruf; **~so** angesehen
**presumi|do** eingebildet; **~r**

**vermuten**, annehmen; angeben (fig)
**presupuesto** m Voranschlag; Haushalt, Budget n
**preten|cioso** [-θ-] anmaßend; **~der** beanspruchen; vorgeben; **~diente** m (Thron-)Anwärter; Bewerber; Verehrer; **~sión** f Anspruch m
**pretexto** m Vorwand
**prevalecer** [-θ-] überwiegen
**preve|nción** [-θ-] f Vorkehrung; Vorbeugung; Verhütung; Polizeigewahrsam m; **~nir** vorbereiten, vorbeugen; benachrichtigen, warnen; **~ntivo** vorbeugend; **~r** voraussehen
**previo** vorhergehend
**prieto** fest; Am dunkel
**prima** f Kusine; Hdl Prämie; **~vera** f Frühling m; Primel
**primer|(o), ~a** erste(r, -s); adv **~o** zuerst
**primitivo** ursprünglich, primitiv
**primo** erste(r); m Vetter; **~génito** [-x-] m Erstgeborene(r)
**primus** m RPl, Chi, Pe Spirituskocher
**principal** [-θ-] hauptsächlich; m erster Stock
**príncipe** [-θ-] m Fürst
**princi|piante** [-θ-] m Anfänger; **~piar** anfangen; **~pio** m Anfang; Grundsatz; **a ~pios** de abril Anfang...
**prioridad** f Vorrang m; Kfz Vorfahrt
**prisa** f Eile; **de ~** eilig; **no corre ~** das ist nicht eilig; **darse ~** s. beeilen
**prisi|ón** [-θ-] f Gefängnis n; Haft; **~onero** m Gefangene(r)
**prisma** m Prisma n; **~áticos** mpl Feldstecher m
**privar** entziehen; berauben; **~se** Am Reg ohnmächtig werden; **~se de** s. et versagen
**privile|giar** [-x-] bevorzugen; privilegieren; **~gio** [-x-] m Vorrecht n
**proa** f Mar Bug m
**proba|bilidad** f Wahrscheinlichkeit; **~ble** wahrscheinlich; **~r** erproben, prüfen; Speisen kosten, probieren; beweisen
**problema** m Problem n; Math Aufgabe f
**proce|dencia** [-θedenθ-] f Herkunft; Ursprung m; **~dente** herstammend; **~der** stammen; herrühren; Verfahren; **~der a** übergehen zu, schreiten zu; **~dimiento** m Verfahren n (a jur); Vorgehen n
**proce|samiento** [-θ-] m **de datos** Datenverarbeitung f; **~sar** gerichtlich verfolgen; **~so** m Prozeß
**proclama** f Bekanntmachung; **~ción** [-θ-] f Verkündigung; **~r** ausrufen; verkündigen
**procura|ción** [-θ-] f Prokura f; **~dor** m Bevollmächtigte(r); Anwalt; **~r** besorgen,

**prodigar** verschaffen; versuchen zu
**prodigar** verschwenden
**prodigio** [-x-] m Wunder n
**produc|ción** [-θ-] f Produktion, Erzeugung; **~cir** [-θ-] erzeugen; hervorbringen; **~ctivo** ergiebig; **~cto** m Erzeugnis n; **~ctor** erzeugend; m Erzeuger; Hersteller
**profanar** entweihen
**profe|sar** Beruf ausüben; bekunden; **~sión** f Beruf m; Bekenntnis n; **~sional** berufsmäßig; **~sor(a** f) m Lehrer(in); Dozent(in)
**profun|didad** [-θ-] f Tiefe; **~do** tief
**programa** m Programm n; Spielplan, Sendplan; **~r** programmieren
**progre|sar** fortschreiten; **~sivo** progressiv; **~so** m Fortschritt
**prohibi|ción** [-θ-] f Verbot n; **~do** verboten; **~r** verbieten; Adoptieren
**prohijar** [-x-] adoptieren
**prolijo** [-xo] weitschweifig
**prolongar** verlängern
**promedio** m Durchschnitt; Mittelwert
**prome|sa** f Versprechen n; **~ter** versprechen; Rel geloben; **~tida** f Braut; **~tido** m Bräutigam; adj verlobt
**prominente** hervorragend
**promoción** [-θ-] f Förderung; Beförderung; Abgangsklasse
**promontorio** m Vorgebirge n

**promover** fördern
**promulgar** verkünden, bekanntgeben
**pronóstico** m Prognose f; **~ de tiempo** Wettervorhersage f
**pronto** schnell; **de ~** plötzlich; bald; **lo más ~ posible** möglichst bald
**pronuncia|miento** [-θ-] m Militärputsch; **~r** aussprechen; Rede halten
**propaga|ción** [-θ-] f Verbreitung; Fortpflanzung; **~nda** f Propaganda; Werbung; **~r** fortpflanzen; verbreiten
**propenso** geneigt, bereit (**a** zu)
**propicio** [-θ-] günstig
**propie|dad** [-θ-] f Eigentum n; **~tario** m Eigentümer; (Haus-)Besitzer
**propina** f Trinkgeld n
**propio** eigen; selbst; **~ para** geeignet zu
**proponer** vorschlagen; **~se** s. vornehmen
**propor|ción** [-θ-] f Verhältnis n; **~cional** [-θ-] verhältnismäßig; **~cionar** [-θ-] anpassen; ver-, be-schaffen
**proposición** [-θ-] f Vorschlag m
**propósito** m Absicht f; **a ~** gelegen; vorsätzlich
**propuesta** f Vorschlag m
**propulsor** m Propeller
**prórroga** f zeitl. Verlängerung; Aufschub m
**prorrogar** verlängern
**proseguir** [-gir] Absicht ver-

**puesto**

folgen; fortfahren
**prosper|ar** gedeihen; **~ridad** f Gedeihen n; Wohlstand m
**próspero** blühend
**prostitu|ción** [-θ-] f Prostitution; **~ta** f Prostituierte
**protagonista** su Hauptdarsteller(in)
**prote|cción** [-θ-] f Schutz m; Protektion; **~ger** [-x-] beschützen; begünstigen
**prótesis** f Prothese
**protes|ta** f Einspruch m; Protest m; **~tar** protestieren; **~to** m Hdl Wechselprotest
**protocolo** m Protokoll n
**provecho** [-tʃo] m Vorteil, Nutzen; **¡buen ~!** guten Appetit!; **~so** nützlich
**provee|dor** m Lieferant; **~r** versehen (de +)
**provincia** [-θ-] f Provinz; **~l** provinziell
**provis|ión** [-θ-] f Vorrat; Maßregel; Scheck Deckung; **~ional**, Am a **~orio** vorläufig
**provoca|r** herausfordern; reizen; **¿qué le ~ tomar?** Col was desea usted tomar?; **~tivo** provozierend
**proxeneta** m Kuppler
**proximidad** f Nähe
**próximo** nahe; nächste(r)
**proyec|ción** [-θ-] f Projektion; **~tar** projizieren; Film vorführen; planen; **~til** m Geschoß n; **~to** m Entwurf; Plan, Vorhaben n; **~tor** m Projektor

**pruden|cia** [-θ-] f Klugheit; **~te** klug; vorsichtig
**prueba** f Beweis m; Probe; **a ~ de agua** wasserdicht; **poner a ~** auf die Probe stellen
**púa** f Stachel m
**publi|cación** [-θ-] f Bekanntmachung; Herausgabe, Publikation; **~car** bekanntgeben; herausgeben; **~cidad** [-θ-] f Öffentlichkeit; Reklame, Werbung
**público** öffentlich; Staats...; m Publikum n
**puch|ero** [-tʃ-] m Kochtopf; Eintopfgericht n; **~o** m Súda Zigarettenstummel
**pudín** m Pudding
**pudor** m Scham(haftigkeit) f
**pudrirse** (ver)faulen
**pueblo** m Volk n; Ortschaft f; Dorf n
**puente** m Brücke f; Mar Deck m; Mus Steg; verlängertes Wochenende n
**puerco** m Schwein n
**pueril** Kindes...; kindisch
**puerro** m Lauch, Porree
**puert|a** f Pforte; Tür; Tor n; **a ~a cerrada** unter Ausschluß der Öffentlichkeit; **~o** m Hafen; Bergpaß
**pues** da; denn; also; **¡~ bien!** nun denn!
**puest|a** f Einsatz m (Spiel); Gestirne Untergang m; **~o** gesetzt usw; angezogen, gekleidet; m Stelle f; Posten, Stand, Platz; **~o de socorro** Unfallstation f; **~o que** da (ja)

**pujar**

**pujar** [-x-] erzwingen (wollen); überbieten
**pulcro** sauber, tadellos
**pulga** f Floh m; **tener malas ~s** e-n schlechten Charakter haben; **~da** f Zoll m (Maß); **~r** m: (**dedo**) **~r** Daumen
**puli|do** poliert, blank; nett, hübsch; **~mento** m Politur f; **~r** polieren; fig verfeinern
**pul|món** m Lunge f; **~monía** f Lungenentzündung
**pulóver** m Am Pullover
**pulpa** f Fruchtfleisch n; Mark n; Gastr Am Fleisch n ohne Knochen
**púlpito** m Kanzel f
**pulsera** f Armband n
**pulso** m Puls(chlag)
**pulveriza|dor** [-θ-] m Zerstäuber; **~r** pulverisieren; zerstäuben
**puma** m Puma, Silberlöwe
**puna** f Süda Hochplateau n; Höhenkrankheit
**punible** strafbar
**punta** f Spitze; Landzunge; **~da** f Stich m (Naht); **~pié** m Fußtritt
**puntilla** f Stk Genickstoß m; Nagel m; **de ~s** auf Zehenspitzen
**punto** m Punkt; Zeitpunkt; Stelle f; **~ de vista** Gesichtspunkt; **dos ~s** Doppelpunkt m; **estar a ~** fertig, Gastr gar sein; **hasta cierto ~** in gewissem Maße
**puntual** pünktlich; richtig; **~idad** f Pünktlichkeit
**punzón** [-θ-] m Stecheisen n
**puñal** [-ɲ-] m Dolch; **~ada** f Dolchstich m
**puñet|a** [-ɲ-] f P Sauerei, Gemeinheit f; Tab Wichsen n; **~azo** [-θo] m Faustschlag m
**puño** [-ɲo] m Faust f; Griff; Manschette f
**pupa** f infant Wehweh n
**pupila** f Pupille
**pupitre** m Pult n
**puré** m Püree n, Brei
**pureza** [-θa] f Reinheit
**purga|nte** m Abführmittel n; **~r** abführen; **~torio** m Fegefeuer
**purificar** reinigen
**puro** rein; m Zigarre f
**pus** m, Col f Eiter m
**pústula** f Pustel
**put|a** f P Nutte; **~ada** f P Gemeinheit f; **~ero** m P Hurenbock
**putrefac|ción** [-θ-] f Verwesung, Fäulnis; **~to** verwest
**puya** f Stk Lanzenspitze; **~zo** [-θo] m Lanzenstich

## Q

**que** [ke] 1. pron welche(r, -s); der, die, das; **el ~, la ~, lo ~** wer, derjenige welcher (usw); 2. cj daß, damit; denn; 3. beim Komparativ: als; wie (nach so, solch)
**qué** [ke]: **¿~?** welche(r, -s)?, was?; **¡~!** welch!, was für

ein!; *mit adj*: wie!; ¿**para** ~? wozu?; ¿**por** ~? warum?

**quebra|da** [-] *f Am* Bach *m*; **~dizo** [-θo] zerbrechlich; **~do** holperig; bankrott; **~r** (zer)brechen; Bankrott machen

**quedar** [k-] bleiben; übrigbleiben; *mit adj*: werden, sein; **~en** übereinkommen; **~se** bleiben, verweilen; **~se con** *s.* behalten, behalten

**quehacer** [keaθ-] *m* Arbeit *f*; Aufgabe *f*; **~es** *pl* Beschäftigung *f*

**queja** [kexa] *f* Klage; Beschwerde; **~rse** s. beklagen; jammern

**quema** [k-] *f* Verbrennung, Brand *m*; **~dura** *f* Brandwunde; **~dura de sol** Sonnenbrand *m*; **~r** (ver)brennen; versengen

**quena** [k-] *f Mus* Kena (*andinische Flöte*)

**querer** [k-] *v* wollen; lieben; **~rido** geliebt; *m*, **~rida** *f* Geliebte(r)

**queso** [k-] *m* Käse

**quicio** [kiθ-] *m* Tür-, Fenster-angel *f*; **sacar de ~** aus dem Häuschen bringen

**quiebra** [k-] *f* Bankrott *m*

**quien** [k-] wer; welche(r, -s); **hay quien ...** mancher einer, einige ...; ¿**quién?** wer?; **~quiera** [kjeŋk-] irgendwer; wer auch immer

**quiet|o** [k-] ruhig; **~ud** *f* Ruhe

**quilla** [kiʎa] *f Mar* Kiel *m*

**quími|ca** [k-] *f* Chemie; **~co** chemisch; *m* Chemiker

**quinielas** [k-] *fpl* Toto *n*

**quinina** [k-] *f* Chinin *m*

**quin|qué** [kiŋke] *m* Petroleumlampe *f*; **~qui** [-ki] *m* Gauner, Ganove

**quint|a** [k-] *f* Landhaus *n*; **~l** *m Span* Zentner; **~ero** *m* Gutspächter

**quiosco** [k-] *m* Zeitungsstand, Kiosk

**quirófano** [k-] *m* Operationssaal

**quirúrgico** [kirurx-] chirurgisch

**quita|esmalte** [k-] *m* Nagellackentferner; **~manchas** [-t-] *f* Fleckenwasser *n*; **~nieves** *m* Schneepflug; **~r** wegnehmen; entfernen; verhindern; **~rse** *Kleidung* ablegen, ausziehen; s. zurückziehen; **~sol** *m* Sonnenschirm

**quizá(s)** [kiθ-] vielleicht

# R

**rabi|a** *f* Wut; Tollwut; **dar ~a a** *j-n* wütend machen; **~ar** wüten(d sein); **~oso** tollwütig; wütend

**rabani|llo** [-ʎo], **~to** *m* Radieschen *n*

**rábano** *m* Rettich; **~ picante** Meerrettich

**rabo** *m* Schwanz

**racimo** [-θ-] *m* Traube *f*;

**ración**

Büschel *n*
**ración** [-θ-] *f* Portion; Ration
**racional** [-θ-] rational; rationell; **~lizar** [-θ-] rationalisieren; **~r** rationieren
**racha** [-tʃa] *f* Windstoß *m*; (Glücks-, Pech-)Strähne
**rada** *f Mar* Reede; **~r** *m* Radar *m*
**radiación** [-θ-] *f* Strahlung; **~ctividad** *f* Radioaktivität; **~ctivo** radioaktiv; **~dor** *m* Heizkörper; *Kfz* Kühler; **~r** strahlen; *Rf* funken; senden
**radical** gründlich; *Pol* radikal; *m Gr* (Wort-)Stamm
**radio** *m* Radius; Radium *f* Radio *n*; **~aficionado** [-θ-] *m* Amateurfunker; **~grafía** *f* Röntgenbild *n*; **~grafiar** röntgen; funken; **~grama** *m* Funkspruch; **~rreceptor** [-θ-] *m* Funkempfänger; **~scopia** *f Med* Durchleuchtung; **~telefonía** *f* Sprechfunk *m*; **~terapia** *f* Strahlenbehandlung; **~transmisor** *m* Sender; **~yente** *su* Rundfunkhörer(in)
**raer** (ab)schaben
**ráfaga** *f* Windstoß *m*; *Mil* Feuerstoß *m*
**raído** abgewetzt (*Stoff*)
**raigón** *m* Zahnwurzel *f*
**rail** *m* Eisenbahnschiene *f*
**raíz** [-θ-] *f* Wurzel; Ursprung *m*; **a** (*od* **de**) **~** von Grund aus; **a ~ de** dicht bei; aufgrund von
**raja** [-xa] *f* Splitter *m*; Riß *m*; Spalte; Scheibe (*Brot usw*); **~r** spalten; **~rse** kneifen; *Col* durchfallen (*Prüfung*); *RPl* abhauen
**rallar** [-ʎ-] raspeln; zerreiben; **~o** *m* Raspel *f*; Reibe *f*
**rama** *f* Ast *m*; **en ~** roh; **~l** *m* Strang; Abzweigung *f*; *Esb* Seitenlinie *f*
**ramera** *f* Dirne
**ramificarse** s. verzweigen; **~o** *m* Zweig; Branche *f*; (**de flores**) Blumenstrauß *m*
**rampa** *f* Rampe
**rana** *f* Frosch *m*; **salir ~** *f* mißraten
**rancio** [-θ-] ranzig; (ur)alt
**ranchero** [-tʃ-] *m* Süda Kleinbauer; **~o** *m Mil* Kost *f*; Ranch *f*; *Süda* Hütte *m*
**ranura** *f* Nute; Schlitz *m*
**rapacidad** [-θ-] *f* Raubgier; **~z** [-θ] raubgierig; *m* Bengel; **ave ~z** Raubvogel *m*
**rape** *m* Seeteufel (*Fisch*); **~é** *m* Schnupftabak
**rapidez** [-θ] *f* Schnelligkeit *f*; **rápido** schnell; reißend; *m Esb* Eilzug; Stromschnelle *f*
**rapiña** [-ɲa] *f* Raub *m*
**raptar** entführen; **~o** *m* Raub, Entführung *f*
**raqueta** [-k-] *f* Rakett *n*, (Tennis- *usw*)Schläger *m*
**rareza** [-θa] *f* Seltenheit; Seltsamkeit; **~o** selten; seltsam
**ras: a ~ de** dicht über
**rascacielos** [-θ-] *m* Wolkenkratzer; **~r** kratzen
**rasgar** zerreißen; schlitzen; **~o** *m* Strich; Federzug;

(Charakter-)Zug
**rasguñ|ar** [-ɲ-] kratzen; **~o** m Kratzer
**raso** flach; glatt; wolkenlos
**raspa|do** m Med Auskratzung f; **~r** abschaben; raspeln; radieren
**rastrear** nachspüren
**rastrill|ar** [-ʎ-] harken; eggen; **~o** m Rechen
**rastro** m Strahl; Harke f; Spur f; ♀ Trödel-, Flohmarkt
**rata** f Ratte
**rater|ía** f kleiner Diebstahl m; **~o** m Taschendieb
**raticida** [-θ-] m Rattengift n
**ratificar** ratifizieren
**rato** m Weile f; Augenblick; **~s** pl **libres** Freizeit f; **pasar el ~** s. die Zeit vertreiben; **al poco ~** gleich darauf
**ratón** m Maus f
**ratonera** f Mausefalle
**raya** f Strich m; Blitz; Scheitel m; Grenze; Zo Rochen m; **~do** gestreift; **~r** ausstreichen; liniieren
**rayo** m Strahl; Blitz; Speiche f; **~s X** Röntgenstrahlen
**raza** [-θa] f Rasse
**razón** [-θ-] f Vernunft; Grund m; Recht m; **por esta ~** aus diesem Grund; **perder la ~** den Verstand verlieren; **(no) tener ~** (un)recht haben
**razona|ble** [-θ-] vernünftig; angemessen; **~r** vernünftig urteilen; diskutieren
**reacci|ón** [-θ-] f Gegenwirkung; Reaktion; **~onario** reaktionär
**reactor** m Reaktor
**real** tatsächlich; wirklich; königlich
**reali|dad** f Wirklichkeit; **en ~dad** eigentlich; **~zador** [-θ-] m Film, TV Regisseur; **~zar** [-θ-] verwirklichen; aus-, durch-führen; **Am** (billig) verkaufen
**rean|imar** wiederbeleben; **~udar** wiederaufnehmen
**rebaja** [-xa] f Rabatt m; Abzug m; **~r** herabsetzen; glätten
**reba|nada** f Brotschnitte; **~ño** [-ɲo] m Herde f; **~tible** widerlegbar
**rebeca** f (Damen-)Strickjacke
**rebel|arse** s. empören; **~de** rebellisch; m Rebell; **~ión** f Aufstand m
**rebo|rde** m vorspringender Rand; **~sar** überlaufen; **~sar de salud** vor Gesundheit strotzen; **~tar** zurückschlagen; vi abprallen; **~te** m Rückprall; **~zar** [-θ-] f Gastr panieren
**rebusca** f Nachlese; **~do** gesucht (Stil); **~r** Nachlese halten; nachspüren
**recado** m Nachricht f; Besorgung f
**reca|er** fallen (**en** auf) (Verdacht); e-n Rückfall erleiden; **~ída** f Rückfall m
**recalentar** erhitzen; Tech überhitzen; Speisen aufwärmen

**recámara** *f Méj* Schlafzimmer *n*

**recambi|ar** wieder umtauschen; auswechseln; ~**o** *m* Umtausch; Ersatzteil *n*; **de** ~**o** Ersatz-

**recapitular** rekapitulieren

**recar|gar** überladen; überlasten; ~**go** *m* Zuschlag

**recauchutaje** [-tʃutaxe] *m* Vulkanisieren *n* (*Reifen*)

**recauda|ción** [-θ-] *f* Erhebung (*von Steuern*); ~**dor** *m* Steuereinnehmer; ~**r** *Steuern* erheben

**rece|lar** [-θ-] argwöhnen; ~**larse** befürchten; ~**lo** *m* Argwohn; ~**loso** argwöhnisch; besorgt

**recep|ción** [-θeθθ-] *f* Empfang *m*; Aufnahme; ~**tor** *m* Empfänger (*a Rf*); *Tel* Hörer

**receta** [-θ-] *f* Rezept *n*; ~**r** *Medikament* verschreiben

**recib|ir** [-θ-] erhalten, bekommen; empfangen; ~**o** *m* Empfang; Empfangsbescheinigung *f*; Quittung *f*

**reci|én** [-θ-] frisch(...), neu; *Am a* kürzlich; soeben; bald; ~**én nacido** neugeboren; ~**ente** jüngst, kürzlich, neu

**reci|nto** [-θ-] *m* Bereich, Umkreis; ~**piente** *m* Gefäß *n*; Behälter

**recíproco** [-θ-] gegenseitig

**recita|l** [-θ-] *m* Gesangs-, Klavier-abend; ~**r** vortragen

**reclam|ación** [-θ-] *f* Einspruch *m*; Reklamation; Forderung; ~**ar** zurückfordern; reklamieren; ~**o** *m* Lockruf; *Am* Beschwerde *f*

**recluta** *m* Rekrut

**reco|brar** wiedererlangen; ~**do** *m* Biegung *f*; ~**gedor** [-x-] *m* Kehr(icht)schaufel *f*; ~**ger** [-x-] wiedernehmen; aufheben; aufnehmen; sammeln; ~**gerse** s. zurückziehen; s. zur Ruhe begeben; ~**gida** [-x-] *f* Sammeln *n*, Abholen *n*; Leerung (*Post*); ~**gida de basura(s)** Müllabfuhr

**recolec|ción** [-θ-] *f* Ernte; ~**tar** ernten

**recomen|dable** empfehlenswert; ~**dación** [-θ-] *f* Empfehlung; ~**dar** empfehlen, raten; *Col Brief* einschreiben (lassen)

**recompensa** *f* Belohnung; ~**r** ersetzen; belohnen

**reconcilia|ción** [-θiliaθ-] *f* Versöhnung; ~**r(se)** (s.) versöhnen

**recono|cer** [-θ-] wiedererkennen; erkunden; anerkennen; ~**cido** [-θ-] anerkannt; geprüft; dankbar; ~**cimiento** [-θ-] *m* Erkennung *f*; *Med* Untersuchung *f*; Dankbarkeit *f*, Anerkennung *f*

**recon|quista** [-k-] *f* Wiedereroberung; ~**stituir** wiederherstellen; ~**tar** (nach-)zählen

**récord** *m* Rekord; **batir un** ~ e-n Rekord brechen

**recordar** in Erinnerung bringen; s. erinnern an
**recorr|er** durchlaufen; bereisen; *Strecke* zurücklegen; *Buch* überfliegen; **~ido** *m* zurückgelegte Strecke *f*
**recort|ar** be-, ab-, ausschneiden; **~arse** s. abzeichnen; **~e** *m* Ausschnitt; Papierschnitzel *n*
**recrea|ción** [-θ-] *f* Entspannung, Zeitvertreib *m*; **~r** ergötzen, erquicken; **~rse** s. erholen, entspannen; **~tivo** belustigend
**recreo** *m* Erholung *f*; (Schul-)Pause *f*
**rect|ángulo** *m* Rechteck *n*; **~ificar** berichtigen; verbessern; **~o** gerade; redlich; *m Anat* Mastdarm
**recuerdo** *m* Erinnerung *f*, Andenken *n*; Souvenir *n*; **~s** *pl* Grüße *mpl*
**recular** zurück-weichen, -prallen
**recuperar** wiedererlangen; **~se** s. erholen; genesen
**recurrir a** s. wenden an
**recurs|ivo** *Am* erfindersich, einfallsreich; **~o** *m* Zuflucht *f*; Ausweg; **~os** *pl* Geldmittel *npl*; Hilfsquellen *fpl*
**rechazar** [-tʃaθ-] zurückweisen; ablehnen; **~o** *m* Rückprall, Rückstoß
**rechupete** [-tʃ-]: **de ~** F super, toll
**rechiflar** [-tʃ-] auspfeifen
**red** *f* Netz *n*; *fig* Schlinge; **~ de carreteras** (ferroviaria) Straßen- (Eisenbahn-) netz *n*
**redac|ción** [-θ-] *f* Abfassung; Schriftleitung; **~tar** abfassen; **~tor** *m* Redakteur
**redecilla** [-θiʎa] *f* Haarnetz *n*; Gepäcknetz *n*
**red|ención** [-θ-] *f* Erlösung; **~imir** loskaufen; erlösen
**rédito** *m* Rendite *f*
**redobl|ado** (ver)doppelt; **~ar** verdoppeln; **~e** *m* Verdoppelung *f*; Trommelwirbel
**redond|a** *f* Umkreis *m*; **a la ~a** ringsherum; **~ear** ab-, auf-runden; **~o** rund
**reduc|ción** [-θ-] *f* Verminderung, Herabsetzung; **~ir** [-θ-] zurückführen; vermindern; reduzieren; **~irse** zurückgehen
**reeducar** umschulen
**reel|ección** [-θ-] *f* Wiederwahl; **~egir** [-x-] wiederwählen
**reexpedir** nachsenden
**refaccionar** *Am* reparieren, überholen, renovieren
**referen|cia** [-θ-] *f* Bericht *m*; Bezug *m*; *Hdl* Auskunft; Referenz; **~te** bezüglich
**referir** berichten; **~se a** s. beziehen auf
**refina|ción** [-θ-] *f*, **~miento** *m* Verfeinerung *f*; **~r** verfeinern
**refinería** *f* Raffinerie
**refle|jar** [-x-] zurückstrahlen, spiegeln; **~jarse** s. widerspiegeln; **~jo** [-xo] über-

**reflexión**

legt; *m* Widerschein; Reflex; **~xión** *f* Spiegelung; Überlegung; **~xionar** überlegen; nachdenken; **~xivo** nachdenklich; *Gr* reflexiv

**reflujo** [-xo] *m* Rückfluß; Ebbe *f*

**reforma** *f* Reform; *Rel* Reformation; **~s** *pl* Umbau *m*, Renovierung *f*; **~r** umgestalten; erneuern

**reforzar** [-θ-] verstärken

**refrac|ción** [-θ-] *f* Strahlenbrechung; **~tario** widerspenstig; feuerfest

**refrán** *m* Sprichwort *n*

**refregar** (ab)reiben

**refrendar** gegenzeichnen

**refres|car** erfrischen; (s.) abkühlen; **~co** *m* Erfrischung *f* (*Getränk, Imbiß*)

**refrigera|ción** [-xeraθ-] *f* Kühlung; **~dor** *m* Kühlschrank; **~r** abkühlen

**refrigerio** [-x-] *m* Imbiß

**refuerzo** [-θo] *m* Verstärkung *f*

**refugi|ado** [-x-] *m* Flüchtling; **~arse** (s.) flüchten; **~o** *m* Zuflucht *f*; Zufluchtsort; Schutzhütte *f*

**refundir** um-, ein-schmelzen; *Lit, Thea* umarbeiten; *Am Reg* wiederholen

**refutar** widerlegen

**rega|dera** *f* Gießkanne; **~dío** *m* Bewässerung *f*

**regalar** schenken; bewirten

**regal|iz** [-θ] *m* Süßholz *n*, Lakritze *f*; **~o** *m* Geschenk *n*

**regar** (be)wässern; sprengen; gießen

**regat|a** *f* Regatta; **~ear** feilschen; **~eo** *m* Feilschen

**regenerar** [-x-] regenerieren

**régimen** [-x-] *m* Regime *n*; System *n*; Diät *f*

**regio** [-x-] königlich; *Am* F prima, dufte

**regi|ón** [-x-] *f* Gegend, Landstrich *m*; Gebiet *n*; **~onal** landschaftlich

**regir** [-x-] regieren; leiten

**regis|trar** [-x-] verzeichnen; registrieren; *Am Reg* Brief einschreiben (lassen); **~tro** *m* Verzeichnis *n*; Register *n*; *TV, Rf* Aufnahme *f*; **~tro civil** Personenstandsregister *m*; Standesamt *n*

**regla** *f* Regel (*a Med*); Lineal *n*

**reglamen|tar** regeln; **~to** *m* Vorschrift *f*; **~to de tráfico** Verkehrsordnung *f*

**regre|sar** zurückkehren; **~so** *m* Rückkehr *f*

**regula|ción** [-θ-] *f* Regulierung; **~r** *v/t* regeln; regulieren, einstellen; *adj* regelmäßig; gewöhnlich; **~ridad** *f* Regelmäßigkeit

**rehabilitar** rehabilitieren

**rehacer** [-θ-] noch einmal tun; wieder zs-setzen; **~se** s. erholen

**rehusar** verweigern; ablehnen

**reimpresión** *f* Nachdruck *m*

**reina** *f* Königin; **~do** *m* Regierung(szeit) *f*; **~nte** regie-

**rend; herrschend; ~r herrschen**

**reinci|dente** [-θ-] *jur* rückfällig; **~dir** rückfällig werden

**reino** *m* Königreich *n*

**reinte|grar** wiedereinsetzen; *Verlust* ersetzen; **~gro** *m* Ersatz; Wiedereinsetzung *f*

**reír** lachen; **~se de** s. lustig machen über

**reiterar** wiederholen

**reja|a** [-xa] *f* (Fenster-)Gitter *n*; **~illa** [-xiʎa] *f* Gitter *n*; *Esb* Gepäcknetz *n*; **~ón** *m Stk* Spieß; **~oneador** *m* Stierkämpfer zu Pferd

**rejuvenecer** [-xubeneθ-] verjüngen

**relación** [-θ-] *f* Beziehung; Verhältnis *n*; Bericht *m*

**relaja|ción** [-xaθ-] *f Med* Erschlaffung; **~ado** schlaff, erschlafft; *ausgelassen*; **~ar** lockern; **~arse** locker werden; erschlaffen; s. erholen; **~o** *m Am F* Durchea *n*, Saustall

**relámpago** *m* Blitz

**relampaguear** [-ge-] blitzen

**rela|tar** erzählen, berichten; **~tivo** bezüglich; relativ; **~to** *m* Bericht; **~tor** *m Am* Berichterstatter

**rele|gar** verbannen; **~var** entheben; erleichtern; *Mil* ablösen; **~vo** *m* Ablösung *f*; *Sp* Staffel *f*; *Sp* **de ~vo** Ersatz...

**relieve** *m* Relief *n*; **poner de ~** hervorheben

**religi|ón** [-x-] *f* Religion; **~osidad** *f* Frömmigkeit; **~oso** fromm; religiös; *m* Mönch

**relinchar** [-tʃ-] wiehern

**reloj** [-x] *m* Uhr *f*; **~ de bolsillo (de pared, de pulsera)** Taschen- (Wand-, Armband-)uhr *f*; **~ registrador** Stech-, Stempeluhr *f*; **~ería** *f* Uhrengeschäft *n*; **~ero** *m* Uhrmacher

**relucir** [-θ-] glänzen, strahlen

**rellen|ar** [-ʎ-] füllen; *Formular* ausfüllen; polstern; **~o** voll; gefüllt

**remachar** [-tʃ-] nieten

**remanente** *m* Überrest

**remar** rudern

**remat|ar** vollenden; abschließen; *bsd Am* versteigern; **~e** *m* Abschluß; Zuschlag; *bsd Am* Versteigerung *f*; *Stk* Todesstoß

**rembol|sar** zurückzahlen; **~so** *m* Rückzahlung *f*; **contra ~so** gegen Nachnahme

**remedar** nachahmen

**reme|diar** abhelfen; **~dio** *m* Abhilfe *f*; Heilmittel *n*; **sin ~dio** rettungslos

**remen|dar** flicken, ausbessern; **~dón** *m* Flickschuster, -schneider

**remero** *m* Ruderer

**remesa** *f* Sendung

**remiendo** *m* Flicken *m*

**remilgarse** s. zieren

**remisible** verzeihlich; **~**

**remisión** 188

**sión** *f* Erlaß *m* (*z B* Strafe); Übersendung
**remi|tente** *m* Absender; **~tir** übersenden; erlassen
**remo** *m* Ruder *n*; Rudersport; **~jar** [-x-] einweichen; *fig* begießen; **~lacha** [-tʃa] *f* (Zucker-)Rübe
**remolca|dor** *m* Mar Schlepper; **~r** (ab)schleppen
**remolino** *m* Wirbel, Strudel; Haarwirbel
**remolque** [-ke] *m* Schleppen *n*; *Kfz* Anhänger; **a ~** im Schlepptau; **~vivienda** *m* Wohnwagenhänger
**remordimientos** *mpl* Gewissensbisse *pl*
**remoto** entlegen
**remover** umrühren; um-, durch-wühlen; entfernen
**rempla|zar** [-θ-] ersetzen; an *j-s* Stelle treten; **~zo** [-θo] *m* Ersatz
**remunera|ción** [-θ-] *f* Vergütung; Lohn *m*; **~ar** belohnen; vergüten
**renacimiento** [-θ-] *m* Wiedergeburt *f*; Renaissance *f*
**renacuajo** [-xo] *m* Kaulquappe *f*
**rencor** *m* Groll *m*; **~oso** nachtragend
**rendi|ción** [-θ-] *f* Bezwingung; Übergabe; Ertrag *m*; **~do** erschöpft; ergeben; **~ja** [-xa] *f* Schlitz *m*, Spalte; **~miento** *m* Ertrag; Arbeitsleistung *f*; **~r** bezwingen; leisten; übergeben; *Ertrag* abwerfen; **~r cuen-**

**tas** Rechenschaft ablegen; **~rse** s. ergeben; ermatten
**rene|gado** abtrünnig; *m* Abtrünnige(r); **~gar** ableugnen; fluchen; abtrünnig werden
**renglón** *m* Zeile *f*; Reihe *f*
**reniten|cia** [-θ-] *f* Widersetzlichkeit; **~te** widersetzlich
**reno** *m* Ren *n*
**renombr|ado** berühmt; **~e** *m* Ruhm, Ruf
**renova|ción** [-θ-] *f* Erneuerung; **~r** erneuern
**renta** *f* Rente, Ertrag *m*; Zins *m*; Einkommen *n*; **~ nacional** Volkseinkommen *n*; **~ble** rentabel; wirtschaftlich; **~r** *Méj* (ver)mieten
**renuncia** [-θ-] *f* Verzicht *m*; Entsagung; **~r a** verzichten auf; ausschlagen
**reñir** [-ñ-] auszanken; s. zanken
**reo** *m* Beschuldigte(r)
**reorganizar** [-θ-] neugestalten
**repara|ción** [-θ-] *f* Ausbesserung; Reparatur; *Pol* Reparation; **~r** ausbessern; reparieren
**reparo** *m* Ausbesserung *f*; Bedenken *n*; Einwand; Abhilfe *f*
**repart|ir** verteilen, austeilen; **~o** *m* Verteilung *f*; *Post* Zustellung *f*
**repas|ar** nochmals durchgehen; durchsehen; **~o** *m* Durchsicht *f*; *Tech* Über-

holung f; Wiederholung f
**repatria|ción** [-θ-] f Repatriierung; **~rse** heimkehren
**repele|nte** abstoßend; m Insektenschutzmittel; **~r** zurücktreiben
**repente:** adv **de ~e** plötzlich; **~ino** plötzlich
**repercu|sión** f Rückstoß m; Rückprall m; Rück-, Auswirkung; **~tir** zurückprallen; s. auswirken (**en, sobre auf**)
**repertorio** m Sachregister n; Verzeichnis n; Thea Spielplan
**repeti|ción** f Wiederholung; **~r** wiederholen
**repicar** Glocken läuten
**repique** [-ke] m Glockenläuten n; **~tear** läuten; Kastagneten schlagen
**replegar** nochmals falten
**réplica** f Erwiderung; Einwand m; Nachbildung, Replik
**replicar** erwidern; widersprechen
**repollo** [-ʎo] m Kohl; Kohlkopf; bsd Weißkohl
**reponer** wieder hinstellen; ersetzen; erwidern; **~ gasolina** tanken
**report|aje** [-xe] m Reportage f; **~ero** m (**gráfico**) (Bild-)Reporter
**reposa|do** ruhig; gelassen; **~r** ruhen; schlafen; **~rse** s. setzen (Flüssigkeit)
**repo|sición** [-θ-] f Wiedereinsetzung; Neuinszenierung; Erholung (Börse); a

fig); **~so** m Ruhe f; Gelassenheit f
**repren|der** tadeln, rügen; **~sible** tadelnswert; **~sión** f Tadel m, Verweis m
**represa** f Am Staudamm m
**represalia** f Vergeltung(s-maßnahme)
**representa|ción** [-θ-] f Darstellung; Thea Vorstellung, Aufführung; Hdl Vertretung; **~nte** m Vertreter; **~r** vorstellen; aufführen; vertreten
**represi|ón** f Unterdrückung; (Verbrechens-)Bekämpfung; **~vo** beschränkend; Abwehr...
**reprim|enda** f scharfer Verweis m; **~ir** unterdrücken
**reproba|ble** verwerflich; **~ción** [-θ-] f Mißbilligung; **~do** verworfen; **ser ~do im Examen** durchfallen
**réprobo** verworfen, verdammt
**reproch|able** [-tʃ-] tadelnswert; **~ar** vorwerfen; **~e** m Vorwurf, Tadel
**reprodu|cción** [-θ-] f Wiedererzeugung; Nachbildung; **~cir** [-θ-] wiedererzeugen; fortpflanzen
**reptil** m Reptil n
**república** f Republik
**republicano** republikanisch; m Republikaner
**repudiar** verstoßen; Erbschaft ausschlagen
**repuesto** m Vorrat; Ersatz; Ersatzteil n; **de ~** Ersatz...,

Reserve...
**repuls|ión** f Rückstoß m; Zurückweisung; Widerwille m; ~**vo** zurückstoßend; abstoßend
**reputa|ción** [-θ-] f Ruf m, Name m; ~**r** schätzen, würdigen
**reque|marse** [-k-] anbrennen; verdorren; ~**rimiento** m Aufforderung f; ~**rir** ersuchen, erfordern
**requesón** [-k-] m Quark
**requis|ar** [-k-] requirieren; ~**ito** m Erfordernis n
**res** f Stück n Vieh; Süda bsd Gastr Rind n
**resaca** f Brandung; Kater m (nach Alkoholgenuß)
**resaltar** vorspringen
**resbala|dizo** [-θo] schlüpfrig; ~**r(se)** ausgleiten; schleudern (Auto)
**rescindir** [-θ-] Vertrag aufheben, rückgängig machen
**reseco** sehr trocken, ausgedörrt
**resenti|miento** m Ressentiment n; ~**rse (de)** (ver)spüren; et zu spüren bekommen
**reseña** [-ɲa] f Anzeige; Rezension (e-s Buches)
**reserva** f Reserve; Reservierung; Vorbehalt m; ~**r** reservieren; zurückbehalten
**resfria|do** [-θ-] m Erkältung f; Schnupfen; ~**rse** s. erkälten
**resguard|ar** verwahren; beschützen; ~**arse** s. hüten; ~**o** m Schutz m, Obdach n;

Verwahrung f
**resi|dencia** [-θ-] f Wohnsitz m; Residenz; ~**dir** wohnen; ~**duo** m Rest; Rückstand
**resigna|ción** [-θ-] f Verzicht m; Resignation; ~**r** abtreten; Amt niederlegen; ~**rse** s. ergeben (**a** in); s. abfinden (**con** mit)
**resina** f Harz n
**resis|tencia** [-θ-] f Widerstand m; Haltbarkeit; Beständigkeit; Ausdauer; ~**tente** widerstrebend; ausdauernd; dauerhaft; ~**tente al fuego** feuerfest; ~**tir** widerstehen; aushalten, ertragen
**resolución** [-θ-] f Auslösung; Lösung; Entschluß m; Entschlossenheit; Pol Entschließung
**resolver** auflösen; beschließen; ~**se** s. entschließen
**resonancia** [-θ-] f Resonanz; Anklang m (fig)
**resorte** m Sprungfeder f
**respald|ar** (unter)stützen; ~**o** m Rückenlehne f; Rückseite f
**respec|tivo** betreffend; ~**to** m Beziehung f; **con** ~ **a to** hinsichtlich; **al** ~**to** diesbezüglich
**respet|able** achtbar; ansehnlich; ~**ar** achten, respektieren; (ver)schonen; ~**o** m Ehrerbietung f; ~**uoso** ehrerbietig; taktvoll
**respi|ración** [-θ-] f Atmung; ~**rar** atmen; ausruhen; s. erholen; ~**ro** m At-

**resplandecer** [-θ-] (er-)glänzen; strahlen; **~eciente** [-θ-] glänzend; **~or** *m* Glanz; Schimmer

**responder** antworten, erwidern; **~ a** entsprechen (*dat*); **~ de** bürgen für; haften für

**responsabilidad** *f* Verantwortlichkeit; Haftung; **~bilidad civil** Haftpflicht; **~ble** verantwortlich

**respuesta** *f* Antwort, Entgegnung

**restablecer** [-θ-] wiederherstellen; **~cerse** s. erholen, genesen; **~cimiento** [-θ-] *m* Wiederherstellung *f*; Genesung *f*

**restar** subtrahieren; *v/i* (übrig)bleiben

**restaurante** *m* Restaurant *n*; **~r** wiederherstellen

**restitución** [-θ-] *f* Rückerstattung; **~ir** zurückerstatten

**resto** *m* Rest

**restricción** [-θ-] *f* Einschränkung; Vorbehalt *m*; **~tivo** einschränkend

**restringir** [-x-] ein-, beschränken

**resuelto** entschlossen, resolut; beherzt

**resultado** *m* Ergebnis *n*; Erfolg; **~r** s. ergeben; s. herausstellen (als)

**resumen** *m* Zusammenfassung *f*; **~mir** kurz zs-fassen

**resurgir** [-x-] wiedererscheinen; **~rrección** [-θ-] *f* *Rel* Auferstehung

**retaguardia** *f* *Mil* Nachhut; Etappe; **~l** *m* Stoffrest; **~r** herausfordern

**retardar** verzögern; **~se** s. verspäten

**retazo** [-θo] *m* Stoffrest

**retención** [-θ-] *f* Einbehaltung; **~er** zurückbehalten; *Atem* anhalten

**retina** *f* Netzhaut (*Auge*)

**retirada** *f* Rückzug *m*; **~ar** zurückziehen; wegnehmen; *Geld* abheben; **~arse** s. zurückziehen; **~o** *m* Zurückgezogenheit *f*; *Mil* Abschied

**reto** *m* Herausforderung *f*; Drohung *f*

**retocar** überarbeiten; *Fot* retuschieren; **~que** [-ke] *m* Überarbeitung *f*

**retorcer** [-θ-] verdrehen (*a fig*); **~se** s. krümmen

**retractar** widerrufen

**retrasar** verzögern; aufschieben; **~sarse** s. verspäten; **~so** *m* Verzögerung *f*; Verspätung *f*; *Hdl* Verzug

**retratar** porträtieren; schildern; **~tista** *su* Porträtist(in); **~to** *m* Porträt *n*, Abbild *n*

**retreta** *f* Zapfenstreich *m*; **~te** *m* Abort

**retrovisor** *m* *Kfz* Rückspiegel

**retumbar** dröhnen

**reuma** *m* Rheuma *n*; **~mático** rheumatisch

**reunión** *f* Versammlung; Gesellschaft; Vereinigung; **~r** versammeln, vereinigen

**reválida** f Span Schlußexamen n (Abitur)
**revalorizar** [-θ-] aufwerten
**revancha** [-tʃa] f Revanche (a Sp)
**revela|do** m Fot Entwickeln n; **~r** enthüllen; Fot entwickeln
**reven|ta** f Wiederverkauf m; **~tar** platzen; **~tón** m Reifenpanne f; **~tón de tubería** Rohrbruch
**reverbero** m Am Spirituskocher; **~encia** [-θ-] f Ehrfurcht; Verbeugung; **~sible** umkehrbar; **película f ~sible** Fot Umkehrfilm m
**revés** m Rück-, Kehr-seite f; Mißgeschick m; **al ~** umgekehrt
**revesti|miento** m Verkleidung f; Belag; **~r** ver-, auskleiden; überziehen; ausstatten (**de** mit)
**revi|sar** nachsehen, nachprüfen; **~sión** f Überprüfung; Kfz Überholung; **~sor** m Revisor; Esb Schaffner; **~sta** f Zeitschrift; Revue
**revocar** widerrufen; tünchen; Hdl stornieren
**revolu|ción** [-θ-] f Umwälzung; Revolution; Tech Umdrehung; **~cionar** [-θ-] aufwiegeln; umgestalten
**revólver** m Revolver
**revolver** umwälzen; durcheabringen; umrühren
**revuelta** f Aufruhr m; Umschwung m
**rey** m König

**riachuelo** [-tʃ-] m Flüßchen n, Bach
**ribe|ra** f Ufer n; Strand m; **~reño** [-ɲo] Ufer...; Strand...; **~te** m Saum
**ricach|o** [-tʃo], **~ón** m reicher Protz
**rico** reich; prächtig, köstlich
**ridículo** lächerlich; m Lächerlichkeit f; **ponerse en ~** s. lächerlich machen
**riego** m Bewässerung f
**riel** m Schiene f
**rienda** f Zügel m
**riesgo** m Gefahr f; Risiko n; **correr (el) ~ de** Gefahr laufen zu; **~so** Am riskant, gewagt
**rifa** f Tombola; Zank m
**rigidez** [-xideθ] f Starrheit; fig Strenge
**rígido** [-x-] starr; streng
**rigor** m Strenge f, Härte f; **ser de ~** unerläßlich sein
**riguros|idad** f Strenge; **~o** streng; unerbittlich
**rima** f Reim m; **~r** reimen
**rim(m)el** m Wimperntusche f
**rinc|ón** m Winkel, Ecke f; **~ón cocina** Kochnische f; **~onera** f Eck-tisch m, -schrank m
**rinoceronte** [-θ-] m Nashorn n
**riña** [-ɲa] f Streit m; **~ de gallos** Hahnenkampf m
**riñón** [-ɲ-] m Niere f
**río** m Fluß, Strom
**riqueza** [-keθa] f Reichtum m
**ris|a** f Lachen n; **morirse de**

**rumbo**

~a s. totlachen; **~ueño** [-ɲo] lachend; strahlend
**rit|mo** m Rhythmus; **~o** m Ritus
**rival** m Rivale; **~izar** [-θ-] wetteifern
**riz|ar** [-θa] kräuseln; **~o** m Haarlocke f
**rob|ar** rauben; stehlen; **~o** m Raub; Diebstahl
**robot** m Roboter; **~retrato** m (od **foto** f) Phantombild m
**robusto** stark, robust
**roca** f Fels m
**rociar** [-θ-] besprengen
**rocío** [-θ-] m Tau
**roda|ballo** [-ʎo-] m Steinbutt; **~ja** [-xa] f Scheibe (Brot usw.), **~je** [-xe] m Kfz Einfahren n; Dreharbeiten fpl; **~r** rollen; s. drehen; Kfz einfahren; Film drehen
**rodeo** m Umweg; **sin ~s** ohne Umschweife
**rodilla** [-ʎa] f Knie n; **de ~s** kniend
**roer** nagen
**rogar** bitten; beten
**rojo** [-xo] rot
**rollo** [-ʎo] m Rolle f; Rundholz n; F langweiliges Zeug n; Schinken (Buch, Rede)
**romana** f Laufgewichtswaage
**romería** f Wallfahrt
**romper** zerbrechen; zerreißen; durchbrechen; **~ a +** inf plötzlich et tun
**ron** m Rum
**ronc|ar** schnarchen; **~o** heiser, rauh
**ronda** f Runde; Streife

**ronquera** [-k-] f Heiserkeit
**ropa** f Kleidung; Wäsche; **~ de cama** Bettzeug n; **~ interior (de mesa)** Unter- (Tisch-)wäsche
**ropero** m Kleiderschrank
**rosa** f Rose; Rosa n; adj inv rosa; **~do** m Rosa; rosé (Wein); **~l** m Rosengarten; **~rio** m Rel Rosenkranz
**rosbif** m Roastbeef n
**ros|ca** f Gewinde n; Schnecke (Gebäck), **~tro** m Gesicht n, Antlitz n
**rotación** [-θ-] f Umdrehung
**roto** kaputt; Chi zerlumpt; Chi ungebildet
**rotula|dor** m Filzstift, -schreiber; **~r** beschriften; Hdl etikettieren
**rótulo** m Aufschrift f; Etikett n; Untertitel (Film)
**rotura** f Brechen n; Bruch m; **~r** urbar machen
**ruana** f Col Poncho m
**rubio** blond; goldgelb; hell
**rudo** plump
**rued|a** f Rad n; Kreis m; **en ~a** in der Runde; **~a de prensa** Pressekonferenz; **~o** m Stk Arena f
**ruego** m Bitte f
**rufián** m Zuhälter
**ruido** m Lärm; **~so** lärmend, geräuschvoll
**ruina** f Ruine; Ruin m
**ruiseñor** [-ɲ-] m Nachtigall f
**rul|eta** f Roulett n; **~os** mpl Lockenwickel pl; **~ota** f Span Wohnanhänger m
**rumbo** m Wind-, Weg-richt-

tung *f; Mar, Flgw* Kurs
**rumor** *m* Stimmengewirr *n*; Gerücht *n*
**ruptura** *f* Bruch *m*
**rural** ländlich

**rústico** ländlich; ungebildet; **en ~a** kartoniert (*Buch*)
**ruta** *f* Weg *m*; Route; *Am a* Landstraße
**rutina** *f* Routine

# S

**sábado** *m* Sonnabend, Samstag
**sabana** *f* Savanne
**sábana** *f* Bettuch *n*
**saber** wissen; können; verstehen; schmecken (**a** nach); *m* Wissen *n*; Kenntnis *f*; **a ~** nämlich
**sabi|do** bekannt; offenbar; **~o** weise; gelehrt; *m* Gelehrte(r)
**sabl|azo** [-θo] *m* Säbelhieb; **dar un ~azo** F anpumpen; **~e** *m* Säbel
**sabor** *m* Geschmack; **~ear** genießen
**sabot|aje** [-xe] *m* Sabotage *f*; **~ear** sabotieren
**sabroso** schmackhaft; *Am a* prima, herrlich
**saca|corchos** [-tʃ-] *m* Korkenzieher; **~puntas** *m* Bleistiftspitzer; **~r** herausnehmen, hervorholen; *Zahn* ziehen; **~r en limpio** klarstellen
**sacarina** *f* Sacharin *n*
**sacerdote** [-θ-] *m* Priester
**saco** *m* Sack; *Súda* Sakko *n*; **~ de dormir** Schlafsack
**sacramento** *m* Sakrament *n*
**sacri|ficar** opfern; *Tier* schlachten; **~ficio** [-θ-] *m* Opfer *n*; **~legio** [-x-] *m* Ent-

weihung *f*; **~fig** Frevel
**sacrist|án** *m* Meßner; **~ía** *f* Sakristei
**sacudi|da** *f* Erschütterung; Stoß *m*; **~r** schütteln; erschüttern
**sagrado** ehrwürdig, heilig
**sainete** *m* Thea Schwank
**sal** *f* Salz *n*; Mutterwitz *m*
**sala** *f* Saal *m*; Raum *m*; **~ de espera** Warte-saal *m*, -raum *m*; **~ de estar** Wohnzimmer *n*
**salado** gesalzen; *fig* witzig, geistreich
**salaman|dra** *f* Salamander *m*; **~quesa** [-k-] *f* Zo Gecko *m*
**salar** salzen; pökeln
**salario** *m* Lohn
**salchich|a** [-tʃitʃa] *f* Würstchen *n*; **~ón** *m* (Dauer-) Wurst *f*
**sald|ar** *Hdl* saldieren; ausgleichen; **~o** *m Hdl* Saldo *m*
**salero** *m* Salz-faß *n*, -streuer; *fig* Charme, Grazie *f*
**sali|da** *f* Ausgang *m*; Ausfahrt; Ausreise; Abfahrt; **~da del sol** Sonnenaufgang *m*; **~ente** vorspringend; **~na** *f* Salzbergwerk *n*; **~r** hinausgehen; abreisen, abfahren; aufgehen (*Gestirn*);

~r caro teuer (zu stehen) kommen; ~rse auslaufen; ~rse con la suya s-n Kopf durchsetzen
salitre m Salpeter
saliva f Speichel m
salmo m Psalm; ~ón m Lachs
salón m Salon; Aufenthaltsraum
salsa f Tunke, Soße; ~era f Sauciere
salt|ar springen; hüpfen; ~eador m Straßenräuber; ~o m Sprung; ~o de agua Wasserfall
salu|d f Gesundheit; ¡~d! zum Wohl, prosit; ~dar (be)grüßen; ~do m Gruß; ~tación f Begrüßung
salva|ción f [-θ-] f Rettung; Ejército m de ~ción Heilsarmee f; ~do m Kleie f; ~dor rettend, erlösend; m Retter; 2dor m Heiland; ~guardia f Schutz m; sicheres Geleit n
salvaje [-xe] wild; scheu; su Wilde(r); m roher Mensch
salva|r retten; vermeiden; ~vidas m Rettungsring; Schwimmweste f
salvia f Salbei m
salvo unbeschädigt, heil; adv vorbehaltlich; außer
San vor Namen für Santo
sana|r heilen; gesund werden; ~torio m Sanatorium n
sanción f [-θ-] f Sanktion; Zustimmung; Strafe; ~onar bestätigen, gutheißen; (be)strafen

sancochería [-tʃ-] f Am armseliges Restaurant n, Abspeise
sandalia f Sandale
sandía f Wassermelone
sane|amiento m Sanierung f; ~ar gesund machen; sanieren
san|grar zur Ader lassen; bluten; ~gre f Blut n; a ~gre fría kaltblütig; ~gría f Sangria (Art Rotweinbowle); ~griento blutig
sano gesund; ~ y salvo wohlbehalten, unversehrt
santiguarse s. bekreuzigen
santo heilig; m Heilige(r); Namenstag
sapo m Kröte f
saque [-ke] m Sp Anstoß; Aufschlag; ~ar plündern
sarampión m Masern pl
sarasa m P warmer Bruder, Tunte f
sardina f Sardine
sargento [-x-] m Unteroffizier
sarna f Krätze
sartén f Bratpfanne
sastre m Schneider; ~ría f Schneiderei
Satán, Satanás m Satan
satélite m Satellit (a fig)
sátira f Satire
satis|facción f [-θ-] f Genugtuung; Zufriedenheit; Abfindung; ~facer [-θ-] zufriedenstellen; ~factorio befriedigend, zufriedenstellend; ~fecho [-tʃo] befriedigt; zufrieden
sauce [-θe] m Bot Weide f

**sauna**

**sauna** f Sauna
**scooter** m Motorroller
**se** sich; man
**sebo** m Talg; **~so** talgig
**seca|dor** m Trockenhaube (Friseur); **papel** m **~nte** Löschpapier n; **~pelos** m Fön, Haartrockner; **~r** trocknen; Obst dörren; **~se** ver-, ein-trocknen
**sección** [-θ-] f Schnitt m; Abschnitt m; Abteilung
**seco** trocken; gedörrt (Obst); herb, trocken (Wein)
**secreta|ría** f Sekretariat n; **~rio** m, **~ria** f Sekretär(in)
**secreto** geheim; heimlich; m Geheimnis n; **en ~** insgeheim
**secta** f Sekte; **~rio** m Sektierer
**secuestr|ar** beschlagnahmen; entführen; **~o** m Entführung f
**secular** hundertjährig; weltlich
**secundario** zweitrangig; nebensächlich; Neben...
**sed** f Durst m; **~a** f Seide; **ir como una ~a** wie am Schnürchen klappen; **~ante** m Beruhigungsmittel n; **~iento** durstig
**seducir** [-θ-] verführen; bezaubern
**sega|dora** f Mähmaschine; **~r** mähen
**segueta** [-ge-] f Laubsäge
**segui|da** [-gi-] f: **en ~da** sofort; **~do** ununterbrochen; hintereinander; **~r** folgen, fortfahren zu

**según** nach, gemäß; je nachdem; so (wie); **~ eso** demnach
**segundo** m Sekunde f
**segu|ridad** f Sicherheit; **~ro** sicher; gewiß; m (Feuer usw) Versicherung f; **~ro a todo riesgo** Kfz (Voll-) Kaskoversicherung f
**selec|ción** [-θ-] f Auswahl; **~tividad** f Rf Trennschärfe; **~to** auserwählt
**selva** f Wald m; **~ virgen**, Am **~** Urwald m
**sell|ar** [-ʎ-] (ver)siegeln; stempeln; **~o** m Siegel n; Stempel; Briefmarke f
**semáforo** m Vkw Ampel f
**semana** f Woche; **♀ Santa** Karwoche; **entre ~** unter der Woche; **~l** wöchentlich; **~rio** m Wochen(zeit)schrift f
**sembra|dora** f Sämaschine; **~r** säen; fig verbreiten
**semejante** [-x-] ähnlich; solch
**semestre** m Halbjahr n
**semi|circular** [-θ-] f halbkreisförmig; **~círculo** [-θ-] m Halbkreis
**semilla** [-ʎa] f Same m; Samenkorn n
**seminario** m Seminar n
**sémola** f Grieß m
**senado** m Senat; **~r** m Senator
**sencill|ez** [-θiʎeθ] f Einfachheit; **~o** einfach; aufrichtig
**send|a** f, **~ero** m Pfad m
**senil** greisenhaft
**seno** m Busen; fig Schoß

**sensa|ción** [-θ-] f Sinneseindruck m; Sensation; **~cional** [-θ-] aufsehenerregend; **~to** besonnen, vernünftig

**sensi|bilidad** f Empfindlichkeit; Empfindsamkeit; **~ble** empfindlich; sinnlich (wahrnehmbar); spürbar

**sensual** sinnlich; **~idad** f Sinnlichkeit

**senta|do** sitzend; **estar ~do** sitzen; **~r** setzen; passen (*Kleidung*); *gut, schlecht bekommen* (*Essen*); **~rse** s. setzen

**sentencia** [-θ-] f Urteil n; Ausspruch m; **~r** (ver)urteilen

**senti|do** schmerzlich; tiefempfunden; m Sinn, Bedeutung f; Bewußtsein n; Richtung f; **~do común** gesunder Menschenverstand; **~mental** gefühlvoll, empfindsam; **~miento** m Gefühl n, Empfindung f; Bedauern n; **~r** fühlen; empfinden; bedauern

**seña** [-ɲa-] f Zeichen n; Wink m; **~s** pl Anschrift f; **~l** f Merkmal n; Spur; Zeichen n, Signal n; **~lar** kennzeichnen; anzeigen; hinweisen auf

**señor** [-ɲ-] m, **~a** f Herr(in); Frau f; Besitzer(in); **~ito** m junger Herr; **~ita** f junge Dame; Fräulein n

**separa|ble** trennbar; **~ción** [-θ-] f Trennung; Entlassung; **~do** getrennt; einzeln; **por ~do** gesondert (*Post*); **~r** trennen; absondern; entlassen (*aus e-m Amt*)

**septiembre** m September

**sepul|cro** m Grab n; **~tar** begraben; *fig* totschweigen

**sequía** [-k-] f Trockenperiode; Dürre

**ser** sein; (*passivisch*) werden; **~ de** gehören zu

**seren|idad** f Heiterkeit; Gemütsruhe; **~o** heiter; ruhig; m Nachtwächter

**serie** f Reihe, Serie; **casas** f pl **en ~** Reihenhäuser npl

**seri|edad** f Ernst m; **~o** ernst; ernsthaft; **tomar en ~o** ernstnehmen

**sermón** m Predigt f

**serpentina** f Serpentine

**serpiente** f Schlange

**serr|ar** sägen; **~ín** m Sägemehl n; **~ucho** [-t∫o] m Fuchsschwanz (*Säge*)

**servi|ble** brauchbar; **~cio** [-θ-] m Dienst m; Bedienung f; *Tech* Betrieb; **~cio automático** *Tel* Selbstwählverkehr; **~dor(a** f) m Diener(in); **~dumbre** f Gesinde n; **~l** knechtisch; unterwürfig; **~lleta** [-ʎ-] f Serviette; **~r** dienen; bedienen; servieren; **~r de, a, para** dienen als, zu; **~rse** s. bedienen

**sesión** f Sitzung; Beratung; (Kino-)Vorstellung

**seso** m Gehirn n; *fig* Verstand; **~s** pl Hirn n

**set|a** f Pilz m; **~o** m Zaun; **~o**

**seudónimo** 198

**vivo** Hecke *f*
**seudónimo** *m* Pseudonym *n*
**severo** streng, genau
**sex|o** *m* Geschlecht *n*; **~ual** geschlechtlich; Sexual...
**si** *pron* sich; *adv* ja; jawohl; gewiß; *m* Ja(wort) *n*; **de ~** von selbst; **de por ~** an u. für s.
**si** *cj* wenn; ob; **por ~ acaso** falls etwa; für alle Fälle; **~ no** falls nicht
**sidra** *f* Apfelwein *m*
**siega** *f* Ernte, Mahd
**siembra** *f* Säen *n*; Saatzeit
**siempre** immer, stets; **de ~** von jeher; **~ que** *cj* vorausgesetzt (, daß); jedesmal wenn
**sien** *f* Schläfe
**sierra** *f* Säge; Bergkette, Gebirge *n*
**siesta** *f* Mittagsruhe
**sífilis** *f* Syphilis
**sifón** *m* Heber; Siphon(flasche *f*) *m*
**sigla** *f* Abkürzung
**siglo** *m* Jahrhundert *n*
**significa|r** bedeuten; **~tivo** bezeichnend; bedeutsam
**signo** *m* Zeichen *n*; Sinnbild *n*
**siguiente** [-gi-] folgend; **lo ~** folgendes
**sílaba** *f* Silbe
**silb|ar** pfeifen; zischen; **~ato** *m* Pfeife *f*; **~ido** *m* Pfeifen *n*; **~ido de oídos** Ohrensausen *n*
**silenci|ador** [-θ-] *m* Kfz *u* Waffe Schalldämpfer; **~o** Schweigen *n*; Stille *f*, Ruhe *f*; **~oso** still; geräuschlos
**silueta** *f* Silhouette
**silvestre** *Zo, Bot* wild(wachsend)
**sill|a** [-ʎa] *f* Stuhl *m*; Sattel *m*; **~ de extensión (plegable)** Liege- (Klapp-)stuhl *m*
**sillón** [-ʎ-] *m* Lehnstuhl, Armsessel
**sima** *f* Abgrund *m*
**simbólico** symbolisch
**símbolo** *m* Sinnbild *n*
**simétrico** symmetrisch
**similar** gleichartig
**sim|patía** *f* Sympathie; **~pático** sympathisch; nett; **~patizar** [-θ-] sympathisieren
**simpl|e** einfach; einfältig; bloß; **~ificar** vereinfachen
**simula|ción** [-θ-] *f* Verstellung; **~r** heucheln; vorspiegeln
**simultáneo** gleichzeitig
**sin** ohne; **~ más (ni menos)** ohne weiteres; *adv* **~ embargo** jedoch, trotzdem; *cj* **~ que** ohne daß
**sincero** [-θ-] aufrichtig
**sincronizado** [-θ-] synchronisiert, gleichgeschaltet
**sindicato** *m* Gewerkschaft *f*
**sinfonía** *f* Symphonie
**singular** einzeln; einzig(artig); außergewöhnlich; *m* Einzahl *f*; **~idad** *f* Eigenart; Sonderbarkeit; **~izar** [-θ-] auszeichnen
**siniestro** links; unheilvoll; *m* Unheil *n*
**sinnúmero** *m* Unzahl *f*

**sino** sondern; sonst; außer
**síntesis** f Synthese
**sintético** synthetisch; zsfassend
**síntoma** m Anzeichen n
**sinvergüenza** [-θa] m unverschämter Kerl
**siquiatra** [-k-] m Psychiater
**siquiera** [-k-] auch wenn; wenigstens; *Am a* zum Glück; **ni ~** nicht einmal
**sirena** f Sirene
**sirvienta** f Hausangestellte
**siste|ma** m System n; **~ma de alarma** Alarmanlage f; **~mático** systematisch
**siti|ar** *Mil* belagern; **~o** m Gegend f; Ort; Lage f; Platz
**situa|ción** [-θ-] f Lage; Situation; **~do** gelegen; **bien ~do** wohlhabend
**slálom** m Slalom
**so** unter; **~ pena** bei Strafe
**soberbio** stolz; hochmütig
**sobra** f Übermaß n; **de ~** im Überfluß; **~do** (über)reichlich; **~nte** m Überrest; Überschuß; **~r** übrigbleiben; überflüssig sein
**sobre** auf; über; außer; m Briefumschlag; **~ todo** besonders; **~carga** f Überladung, Überlast; **~cargar** überladen; **~manera** *adv* außerordentlich; **de ~mesa** nach Tisch; **~natural** übernatürlich; **~nombre** m Spitzname; **~todo** m *bsd Am* Mantel; **~vivir** v/t u v/i überleben
**sobrin|o** m Neffe; **~a** f Nichte

**sobrio** mäßig; nüchtern
**social** [-θ-] f gesellschaftlich; sozial; **~ismo** m Sozialismus; **~ista** sozialistisch; *su* Sozialist(in)
**soci|edad** [-θ-] f Gesellschaft; **~edad anónima** *Hdl* Aktiengesellschaft; **~o** m Genosse; Mitglied n; Teilhaber; **~o de honor** Ehrenmitglied n; **~o de número** ordentliches Mitglied n
**socarrón** schlau, gerissen
**socorr|er** helfen; unterstützen; **~ido** hilfsbereit; **~o** m Hilfe f
**soda** f Soda(wasser) n
**sofá** m Sofa n; **~-cama** m Bettcouch f
**sofocar** ersticken; dämpfen
**sol** m Sonne f
**solar** Sonnen...; m Baugelände n; **~io** m Solarium n
**soldado** m Soldat
**soldar** löten; schweißen
**solear** sonnen
**soledad** f Einsamkeit
**solem|ne** feierlich; **~nidad** f Feierlichkeit; Förmlichkeit
**soler** v/i pflegen (zu)
**solicita|nte** [-θ-] m Bewerber; **~r** s. bewerben um; erbitten; betreiben
**solícito** [-θ-] emsig; besorgt
**soli|citud** [-θ-] f Gesuch n; Antrag m; Sorgfalt; **~dario** solidarisch; mitverantwortlich; **~dez** [-θ-] f Festigkeit
**sólido** fest, massiv; solide
**solita|ria** f Bandwurm m;

**solitario** 200

**~rio** einsam; *m* Einsiedler
**sol|o** allein; einzig; *m* Solo *n*;
**a ~as** ganz allein
**sólo** nur; **no ~ ... sino también** nicht nur ... sondern auch
**solomillo** [-ʎo] *m* Filet *n*
**soltar** los-machen, -lassen; lockern
**solter|o** ledig; *m* Junggeselle *m*; **~na** *f* alte Jungfer
**soltura** *f* Geläufigkeit; Gewandtheit; *Am a* Durchfall *m*
**solu|ble** löslich; **~ción** [-θ-] *f* Lösung; Auflösung
**solven|cia** [-θ-] *f* Zahlungsfähigkeit; **~te** zahlungsfähig
**sollo|zar** [-ʎoθ-] schluchzen; **~zo** [-θo] *m* Schluchzen *n*
**sombr|a** *f* Schatten *m*; Dunkelheit; **ni ~** keine Spur; **~ería** *f* Hutladen *m*; **~ero** *m* Hut; **~illa** [-ʎa] *f* Sonnenschirm *m*; *Am a* Regenschirm *m*; **~ío** schattig; düster
**some|ro** summarisch; **~ter** unterwerfen; unterbreiten; unterziehen
**somier** *m* Sprungfedermatratze *f*
**somnífero** *m* Schlafmittel *n*
**sona|nte** klingend; **~r** klingen; ertönen; läuten
**sond|a** *f* Sonde; *Mar* Lot *n*; **~(e)ar** sondieren (*a fig*); loten
**sonido** *m* Ton, Klang; Laut
**sonor|idad** *f* Klangfülle; **~o** klangvoll; **película** *f* **~a** Tonfilm *m*
**sonr|eír** [-rr-] lächeln; **~isa** *f* Lächeln *n*
**soñar** [-ɲ-] träumen (**con** von)
**sop|a** *f* Suppe; **~era** *f* Suppenschüssel
**sopl|ar** blasen; wehen (*Wind*); **~o** *m* Hauch; *fig* Wink; **~ón** *m* Spitzel
**sopor|table** erträglich; **~tar** stützen, tragen; ertragen; **~te** *m* Stütze *f*; Ständer
**sorb|er** schlürfen; **~ete** *m* Fruchteis *n*; **~o** *m* Schluck
**sord|era** *f* Taubheit; **~o** taub; dumpf; *m* Taube(r); **~omudo** taubstumm
**soroche** [-tʃe] *m Am* Höhenkrankheit *f*
**sorpre|ndente** überraschend; **~nder** überraschen; **~sa** *f* Überraschung; **~sivo** *Am* überraschend
**sortija** [-xa] *f* Ring *m*; Haarlocke
**sosiego** *m* Ruhe *f*
**soso** fade, geschmacklos; *fig* langweilig
**sospech|a** [-tʃa] *f* Verdacht *m*, Argwohn *m*; **~ar** vermuten; argwöhnen; **~ar de j-n** verdächtigen; **~oso** argwöhnisch; verdächtig
**sostén** *m* Büstenhalter
**sostener** (unter)stützen; unterhalten; behaupten
**sota** *f* Bube *m* (*Kartenspiel*)
**sótano** *m* Keller
**su, sus** (*pl*) sein(e); ihr(e); Ihr(e)

**sua|ve** sanft; mild; **~vidad** f Sanftheit; Geschmeidigkeit; **~vizar** [-θ-] fig mildern
**subasta** f Versteigerung; **~r** versteigern
**súbdito** m Untertan; Staatsangehörige(r)
**subi|da** f (Ein-, An-)Steigen n; Aufstieg m; Preissteigerung; **~r** hinauf-bringen, -schaffen, -heben; Preis erhöhen; v/i steigen; hinaufgehen, -steigen; einsteigen
**súbito** plötzlich
**subleva|ción** [-θ-] f Aufstand m; **~r** aufwiegeln
**sublime** erhaben, hoch
**submarino** unterseeisch; m Unterseeboot n
**subordina|ción** [-θ-] f Unterordnung; **~do** untergeordnet; m Untergebene(r); **~r(se)** (s.) unterordnen
**subrayar** unterstreichen
**subsi|dio** m Beihilfe f; **~dios** pl Hilfsgelder npl; **~stencia** [-θ-] f Lebensunterhalt m; **~stir** fortbestehen; sein Leben fristen
**sub|suelo** m Untergrund; **~terráneo** unterirdisch; m Süda Untergrundbahn f; **~urbano** vorstädtisch; **~urbio** m Vorstadt f; Vorort; **~vención** [-θ-] f Subvention
**suce|der** [-θ-] folgen; geschehen; **~sión** f Thronfolge; **~sivo** folgend; **en lo ~sivo** von nun an; **~so** m Vorfall, Ereignis m; **~sor** m

Nachfolger
**sucio** [-θ-] schmutzig; unflätig
**sucumbir** unterliegen
**sucursal** f Zweiggeschäft n, Filiale
**suda|dera** f Am Trainingsanzug m; **~r** schwitzen
**sud|este** m Südosten; **~oeste** m Südwesten
**sudor** m Schweiß; **~oso** schweißbedeckt
**suegr|o** m, **~a** f Schwiegervater, -mutter
**suela** f Schuhsohle
**sueldo** m Gehalt n
**suelo** m Boden; Fußboden
**suelto** losgelöst, lose; einzeln; **dinero ~** Kleingeld
**sueño** [-ɲo] m Schlaf; Traum
**suero** m Molke f; Serum n
**suerte** f Schicksal n; Los n; Glück n; Stk Phase, Runde; **por ~** zum Glück; **mala ~** Pech n
**suéter** m bsd Am Pullover
**suficiente** [-θ-] genügend, ausreichend
**sufri|do** geduldig; **~r** leiden; erleiden; ertragen
**suge|rir** [-x-] nahelegen; einflüstern; **~stión** f Beeinflussung; **~stivo** anregend
**suici|da** [-θ-] su Selbstmörder(in); **~darse** Selbstmord begehen; **~dio** m Selbstmord
**suje|ción** [-xeθ-] f Unterwerfung; Abhängigkeit; **~tador** m Büstenhalter; **~tar**

**sujeto**

unterwerfen; festhalten; befestigen; **~to** unterworfen; *m* Stoff, Gegenstand; Subjekt *n*

**suma** *f* Summe; Abriß *m*; **en ~** kurz; **~r** zs-zählen

**sumergir** [-x-] untertauchen; **~se** versinken, untergehen; untertauchen

**sumidero** *m* Abfluß; Gully

**suminis|trar** liefern; **~tro** *m* Lieferung *f*

**sumisión** *f* Unterwerfung; Ergebenheit

**sumo** höchst; **a lo ~** höchstens

**suntuoso** prunkvoll

**super|ar** übertreffen; überwinden; **~ávit** *m* Überschuß; **~ficial** [-θ-] oberflächlich; **~ficie** [-θ-] *f* Oberfläche; Fläche; **~fluidad** *f* Überfluß *m*; **~fluo** überflüssig; unnötig; **~hombre** *m* Übermensch

**superior** höher; überlegen; vortrefflich; *m* Vorgesetzte(r); **~idad** *f* Überlegenheit

**super|mercado** *m* Supermarkt; **~sónico** Überschall...

**supersti|ción** [-θ-] *f* Aberglaube *m*; **~cioso** [-θ-] abergläubisch

**suplemen|tario** ergänzend; zusätzlich; **~to** *m* Ergänzung *f*; Zuschlag; (Zeitungs-)Beilage *f*

**suplente** *m* Stellvertreter

**súplica** *f* Gesuch *n*

**suplica|nte** *su* Bittsteller(in); **~r** (inständig) bitten

**supo|ner** voraussetzen, annehmen; **~sición** [-θ-] *f* Voraussetzung; Vermutung; **~sitorio** *m* Med Zäpfchen *n*

**supre|macía** [-θ-] *f* Überlegenheit; Vorrang *m*; **~mo** oberst; letzt

**supresión** *f* Unterdrükkung; Abschaffung

**suprimir** unterdrücken; abstellen, einstellen

**supuesto** vermeintlich; *m* Voraussetzung *f*; **por ~** selbstverständlich; **~ que** vorausgesetzt daß

**sur** *m* Süden; Südwind

**surc|ar** [-θ-] furchen; durchqueren; **~o** *m* Furche *f*; Rille *f* (*Schallplatte*)

**surgir** [-x-] auftauchen, s. ergeben

**surtido** *m* Hdl Sortiment *n*, Auswahl *f*; **~r** *m* Springbrunnen; **~r de gasolina** Tankstelle *f*; Zapfsäule *f*

**surtir** versorgen, beliefern

**susceptible** [-θ-] empfindlich

**suscitar** [-θ-] hervorrufen

**suscri|bir** unterschreiben, abonnieren; **~pción** [-θ-] *f* Abonnement *n*; Bestellung; **~ptor** *m* Unterzeichner; Abonnent

**suspen|der** aufhängen; aufschieben; vorläufig einstellen; durchfallen lassen (*im Examen*); **~sión** *f* Aufhängen *n*; Stillstand *m*; Unterbrechung; *Kfz* Federung,

**~sivo** aufschiebend; **~so** unschlüssig; durchgefallen (*Kandidat*); **en ~so** in der Schwebe
**suspicа|cia** [-θ-] *f* Mißtrauen *n*; **~z** [-θ] argwöhnisch
**suspi|rar** seufzen; **~ro** *m* Seufzer; *Gastr* Windbeutel
**sustancia** [-θ-] *f* Substanz; Stoff *m*; **~l** gehaltvoll
**sustantivo** *m* Hauptwort *n*, Substantiv *n*

**sustituir** ersetzen, einsetzen (**por** für)
**sustitut|o** *m*, **~a** *f* Stellvertreter(in)
**susto** *m* Schreck; **llevarse un ~** erschrecken
**sustraer** entziehen; *Math* abziehen
**susurrar** murmeln, säuseln
**sutil** dünn; *fig* spitzfindig
**sutura** *f Med* Naht
**suyo, suya** sein(e); ihr(e)

# T

**tabaco** *m* Tabak; *Col* a Zigarre *f*
**tábano** *m Zo* Bremse *f*
**tabaquera** [-k-] *f* Tabakdose
**taberna** *f* Schenke
**tabique** [-ke] *m* Zwischenwand *f*
**tabl|a** *f* Brett *n*; Planke; Tafel; Tabelle; **~ hawaiana** *Sp* Surfbrett *n*; **~do** *m* Gerüst *n*; Podium *n*
**table|ro** *m* Tafel *f*; Brett *n*; Platte *f*; **~ro flamenco** Flamenco-Gruppe *f*; **~ro de instrumentos** Instrumentenbrett *n*; **~ro de mando** Schalttafel *f*; **~ta** *f* Tafel (*Schokolade*); Tablette
**taburete** *m* Schemel, Hocker
**tácito** [-θ-] stillschweigend
**taco** *m* Pflock, Dübel, Queue *n* (*Billard*); (Abreiß-)Block; derber, anstößiger Ausdruck; *RPl* a (Schuh-)Absatz

**tacón** *m* Absatz (*Schuh*)
**táctica** *f* Taktik
**tacto** *m* Takt, Anstand
**tach|ar** [-tʃ-] ausstreichen; tadeln; **~uela** *f* kleiner Nagel *m*, Zwecke
**tafetán** *m* Taft
**taimado** schlau; verschmitzt
**taja|da** [-x-] *f* Schnitte; **~do** steil abfallend; **~dor** *m Pe*, **~lápices** *m Süda* Bleistiftspitzer
**tajo** [-xo] *m* Schnitt; Schmarre *f*
**tal** solche(r, -s); derartig; **un ~** ein gewisser; **~ cual** so wie; **con ~ que** vorausgesetzt, daß; **~ vez** vielleicht; **¿qué ~?** wie geht's?
**tala|drar** (durch)bohren; **~dro** *m* Bohrer; **~r** *Baum* fällen; dem Boden gleichmachen
**talento** *m* Talent *n*, Begabung *f*
**talón** *m* Ferse *f*; *Hdl* Ab-

**talonario**

schnitt, Schein
**talonario** m **de cheques** [t∫-] Scheckbuch n
**tall|a** [-ʎa] f Wuchs m; Gestalt; Bildhauerarbeit; Größe (Kleidung); **~ar** einkerben, -schneiden; in Holz schnitzen; **~e** m Gestalt f; Schnitt (Kleid); Taille f; **~er** m Werkstatt f; **~er de reparaciones** Reparaturwerkstatt f; **~o** m Stengel
**tamal** m Gastr Am Art Maispastete f
**tamaño** [-ɲo] m Größe f; Format n; adj so groß, derartig
**también** auch
**tambo** m Süda Herberge f (an Fernstraßen); RPl Melkplatz; Molkerei f; Pe Bordell n; **~r** m Trommel f; Trommler
**tamiz** [-θ] m feines Sieb n
**tampoco** auch nicht
**tan** so, so sehr; ebenso
**tanda** f Serie; Runde
**tanino** m Gerbsäure f
**tanque** [-ke] m Panzerwagen; Am a (Benzin-)Tank
**tanto** adj so viel; so groß; so mancher; adv so sehr, ebensoviel; m gewisse Menge f; Sp Punkt; **~s** pl einige; **por lo ~** deswegen; **~ mejor** desto besser; **en ~ que** cj solange; **marcar un ~** ein Tor schießen
**tapa** f Deckel m; Kappe; **~s** pl Span Appetithäppchen n

pl; **~cubo(s)** m Kfz Radkappe f; **~do** m RPl, Chi (Damen-)Mantel; **~r** zudecken; verstopfen; verhüllen
**tapete** m Zierdecke f; **poner sobre el ~** aufs Tapet bringen
**tapia** f Lehmwand; Mauer
**tapi|cero** [-θ-] m Polsterer; Dekorateur; **~t** m Tapir; **~z** [-θ] m (Wand-)Teppich; **~zar** [-θ-] auslegen, auskleiden
**tapón** m Korken, Stöpsel; **~onar** verkorken
**taquigra|fía** [-k-] f Stenographie; **~fiar** stenographieren
**taquígrafo** [-k-] m Stenograph
**taqui|lla** [-kiʎa] f (Karten-)Schalter m; **~llero** [-ʎ-] m Schalterbeamte(r); **~mecanógrafa**) f Stenotypistin
**taquímetro** [-k-] m Tachometer m
**tarántula** f Tarantel
**tar|danza** [-θa] f Verzögerung; **~dar** zögern; **sin ~dar** unverzüglich; **~de** f Nachmittag m; Abend m; **~dío** [-θ-] verspätet; **~do** langsam; schwerfällig; begriffsstutzig
**tarea** f Arbeit; Aufgabe; **~s** pl Hausaufgaben fpl
**tarifa** f Tarif m; Gebühr
**tarima** f Podium n
**tarjeta** [-x-] f Karte; **~ pos-**

**tal (de visita)** Post- (Visiten-)karte; **~ de crédito** Kreditkarte
**tarro** m Einmachglas n
**tarta** f Torte
**tartamu|dear** stottern; **~dez** [-θ-] f Stottern n
**tarugo** m Pflock; Holzzapfen
**tasa** f Taxe; Gebühr; **~ción** [-θ-] f Schätzung; **~dor** m Schätzer; **~r** (ab)schätzen; taxieren
**tatuaje** [-xe] m Tätowierung f
**taur|ino** Stier(kampf)...; **~omaquia** [-k-] f Technik f des) Stierkampf(s) m
**taxi** m Taxi n; **~sta** m Taxifahrer
**taza** [-θa] f Tasse
**te** dir, dich
**té** m Tee
**tea** f Kienspan m; Fackel; **~tral** theatralisch; **~tro** m Theater n
**tecl|a** f Taste; **~ado** m Tastatur f; Mus Tasten fpl; **~ear** klimpern; tippen
**técnica** f Technik
**tecnicismo** [-θ-] m Fachausdruck
**técnico** technisch; m Techniker; Fachmann
**te|char** [-tʃ-] bedachen; **~cho** [-tʃo] m Dach n; Zimmerdecke f; **~cho corredizo** [-θo] Kfz Schiebedach n
**tedio** m Langeweile f
**teja** [-xa] f Dachziegel m; **~do** m Dach n; **~dor** m Dachdecker; **~r** mit Ziegeln decken; m Ziegelei f
**tejer** [-x-] weben; Am a stricken
**tejido** [-x-] m Gewebe n; **~s** pl Textilien
**tejón** [-x-] m Dachs
**tela** f Gewebe n; Stoff m; Leinwand; **~r** m Webstuhl; **~raña** [-ɲa] f Spinn(en)gewebe n
**tele|comunicaciones** [-θ-] f pl Fernmeldewesen n; **~diario** m Tagesschau f
**tele|dirigido** [-x-] ferngelenkt; **~enseñanza** [-ɲanθa] f Fernunterricht m; **~férico** m Drahtseilbahn f
**~fonear** telefonieren; **~fonema** m Telefonat n; **~fónico** telefonisch; **central** f **~fónica** Fern(sprech)amt n; Vermittlung; **~fonista** su Telefonist(in)
**teléfono** m Telefon n, Fernsprecher; **~ público** Münzfernsprecher
**telegra|fía** f Telegraphie; **~afiar** telegraphieren; **~áfico** telegraphisch; **~afista** m Flgw, Mar Funker
**telégrafo** m Telegraph
**tele|grama** m Telegramm n; **~novela** f TV Fernsehspiel n; **~scopio** m Teleskop n; **~silla** [-ʎa] f Sessellift m; **~squí** [-k-] f Skilift; **~tipo** m Fernschreiber; **~vidente** m Fernsehzuschauer
**televisi|ón** f Fernsehen n; **~or** m Fernseher
**télex** m Fernschreiben n
**telón** m Thea Vorhang m; **~**

**tema** 206

**de acero** *Span* Eiserner Vorhang
**tema** m Thema n; Aufgabe f
**tembl|ar** zittern; **~or** m de **tierra** Erdbeben n; **~oroso** zitterig
**temer** fürchten; befürchten; **~idad** f Tollkühnheit; **~oso** furchtsam, zaghaft
**temible** furchtbar
**temor** m Furcht f
**tempera|mento** m Temperament n; **~tura** f Temperatur
**tempes|tad** f Sturm m; Unwetter n; **~tuoso** stürmisch
**templa|do** maßvoll, gemäßigt; lau; **~r** mäßigen; besänftigen
**templo** m Tempel; Kirche f
**tempo|rada** f Zeitraum m; Jahreszeit; Saison; **~ral** zeitlich; weltlich; m Regenzeit f; Sturm, Unwetter m
**temprano** frühzeitig, früh; *adv* (zu) früh
**tena|cidad** [-θ-] f Zähigkeit; **~z** [-θ-] zäh; hartnäckig; **~zas** fpl [-θ-] Zange f
**tendedero** m Trockenplatz
**tenden|cia** [-θ-] f Neigung; Tendenz; **~cioso** [-θ-] tendenziös
**ténder** m *Esb* Tender
**tender** (aus)spannen; ausbreiten; ausstrecken; *Wäsche* aufhängen; **~o** m Krämer
**tendido** m *Stk* Sperrsitz
**tendón** m *Anat* Sehne f
**tenebro|sidad** f Finsternis;

**~so** finster, dunkel
**tene|dor** m Gabel f; *Hdl* Inhaber; **~dor de libros** Buchhalter; **~duría** f Buchhaltung; **~r** haben; halten; **~r por** halten für; **~r que** müssen
**tenia** f Bandwurm m
**teniente** m Oberleutnant
**tenis** m Tennis(spiel) n
**tenor** m Tenor; Wortlaut
**tensión** f Spannung
**tenta|ción** [-θ-] f Versuchung; **~r** betasten; versuchen; **~tiva** f Versuch m; Probe
**tenue** dünn; schwach
**teñi|do** [-ɲ-] m Färben n; **~r** färben; *Mal* abtönen
**teología** [-x-] f Theologie
**teoría** f Theorie
**teórico** theoretisch
**terapia** f Therapie, Heilverfahren n
**ter|ceto** [-θ-] m *Mus* Terzett **~cio** [-θ-] m Drittel n; **²cio** m *Span* Fremdenlegion f
**terciopelo** [-θ-] m Samt
**termal** Thermal...
**termas** fpl Thermalquellen
**termin|ación** [-θ-] f Beendigung; **~al** f Endhaltestelle; **~ar** beenden; abschließen; enden
**término** m Ende n; Zweck; Frist f; Ausdruck
**term|o** m Thermosflasche f; **~ómetro** m Thermometer n; **~osifón** m Boiler
**terne|ra** f Kalbfleisch n; (Kuh-)Kalb n; **~ro** m

(Stier-)Kalb n
tern|eza f [-θa] f Zartheit; Sanftheit; ~o m Am (Herren-)Anzug; ~ura f Zärtlichkeit
terra|plén m Aufschüttung f; planierte Fläche f; Damm; ~teniente m Grundbesitzer; ~za [-θa] f Terrasse
terre|moto m Erdbeben n; ~no m Boden; Gelände n; ~no de camping Zeltplatz; ~stre irdisch; Erd...
terri|ble schrecklich; ~torio m Gebiet n; Territorium n
terrón m Erdklumpen; Stück n (Zucker)
terror m Schrecken; ~ismo m Terrorismus; ~ista su Terrorist(in)
terruño [-ño] m Erdreich n; Erdscholle f; fig (engere) Heimat f
tertulia f Gesellschaft; Kränzchen n; Stammtisch m
tesis f These; ~ (doctoral) f Doktorarbeit
teso|rería f Schatzamt n; ~rero m Schatzmeister; ~ro m (Staats); Schatzkammer f
testaferro m fig Strohmann
testamento m Testament n
testarudo halsstarrig
testículo m Hode
testi|ficar bezeugen, bekunden; ~go su Zeuge m, Zeugin f; ~moniar bezeugen; ~monio m Zeugnis n; Bescheinigung f
teta f Zitze; Euter n; ~s pl P

Titten f pl
tetera f Teekanne
tetero m Col Babyflasche f
tétrico trübselig
tex|til m Textil...; ~tiles mpl Textilien pl; ~to m Text; ~tual wörtlich; ~tura f Gewebe n
tez [-θ] f Hautfarbe, Teint m
ti (nach prp) dir, dich
tía f Tante; P Weib n, Tante
tib|ia f Schienbein n; ~ieza [-θa] f Lässigkeit; ~io lau (-warm)
tiburón m Haifisch
tiempo m Zeit f; Wetter n; Mus Tempo n; matar el ~ die Zeit totschlagen; a ~ rechtzeitig; hace ~ vor langer Zeit; hace buen (mal) ~ es ist gutes (schlechtes) Wetter
tienda f Laden m; Zelt n; Col, Chi Lebensmittelgeschäft n
tierno zart, mürbe, weich; zärtlich
tierra f Erde; Land n; Heimat; tomar ~ Flgw landen
tieso steif; straff; unbeugsam; ~to m Blumentopf
tifus m Typhus
tigr|e m Tiger; Súda Jaguar; ~illo [-ńo] m Súda Ozelot
tijeras [-x-] fpl Schere f; ~ de uñas Nagelschere f
tila f Lindenblütentee m
tildar de bezeichnen als
tilde f Tilde (über den spanischen n); fig Lappalie
tilo m Linde f
tima|dor m Schwindler; ~r

**timbre**

F übers Ohr hauen
**timbre** *m* Stempel; Klingel *f*; **Méj** Briefmarke *f*
**timidez** [-θ] *f* Furchtsamkeit
**tímido** furchtsam, schüchtern
**timo** *m* Schwindel
**tim|ón** *m* Mar Steuer *n*; Pe, Col Kfz Steuer(rad) *n*; **~onel** *m* Steuermann
**tímpano** *m* Giebelfeld *n*; Anat Trommelfell *n*
**tina** *f* Bottich *m*; Col Badewanne
**tinieblas** *fpl* Finsternis *f*
**tin|ta** *f* Tinte; **~te** *m* Färben *n*; Färberei *f*; **~tero** *m* Tintenfaß *n*
**tinto** gefärbt; *m* Col schwarzer Kaffee; **vino** *m* ~ Rotwein; **~rería** *f* Färberei *f*; chemische Reinigung
**tiña** [-ɲa] *f* Med Grind *m*
**tío** *m* Onkel; Kerl
**tiovivo** *m* Karussell *n*
**típico** typisch
**tiple** *f* Sopranistin
**tipo** *m* Typ; Art *f*; Klasse *f*; Kurs (Bank); **~grafía** *f* Buchdruckerkunst
**tipógrafo** *m* Buchdrucker
**tiquete** [-k-] *m* Am Fahrkarte *f*; Flugschein
**tira** *f* Streifen *m*; **~botas** *m* Stiefelknecht; **~buzón** [-θ-] *m* Korkenzieher; **~da** *f* Wurf *m*; Auflage *f* (e-r Zeitung); **~dor** *m* Schütze; Griff (Tür usw)
**tiranía** *f* Tyrannei
**tiránico** tyrannisch

**tiran|izar** [-θ-] *f* tyrannisieren; **~o** *m* Tyrann
**tira|nte** gespannt; straff; *m* Zugriemen; **~ntes** *pl* Hosenträger; **~ntez** [-θ] *f* Spannung (a Pol); **~r** ziehen; werfen; schießen; wegwerfen; Tab vögeln
**tirita** *f* Span Schnellverband *m*; **~r** frösteln
**tiro** *m* Wurf; Schuß; Schießstand; **al plato** Tontaubenschießen *n*; **al ~ Chi** sofort
**tirón** *m* Ruck; **de un ~** auf einmal
**tiroteo** *m* Mil Geplänkel *n*; Schießerei *f*
**tisana** *f* Heiltee *m*
**tísico** schwindsüchtig
**tisis** *f* Schwindsucht
**títere** *m* Marionette *f*
**titilar** zittern; flimmern
**titubear** schwanken, unschlüssig sein
**titular** *adj* betitelt; *v/t* betiteln; *m* Hdl, jur Inhaber; Schlagzeile *f*
**título** *m* Titel; Wertpapier *n*; Diplom *n*
**tiza** [-θa] *f* Kreide
**toall|a** [-ʎa] *f* Handtuch *n*; **~a de baño** Badetuch *n*; **~a higiénica** Am (Damen-) Binde; **~ero** Handtuchhalter
**tobera** *f* Düse
**tobillo** [-λo] *m* Fußknöchel
**toca|discos** *m* Plattenspieler; **~do** *m* Frisur *f*; Kopfputz; **~dor** *m* Spieler (eines Instruments); Toiletten-

**torre**

tisch; **(en lo) ~nte a** was ... anbetrifft; **~r** berühren; rühren an; *Mus* spielen; *Glocken* läuten; *Hafen* anlaufen; zukommen, zufallen (*Los*)

**tocino** [-θ-] *m* Speck

**todavía** noch (immer); **~ no** noch nicht

**todo** alles, ganz; jeder; *m* Ganze(s) *n*; **~ el mundo** jedermann; **la ~ a vida** die ganze Welt; **sobre ~** vor allem

**toldo** *m* Sonnendach *n*

**tolera|ble** erträglich; **~ncia** [-θ-] *f* Toleranz; **~nte** duldsam; **~r** dulden, zulassen

**toma** *f* Nehmen *n*; Ent-, Auf-, Über-nahme; **~r** nehmen; weg-, ein-nehmen; *Kaffee usw*, *Am allg* trinken; *Beschluß* fassen

**tomate** *m* Tomate *f*

**tomavistas** *m* Filmkamera *f*

**tomillo** [-ʎo] *m* Thymian

**tomo** *m* Band; Buch *n*

**tonel** *m* Tonne *f*; Faß *n*; **~ada** *f* Tonne (*Gewicht*); **~aje** [-xe] *m* *Mar* Tonnage *f*; **~ería** *f* Böttcherei *f*; **~ero** *m* Böttcher

**tóni|ca** *f* Tonic Water *n*; **~o** *m* *Med* Tonikum *n*

**tono** *m* Ton; Redeweise *f*; **darse ~** s. wichtig machen

**tont|ería** *f* Albernheit *f*; **~o** dumm; albern; *m* Dummkopf

**topar** (zs-)stoßen; **~ con** stoßen auf, gegen

**tope** *m* Spitze *f*; *Mar* Topp *f*;

*Esb* Puffer; *Tech* Anschlag

**topo** *m* Maulwurf

**topográfico** topographisch

**toque** [-ke] *m* Berührung *f*; Signal *n*; Geläute *n*; **~ de queda** Sperrstunde *f*

**torbellino** [-ʎ-] *m* Wirbel, Strudel

**torcer** [-θ-] drehen; krümmen; verrenken; **~ (a)** abbiegen (nach); **~se** s. *et* verrenken, verstauchen

**torcido** [-θ-] krumm

**tore|ar** mit Stieren kämpfen; **~o** *m* Stierkampf; **~ro** *m* Stierkämpfer, Torero

**toril** *m* *Stk* Stierzwinger

**tormenta** *f* Sturm *m*; Gewitter *n*

**tornar** v/t zurück-geben; v/i -kehren; **~se** s. verwandeln, werden

**torne|ar** drechseln; *Metall* drehen; **~ro** *m* Dreher

**torni|llo** [-ʎo] *m* Schraube *f*; **~llo de banco** Schraubstock; **~quete** [-k-] *m* Drehkreuz *n*

**torno** *m* Drehbank *f*; Schraubstock; Winde *f*

**toro** *m* Stier, Bulle; **~s** *pl* Stierkampf *m*

**toronja** [-xa] *f* Pampelmuse

**torpe** ungeschickt; schwerfällig; stumpfsinnig

**torpe|dero** *m* Torpedoboot *n*; **~do** *m* Torpedo; *Zo* Zitterrochen

**torpeza** [-θa] *f* Ungeschicklichkeit; Stumpfsinn *m*; Unanständigkeit

**torre** *f* Turm *m*; Hochhaus

**torrencial** 210

*n*; ~ **de control** *Flgw* Kontrollturm *m*
**torren|cial** [-θ-] strömend; **~te** *m* Gieß-, Sturz-bach; *fig* Schwall
**torre|ón** *m* Festungsturm; **~ro** *m* Turmwächter; Leuchtturmwärter
**tórrido** heiß (*Klimazone*)
**torsión** *f* Drehung
**torta** *f* Kuchen *m*; Fladen *m*; F Ohrfeige
**tortilla** [-ʎa] *f* ~ **(francesa)** Eierkuchen *m*, Omelett *n*; ~ **(a la) española** Omelett mit Kartoffeln; ~ *Méj* Maisfladen *m*
**tórtola** *f* Turteltaube
**tortuga** *f* Schildkröte
**tortuo|sidad** *f* Krümmung; **~so** geschlängelt; krumm
**tortura** *f* Folter; Qual; **~r** foltern
**tos** *f* Husten *m*
**tosco** unbearbeitet, roh; *fig* ungehobelt
**toser** husten
**tosquedad** [-k-] *f* Grobheit
**tosta|da** *f* Toast *m*; **~dor de pan** Toaster; **~r** rösten; **~rse** braun werden
**total** ganz, völlig; *m* Gesamtsumme *f*; **~idad** *f* Gesamtheit; **~izar** [-θ-] zs-zählen
**tozudo** [-θ-] halsstarrig
**traba** *f* Band *n*; Fessel; *fig* Hindernis *n*
**traba|jador** [-x-] arbeitsam; *m* Arbeiter; **~jar** [-x-] arbeiten; verarbeiten; **~jo** [-xo] *m* Arbeit *f*; Mühe *f*; *fig*

Schwierigkeit *f*; **~joso** [-x-] mühsam; lästig
**traba|r** verbinden; verstricken; fesseln; **~r conversación** ein Gespräch anknüpfen; **~zón** [-θ-] *f* Verbindung; Gefüge *n*
**trac|ción** [-θ-] *f* Ziehen *n*, Zug *m*; **~tor** *m* Traktor; **~tor-oruga** *m* Raupenschlepper
**tradición** [-θ-] *f* Überlieferung; **~onal** überliefert, herkömmlich; **~onalista** konservativ; *Span* königstreu
**tradu|cción** [-θ-] *f* Übersetzung; **~cir** [-θ-] übersetzen; **~ctor(a** *f*) *m* Übersetzer(in)
**traer** (her)bringen; ~ **loco** verrückt machen
**traficar** Handel treiben
**tráfico** *m* Handel; Verkehr
**traga|deras** *fpl* Schlund *m*; **~luz** [-θ] *m* Dachfenster *n*; **~perras** *fpl* Spielautomat; **~r** verschlucken
**tragedia** [-x-] *f* Tragödie
**trágico** [-x-] tragisch
**trag|o** *m* Schluck; **de un ~o** auf einmal, in einem Zug; **echar un ~o** en Schluck nehmen; F s. einen genehmigen; **~ón** gefräßig
**traici|ón** [-θ-] *f* Verrat *m*; **~onar** verraten
**traída** *f* Überbringung; ~ **de aguas** Wasserzufuhr
**traído** abgetragen (*Kleid*)
**traidor** verräterisch; treulos; *m* Verräter
**traje** [-xe] *m* Anzug; Tracht

**trapiche**

*f*; **~sastre** Kostüm *n*; **~ de baño** Badeanzug

**trajín** [-x-] *m* Geschäftigkeit *f*, Hektik *f*; Plackerei *f*

**trama** *f fig* Komplott *n*; *Thea* Handlung

**tramita|ción** [-θ-] *f* Instanzenweg *m*; **~r** weiterleiten, betreiben

**trámite** *m* Dienstweg; Instanz *f*; **~s** *pl* Formalitäten *f pl*

**tramonta|na** *f* Nordwind *m*; *fig* Eitelkeit; **~no** jenseits der Berge

**tramp|a** *f* Falle; Falltür; *fig* Schwindel *m*; **~ear** betrügen; **~olín** *m* Sprungbrett *n*; **~oso** betrügerisch; *m* Betrüger

**tranca** *f Ven* Verkehrsstau *m*

**trance** [-θe] *m* kritischer Augenblick

**trancón** *m Col* Verkehrsstau

**tranquil|idad** [-k-] *f* Ruhe; **~izar** [-θ-] beruhigen; **~o** ruhig; gelassen

**trans|acción** [-θ-] *f Hdl* Geschäft *n*; **~atlántico** überseeisch; *m* Überseedampfer; **~bordador** *m* Fährschiff *n*; **~bordar** umladen; **~bordo** *m* Umladung *f*; *Esb* Umsteigen *n*

**trans|cribir** abschreiben; **~cripción** [-θ-] *f* Ab-, Umschrift; *Mus* Bearbeitung; **~currir** vergehen; **~curso** *m* Verlauf; **~eúnte** *m* Vorübergehende(r), Passant

**trans|ferencia** [-θ-] *f Hdl* Überweisung; **~ferible** *Hdl* übertragbar; **~ferir** übertragen; überweisen; **~formación** [-θ-] *f* Umbildung; **~formador** *m El* Transformator, F Trafo; **~formar** umformen

**transfusión** *f* Umfüllung; *Med* **~ de sangre** Blutübertragung

**transición** [-θ-] *f* Übergang *m*

**transi|gente** [-x-] nachgiebig; versöhnlich; **~gir** [-x-] nachgeben

**transistor** *m El* Transistor (-radio *n*) *m*

**transi|table** gangbar; befahrbar; **~tar** durchreisen; verkehren; **~tivo** transitiv

**tránsito** *m* Durchgang, Transit; (Fahr-)Verkehr

**transitorio** vorübergehend

**translúcido** [-θ-] durchscheinend

**trans|misión** *f* Übertragung; **~misor** *m* Übersender; *Rf* Sender; **~mitir** übertragen; übermitteln; *Rf* senden; **~parencia** [-θ-] *f* Durchsichtigkeit; *Am* **a Día** *n*; **~parente** durchsichtig; schwitzen; **~pirar** ausdünsten; schwitzen; **~portar** transportieren, befördern; **~porte** *m* Beförderung *f*, Transport; *Hdl* Übertrag

**transversal** quer; seitlich

**tranvía** *m* Straßenbahn *f*; *Span* **~** Nahverkehrszug

**trapecio** [-θ-] *m* Trapez *n*

**trapero** *m* Lumpensammler

**trapiche** [-tʃe] *m Am* Zuk-

**trapo**

kermühle f
**trapo** m Lumpen; (Wisch-, Staub-)Tuch n; Stk F rotes Tuch
**tráquea** [-k-] f Anat Luftröhre
**tras** m; hinter; **uno ~ otro** hinter-ea
**trasbordo: hacer ~** umsteigen
**trascendental** [-θ-] bedeutend, weitreichend
**trasegar** Flüssigkeit ab-, um-füllen
**trase|ra** f Rückseite; **~ro** hinter; m F Hintern
**trasiego** m Umfüllen n
**trasla|dar** verrücken; verlegen; versetzen; **~darse** s. begeben (**a** nach); **~do** m Versetzung f
**traslucirse** [-θ-] durchscheinen
**trasmano** m Hinterhand f (Kartenspiel)
**trasnocha|da** [-tʃ-] vergangene Nacht; Nachtwache; **~do** abgestanden; F vergammelt; **~r** die Nacht schlaflos zubringen; übernachten
**traspapelar** verkramen
**traspa|sar** überschreiten; Hdl übergeben; jur übertragen; **~sarse** zu weit gehen; **~so** m Übertretung f; Abtretung f
**trasplantar** umpflanzen; Med verpflanzen
**trasto** m Hausgerät n; Trödel
**trastor|nar** umwerfen; verdrehen; stören; **~no** m Umkehrung f; Umsturz; Störung f
**trata** f Sklavenhandel m; **~ de blancas** Mädchenhandel m; **~ble** umgänglich; **~do** m Abhandlung f; Vertrag; **~miento** m Behandlung f; Anrede f; **~nte** m Händler; **~r** behandeln; erörtern; **~r en** verkehren mit; **~r de** + inf versuchen zu; **~rse de** s. handeln um
**trato** m Behandlung f; Umgang; Handel, Verhandeln n
**través: de ~** schräg; **a ~ de** (quer) durch
**trave|saño** [-ɲo] m Querbalken; Keilkissen n; **~sía** f Querstraße; Überquerung; Überfahrt
**travie|sa** f Bahnschwelle; **~so** mutwillig; unartig
**trayecto** m Strecke f; Weg
**tra|za** [-θa] f Bauriß m; Plan m; **~ar** entwerfen; zeichnen, ziehen; **~o** m Strich; Schriftzug
**trébol** m Klee
**trecho** [-tʃo] m Strecke f, Stück n
**tregua** f Waffenruhe
**tremendo** fürchterlich
**trementina** f Terpentin m
**tren** m Esb Zug; Gefolge n; **~ de aterrizaje** Flgw Fahrgestell n
**trenza** [-θa] f Flechte (Haar), Zopf m; **~do** m Ge-

**flecht** n, Flechtwerk n
**trepar** (er)klettern
**trepidar** beben, zittern
**triangular** dreieckig
**triángulo** m Dreieck n; **~ de peligro** Warndreieck n
**tribu** f Stamm m; **~na** f Tribüne; **~nal** m Gerichtshof; **~tario** steuerpflichtig; **~to** m Steuer f; Tribut
**triciclo** [-θ-] m Dreirad n
**tricolor** dreifarbig
**trigal** m Weizenfeld n
**trigo** m Weizen
**trilla|dora** [-ʎ-] f Dreschmaschine; **~r** dreschen
**trimes|tral** vierteljährlich; **~tre** m Quartal n
**trincar** zerteilen; festzurren; zechen
**trinch|ar** [-tʃ-] tranchieren; **~era** f Schützengraben m; Trenchcoat m
**trineo** m Schlitten
**trinidad** f Rel Dreifaltigkeit
**tripa** f Darm m; F Bauch m; **~s** pl Eingeweide npl
**triple** dreifach
**trípode** m Stativ n
**tripul|ación** [-θ-] f Mar, Flgw Besatzung f; **~ar** bemannen
**triste** traurig; trübe; düster; **~za** [-θa] f Traurigkeit
**triturar** zerkleinern, zermahlen
**triun|far** triumphieren; siegen; **~fo** m Triumph, Erfolg; Sieg; Trumpf (Kartenspiel)
**trivial** platt, trivial; **~idad** f Plattheit; Gemeinplatz m

**trocar** tauschen; wechseln
**trocha** f [-tʃa] f Pfad m; Süda Esb Spurweite
**trolebús** m Obus
**trombón** m Posaune f
**tromp|a** f Mus Horn n; Zo Rüssel m; **~eta.** f Trompete; 2. m Trompeter; **~o** m Kreisel (Spielzeug)
**tronar** donnern
**tronco** m Baumstamm; Rumpf
**tropa** f Trupp m; Truppe
**tropezar** [-θ-] stolpern, stoßen; zs-stoßen (**con** mit)
**tropical** tropisch
**trópico** m Tropen pl; Geogr Wendekreis
**tropiezo** [-θo] m Anstoß, Hindernis n
**trote** m Trab
**trozo** [-θo] m Stück n
**truco** m Trick
**trucha** [-tʃa] f Forelle
**trueno** m Donner
**trueque** [-ke] m Tausch
**trufa** f Trüffel
**tú** du
**tu, tus** (pl) dein(e)
**tuberculosis** f Tuberkulose
**tub|ería** f Rohrleitung; **~o** m Röhre f; Rohr n; Tube f
**tuerca** f Tech Schraubenmutter
**tugurio** m Elendswohnung f
**tumb|a** f Grab(stätte) n; **~ar** umwerfen; **~ona** f Liege; Liegestuhl m
**tumor** m Geschwulst f
**tumul|to** m Aufruhr, Tumult; **~tuario, ~tuoso** lärmend

**tuna** f Kaktusfeige; Studentengesangsgruppe; ~**nte** m Ganove

**túnel** m Tunnel; ~ **de lavado** Kfz Waschstraße f

**turba** f Torf m; Schwarm m (Menschen)

**turbina** f Turbine

**turbio** trübe; fig unklar

**turbulencia** [-θ-] f Aufregung

**turis|mo** m Fremdenverkehr; (**coche** m **de**) ~**mo** Kfz Personenwagen; ~**ta** su Tourist(in)

**turno** m Reihenfolge f; Arbeitsschicht f; **por** ~ der Reihe nach

**tut|ear** duzen; ~**ela** f Vormundschaft; fig Schutz m; ~**or** m Vormund

**tuyo, tuya** (usw) dein(e)

# U

**u** oder (vor **o-, ho-**)

**ubre** f Euter n

**ubica|ción** [-θ-] f Am Lage; Standort m; Unterbringung; ~**do** Am gelegen; ~**r** Am unterbringen; ~**rse** Am s. zurechtfinden, s. orientieren

**Ud.** = **usted**

**úlcera** [-θ-] f Geschwür n

**ulterior** jenseitig; weiter

**ultimar** beenden; Am a töten, umbringen

**último** letzte(r); äußerste(r); **en** ~ **término** zuletzt; **a** ~ **de mayo** Ende Mai; **es lo** ~ das ist das Letzte

**ultraje** [-xe] m Beschimpfung f

**ultra|mar** m Übersee f; ~**marinos** mpl Span Kolonialwaren fpl; ~**sonido** m Ultraschall

**umbral** m (Tür-)Schwelle f

**un, una** ein, eine

**unánime** einmütig

**ungüento** m Salbe f

**único** einzig(artig)

**unicolor** einfarbig

**unid|ad** f Einheit; ~**o** vereinigt, verbunden

**unifica|ción** [-θ-] f Vereinheitlichung; ~**r** vereinheitlichen

**unifor|mar** uniformieren; ~**me** gleichförmig; einheitlich; m Uniform f; Schul-, Berufs-kleidung f; ~**midad** f Ein-, Gleich-förmigkeit

**uni|ón** f Vereinigung; ~**r** vereinigen; ~**sex** m Süda Friseur

**univer|sal** allgemein; universal; ~**salidad** f Allgemeinheit; ~**sidad** f Universität; Hochschule; ~**so** m Weltall n

**uno** (**una** f) eine(r, -s); jemand, man; ~ **a** ~ einer nach dem anderen; ~**s** einige; ~**(s) a otro(s)** einander

**untar** (ein)schmieren; Brot bestreichen; F schmieren, bestechen

**uña** [uɲa] f Nagel m; Huf m;

Kralle
**urban|idad** f Höflichkeit; **~ismo** m Städteplanung f; **~ización** [-θaθ-] f (bauliche) Erschließung; (Villen-, Häuser-)Kolonie; **~izar** [-θ-] (baulich) erschließen; **~o** städtisch; höflich; m Span (Gemeinde-, Stadt-)Polizist
**urgen|cia** f Dringlichkeit; Notfall m (a Med); **~te** dringend
**urubú** m Süda Krähengeier
**urna** f Urne
**usa|do** gebraucht, abgenutzt; üblich; **~r** gebrauchen, verwenden, benützen; **~r de** zu et greifen (zB List)

**usina** f Arg Elektrizitätswerk n
**uso** m Gebrauch; Verwendung f; Mode f; Gewohnheit f, Brauch
**usted(es)** Sie (pl)
**usual** gebräuchlich; üblich
**usura** f Wucher m
**utensilio** m Gerät n; **~s** pl Handwerkszeug t
**útero** m Anat Gebärmutter f
**útil** nützlich, dienlich
**utili|dad** f Nutzen m; Vorteil m; **~dades** pl Einkünfte; **~zar** [-θ-] benützen
**uto|pía** f Utopie; **~pista** su Schwärmer(in
**uva** f Traube
**úvula** f Anat Zäpfchen n

## V

**vaca** f Kuh
**vaca|ciones** [-θ-] f/pl Urlaub m, Ferien pl; Schulferien; **~nte** unbesetzt; frei; f offene Stelle
**vaciar** [-θ-] ausleeren; (aus-)gießen
**vacila|ción** [-θilaθ-] f Schwanken n; **~nte** schwankend; flackernd (Licht); **~r** schwanken; unschlüssig sein
**vacío** [-θ-] leer; unbewohnt; m Leere f; Lücke f; Vakuum n
**vacuna** f Impfstoff m; **~ción** [-θ-] f Impfung; **~r** impfen
**vado** m Furt f
**vaga|bundo** m Landstrei-

cher, Vagabund; **~r** faulenzen; umherstreifen
**vagina** [-x-] f Anat Scheide
**vago** unbestimmt, vage; m Faulpelz; Herumtreiber
**vag|ón** m Waggon; **~oneta** f Lore
**vaho** m Dampf, Dunst
**vaina** f Scheide (Messer); Bot, Mil Hülse; Col unangenehme, lästige Sache
**vainilla** [-Aa] f Vanille
**vaivén** m Hin u. Her v
**vajilla** [-xiAa] f Eßgeschirr n
**vale** m Gutschein, Bon; **¡~!** o.k.; gut (so)!, einverstanden; **~r** nützen; einbringen; wert sein; gelten; **más ~ + inf** es ist besser zu; **~rse**

**valeriana** 216

**de u/c** s. e-r Sache bedienen
**valeriana** f Baldrian m
**válido** gültig; arbeitsfähig
**vali|ente** tapfer, tüchtig; **~ja** [-xa] f Am Koffer m; **~oso** wertvoll
**valor** m Wert; Mut; **~es** pl Wertpapiere npl; **~ cívico** Zivilcourage f; **~ar** schätzen, bewerten
**vals** m Walzer
**válvula** f Klappe, Ventil n
**valla** [-ʎa] f Zaun m; Hürde
**valle** [-ʎe] m Tal n
**vampiro** m Zo Vampir
**vanagloriarse** s. brüsten
**vanguardia** f Mil Vorhut; Vorkämpfer m
**vanid|ad** f Eitelkeit; Nichtigkeit; **~oso** eitel
**vano** eitel; nichtig; **en ~** vergebens
**vapor** m Dampf; Dampfer; **~izador** [-θ-] m Zerstäuber; **~izar** [-θ-] m verdampfen
**vaquero** [-k-] m Rinderhirt; (**pantalón**) **~** (Blue) Jeans pl
**vara** f Stab m; Stange; spanische Elle; Stk Pike, Stoßlanze; **~r** Mar an Land ziehen; auflaufen, stranden; **~rse** Col Kfz e-e Panne haben
**varia|ble** veränderlich; **~ción** [-θ-] f Veränderung; **~do** mannigfaltig; abwechselnd; **~r** verändern; wechseln
**vari|edad** f Mannigfaltigkeit; Vielfältigkeit; **~o** verschieden; veränderlich; **~os** pl mehrere; manche
**va|rón** m männliches Wesen n, Mann; **~ronil** männlich, mannhaft
**vascuence** [-θe] m das Baskische (Sprache)
**vas|ija** [-xa] f Gefäß n; **~o** Trinkglas n; Anat Gefäß n
**vasto** weit, ausgedehnt; umfassend
**vatio** m El Watt n
**Vd(s).** = **usted(es)**
**vecin|al** [-θ-] nachbarlich; **~dad** f Nachbarschaft; Umgebung; **~dario** m Einwohnerschaft f; **~o** benachbart; m, **~a** f Nachbar(in); Einwohner(in)
**veda** f Schonzeit (Jagd, Fischen)
**vega** f (bewässertes) Anbauland n; Aue
**vegeta|ción** [-xetaθ-] f Pflanzenwuchs m; **~l** pflanzlich; **~les** mpl Pflanzen fpl; **~r** vegetieren; **~riano** m Vegetarier
**vehemencia** [-θ-] f Heftigkeit
**vehículo** m Fahrzeug n; **~ automóvil** Kraftfahrzeug
**veje|storio** [-x-] m F alter Knacker; alter Plunder, Kram; **~z** [-θ] f Greisenalter n
**vejiga** [-x-] f Med Blase
**vela** f Kerze; Segel n; **~da** f Abend-veranstaltung, -gesellschaft; **~dor** m Nacht-

**vereda**

tischlampe *f*; **~r wachen** (**por** über)
**velo** *m* Schleier; *fig* Deckmantel
**veloc|idad** [-θ-] *f* Schnelligkeit; **~idad máxima** Höchstgeschwindigkeit; **~ímetro** *m* Geschwindigkeitsmesser
**velódromo** *m* Radrennbahn *f*
**velomotor** *m* Mofa *n*
**veloz** [-θ] schnell
**vena** *f* Ader; Vene
**vencedor** [-θ-] siegreich; *m*, **~a** *f* Sieger(in)
**vencer** [-θ-] (be)siegen; *Hdl* ablaufen, verfallen (*Frist, Wechsel*); **~se** s. beherrschen
**vencimiento** [-θ-] *m* Besiegung *f*; Verfall, Fälligkeit *f*
**venda** *f* Binde; **~ de gasa** Mullbinde; **~je** [-xe] *m* Verband; **~je provisional** Notverband; **~r** verbinden
**vende|dor(a** *f*) *m* Verkäufer(in); **~dor ambulante** Straßenhändler; Hausierer; **~r** verkaufen
**vendimia** *f* Weinlese
**veneno** *m* Gift *n*; **~so** giftig
**venerar** verehren
**venga|nza** [-ŋa] *f* Rache; **~rse** s. rächen (**de u/c** für et, **de alg** an j-m); **~tivo** rachsüchtig
**veni|dero** zukünftig; **~r** kommen; zu **~r ser** werden (zu); **~r a ver** besuchen; **la semana que viene** nächste Woche

**venta** *f* Verkauf *m*; *Span* Gasthaus *n* (*an Fernstraßen*); **en ~** zu verkaufen; **~ja** [-xa] *f* Vorteil *m*; *Spiel* Vorgabe; **~joso** [-x-] vorteilhaft
**ventana** *f* Fenster *n*
**ventanilla** [-Áa] *f Kfz, Flgw* Fenster *n*; Schalter *m*
**venti|lación** [-θ-] *f* (Ent-)Lüftung; **~lador** *m* Ventilator; **~lar** (be-, ent-, aus-)lüften; *fig* erörtern
**ventisquero** [-k-] *m* Schneegestöber *n*; Gletscher
**venturoso** glücklich
**ver** sehen; **¡a ~!** mal sehen; zeig mal; *Col Tel* hallo!; **no tener nada que ~ con** nichts zu tun haben mit
**vera|neante** *f* Sommerfrischler; **~near** den Sommer verbringen; **~neo** *m* Sommerfrische *f*; **~no** *m* Sommer
**veras: de ~** im Ernst
**verbal** mündlich
**verbena** *f Span* Volksfest *n*, Kirmes
**verbo** *m* Zeitwort *n*; **~so** wortreich
**verdad** *f* Wahrheit; **¿~?** nicht wahr?; **de ~** im Ernst; **(no) es ~** das stimmt (nicht); **~ero** wahr, wirklich
**verde** grün; frisch (*Gemüse*); *m* Grün *n*; **viejo ~** F alter Lustgreis; **~ar** grünen
**verdugo** *m* Henker
**verdura** *f* Gemüse *n*
**vere|da** *f* Fußweg *m*; *Am*

**veredicto**     218

Gehsteig *m*; *Col* Ortsteil *m*; **~dicto** *m jur* (Geschworenen-)Spruch

**vergel** [-x-] *m* Obstgarten

**vergonzoso** [-θ-] schamhaft; beschämend

**vergüenza** [-θ-] *f* Scham; Ehrgefühl *n*; **me da ~** ich schäme mich

**verídico** wahr

**verifica|ción** [-θ-] *f* Prüfung, Kontrolle; Nachweis *m*; **~r** nachprüfen, kontrollieren; bestätigen; ausführen; **~rse** stattfinden

**vermut** *m* Wermut; *Span* kleine Vorspeisen *fpl* (*zum Aperitif*)

**verruga** *f* Warze

**versado** bewandert (**en** in)

**versión** *f* Version, Darstellung; Fassung; Übersetzung

**verso** *m* Vers

**vértebra** *f Anat* Wirbel *m*

**verter** eingießen; verschütten; übersetzen

**vertical** senkrecht

**vértigo** *m Med* Schwindel

**vesícula** *f* (Gallen-)Blase

**vestíbulo** *m* Vorhalle *f*; Foyer *n*

**vestido** *m* Kleid *n*; *Am a* (Herren-)Anzug

**vestigio** [-x-] *m* Spur *f*

**vestir** (be)kleiden; anziehen; **~se** *s.* (an)kleiden

**veta** *f* Maser(ung)

**veterano** *m* Veteran

**veterinario** *m* Tierarzt

**vez** [-θ-] *f* Mal *n*; **a la ~** gleichzeitig; **en ~ de** anstatt; **a mi ~** meinerseits; **cada ~ más** immer mehr; *cj* **una ~ que** da einmal; wenn einmal; **~ veces** [-θ-] *pl*: **a veces** manchmal; **varias veces** mehrmals; **muchas veces** oft

**vía** *f* Weg *m*; Straße; Bahn; *Esb* Gleis *n*; **por ~ aérea** auf dem Luftweg

**viable** durchführbar.

**viaducto** *m* Überführung *f*, Viadukt

**viaj|ante** [-x-] *m* Geschäftsreisende(r); **~ar** reisen; **~e** *m* Reise *f*; Fahrt *f*; **estar de ~e** verreist sein; **~era** *f*, **~ero** *m* Reisende(r); Fahrgast *m*

**víbora** *f* Viper; Kreuzotter; *Am a allg* Schlange

**vibra|ción** [-θ-] *f* Schwingung; **~r** vibrieren

**vice|presidente** [-θ-] *m* Vizepräsident; **~versa** *adv* umgekehrt

**vicio** [-θ-] *m* Fehler; Laster *n*; **~so** fehlerhaft; lasterhaft

**víctima** *f* Opfer *n*

**victoria** *f* Sieg *m*

**vicuña** [-na] *f Zo* Vikunja *n*

**vid** *f* Weinstock *m*, Rebe

**vida** *f* Leben *n*; Lebensart; **en mi ~** noch nie; **mi ~** mein Liebling

**video|ca|s|set(t)e** *m* u *f* Videokassette *f*; Videorecorder *m*; **~grabación** [-θ-] *f* Videoaufnahme

**vidri|era** *f* Glasfenster *n*; Glastür; *Süda* Schaufenster *n*; **~ero** *m* Glaser; **~o** *m*

Glas *n*; Fensterscheibe *f*
**viejo** [-xo] alt; *m*, **~a** *f* Alte(r)
**viento** *m* Wind; Witterung *f* (*fagd*); **hace ~** es ist windig
**vientre** *m* Bauch; Leib; **hacer de(l) ~** Stuhlgang haben
**viernes** *m* Freitag; ⚥ **Santo** Karfreitag
**viga** *f* Balken *m*
**vigente** [-x-] gültig, geltend
**vigi|lancia** [-xilanθ-] *f* Wachsamkeit; Aufsicht; **~lante** wachsam; *m* Wächter; Aufseher; **~lar** (be)wachen
**vigor** *m* Kraft *f*; Nachdruck; **estar en ~** in Kraft sein, gelten
**villa** [-ʎa] *f* Kleinstadt; Villa; **la ⚥ y Corte** = Madrid
**villancico** [-ʎanθ-] *m* Weihnachtslied *n*
**vinagre** *m* Essig; **~ra** *f* Essigflasche; **~ras** *fpl* Essigund Ölgestell *n*
**vinatero** Wein...; *m* Weinhändler
**vincha** [-tʃa] *f* Süda Stirnband *n*
**vino** *m* Wein; **~ blanco (tinto)** Weiß- (Rot-)wein
**viña** [-ɲa] *f* Weinberg *m*; **~dor** *m* Winzer
**viola** *f* Bratsche *f*; **~r** verletzen; vergewaltigen; entweihen
**violen|cia** [-θ-] *f* Gewalt; Notzucht; **~tar** vergewaltigen; **~to** gewaltig, heftig; aufbrausend

**violeta** *f* Veilchen *n*
**vio|lín** *m* Geige *f*; Geiger; **~linista** *su* Geiger(in); **~loncelo** [-θ-] *m* Cello *n*
**vira|da** *f* Wendung *f*; **~je** [-xe] *m* Wendung *f*; Kurve *f*; **~r** wenden; e-e Kurve nehmen
**virgen** [-x-] jungfräulich; unberührt; *f* Jungfrau; **la ⚥** die heilige Jungfrau (Maria)
**viril** männlich; **~idad** *f* Mannhaftigkeit
**virrey** *m* Vizekönig
**virtud** *f* Fähigkeit; Tugend; **en ~ de** kraft (*gen*)
**viruela** *f* Pocken *fpl*
**virulento** giftig, bösartig
**visa** *f* Am, **~do** *m* Span Visum *n*
**visibi|lidad** *f* Sicht(weite); **~le** sichtbar
**visi|llo** [-ʎo] *m* Scheibengardine *f*; **~ón** *f* Sehen *n*; Traumbild *n*, Vision
**visita** *f* Besuch *m*; Besichtigung; **~r** besuchen; besichtigen
**visor** *m* Fot Sucher
**víspera** *f* Vorabend *m*; **en ~s de** *a* kurz vor (*dat*)
**vista** 1. *f* Sehen *n*; Blick *m*; Anblick *m*; **a primera ~** auf den ersten Blick; *conocer* **de ~** vom Sehen ...; **en ~ de** *prp* angesichts; im Hinblick auf; **hasta la ~** auf Wiedersehen; **saltar a la ~** ins Auge springen; 2. *m* Zollbeamte(r); **~zo** [-θo] *m* Blick

**visto** gesehen; **bien (mal)** ~ (un)beliebt; **por lo** ~ offensichtlich; ~**so** auffällig; ansehnlich

**vital|icio** [-θ-] lebenslänglich; ~**idad** f Lebenskraft

**vitamina** f Vitamin n

**viticultura** f Weinbau m

**vitrina** f Vitrine; Am a Schaufenster n

**vituperar** tadeln

**viud|o** verwitwet; m, ~**a** f Witwe(r)

**viva**: **¡**~**!** hurra!, hoch!; ~ m Hoch n

**víveres** mpl Lebensmittel npl

**vivi|enda** f Wohnung; ~**r** leben; wohnen; **¿quién vive?** wer da?

**vivo** lebendig; lebhaft; klug, clever

**vizcacha** [-θkatʃa] f Am Pampashase m

**vocab|lo** m Wort; ~**ulario** m Wortschatz; Vokabular n

**voce|ar** [-θ-] Ware ausrufen; ~**ro** m bsd Am Wortführer, Sprecher

**vola|dora** f Col Motorboot n; ~**nte** fliegend; umherirrend; ~ m Kfz Lenkrad n; Hdl Begleitschein; Flugblatt n; Federballspiel n; ~**ntín** m Süda Drachen (Spielzeug); ~**r** fliegen; fig eilen; sprengen

**volcán** m Vulkan; ~**ico** vulkanisch

**volcar** umwerfen

**voltaje** [-xe] m Stromspannung f

**voltear** umdrehen; umwerfen; Am a Kfz abbiegen

**voltio** m El Volt n

**volunta|d** f Wille m; Belieben n; F a Almosen n; **a ~d** nach Belieben; ~**rio** freiwillig

**voluptuosidad** f Sinnesfreude, Lust

**volver** drehen, umkehren; zurückgeben; zurückkehren; **~ a hacer** et wieder tun; ~**se** s. umdrehen; ~**se + adj** werden

**vomitar** (er)brechen

**vómito** m Med (Er-)Brechen n

**vos** Süda du; ~**otros** mpl, ~**otras** fpl ihr

**vot|ar** (ab)stimmen; ~**o** m Pol Stimme f; Votum n

**voz** [-θ] Stimme f; Laut m, Ton m; **a media**~ halblaut; **en ~ alta (baja)** laut (leise)

**vuelo** m Flug; fig Aufschwung; ~ **chárter (sin escala)** Charter- (Nonstop-)flug

**vuelta** f Drehung f; Rückkehr; Runde; Rückgabe, Wechselgeld n; **a la ~** umgehend; **a ~ de correo** postwendend; **dar una ~** e-n Spaziergang machen; **dar la ~ a** et umdrehen, umblättern; **estar de ~** zurück sein; ~**s** pl Am Klein-, Wechsel-geld n

**vues|tro** m, ~**tra** f euer

**vulcanizar** [-θ-] vulkanisieren

**vulgar** gemein, alltäglich

# W

**waffle** m Am Waffel f

**wáter** m bsd Span Klosett n

# X

**xenofobia** f Fremdenfeindlichkeit

**xilografía** f Holzschneidekunst

# Y

**y** und
**ya** schon; jetzt; nun; ~ **que** da; ~ **no** nicht mehr; **¡~ lo creo!** das will ich meinen!; ~ **voy** ich komme (schon)
**yacaré** m RPl Kaiman
**yac|er** [-θ-] liegen; **~imiento** m Lager n, Vorkommen n
**yaguareté** m RPl Jaguar
**yanqui** [-ki] Am nordamerikanisch; m Yankee
**yapa** f Süda Zugabe
**yate** m Jacht f
**yay|a** f Pe infant Wehweh n; Span Oma; **~o** m Span Opa
**yegua** f Stute; Am a Zigarettenstummel m; **~da** f Pferdeherde
**yema** f Knospe; Eidotter n
**yerba** f Gras n; Kraut n; Süda Matetee m
**yerno** m Schwiegersohn
**yerro** m Irrtum
**yeso** m Gips; Kreide f
**yo** ich
**yodo** m Jod n
**yogur** m Joghurt
**yuca** f Bot Maniok m
**yugo** m Joch n
**yun|que** [-ke] m Amboß; **~ta** f Gespann n (Arbeitstiere)
**yute** m Jute f
**yuyo** m RPl Kraut n; Unkraut n; **té** m **de** ~ RPl Kräutertee

# Z

**zafiro** [θ-] m Saphir
**zafra** [θ-] f Am Zuckerernte
**zagal** [θ-] m Hirtenjunge
**zaguán** [θ-] m Diele f, Hausflur
**zalamería** [θ-] f Schmeichelei
**zamarra** [θ-] f (Hirten-)Pelzjacke
**zambo** [θ-] m Mischling (Neger und Indianerin)
**zambulli|da** [θambuʎ-] f Kopfsprung m; **~rse** untertauchen
**zanahoria** [θ-] f Mohrrübe
**zanc|os** [θ-] mpl Stelzen fpl; **~udo** m bsd Am Stechmücke f

**zanja** [θaŋxa] f Graben m
**zapallo** [θapaʎo] m Südakürbis
**zapa|tería** [θ-] f Schuhgeschäft n; **~tero** m Schuhmacher; **~tilla** [-ʎa] f Hausschuh m; Pantoffel m; **~to** m Schuh
**zarpa** [θ-] f Tatze
**zarpar** [θ-] Mar auslaufen
**zarz|a** [θarθa] f Dornbusch m; **~uela** f typisch spanisches Singspiel n; Gastr Gericht n mit Fischen und Meeresfrüchten
**zeta** [θ-] f das spanische Z
**zigzag** [θiɣθ-] m Zickzack
**zinc** m Zink n
**zócalo** [θ-] m Sockel; Unterbau
**zodíaco** [θ-] m Tierkreis

**zona** [θ-] f Zone; Gebiet n; ~ **azul** Kurzparkzone
**zonzo** [θɔnθo] bsd Am geschmacklos; dumm
**zoológico** [θoolɔx-] zoologisch; **jardín** m ~ Zoologischer Garten
**zorr|a** [θ-] f Füchsin; F Dirne; **~o** gerissen; m Fuchs
**zorzal** [θorθ-] m Drossel f
**zozobrar** [θoθ-] kentern
**zumbar** [θ-] summen (Insekt); brummen; brausen
**zumo** [θ-] m bsd Span (Frucht-)Saft
**zurcir** [θurθ-] flicken, stopfen
**zurdo** [θ-] linkshändig
**zurrón** [θ-] m Hirtentasche f
**zutano** [θ-]: **fulano, mengano, ~** (Herr) X, Y, Z

# Nombres propios geográficos y gentilicios

*Geographische Namen, Nationalitäts- und Einwohnerbezeichnungen*

**Adriático** *m* Adria *f*
**Afgan|istán** *m* Afghanistan *n*; ⁀o *m* Afghane; *adj* afghanisch
**Africa** *f* Afrika *n*; ⁀no *m* Afrikaner; *adj* afrikanisch
**Africa f del Sur** Südafrika *n*
**alban|és** *m* Albaner; *adj* albanisch; ⁀ia *f* Albanien *n*
**Alejandría** [-x-] *f* Alexandria *n*
**alem|án** *m* Deutscher; *adj* deutsch; ⁀ania *f* Deutschland *n*
**Alp|es** *mpl* Alpen *pl*; ⁀ino *adj* alpin, Alpen...
**Alsacia** [-θ-] *f* Elsaß *n*; ⁀no *m* Elsässer; *adj* elsässisch
**Amberes** Antwerpen *n*
**América** *f* Amerika *n*; ⁀ **Central** Mittelamerika *n*; ⁀ **latina** Lateinamerika *n*; ⁀ **del Norte** Nordamerika *n*; ⁀ **del Sur** Südamerika *n*
**americano** *m* Amerikaner; *adj* amerikanisch
**Andalu|cía** [-θ-] *f* Andalusien *n*; ⁀z [-θ] *m* Andalusier; *adj* andalusisch
**And|es** *mpl* Anden *pl*; ⁀ino andin, Anden...
**Andorra** *f* Andorra *n*; ⁀no *m* Andorraner; *adj* andorranisch
**Angola** *f* Angola *n*; ⁀no *m* Angolaner; *adj* angolanisch
**antárti|co** *adj* antarktisch; ⁀da *f* Antarktis *f*
**Antillas** [-ʎ-] *fpl* Antillen *pl*
**Apeninos** *mpl* Apennin *m*
**Aquisgrán** [ak-] Aachen *n*
**árabe** *m* Araber *m*; *adj* arabisch
**Arabia** *f* Arabien *f*; ⁀ **Saudita** Saudiarabien *n*
**Arag|ón** *m* Aragonien *n*; ⁀onés *m* Aragonier; *adj* aragonisch
**Argel** [-x-] *m* Algier *n*
**Argeli|a** *f* [-x-] Algerien *n*; ⁀no *m* Algerier; *adj* algerisch
**Argentin|a** [-x-] *f* Argentinien *n*; ⁀o *m* Argentinier; *adj* argentinisch
**Armeni|a** *f* Armenien *n*; ⁀o *m* Armenier; *adj* armenisch
**Artico** *m* Arktik *f*; ⁀ *adj* arktisch
**Asia** *f* Asien *n*; ⁀ **Menor** Kleinasien *n*
**asiático** *m* Asiat *m*; *adj* asiatisch
**Asturia|s** *fpl* Asturien *n*; ⁀no *m* Asturier; *adj* asturisch

**Atenas** Athen n
**Atlántico** m Atlantik m; 2 adj atlantisch
**Australia** f Australien n; 2no m Australier; adj australisch
**Austria** f Österreich n; 2aco m Österreicher; adj österreichisch
**Azerbeiyán** [aθ-] m Aserbeidschan n; 2ano m Aserbeidschaner; adj aserbeidschanisch
**Azores** [aθ-] mpl Azoren pl

**Bahamas** fpl Bahamas pl; 2és m Bahamer; adj bahamisch
**Bahrein** m Bahrain n; 2o m Bahrainer; adj bahrainisch
**Balcanes** mpl Balkan m
**balcánico: los países ~s** die Balkanländer npl
**balear** m Baleare; 2es fpl Balearen pl
**Báltico** m Ostsee f
**Bangladesh** m Bangladesch n; **de ~** aus (von) Bangladesch
**Barbada** f Barbados n; **~ense** m Barbadier; adj barbadisch
**Barcelona** [-θ-] Barcelona n; 2és m Barcelonese; adj aus Barcelona
**Basilea** Basel n
**bávaro** m Bayer; adj bayrisch
**Baviera** f Bayern n
**belga** m Belgier; adj belgisch; **Bélgica** [-x-] f Belgien n
**Belgrado** Belgrad n

**Bengala** f Bengalen n; 2í m Bengale; adj bengalisch
**bereber** m Berber; adj berberisch
**Berlín** m Berlin n; 2inés m Berliner; adj Berliner, berlinerisch
**Berna** Bern n
**Birmania** f Birma n; 2o m Birmane; adj birmanisch
**Bohemia** f Böhmen n; 2o m Böhme; adj böhmisch
**Bolivia** f Bolivien n; 2o m Bolivianer; adj bolivianisch
**Borgoña** [-ɲa] f Burgund n; 2ón m Burgunder; adj burgundisch
**Bósforo** m Bosporus m
**Brasil** m Brasilien n; 2eño [-no] m, Am a 2ero m Brasilianer; adj brasilianisch
**británico** m Brite; adj britisch
**Brujas** [-x-] Brügge n
**Bruselas** Brüssel n
**Bulgaria** f Bulgarien n; **búlgaro** m Bulgare; adj bulgarisch
**Burdeos** Bordeaux n
**Bután** m Bhutan n; 2anés m Bhutaner; adj bhutanisch

**Cabo** m **de la Buena Esperanza** [-θa] Kap n der Guten Hoffnung
**Cabo** m **Verde** Kapverden pl
**Cairo: El ~** Kairo n
**California** f Kalifornien n; 2no m Kalifornier; adj kalifornisch
**Camboya** f Kambodscha n;

2**no** *m* Kambodschaner; *adj* kambodschanisch

**Camer**|**ún** *m* Kamerun; 2**unés** *m* Kameruner; *adj* kamerunisch

**Canad**|**á** *m* Kanada; 2**iense** *m* Kanadier; *adj* kanadisch

**Canal** *m* **de la Mancha** [-tʃa] Ärmelkanal *m*

**Canari**|**as** *fpl* Kanaren *pl*; 2**o** *m* Kanare; *adj* kanarisch

**Caribe** *m* (**mar**) Karibik *f*

**Cárpatos** *mpl* Karpaten *pl*

**cast**|**ellano** [-ʎ-] *m* Kastilier; *adj* kastilisch; 2**illa** [-ʎa] *f* Kastilien *n*

**catal**|**án** *m* Katalane; *adj* katalanisch; 2**uña** [-ɲa] *f* Katalonien *n*

**Cáucaso** *m* Kaukasus *m*

**Ceil**|**án** [θ-] *m* Ceylon *n*; 2**anés** *m* Ceylonese; *adj* ceylonesisch

**Centroam**|**érica** [θ-] *f* Mittelamerika *n*; 2**ericano** *m* Mittelamerikaner; *adj* mittelamerikanisch

**Cerdeña** [θerdeɲa] *f* Sardinien *n*

**Cervino** [θ-] *m* Matterhorn *n*

**Ciudad** [θ-] *f* **del Cabo** Kapstadt *n*; ~ **del Vaticano** Vatikanstadt *f*

**Colombia** *f* Kolumbien *n*; 2**no** *m* Kolumbianer; *adj* kolumbianisch

**Colonia** *f* Köln *n*

**Comoras** *fpl* Komoren *pl*

**Congo** *m* Kongo *m*; 2**leño** [-ɲo] *m* Kongolese; *adj*

kongolesisch

**Copenhague** [-ge] Kopenhagen *n*

**Córcega** [-θ-] *f* Korsika *f*

**Corea** [-θ-] *f* Korea *n*; 2**no** *m* Koreaner; *adj* koreanisch

**corso** *m* Korse; *adj* korsisch

**Costa** *f* **Azul** [aθ-] Côte d'Azur *f*; ~ **de Marfil** Elfenbeinküste *f*

**Costa**| **Rica** *f* Costa Rica *n*; 2**rricense** [-θ-] *f* Costaricaner; *adj* costaricanisch

**Creta** *f* Kreta *n*

**Crimea** *f* Krim *f*

**Croa**|**cia** [-θ-] *f* Kroatien *n*; 2**ta** *m* Kroate; *adj* kroatisch

**Cuba** *f* Kuba *n*; 2**no** *m* Kubaner; *adj* kubanisch

**Chad** [tʃ-] *m* Tschad *m*; 2**iano** *m* Tschader; *adj* tschadisch

**checo** [tʃ-] *m* Tscheche; *adj* tschechisch; 2**slovaquia** [-k-] Tschechoslowakei *f*

**Chile** [tʃ-] *m* Chile *n*; 2**no** *m* Chilene; *adj* chilenisch

**China** [tʃ-] *f* China *n*; ~ **nacionalista** Nationalchina *n*

**chino** [tʃ-] *m* Chinese; *adj* chinesisch

**Chipr**|**e** [tʃ-] *f* Zypern *n*; 2**iota** *m* Zyprer; *adj* zyprisch

**Dalmacia** [-θ-] *f* Dalmatien *n*; **dálmata** *m* Dalmatiner; *adj* dalmatinisch

**danés** *m* Däne; *adj* dänisch

**Danubio** *m* Donau *f*

**Dinamarca** *f* Dänemark *n*

**Dominican**|**a: República** ~, ~**a** Dominikanische Repu-

*Uni Dtsch.-Span.* 8

blik *f*; 2o *m* Dominikaner; *adj* dominikanisch

**Ecua|dor** *m* Ecuador *n*; **2toriano** *m* Ecuadorianer; *adj* ecuadorianisch

**Edimburgo** Edinburg *n*

**Egeo** [ex-] *m* (**mar**) Ägäis *f*

**egip|cio** [exibθ-] *m* Ägypter; *adj* ägyptisch; **2to** *m* Ägypten *n*

**El Salvador** *m* El Salvador *n*

**Emiratos** *mpl* **Arabes Unidos** Vereinigte Arabische Emirate *pl*

**Escandinav|ia** *f* Skandinavien *n*; 2o *m* Skandinave; *adj* skandinavisch

**Escoc|ia** [-θ-] *f* Schottland *n*; 2és *m* Schotte; *adj* schottisch

**Eslova|quia** [-k-] *f* Slowakei *n*; **2co** *m* Slowake; *adj* slowakisch

**Esloven|ia** *f* Slowenien *n*; 2o *m* Slowene; *adj* slowenisch

**España** [-ɲa] *f* Spanien *n*; **2ol** *m* Spanier; *adj* spanisch

**Esparta** Sparta *n*

**Estado|s** *mpl* **Unidos de América** Vereinigte Staaten *pl* von Amerika; **2unidense** *adj* amerikanisch

**Estiria** *f* Steiermark *f*

**Estocolmo** Stockholm *n*

**Estoni|a** *f* Estland *n*; 2o *m* Este, Estländer; *adj* estländisch

**Estrasburgo** Straßburg *n*

**Et|iopía** *f* Äthiopien *n*; **2íope** *m* Äthiopier; *adj* äthiopisch

**Euráfrica** *f* Eurafrika *n*

**Eurasia** *f* Eurasien *n*

**Europ|a** *f* Europa *n*; **2eo** *m* Europäer; *adj* europäisch

**Extrem|adura** *f* Estremadura *f*; **2eño** [-ɲo] *m* aus Estremadura

**Extremo Oriente** *m* Fernost

**Filipin|as** *fpl* Philippinen *pl*; 2o *m* Philippiner; *adj* philippinisch

**finland|és** *m* Finne; *adj* finnisch; **2ia** *f* Finnland *n*

**flamenco** *m* Flame; *adj* flämisch

**Flandes** *m* Flandern *n*

**Floren|cia** [-θ-] *f* Florenz *n*; **2tino** *m* Florentiner; *adj* florentinisch

**franc|és** [-θ-] *m* Franzose; *adj* französisch; **2ia** *f* Frankreich *n*

**Franconia** *f* Franken *n*; **2no** *m* Franke; *adj* fränkisch

**Friburgo** Freiburg *n*

**Fris|ia** *f* Friesland *n*; **2io**, **2ón** *m* Friese; *adj* friesisch

**Gab|ón** *m* Gabun *n*; **2onés** *m* Gabuner; *adj* gabunisch

**Gal|icia** [-θ-] *f* Galicien *n* (*Spanien*); Galizien *n* (*Osteuropa*); **2lego** [gaʎe-] *m* Galicier; *adj* galicisch

**Gambia** *f* Gambia *n*; **2no** *m* Gambier; *adj* gambisch

**Génova** [x-] Genua *n*

**genovés** [x-] *m* Genuese; *adj* genuesisch

**Georgia** [xeorx-] *f* Georgien

n; 2**no** m Georgier; adj georgisch

**Ghan|a** m Ghana n; 2**és** m Ghanaer; adj ghanaisch

**Ginebr|a** [x-] f Genf n; 2**ino** m, adj Genfer

**Gran Bretaña** [-ɲa] f Großbritannien n

**Gr|ecia** [-θ-] f Griechenland n; 2**iego** m Grieche; adj griechisch

**Groenland|ia** f Grönland n; 2**és** m Grönländer; adj grönländisch

**Guatemal|a** f Guatemala n; 2**teco** m Guatemalteke; adj guatemaltekisch

**Guyan|a** f Gu(a)yana n; 2**és** m Guayaner; adj guayanisch

**Guinea** [gi-] f Guinea n; 2**no** m Guineer; adj guineisch

**Guinea-Bissau** f Guinea-Bissau n

**Guinea** f **Ecuatorial** Äquatorialguinea n

**Habana: La** ~ Havanna n
**Hait|í** f Haiti n; 2**iano** m Haitianer; adj haitianisch
**Hamburgo** Hamburg n
**Haya: La** ~ Den Haag n
**Himalaya** m Himalaya n
**Holand|a** f Holland n; 2**és** m Holländer; adj holländisch
**Hondur|as** m Honduras n; 2**eño** [-ɲo] m Honduraner; adj honduranisch
**húngaro** m Ungar; adj ungarisch; **Hungría** f Ungarn n

**ib|érico** adj iberisch; 2**eros**

mpl Iberer pl

**India** f Indien n; 2**s** fpl **Occidentales** [-θ-] Westindische Inseln pl, Westindien n

**indio** m Inder; adj indisch

**Indochin|a** [-tʃ-] f Indochina n; 2**o** m Indochinese; adj indochinesisch

**Indonesi|a** f Indonesien n; 2**o** m Indonesier; adj indonesisch

**Ingl|aterra** f England n; 2**és** m Engländer; adj englisch

**Ira|k** m Irak m; 2**qués** [-k-], 2**quí** [-ki] m Iraker; adj irakisch

**Ir|án** m Iran m; 2**aní** m, 2**anio** m Iraner; adj iranisch

**Irland|a** f Irland n; 2**és** m Ire; adj irisch

**Island|ia** f Island n; 2**és** m Isländer; adj isländisch

**Israel** m Israel n; 2**í** m Israeli; adj israelisch

**Istanbul** Istanbul n

**Italia** f Italien n; 2**no** m Italiener; adj italienisch

**Jamaica** f Jamaika n; 2**no** m Jamaikaner; adj jamaikanisch

**Jap|ón** [x-] m Japan n; 2**onés** m Japaner; adj japanisch

**Jerusalén** [x-] Jerusalem n

**Jordán** [x-] m Jordan m

**Jordan|ia** [x-] f Jordanien n; 2**o** m Jordanier; adj jordanisch

**Jutlandia** [x-] f Jütland n

**Kenia** f Kenia n; 2**no** m Kenianer; adj kenianisch

8*

**Kurd|istán** *m* Kurdistan *n*; **2o** *m* Kurde; *adj* kurdisch
**Kuwait** *m* Kuwait *m*; **2í** *m* Kuwaiter; *adj* kuwaitisch

**Lago de Constanza** [-θa] *m* Bodensee *m*
**Laos** *m* Laos *n*; **2iano** *m* Laote; *adj* laotisch
**lap|ón** *m* Lappländer; *adj* lappländisch; **2onia** *f* Lappland *n*
**latinoamericano** *m* Lateinamerikaner; *adj* lateinamerikanisch
**Let|onia** *f* Lettland *n*; **2ón** *m* Lette; *adj* lettisch
**Líbano** *m* Libanon *m*; **libanés** *m* Libanese; *adj* libanesisch
**Liberia** *f* Liberia *n*; **2no** *m* Liberianer; *adj* liberianisch
**Libi|a** *f* Libyen *n*; **2o** *m* Libyer; *adj* libysch
**Liechtenstein** *m* Liechtenstein *n*; **de ~ m** Liechtensteiner; *adj* liechtensteinisch
**Lieja** [-xa] Lüttich *n*
**Lisboa** Lissabon *n*
**Lituan|ia** *f* Litauen *n*; **2o** *m* Litauer; *adj* litauisch
**Loira** *m* Loire *f*
**Lombard|ía** *f* Lombardei *f*; **2o** *m* Lombarde; *adj* lombardisch
**Londres** London *n*
**Lorena** *f* Lothringen *n*
**Lovaina** Löwen *n*
**Lucerna** [-θ-] *f* Luzern *n*
**Luxemburg|o** *m* Luxemburg *n*; **2ués** [-ge-] *m* Luxemburger; *adj* luxemburgisch

**Macedoni|a** [-θ-] *f* Mazedonien *n*; **2o** *m* Mazedonier; *adj* mazedonisch
**Ma|dagascar** *m* Madagaskar *n*; **2lgache** [-tʃe] *m* Madagasse; *adj* madagassisch
**Madeira** *f* Madeira *n*
**Magreb** *m* Maghreb *m*; **2í** *adj* maghrebinisch
**Maguncia** [-θ-] *f* Mainz *n*
**Malasi|a** *f* Malaysia *n*; **2o** *m* Malaysier *m*; *adj* malaysisch
**Malawi** *m* Malawi *n*; **2ano** *m* Malawier; *adj* malawisch
**malayo** *m* Malaie; *adj* malaiisch
**Maldivas** *fpl* Malediven *pl*
**Mal|í** *m* Mali *n*; **2iense** *m* Malier; *adj* malisch
**Malt|a** *f* Malta *n*; **2és** *m* Malteser; *adj* maltesisch
**Mallor|ca** [-ʎ-] *f* Mallorca *n*; **2quín** [-k-] *m* Mallorkiner; *adj* mallorkinisch
**Manch|a** [-tʃa]: **la ~a** die Mancha; **2ego** von (aus) der Mancha
**manch|ú** [-tʃu] *m* Mandschu; **2uria** *f* Mandschurei *f*
**Mar| *m* Caspio** Kaspisches Meer *n*; **~ Negro** Schwarzes Meer; **~ del Norte** Nordsee *f*; **~ Rojo** [-xo] Rotes Meer *n*
**marr|oquí** [-ki] *m* Marokkaner; *adj* marokkanisch; **2uecos** *m* Marokko *n*
**Marsella** [-ʎa] Marseille *n*

**Martinica** f Martinique n
**Mauritan|ia** f Mauretanien n; ⁓io m Mauretanier; adj mauretanisch
**Meca: La** ⁓ Mekka n
**Mediterráneo** m Mittelmeer n
**Melanesi|a** f Melanesien n; ⁓o m Melanesier; adj melanesisch
**Menor|ca** f Menorca n; ⁓quín [-k-] m Menorkiner; adj menorkinisch
**Mesopotamia** f Mesopotamien n
**Méxic|o, Méjic|o** [-x-] m Mexiko n; ⁓ano m Mexikaner; adj mexikanisch
**Micronesi|a** f Mikronesien n; ⁓o m Mikronesier; adj mikronesisch
**Mil|án** Mailand n; ⁓anés m Mailänder; adj mailändisch
**Mónaco** m Monaco n; **monegasco** f Monegasse; adj monegassisch
**mongol** m Mongole; adj mongolisch; ⁓ia f Mongolei f
**Moravia** f Mähren n
**Mosa** m Maas f
**mosc|ovita** m, adj Moskauer; ⁓ú Moskau n
**Mosela** f Mosel f
**Mozambique** [-θambike] m Mozambique n
**Mundo| Antiguo** Alte Welt f; ⁓ **Libre** freie Welt f
**Muni|ch** [-tʃ] München n; ⁓qués [-k-] m, adj Münchner; adj münchnerisch

**Nápoles** Neapel n; **napolitano** m Neapolitaner; adj neapolitanisch
**Navarr|a** f Navarra n; ⁓o m Navarrese; adj navarresisch
**neerlandés** m Niederländer; adj niederländisch
**neozelandés** [-θ-] m Neuseeländer; adj neuseeländisch
**Nepal** m Nepal n; ⁓és m Nepalese; adj nepalesisch
**Nicarag|ua** f Nikaragua n; ⁓üense m Nikaraguaner; adj nikaraguanisch
**Níger** [-x-] m Niger n; **nigerino** [-x-] m Nigerer; adj nigerisch
**Nigeria** [-x-] f Nigeria n; ⁓no m Nigerianer; adj nigerianisch
**Nilo** m Nil m
**Nipón** m Nippon n
**Norueg|a** f Norwegen n; ⁓o m Norweger; adj norwegisch
**Nubia** f Nubien n
**Nueva Guinea** [gi-] f Neuguinea n
**Nueva York** New York n
**Nueva Zelanda** [θ-] f Neuseeland n
**Nuevo Mundo** m Neue Welt f
**Nuremberg** Nürnberg n

**Oceanía** [θ-] f Ozeanien n
**Océano** [θ-] m **Glacial|** [-θ-] **Antártico** Südliches Eismeer n; ⁓ **Artico** Nördliches Eismeer n

**Pacífico** [-θ-] *m* Pazifik *m*
**Países** *mpl* **Bajos** [-x-] Niederlande *pl*
**Pakist|án** *m* Pakistan *n*; **aní** *m* Pakistani; *adj* pakistanisch
**Palatinado** *m* Pfalz *f*
**Palestin|a** *f* Palästina *n*; **o** *m* Palästinenser; *adj* palästinensisch
**Panam|á** *m* Panama *n*; **eño** [-ɲo-] *m* Panamaer; *adj* panamaisch
**Pap|ua Nueva Guinea** [gi-] *f* Papua-Neuguinea *n*; **ues** *mpl* Papuas *pl*
**Paraguay** *m* Paraguay *n*; **o** *m* Paraguayer; *adj* paraguayisch
**Par|ís** Paris *n*; **isino** *m*, *adj* Pariser; *adj* aus (von) Paris
**Patagonia** *f* Patagonien *n*
**Pekín** Peking *n*
**Peloponeso** *m* Peloponnes *m*
**Península** *f* **balcánica** Balkanhalbinsel *f*; **~ Ibérica** Iberische Halbinsel *f*
**Perpiñán** [-ɲ-] *m* Perpignan *n*
**pers|a** *m* Perser; *adj* persisch; **ia** *f* Persien *n*
**Per|ú** *m* Peru *n*; **uano** *m* Peruaner; *adj* peruanisch
**pir|enaico** *adj* pyrenäisch; **ineos** *mpl* Pyrenäen *pl*
**Polinesi|a** *f* Polynesien *n*; **o** *m* Polynesier; *adj* polynesisch
**Pol|onia** *f* Polen *n*; **aco**, *Am* a **onés** *m* Pole; *adj* polnisch
**Pomerania** *f* Pommern *n*

**Portugal** *m* Portugal *n*; **ués** [-ge-] *m* Portugiese; *adj* portugiesisch
**Praga** Prag *n*
**Provenza** [-θa-] *f* Provence *f*; **l** *adj* provenzalisch
**Prusia** *f* Preußen *n*; **no** *m* Preuße; *adj* preußisch
**Puerto Rico** *m* Puerto Rico *n*; **rriqueño** [-ɲo] *m* Puertorikaner; *adj* puertorikanisch

**Ratisbona** Regensburg *n*
**Reino** *m* **Unido** Vereinigtes Königreich *n*
**Renani|a** *f* Rheinland *n*; **o** *m* Rheinländer; *adj* rheinländisch
**República** *f* **Democrática Alemana** Deutsche Demokratische Republik *f*; **~ Federal de Alemania** Bundesrepublik *f* Deutschland; **~ Popular de China** [tʃ-] Volksrepublik *f* China
**Rin** *m* Rhein *m*
**Ródano** *m* Rhone *f*
**Rodesi|a** *f* Rhodesien *n*; **no** *m* Rhodesier; *adj* rhodesisch
**Rom|a** Rom *n*; **no** *m* Römer; *adj* römisch
**Ruman|ía** *f* Rumänien *n*; **o** *m* Rumäne; *adj* rumänisch
**Rus|ia** *f* Rußland *n*; **o** *m* Russe; *adj* russisch

**saj|ón** [-x-] *m* Sachse; *adj* sächsisch; **onia** *f* Sachsen *n*
**salvadoreño** [-ɲo] *m* Salva-

dorianer; *adj* salvadorianisch
**Samoa** *f* Samoa *n*; **2no** *m* Samoaner; *adj* samoanisch
**Santo Domingo** *m* Santo Domingo *n*
**Santo Tomé y Príncipe** [-θ-] São Tomé e Príncipe
**sardo** *m* Sarde; *adj* sardisch
**Sarre** *f* Saar *f (Fluß)*; Saargebiet *n*
**Selva** *f* **Negra** Schwarzwald *m*
**Sena** *f* Seine *f*
**Senegal** *m* Senegal *m*; **2és** *m* Senegalese; *adj* senegalesisch
**Servi|a** *f* Serbien *n*; **2o** *m* Serbe; *adj* serbisch
**Siberia** *f* Sibirien *n*; **2no** *m* Sibirier; *adj* sibirisch
**Sicilia** [-θ-] *f* Sizilien *n*; **2no** *m* Sizilianer; *adj* sizilianisch
**Sierra f Leona** Sierra Leone *f*
**Sikkim** *m* Sikkim *n*
**Silesia** *f* Schlesien *n*
**Singapur** *m* Singapur *n*; **2ense** *m* Singapurer; *adj* singapurisch
**Siri|a** *f* Syrien *n*; **2o** *m* Syrer; *adj* syrisch
**Somali|a** *f* Somalia *n*; **2́** *m* Somalier; *adj* somalisch
**soviético** *adj* sowjetisch
**Sri Lanka** *m* Sri Lanka *n*
**Sud|áfrica** *f* Südafrika *n*; **2africano** *m* Südafrikaner; *adj* südafrikanisch
**Sudam|érica** *f* Südamerika *n*; **2ericano** *m* Südamerikaner; *adj* südamerikanisch

**Sud|án** *m* Sudan *m*; **2anés** *m* Sudanese; *adj* sudanesisch
**Sue|cia** [-θ-] *f* Schweden *n*; **2co** *m* Schwede; *adj* schwedisch
**Suiz|a** [-θa] *f* Schweiz *f*; **2o** *m* Schweizer; *adj* schweizerisch, Schweizer

**Tailand|ia** *f* Thailand *n*; **2és** *m* Thailänder; *adj* thailändisch
**Taiwan** *m* Taiwan *n*
**Támesis** *m* Themse *f*
**Tánger** [-x-] *m* Tanger *n*
**Tanzan|ia** [-θ-] *f* Tansania *n*; **2iano** *m* Tansanier; *adj* tansanisch
**teja|no** [-x-] *m* Texaner; *adj* texanisch; **2s** *m* Texas *n*
**Terranova** *f* Neufundland *n*
**Tíbet** *m* Tibet *n*; **2ano** *m* Tibeter; *adj* tibetisch
**Tierra** *f* **del Fuego** Feuerland *n*
**Tirol** *m* Tirol *n*; **2és** *m* Tiroler; *adj* tirol(er)isch
**Tirrénico** *m* (**mar**) Tyrrhenisches Meer *n*
**Togo** *m* Togo *n*; **2lés** *m* Togoer; *adj* togoisch
**Tolón** *m* Toulon *n*
**Tolosa** Toulouse *n (Frankreich)*, Tolosa *n (Spanien)*
**Tonga** *m* Tongainseln *pl*
**Torino** *m* Turin *n*
**Transilvania** *f* Siebenbürgen *n*
**Trento** Trient *n*
**Tréveris** *m* Trier *n*
**Trinidad y Tobago** Trinidad und Tobago

**Trípoli** Tripolis *n*
**Túnez** [-θ] Tunis *n*
**Tun|icia** [-θ-] *f* Tunesien *n*; **&ecino** [-θ-] *m* Tunesier; *adj* tunesisch
**turco** *m* Türke; *adj* türkisch
**Turquestán** [-k-] *m* Turkestan *n*
**Turquía** [-k-] *f* Türkei *f*

**Ucrania** *f* Ukraine *f*; **&no** *m* Ukrainer; *adj* ukrainisch
**Ugand|a** *m* Uganda *n*; **&és** *m* Ugander; *adj* ugandisch
**Unión *f* de Repúblicas Socialistas Soviéticas** Union *f* der Sozialistischen Sowjetrepubliken
**Urales** *mpl* Ural *m*
**Uruguay** *m* Uruguay *n*; **&o** *m* Uruguayer; *adj* uruguayisch

**Varsovia** Warschau *f*
**vasco** *m* Baske; *adj* baskisch; **&ngadas** *fpl* Baskenland *n*
**Vaticano** *m* Vatikan *m*
**Venecia** [-θ-] Venedig *n*

**Venez|uela** [-θ-] *f* Venezuela *n*; **&olano** *m* Venezolaner; *adj* venezolanisch
**Vesubio** *m* Vesuv *m*
**Vien|a** Wien *n*; **&és** *m*, *adj* Wiener; *adj* wienerisch
**Viet Nam** *m* Vietnam *n*; **vietnam(ita)** *m* Vietnamese; *adj* vietnamesisch
**Viscaya** *f* Biskaya *f*
**Vístula** *f* Weichsel *f*
**Volga** *m* Wolga *f*
**Vosgos** *mpl* Vogesen *pl*

**Westfalia** *f* Westfalen *n*

**Yemen** *m* Jemen *m*; **&ita** *m* Jemenit; *adj* jemenitisch
**Yugoslav|ia** *f* Jugoslawien *n*; **&o** *m* Jugoslawe; *adj* jugoslawisch

**Zaire** [θ-] *m* Zaire *n*
**Zanzíbar** [θanθ-] *m* Sansibar *n*
**Zaragoza** [θaragoθa] Saragossa *n*

# Deutsch-Spanisches Wörterverzeichnis

## A

**Aal** m anguila f
**Aas** n carroña f; fig mal bicho m, vivales su; **mit et** **2en** F despilfarrar u/c
**ab** (Zeit) a partir de; (Raum) de, desde; **auf und ~** arriba y abajo; (gehen) de un lado para otro; **~ und zu** de vez en cuando, a veces; **weit ~** lejos (**von** de); **~ heute** a partir de hoy; **~ Berlin** de Berlín; **~ 8 Uhr** desde las ocho
**abänder|n** modificar; **2ung** f modificación
**Abbau** m desmontaje; explotación f; (Preis2) reducción f; **2en** reducir; Zelt: desmontar; Erze: explotar
**ab|beißen** vt arrancar con los dientes; **~bekommen** recibir; (lösen) lograr desprender; **~berufen** llamar, retirar; **~bestellen** anular el pedido de; **~bezahlen** pagar a plazos; **~biegen** vi torcer, Am voltear, girar (a); (Straße) desviarse
**Abbildung** f ilustración, grabado m; (bsd Buch) lámina
**abbinden** Med ligar
**Abbitte** f: **~ tun** od **leisten** presentar sus excusas
**abblättern** vi desconcharse
**abblend|en** Kfz poner las luces de cruce, Am a las luces medias; **2licht** n luz f de cruce
**abbrausen** F salir pitando; **s. ~** ducharse
**ab|brechen** vt romper; Lager: levantar; Haus: derribar; Pol romper; Gespräch: cortar; Reise: interrumpir; vi romperse; **~brennen** vi quemarse; vt quemar; **~bringen** (j-n von dat) disuadir, apartar (de); **~bröckeln** vi desconcharse
**Abbruch** m (Gebäude usw) demolición f; (Verhandlungen) ruptura f
**abbürsten** cepillar
**abbüßen** Strafe: cumplir; fig expiar
**Abc** n abecé m, alfabeto m
**ab|danken** vi abdicar; **~decken** destapar; Tisch: quitar (la mesa); cubrir, tapar; **~dichten** impermeabilizar; tapar; **~drehen** vt destornillar; quitar; Hahn: cerrar; Licht: apagar; Mar, Flgw cambiar de rumbo; virar
**Abdruck** m impresión f;

**abdrücken**

*Tech* molde
**abdrücken** *Gewehr*: disparar
**Abend** *m* noche *f*; (*früher*) tarde *f*; **am ~** por la tarde; **heute ~!** esta noche; **guten ~!** ¡buenas noches! (*od* tardes!); **zu ~ essen** cenar, *Col*, *Ven* comer
**Abend|anzug** *m* traje de etiqueta; **~brot** *n*, **~essen** *n* cena *f*, *Col*, *Ven* comida *f*; **~dämmerung** *f* crepúsculo *m*; anochecer *m*; **~kleid** *n* traje de noche, *Am* a vestido *m* de gala; **~kurs** *m* clases *fpl* nocturnas; **~lich** vespertino
**abends** por la tarde
**Abend|veranstaltung** *f* velada; **~zeitung** *f* periódico *m* de la tarde
**Abenteuer** *n* aventura *f*; **~lich** aventurero
**aber** pero; **~ nein!** ¡que no!
**Aber|glaube** *m* superstición *f*; **~gläubisch** supersticioso
**aberkenn|en** privar de; **~ung** *f* privación
**abermals** de nuevo, otra vez
**abernten** recolectar, cosechar, recoger
**abfahren** *vi* salir, partir; *vt Last*: acarrear; *Müll*: recoger; *Strecke*: recorrer
**Abfahrt** *f* salida; marcha; *Sp* descenso *m*
**Abfahrts|lauf** *m Sp* prueba *f* de descenso; **~signal** *n* señal *f* de salida
**Abfall** *m* (*meist* **Abfälle** *pl*) desecho, desperdicio *mpl*; **~eimer** *m* cubo de la basura, *Col* caneca *f*; *Zen* caer; (*Rest*) sobrar; (*Gelände*) ir en declive, descender
**abfällig** despectivo, desfavorable
**ab|fangen** interceptar; **~färben** desteñir(se); **~fassen** redactar
**abfertig|en** despachar; **~ung** *f* despacho *m*; **~ungsschalter** *m Flgw* mostrador de facturaciones
**ab|feuern** disparar; **~findung** *f* indemnización; **~flauen** (*Wind*) amainar; **~fliegen** partir en avión; *Flgw* salir; (*abheben*) despegar; **~fließen** salir, escurrirse
**Abflug** *m* salida *f*; (*Abheben*) despegue
**Abfluß** *m* desagüe; **~rohr** *n* tubo *m* de desagüe
**Abfuhr** *f* acarreo *m*; recogida; *fig* desplante *m*, calabazas *fpl*
**abführ|en** *Häftling*: llevar detenido; *vi Med* purgar; **~mittel** *n* (*starkes*) purgante *m*; (*leichtes*) laxante *m*
**ab|füllen** envasar; (*in Flaschen*) embotellar; (*in Säcke*) ensacar; **~gabe** *f* entrega; (*Steuer*) impuesto *m*; **~gang** *m Thea* mutis; **~gase** *npl* gases *mpl* de combustión
**abgeben** dar; *Hdl* consignar; *Schuß*: disparar; *Stimme bei Wahl usw*: emitir; **s. ~ mit** ocu-

parse de
**abge|brannt** *fig* sin blanca; **~brüht** *fig* taimado; **~droschen** trivial, trillado; **~hackt** (*Sprechen*) entrecortado; **~härtet** *fig* curtido, endurecido
**abgehen** desprenderse; salir; *fig* apartarse
**abge|lagert** (*Wein*) añejo; (*Holz*) curado; **~legen** apartado; **~macht!** ¡de acuerdo!, ¡trato hecho!; **~neigt: nicht ~neigt sein** no oponerse a; **~nutzt** usado, gastado
**Abgeordnete(r)** *m* diputado
**abgerissen** *fig* andrajoso
**abgesehen: ~ von** sin contar; prescindiendo de
**abge|spannt** cansado; **~standen** desabrido, soso; **~tragen** raído, desgastado
**abgewöhnen** (*j-m et*) desacostumbrar (*a alg de*); **s.** *et a* desaficionarse de
**ab|gießen** verter; *Form:* vaciar; **~gleiten** deslizarse
**abgöttisch** *adv* con idolatría; **~ lieben** idolatrar
**abgrenz|en** deslindar; *fig* delimitar; **2ung** *f* deslinde *m*; delimitación
**Abgrund** *m* abismo
**abhacken** cortar
**abhalten** impedir, retener; distraer (**von** *der Arbeit de*); *Sitzung usw:* celebrar
**abhanden: ~ kommen** perderse, extraviarse
**Abhandlung** *f* tratado *m*, ensayo *m*; memoria

**Abhang** *m* cuesta *f*, declive
**abhängen** *vt* descolgar; desacoplar; *vi* **~ von** depender de
**abhängig** dependiente de; sujeto a; **2keit** *f* dependencia
**abhärten: s. ~** endurecerse
**abhauen** *vt* cortar; F *vi* largarse
**abheben** *Geld:* retirar, sacar; *Karte:* cortar; **s. ~ von** destacarse de
**abheilen** curarse, cicatrizarse
**abhetzen: s. ~** ajetrearse
**Abhilfe** *f:* **~ schaffen** poner remedio (a)
**ab|hobeln** cepillar; **~holen** recoger; *j-n a:* ir a buscar; **~holen lassen** mandar por; **~holzen** talar; **~horchen** *Med* auscultar
**abhören** *Gespräch:* interceptar; *Schüler:* tomar la lección a
**Abitur** *n* bachillerato *m*; **~ient** *m* bachiller
**ab|kaufen** (*j-m et*) comprar a; **~klingen** ceder; (*Ton*) extinguirse; **~knabbern** mordiscar; *Nägel:* roer; **~knöpfen** *fig* (*j-m et*) sacar a; **~kochen** hacer hervir; **~kommandieren** destacar
**abkommen** apartarse (de); abandonar; (*v Weg*) desviarse
**Abkommen** *n* convenio *m*, arreglo *m*
**ab|kömmlich** libre, disponible; **~koppeln** desenganchar

**abkratzen** char; **~kratzen** raspar, raer; vi P diñarla

**abkühl|en** refrescar; **s. ~en** refrescarse; fig entibiarse; ℜung f refrescamiento m

**abkürz|en** abreviar; (Weg): acortar; ℜung f abreviación, abreviatura; (Weg) atajo m

**abladen** descargar

**Ablagerung** f sedimento m

**ablassen** Wasser, Dampf: dar salida (od escape) a; vi **~von** dejar (de hacer), desistir de

**Ablauf** m desarrollo; (Frist) expiración f; **nach ~ von ...** al cabo de ...; ℜen vi Sohle: gastar; Strecke: recorrer; vi (Frist) expirar; (Zeit) pasar; (Paß) caducar; fig desarrollarse; (Wasser) salir, escurrirse

**ab|lecken** lamer, chupar; **~legen** vi (Schiff) desatracar; vt deponer; Prüfung: hacer, pasar; Eid: prestar; Zeugnis, Rechenschaft: dar, rendir; Akten: archivar; Karten: descartarse; Kleidung: quitarse, dejar; ℜleger m Bot acodo, vástago

**ablehn|en** rechazar, denegar; ℜung f negativa

**ab|leiten** desviar; fig deducir, derivar; **~lenken** desviar, apartar; fig distraer; ℜlenkungsmanöver n (maniobra f de) diversión f

**abliefer|n** entregar; ℜung f entrega

**ablös|en** desprender; despegar; Posten: relevar; ℜung f relevo m; (Schuld) rescate m; (Wohnung, Geschäft) traspaso m

**abmach|en** quitar, desprender; fig convenir, arreglar; ℜung f arreglo m, convenio m

**Abmagerungskur** f cura de adelgazamiento

**Abmarsch** m salida f, marcha f

**abmeld|en** dar de baja; anular la inscripción; **s. ~en** darse de baja; ℜung f baja; anulación de la inscripción

**abmess|en** medir; ℜung f medición; dimensión

**ab|montieren** desmontar; **~mühen: s. ~mühen** afanarse (por); **~nagen** roer; ℜmurksen F dejar tieso; **~nagen** roer

**Abnahme** f Hdl compra; recogida; fig disminución; pérdida

**abnehm|bar** amovible, desmontable; **~en** descolgar (a Hörer), quitar; Hdl comprar; Hut: quitarse; Arbeit: descargar de; vi disminuir, decrecer; (im Gewicht) adelgazar; ℜer m comprador

**Abneigung** f antipatía, aversión

**abnorm** anormal

**abnutzen** (des)gastar

**Abon|nement** n abono m; (Zeitung) suscripción f; **~nent** m abonado; suscrip-

tor; ≈**nieren** abonarse a, suscribirse a
**Abordnung** f delegación
**Abort** m retrete; Med aborto
**ab|packen** empaquetar; ~**pfeifen** Sp dar la pitada final; ~**pflücken** (re)coger; ~**prallen** rebotar; ~**raten (von)** desaconsejar (u/c a alg); ~**räumen** Schutt: descombrar; Tisch: quitar (la mesa)
**abrechn|en** echar la cuenta; Konten: saldar; fig ajustar las cuentas (**mit j-m** a alg); ≈**ung** f liquidación; ajuste m; (Abzug) deducción
**abreiben** pulir; Körper: frotar, friccionar
**Abreis|e** f salida, partida; ≈**en** salir, partir (**nach** para)
**abreiß|en** vt arrancar; Haus: demoler; vi romperse; ≈**kalender** m calendario de taco
**ab|richten** amaestrar; ~**riegeln** acordonar; echar el cerrojo
**Abriß** m demolición f; fig resumen; (Skizze) bosquejo
**ab|rollen** vt desenrollar; ~**rücken** vt apartar; vi fig retirarse; Mil marcharse; ≈**ruf** m: **auf** ≈**ruf** previo aviso; ~**runden** a fig redondear
**abrupt** abrupto
**abrüst|en** vi desarmar; ≈**ung** f desarme m
**abrutschen** patinar, resbalar
**Absag|e** f negativa; ≈**en** vt

anular; Versammlung: desconvocar
**ab|sägen** (a)serrar, cortar (con la sierra); ~**satteln** desensillar; ≈**satz** m (Schuh≈) tacón; (Text) párrafo; Hdl venta f; ~**saugen** aspirar
**abschaff|en** abolir; suprimir; ≈**ung** f abolición; supresión
**abschälen** pelar, mondar
**abschalten** El desconectar, cortar; Maschine: parar; fig relajarse
**abschätzen** Wert: tasar; evaluar; estimar, apreciar
**Abschaum** m fig hez f
**Abscheu** m aversión f; horror
**ab|scheulich** abominable, horrible; ~**schicken** enviar; expedir; ~**schieben** empujar; F fig deshacerse de; Pol, jur Person: expulsar
**Abschied** m despedida f; Mil retiro; ~ **nehmen** despedirse; **s-n** ~ **nehmen** retirarse
**abschießen** matar; Flugzeug: derribar; Rakete: lanzar; Waffe: disparar; F Politiker: eliminar
**Abschlag** m Hdl descuento; Sp saque de puerta
**ab|schlagen** cortar; Angriff: rechazar; Bitte: rehusar; ~**schlägig** negativo
**Abschlag(s)zahlung** f pago m parcial
**abschleifen** pulir, rebajar
**abschlepp|en** remolcar; s.

**Abschleppseil** 238

~en mit cargar con; 2seil n cable m de remolcar; 2wagen m (coche-)grúa f (m)
**abschließ|en** cerrar con llave; terminar, acabar; Vertrag: concluir; ~end definitivo; final
**Abschluß** m fin, término, conclusión f; zum ~ bringen llevar a cabo; ~prüfung f examen m final
**ab|schmecken** probar, degustar; ~schmieren Auto: engrasar; ~schminken desmaquilar; ~schneiden cortar; fig (gut, schlecht) ~schneiden salir (bien od airoso, mal od parado)
**Abschnitt** m sección f; talón, cupón; (Zeit) período; (Buch) párrafo, capítulo
**ab|schnüren** Luft, Med estrangular; ~schrauben destornillar
**ab|schreiben** copiar; j-m disculparse por carta; 2schrift f copia
**Abschuß** m lanzamiento; disparo; Flgw derribo; ~rampe f rampa de lanzamiento
**ab|schüssig** escarpado; ~schütteln Verfolger: sacudirse, dar el esquinazo a; ~schwächen atenuar; amortiguar; ~schweifen (v Thema) salirse de; ~schwellen Med deshincharse; (Lärm) decrecer, disminuirse; ~schwören (dat) fig renunciar a; ~segeln hacerse a la vela

**abseh|bar: in ~barer Zeit** dentro de poco; ~en von prescindir de; ... ist nicht abzusehen no se ve..., no puede preverse...
**abseilen: s. ~** descolgarse
**abseits** aparte; apartado; Sp fuera m de juego; 2 n Sp fuera m de juego
**absend|en** remitir, despachar; 2er m remitente, expedidor
**absetzen** poner en el suelo; j-n: destituir; Ware: vender, colocar; Hut: quitarse; ohne abzusetzen sin interrupción; (trinken) de un trago
**Absicht** f intención, propósito m; mit ~, 2lich adv adrede
**absitzen** vt Strafe: cumplir (la condena); vi (v Pferd) desmontar, apearse
**absolut** absoluto; ~vieren aprobar, concluir
**absonder|lich** extraño, raro; ~n apartar, separar; Med secretar; s. ~n aislarse
**absorbieren** absorber
**abspenstig:** ~ machen sonsacar
**absperr|en** acordonar; Tür: cerrar con llave; 2ung f acordonamiento m, cordón m; barrera
**abspielen** Platte: tocar; s. ~ suceder
**ab|sprechen** negar; (verabreden) concertar; ~springen saltar; (Ball) rebotar; fig retirarse, salirse por la tangente; 2sprung m salto.

~spülen lavar; *Geschirr:* fregar
abstamm|en descender; ℒung *f* descendencia, origen *m*
**Abstand** *m* distancia *f*; intervalo; ~ **nehmen von** desistir de; distanciarse de; **in Abständen** a intervalos
**abstatten: Besuch** ~ hacer una visita; **Dank** ~ dar las gracias
**abstauben** quitar el polvo (a), desempolvar; *fig* F bailar, quitar
**abstech|en (von)** contrastar (de); ℒer *m* rodeo, vuelta *f*
**abstehen** destacarse; ~**de Ohren** orejas separadas
**absteigen** descender, bajar; (*v Pferd*) desmontar; (*im Hotel*) hospedarse (en)
**abstell|en** poner, dejar; cerrar, cortar; *Maschine*: parar; *Radio*: apagar; *fig* remediar; ℒ**gleis** *n* vía *f* de estacionamiento; ℒ**raum** *m* trastero
**abstempeln** matar; sellar
**Abstieg** *m* bajada *f*, descenso
**abstimm|en** votar (**über** *ac*); **aufeinander** ~ armonizar; ajustar; ℒung *f* votación
**Abstinenzler** *m* abstemio
**abstoßen** *vt* repeler; *fig* repugnar; ~**d** repugnante
**abstrakt** abstracto
**ab|streiten** negar, desmentir; ~**strich** *m Med* frotis; ℒ**stufung** *f* graduación; (*Farbe*) matiz *m*; ℒ**sturz** *m* caída *f*; ~**stürzen** caer(se); (*im Gebirge*) despeñarse; *Flgw* caerse; ~**suchen** rebuscar (en)
**absurd** absurdo
**Abszeß** *m* absceso
**Abt** *m* abad
**ab|tasten** palpar, tocar; ~**tauen** *vt* descongelar
**Abtei** *f* abadía
**Abteil** *n Esb* departamento *m*, compartimiento *m*
**Abteilung** *f* sección; departamento *m*
**ab|tippen** copiar a máquina; ~**tragen** *Erde:* nivelar, aplanar; *Kleider:* gastar; ~**transportieren** llevarse, recoger
**abtreib|en** *vi Mar* derivar; *vt* desviar; ℒung *f Med* aborto *m* provocado
**abtrennen** separar; *Abschnitt:* cortar; *Stoff:* descoser
**abtret|en** *vt* ceder; traspasar; ℒung *f* cesión
**abtrocknen** secar, enjugar; **s.** ~ secarse
**ab|urteilen** juzgar; ~**wägen** ponderar, medir; ~**warten** aguardar
**abwärts** hacia abajo
**abwasch|bar** lavable; ~**en** lavar; *Geschirr:* fregar
**Abwässer** *npl* aguas *fpl* residuales *od* negras
**abwechseln** alternar; **s.** (*od* **einander**) ~ turnarse (con); ~**d** alternativo; *adv* por turno
**Abwechslung** *f* variedad;

**abwechslungsreich**

cambio m; distracción; 2sreich variado

**abwegig** absurdo

**Abwehr** f defensa; Sp parada; 2en parar, rechazar

**abweichen** vi apartarse; diferir; ~end divergente; discrepante; 2ung f divergencia; fig discrepancia

**ab|weisen** rechazar; repulsar; ~wenden Blick: apartar; Unglück: evitar; **s. ~ wenden** apartarse; abandonar (von a alg); ~werfen lanzar; Reiter: derribar; Gewinn: rendir, producir; 2wertung f devaluación

**abwesen|d** ausente; fig distraído; 2heit f ausencia

**ab|wickeln** desenrollar; Hdl realizar; fig desarrollar; ~wiegen pesar; ~wimmeln F j-n: sacudirse (de); er: desembarazarse de; ~wischen limpiar; 2wurf m lanzamiento; ~würgen Motor: estrangular; ~zahlen pagar a plazos; ~zählen contar; ~zäunen vallar

**Abzeichen** n emblema m, distintivo m

**abzeichnen** dibujar, copiar; **s. ~** dibujarse; destacarse (gegen de)

**Abzieh|bild** n calcomanía f; 2en Math sustraer; Hdl deducir; Bezug: quitar; vi F largarse; (Rauch) salir

**Abzug** m Hdl deducción f, descuento f; (Waffe) disparador; Fot copia f; Mil retirada f; marcha f; Tech

escape

**abzweig|en** vi (Weg) bifurcarse; 2ung f bifurcación; ramal m

**Achse** f eje m (a fig)

**Achsel** f hombro m; ~höhle f sobaco m; ~zucken n encogimiento m de hombros

**acht** ocho; **in ~ Tagen** dentro de ocho días

**Acht** f ocho; **außer 2 lassen** descuidar; **s. in 2 nehmen** tener cuidado (vor con)

**achte** octavo

**Acht|eck** n octógono m; ~el n octavo m

**achten** estimar, apreciar; respetar; **~ auf** cuidar de; prestar atención a

**Achter** m Sp ocho; ~bahn f montaña rusa; ~deck n cubierta f de popa

**acht|geben** cuidar (auf de); ~los negligente

**achthundert** ochocientos; ~mal ocho veces; ~stündig de ocho horas

**Achtung** f respeto m, estimación; atención; ~! ¡cuidado!, ¡atención!, F ¡ojo!

**acht|zehn** dieciocho; ~zig ochenta

**ächzen** gemir

**Acker** m campo; ~boden m, ~land n tierra f de labor

**Adamsapfel** m Anat nuez f (de la garganta)

**addieren** adicionar, sumar

**Adel** m aristocracia f; a fig nobleza

**Ader** f arteria, vena

**Adler** m águila f
**adlig** noble; 2e(r) m noble, hidalgo
**Admiral** m almirante
**adoptieren** adoptar
**Adreßbuch** n guía f
**Adres|se** f señas fpl, dirección; 2**sieren** dirigir (a)
**adrett** atildado, bonito
**Advent** m adviento
**aerodynamisch** aerodinámico
**Affäre** f asunto m, negocio m
**Affe** m mono
**affektiert** afectado
**After** m ano
**Agave** f agave m, pita
**Agent** m agente; ~**ur** f agencia
**Aggression** f agresión
**agitieren** agitar
**Ahle** f lezna
**ähneln** parecerse a; (Kind) salir a
**Ahnen** mpl antepasados
**ahnen** presentir; sospechar
**ähnlich** semejante, parecido; ~ **sehen**, ~ **sein** (dat) parecerse a, salir a; 2**keit** f semejanza, parecido m
**Ahnung** f presentimiento m; intuición f; fig idea; 2**slos** desprevenido
**Ahorn** m arce
**Ähre** f espiga
**Airbus** m aerobús
**Akadem|ie** f academia; ~**iker** m universitario
**Akazie** f acacia
**Akkord** m Mus acorde; **im ~ arbeiten** trabajar a destajo; ~**arbeit** f destajo m

**Akkordeon** n acordeón m
**Akkumulator** m acumulador
**Akne** f acné
**Akrobat** (in f) m acróbata su
**Akt** m Thea acto; Mal desnudo; ~**e** f expediente m; jur acta
**Akten|deckel** m carpeta f, Am a fólder; ~**koffer** m Span attaché, Am maletín ejecutivo; ~**mappe** f, ~**tasche** f cartera (de documentos); ~**zeichen** n referencia f
**Aktie** f acción; ~**ngesellschaft** f sociedad anónima (S.A.)
**Aktion** f acción; Pol operación, campaña; ~**är** m accionista
**aktiv** activo; ~**ieren** activar; 2**ität** f actividad
**aktualisieren** poner al día
**aktuell** actual, del día
**akut** Med agudo
**Akzent** m acento
**akzeptieren** aceptar
**Alabaster** m alabastro
**Alarm** m alarma f; ~**bereitschaft** f alerta; 2**ieren** alarmar
**Alaun** m alumbre; ~**stift** m cortasangre
**albern** tonto
**Album** n álbum m
**Alge** f alga
**Alibi** n coartada f
**Alkohol** m alcohol; ~**frei** sin alcohol; 2**isch** alcohólico
**All** n universo m, cosmos m
**all** todo; ~**e** pl todos; ~**e beide** ambos, los dos; ~**es**

**Gute!** ¡que le vaya bien!;
**vor ~em** sobre todo
**alle** (*aus*) F acabado, agotado
**Allee** f avenida, alameda
**allein** solo; **von ~ automáticamente**; **~stehend** solitario; (*ledig*) soltero
**allenfalls** a lo sumo; acaso
**allerdings** en efecto; cierto que
**Allergi|e** f alergia; **²isch** alérgico (**gegen** a)
**aller|hand** varios, diversos; **²heiligen** n Todos los Santos; **~lei** toda clase de; **~letzt** el último de todos; **zu ~letzt** en último lugar; **~nächst: in ~nächster Zeit** dentro de muy poco
**alles** todo
**allgemein** general; **im ~en** en general; **²befinden** n estado m general; **²bildung** f cultura general; **²heit** f generalidad; público m; **~verständlich** comprensible para todos
**all|jährlich** anual; adv anualmente; **~mählich** gradual; adv poco a poco; **²tag** m vida f cotidiana; **~täglich** cotidiano; ordinario
**allzu** demasiado
**Almosen** n limosna f
**Alphabet** n alfabeto m; **²isch** alfabético
**Alptraum** m pesadilla f
**als** (*Zeit*) cuando; (*nach Komparativ*) que; (*Art, Eigenschaft*) como; de; **~ ob** como si

**also** así; pues
**alt** viejo; antiguo; **wie ~ bist du?** ¿cuántos años tienes?; **~ werden** llegar a viejo; envejecer
**Altar** m altar
**Alte(r)** m viejo, anciano; **~r** n edad f; vejez f
**älter** más viejo; (*Jahre*) mayor
**Alters|genosse** m coetáneo; **~grenze** f límite m de edad; **~heim** n asilo m de ancianos; residencia f de la tercera edad; **²schwach** decrépito
**Alter|tum** n antigüedad f; **~tümer** pl antigüedades fpl; **²tümlich** antiguo
**ältlich** viejecillo
**alt|modisch** anticuado; pasado de moda; **²stadt** f ciudad antigua
**Alu(minium)folie** f papel m de aluminio
**am** s **an**; **~ besten** lo mejor
**Amateur** m aficionado
**Amboß** m yunque
**ambul|ant** ambulante; Med ambulatorio; **~anz** f dispensario m; Mil u Krankenwagen ambulancia
**Ameise** f hormiga; **~nhaufen** m hormiguero
**Amethyst** m amatista f
**Amme** f nodriza
**Amnestie** f amnistía
**Ampel** f semáforo m; Span a disco m
**Amphitheater** n anfiteatro m
**Ampulle** f ampolla, inyec-

**table** m
**amputieren** amputar
**Amsel** f mirlo m
**Amt** n oficina f; administración f; (Aufgabe) cargo m, función f; Tel central f; **von ~s wegen** de oficio; **~ieren** desempeñar su cargo; actuar (**als** de); **2lich** oficial
**Amts|antritt** m toma f de posesión; **~geheimnis** n secreto m oficial; **~gericht** n juzgado m municipal
**amüsant** divertido
**amüsieren** divertir; **s. ~** divertirse, distraerse
**an** 1. örtlich: a, en; cerca de; (Fluß) a orillas de; **~ Bord** a bordo; **am Tisch** a la mesa; **~ der Grenze** en la frontera; **~ der Wand** en la pared; **~ der Hand** (nehmen) de la mano; 2. zeitlich: en, por; **am 3. Mai** el tres de mayo; **am Abend** por la noche; **am Tage** de día; 3. reich usw: ~ en
**Ananas** f piña, RPl ananá(s) m
**Analphabet** m analfabeto
**Anarchie** f anarquía
**Anbau** m cultivo; Arch anexo; **2en** cultivar; añadir; **~fläche** f superficie cultivada (od de cultivo); **~möbel** npl muebles mpl por elementos
**anbehalten** Mantel usw: dejar puesto
**anbei** adjunto
**an|beißen** morder m; (Fische) picar; **~belangen**: **was ... ~belangt** en lo que toca...; **~beten** adorar
**Anbetracht**: **in ~** (gen) en consideración a
**an|bieten** ofrecer; **~binden** atar; **2blick** m aspecto, vista f; **2braten** asar; **~brechen** vt empezar; vi (Zeit) empezar; (Tag) nacer; (Nacht) entrar
**anbrennen** (Essen) pegarse; vt Zigarette usw: encender
**an|bringen** fijar; colocar; Bitte usw: presentar; **2bruch** m comienzo; **bei 2bruch des Tages** (**der Nacht**) al amanecer (al anochecer); **~brüllen** gritar a
**Andacht** f Rel función; devoción
**andächtig** devoto
**andauern** continuar, persistir; **~d** continuo, permanente
**Andenken** n recuerdo m; **zum ~ an** en memoria de
**ander|e** otro, pl otros; **ein ~es Mal** otra vez; **unter ~em** entre otras cosas; **~erseits** por otra parte
**ändern** cambiar; modificar; **s. ~** cambiar
**ander|nfalls** por lo contrario; **~s** de otra manera, diferente; **jemand ~s** algún otro; **~swo** en otra parte
**anderthalb** uno y medio
**Änderung** f cambio m; modificación
**andeut|en** insinuar; indicar; alusión
**2ung** f indicación; alusión

**aneignen**: s. ~ apropiarse; *Kenntnisse*: adquirir
**aneinander** uno(s) a (*od* con *od* contra) otro(s); ~**fügen** juntar
**Anekdote** *f* anécdota
**anerkenn|en** reconocer; admitir; ~**enswert** digno de aprecio; 2**ung** *f* reconocimiento *m*; apreciación
**anfahren** *vt* chocar contra; *Fußgänger*: arrollar; *vi* (*Auto*) arrancar
**Anfall** *m Med* ataque, acceso; 2**en** acometer; *vi* presentarse
**anfällig (für)** predispuesto (a)
**Anfang** *m* principio; comienzo; **am ~, zu ~** al principio; 2**en** comenzar, empezar; echar (a + *inf*)
**Anfänger** *m* principiante; ~**kurs** *m* curso para principiantes
**anfangs** al principio; primeramente; 2**stadium** *n* fase *f* inicial
**an|fassen** tocar; ~**fechten** impugnar; ~**fertigen** hacer; fabricar, elaborar; ~**feuchten** mojar; ~**feuern** *fig* animar, alentar; ~**fliegen** *vt* hacer escala en
**Anflug** *m Flgw* vuelo de aproximación; *fig* deje, tinte
**anfordern** pedir; exigir; 2**ung** *f* exigencia, demanda
**Anfrage** *f* pregunta; *Pol* interpelación; 2**n** preguntar
**anfreunden**: s. ~ **mit** trabar amistad con
**anführen** dirigir, guiar; *Gründe usw*: alegar; (*zitieren*) citar; *fig* tomar el pelo a; 2**er** *m* jefe; *Pol* caudillo; 2**ungszeichen** *npl* comillas *fpl*
**Angabe** *f* indicación; informe *m*; ~**n** *pl* datos *mpl*
**angeb|en** dar; declarar; indicar; *vi f* fanfarronear; 2**er** *m* farolero, tipo creído; ~**lich** *adj* supuesto; *adv* dicen que
**angeboren** innato; congénito
**Angebot** *n* ofrecimiento *m*; *Hdl* oferta *f*
**ange|bracht** oportuno, conveniente; ~**heiratet** político; ~**heitert** F achispado
**angehen** concernir; **das geht dich nichts an** no te importa nada; **was ... angeht** en cuanto a ...
**Angehörige(r)** *m Pol* miembro; ~**n** *pl* parientes *mpl*, familiares *mpl*
**Angeklagte(r)** *m* acusado
**Angel** *f* caña de pescar; (*Tür*2) gozne *m*
**Angelegenheit** *f* asunto *m*
**angelehnt** (*Tür usw*) entreabierto
**Angel|haken** *m* anzuelo; 2**n** pescar con caña; ~**rute** *f* caña de pescar; ~**schein** *m* licencia *f* de pesca; ~**schnur** *f* sedal *m*
**ange|messen** adecuado; (*Preis*) razonable; ~**nehm** agradable; simpático; ~-

**anläßlich**

**nehm!** ¡encantado!; **~nommen daß** supuesto que; **~sehen** respetado, reputado; **~sichts** en vista de, teniendo en cuenta

**Angestellte(r)** m empleado; Hdl dependiente

**ange|wiesen sein auf** (ac) depender de; **s. ~wöhnen** acostumbrar; **s. et ~wöhnen** acostumbrarse a

**Angina** f angina; **~ pectoris** f angina de pecho

**angleichen** ajustar, adaptar

**Angler** m pescador (de caña)

**angreifen** atacar; Mil asaltar; **2er** m asaltante; agresor

**angrenzen (an)** lindar (con)

**Angriff** m ataque; **2slustig** agresivo

**Angst** f miedo m, angustia

**ängst|igen** dar miedo a, angustiar; **s. ~igen** tener miedo; **~lich** temeroso, tímido

**anhaben** Kleider: llevar

**anhalt|en** vt parar, detener; Atem: contener; vi parar (-se); (dauern) durar; **2er** m autostopista; **2spunkt** m indicio, referencia f

**Anhang** m apéndice, anexo

**anhäng|en** colgar; enganchar, acoplar; **2er** m partidario; Kfz remolque; (Schmuck) dije, colgante; **~lich** apegado; fiel

**an|häufen** amontonar, apilar; **~heben** levantar; **~heften** fijar, pegar; **~heuern** alistar(se)

**Anhieb: auf ~** de golpe, a la primera

**Anhöhe** f cerro m, colina

**anhören** escuchar; **s. ~ sonar** (+ adj)

**Anislikör** m anís

**Ankauf** m compra f

**Anker** m ancla f; Tech áncora f; **vor ~ gehen** echar ancla; **vor ~ liegen** estar surto (od anclado); **~platz** m fondeadero

**Anklage** f acusación; **2n** acusar

**Anklang** m: **~ finden** ser aceptado, tener éxito

**ankleben** pegar; encolar

**ankleiden** vestir

**an|klopfen** llamar (a la puerta); **~knipsen** Licht: dar la luz; **~knüpfen** anudar; fig trabar, entablar; **an et ~knüpfen** partir de; **~kommen** llegar; **es kommt darauf an** depende de

**ankündig|en** anunciar; **2ung** f aviso m, anuncio m

**Ankunft** f llegada

**an|kuppeln** acoplar; **~kurbeln** fig estimular; **~lächeln** sonreír a

**Anlage** f instalación; construcción; Hdl anexo m; (Geld) inversión; (Grün2) parque m, zona verde; **natürliche ~** talento m; **~kapital** n capital m inicial

**Anlaß** m motivo; ocasión f; **~ geben (zu)** dar lugar (a)

**anlass|en** Motor: hacer arrancar; Kleider: dejar puesto; **2er** m arranque

**anläßlich** (gen) con motivo

**Anlauf**

de, con ocasión de
**Anlauf** m: ~ **nehmen** tomar carrera; ~**en** *Hafen*: hacer escala en; (*Spiegel, Metall*) empañarse
**anläuten** F llamar (por teléfono)
**Anlege|brücke** f muelle m; ~**n** vt poner (contra); *Geld*: invertir; *Gewehr*: apuntar; *Verband*: aplicar; vi (*Schiff*) atracar; ~**stelle** f atracadero m
**anlehnen (an)** adosar (a), apoyar (en, contra); *Tür*: entornar; **s. ~ an** arrimarse a
**Anleihe** f empréstito m
**anleit|en** instruir; 2**ung** f instrucción; directiva
**anlernen** instruir
**Anlieg|en** n deseo m; petición f; 2**end** adjunto; (*Kleid*) ceñido; ~**er** m aledaño
**an|locken** atraer; ~**lügen** mentir a; ~**machen** fijar; *Licht, Feuer*: encender; *Speisen*: aderezar
**anmaßen: s. ~en** arrogarse; permitirse; ~**end** presuntuoso; arrogante; 2**ung** f arrogancia; insolencia
**Anmelde|formular** n formulario m de inscripción; (*Hotel*) hoja f (de la policía); ~**frist** f plazo m de inscripción; ~**gebühr** f derechos mpl de inscripción; 2**n** avisar, anunciar; declarar; *Kfz* matricular; **s. 2n** inscribirse
**Anmeldung** f aviso m; inscripción, registro m, alta
**anmerk|en** apuntar; notar; 2**ung** f nota, anotación
**Anmut** f gracia; encanto m; 2**ig** gracioso; encantador
**an|nageln** clavar; ~**nähen** coser, prender
**annäher|nd** aproximativo; *adv* aproximadamente; 2**ung** f acercamiento m
**Annahme** f aceptación; *fig* suposición
**annehm|bar** aceptable; admisible; (*Preis*) razonable; ~**en** aceptar, recibir; tomar; (*voraussetzen*) suponer; 2**lichkeit** f comodidad; conveniencia
**Annonce** f anuncio m, *Am* aviso m
**annullieren** anular
**anonym** anónimo
**Anorak** m anorak
**anordn|en** agrupar; disponer, ordenar; (*Verfügung*) orden
**anpassen** adaptar; apropiar; **s. ~en (an)** adaptarse (a); conformarse (con); 2**ung** f adaptación; apropiación; ~**ungsfähig** acomodable, adaptable
**an|pfeifen** *Sp* dar la pitada de comienzo; ~**pöbeln** F atropellar; 2**prall** m choque; ~**preisen** encarecer
**Anprob|e** f prueba; 2**ieren** probar
**an|pumpen** F dar un sablazo a; ~**rechnen** cargar en cuenta; imputar; 2**recht** n derecho; ~**rede** f tratamien-

**Ansichtssache**

to m; ~reden hablar a
**anreg|en** animar; estimular; *fig* iniciar, sugerir; ~end sugestivo; estimulante; 2ung f propuesta, iniciativa; 2ungsmittel n estimulante m
**Anreiz** m atractivo, aliciente
**Anrichte** f aparador m; 2n *Speisen*: aderezar; servir; *fig* causar, ocasionar
**Anruf** m llamada f; 2en llamar (por teléfono)
**anrühren** tocar; preparar, mezclar
**Ansage** f anuncio m; 2n anunciar; ~r m *Rf* locutor; *TV* presentador
**Ansammlung** f reunión; (*Menschen*) aglomeración
**ansässig** domiciliado; residente, establecido
**anschaff|en** adquirir, comprar; 2ung f adquisición
**anschalten** conectar, prender; *Licht*: ~ dar la luz
**anschau|en** mirar; ~lich expresivo, claro; plástico; 2ung f opinión; concepto m, punto m de vista
**Anschein** m apariencia f; allem ~ nach a lo que parece; 2end *adv* por lo visto, al parecer
**anschicken**: s. ~ (zu) disponerse (a), aprestarse (a)
**anschieben** empujar
**Anschiß** m *P* bronca f, rapapolvo
**Anschlag** m cartel, anuncio, *Am* afiche; *Pol* atentado; 2en *vt* fijar; *vi* (*Hund*) ladrar; ~säule f cartelera
**anschließen** *Tech, El* conectar; enchufar; s. ~ asociarse; agregarse; ~d siguiente; *adv* a continuación
**Anschluß** m *Tech* conexión f, enchufe; *Esb* correspondencia f, empalme; (*Gas, Wasser*) acometida f; *Pol* incorporación f; ~zug m tren de enlace
**anschmiegen**: s. ~ estrecharse
**anschnallen**: s. ~ abrocharse el cinturón
**anschneiden** empezar, encentar; *fig* abordar
**Anschovis** f anchoa
**an|schrauben** (a)tornillar; ~schreiben (*Wirt*) fiar; 2schrift f dirección; señas f/pl; ~schwellen hincharse; ~schwemmen acarrear; ~schwindeln mentir a, engañar
**ansehen** mirar; examinar; *fig* ~ als considerar como; **man sieht es ihm an** se le ve en la cara
**Ansehen** n prestigio m, estimación f
**ansehnlich** de buena presencia; vistoso; considerable
**ansetzen** *vt* juntar; *Termin*: fijar; *Fett*: ~ echar carnes, engordar
**Ansicht** f vista; *fig* opinión; **zur** ~ como muestra
**Ansichts(post)karte** f postal ilustrada; ~sache f cuestión de gusto (*od* de pare-

**ansiedeln**

ceres)
**ansiedeln** asentar; **s. ~** establecerse
**anspannen** *Zugtier*: uncir; *Pferd*: enganchar
**anspiel|en: auf** *et* **~en** aludir a; **2ung** *f* alusión; indirecta
**anspitzen** apuntar
**Ansporn** *m* estímulo
**Ansprache** *f* alocución
**ansprechen** *vt* dirigir la palabra a; *vi* agradar; **~d** agradable, simpático
**anspringen** *vi Kfz* arrancar
**Anspruch** *m* pretensión *f*; derecho; **in ~ nehmen** ocupar; reclamar; *j-n*: recurrir a; **2slos** modesto; **2svoll** exigente
**Anstalt** *f* establecimiento *m*, instituto *m*
**Anstand** *m* decencia *f*, decoro
**anständig** decente; respetable
**anstands|halber** por cumplir; **~los** sin reparo
**anstarren** mirar de hito en hito
**anstatt** en vez de
**anstechen** *Faß*: picar
**anstecken** prender, ponerse; *Zigarette*: encender; *Haus*: pegar fuego a; **s. ~en** contagiarse; **~end** contagioso; **2ung** *f* contagio *m*, infección
**anstehen (nach)** hacer cola (por)
**ansteigen** subir; (*Fluß*) crecer
**anstell|en** *j-n*: emplear; *Ra-*

*dio*: poner, conectar; (*machen*) hacer; **s. ~en** hacer cola; *fig* hacer melindres; **s. ~en als ob** aparentar + *inf*; **2ung** *f* colocación, empleo *m*
**Anstieg** *m* subida *f* (*a fig*)
**anstift|en** provocar; instigar; **2er** *m* instigador, autor; **2ung** *f* instigación
**anstimmen** entonar
**Anstoß** *m* impulso *f*, *Sp* salida *f*; **den ~ geben zu** iniciar *u|c*; **~ erregen** causar escándalo; **~ nehmen an** escandalizarse de (*od* con); **2en** empujar; brindar (**auf** por)
**an|stößig** indecente, escandaloso; **~strahlen** iluminar; **~streben** aspirar a; **~streichen** pintar; *Text*: marcar; **2streicher** *m* pintor (de brocha gorda)
**anstrengen** cansar; *Prozeß*: entablar; **s. ~en** esforzarse; **~end** fatigoso, penoso; **2ung** *f* esfuerzo *m*
**Anstrich** *m* (capa *f* de) pintura *f*
**Ansturm** *m fig* afluencia *f*
**antasten** *fig* tocar
**Anteil** *m* parte *f*; **~nahme** *f* interés *m*; simpatía
**antelefonieren** llamar (por teléfono)
**Antenne** *f* antena
**Anti|babypille** *f* píldora anticonceptiva; **~biotikum** *n* antibiótico *m*
**antik** antiguo; **2e** *f* Antigüedad

**Antipathie** f antipatía

**Anti|quariat** n librería f de lance; 2**quarisch** anticuario; de lance; ~**quitätenladen** m tienda f de antigüedades; ~**semitismus** m antisemitismo; 2**septisch** antiséptico

**Antrag** m solicitud f, petición f; ~**steller** m solicitante

**an|treffen** encontrar; ~**treiben** impeler, impulsar; fig estimular; ~**treten** vi formar; v Reise: emprender; Dienst: empezar; 2**trieb** m accionamiento; fig impulso; iniciativa f; ~**tun** Leid, Zwang: hacer; causar; **s. et ~tun** atentar contra la vida propia

**Antwort** f respuesta, contestación f; 2**en** contestar

**anvertrauen** confiar; **s.** j-m ~ confiarse a

**anwachsen** crecer

**Anwalt** m abogado

**anwärmen** calentar, templar

**Anwärter** m candidato, aspirante

**anweis|en** instruir; Platz: indicar; Geld: consignar; girar; 2**ung** f instrucciones fpl; Hdl giro m

**anwend|en** utilizar; aplicar; 2**ung** f aplicación f; uso m

**anwerben** reclutar; Mil alistar

**Anwesen** n inmueble m; heredad f

**anwesen|d** presente; 2**heit** f presencia

**anwidern** repugnar

**Anzahl** f número m, cantidad; 2**en** pagar a cuenta; ~**ung** f primer pago m

**Anzeichen** n señal f; presagio m; Med síntoma m

**Anzeige** f anuncio m; aviso m; jur denuncia; (Heirat) participación; ~ **erstatten** presentar una denuncia; 2**n** anunciar; jur denunciar

**anzieh|en** Kleid: ponerse; Schraube: apretar; fig atraer; **s.** ~ vestirse; ~**end** atractivo; 2**ung** f atracción f; 2**ungskraft** f Phys fuerza atractiva

**Anzug** m traje, Am vestido, Ven flux, Pe terno, RPl ambo

**anzüglich** atrevido, picante

**anzünden** encender, poner fuego a, bsd Am prender

**Apartment** n apartamento m; estudio m

**apathisch** apático

**Apfel** m manzana f; ~**baum** m manzano; ~**kuchen** m tarta f de manzana; ~**saft** m zumo, Am jugo de manzana; ~**sine** f naranja; ~**wein** m sidra f

**Apostel** m apóstol

**Apothek|e** f farmacia, Am a droguería, botica; ~**er** m farmacéutico

**Apparat** m aparato

**Appell** m llamada f; revista f; fig llamamiento

**Appetit** m apetito; **guten ~!** ¡que aproveche!; 2**lich** ape-

**Appetitlosigkeit**

titoso; ~losigkeit f desgana, falta de apetito
**Applaus** m aplauso
**Aprikose** f albaricoque m
**April** m abril
**Aquädukt** n acueducto
**Aqua|rell** n acuarela f; ~rium n acuario m
**Äquator** m ecuador
**Arbeit** f trabajo m; labor; fig obra; 2en trabajar; ~er m trabajador; obrero; ~geber m patrono, Am patrón; ~nehmer m asalariado; **2sam** trabajador; laborioso
**Arbeits|amt** n Delegación f del Trabajo, **2fähig** válido, capaz de trabajar; **2los** sin trabajo; **~losigkeit** f paro m (forzoso), desempleo m; ~platz m puesto, empleo; ~tag m jornada f; **2unfähig** inválido; **~zeit** f horario m de trabajo
**Archäologie** f arqueología
**Architekt** m arquitecto; ~ur f arquitectura
**Archiv** n archivo m
**Arena** f arena; Stk plaza de toros
**Ärger** m disgusto; enfado, molestia f; **2lich** fastidioso; (Person) enfadado; **2n** enojar, molestar, enfadar; **s. 2n über** enfadarse por (über j-n con alg); **~nis** n escándalo m
**arg|listig** malicioso; **~los** confiado; ingenuo; **2wohn** m recelo; sospecha f; **~wöhnisch** desconfiado, receloso
**Arie** f aria

**Aristokrat|ie** f aristocracia; **2sch** aristocrático
**arm** pobre (a fig)
**Arm** m brazo
**Armaturenbrett** n cuadro m de mando, tablero m de instrumentos
**Armband** n pulsera f; **~uhr** f reloj m de pulsera
**Armbinde** f brazal m; Med cabestrillo m
**Armee** f ejército m
**Ärmel** m manga f; **2los** sin mangas
**Arm|lehne** f brazo m (de sillón); **~leuchter** m candelabro; fig P mierda, cero
**ärmlich, armselig** pobre, miserable
**Armut** f pobreza
**Aroma** n aroma m
**Arrest** m arresto
**arrogant** arrogante
**Arsch** P m culo
**Art** f clase; género m; especie; manera; **auf diese ~** de este modo; **eine ~ ...** una especie de; **... jeder ~** ... de todas clases
**Arterie** f arteria
**artig** bueno, formal
**Artikel** m Hdl, Gr artículo
**Artillerie** f artillería
**Artischocke** f alcachofa
**Artist(in** f) m artista su (de circo)
**Arznei** f, **~mittel** n medicina f, medicamento m
**Arzt** m médico
**Ärzt|in** f médica; **2lich** médico; **2licher Notdienst** m servicio médico de urgencia

**As** n as m

**Asbest** m asbesto; amianto

**asch|blond** ceniciento; 2e f ceniza; 2enbahn f Sp pista de ceniza; 2e(en)becher, 2er m cenicero; 2ermittwoch m miércoles de ceniza; ~grau ceniciento

**aseptisch** aséptico

**asozial** antisocial

**Asphalt** m asfalto; 2ieren asfaltar

**Aspirin** n aspirina f

**Assistent(in)** f m asistente su; Universität: ayudante m

**Ast** m rama f; (im Holz) nudo

**Asthma** n asma f

**Astro|loge** m astrólogo; ~naut m astronauta; ~nomie f astronomía

**Asyl** n asilo m

**Atelier** n estudio m; taller m

**Atem** m aliento; außer ~ sin aliento; ~ holen tomar aliento; 2los sin aliento; ~not f sofocación f; ~zug m inspiración f

**Atheist** m ateo

**Äther** m éter

**Athlet(in)** f m atleta su

**Atlas** m atlas; (Stoff) raso, satén

**atmen** respirar

**Atmosphär|e** f atmósfera; 2isch atmosférico

**Atmung** f respiración

**atom|ar** atómico; 2energie f energía atómica; 2waffen fpl armas nucleares

**Attaché** m agregado

**Attentat** n atentado m; ~täter m autor del atentado

**Attest** n certificado m

**Attraktion** f atracción

**Attrappe** f objeto m simulado

**Aubergine** f berenjena

**auch** también; ~ **nicht** tampoco; ~ **wenn** aunque

**Auerhahn** m urogallo

**auf** sobre, en; por, de; (wohin?) a; hacia; ~ **ein Jahr** por un año; ~ **deutsch** en alemán; adv **die Tür ist** ~ la puerta está abierta; ~ **sein** (Person) estar levantado

**auf|arbeiten** acabar; renovar; ~**atmen** fig respirar; ~**bahren** amortizar

**Aufbau** m construcción f; estructura f; ~ten pl Mar superestructura f; 2en construir; organizar; montar

**auf|bekommen** lograr abrir; ~**bereiten** preparar; ~**bessern** Gehalt: aumentar

**aufbewahr|en** conservar; reservar; guardar; 2ung f conservación; depósito m

**auf|bieten** movilizar; ~**blähen** hinchar; ~**blasen** inflar; ~**bleiben** (abends) velar; ~**blicken** alzar la vista; ~**blitzen** chispear; ~**blühen** abrirse; fig florecer; ~**brausen** fig encolerizarse; ~**brechen** v romper; forzar; vi marcharse; ~**bringen** Geld: reunir; Gerücht: inventar; fig irritar; Schiff: apresar

**Aufbruch** m marcha f, salida f

**aufbrühen**

**auf|brühen** *Tee, Kaffee*: hacer; **~bügeln** planchar; **~decken** destapar; *fig* descubrir
**aufdrängen**: s. ~ imponerse, pegarse a
**auf|drehen** *Hahn* usw: abrir; **~dringlich** importuno, pesado; **2druck** *m* impreso
**aufeinander** uno(s) sobre (*od* tras) otro(s); **~folgen** seguirse; **~folgend** sucesivo; **~prallen**, **~stoßen** entrechocarse
**Aufenthalt** *m* estancia *f*, *Am* estadía *f*; **~sgenehmigung** *f* permiso *m* de residencia; **~sort** *m* paradero; **~sraum** *m* (*Hotel*) salón
**auf|erlegen** imponer; **2erstehung** *f* resurrección; **~essen** comerse (todo)
**auffahr|en** (**auf** *ac*) chocar contra; *fig* sobresaltarse; **2t(srampe)** *f* rampa; (*Autobahn*) acceso *m*; **2unfall** *m* accidente en cadena, choque múltiple
**auffall|en** llamar la atención; **~end**, **auffällig** vistoso, ostentoso; llamativo
**auffangen** coger al vuelo; recoger; *Funkspruch*: captar; *Aufprall*: amortiguar
**auffass|en** interpretar; considerar (**als** como); **2ung** *f* interpretación; modo *m* de ver, concepción
**auf|finden** hallar, descubrir; **~fischen** *a fig* pescar; **~flackern** recrudecerse; reavivarse
**aufforder|n** invitar; exhortar; (*Tanz*) sacar (a); **2ung** *f* requerimiento *m*; invitación
**Aufforstung** *f Span* repoblación forestal, *Am* reforestación
**aufführ|en** citar, especificar; *Thea* representar; **s. ~en** portarse; **2ung** *f Thea* representación; *Mus* ejecución
**auffüllen** llenar, rellenar, completar
**Aufgabe** *f* función; tarea; deber *m*; *Math* problema *m*; (*Verzicht*) abandono *m*; (*Post*) expedición
**aufge|ben** poner, dar; *Brief*: echar a Correos; *Telegramm*: poner; *Gepäck*: facturar; (*verzichten*) renunciar a; abandonar (*a vi*); **2bot** *n* amonestaciones *fpl*; **~dunsen** (*Gesicht*) abultado, hinchado
**aufgehen** abrirse; deshacerse; (*Naht*) descoserse; (*Gestirne*) salir; (*Saat*) brotar; (*Rechnung*) salir bien
**aufge|legt**: **~legt sein zu** estar de humor para; **gut ~legt** de buen humor; **~regt** nervioso; excitado; **~schlossen** abierto (a); **~weckt** despejado
**auf|gießen** *Tee*: hacer; **2guß** *m* infusión *f*; **~haben** *Hut*: llevar puesto; (*Geschäft*) estar abierto; **~halten** tener abierto; *fig* parar; detener;

**s. ~halten** encontrarse; permanecer
**aufhäng|en** colgar; *Wäsche:* tender; **2er** *m* colgadero; **2ung** *f Kfz* suspensión
**auf|heben** recoger, levantar; guardar; *Gesetz, Verbot:* suprimir, abolir; anular; **~heitern** animar; **s. ~heitern** despejarse; **~hellen** aclarar; **~hetzen** instigar; **~holen** recobrar, recuperar; *Sp* ganar ... de terreno; **~hören** dejar, cesar (**zu** de); terminar; **~kaufen** acaparar; **~klappen** abrir
**aufklär|en** aclarar; *Mil* explorar; **j-n über** *et* **~en** informar a alg sobre; abrir los ojos a alg sobre; **2ung** *f* aclaración; iniciación sexual
**aufkleb|en** pegar (en); **2er** *m* etiqueta *f* adhesiva; *(Abzeichen)* pegatina *f*
**auf|knöpfen** desabotonar; **~knüpfen** deshacer; **~kochen** hervir; **~kommen** introducirse; (**für** *et*) responder (de); indemnizar; **~kreuzen** F descolgarse; **~laden** *El* cargar
**Auflage** *f Lit* edición; *jur* obligación
**auf|lassen** dejar abierto; **~lauern** **j-m:** acechar; **2auf** *m* agolpamiento; *(Speise)* flan; **2laufbremse** *f* freno *m* automático; **~laufen** *(Schiff)* encallar; **~legen** poner, colocar; *Tel* colgar; *Med* aplicar; **~lehnen: s.**

**~lehnen** rebelarse; **~leuchten** lucir, resplandecer
**auflös|en** *(in Wasser)* diluir; *Versammlung usw:* disolver; *Geschäft:* liquidar; **s. ~en** disiparse; **2ung** *f* solución, disolución; descomposición
**aufmach|en** abrir; deshacer; **2ung** *f (Ware usw)* presentación
**Aufmarsch** *m* desfile
**aufmerksam** atento; galante; **~machen auf** llamar la atención sobre; **2keit** *f* atención
**aufmuntern** animar; estimular
**Aufnahme** *f* acogida; recepción; absorción; *(Ton2)* grabación; *Fot* foto; **~prüfung** *f* examen *m* de ingreso
**aufnehmen** recoger, *(im Verein)* admitir; *(beginnen)* entablar, establecer; *Geld:* tomar prestado; *Protokoll:* levantar; *Gast:* acoger; *Phono* grabar
**auf|opfernd** sacrificado, abnegado; **~passen** tener cuidado; cuidar *ac;* **2prall** *m* choque; **~prallen** chocar (contra); **2preis** *m* sobreprecio; **~pumpen** inflar; **~raffen: s. ~raffen** animarse (**zu** a)
**auf|räumen** arreglar, poner en orden; recoger; **2ungsarbeiten** *fpl* trabajos *mpl* de descombro
**aufrecht** en pie, *Am* parado; *fig* recto; **~erhalten** man-

**aufregen** 254

tener
**aufreg|en** agitar; excitar; **s. ~en über** alterarse por; **2ung** f agitación, emoción
**aufreibend** agotador
**auf|reißen** abrir bruscamente; *Straße:* levantar; **~reizend** provocativo; **~richten** poner en pie, levantar; *fig* alentar
**aufrichtig** sincero, derecho; **2keit** f sinceridad
**auf|rollen** enrollar; desenrollar; **~rücken** avanzar
**Aufruf** m proclama f; llamamiento; *Flgw* llamada f; **2en** llamar
**Auf|ruhr** m alboroto; **~rührer** m revoltoso; **2runden** *Summe:* redondear; **2rüsten** rearmar; **2rüttelN** revolver; **2sagen** recitar; **~sammeln** recoger; **2sässig** levantisco, rebelde; **~satz** m composición f; sobrepuesto, *Arch* remate; **2scheuchen** espantar; **2schieben** aplazar
**Aufschlag** m caída f; *Hdl* aumento; suplemento; *Sp* saque; **2en** *vt* abrir; cascar
**auf|schließen** abrir; **~schlußreich** revelador; **~schneiden** cortar; *fig* fanfarronear; **2schnitt** m fiambres *mpl* surtidos; **~schrecken** espantar; *vi* sobresaltarse
**Aufschrei** m baladro, grito
**auf|schreiben** anotar; **2schrift** f inscripción
**Aufschub** m aplazamiento;

**~gewähren** conceder una prórroga
**aufschütten** amontonar; rellenar
**Aufschwung** m *fig* impulso; *Hdl* auge
**Aufseh|en** n sensación f; escándalo m; **~en erregen** hacer sensación; **2enerregend** sensacional; **~er** m guarda, vigilante; (*Museum*) celador
**aufsetzen** *Brille, Hut:* ponerse
**Aufsicht** f vigilancia, inspección; **~srat** m consejo de administración
**auf|sitzen** montar a caballo; *fig* **j~n** ser engañado; **~spannen** *Schirm:* abrir; **~spießen** espetar; **~springen** saltar; (*Zug*) montar; (*Haut*) agrietarse; (*Tür*) abrirse de golpe; **~spüren** *j-n:* dar con la pista de; **~stacheln** incitar
**Auf|stand** m sublevación f, levantamiento; **2ständische(n)** mpl insurrectos
**auf|stapeln** apilar; **~stecken** *Haar:* sujetar con horquillas; **~stehen** levantarse, *Am* pararse; **~steigen** subir, ascender
**aufstellen** poner, colocar; *Tech* montar, instalar; *Sp* designar; formar; establecer; *Hdl* especificar; **2ung** f lista, relación
**Aufstieg** m subida f, ascensión f; *fig* progreso
**auf|stoßen** *Tür:* abrir de un

**ausarbeiten**

empujón; *vi* eructar; ~**suchen** ir a (*ver*, consultar)
**Auftakt** *m fig* preludio
**auftanken** echar gasolina
**auf|tauchen** emerger; *fig* surgir; ~**tauen** *vi* deshelarse; *vt Kost:* descongelar; ~**teilen** repartir; *Land:* parcelar
**Auftrag** *m* encargo, orden *f*; *Hdl* pedido, orden *f*; **im** ~ por orden (*od* encargo); **2en** *Farbe*, *Schminke:* aplicar; *Speisen:* servir; ~**geber** *m* comitente; *jur* mandante
**auf|treiben** lograr hallar; ~**trennen** *Naht:* descoser; ~**treten** presentar; presentarse; *Thea* entrar en escena
**Auftritt** *m Thea* escena *f*
**auf|wachen** despertarse; ~**wachsen** criarse; 2**wand** *m* gastos *mpl*; lujo; derroche; ~**wärmen** recalentar; ~**wärts** (hacia) arriba; ~**wecken** despertar; (*zB Hotelportier*) llamar; ~**weichen** *vt* ablandar; 2**wendungen** *fpl* gastos *mpl*; ~**werten** revalorizar; 2**wertung** *f* revalorización; ~**wickeln** arrollar; ~**wiegeln** amotinar, alborotar; 2~**wiegler** *m* amotinador, agitador; ~**wirbeln** levantar; *Staub* ~**wirbeln** *fig* levantar (una) polvareda; ~**wischen** recoger, limpiar (con un trapo); ~**wühlen** revolver; agitar
**aufzähl|en** enumerar; detallar; 2**ung** *f* enumeración;

relación
**aufzeichn|en** dibujar; *Tech* registrar; *TV* grabar; 2**ung** *f* apuntes *mpl*; *Radio*, *TV* grabación
**auf|ziehen** *Uhr:* dar cuerda a; *Vorhang:* descorrer; *Kind:* criar; 2**zug** *m* (*Lift*) ascensor; *F fig* atavío, atuendo; ~**zwingen** imponer
**Aug|apfel** *m* globo del ojo; ~**e** *n* ojo *m*; **ins** ~**e fallen** saltar a la vista; **ein** ~**e zudrücken** hacer la vista gorda; **unter vier** ~**en** a solas
**Augen|arzt** *m* oculista; ~**blick** *m* momento, instante; 2**blicklich** *adj* momentáneo; *adv* al instante, por el momento; (*sofort*) instantáneamente; ~**braue** *f* ceja; ~**brauenstift** *m* lápiz delineador; ~**farbe** *f* color *m* de los ojos; ~**höhle** *f* cuenca del ojo; ~**licht** *n* vista *f*; ~**lid** *n* párpado *m*; ~**maß** *n* ojo *m*; **nach** ~**maß** a ojo; ~**tropfen** *mpl* gotas *fpl* para los ojos; ~**zeuge** *m* testigo ocular (*od* presencial)
**August** *m* agosto
**Auktion** *f* subasta, *Am* remate *m*, licitación
**Aula** *f* paraninfo *m*
**aus** (*örtlich*) de; por; (*Stoff*) de; (*Grund*) por; ~ **e-m Glas trinken** beber en un vaso; **... ist** ~ está acabado (*od* terminado); **von mir** ~ por mí
**aus|arbeiten** elaborar; re-

**ausarten**

dactar; ~**arten** degenerar (in en); ~**atmen** espirar; ~**baden**: et ~ **baden** (**müssen**) pagar los platos rotos; 2**bau** m ampliación f; ensanche; ~**bauen** ampliar; ~**bessern** arreglar; *Wäsche*: remendar; ~**beulen** desabollar

**Ausbeut**|**e** f rendimiento m; *fig* fruto m; 2**en** explotar; ~**er** m explotador; 2**ung** f explotación

**ausbild**|**en** formar, instruir; 2**er** m instructor; 2**ung** f instrucción, formación

**aus**|**blasen** apagar; ~**bleiben** faltar; tardar; 2**blick** m vista f; ~**brechen** *vt* romper, arrancar; *vi* (*Feuer, Med*) declararse; (*Krieg*) estallar; (*Gefangene*) evadirse; **in Tränen** ~**brechen** romper a llorar; ~**breiten** extender; ~**brennen** *vt Wunde*: cauterizar; *vi* quemarse; 2**bruch** m (*Krieg*) comienzo m; (*Vulkan*) erupción f; (*Gefangene*) evasión f; *Med* aparición f; ~**brüten** empollar; ~**bürgern** desnaturalizar; ~**bürsten** cepillar

**Ausdauer** f perseverancia; 2**nd** constante; persistente, perseverante

**ausdehn**|**en** extender; (*zeitl.*) alargar; **s.** ~ **en** extenderse; dilatarse; 2**ung** f extensión; dimensión

**ausdenken**: **s.** ~ idear, inventar

**ausdrehen** cerrar; apagar **Ausdruck** m expresión f; término

**ausdrück**|**en** *Obst*: exprimir; *Zigarette*: apagar; *fig* expresar; **s.** ~ **en** expresarse; ~**lich** expreso, terminante **ausdrucks**|**los** inexpresivo, ~**voll** expresivo; 2**weise** f manera de expresarse, estilo m

**Ausdünstung** f exhalación, transpiración

**auseinander** separado; ~ **bringen** separar; ~**fallen** caer(se) a pedazos; ~**gehen** separarse; (*Meinung*) diferir; ~**nehmen** deshacer, desmontar

**auseinandersetz**|**en** explicar; **s.** ~ **en mit** arreglarse con; (*Problem usw*) ocuparse de; 2**ung** f disputa

**auserlesen** selecto, exquisito

**Ausfahrt** f salida

**Ausfall** m pérdida f, baja f; *Tech* fallo m; 2**en** (*Haare usw*) caerse; (*Schule, Veranstaltung*) suspenderse; *Tech* fallar; **gut** (**schlecht**) 2**en** salir (*od* resultar) bien (mal); 2**end** injurioso; ~**straße** f carretera de salida

**aus**|**fegen** barrer; ~**findig machen** hallar; averiguar; 2**flüchte machen** buscar subterfugios; 2**flug** m excursión f; 2**flügler** m excursionista *su*; 2**fluß** m *Med* flujo m; ~**fragen** sondear; interrogar

**Ausfuhr** f exportación
**ausführ|en** ejecutar, realizar; *fig* detallar, exponer; *Hdl* exportar
**Ausfuhrgenehmigung** f permiso *m* de exportación
**ausführ|lich** detallado; *adv* en detalle; **⁓ung** f ejecución, realización
**ausfüllen** (re)llenar
**Ausgabe** f distribución; (Geld⁓) gastos *mpl*; (Buch) edición
**Ausgang** *m* salida f; *fig* desenlace; resultado; **⁓spunkt** *m* punto de partida
**ausgeben** repartir; *Geld:* gastar; **s. ⁓ für** hacerse pasar por
**ausge|dehnt** extenso, vasto; **⁓fallen** raro; **⁓glichen** equilibrado
**ausgehen** salir; *Hdl* agotarse; (Geld) acabarse; (Licht usw) apagarse; **⁓ von** partir de
**ausge|hungert** famélico; **⁓lassen** travieso; **⁓nommen** excepto, salvo; **⁓prägt** pronunciado; **⁓rechnet** justamente; **⁓schlossen** imposible; ¡ni hablar!; **⁓schnitten** (Kleid) escotado; **⁓sucht** selecto, exquisito; **⁓zeichnet** excelente
**ausgießen** verter; *Gefäß:* vaciar
**Ausgleich** *m* compensación f; **⁓en** igualar; compensar
**ausgleiten** resbalar
**ausgrab|en** desenterrar;

**⁓ungen** fpl excavaciones
**Auguß** *m* pila f, pileta f
**aus|halten** soportar, aguantar; **⁓händigen** entregar; **⁓hang** *m* cartel, anuncio; **⁓harren** perseverar; **⁓heben** *Graben:* sacar; **⁓heilen** curarse; **⁓helfen** ayudar
**Aushilf|e** f ayuda; **⁓sweise** provisionalmente
**aus|höhlen** ahuecar; **⁓horchen** sondear
**auskennen: s. ⁓ in** estar enterado de
**Aus|klang** *m* final *m*; **⁓kleiden** (mit) revestir, forrar (de); **⁓klingen** acabar (en, con); **⁓klopfen** sacudir; **⁓knipsen** *Licht:* apagar; **⁓kochen** *Med* esterilizar; **⁓kratzen** raspar; **⁓kundschaften** espiar
**Auskunft** f informe *m*; información; **⁓geben** dar informes; **⁓sbüro** *n* agencia f de informes
**aus|lachen** reírse de; **⁓laden** descargar; **⁓lage** f escaparate *m*; (Geld) desembolso *m*; **⁓land** *n* extranjero *m*
**Ausländ|er** *m*, **⁓isch** extranjero
**Auslands|gespräch** *n* *Tel* conferencia f internacional; **⁓reise** f viaje *m* al extranjero
**aus|lassen** *Wort usw:* omitir; saltar; *Fett:* derretir; **⁓laufen** derramarse; *Mar* zarpar; **⁓läufer** *m* *Geogr* estribación f; **⁓leeren** vaciar;

**auslegen**

~legen *Waren*: exponer; (*mit Teppich*) alfombrar; *Geld*: adelantar; *fig* interpretar; ~leihen prestar; (s.) ~leihen tomar prestado; ~lernen terminar el aprendizaje

**Auslese** *f* selección

**ausliefer|n** entregar; ~ung *f* distribución; *jur* extradición

**aus|losen** sortear; ~lösen desencadenar; ~löser *m Fot* disparador; ~losung *f* sorteo *m*; ~lüften airear, ventilar; ~machen cerrar; apagar; ~machen importar

**ausmalen** pintar; s. ~ imaginarse

**Ausmaß** *n* dimensión *f*

**aus|merzen** destruir; ~messen medir

**Ausnahme** *f* excepción; **mit ~ von** excepto; ~zustand *m* estado de sitio

**ausnahms|los** sin excepción; ~weise excepcionalmente

**aus|nutzen, ~nützen** aprovechar(se de); ~packen desembalar; *Koffer*: deshacer; *fig* desembuchar; ~pfeifen *vt* silbar; **et ~plaudern** irse de la lengua; ~plündern saquear; ~pressen exprimir, prensar; ~probieren probar

**Auspuff** *m* escape; ~gase *npl* gases *mp* de escape; ~rohr *n* tubo *m* (*Arg* caño *m*) de escape; ~topf *m* silenciador

**aus|pumpen** desaguar, achicar; ~radieren borrar; ~rangieren eliminar; ~rauben despojar; ~räumen quitar; vaciar; ~rechnen calcular

**Ausrede** *f* evasiva; excusa; ₤n *v/ j-m et*: disuadir *a alg* de; ₤n **lassen** dejar hablar

**ausreich|en** bastar; ~end bastante, suficiente

**Ausreise** *f* salida; ₤n salir; ~visum *n* visado *m* (*Am* visa *f*) de salida

**ausreißen** arrancar; *fig* F largarse

**aus|renken** dislocar; ~richten alinear; *Gruß*: dar; *fig* conseguir; **j-m et ~richten** hacer un recado a *alg*; ~rollen desenrollar; ~rotten extirpar; desarraigar; ₤rottung *f* extirpación; exterminio *m*; ~rücken F largarse

**Ausruf** *m* grito; exclamación *f*; ₤en exclamar; ~ezeichen *n* signo *m* de admiración

**ausruhen** (s.) ~ descansar

**ausrüst|en** equipar; ~ung *f* equipo *m*

**ausrutschen** resbalar

**Aussaat** *f* siembra; sembradura

**Aussag|e** *f* declaración; *jur* deposición; ₤en exponer, declarar

**Aussatz** *m Med* lepra *f*

**aus|schachten** excavar; ~schalten cerrar; *Licht*: apagar; *El* desconectar; *Motor*: parar; *fig* excluir;

**⁓schank** m venta f de bebidas; cantina f
**ausscheid|en** vt separar; segregar; vi retirarse; darse de baja; *Sp* ser eliminado; **⁓ung** f secreción f; **⁓ungskampf** m eliminatoria f; **⁓ungsspiel** n partido m eliminatorio
**aus|schiffen** desembarcar; **⁓schimpfen** regañar, reñir; **⁓schlachten** *Wrack*: desguazar; **⁓schlafen** dormir bastante; **s-n Rausch ⁓schlafen** dormir la mona
**Ausschlag** m *Med* erupción f, exantema; **den ⁓ geben** decidir algo; **⁓en** *Zahn, Auge*: saltar; *Angebot*: rechazar; vi (*Pferd*) cocear; *Bot* brotar; (*Zeiger*) desviarse; **⁓gebend** decisivo
**ausschließ|en** excluir; **⁓lich** exclusivo; *prp* con exclusión de
**Ausschluß** m exclusión f
**aus|schmücken** adornar, decorar; **⁓schneiden** recortar; **⁓schnitt** m recorte; (*Kleid⁓*) escote; **⁓schreiben** escribir en letras; *Scheck*: extender; *öffentlich*: sacar a concurso; **⁓schreitungen** fpl excesos mpl
**Ausschuß** m comité, comisión f; *Tech* desecho; **⁓ware** f pacotilla
**ausschütten** verter, derramar
**ausschweif|end** libertino, licencioso; **⁓ung** f exceso m

**aussehen** tener cara de, parecer (**als ob** que); **es sieht nach ... aus** parece que va a ...; **⁓** n apariencia f; aspecto m; **dem ⁓ nach** por las apariencias
**außen** (a)fuera; **nach (von) ⁓** hacia (de) fuera; **⁓aufnahme** f exterior; **⁓bordmotor** m fuera-borda; **⁓dienst** m servicio exterior; **⁓handel** m comercio exterior; **⁓kabine** f *Mar* camarote m exterior; **⁓ministerium** n Ministerio m de Asuntos Exteriores; **⁓seite** f exterior m; **⁓seiter** m *Sp* outsider; **⁓stürmer** m delantero extremo
**außer** *prp* además de; salvo, excepto (**daß** que); **⁓ Betrieb** fuera de servicio; ¡no funciona!; **⁓ Dienst** jubilado; *Mil* retirado; **⁓dem** además
**äußere** *⁓(s)* n exterior m
**außer|ehelich** ilegítimo, extramatrimonial; **⁓gewöhnlich** extraordinario; **⁓halb** *prp* fuera de; *adv* fuera, al exterior
**äußerlich** exterior, externo; **⁓ anzuwenden** *Med* para el uso externo
**äußern** expresar; **s. ⁓** manifestarse (**in** en)
**außerordentlich** extraordinario, singular
**äußerst** extremo; (*Preis*) último; *adv* sumamente

**außerstande:** ~ **sein** ser incapaz (**zu** de)
**Äußerung** f expresión; manifestación
**aussetzen** *Belohnung:* fijar; *jur* suspender; *vi (Motor usw)* pararse; **et auszusetzen haben an** poner reparos a
**Aussicht** f vista; panorama m; *fig* perspectiva
**aussichts|los** desesperado; **≳punkt** m, **≳turm** m mirador
**aussöhn|en** reconciliar; **≳ung** f reconciliación
**aus|sortieren** seleccionar; **~spannen** vt *Pferde:* desenganchar; *vi* descansar; **~sperren** cerrar la puerta a alg; **≳sperrung** f cierre m patronal; **~spielen** *Karte:* jugar; *vi* ser mano, salir; **~spionieren** espiar
**Aussprache** f pronunciación; entrevista, discusión
**aus|sprechen** pronunciar; expresar; **s. ~sprechen** declararse (**für** a favor de); explicarse (**mit j-m** con alg); **~spruch** m dicho; **~spucken** escupir; **~spülen** *Wäsche:* aclarar; **≳stand** m huelga f
**ausstatt|en** equipar; decorar; **≳ung** f equipo m; decoración
**ausstehen** estar pendiente, faltar; **nicht ~ können** no poder aguantar (*od* soportar)
**aussteigen** bajar(se) (de)
**ausstell|en** extender; *Ware:* exponer; **≳er** m expositor; **≳ung** f exposición
**Ausstellungs|gelände** n terrenos mpl de la exposición, **~stand** m puesto; **~stück** n objeto m expuesto
**aus|sterben** extinguirse; *fig* desaparecer; **≳steuer** f ajuar m; **≳stieg** m salida f; **~stopfen** rellenar; *Tiere:* disecar; **~stoßen** *Schrei usw:* lanzar; echar; *j-n:* expulsar; **~strahlen** irradiar; *Rf* emitir
**ausstrecken** extender; *Hand:* tender; **s. (lang) ~** tenderse
**aus|streichen** rayar, tachar; **~strömen** vi (*Gas*) escaparse; **~suchen** escoger, seleccionar
**Austausch** m (inter)cambio; *Tech* recambio; **≳en** cambiar; **~student** m estudiante de intercambio
**austeilen** repartir, distribuir
**Auster** f ostra; *Méj* ostión m
**austoben: s. ~** desfogarse
**austragen** *Briefe:* repartir; *Kampf, Spiel:* disputar
**aus|treiben** expulsar; **~treten** darse de baja; (*WC*) ir al servicio (*Am* al baño); **~trinken** beber; *Glas:* apurar; **≳tritt** m salida f; separación f; **~trocknen** (de)secar; **~üben** ejercer; *Amt:* desempeñar
**Ausverkauf** m venta f total; **≳t** *Hdl* vendido; *Thea* completo

**Autoreisezug**

**Aus|wahl** f elección, selección; Hdl surtido m; 2**wählen** escoger; seleccionar
**auswander|n** emigrar; 2**er** m emigrante su; 2**ung** f emigración
**auswärt|ig** forastero; Pol exterior; **~s** fuera (de casa); **von ~s** de fuera
**aus|waschen** Wäsche: lavar; **~wechseln** cambiar
**Ausweg** m recurso; **~los** sin remedio
**ausweichen** apartarse; esquivar; fig eludir; **~d** evasivo
**ausweinen: s. ~** desahogarse llorando
**Ausweis** m legitimación f, carnet; 2**en** expulsar; **s. 2en** legitimarse; **~papiere** npl documentación f; **~ung** f expulsión
**aus|weiten** dilatar; ensanchar, ampliar; **~wendig** de memoria; **~werfen** lanzar, echar; **~werten** evaluar; interpretar; 2**wertung** f evaluación; aprovechamiento m; interpretación; **~wikkeln** desenvolver
**auswirken: s. ~** repercutir (auf a)
**aus|wischen** limpiar; **~wringen** retorcer; **~wuchten** Rad: equilibrar, Am balancear; 2**wuchtung** f equilibrado m, Am balanceo m; 2**wurf** m Med expectoto; **~zahlen** pagar; **zählen** contar; 2**zahlung** f pago m
**auszeichn|en** Waren: marcar; j-n: distinguir; 2**ung** f distinción; condecoración
**auszieh|bar** extensible; **~en** vt tirar; Kleid: quitar(se); vi mudarse (de casa); **s. ~en** desnudarse; 2**tisch** m mesa f extensible
**Auszug** m (Buch) extracto; mudanza f
**auszupfen** arrancar
**authentisch** auténtico
**Auto** n auto(móvil) m, coche m, Am a carro m; **~bahn** f autopista; **~bahngebühr** f peaje m
**Autobus** m autobús; **~haltestelle** f parada de autobuses; **~linie** f línea de buses
**Auto|fähre** f transbordador m; **~fahrer** m automovilista su, conductor; **~fahrt** f (kurze) excursión en coche; (längere) viaje m en coche; **~gramm** n autógrafo m; **~karte** f mapa m de carreteras
**Automat** m (Waren) distribuidor (automático), máquina f expendedora; Tech u fig autómata; **~ik** f Kfz marcha automática; **~ion** f automatización; 2**isch** automático
**Automobilklub** m club automóvil
**auto|nom** autónomo; 2**nomie** f autonomía
**Autor** m autor
**Auto|radio** n autorradio m; **~reifen** m neumático, Col llanta f; **~reisezug** m auto-expreso, autotrén; **~ren-**

## Autorennen

**nen** n carrera f de automóviles
**autori|tär** autoritario; **~tät** f autoridad
**Auto|unfall** m accidente de coche; **~verkehr** m tráfico; **~vermietung** f alquiler m de coches; **~zubehör** n accesorios mpl de coche
**Avocado** f aguacate m
**Axt** f hacha
**Azalee** f azalea
**Azeton** n acetona f
**azurblau** azul celeste

## B

**Baby** n bebé m; **~ausstattung** f canastilla; **~sitter** m babysitter su, Span a canguro; **~tragkorb** m moisés, Am a abuelita f
**Bach** m arroyo
**Backbord** n babor m
**Backe** f mejilla
**backen** freír; (im Rohr) cocer, Am hornear; Kuchen: hacer
**Backen|bart** m patillas fpl; **~knochen** m pómulo; **~zahn** m muela f
**Bäcker** m panadero; **~ei** f, **~laden** m panadería f
**Back|hähnchen** n pollo m empanado (asado); **~obst** n fruta f pasa; **~ofen** m horno; **~pfeife** f bofetada; **~pflaumen** fpl ciruelas pasas; **~werk** n pasteles mpl
**Bad** n baño m; (Ort) balneario m
**Bade|anstalt** f piscina; **~anzug** m traje (Am a vestido) de baño; **~hose** f bañador m; **~kappe** f gorro m de baño; **~mantel** m albornoz, Am bata f de baño; **~meister** m bañero
**baden** vt bañar; vi bañarse

**Bade|ort** m balneario; **~salz** n sal f de baño; **~schuhe** mpl zapatillas fpl de baño; **~strand** m playa f; **~tuch** n toalla f de baño; **~wanne** f bañera, Am a tina, Arg bañadera; **~zimmer** n (cuarto m de) baño m
**Bagger** m draga f; excavadora f
**Bahn** f camino m, ruta; Sp pista; (Eisen♢) ferrocarril m; **~beamte(r)** m ferroviario; **~damm** m terraplén; 2en: s. e-n Weg 2en abrirse camino
**Bahn|fahrt** f viaje m en tren; **~hof** m estación f
**Bahnhofs|halle** f vestíbulo m; **~vorsteher** m jefe de estación
**Bahnsteig** m andén m; **~karte** f billete m de andén
**Bahn|überführung** f puente m sobre la vía; **~übergang** m paso a nivel ((un-)beschrankter) (sin) con barreras); **~unterführung** f paso m inferior; **~wärter** (**-häuschen** n) m (garita f de) guardavía
**Bahre** f camilla; (Toten♢)

féretro m
**Baiser** n merengue m
**Bajonett** n bayoneta f
**Bake** f baliza
**Bakterie** f bacteria
**balancieren** balancear
**bald** pronto, en breve; ~**darauf** poco después; **so ~ wie möglich** cuanto antes
**Baldriantropfen** mpl gotas fpl de valeriana
**Balken** m viga f, madero
**Balkon** m balcón
**Ball** m pelota f, balón; (Tanz) baile
**Ballast** m lastre
**ballen** Faust: cerrar
**Ballen** m Hdl bala f, bulto
**Ballett** n ballet m
**Ballon** m globo
**Ballspiel** n juego m de pelota
**Balsam** m bálsamo
**Balz** f época de celo
**Bambus** m bambú
**banal** trivial
**Banane** f plátano m, Süda banana, banano m
**Band** m tomo, volumen
**Band** n cinta f; cordel m; fig lazo m
**Banda|ge** f vendaje m; ⁀**gieren** vendar
**Bandaufnahme** f grabación (en cinta)
**Bande** f banda, cuadrilla, pandilla
**bändigen** refrenar, contener; domar; dominar
**Bandit** m bandido
**Band|maß** n cinta f métrica; ⁀**scheibe** f disco m intervertebral; ⁀**wurm** m tenia f

**bang|(e)** inquieto, temeroso; ~**en um** inquietarse por
**Bank** f banco m; ⁀**anweisung** f giro m bancario; ~**beamte(r)** m empleado de banco; ⁀**halter** m banquero; ⁀**konto** n cuenta f bancaria; ⁀**note** f billete m de banco
**bankrott** quebrado, en quiebra
**Bantamgewicht** n peso m gallo
**bar** al contado; **in ~** en metálico
**Bar** f bar m
**Bär** m oso
**Baracke** f barraca
**Barbar** m, ⁀**isch** bárbaro
**Barbe** f barbo m
**Bärenhunger** m hambre f canina
**barfuß** descalzo
**Bargeld** n metálico m, dinero m efectivo; ⁀**los** con cheque bzw por giro
**Barhocker** m taburete de bar
**Bariton** m barítono
**Barkasse** f barcaza
**Barkeeper** m barman
**barmherzig** compasivo; caritativo; ⁀**keit** f caridad; misericordia
**barock** barroco; ⁀**stil** m estilo barroco (Span churrigueresco)
**Barometer** n barómetro m
**Barren** m barra f; Sp (barras fpl) paralelas fpl; (Gold⁀) lingote
**Barriere** f barrera

**Barrikade** f barricada
**barsch** áspero, rudo, seco
**Barsch** m perca f
**Bar|schaft** f dinero m líquido; **~scheck** m cheque abierto
**Bart** m barba f; **₂los** sin barba
**Barzahlung** f pago m al contado
**Basar** m bazar
**Base** f prima; *Chem* base
**Basilika** f basílica
**Basis** f base; *Arch* basa; *fig* fundamento m
**Baskenmütze** f boina
**Basketball** m baloncesto, *Am a* básquetbol
**Baß** m bajo
**Bast** m *Bot* líber; (*Material*) rafia f
**basteln** construir por afición; ₂ n bricolaje m
**Batist** m batista f
**Batterie** f batería, pila; **~ladegerät** n cargador m de batería
**Bau** m construcción f; edificio; **~arbeiten** pl obras; **~arbeiter** m obrero de la construcción; **~art** f construcción, tipo m; estilo m
**Bauch** m vientre; **~binde** f faja; (*Zigarre*) vitola; **~entzündung** f peritonitis; **~schmerzen** mpl dolor m de vientre; **~speicheldrüse** f páncreas m
**bauen** construir
**Bauer** 1. m campesino (*Schach*) peón; 2. n jaula f
**Bäuer|in** f campesina; **₂lich** campesino

**Bauern|haus** n casa f de labor; **~hof** m finca f
**bau|fällig** ruinoso; **₂genehmigung** f permiso m de construcción; **₂gerüst** n andamio m; **₂ingenieur** m ingeniero constructor; **₂jahr** n año m de construcción; **₂kosten** pl gastos mpl de construcción; **₂kunst** f arquitectura
**Baum** m árbol
**Bau|material** n materiales mpl de construcción; **~meister** m arquitecto; aparejador
**baumeln** bambolear(se)
**Baum|krone** f copa; **~schule** f vivero m; **~stamm** m tronco; **~wolle** f algodón m
**Bausch** m tapón; **₂ig** henchido
**Bau|stelle** f obras fpl; **~stil** m estilo; **~unternehmer** m contratista; **~werk** n edificio m
**Bazillus** m bacilo
**beabsichtigen** intentar + *inf*
**beacht|en** considerar, tener en cuenta; *Vorschrift*: observar; **~lich** considerable, atendible; **₂ung** f atención, consideración
**Beamt|e(r)** m funcionario; **~in** f funcionaria
**beängstigend** alarmante
**beanspruchen** reclamar; pretender; *Platz, Zeit*: requerir
**beanstand|en** protestar, re-

clamar (contra); ~ung f reclamación, *Am* reclamo *m*
**beantragen** solicitar
**beantwort|en** contestar; ~ung *f* contestación
**bearbeit|en** elaborar; *Tech* labrar; *Buch*: refundir; *Gesuch*: tramitar; ~ung *f* elaboración; refundición; *Thea usw* adaptación
**Beatmung** *f*: **künstliche ~** respiración artificial
**beaufsichtig|en** inspeccionar; *Kind*: cuidar; ~ung *f* inspección
**beauftrag|en** encargar; ~te(r) *m* encargado
**bebauen** urbanizar; *Land*: cultivar
**beben** temblar
**Becher** *m* vaso
**Becken** *n* pila *f*; (*Wasch*~) lavabo *m*, *Am* lavamanos *m*; *Geogr* cuenca *f*; *Anat* pelvis *f*; (*Schwimm*~) piscina *f*, *RPl* pileta *f*, *Méj* alberca *f*
**bedächtig** mesurado
**bedanken**: **s. ~** dar las gracias (**bei** a; **für** por)
**Bedarf** *m* necesidad *f*; **nach ~** según fuera preciso
**Bedarfs|artikel** *m* artículo de consumo; ~**haltestelle** *f* parada discrecional
**bedauer|lich** deplorable; ~**n** sentir; *j-n*: compadecer; ~**n** *n* sentimiento *m*, pesar *m*; ~**nswert** digno de lástima, (*Sache*) lamentable
**bedeck|en** cubrir; tapar; ~**t** cubierto, encapotado
**bedenk|en** considerar, tener en cuenta; ~**lich** grave; arriesgado
**bedeut|en** significar, querer decir; ~**end** importante, considerable; (*j*) eminente; ~**ung** *f* significación, sentido *m*; importancia; ~**ungslos** insignificante
**bedien|en** servir; *Hdl* atender; *Tech* manejar; **s. ~en** servirse (*gen* de); ~**ung** *f* servicio *m*; (*Person*) camarera
**Bedienungsanleitung** *f* instrucciones *fpl* para el servicio (*od* manejo)
**Bedingung** *f* condición; ~**slos** incondicional
**bedräng|en** acosar, asediar; ~**nis** *f* apuro *m*
**bedroh|en** amenazar; ~**lich** amenazador
**bedrück|en** agobiar, oprimir; ~**end** opresivo; ~**t** deprimido
**bedürf|en** necesitar; requerir; ~**nis** *n* necesidad *f*; ~**nisanstalt** *f* evacuatorio *m*; ~**tig** necesitado, indigente
**Beefsteak** *m* bistec *m*, biftec *m*; **deutsches ~** filete *m* ruso
**beeil|en**: **s. ~** darse prisa, *Am* apurarse
**beein|drucken** impresionar; ~**flussen** influir (*j-n*, *et en*); ~**trächtigen** afectar, perjudicar
**beenden** acabar, terminar
**beerben** heredar a *alg*
**beerdig|en** enterrar; ~**ung** *f* entierro *m*

**Beere**

**Beere** f baya
**Beet** n parterre m, macizo m
**befahr|bar** transitable; **~en** vt circular en (od por)
**befallen** Med asaltar, acometer (*a Schlaf*)
**befangen** encogido, cohibido; (*voreingenommen*) parcial; **2heit** f encogimiento m; parcialidad
**befassen: s. ~ mit** ocuparse en
**Befehl** m orden f; **2en** mandar, ordenar; **~shaber** m comandante
**befestigen** fijar; sujetar; *Straße:* revestir
**befeuchten** mojar, humedecer
**befind|en: s. ~en sich** hallarse, encontrarse; **2en** n (estado m de) salud f
**befolgen** seguir; observar
**beförder|n** *Hdl* expedir, transportar; (*im Rang*) ascender, promover; **2ung** f transporte m; promoción, ascenso m
**befragen** interrogar; consultar
**befrei|en** liberar; (*v Pflicht*) eximir, dispensar; **2er** m libertador; **2ung** f liberación; exención
**befremden** extrañar
**befreund|en: s. ~en mit** trabar amistad con; **~et sein** ser amigo (**mit** de)
**befriedig|en** satisfacer; **~end** satisfactorio; **~t** satisfecho, complacido; **2ung** f satisfacción

**befristet** a plazo fijo, limitado
**befrucht|en** fecundar; **2ung** f fecundación
**Befug|nis** f competencia, autorización; **2t** autorizado; competente
**Befund** m resultado; *Med* diagnóstico
**befürcht|en** temer; **2ung** f temor m
**befürworten** abogar por
**begab|t** talentoso; **2ung** f talento m, aptitud
**Begebenheit** f suceso m, acontecimiento m
**begegn|en** j-m: encontrar; **2ung** f encuentro m
**begehen** *Fest:* celebrar; *Verbrechen usw:* cometer
**begehr|en** apetecer; **~enswert** apetecible; **~t** *Hdl* solicitado
**begeister|n** entusiasmar; **s. ~n für** entusiasmarse por; **2ung** f entusiasmo m
**Begier|de** f ansia; apetito m; **2ig** deseoso, ávido
**Beginn** m comienzo, principio; **zu ~** al principio; **2en** comenzar, empezar (**zu** a)
**beglaubig|en** certificar, legalizar; **~t** certificado; *jur* legalizado
**begleichen** pagar, arreglar
**begleit|en** acompañar (*a Mus*); *Mil* escoltar; **2er** m acompañante; **2schreiben** n carta f de aviso (*od* de envío); **2ung** f acompañamiento m; compañía

**beiderseits**

**beglückwünschen** felicitar, dar la enhorabuena a
**begnadig|en** indultar; ₂**ung** f indulto m, gracia
**begnügen: s. ~ mit** contentarse con
**Begonie** f begonia
**be|graben** enterrar; **~graben sein** yacer; ₂**gräbnis** n entierro m
**begreif|en** comprender, concebir; **~lich** comprensible; **~lich machen** hacer comprender
**begrenz|en** limitar; restringir; ₂**ung** f limitación
**Begriff** m concepto, idea f; **im ~ sein zu ...** estar para; ₂**sstutzig** lento de comprensión
**begründ|en** motivar, fundar; ₂**ung** f motivación
**begrüß|en** saludar; ₂**ung** f salutación; bienvenida
**begünstig|en** favorecer; ₂**ung** f protección
**be|gutachten** dictaminar sobre; **~gütert** acaudalado; hacendado; **~haart** peludo; **~häbig** tardo, espacioso
**behag|en** agradar; **~lich** agradable; cómodo; **s. ~lich fühlen** sentirse a gusto
**behalten** guardar; quedarse con
**Behälter** m recipiente; depósito; Vkw contenedor
**behand|eln** tratar (a Med); ₂**ung** f tratamiento m
**beharr|en** (**auf** dat) perseverar, mantenerse (en); **~lich** perseverante, insistente; constante; ₂**lichkeit** f perseverancia, persistencia
**behaupt|en** afirmar; **s. ~en** mantenerse; ₂**ung** f afirmación
**behelfen: s. ~ mit** arreglarse con
**Behelfs...**, ₂**mäßig** provisional, improvisado
**beherbergen** hospedar, alojar
**beherrsch|en** dominar; conocer; Sprache: poseer; **s. ~en** dominarse, vencerse; ₂**ung** f señorío m; dominio m
**beherzigen** tomar a pecho
**behilflich: ~ sein** ayudar (**bei** en; **j-m** a alg)
**behinder|n** embarazar, estorbar; ₂**ung** f estorbo m
**Behörde** f autoridad
**behüten** guardar, preservar (**vor** dat de)
**behutsam** cauteloso; ₂**keit** f cautela
**bei** cerca de; junto a; en, de, a; **~ mir** conmigo; **~ Gelegenheit** si hay ocasión; **~ Nacht** de noche
**beibehalten** conservar
**Beiboot** n esquife m
**beibringen: j-m** et **~** enseñar a alg
**Beicht|e** f confesión; ₂**en** confesar(se); **~stuhl** m confesionario
**beide** ambos, los dos; **alle ~** los dos; **eins von ~n** uno de los dos
**beider|seitig** mutuo; **~seits** mutuamente, de ambas

**beieinander** 268

partes
**beieinander** juntos (f: juntas)
**Bei**|**fahrer** m (Auto) copiloto; (Motorrad) paquete; **~fall** m aplauso; **2fällig** aprobatorio; **2fügen** incluir
**beige** beige
**Bei**|**geschmack** m gustillo; fig dejo; **~hilfe** f (Geld) socorro m; jur complicidad
**Beil** n hacha f
**Beilage** f (Brief) anexo m; Gastr guarnición
**beiläufig** incidental; adv de paso
**beilegen** incluir; Streit: arreglar
**Beileid** n pésame m; **~schreiben** n carta f de pésame
**bei**|**liegend** adjunto, incluido; **~messen** atribuir, conceder
**Bein** n pierna f; (Tier) pata f; (Tisch) pie m
**beinah**(**e**) casi; (beim Verb) por poco
**Beiname** m sobrenombre
**Bein**|**bruch** m fractura f de pierna; **~prothese** f pierna artificial
**beipflichten** (dat) asentir (a)
**beirren**: s. nicht **~ lassen** no dejarse desconcertar
**beisammen** juntos, reunidos; **2sein** n reunión f
**Beischlaf** m coito
**Beisein** n: im **~ von** en presencia de
**beiseite** aparte, a un lado
**Beisetzung** f sepelio m

**Beisitzer** m asesor
**Beispiel** n ejemplo m; **zum ~** por ejemplo (Abk p. ej.); **2haft** ejemplar; **2los** sin ejemplo (od par); **2sweise** por ejemplo
**beißen** morder; fig picar
**Bei**|**stand** m asistencia f; **2stehen** j-m: asistir; **2steuern** (zu) contribuir (a); **~trag** m contribución f; (Summe) cuota f; **2tragen** (zu) contribuir (a); **2treten** (dat) ingresar en; Pol afiliarse a; **~wagen** m Kfz sidecar; **2wohnen** (dat) presenciar (ac)
**Beize** f corrosivo m; (Holz2) barniz m
**beizeiten** a tiempo; (früh) temprano
**bejahen** responder afirmativamente a; **~d** afirmativo
**bejahrt** entrado en años
**bekämpf**|**en** luchar contra, combatir; **~ung** f lucha
**bekannt** conocido; **~ machen** (**mit**) presentar (a); **2e**(**r**) m conocido; **2gabe** f publicación; **~geben** dar a conocer; **~lich** como es sabido; **~machen** publicar, anunciar; **2machung** f proclamación; aviso m; bando m; **2schaft** f conocimiento m
**bekehren** convertir
**bekenn**|**en** confesar; **s.** **~en** reconocer + adj; **s.** **~en zu** hacer profesión de; **2tnis** n confesión f
**beklag**|**en** lamentar; **s.** **~en**

**belohnen**

**über** quejarse de; **~enswert** deplorable; **2te(r)** *m jur* demandado

**bekleid|en** *fig Amt usw*: desempeñar, ocupar; **2ung** *f* vestidos *mpl*; **2ungsindustrie** *f* (industria de) confección

**beklemmend** opresivo

**bekommen** recibir, obtener; conseguir; *Krankheit*: coger *(nicht RPl!)*, contraer; *Kind*: tener; *Hunger*: ir teniendo; *j-m* **gut (schlecht)** **~** sentar bien (mal) *a alg*

**be|köstigen** dar comida; **~kräftigen** corroborar

**bekreuzigen: s. ~** persignarse, santiguarse

**bekund|en** manifestar; demostrar; **2ung** *f* manifestación; demostración

**be|lächeln** sonreír de; **~laden** cargar

**Belag** *m* capa *f*; revestimiento

**belager|n** sitiar; *fig* asediar; **2ung** *f* sitio *m*

**belangen: j-n ~ wegen** demandar a alg por

**belanglos** fútil, insignificante

**belasten** cargar; pesar sobre; *Konto*: cargar en cuenta

**belästig|en** molestar, importunar; **2ung** *f* molestia

**Belastung** *f* carga *(a fig)*

**belaufen: s. ~ auf** importar *(ac)*, elevarse a

**beleb|en** animar; *Hdl* activar; **~end** vivificador; **~t** animado; *(Ort)* frecuentado; **2ung** *f* animación; activación

**Beleg** *m* comprobante; justificante; **2en** documentar, justificar; *Platz*: reservar; *Kurs*: matricularse; *Sp* clasificarse en; **~schaft** *f* (plantilla de) personal *m*; **2t** *(Platz)* ocupado; *(Zunge)* sucio; *(Stimme)* empañado; *Tel* comunicando, *Am* ocupado; **2tes Brötchen** bocadillo *m*

**belehr|en** instruir; **2ung** *f* instrucción

**beleibt** corpulento

**beleidig|en** ofender, insultar; **~end** ofensivo, insultante; **~t** ofendido; **2ung** *f* ofensa, insulto *m*

**belesen** leído

**beleucht|en** alumbrar; **2er** *m* alumbrante; **2ung** *f* alumbrado *m*

**belicht|en** *Fot* exponer; **2ung** *f* exposición

**Belichtungs|messer** *m* fotómetro, exposímetro; **~tabelle** *f* tabla de exposiciones

**Belieb|en** *n*: **nach ~en** a discreción, a (su) gusto; **2ig** cualquiera

**beliebt** querido; popular; *(et)* en boga; **2heit** *f* popularidad

**beliefern** abastecer, surtir

**bellen** ladrar

**Belletristik** *f* bellas letras *fpl*

**belohn|en** recompensar;

**Belohnung**

2ung f recompensa; (*Fundsachen*) gratificación
**Belüftung** f ventilación
**belügen** mentir a *alg*
**belustig|en** divertido; 2ung f diversión
**be|malen** pintar; **~mängeln** criticar
**bemerk|bar**: s. **~bar machen** atraer la atención; (*et*) manifestarse; **~en** notar, percibir; observar; (*sagen*) decir, mencionar; **~enswert** notable; 2ung f observación; nota, advertencia
**bemitleiden** compadecer(se de); **~swert** digno de compasión
**bemüh|en** molestar, incomodar; s. **~en** esforzarse (**um** *por*); solicitar (*ac*); 2ung f esfuerzo *m*; diligencia
**benachbart** vecino
**benachrichtig|en** avisar, enterar; informar; 2ung f aviso *m*; información
**benachteilig|en** perjudicar; 2ung f perjuicio *m*
**benehm|en**: s. **~en** portarse, conducirse; 2en *n* conducta *f*, comportamiento *m*
**beneiden** envidiar (**j-n um et a** *alg por*) *u/c*); **~swert** envidiable
**Bengel** *m* rapaz, mocoso
**benommen** atontado; 2heit f modorra
**benötigen** necesitar
**benutz|en, benützen** usar, utilizar; aprovechar(se de); 2er *m* utilizador; 2ung *f* uso

*m*; empleo *m*; 2ungsgebühr *f* (*Autobahn*) peaje *m*
**Benzin** *n* gasolina *f*, Arg nafta *f*; *Chem* bencina *f*; **~gutscheine** *mpl* cheques-gasolina; **~kanister** *m* bidón (de gasolina); **~pumpe** *f* bomba de gasolina; **~tank** *m* depósito (de gasolina); **~uhr** *f* contador *m* de gasolina; **~verbrauch** *m* consumo de gasolina
**beobachten** observar; 2er *m* observador; 2ung *f* observación
**be|packt** cargado; **~pflanzen** plantar (**mit** *de*)
**bequem** cómodo; (*Kleidung*) holgado; (*j*) F comodón; **es s. ~ machen** ponerse cómodo; 2**lichkeit** *f* comodidad; pereza
**berat|en** *j-n*: aconsejar (*et*: deliberar (sobre); s. **~en** aconsejarse (**mit j-m** de, con *alg*); 2er *m* consejero; 2ung *f* deliberación; consulta; 2ungsstelle *f* consultorio *m*
**berauben** robar (**j-n** a *alg*); *fig* (*gen*) privar de
**berausch|en**: s. **~en** an embriagarse de; **~end** embriagador; **~t** borracho; *fig* embriagado
**berechn|en** calcular; *Hdl* cargar en cuenta; 2ung *f* calculación, cálculo *m*; *fig* **aus** 2ung por cálculo
**berechtig|en** (**zu**) autorizar (para); habilitar; **~t** (*j*) autorizado; fundado, justo;

**Berühmtheit**

**♀ung** f autorización, derecho m
**Beredsamkeit** f elocuencia
**Bereich** m ámbito, sector; zona f; fig esfera f, campo
**bereichern: s. ~ (an)** enriquecerse (con)
**Bereifung** f neumáticos mpl
**bereit** dispuesto (**zu a, für** para); (*fertig*) listo (para); **~en** fig causar, hacer; dar; **s. ~machen zu** disponerse a
**bereits** ya
**Bereitschaft** f disposición; **~dienst** m servicio de urgencia; (*Apotheke*) turno
**bereitwillig** gustoso
**bereit|stellen** poner a la disposición; **~ung** f
**bereuen** arrepentirse de
**Berg** m montaña f; fig montón; **♀ab** cuesta abajo; **♀an, ♀auf** cuesta arriba; **~arbeiter** m minero; **~bahn** f ferrocarril m de montaña; **~bau** m minería f
**bergen** poner a salvo, salvar, rescatar
**Bergführer** m guía alpino; **♀ig** montañoso; **~mann** m minero; **~pfad** m vericueto; **~rutsch** m derrumbamiento; **~sport** m alpinismo, montañismo; **~steiger** m alpinista, montañero; **~und-Tal-Bahn** f montaña rusa; **~ung** f salvamento m, rescate m; **~wacht** f servicio m de salvamento; **~werk** n mina f
**Bericht** m informe, relación f; relato; (*Zeitung*) crónica f; **♀en** informar; relatar, referir; **~erstatter** m informador; reportero, corresponsal
**berichtig|en** rectificar; corregir; **♀ung** f rectificación, corrección
**berieseln** regar, rociar
**Bernstein** m ámbar
**bersten** reventar, estallar
**berüchtigt** de mala fama, desacreditado
**berücksichtig|en** tener en cuenta; considerar; **♀ung** f consideración
**Beruf** m profesión f; oficio; **von ~ ...** de profesión
**berufen** adj destinado, llamado; vt **s. ~ auf** (*j-n*) remitirse a; (*et*) referirse a
**beruflich** profesional
**Berufs|beratung** f orientación profesional; **♀mäßig** profesional; **~schule** f escuela de formación profesional; **~sportler** m profesional su
**Berufung** f vocación (f); (*Amt*) nombramiento m; apelación; **~ einlegen** apelar
**beruhen** (**auf** dat) basarse, fundarse (en); et **auf s. ~ lassen** dejar correr, dar por terminado
**beruhig|en** calmar, tranquilizar; **~end** tranquilizador; **♀ung** f apaciguamiento m; **zu Ihrer ♀ung** para su tranquilidad; **♀ungsmittel** n sedante m, calmante m
**berühmt** famoso, célebre; **♀heit** f renombre m; celebridad (*a Person*)

**berühren**

**berühr|en** tocar; *fig* impresionar; **2ung** *f* toque *m*; contacto *m*, relación
**besagt** citado, mencionado
**besänftigen** apaciguar, calmar
**Besatz** *m* guarnición *f*
**Besatzung** *f* tripulación; *Mil* ocupación; **~smitglied** *n Flgw, Mar* tripulante *m*
**beschädig|en** deteriorar, estropear; averiar; **~t** deteriorado, estropeado; **2ung** *f* deterioro *m*, desperfecto *m*
**beschaff|en** *vt* proporcionar; *adj* hecho, constituido; **gut (schlecht) ~en** bien (mal) acondicionado; **2enheit** *f* estado *m*, condición; calidad
**beschäftig|en** ocupar, dar trabajo; **s. ~en mit** ocuparse de (*od* en); **~t** ocupado, empleado; **2ung** *f* ocupación, quehaceres *mpl*; empleo *m*
**beschäm|en** avergonzar; **~end** vergonzoso; humillante
**Bescheid** *m* respuesta *f*; decisión; **~ wissen** estar al corriente; **~ geben** avisar, dar razón
**bescheiden** modesto; **2heit** *f* modestia
**bescheinig|en** certificar; **2ung** *f* certificado *m*
**Bescherung** *f* reparto *m* de regalos; **schöne ~!** ¡estamos frescos!
**be|schießen** tirar sobre, *Am* balacear, abalear; **~**

**schimpfen** insultar, afrentar
**beschlafen: et ~** consultar u/c con la almohada
**Beschlag** *m*: **in ~ nehmen** embargar; ocupar; **2en** *vt Pferd:* herrar; *vi* empañarse; *adj fig* versado; **2nahmen** confiscar, embargar
**beschleunig|en** acelerar; **2ung** *f* aceleración
**beschließen** resolver, decidir
**Beschluß** *m* resolución *f*, acuerdo
**be|schmieren** embadurnar; **~schmutzen** ensuciar; **~schneiden** recortar; *Pflanzen:* podar; **~schnüffeln** husmear; **~schönigen** suavizar; disimular
**beschränk|en** limitar; reducir; **s. ~en auf** limitarse a; **~t** limitado, restringido; (*geistig*) corto de alcances; **2ung** *f* limitación, restricción
**beschreib|en** describir; detallar; **2ung** *f* descripción
**beschriften** marcar, rotular
**beschuldig|en** inculpar; **2ung** *f* inculpación
**Beschuß** *m* fuego; bombardeo
**beschütz|en** proteger, amparar; **2er** *m* protector
**Beschwer|de** *f* reclamación *f*, queja; **~den** *pl Med* dolores *mpl*; molestias *fpl*; **s. 2en (über)** quejarse (de); reclamar (*ac*); **2lich** oneroso, fatigoso

**Bestechung**

**beschwichtigen** acallar; aquietar

**be|schwindeln** mentir a *alg*; **~schwingt** animado, alegre, lanzado; **~schwipst** achispado; **~schwören** *et*: jurar; **~seitigen** apartar; eliminar

**Besen** *m* escoba *f*

**besessen** poseído; obseso

**besetz|en** *Mil*, *Platz*: ocupar; *Stelle*: cubrir; **~t** ocupado; (*Bus usw*) completo; *Tel* están comunicando; *Am* ocupado; *Thea* reparto *m*, elenco *m*

**besichtig|en** inspeccionar; visitar; **2ung** *f* inspección; visita

**besiedelt: dicht ~** densamente poblado

**besiegen** vencer

**besinn|lich** pensativo; **2ung** *f* conocimiento *m*, sentido *m*; reflexión, meditación; **zur 2ung kommen** recobrar el conocimiento; *fig* entrar en razón; **~ungslos** sin conocimiento

**Besitz** *m* posesión *f*; **2en** poseer; tener; **~er** *m* dueño; **~tum** *n* posesión *f*, propiedad *f*

**besoffen** F borracho

**besohlen** poner (media) suela a, *Col* remontar

**Besoldung** *f* sueldo *m*

**besonder|s** particular; peculiar; especial; **~e Kennzeichen** *npl* señas *fpl* particulares; **~heit** *f* particularidad; característica; **~s especialmente**; sobre todo

**besonnen** *adj* circunspecto, sensato

**besorg|en** procurar; ir por; **2nis** *f* preocupación; **~niserregend** alarmante; **~t** preocupado; **~t sein (um)** inquietarse (por); **2ung** *f* recado *m*; **2ungen machen** ir de compras

**besprech|en** discutir; *s*. **~en** conferenciar (con *alg*); entrevistarse (**über** sobre); **2ung** *f* conferencia, entrevista; *Lit* reseña

**bespritzen** rociar; (*mit Schmutz*) salpicar

**besser** mejor; **um so** (*od* **desto**) **~** tanto mejor; **~n** mejorar; *s*. **~n** enmendarse; *Med* mejorarse; **2ung** *f* mejora; **gute 2ung!** ¡que se alivie!

**best** mejor; **am ~en** lo mejor; **der erste ~e** el primero que se presente

**Be|stand** *m* duración *f*; *Hdl* existencias *fpl*; **~ständig** constante, estable (*a Wetter*); duradero; **~standteil** *m* parte *f* (integrante); componente *m*, elemento *m*

**bestätig|en** confirmar; certificar; **den Empfang ~en** acusar recibo; **2ung** *f* confirmación; certificado *m*

**Bestattung** *f* sepultura; **~sinstitut** *f* funeraria *f*

**bestech|en** sobornar, cohechar; **~lich** sobornable, corruptible; **2ung** *f* soborno

**Besteck** *m*; corrupción
**Besteck** *n* cubierto *m*; *Med* estuche *m*
**bestehen** *vt* sostener; *Examen*: aprobar; *vi* existir; durar; **~ auf** (*dat*) insistir en; **~ aus** (*dat*) componerse de
**be|stehlen** robar; **~steigen** subir a; *Pferd*: montar a; *Berg*: ascender a; **~stellen** *Ware*: pedir; *j-n*: citar a; *Feld*: cultivar; *Gruß*: dar; *Zimmer*: reservar
**Bestell|nummer** *f* número *m* de pedido; **~schein** *m*, **~zettel** *m* nota *f* de pedido; **~ung** *f* pedido *m*, orden
**besten|falls** en el mejor de los casos; **~s** óptimamente
**besti|alisch** bestial; **2e** *f* bestia
**bestimm|en** determinar; fijar; (*j-n zu*) destinar (para); disponer, ordenar; **~t** cierto; fijo; determinado, decidido; *adv* seguramente; **2heit** *f* certeza; **2ung** *f* prescripción; *f* destino *m*; **2ungsort** *m* (lugar de) destino
**Bestleistung** *f Sp* mejor resultado *m*
**bestrafen** castigar; **2ung** *f* castigo *m*
**bestrahl|en** iluminar; *Med* tratar con rayos X; **2ung** *f* radioterapia
**Be|streben** *n* anhelo *m*; esfuerzo *m*; **~streichen** pintar; *Brot*: untar; **~streiten** disputar; negar; *Kosten*: cubrir; **~streuen** espolvorear; **2stürmen** asediar
**bestürz|t** consternado, desconcertado; **2ung** *f* consternación
**Besuch** *m* visita *f*; **2en** visitar; ir a ver; *Schule*: ir a; *Vortrag usw*: asistir a; **~er** *m* visitante *su*; *Thea* espectador; **~szeit** *f* horas *fpl* de visita
**betagt** viejo, anciano
**betätig|en** actuar (**als** de); **2ung** *f* accionamiento *m*; actividad, ocupación
**betäub|en** narcotizar; *fig* atolondrar; **2ung** *f* narcosis, anestesia; **2ungsmittel** *n* narcótico *m*
**Bete** *f*: **rote ~** remolacha roja
**beteilig|en** interesar (**an** en); **s. ~en an** tomar parte en, participar en; (*Beitrag*) contribuir a; **2ung** *f* participación; cooperación
**beten** orar, rezar
**beteuern** protestar de
**Beton** *m* hormigón, *Am* concreto
**beton|en** acentuar; *fig* insistir en; **~t** acentuado; **2ung** *f* acento *m*
**Betracht** *m*: **in ~ ziehen** tomar en consideración; **nicht in ~ kommen** no venir al caso; **2en** contemplar; *fig* considerar (**als** como)
**beträchtlich** considerable
**Betrachtung** *f* contemplación; reflexión
**Betrag** *m* importe, cantidad

# bewähren

f; 2en ascender a, importar; s. 2en portarse; ~en n porte m, conducta f
**betreffen** concernir; tocar; ~d respectivo
**betreffs** en cuanto a, respecto a
**betreiben** dedicarse a, ejercer; *Angelegenheit:* agenciar, gestionar
**betreten** entrar en; *adj* fig cortado; 2 **verboten!** ¡prohibido el paso!
**betreu|en** atender a; 2**ung** f cuidado m
**Betrieb** m establecimiento, empresa f; *Esb* servicio; fig animación f, jaleo m; **in ~** en explotación (od marcha), außer ~ fuera de servicio; no funciona; **in ~ setzen** poner en marcha
**Betriebs|kapital** n capital m de explotación; ~**rat** m comité de empresa; ~**sicherheit** f seguridad de servicio; ~**unfall** m accidente de trabajo; ~**wirtschaft** f ciencias fpl empresariales
**betrinken: s. ~** embriagarse
**betroffen** atónito
**betrübt** afligido, triste
**Betrug** m engaño, estafa f
**betrüg|en** engañar; estafar (**um** ac); 2**er(in)** m estafador; ~**erisch** fraudulento
**betrunken** borracho, embriagado; 2**e(r)** m borracho
**Bett** n cama f; **zu ~ gehen** acostarse; ~**couch** f sofá-cama m; ~**decke** f colcha, manta, *RPl*, *Pe* frazada,

*Méj*, *Col*, *Ven* cobija
**betteln** mendigar
**Bett|karte** f billete m de coche-cama; 2**läg(e)rig** encamado; ~**laken** n sábana f
**Bettler(in** f) m mendigo(-a f)
**Bett|ruhe** f reposo m en cama; ~**vorleger** m antecama f, alfombrilla f; ~**wäsche** f ropa de cama
**beugen** doblar, doblegar; fig humillar; agobiar; **s. ~** fig rendirse, someterse
**Beule** f bollo m, abolladura; *am Kopf* chichón m
**beunruhigen** perturbar; inquietar
**beurlauben** dar permiso a; *Mil* licenciar
**beurteil|en** juzgar de; 2**ung** f juicio m, crítica
**Beute** f presa; fig víctima
**Beutel** m bolsa f
**Bevölkerung** f población
**bevollmächtig|en** apoderar; 2**te(r)** m apoderado
**bevor** antes de + *inf*; antes (de que); ~**munden** tener a tutela; ~**stehen** estar próximo; ~**stehend** próximo, inminente; ~**zugen** preferir; 2**zugung** f preferencia
**bewach|en** vigilar; 2**er** m vigilante, guarda; 2**t** vigilado; 2**ung** f custodia
**bewaffn|en** armar; 2**ung** f armamento m; (*Waffen*) armas fpl
**bewahren** conservar; guardar; ~ **vor** preservar de
**bewähr|en: s. ~en** acreditar-

**Bewährung**

se; dar (buen) resultado; ⁀ung f prueba; ⁀ungsfrist f jur plazo m de prueba
**bewältigen** vencer; dominar; *Aufgabe:* llevar a cabo
**bewandert (in)** versado, entendido (en)
**bewässer|n** regar; ⁀ung f riego m, regadío m
**beweg|en** mover; agitar; *fig* conmover; **s. ⁀en** moverse; ⁀grund m móvil; ⁀lich móvil; *fig* ágil; ⁀t conmovido; (*See*) agitado; ⁀ung f movimiento m; gesto m; *fig* emoción
**Bewegungs|freiheit** f libertad de acción; ⁀los inmóvil
**Beweis** m prueba f; ⁀en probar; demostrar
**bewerb|en: s. ⁀en** um solicitar (*ac*); ⁀er m solicitante; candidato; ⁀ung f solicitud f
**bewerkstelligen** realizar
**bewert|en** (a)valorar; ⁀ung f valoración
**bewillig|en** otorgar, conceder; ⁀ung f otorgamiento m; permiso m
**bewirken** causar
**bewirt|en** obsequiar; ⁀schaften explotar; ⁀ung f agasajo m
**bewohn|en** habitar; ⁀er m habitante
**bewölk|en: s. ⁀en** anublarse; ⁀t (*Himmel*) cubierto, anublado; ⁀ung f nubes fpl
**bewundern** admirar; ⁀nswert admirable; ⁀ung f admiración
**bewußt** *fig* consabido; *adv* conscientemente; de propósito; **s. ⁀ sein** (*gen*) hacerse cargo de; ⁀**los** sin conocimiento; ⁀**losigkeit** f desmayo m; ⁀**sein** n conciencia f
**bezahl|en** pagar; ⁀ung f pago m
**bezähmen** refrenar, domar
**bezaubernd** encantador
**bezeichn|en** significar; marcar, designar; ⁀**end** significativo; típico; ⁀ung f designación, nombre m
**be|zeugen** atestiguar, testimoniar; ⁀**zichtigen** inculpar, acriminar (de)
**beziehen** *Haus:* ocupar, instalarse en; *Ware:* comprar; *Rente, Gehalt:* cobrar, percibir; *Bett:* poner ropa; **s. ⁀en auf** referirse a; ⁀ung f relación; **in jeder ⁀ung** en todos los respectos; ⁀**ungsweise** o sea, o bien
**Bezirk** m distrito; (*Stadt*) barrio
**bezirzen** F engatusar
**Bezug** m funda f; *Hdl* adquisición f; referencia f (**auf** a); (*Bett⁀*) sábanas fpl; **Bezüge** pl emolumentos; **in ⁀ auf** respecto a
**be|züglich** (*gen*) relativo, referente (a); ⁀**zwecken** tener por objeto; ⁀**zweifeln** dudar de; ⁀**zwingen** vencer; *fig* dominar
**Bibel** f Biblia
**Biblio|thek** f biblioteca; ⁀**thekar** m bibliotecario
**bieg|en** *vt* torcer, encorvar;

**bitten**

*vi* **um die Ecke ~en** doblar la esquina; **s. ~en** doblarse; **~sam** flexible

**Biene** *f* abeja

**Bier** *n* cerveza *f*; *(kleines)* caña *f*; **helles (dunkles) ~** cerveza rubia (negra)

**Biest** *n* F mal bicho *m*

**bieten** ofrecer; *(Versteigerung)* pujar; *(Spiel)* envidar; **s. ~** presentarse, ofrecerse; **s. nicht ~ lassen** no tolerar

**Bikini** *m* bikini, *RPl f*

**Bilanz** *f* balance *m*; **~ziehen** hacer balance

**Bild** *n* imagen *f*; cuadro *m*; Fot foto *f*; **~bericht** *m* reportaje gráfico

**bilden** formar; *(geistig)* instruir; **s. ~** formarse; **bildende Künste** *fpl* artes plásticas

**Bilder|buch** *n* libro *m* de estampas; **~galerie** *f* galería de pinturas; **~rahmen** *m* marco

**Bild|hauer** *m* escultor; **~lich** plástico; **~schirm** *m* pantalla *f*; **~schön** hermosísimo; **~ung** *f* cultura; educación, instrucción; formación

**Billard** *n* billar *m*; **~kugel** *f* bola de billar; **~stock** *m* taco

**billig** barato; **~en** aprobar; **2ung** *f* aprobación

**Bimsstein** *m* piedra *f* pómez

**Binde** *f* venda; *(Damen2)* compresa, apósito (*od* paño) *m* higiénico, *Am* toalla sanitaria; **~gewebe** *n* tejido *m* conjuntivo; **~hautentzündung** *f* conjuntivitis

**Bind|emittel** *n* aglutinante *m*; **2en** atar; liar; *Buch*: encuadernar; **2end** obligatorio; **~faden** *m* cordel; **~ung** *f* *(Ski)* fijación; *fig* lazo *m*

**binnen** dentro de; **~ kurzem** dentro de poco

**Binnen...** in Zssgn interior

**Binse** *f* junco *m*

**Bio|graphie** *f* biografía; **~logie** *f* biología; **2logisch** biológico

**Birk|e** *f* abedul *m*; **~hahn** *m*, **~huhn** *n* gallo *m* de abedul

**Birn|baum** *m* peral; **~e** *f* pera; El bombilla, *Am* foco *m*, bombillo *m*

**bis** hasta, a; **~ dahin** hasta entonces; **~ jetzt** hasta ahora; **~ auf** *(ac)* excepto, menos; **~ auf weiteres** por de pronto

**Bisam** *m* almizcle

**Bischof** *m* obispo

**bisher** hasta ahora (*od* la fecha)

**Biskuit** *n* bizcocho *m*

**Biß** *m* mordedura *f*; mordisco

**bißchen: ein ~** un poco

**Bissen** *m* bocado, mordisco

**bissig** mordedor; *fig* mordaz

**Bißwunde** *f* mordedura

**bisweilen** a veces

**bitte** por favor; tenga la bondad de, haga el favor de; **~?** ¿perdone?; **~!** no hay de qué, de nada; **~ sehr!** sírvase

**Bitte** *f* ruego *m*; súplica

**bitten** rogar, pedir

**bitter** amargo; ⁓**keit** f fig amargura; ⁓**lich** adv amargamente
**Bittschrift** f memorial m
**Blähungen** fpl flatos mpl
**Blamage** f F plancha
**blamieren** comprometer; **s.** ⁓ F tirarse una plancha
**blank** blanco; pulido
**Blankoscheck** m cheque en blanco
**Bläschen** n burbujita f; Med vesícula f
**Blase** f burbuja; (Haut) ampolla; Anat vejiga; ⁓**balg** m fuelle
**blas|en** vi soplar; vt Mus tocar; ⁓**instrument** n instrumento m de viento; ⁓**kapelle** f charanga
**blaß** pálido; descolorido
**Blatt** n hoja f
**Blattern** pl viruelas fpl
**blättern** hojear
**Blätterteig** m hojaldre
**Blatt|gold** n pan m de oro; ⁓**laus** f pulgón m
**blau** azul; F fig borracho; ⁓**er Fleck** cardenal m, moratón m
**Blau** n azul m; ⁓**äugig** de ojos azules; ⁓**beere** f arándano m
**bläulich** azulado
**Blau|säure** f ácido m prúsico; ⁓**stift** m lápiz azul
**Blech** n hojalata f, chapa f; plancha f; ⁓**dose** f lata
**blechen** F apoquinar
**Blei** n plomo m
**Bleibe** F f paradero m
**bleiben** quedar; seguir; **es bleibt dabei** lo dicho dicho, queda convenido; ⁓**d** permanente, duradero; ⁓ **lassen** dejar de hacer
**bleich** pálido; ⁓**en** blanquear
**bleifrei** sin plomo
**Bleistift** m lápiz; ⁓**spitzer** m sacapuntas
**Blend|e** f Fot diafragma m; ⁓**en** cegar; deslumbrar; ⁓**end** brillante
**Blick** m mirada f, vista f; **auf den ersten** ⁓ a primera vista; ⁓**en** mirar; **s.** ⁓**en lassen** asomarse; ⁓**feld** n campo m visual; fig horizonte m
**blind** ciego; ⁓**er Alarm** falsa alarma f; ⁓**er Passagier** polizón m; ⁓ **werden** quedar ciego
**Blinddarm** m apéndice; ⁓**entzündung** f apendicitis
**Blinden|hund** m perro lazarillo; ⁓**schrift** f escritura Braille, cecografía
**Blinde(r)** m ciego
**Blindheit** f ceguera; ⁓**lings** a ciegas
**Blink|er** m Kfz intermitente; Angeln cucharilla f; ⁓**feuer** n fuego m de destellos
**blinzeln** parpadear
**Blitz** m relámpago; ⁓**ableiter** m pararrayos; ⁓**en: es** ⁓**t** relampaguea; ⁓**licht** n Fot flash m; ⁓**schlag** m rayo; ⁓**schnell** rápido como un rayo; ⁓**telegramm** n telegrama m urgentísimo
**Block** m bloque (a Pol); taco, bloc; (Häuser⁓) macizo

# Bogenschießen

manzana f; **~ade** f bloqueo m; **~flöte** f flauta de pico; **~frei** no alineado; **~haus** n cabaña f de troncos; **~ieren** bloquear; **~schrift** f caracteres mpl de imprenta

**blöd(e)** imbécil, tonto

**Blödsinn** m tontería f, disparate; **2ig** idiota; imbécil

**blöken** (Schaf) balar

**blond** rubio, Col mono, Méj güero; **~ieren** teñir de rubio

**bloß** desnudo, descubierto; (Füße) descalzo; (nur) mero; adv sólo

**Blöße** f desnudez; fig flaco m

**bloßlegen** descubrir; **~stellen** comprometer

**Blue jeans** pl pantalón m vaquero, Am a bluyín m

**Bluff** m bluf(f), Am blof(e)

**blühen** florecer

**Blume** f flor; (Wein) buqué m

**Blumen|beet** n parterre m (od macizo m) de flores; **~geschäft** n, **~handlung** f floristería f; **~kohl** m coliflor f; **~ständer** m macetero; **~strauß** m ramo de flores; **~topf** m maceta f, tiesto; **~vase** f florero m

**Bluse** f blusa

**Blut** n sangre f; **~armut** f anemia; **~bank** f banco m de sangre; **~bild** n cuadro m hemático; **~druck** m presión f sanguínea; **~druckmesser** m tensiómetro

**Blüte** f flor; (Zeit) florescencia

**blut|en** echar sangre, sangrar; **2erguß** m derrame; **2gefäß** n vaso m sanguíneo; **2gruppe** f grupo m sanguíneo; **~ig** sangriento; **2probe** f análisis m de la sangre; **~rünstig** sanguinario; **2spender** m donante m de sangre

**blutstillend: ~es Mittel** n hemostático m

**Blut|sturz** m derrame; **~transfusion** f, **~übertragung** f transfusión de sangre; **~ung** f hemorragia; **~untersuchung** m análisis m de la sangre; **~vergiftung** f septicemia; **~verlust** m pérdida f de sangre; **~wurst** f morcilla

**Bö** f racha

**Bob** m Sp bob; **~bahn** f pista de bob

**Boccia** n bocha f

**Bock** m caballete; Sp potro; (Ziegen2) macho cabrío; **2ig** terco, testarudo

**Boden** m suelo; (Erde) tierra f; (Dach2) desván; (v Gefäß) fondo; **zu ~ fallen** caer(se) al suelo; **2los** sin fondo; fig increíble, enorme; **~personal** n personal m de tierra; **~schätze** mpl riquezas fpl del subsuelo; **~turnen** n ejercicios mpl al suelo

**Bogen** m arco; curva f; (Papier) hoja f; **~gang** m arcada f; **~lampe** f lámpara de arco; **~schießen** n tiro m al arco

**Bohle** f tablón m
**Bohne** f judía, alubia, Am frijol m, Arg poroto m; **dicke ~** haba; **grüne ~n** judías verdes, Arg porotos m, Col habichuelas, Méj ejotes mpl
**Bohnenkaffee** m café auténtico
**bohner|n** encerar; **2wachs** n cera f para pisos
**bohr|en** taladrar; **2er** m taladro, barrena f; **2maschine** f taladradora; **2turm** m torre f de perforación; **2ung** f sondeo m
**Boiler** m calentador de agua, termo(sifón)
**Boje** f boya, baliza
**Bombardement** n bombardeo m
**Bombe** f bomba; **~nerfolg** m éxito clamoroso, F exitazo; **~nflugzeug** n bombardero m
**Bon** m bono, cupón
**Bonbon** m caramelo
**Boot** n bote m, lancha f; **~ssteg** m pasarela f, embarcadero; **~sverleih** m alquiler de botes
**Bord** 1. m bordo; **an ~ (gehen)** (ir) a bordo; **Mann über ~!** ¡hombre al agua!; 2. n estante m
**Bordell** n burdel m
**Bord|karte** f Flgw tarjeta de embarque; **~stein** m bordillo de la acera
**borgen** prestar
**Borke** f corteza
**Bor|salbe** f pomada boricada; **~wasser** n agua f boricada
**Börse** f Hdl Bolsa; (Geld2) monedero m
**Borste(n** pl) f cerda(s)
**Borte** f pasamano m
**bösartig** malo; Med maligno; **2keit** f malicia
**Böschung** f repecho m, talud m
**böse** malo; **~ sein** estar disgustado (**auf, mit** con)
**bos|haft** malicioso; **2heit** f maldad, malicia
**böswillig** malévolo
**Botani|k** f botánica; **2scher Garten** jardín m botánico
**Bote** m mensajero, recadero; **durch ~n** a mano
**Botschaft** f mensaje m, noticia; Pol embajada; **~er** m embajador
**Bottich** m cuba f, tina f
**Bouillon** f consomé m, caldo m
**Bowdenzug** m transmisión f Bowden
**Bowle** f cap m, tisana
**Box** f box m
**box|en** boxear; **2er** m boxeador; (Hund) bóxer; **2kampf** m boxeo
**Boy** m botones, Chi cadete
**Boykott** m boicot(eo) m; **2ieren** boicotear
**brachliegen** estar de barbecho
**Branche** f ramo m; **2nkundig** experto en el ramo
**Brand** m incendio; **in ~ geraten** inflamarse; **in ~ stecken** pegar fuego a; **~**

**blase** f ampolla
**Brand**|**geruch** m olor a quemado; **⁓ig** Med gangrenoso; **⁓salbe** f pomada para quemaduras; **⁓stiftung** f incendio m intencionado
**Brandung** f resaca
**Brandwunde** f quemadura
**Branntwein** m aguardiente
**brat**|**en** vt asar; freír; **⁓en** m asado; **⁓fisch** m pescado frito; **⁓hähnchen** n, **⁓huhn** n pollo m asado; **⁓kartoffeln** fpl patatas doradas; **⁓pfanne** f sartén; **⁓rost** m parrilla f
**Bratsche** f viola
**Brat**|**spieß** m asador; **⁓wurst** f salchicha
**Brauch** m costumbre f, hábito; **⁓bar** utilizable; **⁓en** necesitar; **man ⁓t nur ...** basta + inf, sólo hay que + inf
**Brauerei** f fábrica de cerveza
**braun** marrón; pardo; (Haar) castaño; (Haut) moreno; **⁓ werden** broncearse, ponerse moreno
**Bräun**|**e** f tez morena; (Sonnen⁓) bronceado m; **⁓en** tostar, dorar; broncear
**braun**|**gebrannt** bronceado, moreno; **⁓kohle** f lignito m
**bräunlich** parduzco
**Brause** f ducha; (Gießkanne) roseta; **⁓limonade** f gaseosa
**Braut** f novia
**Bräutigam** m novio

**Brautpaar** n novios mpl
**brav** bueno
**Brech**|**durchfall** m colerina f; **⁓eisen** n palanqueta f; **⁓en** vt romper, quebrar; vi quebrarse; Med vomitar; **⁓mittel** n vomitivo m; **⁓reiz** m basca f, ganas fpl de vomitar (haben sentir)
**Brei** m papilla f; (Kartoffel⁓ etc) puré
**breit** ancho, espacioso; **weit und ⁓** a la redonda; **⁓beinig** esparrancado; **⁓e** f anchura; Geogr latitud; **⁓schultrig** espaldudo; **⁓spurig** de vía ancha; **⁓wand** f pantalla panorámica
**Brems**|**belag** m guarnición f od forro de freno, Am bandas fpl del freno; **⁓e** f freno m, Am a breque m; Zo tábano m; **⁓en** frenar; **⁓flüssigkeit** f líquido m de frenos; **⁓klotz** m zapata c, cepo (de freno); **⁓licht** n luz f de frenado; **⁓pedal** n pedal m de freno; **⁓spur** f huella del frenado; **⁓trommel** m tambor m del freno
**brenn**|**bar** inflamable, combustible; **⁓en** vi arder, quemar; (Sonne) abrasar; (Licht) estar encendido; picar, escocer; **⁓end** ardiente; fig palpitante; **⁓erei** f destilería
**Brennessel** f ortiga
**Brenn**|**holz** n leña f; **⁓punkt** m foco; **⁓schere** f tenacillas fpl; **⁓spiritus** m alcohol de quemar; **⁓stoff** m combus-

tible; ~weite f Fot distancia focal
brenzlig crítico, espinoso
Brett n tabla f; (Spiel₂) tablero m
Brezel f rosquilla
Brief m carta f; ~kasten m buzón; ~lich por carta; ~marke f sello m, Am estampilla, Méj timbre m; ~markensammler m filatelista; ~papier n papel m de cartas; ~tasche f cartera f, ~träger m cartero; ~umschlag m sobre
Briefwechsel m correspondencia f
Brikett n briqueta f
Brillant m brillante
Brille f anteojos mpl, gafas fpl, lentes mpl; ~netui n estuche m para las gafas; ~nfassung f montura
bringen (her₂) traer; (weg₂) llevar; acompañar; zum Schweigen usw ~ hacer callar usw
Brise f brisa
Brokat m brocado
Brokkoli pl brécoles mpl
Brom n bromo m
Brombeer|e f (zarza)mora; ~strauch m zarza f
Bronchitis f bronquitis
Bronze f bronce m
Brosche f broche m
Broschüre f folleto m
Brot n pan m
Brötchen n panecillo m
Brot|korb m panera f; ~rinde f corteza; ~schnitte f rebanada

Bruch m rotura f; Math fracción f; Med fractura f; (Leisten₂) hernia f; fig ruptura f
Bruch|stück n fragmento m; ~teil m fracción f
Brücke f puente m
Bruder m hermano; Rel fraile
brüderlich fraternal
Brüh|e f caldo m; ~würfel m cubito de caldo
brüllen bramar, rugir
brummen gruñir; fig rezongar
brünett moreno
Brunft f brama
Brunnen m pozo; Arch fuente f; ~kur f cura de aguas
brüsk brusco
Brust f pecho m; (Busen) seno m
brüsten: s. ~ mit presumir con, ufanarse de
Brust|fell n pleura f; ~fellentzündung f pleuresía; ~korb m tórax; ~schwimmen n estilo m braza
Brüstung f pretil m, balaustrada
Brustwarze f pezón m
Brut f cría; (Zeit) incubación
brutal brutal; ₂ität f brutalidad
brüten incubar
Brut|kasten m Med incubadora f; ~stätte f fig semillero m
brutto bruto; ₂gewicht n peso m bruto; ₂register-

# Buntstift

**tonne** f tonelada de registro bruto
**Bube** m (Karte) sota f
**Buch** n libro m; ~**binderei** f (taller m de) encuadernación; ~**deckel** m tapa f; ~**druckerei** f imprenta
**Buche** f haya; ~**ecker** f hayuco m
**buchen** Flug usw: reservar
**Bücher|brett** n estante m; ~**ei** f biblioteca
**Buchfink** m pinzón
**Buchhalt|er** m contable, Am contador; ~**ung** f contabilidad
**Buch|händler** m librero; ~**handlung** f librería; ~**macher** m corredor de apuestas; ~**prüfer** m revisor de cuentas, Am auditor
**Büchse** f caja; (Blech2) lata; (Gewehr) rifle m
**Büchsen|fleisch** n carne f enlatada; ~**milch** f leche condensada; ~**öffner** m abrelatas
**Buchstab|e** m letra f; ~**ieren** deletrear
**buchstäblich** adv literalmente
**Bucht** f bahía; (kleine) cala
**Buchung** f reserva
**Buckel** m corcova f, joroba f
**bücken: s.** ~ agacharse
**bucklig** corcovado, jorobado
**buddeln** F (Kinder) jugar en la arena
**Bude** f F tinglado m; leonera f
**Büfett** n aparador m; **kaltes** ~ ambigú m, cena-merienda f
**Büffel** m búfalo
**Bug** m proa f
**Bügel** m aro; (Kleider2) percha f, Am a gancho; ~**eisen** n plancha f; ~**falte** f raya del pantalón; 2**frei** no necesita plancha; 2**n** planchar
**Bühne** f tablado m; Thea escenario m
**Bühnen|bild** n escena f; decoración f; ~**bildner** m escenógrafo
**Bulette** f filete m ruso
**Bulle** m toro; fig F polizonte
**Bulletin** n boletín m
**Bummel** m vuelta f, callejeo; ~**ei** f gandulería, descuido m; 2**n** callejear; gandulear; ~**streik** m huelga f de celo, trabajo lento, Am a operación f tortuga; ~**zug** m F tren botijo
**bumsen** V joder
**Bund 1.** n haz m; **2.** m unión f, alianza f; (Rock, Hose) pretina f
**Bündel** n lío m; haz m
**Bundes...** in Zssgn federal; ~**genosse** m aliado; ~**kanzler** m canciller federal; ~**republik** f República Federal; ~**staat** m Estado federal; ~**wehr** f fuerzas fpl armadas de la República Federal de Alemania
**bündig: kurz und** ~ sin rodeos
**Bündnis** n alianza f
**Bungalow** m bungaló
**Bunker** m refugio
**bunt** multicolor; 2**stift** m lá-

**Buntwäsche**

piz de color; ⁓**wäsche** f ropa de color
**Bürde** f carga, peso m
**Burg** f castillo m; (maurische) alcázar m
**Bürg|e** m fiador, garante; ⁓**en für** (et) garantizar (ac); (j-n) salir fiador de
**Bürger** m ciudadano; burgués; ⁓**krieg** m guerra f civil; ⁓**lich** civil; ⁓**meister** m alcalde; ⁓**steig** m acera f, Süda vereda f, Col andén; ⁓**tum** n burguesía f
**Bürgschaft** f fianza
**Büro** n oficina f; ⁓**klammer** f clip m, Süda broche m; ⁓**kratisch** burocrático
**Bursche** m mozo
**Bürste** f cepillo; ⁓**n** f cepillar
**Bus** m autobús; (Überlanda) Span coche de línea, Col flota f; ⁓**bahnhof** m estación f de autobuses
**Busch** m arbusto
**Büschel** n manojo m; (Haare) mechón m
**Busch|hemd** n guayabera f; ⁓**messer** n machete m
**Busen** m pecho, fig seno; ⁓**freund** m amigo íntimo
**Bussard** m ratonero m
**Buße** f penitencia; (Geldâ) multa
**büßen** expiar; pagar por; **mit dem Leben** ⁓ pagar con la vida
**Büste** f busto m
**Büstenhalter** m sostén, sujetador, Am a brasier
**Butter** f mantequilla, RPl manteca; ⁓**brot** n pan m con mantequilla; ⁓**dose** f mantequera; ⁓**milch** f suero m de mantequilla

## C

**Café** n cafetería f
**campe|n** acampar; ⁓**r** m campista, acampador
**Camping** n camping m; ⁓**ausrüstung** f equipo m de camping; ⁓**platz** m (terreno de) camping
**Cape** n capa f
**Cello** n violoncelo m
**Champagner** m champán, Am a champaña
**Champignon** m champiñón
**Chance** f oportunidad
**Charakter** m carácter; ⁓**istisch** característico
**Charter|flug** m vuelo chárter; ⁓**maschine** f avión m chárter; ⁓**n** fletar
**Chauffeur** m chófer, Am chofer
**Chaussee** f carretera
**Chef** m jefe; ⁓**in** in Zssgn ... jefe; ⁓**sekretärin** f secretaria de dirección
**Chemi|e** f química; ⁓**kalien** fpl substancias químicas; ⁓**ker** m, ⁓**sch** químico
**Chicorée** f endibia
**Chiffre** f cifra
**Chinin** n quinina f
**Chips** mpl patatas fpl fritas
**Chirurg** m cirujano

**dämpfen**

**Chlor** n cloro m
**Cholera** f cólera m
**Cholesterin** n colesterol m
**Chor** m coro
**Christ** m cristiano; ~baum m árbol de Navidad; ~entum n cristianismo m; ~in f cristiana; 2lich cristiano; ~us m Cristo
**Clown** m payaso
**Cockpit** n carlinga f
**Cocktail** m cóctel, combinado
**Comics** pl Span tebeo m,

Am tiras fpl cómicas
**Computer** m ordenador, computador(a f) m
**Conférencier** m animador
**Container** m contenedor
**Cord(samt)** m pana f
**Couch** f sofá m
**Countdown** m cuenta f atrás
**Coup** m golpe; ~on m cupón
**Cousin** m primo; ~e f prima
**Creme** f crema; (~speise) natillas fpl
**Cup** m Sp copa f
**Cut** m chaqué

# D

**da** adv (örtlich) ahí, allí; (zeitlich) entonces; cj puesto que, como
**dabei** además; con todo eso, sin embargo; ~ sein et zu tun estar haciendo
**dableiben** quedarse
**Dach** n tejado m, ~boden m desván, buhardilla f; ~decker m tejador m, ~garten m azotea f (jardín); ~gepäckträger m baca f; ~pappe f cartón m asfaltado (para tejados); ~rinne f canalón m
**Dachs** m tejón
**Dach|stuhl** m entramado del tejado; ~ziegel m teja f
**Dackel** m teckel, F perro m tranvía
**dadurch** así, de este modo
**dafür** por eso; ~ kann nichts ~ no es culpa mía
**dagegen** comparado con eso; ~ sein estar en contra

(de); ~ nichts ~ haben no tener inconveniente (zu en)
**daheim** en casa
**daher** de allí; (kausal) de ahí; cj por eso, pues
**dahin** (hacia) allí; ~ter detrás
**damals** entonces
**Dame** f señora; (Karte) caballo m; (Schach) reina; ~ spielen jugar a las damas
**Damenfriseur** m peluquería f de señoras
**damit** con es(t)o (od ello); cj para que
**Damm** m dique
**dämmer|n** (morgens) amanecer; (abends) anochecer; 2ung f alba; crepúsculo m
**Dampf** m vapor; ~bad n baño m turco; 2en echar vapor
**dämpfen** amortiguar, Stimme: bajar; Licht: ate-

nuar
**Dampf|er** m vapor; **~heizung** f calefacción a vapor
**danach** después (de esto), luego
**daneben** junto, al lado; (*außerdem*) además
**Dank** m gracias fpl; agradecimiento; 2 bar agradecido; gracias a; **vielen ~!** ¡muchas gracias!; 2 **prp** (*gen*, *dat*) gracias a; **~barkeit** f gratitud
**dank|en für** dar las gracias por, agradecer (*ac*); **~e** (**schön**)! ¡gracias!
**dann** luego, entonces; **~ und wann** de cuando en cuando
**dar|an, en, por** (eso); **~nahe (an) (zu)** por poco ...; **~auf** encima, sobre ello; **~bald auf** poco después; **~aufhin** siendo así; **~aus** de eso; de ahí
**darbiet|en** ofrecer; 2 **ung** f espectáculo m
**darin** en esto; dentro
**darlegen** exponer, explicar
**Darleh(e)n** n préstamo m
**Darm** m intestino; **~katarrh** f enteritis f; **~störung** f desarreglo m intestinal
**darstell|en** representar; describir; *Thea* interpretar; 2 **er** m actor, intérprete
**darüber** sobre esto; **~ hinaus** *fig* además
**darum** por eso
**darunter** (por) debajo; (*zwischen*) entre ellos
**das** *art* el, la, lo; *pron* esto, eso; **~ heißt** es decir

**da|sein** estar presente; existir; 2 **sein** n existencia f
**daß** que; **außer ~** excepto que; **so ~** de modo que
**dasselbe** lo mismo
**Daten** npl datos mpl; **~bank** f banco m de datos; **~verarbeitung** f procesamiento m de datos
**datieren** fechar
**Dattel** f dátil m
**Datum** n fecha f
**Dauer** f duración; 2 **haft** duradero, resistente
**dauern** durar; **~d** continuo, duradero
**Dauer|welle** f permanente; **~wurst** f salchichón m ahumado
**Daumen** m pulgar
**davon** de ello (*od* esto)
**davor** delante (de)
**dazu** a, con esto; para esto; **~gehören** ser parte de; **~tun** añadir
**dazwischen** entre (*od* en medio de) ellos; **~kommen** sobrevenir, ocurrir
**Debatte** f debate m
**Deck** n cubierta f
**Decke** f manta, *RPl* frazada, *Col* cobija; (*Zimmer*2) techo m, *Am* a cielorraso m; **~l** m tapa f
**deck|en** cubrir; *Tisch*: poner; **~** en camino; 2 **ung** f *Mil* abrigo m; *Hdl* fondos mpl, garantía
**defekt** estropeado, *Am* dañado; 2 m defecto
**Defizit** n déficit m
**deformieren** deformar

**Defroster** m descongelante
**Degen** m espada f
**dehn|bar** extensible, elástico; **~en** extender; **2ung** f extensión
**Deich** m dique
**Deichsel** f pértigo m
**dein** tu; **~erseits** por tu parte; **~etwegen** por ti
**deklarieren** declarar
**Deklination** f declinación
**Dekora|teur** m decorador; **~tion** f decoración; *Thea* decorado m
**dekorieren** decorar
**Delega|tion** f delegación; **~gierte(r)** m delegado
**delikat** delicado; (*Speise*) delicioso
**Delikatesse** f plato m exquisito
**Delikt** n delito m
**Delphin** m delfín
**dem|entsprechend** conforme a eso; **~nach** según eso; **~nächst** dentro de poco
**Demokra|t** m demócrata; **~tie** f democracia; **~tisch** democrático
**Demonstra|tion** f manifestación; **~ieren** demostrar; *Pol* manifestarse
**demütig** humilde; **~en** humillar
**denk|bar** imaginable; **~en** pensar (an en); s. *et* **~en** imaginarse, figurarse
**Denkmal** n monumento m
**denk|würdig** memorable; **2zettel** m *fig* lección f
**denn** pues; porque; **wo ist er ~?** pues ¿dónde está?;

**mehr ~ je** más que nunca
**dennoch** sin embargo, no obstante
**denunzieren** delatar
**Deodorant** n desodorante m
**Dependance** f (*Hotel*) anexo m
**Deponie** f vertedero m de basuras, *Am a* basurero m; **~ren** depositar
**Depot** n depósito m
**der** *art* el; (*welcher*) que, quien; *pron* ése, éste; **~artig** tal, semejante
**derb** recio; grosero
**der|en** cuyo, cuya; *pl* cuyos, cuyas; **~gleichen** tal, semejante; **~jenige** el ... (que); **~selbe** el mismo
**desertieren** desertar
**des|gleichen** igualmente; **~halb** por eso
**Desinfektion** f desinfección; **~smittel** n desinfectante m
**desinfizieren** desinfectar
**dessen** cuyo; **~ungeachtet** no obstante
**Dessert** n postre m; **~wein** m vino de postre (*od* generoso)
**destillier|en** destilar; **~tes Wasser** agua f destilada
**desto** tanto; **~ mehr** tanto más
**deswegen** por esto
**detailliert** detallado
**Detektiv** m detective; **~büro** n agencia f de información
**deuten** interpretar; **auf** *ac* señalar (*ac*); indicar (*ac*)
**deutlich** claro; distinto; **2keit** f claridad; precisión

**Deutung** f interpretación
**Devise** divisa; ~n pl divisas, moneda f extranjera; ~**nbestimmungen** fpl disposiciones sobre divisa
**Dezember** m diciembre
**dezent** decente; discreto
**Diabetes** m diabetes f; ~**iker** m diabético
**Diagnose** f diagnóstico m
**Dialekt** m dialecto
**Dialog** m diálogo
**Diamant** m diamante
**Dia**(**positiv**) n diapositiva f, Am a transparencia f; ~**rähmchen** n marquito m
**Diät** f dieta, régimen m; ~**halten** guardar dieta
**dich** te; **für** ~ para ti
**dicht** denso; espeso; ~ **an** (**am**) muy cerca de, junto a
**dicht**|**en** hacer versos; componer; ~**er** m poeta; 2**ung** f poesía; Tech junta, Am empaque m
**dick** grueso, gordo; ~**flüssig** espeso; denso; 2**icht** n espesura f, matorral m; 2**kopf** m testarudo; ~**köpfig** cabezudo, terco, cabeciduro
**die** art la; fpl las, mpl los
**Dieb** m ladrón; ~**stahl** m robo; ~**stahlversicherung** f seguro m contra el robo
**Diele** f zaguán m; (Holz) tablón m
**dienen** servir (**als** de; **zu** para, a); ~ 2**r** m criado
**Dienst** m servicio; **außer** ~ jubilado, Mil retirado; ~ **haben**, **im** ~ **sein** estar de servicio
**Dienstag** m martes
**dienstbereit** servicial; (Apotheke) de turno, de guardia
**Dienst**|**bote** m criado; pl servidumbre f; 2**frei** libre de servicio; ~**leistung** f (prestación de) servicio m; 2**lich** oficial; ~**mädchen** n criada f, muchacha f (de servicio), Arg mucama f; ~**reise** f viaje m oficial; ~**stelle** f negociado m; ~**stunden** fpl horas de servicio
**diesbezüglich** correspondiente; adv respecto a es(t)o
**Diesel**(**motor**) m (motor) Diesel; ~**öl** n gasóleo m, gas-oil m
**dies**|**er, ~e, ~es** este, esta, esto; ~**e** pl estos, estas; ~**jährig** de este año; ~**mal** esta vez; ~**seits** de este lado
**Dietrich** m ganzúa f
**Differentialgetriebe** n (engranaje m) diferencial m
**Differenz** f diferencia
**Digitaluhr** f reloj m digital
**Diktat** n dictado m; ~**or** m dictador; ~**ur** f dictadura
**diktieren** dictar
**Dill** m eneldo
**Ding** n cosa f; objeto m; F chisme m, Am a cosa m; **vor allen ~en** ante todo
**Dioptrie** f dioptría
**Diözese** f diócesis f
**Diphtherie** f difteria
**Diplom** n diploma m; ~**at** m diplomático; 2**atisch** diplomático
**dir** te; a ti; **mit** ~ contigo

**direkt** directo; **2flug** m vuelo directo; **2ion** f dirección; **2or** m director; **2übertragung** f transmisión en directo

**Dirig|ent** m director de orquesta; **2ieren** dirigir

**Diskont|satz** m tipo de descuento

**Diskothek** f discoteca

**diskret** discreto

**Diskussion** f discusión

**Diskuswerfen** n lanzamiento m de disco

**diskutieren** discutir

**disqualifizieren** descalificar

**Distanz** f distancia; **s. 2ieren** distanciarse

**Distel** f cardo m

**Disziplin** f disciplina

**dividieren** dividir (**durch** por)

**D-Mark** f marco m alemán

**doch** pues; pero; **~!** ¡que sí!

**Docht** m mecha f, pábilo

**Dock** n dársena f, dique m

**Doktor** m doctor

**Dokument** n documento m

**Dolch** m puñal

**Dollar** m dólar

**Dolmetscher(in)** m intérprete su

**Dom** m catedral f

**Domäne** f dominio m

**Domino** n dominó m

**Donner** m trueno; **2n** tronar; **es 2t** está tronando

**Donnerstag** m jueves

**dopen** drogar, dopar

**Doppel** n duplicado m; Sp doble m; **~bett** n cama f doble; **~fenster** n contravidriera f; **~gänger** m doble; **~punkt** m dos puntos mpl; **2seitig** adj bilateral; adv por ambos lados; **2sinnig** ambiguo, equívoco; **2t** doble; **das ~te** el doble; **~zentner** m quintal métrico; **~zimmer** n habitación f doble

**Dorf** n pueblo m, aldea f

**Dorn** m espina f

**dörren** secar

**Dorsch** m bacalao (pequeño)

**dort** ahí, allí; **~ oben (unten)** allí arriba (allá abajo); **von ~** de ahí (od allí, allá); **~hin** (hacia) allí

**Dose** f cajita; **~n...** s Büchsen...

**dosieren** dosificar

**Dosis** f dosis

**Dotter** n yema f de huevo

**Dozent** m profesor (no numerario)

**Drache** m dragón; **~n** m (Papier2) cometa f; **~nfliegen** n deltaplano m

**Dragée** n gragea f

**Draht** m alambre; **~bürste** f cepillo m metálico; **~schere** f cortaalambres m; **~seilbahn** f teleférico m; **~zaun** m alambrado

**Drama** n drama m; **~tiker** m dramaturgo; **2tisch** dramático

**dran** s **daran**; **jetzt bin ich ~** a mí me toca

**drängen** empujar; fig atosigar, apurar; vi apretar; **die Zeit drängt** el tiempo

**draußen**

apremia; s. ~ agolparse
**draußen** fuera; al aire libre; **nach** ~ afuera; **von** ~ de afuera
**drechseln** tornear
**Dreck** m lodo; **2ig** sucio
**Dreh...** in Zssgn giratorio
**Dreh|bank** f torno m; **2bar** giratorio; **~bleistift** m portaminas; **2bar**
**~bühne** f escenario m giratorio; **2en** volver; hacer girar; *Film*: rodar; *Zigarette*: liar; **s. 2en** girar; *fig* tratarse (**um** de); **~knopf** m botón giratorio; **~kreuz** n torniquete m; **~ung** f vuelta; rotación
**drei** tres; **2bettzimmer** n habitación f de tres camas; **2eck** n triángulo m; **~eckig** triangular; **~erlei** de tres clases; **~fach** triple; **~hundert** trescientos; **~mal** tres veces; **2rad** n triciclo m; **2ßig** treinta
**dreist** atrevido
**drei|stöckig** de tres pisos; **~stündig** de tres horas; **-viertel** tres cuartos; **~zehn** trece
**dreschen** trillar; **2maschine** f trilladora
**dressieren** amaestrar, adiestrar
**Dressur** f domadura, adiestramiento m
**dringen** (**durch, in**) penetrar (por, en); **~ aus** venir de; **~ bis** llegar hasta; **auf** ~ insistir en; **~d** urgente
**drinnen** dentro

**dritt|e(r)** tercero; **zu** ~ **de a** tres; **2el** n tercio m; **~ens** tercero
**Droge** f droga; **2enabhängig** drogadicto; **~erie** f droguería
**drohen** amenazar; **~d** amenazador; inminente
**dröhnen** retumbar, resonar
**Drohung** f amenaza
**drollig** chusco, mono
**Drossel** f tordo m; **~klappe** f válvula de mariposa; **2n** *Tech* estrangular, reducir
**drüben** al otro lado, más allá
**Druck** m presión f; (*Buch2*) imprenta f; (*Bild*) estampa f; **j-n unter ~ setzen** hacer presión sobre alg; **~ausgleichskabine** f *Flgw* cabina presurizada; **2en** imprimir
**drücken** empujar; oprimir, apretar; *Hand*: estrechar; **s. ~** evadirse, zafarse (**vor** de); **~d** abrumador; (*Wetter*) sofocante
**Drucker** m impresor
**Drücker** m (*Tür2*) picaporte
**Druck|erei** f imprenta; **~fehler** m errata f; **~knopf** m pulsador, botón; (*Kleidung*) botón de presión; **~luft** f aire m comprimido; **~sache** f impreso m
**drum: das 2 und Dran** todo el jaleo
**drunter** s **darunter**; **~ und drüber gehen** andar manga por hombro
**Drüse** f glándula
**Dschungel** m jungla f

# Durchleuchtung

**du** tú
**Dübel** m taco, tarugo
**ducken: s. ~** agazaparse
**Dudelsack** m gaita f
**Duft** m olor, perfume; **2en (nach)** oler (a)
**dulden** tolerar, sufrir
**dumm** tonto; necio; **2heit** f estupidez; tontería; **2kopf** m imbécil
**dumpf** sordo; (*Luft*) pesado
**Düne** f duna
**Dünger** m abono
**dunkel** oscuro; fig vago, abstruso; **es wird ~** anochece; **im 2n** a oscuras; **im ~n tappen** fig dar palos de ciego
**Dünkel** m presunción f
**Dunkel|heit** f oscuridad; **~kammer** f cámara oscura; **2rot** rojo oscuro
**dünn** delgado; sutil, fino; (*Kaffee*) flojo; (*Suppe*) claro; (*Stoff*) ralo
**Dunst** m vapor, vaho
**dünsten** estofar
**dunstig** vaporoso
**Duplikat** n duplicado m
**Dur** n modo (od tono) m mayor
**durch** por; a través de; (*mittels*) mediante, por medio de; (*Zeit*) durante; **~ und ~** completamente; **~ die Post** por (el) correo; **~arbeiten** vt estudiar a fondo
**durchaus** del todo; a todo trance; **~ nicht** de ningún modo
**durch|blättern** hojear; **~blicken lassen** hacer entrever; **~bohren** perforar; fig traspasar; **~braten** asar bien
**durch|brechen** romper, quebrar; vi romperse; **~brennen** El fundirse; fig fugarse; **2bruch** m ruptura f; brecha f; **~denken** pensar bien; **~dringen** penetrar
**durcheinander** revuelto(s); sin distinción; **2** m jaleo m, caos m; (*Lärm*) barullo m
**Durch|fahrt** f paso m; puerta; **~fall** m Med diarrea f; **~fallen** ser suspendido; *Thea* fracasar; **2fließen** fluir por
**durchführ|bar** realizable; **~en** cumplir, realizar; **2ung** f realización
**Durchgang** m paso; **kein ~!** prohibido el paso
**Durchgangs...** de tránsito; **~bahnhof** m estación f de tránsito
**durch|gebraten** bien hecho; **~gehen** pasar; (*Pferd*) desbocarse; **~gehen lassen** fig perdonar, tolerar; **~gehend** (*Zug*) directo; **~halten** resistir
**durch|kommen** pasar; fig salir de apuros, arreglárselas; **~kreuzen** cruzar; fig desbaratar; **~lassen** dejar pasar; **~laufen** pasar (*Wasser*); recorrer, correr
**durchleucht|en** Med examinar por rayos X; **2ung** f radioscopia

10ø

**durch|löchern** perforar; agujerear; ~**lüften** ventilar; 2**messer** *m* diámetro; ~**näßt** mojado, calado; ~**queren** atravesar; ~**rechnen** calcular

**Durchreise** *f*: **auf der** ~ de paso; de tránsito; ~**visum** *n* visado *m* (*Am* visa *f*) de tránsito

**durch|reißen** rasgar, romper; 2**sage** *f Rf* mensaje *m* personal; ~**schauen** mirar (a través de); *fig j-n*: calar la intención de; ~**scheinen** traslucirse

**Durchschlag** *m* colador; *Hdl* copia *f*; ~**papier** *n* papel *m* de copia

**durchschneiden** cortar

**Durchschnitt** *m* término medio, promedio; **im** ~, 2**lich** por término medio; ~**sgeschwindigkeit** *f* velocidad media

**durchsehen** mirar por; *vt* examinar, revisar

**durchsetzen** conseguir; **s-n Willen** ~ F salirse con la suya; **s.** ~ imponerse

**Durchsicht** *f* revisión, repaso *m*; 2**ig** transparente

**durch|sickern** filtrarse; *fig* rezumarse; ~**sprechen** discutir; ~**streichen** borrar, tachar

**durchsuch|en** registrar; (*nach Waffen*) cachear; 2**ung** *f* registro *m*; cacheo *m*

**durch|trieben** taimado; ~**wachsen** (*Speck*) entreverado; *fig* F regular; ~**wählen** *Tel* llamar en directo; ~**weg** sin excepción; ~**wühlen** revolver; ~**zählen** recontar; ~**ziehen** hacer pasar (**durch** por); 2**ug** *m* paso; (*Luft*) corriente *f*

**dürfen** poder; deber; **darf ich**...? ¿puedo...?, ¿me permite...?; **man darf nicht** no se puede (*od* debe)

**dürftig** escaso, insuficiente; menguado

**dürr** árido; seco; (*Person*) flaco; 2**e** *f* sequedad; sequía

**Durst** *m* sed *f*; **ich habe** ~ tengo sed; 2**ig** sediento

**Dusch|e** *f* ducha; 2**en** duchar(se)

**Düse** *f* tobera

**Dusel** *m* F mucha suerte *f*

**Düsen|flugzeug** *n* avión *m* de reacción; ~**jäger** *m* caza de reacción

**düster** tenebroso; fúnebre

**Dutzend** *n* docena *f*

**duzen:** *j-n* ~ tutear a alg

**Dynamit** *n* dinamita *f*

**Dynamo** *m* dínamo *f*

**D-Zug** *m* tren directo, expreso

# E

**Ebbe** *f* marea baja

**eben** plano; llano; *adv* justamente; (*Zeit*) ahora mismo; ~! ¡eso es!

**Ebene** *f* llanura; *Tech* plano *m*; *Pol*, *fig* nivel *m*

**ebenfalls** igualmente, asimismo

**ebenso** lo mismo (**wie** que); **~ ... wie** tan ... como; **~viel** tanto (**wie** como); **~wenig** tan poco (**wie** como)

**Eber** m verraco

**Eberesche** f serbal m

**ebnen** aplanar

**Echo** n eco m

**echt** verdadero, auténtico; puro, natural

**Eck|ball** m saque de esquina; **~e** f esquina; canto m; (**innen**) rincón m; **um die ~e** a la vuelta de la esquina; **~ig** angular, anguloso; **~möbel** n mueble m rinconero; **~platz** m asiento de rincón; **~zahn** m colmillo

**Economyklasse** f clase económica

**edel** noble; generoso; **~metall** n metal m precioso; **~pilzkäse** m queso azul; **~stein** m piedra f preciosa

**Efeu** m yedra f, hiedra f

**Effekt** m efecto; **~voll** de gran efecto

**egal** igual; **das ist mir ganz ~** me da lo mismo

**Egoist** m, **~isch** egoista m

**ehe** antes de (que)

**Ehe** f matrimonio m; **~bruch** m adulterio; **~frau** f esposa; **~leute** pl esposos mpl; **~lich** conyugal; (**Kind**) legítimo

**ehemalig** antiguo; ex...

**Ehe|mann** m esposo, marido; **~paar** n matrimonio m

**eher** más bien; (**zeitlich**) antes

**Ehe|ring** m alianza f, Col argolla f; **~scheidung** f divorcio m

**ehr|bar** honrado; honesto; **2e** f honor m; honra; **~en** honrar; respetar

**ehren|amtlich** a título honorífico; **2bürger** m ciudadano honorario; **~haft** honorable; **2mitglied** n miembro m honorario; **~rechte** npl: **bürgerliche 2rechte** derechos mpl cívicos; **2sache** f cuestión de honor; **2wort** n palabra f de honor

**ehrerbiet|ig** respetuoso, reverente; **2ung** f respeto m

**Ehr|furcht** f reverencia; **~gefühl** n pundonor m; **~geiz** m ambición f; **2geizig** ambicioso

**ehrlich** sincero, franco; honrado; **2keit** f sinceridad

**Ehr|ung** f homenaje m; **2würdig** respetable, venerable

**Ei** n huevo m; **hart-(weich-)gekochtes ~** huevo duro (pasado por agua)

**Eiche** f roble m; **~l** f bellota

**eich|en** Gewichte: contrastar, aforar; **2hörnchen** n ardilla f

**Eid** m juramento

**Eidechse** f lagartija f

**eidesstattlich**: **~e Erklärung** f declaración jurada

**Eidotter** m yema f

**Eier|becher** m huevera f; **~kuchen** m tortilla f, crepé f

~likör m licor de huevos, Am a zabajón; ~schale f cascarón m; ~stock m ovario

**Eifer** m celo, afán; ~sucht f celos mpl; 2süchtig celoso (**auf** de)

**eifrig** celoso, activo

**Eigelb** n yema f

**eigen** propio; peculiar, singular; ~artig particular; raro, extraño; 2bedarf m necesidades fpl propias; ~händig por su propia mano; personalmente; (*unterschrieben*) de mi (tu *usw*) puño y letra; ~mächtig arbitrario; 2name m nombre propio; ~nützig interesado, egoísta

**Eigen|schaft** f cualidad; carácter m; 2sinnig obstinado; voluntarioso; 2tlich verdadero; *adv* en el fondo; a decir verdad; ~tum n propiedad f; ~tümer m propietario, dueño; 2tümlich propio, raro; ~tumswohnung f piso m de propiedad, *Am* condominio m

**eignen**: s. ~ **für** ser apropiado (*od* adecuado) para; servir para

**Eil|bote** m: **durch** ~**boten** por expreso; ~**brief** m carta f urgente, *Am a* carta f de entrega inmediata; ~**e** f prisa, *Col* afán m; **ich bin in** ~ tengo prisa, *Col* estoy de afán; 2**en** correr; correr prisa, ser urgente; **es eilt!** urge; 2**ends** (muy) de prisa;

~**gut** n gran velocidad f; 2ig urgente; apresurado (*Person*); **es** 2**ig haben** tener prisa, *Am a* estar apurado, *Col* tener afán; ~**zug** m (tren) rápido

**Eimer** m cubo, *Am* balde

**ein**: ~**er**, ~**e** un, uno, una; ~ **für allemal** una vez para siempre; **in** ~**em fort** continuamente; ~ **Uhr** la una

**einander** uno(s) a otro(s)

**einarbeiten**: **s.** ~ iniciarse

**Ein|äscherung** f incineración; ~**atmen** aspirar, inhalar; ~**bahnstraße** f calle de dirección única, *Am a* una mano; ~**band** m encuadernación f, tapa f; ~**baumöbel** npl muebles mpl funcionales *od* por elementos; ~**bauschrank** m Span armario empotrado, *Méj*, *Col*, *Ven* clóset, *RPl* placard; 2**begriffen** incluido, comprendido

**einberufen** convocar; *Mil* llamar a filas; 2**ung** f convocatoria; llamamiento m

**Einbettzimmer** n habitación f individual

**ein|beziehen** incluir; ~**biegen** vi torcer, *Am a* girar, voltear (**nach** a)

**einbild|en**: **s.** *et* ~**en** imaginarse; *fig* envanecerse (**auf** de); 2**ung** f imaginación; ilusión; *fig* presunción

**einbrech|en** escalar; ~**er** m ladrón

**einbringen** *Nutzen*: producir, rendir; *Antrag*: presen-

tar
**Einbruch** *m* robo con fractura; **bei ~ der Nacht** al anochecer
**ein|bürgern** naturalizar; **~büßen** perder
**eindecken: s. ~ mit** abastecerse de
**eindeutig** inequívoco, claro
**eindringen** penetrar (en); ²**ling** *m* intruso
**Eindruck** *m* impresión *f*, efecto; ²**svoll** impresionante
**einebnen** aplanar, nivelar
**eineinhalb** uno y medio
**einer|lei: es ist ~lei** es lo mismo; **~seits** de una parte
**einfach** sencillo; simple; fácil; *(Fahrkarte)* de ida
**einfahren** *vi Esb* llegar, entrar; *vt Kfz* rodar; ²**t** *f* entrada
**Einfall** *m* idea *f*; salida *f*; *Mil* invasión *f*; ²**en** derribarse; *Mil* invadir (**in** *ac*); *fig* ocurrirse; **... fällt mir nicht ein** no se me ocurre ...; **es fällt mir nicht ein** no lo recuerdo
**einfältig** ingenuo, simple
**Einfamilienhaus** *n* casa *f* unifamiliar
**ein|fangen** coger, capturar; **~farbig** unicolor; *(Stoff)* liso; **~fetten** engrasar
**einfinden: s. ~** personarse, acudir, presentarse
**einflößen** infundir
**Einfluß** *m* influencia *f*, influjo; **~ haben auf** tener influjo sobre; ²**reich** influyente
**ein|förmig** uniforme; monótono; **~frieren** congelar; **~fügen** incorporar; añadir
**Einfuhr** *f* importación
**einführen** introducir, implantar; *j-n:* iniciar (**in** en); *Hdl* importar
**Einfuhrgenehmigung** *f* permiso *m* de importación
**Einführung** *f* introducción
**Einfuhr|verbot** *n* prohibición *f* de importar; **~zoll** *m* derecho *m* de entrada
**Ein|gabe** *f* instancia, solicitud; **~gang** *m* entrada *f*; *Hdl* recepción *f*; llegada *f*
**ein|gebildet** imaginario; *(j)* presumido; ²**geborene(r)** *m* indígena *su*; ²**gebung** *f* inspiración; **~gehen** *vi Verpflichtung:* contraer; *Wette:* hacer; *vi (Brief)* llegar; *(Geld)* ingresar; *Zo* morirse; *Bot* perecer; *(Kleidung)* encogerse; **~gehend** detallado; *adv a* fondo
**Eingemachte(s)** *n* conservas *fpl*
**eingeschrieben: ~er Brief** *m* carta *f* certificada *(Am* registrada *od* recomendada)
**Einge|ständnis** *n* confesión *f*; ²**stehen** confesar, reconocer; **~weide** *npl* vísceras *fpl*; tripas *fpl*
**ein|gießen** echar; verter; **~gleisig** de una vía; **~gliedern** incorporar, integrar; **~greifen** intervenir; ²**griff** *m* intervención *f*; **~halten** cumplir con; *Frist:* obser-

# einhängen

var; ~**hängen** Tel colgar; Tür usw: enquiciar
**einheimisch** nacional, del país; 2e(r) m natural su del país
**Einheit** f unidad; conjunto m; Tel paso m; 2**lich** uniforme; concorde; ~**spreis** m precio único
**einholen** alcanzar; Auskunft usw: pedir, tomar; ~**hüllen** envolver
**einig** conforme; unido; ~ **sein** estar de acuerdo (od conforme)
**einige** unos, algunos; ~ **Zeit** algún tiempo; ~**mal** algunas veces
**einigen**: s. ~ **über** llegar a un acuerdo (sobre)
**einigermaßen** más o menos; ~**es algo**; 2**keit** f unión; conformidad; 2**ung** f acuerdo m; arreglo m
**ein|jährig** de un año; ~**kassieren** cobrar; 2**kauf** m compra f; ~**kaufen** comprar; ~**kaufen gehen** ir de compras
**Einkaufs|preis** m precio de compra; ~**tasche** f bolsa; ~**wagen** m carrito de compra; ~**zentrum** n centro m comercial
**ein|kehren** entrar; ~**klammern** poner entre paréntesis
**Einklang** m: **in** ~ **bringen** concertar, conciliar
**ein|kleiden** vestir; ~**klemmen** Glied: coger(se)
**Einkommen** n ingresos mpl; ~**steuer** f impuesto m sobre la renta
**ein|kreisen** cercar; ~**kremen** poner crema a; ~**laden** invitar; convidar; 2**ladung** f invitación
**Einlage** f (Bank) imposición; Thea intermedio m; (Schuh2) plantilla; ~**sohle** f plantilla
**Einlaß** m entrada f, admisión f
**einlassen** dejar entrar; **s. auf** et ~ meterse (od embarcarse)
**Einlaßkarte** f tarjeta de admisión, pase m
**Einlauf** m Med lavativa f, Am lavado
**einlaufen** Mar llegar, entrar; (Stoff) encogerse
**Einlege|arbeit** f taracea; 2**n** salar; escabechar; poner en vinagre; Haare: marcar
**einleit|en** iniciar, entablar; introducir; ~**end** preliminar; 2**ung** f introducción
**einleuchtend** obvio, evidente
**Einlieferungsschein** m resguardo
**ein|lösen** cobrar; rescatar; fig cumplir; ~**machen** Früchte: conservar
**einmal** una vez; (künftig) un día; **auf** ~ de una vez; de repente; de un golpe (od tirón); **noch** ~ otra vez; 2**eins** n tabla f de multiplicar; ~**ig** único; fig sin par
**Einmarsch** m entrada f

**einmisch|en**: s. ~en meterse, mezclarse; ℒung f intervención

**einmünden** desembocar

**einmütig** unánime

**Einnahme** f entrada, ingreso m; Med, Mil toma

**einnehmen** ocupar; Med, Mil tomar; Geld: recibir, cobrar; fig **für s.** ~ atraer

**Einöde** f desierto m, soledad f

**ein|ölen** engrasar, lubri(fi)car; **~ordnen** Kfz s. **~ordnen** tomar su fila; **~packen** empaquetar, embalar, Am empacar; **~pflanzen** plantar; **~planen** prever; **~pökeln** salar

**einprägen** estampar, grabar (a fig); s. ~ grabarse

**ein|quartieren** aposentar, alojar; **~räumen** colocar (en), arreglar; conceder; reconocer; **~reden** hacer creer

**einreib|en** friccionar; ℒung f fricción

**einreichen** presentar

**Einreise** f entrada; **~erlaubnis** f (**~visum** n) permiso m (visado m, Am visa f) de entrada; **2n** entrar

**ein|reißen** rasgar; derribar; **~renken** Med reducir

**einrichten** establecer, instalar; organizar; arreglar; Wohnung: decorar; poner; ℒung f organización; institución; instalación; mobiliario m

**eins** uno; 2 f uno m

**einsalzen** salar

**einsam** solo; solitario; retirado; desierto; ℒkeit f soledad

**einsammeln** recoger

**Einsatz** m empleo, misión f; (Spiel) puesta f

**einschalten** intercalar; poner, encender; Am a prender; Kfz poner en marcha; j-n: acudir a alg.; s. ~ (in u/c) intervenir, tomar cartas (en u/c)

**ein|schätzen** tasar, valorar; apreciar; **~schicken** enviar; **~schieben** interponer; intercalar

**einschiff|en** embarcar; s. ~en embarcarse; ℒung f embarco m

**ein|schlafen** dormirse; (Glieder) entumecerse; **nicht ~schlafen können** no poder conciliar el sueño; **~schlagen** romper; Nagel usw: hincar; Weg: tomar; fig seguir; vi (Blitz) caer; fig cuajar

**einschleichen**: s. ~ colarse

**einschließ|en** encerrar; fig comprender, incluir; **~lich** inclusive, incluido

**einschmuggeln** introducir de contrabando; s. ~ colarse

**einschneid|en** entallar; **~end** radical, drástico; decisivo

**einschränk|en** limitar, restringir; s. ~en reducirse; ℒung f limitación, restricción; reducción; **ohne** ℒung sin reservas

**einschrauben** atornillar

**Einschreibebrief**

**Einschreibe|brief** m carta f certificada (Am registrada od recomendada); 2n inscribir

**ein|schreiten** intervenir; **~schüchtern** intimidar

**ein|sehen** comprender, ver; *Irrtum*: reconocer; **~seifen** enjabonar; **~seitig** de un lado; unilateral; simplista

**einsend|en** remitir, enviar; 2er m remitente; 2ung f envío m

**einsetzen** instituir; constituir; *j-n*: instalar, designar; emplear; **s. ~en für** interceder por

**Einsicht** f comprensión f; **zur ~ kommen** entrar en razón; 2ig razonable, comprensivo

**Ein|siedler** m ermitaño; 2sperren encerrar; (*Gefängnis*) encarcelar; 2springen für j-n remplazar a alg

**einspritz|en** inyectar; 2pumpe f bomba de inyección

**Einspruch** m protesta f; reclamación; **~ erheben** protestar

**einspurig** de una sola vía; *Kfz* de un (solo) carril

**einst** en otros tiempos; (*Zukunft*) algún día

**ein|stauben** vi empolvarse; **~stecken** poner, meter; **~steigen** subir; **~stehen für** responder de

**einstell|en** regular, ajustar; *Kfz Vergaser etc*: poner a punto; *Arbeiter*: contratar; *Betrieb usw*: suspender; cesar, parar; **s. ~en auf** prepararse para; 2ung f regulación, ajuste m; paro m, suspensión; *fig* punto m de vista

**Einstieg** m entrada f

**ein|stimmig** *fig* unánime; **~stöckig** de un piso; **~stufen** clasificar; 2sturz m derrumbamiento, Am a derrumbe; **~stürzen** derrumbarse, hundirse

**einstweil|en** por lo pronto; **~ig** interino

**ein|tauchen** remojar; sumergir; **~tauschen** cambiar, trocar (**gegen** por)

**einteil|en** dividir; clasificar; *Zeit*: disponer; 2ung f división; orden m; clasificación, organización

**ein|tönig** monótono; 2topf (-gericht n) m puchero, cocido; 2tracht f armonía; **~tragen** inscribir, registrar; **~träglich** lucrativo; 2tragung f inscripción; registro m; apunte m; **~träufeln** instilar; **~treffen** llegar; *fig* cumplirse; **~treten** vi entrar; (*Verein usw*) ingresar; **für j-n ~treten** abogar por alg; **~trichtern** F inculcar

**Eintritt(spreis)** m entrada f; **~karte** f entrada, localidad; billete m, Am a boleto m

**ein|trocknen** secarse; **~üben** estudiar; *Thea* ensayar

**einver|leiben** incorporar;

**Eisscholle**

anexionar; ~standen sein estar conforme (od de acuerdo); 2ständnis n conformidad f; consentimiento m, acuerdo m

Einwand m objeción f

Einwander|er m inmigrante; 2n inmigrar; ~ung f inmigración

einwandfrei inmejorable, correcto, intachable

ein|wechseln cambiar; ~wegflasche f botella de un solo uso; ~weichen remojar; ~weihen inaugurar; (in et) iniciar (en); 2weihung f inauguración; ~wenden objetar (gegen a); ~werfen Brief: echar (en); Münze: introducir

einwickel|n envolver; 2papier n papel m de embalar

einwillig|en consentir; 2ung f consentimiento m

einwirk|en obrar, actuar; influir (auf en); 2ung f influencia; influjo m

Einwohner m habitante; ~meldeamt n oficina f de empadronamiento

Einwurf m boca f; ranura f; Sp saque de línea

Einzahl f Gr singular m; 2en pagar, ingresar; ~ung f pago m, ingreso m; ~ungsschein m resguardo de ingreso

Einzäunung f cerca, vallado m

Einzel|bett n cama f individual; ~gänger m solitario; ~handel m comercio al por menor; ~heit f detalle m; ~kabine f camarote m individual

einzeln solo, singular; suelto; im ~en en detalle

Einzelzimmer n habitación f individual

einziehen Schuld: cobrar; Steuer: recaudar; Mil llamar a filas; vi instalarse

einzig único, solo; ~ und allein únicamente; ~artig singular; incomparable, sin par

Einzug m entrada f; mudanza f; perímetro m; (Wasser2) cuenca f

Eis n hielo m; (Speise2) helado m, Méj nieve f; ~bahn f pista de hielo; patinadero m; ~becher m copa f de helado; ~diele f heladería, Méj nevería

Eisen n hierro m

Eisenbahn f ferrocarril m; ~er m ferroviario; ~linie f vía férrea; ~netz n red f ferroviaria; ~wagen m vagón

eisern de hierro; fig inflexible; férreo

eis|gekühlt helado; 2getränk n granizada f; 2hockey n hockey m sobre hielo

eisig glacial

Eis|kaffee m café con helado, blanco y negro; 2kalt helado, glacial; ~kunstlauf m patinaje artístico; ~lauf m patinaje; ~laufen patinar; ~scholle f témpano m

**Eisschrank**

de hielo; ~schrank m nevera f; ~würfel m cubito de hielo; ~zapfen m canelón, carámbano

eitel vanidoso; (Frau) coqueta; (Sache) vano; 2keit f vanidad; coquetería

Eit|er m pus; 2(e)rig purulento; ~ern supurar

Eiweiß n clara f de huevo; Chem proteína f

Ekel m asco; aversión f; ~haft asqueroso

Ekzem n eccema m

elastisch elástico

Elefant m elefante

elegan|t elegante; 2z f elegancia

Elektri|ker m electricista; 2sch eléctrico; ~sieren electrizar; ~zität f electricidad; ~zitätswerk n central f eléctrica

Elektro|gerät n aparato m electrodoméstico; ~geschäft n (tienda f de) electrodomésticos mpl; ~kardiogramm n electrocardiograma m

Elektronen|blitz(gerät n) m flash m electrónico; ~gehirn n cerebro m electrónico; ~rechner m calculador electrónico

Elektrotechnik f electrotecnia

Element n elemento m; 2ar elemental

elend miserable, mísero; 2 n miseria f; 2sviertel n Span chabolas fpl, Col, Ven ranchitos mpl, Arg villa f miseria, Chi callampa f, Pe barriada f

elf once; 2 f once m (a Sp)

Elfenbein n marfil m

Elfmeter m penalty

Ell(en)bogen m codo

Elster f urraca, picaza

Eltern pl padres mpl; 2los huérfano

Email n esmalte m; 2lieren esmaltar

Embargo n embargo m

Empfang m recepción f (a Hotel); Hdl recibo; acogida f; in ~ nehmen Hdl aceptar; 2en recibir; acoger

Empfänger m destinatario; Tech receptor; 2lich sensible, susceptible; impresionable

empfängnisverhütend: ~es Mittel m anticonceptivo m

Empfangs|bestätigung f acuse m de recibo; ~chef m jefe de recepción; ~dame f recepcionista; ~zimmer n recibidor m

empfehl|en recomendar; ~enswert recomendable; 2ung f recomendación

empfind|en sentir; considerar (als como); ~lich sensible; susceptible; 2lichkeit f sensibilidad; 2ung f sentimiento m; sensación f

empor (hacia) arriba, en lo alto

empörend escandaloso

empor|heben elevar; ~kömmling m F arribista, advenedizo

**empört** indignado, escandalizado

**Empörung** f indignación

**emsig** asiduo

**Ende** n (zeitlich) fin m; final m, término m; (örtlich) extremo m; cabo m; ~ **April** a fines de abril; **am** ~ al cabo; **letzten** ~**s** al fin y al cabo; **zu** ~ **gehen, enden** acabarse; terminar

**End|ergebnis** n resultado m final; **2gültig** definitivo; ~**haltestelle** f parada final

**Endivie(nsalat** m) f escarola f

**End|kampf** m final f; **2lich** adv finalmente, por (od al) fin; **2los** infinito; inacabable; ~**spiel** n final f; ~**station** f final; ~**ung** f Gr terminación

**Energie** f energía; ~**krise** f crisis energética; **2sch** enérgico

**eng** estrecho; apretado; (Freunde) íntimo; ~**er machen** estrechar; ~**anliegend** (Kleid) ceñido, ajustado

**Enge** f estrechez; **in die** ~ **treiben** poner a alg entre la espada y la pared

**Engel** m ángel

**Engpaß** m desfiladero; garganta f; Kfz paso estrecho; fig escasez f

**Enkel(in** f) m nieto (nieta)

**enorm** enorme

**Ensemble** n compañía f; (Kleid u fig) conjunto m

**entartet** degenerado; desnaturalizado

**entbehr|en** (gen od ac) carecer de; echar de menos; **nicht** ~**en können** no poder pasar sin; ~**lich** prescindible

**Entbindung** f alumbramiento m; ~**sanstalt** f casa de maternidad

**entblößt** descubierto, desnudo

**entdeck|en** descubrir; **2er** m descubridor; ~**ung** f descubrimiento m; fig revelación

**Ente** f pato m (pata f), ánade m

**enteign|en** expropiar; ~**ung** f expropiación

**enterben** desheredar; ~**fallen** fig olvidarse; (Anteil) recaer (**auf** en); **entfällt** no afecta

**entfalten** desplegar; fig s. ~ desarrollarse

**entfern|en (s.)** alejar(se), apartar(se); ~**t** apartado; lejano; **2ung** f distancia; **2ungsmesser** m telémetro

**ent|fesseln** desencadenar; ~**flammen** entusiasmar; ~**fliehen** huir, escapar

**entführ|en** raptar; secuestrar; **2er** m secuestrador; **2ung** f rapto m; secuestro m

**entgegen** al encuentro de; ~**gehen** ir al encuentro de; ~**gesetzt** opuesto, contrario; **2kommen** n complacencia f; ~**nehmen** aceptar, tomar; ~**stellen** oponer; ~**treten** oponerse a; hacer frente a

**entgegn|en** replicar; ung *f* réplica
**entgehen** escapar de; *fig* **s. ~ lassen** desaprovechar (*ac*)
**Entgelt** *n* remuneración *f*
**entgleis|en** descarrilar; ung *f* descarrilamiento *m*
**Enthaarungsmittel** *n* depilatorio *m*
**enthalt|en** contener; *fig* comprender; **s. ~en** abstenerse de; **~sam** abstinente, abstemio
**enthüll|en** revelar; *Denkmal*: descubrir; ung *f* revelación
**ent|kalken** *Wasser*: descalcificar; **~kleiden** desnudar; **~kommen** escaparse; **~korken** descorchar; **~kräften** extenuar; *fig* debilitar
**entladen** descargar
**entlang** a lo largo de
**entlarven** desenmascarar
**entlass|en** despedir; ung *f*; *Häftling*: poner en libertad; *Med* dar de alta; ung *f* despido *m*; separación; *Med* alta
**entlast|en** descargar; ung *f* descargo *m*; ungsstraße *f* carretera de descongestión
**entlausen** despiojar
**entledigen: s. ~** deshacerse de; (*e-r Aufgabe*) cumplir con
**ent|legen** remoto, **~leihen** tomar prestado
**entlüften** ventilar; ung *f* ventilación
**ent|mündigen** poner bajo tutela; **~mutigen** desanimar, desalentar; **~nehmen**

retirar; *fig* concluir; **~rätseln** descifrar; **~reißen** arrancar
**entrüst|en: s. ~en** indignarse; ung *f* indignación
**Entsafter** *m* licuadora *f*, exprimidora *f*
**entschädig|en** indemnizar; compensar; ung *f* indemnización; compensación
**entscheid|en** decidir; **s. ~en** decidirse; **~end** decisivo; ung *f* decisión
**entschließ|en: s. ~** decidirse, resolverse (**zu** a)
**entschlossen** resuelto, determinado; heit *f* resolución, firmeza
**entschlüpfen** (*Wort*) escapar(se)
**Entschluß** *m* determinación *f*, resolución *f*
**entschuldig|en** disculpar, excusar; perdonar; **s. ~en** excusarse; **~en Sie!** ¡perdone!; ung *f* excusa; disculpa; ung! ¡perdón!
**Entsetz|en** *n* horror *m*, espanto *m*; lich horrible, espantoso; t estupefacto
**entseuchen** descontaminar
**entsinnen: s. ~** acordarse (*gen* de)
**entspann|en: s. ~en** relajarse; *Pol* mejorar, despejarse; ung *f* relajación; *Pol* distensión
**entsprech|en** corresponder a; **~end** correspondiente; oportuno; *adv* según, correspondiente a
**entspringen** nacer, resultar

# Erbse

de
**entsteh|en** originarse, formarse; **2ung** f formación; origen m
**entstell|en** afear; desfigurar; **2ung** f deformación; desfiguración
**enttäusch|en** desilusionar, desengañar; **~t** desengañado; **2ung** f desengaño m, decepción; desilusión
**ent|waffnen** desarmar; **2wässerung** f drenaje m; desecación, drenaje
**entweder: ~ ... oder** o ..., o; sea ... o sea
**ent|weichen** escapar(se); **~weihen** profanar; **~wenden** robar; **~werfen** bosquejar; *Plan:* elaborar; trazar; **~werten** depreciar; *Briefmarke:* inutilizar; **2werter** m cobrador automático
**entwick|eln** desarrollar; *Fot* revelar; *Am* desarrollar; s. **~eln** desarrollarse; **2eln** **~**elnd m revelado m; **2ung** f desarrollo m; evolución; **2lungsland** n país m en vías de desarrollo
**ent|wirren** desembrollar; desenredar; **~wischen** escabullirse; **~wöhnen** descostumbrar; **~würdigend** degradante; humillante; **~wurf** m proyecto; bosquejo; borrador (*schriftlich*); **~wurzeln** desarraigar
**entzieh|en** quitar, retirar; privar de; s. **~** (*gen*) sustraerse de (*od* a); **2ungskur**

f cura de desintoxicación
**ent|ziffern** descifrar; **~zückend** encantador
**entzünd|en** inflamar; *a fig* encender; s. **~en** a *Med* inflamarse; **2ung** f *Med* inflamación
**entzwei** roto; **~en** (s.) desavenir(se); **~gehen** romperse
**Epidemie** f epidemia
**Epoche** f época
**Epos** n epopeya f
**er** él; **~ selbst** él mismo
**Erachten** n: **meines ~s** a mi parecer
**erbarm|en: s. ~** (*gen*) compadecerse de; **2 n** compasión f; lástima f
**erbärmlich** miserable; deplorable
**erbarmungslos** despiadado
**erbau|en** edificar; construir; **~lich** edificante
**Erbe** 1. n herencia f; sucesión f; 2. m heredero; **2n** heredar
**erbeuten** ganar; capturar
**erbieten: s. ~** ofrecerse (**zu** para, a)
**Erbin** f heredera
**erbitten** solicitar, pedir
**erbittert** exasperado; enconado; **2ung** f exasperación; encono m
**erblassen** palidecer
**erblich** hereditario
**erblicken** divisar
**erblinden** quedar ciego
**erbrechen: (s.) ~** vomitar; **2 n** vómito m
**Erbschaft** f herencia
**Erbse** f guisante m, Am ar-

**Erdball**

veja
**Erd|ball** *m* globo; **~beben** *n* terremoto *m*, seísmo *m*; **~beere** *f* fresa, *RPl*, *Chi*, *Pe* frutilla; **~boden** *m* suelo; terreno
**Erde** *f* tierra; terreno *m*; **an ~n** conectar a tierra
**erdenklich** imaginable; posible
**Erd|geschoß** *n* planta *f* baja, *Am (ohne RPl)* primer piso *m*; **~kunde** *f* geografía; **~nuß** *f* cacahuete *m*, *Am* a maní *m*; **~öl** *n* petróleo *m*
**erdrosseln** estrangular
**erdrücken** aplastar; **~d** *(Beweis)* abrumador; *(Mehrheit)* aplastante
**Erd|rutsch** *m* desprendimiento de tierras; **~stoß** *m* sacudimiento (de tierra); **~teil** *m* continente; **~ung** *f* toma de tierra
**eifern** *V.* **s. ~** acalorarse
**ereign|en**: **s. ~en** suceder, ocurrir; **2is** *n* suceso *m*, acontecimiento *m*, evento *m*
**erfahr|en** saber, enterarse de; **~en** *adj* experimentado, versado en; **2ung** *f* experiencia; pericia
**erfassen** registrar; comprender
**erfind|en** inventar; **2er** *m* inventor; **2ung** *f* invención; invento *m*; **2ungsgabe** *f* inventiva
**Erfolg** *m* éxito; resultado; **2en** suceder; efectuarse; **2los** sin éxito; **2reich** feliz, *Am* exitoso; *adv* con éxito

**erforder|lich** necesario; requerido; **~n** requerir, exigir
**erforschen** explorar, investigar
**erfreu|en**: **s. ~en** *(gen)* gozar, disfrutar de; **~lich** agradable; **~t** encantado
**erfrieren** morir de frío
**erfrisch|en**: **s. ~en** refrescarse; **~end** refrescante; **2ung** *f* refresco *m*; **2ungsraum** *m* bar, cantina *f*; **2ungstuch** *n* toalla *f* refrescante
**erfüll|en** cumplir; corresponder a; satisfacer; **2en** llenar *(mit de)*; **s. ~en** realizarse, cumplirse; **2ung** *f* cumplimiento *m*, realización
**ergänz|en** completar; añadir; **2ung** *f* complemento *m*; suplemento *m*
**ergeben** arrojar; **s. ~** resultar *(aus* de*)*; surgir; **2heit** *f* devoción; rendimiento
**Ergebnis** *n* resultado *m*; **2los** sin resultado; infructuoso
**ergiebig** productivo, lucrativo; *(Boden)* fértil; feraz
**ergießen**: **s. ~** derramarse
**ergraut** encanecido
**ergreif|en** coger *(nicht RPl)*, *RPl* tomar; *fig* tomar; *Beruf*: abrazar; *Flucht*: darse a; **~end** emocionante; **2ung** *f* detención
**ergriffen** conmovido
**ergründen** averiguar
**erhaben** sublime; **über je-**

# Ermahnung

**den Zweifel ~** fuera de duda
**erhalten** obtener, recibir; mantener, conservar; **gut ~** en buen estado
**erhältlich** en venta
**erhängen: s. ~** ahorcarse
**erheb|en** levantar; presentar; *Steuern*: recaudar; **s. ~en** levantarse; *Pol* sublevarse; **~lich** considerable
**erhellen** iluminar
**erhitzen** calentar
**erhöh|en** elevar, aumentar; **♀ung** f elevación, aumento m
**erhol|en: s. ~en** aliviarse, fig respirar; **♀ung** f recreo m, descanso m; *Med* recuperación; **♀ungsgebiet** n zona f de recreo
**erinner|n: j-n an et ~n** recordar u/c a alg; **s. ~n** acordarse (**an** de); **♀ung** f recuerdo m; **zur ♀ung** en memoria
**erkält|en: s. ~en** resfriarse, constiparse; **♀ung** f resfriado m, constipado m
**erkenn|en** reconocer (**an** por); identificar; **s. ~tlich zeigen** mostrarse reconocido; **♀tnis** f conocimiento m; **♀ungszeichen** n distintivo m
**Erker** m mirador
**erklär|en** explicar; declarar, manifestar; **~lich** explicable; **♀ung** f explicación; declaración
**erklingen** (re)sonar
**erkrank|en** enfermar, caer enfermo; **♀ung** f enfermedad
**erkund|en** explorar; **~igen: s. ~igen** informarse (**nach** de); **♀igung** f información
**erlangen** lograr, conseguir
**Erlaß** m decreto; dispensa f, remisión f
**erlassen** ordenar, dictar; *j-m et*: dispensar de; *Strafe*: condonar
**erlauben** permitir; tolerar; **♀nis** f permiso m, autorización f
**erläutern** explicar, comentar
**erleb|en** vivir, presenciar; experimentar; **♀nis** n aventura f; *Psychologie* vivencia f
**erledig|en** arreglar, despachar, ejecutar; **~t** arreglado; **♀ung** f despacho m, ejecución
**erleichter|n** facilitar, aliviar; **♀ung** f aligeramiento m; desahogo m
**erleiden** sufrir, experimentar; **~lernen** aprender, **~lesen** exquisito, **~logen** mentiroso, engañoso
**Erlös** m producto, beneficio
**erlöschen** apagarse; fig expirar, extinguirse
**erlös|en** salvar; **♀er** m *Rel* Redentor; **♀ung** f liberación; *Rel* redención
**ermächtig|en** autorizar, apoderar; **♀ung** f autorización
**ermahn|en** amonestar; **♀ung** f amonestación, ad-

**ermäßigen**

vertencia

**ermäßig|en** reducir; **~t** reducido; **2ung** f reducción, descuento

**ermessen** juzgar

**ermitt|eln** averiguar, determinar; *jur* indagar; **2ung** f averiguación, indagaciones **2ungen** pl

**er|möglichen** posibilitar; **~morden** asesinar; **~müden** cansar; *vi* fatigarse

**ermuntern, ermutigen** animar, alentar

**ermutig|end** alentador; **2ung** f animación

**ernähr|en** alimentar; **2ung** f alimentación

**ernenn|en** nombrar; **2ung** f nombramiento m

**erneuer|n** renovar; reformar; **2ung** f renovación; reforma

**erneut** de nuevo

**erniedrigen** envilecer; degradar

**ernst** serio; grave; **2** m seriedad f; **im 2** en serio, de veras; **2fall** m: **im 2fall** en caso de urgencia; **~haft, ~lich** serio, grave

**Ernte** f cosecha; *(Zuckerrohr) Am* zafra; **2n** cosechar, recolectar

**Erober|er** m conquistador; **2n** conquistar; tomar; **~ung** f conquista; toma

**eröffn|en** abrir; **2ung** f apertura

**erörtern** discutir

**erpress|en** extorsionar (**et von j-m** u/c a alg); **(j-n)** hacer chantaje (a alg); **2er** m chantajista; **2ung** f chantaje m; extorsión

**erproben** probar, ensayar

**erraten** adivinar

**erreg|en** excitar; *fig* despertar; **~t** excitado, agitado, turbulento; **2ung** f excitación; emoción

**erreich|bar** asequible; realizable; **~en** alcanzar; lograr, conseguir; ganar

**er|richten** levantar; establecer; **~ringen** obtener, ganar; **~röten** ponerse colorado

**Errungenschaft** f conquista

**Ersatz** m remplazo, sustitución f; *(Geld)* compensación f; equivalente; **.... in** *Zssgn* de recambio, de repuesto; **~teil** n *(pieza f de)* recambio m, repuesto m

**erschein|en** aparecer; presentarse, comparecer; *(Buch usw)* publicarse; parecer; **2ung** f aparición; signo m, síntoma m; *(Geist)* visión

**erschießen** fusilar

**er|schlaffen** relajarse; **~schlagen** matar a golpes

**erschließ|en** desarrollar; urbanizar; **2ung** f desarrollo m; explotación; aprovechamiento m

**erschöpf|en** cansar; agotar; **~end** agotador; exhaustivo; **~t** agotado; **2ung** f agotamiento m; extenuación

**erschrecken** *vt (vi)* asus-

**erschütter|n** sacudir; *fig* conmover; ♀ung *f* sacudida; conmoción

**erschweren** dificultar, agravar

**erschwinglich** accesible; (*Preis*) razonable

**er|setzen** remplazar, sustituir; indemnizar, reparar, compensar; ~sichtlich claro, evidente; ~sinnen ingeniar

**erspar|en** evitar; ♀nisse *fpl* ahorros *mpl*, economías

**erst** primero; antes; ~ **gestern** sólo ayer; ~ **recht** tanto más

**erstarren** entumecerse; helarse (*a fig*); *Tech* ponerse rígido

**erstatten** presentar; rendir; *Auslagen:* devolver, rembolsar

**Erstaufführung** *f* estreno *m*

**Erstaun|en** *n* asombro *m*; ♀lich sorprendente; estupendo; ♀t asombrado

**erste|, ~r, ~s** primer(o), primera (*f*); **am ~n Juni** el primero de junio; ♀ **Hilfe** primera cura, cura *f* de urgencia, primeros auxilios *mpl*; **fürs ~** de momento; **der ~ beste** el primero que se presente; **zum ~n Mal** por primera vez

**erstechen** acuchillar

**erstens** primeramente

**ersticken** ahogar, sofocar; *vi* sofocarse, *Med* asfixiarse

**erst|klassig** de primera clase; ~mals por primera vez

**erstreben** aspirar a, ambicionar; ~swert deseable

**erstrecken: s. ~** extenderse

**ertappen** coger (*nicht RPl!*), sorprender

**erteilen** dar; conferir

**ertönen** (re)sonar

**Ertrag** *m* rendimiento; producto; ♀en soportar; **nicht zu ~en** insoportable, inaguantable

**er|träglich** soportable, aceptable; ~tränken ahogar; ~trinken ahogarse

**erübrig|en: es ~t s. (zu)** huelga ( + *inf*)

**erwachen** despertarse; ♀ *n* despertar *m*

**erwachsen** adulto, mayor (de edad); ♀e(**r**) *m* adulto

**erwäg|en** considerar; ♀ung *f* consideración

**erwähn|en** mencionar; ♀ung *f* mención

**erwärmen** (**s.**) calentar(se)

**erwart|en** esperar; ♀ung *f* esperanza

**erweisen** rendir, hacer; **s. ~ als** mostrarse, resultar

**erweitern** ensanchar; *fig* ampliar, extender

**Erwerb** *m* adquisición *f*; ♀en adquirir; ganar

**erwerbs|los** sin empleo; ~unfähig incapacitado para trabajar

**erwider|n** replicar; *Gruß usw:* devolver; ♀ung *f* réplica

**er|wischen** atrapar, coger (*nicht RPl!*), pillar; ~

**erwünscht**

wünscht deseable; oportuno; ~**würgen** estrangular
**Erz** n mineral m
**erzähl|en** contar; 2**ung** f narración; cuento m
**Erzbischof** m arzobispo
**erzeug|en** producir; crear; 2**nis** n producto m, fabricado m
**erzieh|en** educar; 2**er** m educador; 2**ung** f educación; 2**ungswesen** n instrucción f pública
**erzielen** obtener, conseguir
**erzürnen** irritar, enojar
**erzwingen** forzar
**es** ello; esto; lo; ~ **gibt** hay; ~ **regnet** llueve; ~ **wird erzählt** se dice; **ich weiß** ~ lo sé; **ohne** ~ sin ello
**Esel** m burro, asno; ~**treiber** m arriero
**Espresso** m café exprés, espresso
**Essay** m ensayo
**eßbar** comestible
**Eßbesteck** n cubierto m
**essen** comer; **zu Mittag** ~ almorzar, Span a comer; **zu Abend** ~ cenar, Col, Ven comer; 2 n comida f
**Essig** m vinagre; ~**gurke** f pepinillo m en vinagre; ~**und Ölständer** m vinagreras fpl
**Eß|löffel** m cuchara f; ~**waren** fpl comestibles mpl; ~**zimmer** n comedor m
**Etage** f piso m, planta; ~**nbett** n Span litera f, RPl cama f superpuesta
**Etappe** f etapa

308

**Etat** m presupuesto
**Etikett** n rótulo m, etiqueta f
**etliche** algunos, unos
**Etui** n estuche m
**etwa** aproximadamente, unos; ~**ig** eventual
**etwas** algo; un poco
**euch** (a) vosotros, -as
**euer** vuestro; ~**e** vuestra; pl vuestros, -as
**Eule** f lechuza
**euretwegen** por vosotros
**Euro|cheque** m, ~**scheck** m eurocheque
**Euter** n ubre f
**evangeli|sch** protestante; 2**um** n evangelio m
**eventuell** eventual
**ewig** eterno; perpetuo, continuo; 2**keit** f eternidad
**exakt** exacto
**Examen** n examen m
**Exemplar** n ejemplar m
**Exil** n destierro m, exilio m
**Exist|enz** f existencia; 2**ieren** existir
**exotisch** exótico
**Expedition** f expedición
**Experiment** n experimento m; 2**ieren** experimentar
**explodieren** estallar, hacer explosión, explotar
**Explosion** f explosión
**Export** m exportación f; 2**ieren** exportar
**extra** extra; separado, aparte; 2**blatt** n extraordinario m
**Extrakt** m extracto
**extrem** extremo; 2**ist** m extremista
**Exzeß** m exceso

# F

**Fabel** f fábula; ⁓**haft** estupendo, fabuloso
**Fabrik** f fábrica; ⁓**ant** m fabricante; ⁓**arbeiter** m obrero industrial; ⁓**at** n producto m; ⁓**ation(sfehler)** m f (defecto de) fabricación; ⁓**halle** f nave
**fabrizieren** fabricar
**Fach** n casilla f; fig ramo m, especialidad f; asignatura f (Uni); ⁓**arbeiter** m obrero especializado; ⁓**arzt** m especialista; ⁓**ausdruck** m término técnico
**Fächer** m abanico
**Fach|hochschule** f etwa colegio m técnico; ⁓**kenntnisse** fpl conocimientos mpl especiales; ⁓**mann** m experto, especialista
**Fackel** f antorcha; ⁓**zug** m desfile de antorchas
**fade** insípido; soso
**Faden** m hilo
**fähig** capaz (**zu** de); apto (**zu** para); 2**keit** f capacidad; habilidad; facultad
**fahl** (Licht) mortecino
**fahnden** buscar (**nach** j-m a alg)
**Fahne** f bandera
**Fahr|bahn** f calzada; ⁓**dienstleiter** m jefe de servicio
**Fähre** f transbordador m
**fahren** vi ir; vt conducir; llevar, transportar; **wann fährt** ...? ¿a qué hora sale ...?

**Fahr|er** m conductor; chófer, Am chofer; ⁓**gast** m pasajero; (Taxi) cliente; ⁓**geld** n precio m del billete; ⁓**gestell** n chasis m; Flgw tren m de aterrizaje; ⁓**karte** f billete m, Am a boleto, tiquete; ⁓**kartenschalter** m despacho de billetes, taquilla f
**fahrlässig** negligente; imprudente; 2**keit** f negligencia
**Fahr|lehrer** m profesor de conducción; ⁓**plan** m horario (de trenes, de autobuses); 2**planmäßig** regular; ⁓**preis** m precio del billete (Am a del boleto)
**Fahr|rad** n bicicleta f; ⁓**schein** m billete, Am a boleto, tiquete
**Fährschiff** n barco m transbordador
**Fahr|schule** f autoescuela; ⁓**spur** f (Straße) carril m
**Fahrstuhl** m ascensor; ⁓**führer** m ascensorista
**Fahrt** f viaje m; **freie** ⁓ vía libre
**Fährte** f pista, huella
**Fahrtrichtung** f dirección, sentido m de la marcha
**Fahr|wasser** n canal m; ⁓**zeug** n vehículo m; ⁓**zeughalter** m titular del vehículo; ⁓**zeugschlange** f cola, caravana
**Fakultät** f facultad
**Falke** m halcón (a fig Pol)

# Fall

**Fall** *m* caída *f*; caso; asunto; **für alle Fälle** por si acaso
**Falle** *f* trampa
**fallen** caer; bajar
**fällen** cortar, talar; *Urteil*: dictar
**fällig** pagadero; vencido
**falls** en caso de que, si
**Fallschirm** *m* paracaídas; **~springer** *m* paracaidista
**falsch** falso; incorrecto; *(Haar usw)* postizo
**fälschen** falsificar
**Falsch|geld** *n* moneda *f* falsa; **~meldung** *f* noticia falsa; **~parken** *n* estacionamiento *m* indebido
**Fälschung** *f* falsificación
**Falt|boot** *n* bote *m* plegable; **~e** *f* pliegue *m*; arruga *f* (*a Haut*); **~en** doblar, plegar; *Hände*: juntar; **~enrock** *m* falda *f* plisada; **~er** *m* mariposa *f*; **~ig** plisado; *(Haut)* arrugado
**familiär** familiar
**Familie** *f* familia; **~nangehörige(r)** *m* miembro de familia, familiar; **~nname** *m* apellido; **~nstand** *m* estado civil
**Fan** *m* F hincha *m*
**Fang** *m* presa *f*; *(Fisch)* captura *f*; **~en** coger (*nicht RPl!*), *RPl* agarrar; *j-n*: apresar, capturar
**Farb|band** *n* cinta *f*; **~e** *f* color *m*; pintura; **~echt** de color inalterable
**färben** colorar, teñir
**farben|blind** daltoniano; **~prächtig** vistoso

**Farb|fernsehen** *n* televisión *f* en color; **~fernseher** *m* televisor en color; **~film** *m* película *f* en color; **2ig** de color; **2los** incoloro; **~stift** *m* lápiz de color; **~ton** *m* tinta *f*, matiz
**Färbung** *f* colorido *m*, tinte *m*
**Farm** *f* granja
**Farn(kraut)** *n* helecho *m*
**Fasan** *m* faisán
**Fasching** *m* carnaval
**faseln** desatinar, F chochear
**Faser** *f* fibra; **2ig** fibroso
**Faß** *n* tonel *m*; barril *m*, *(kleines)* barrilito *m*
**Fassade** *f* fachada
**fassen** coger (*nicht RPl!*), asir; *(Raum)* caber; *fig* comprender; *Plan*: concebir, tomar; **s. ~** serenarse; **s. kurz ~** ser breve
**Fassung** *f* *(Brille)* montura; *El* portalámparas *m*; *(Text)* versión; redacción; *fig* serenidad; **aus der ~ bringen** sacar de tino; **2slos** consternado
**fast** casi; por poco ... (*beim Verb*)
**fast|en** ayunar; **2en** *n* ayuno *m*; **2enzeit** *f* cuaresma; **~nacht** *f* carnaval *m*
**faszinierend** fascinador
**faul** podrido; *(j)* perezoso, holgazán; **~en** pudrirse; **~enzen** holgazanear; **2enzer** *m* holgazán; **2heit** *f* pereza
**Fäulnis** *f* putrefacción
**Faust** *f* puño *m*; **~hand-**

**schuh** m manopla f; **~schlag** m puñetazo
**Favorit** m favorito
**Faxen** pl F gestos mpl; bobadas fpl
**Fayence** f mayólica
**Fazit** n resultado m, conclusión f
**Februar** m febrero
**Fecht|en** n, **~sport** m esgrima f
**Feder** f pluma; Tech resorte m, muelle m; **~ball** m volante; (Spiel) badminton; **~bett** n edredón m; **~gewicht** n peso m pluma; **~halter** m portaplumas; **2n** ser elástico; **~ung** f suspensión; **~zeichnung** f dibujo m a pluma
**Fee** f hada
**fegen** barrer
**Fehl|betrag** m déficit; **2en** faltar; (j) ser ausente; no estar presente; **was 2t Ihnen?** ¿qué le pasa a usted?; **~er** m falta f, error; Tech defecto; **2erfrei** sin falta; correcto; **2erhaft** defectuoso; **2gehen**, **2schlagen** fracasar, fallar; **2tritt** m fig desliz; **2zündung** f Kfz encendido m defectuoso
**Feier** f fiesta; festividad; celebración; **~abend machen** terminar la jornada; **2lich** solemne; **2n** celebrar; **~tag** m día m de fiesta (od festivo)
**Feige** f higo m
**feig|e** cobarde; **2heit** f cobardía; **2ling** m cobarde
**Feile** f lima; **2n** limar
**feilschen** regatear
**fein** fino; delgado; delicado
**Feind** m enemigo; **2lich** hostil; enemigo; **~schaft** f hostilidad; **2selig** hostil
**fein|fühlig** sensible; **2heit** f fineza; sutileza, **2kostgeschäft** n tienda f de comestibles finos; **2mechaniker** m mecánico de precisión; **~schmecker** m gastrónomo
**Feld** n campo m; (Spiel) casilla f, cuadro m; Sp pelotón m; **das ~ räumen** dejar el campo libre; **~bett** n catre m; **~flasche** f cantimplora; **~stecher** m prismáticos mpl; **~webel** m brigada; **~weg** m camino vecinal
**Felge** f llanta
**Fell** n piel f
**Fels|en** m roca f; **~enküste** f acantilado m; **2ig** rocoso
**Fenchel** m hinojo
**Fenster** n ventana f; Kfz ventanilla f; **~brett** n antepecho m; **~laden** m contraventana f; **~platz** m asiento de ventanilla; **~rahmen** m bastidor; **~scheibe** f cristal m, vidrio m
**Ferien** pl vacaciones fpl; **~dorf** n colonia f de vacaciones; **~haus** n chalet m; **~kurs** m cursillo de verano; **~wohnung** f vivienda turística
**Ferkel** n cochinillo m, lechón m
**fern** lejano; adv lejos; **von ~**

**Fernamt**

desde lejos; 2**amt** n central f interurbana; 2**e** f distancia; **in der 2e a lo lejos; ~er** adv además

**Fern|fahrer** n camionero; 2**gelenkt** teledirigido; **~gespräch** n conferencia f interurbana, Am llamada f de larga distancia; **~glas** n gemelos mpl, anteojos mpl; **~heizung** f calefacción a distancia; **~licht** n Kfz luz f de carretera; 2**mündlich** telefónico; adv por teléfono; **~rohr** n anteojo m; **~schreiben** n télex m; **~schreiber** m teletipo

**Fernseh|apparat** m televisor; **~aufzeichnung** f grabación de video; **~en** n televisión f; **~er** m televisor; **~film** m telefilm; **~schirm** m pantalla f de televisión; **~sender** m emisora f de televisión; **~sendung** f emisión de televisión, Span a espacio m

**Fernsicht** f vista, panorama m

**Fernsprech|amt** n central f telefónica; **~buch** n guía f de teléfonos; **~er** m teléfono; **~teilnehmer** m abonado (al teléfono)

**Fernsteuerung** f telemando m, control m remoto; **~studium** n estudio m por correspondencia

**Ferse** f talón m

**fertig** acabado, hecho; listo, preparado; 2**gericht** n plato m precocinado; 2**haus** n casa f prefabricada; **~machen** acabar; **s. ~machen** prepararse (**zu, für** para); 2**produkt** n producto m acabado (el elaborado)

**Fessel** f traba; 2**n** trabar, atar; 2**nd** fascinante, cautivador

**Fest** n fiesta f

**fest** firme; fijo; sólido; **~binden** atar

**Festessen** n banquete m

**festhalten** retener; **an** et **~** seguir en; **s. ~** agarrarse

**Festiger** m fijador; **~igkeit** f estabilidad; resistencia; fig firmeza; **~land** n tierra f firme

**festlich** solemne; 2**keit** f fiesta f; acto f

**fest|machen** fijar; Mar amarrar; 2**nahme** f detención; **~nehmen** detener

**Festsaal** m salón de fiestas

**festsetzen** fijar; (vertraglich) estipular

**Festspiele** npl festival m

**fest|stehen** constar, ser seguro; **~stellen** comprobar, averiguar

**Festung** f fortaleza; **~zug** m desfile

**fett** graso; (j) gordo; **~ werden** engordar, F echar carnes; 2 n grasa f; 2**fleck** m mancha f de grasa; **~ig** grasiento, pringoso

**Fettnäpfchen** n: F **ins ~ treten** meter la pata

**Fetzen** m trapo; (Stück) triza f

**feucht** húmedo; 2**igkeit** f

**fixieren**

humedad
**Feuer** n fuego m; (Brand) incendio m; fig ardor m; ~**bestattung** f incineración; ~**fest** refractario; ~**gefährlich** inflamable; ~**leiter** f escalera de incendios; ~**löscher** m extintor, matafuego; ~**melder** m avisador de incendios; 2n (schießen) disparar; F echar
**Feuer|spritze** f bomba de incendios; ~**stein** m piedra f para mechero; ~**wehr** f bomberos mpl; ~**werk** n fuegos artificiales, castillo m de fuego; ~**zeug** n mechero m, encendedor
**feurig** ardiente
**Fibel** f abecedario m
**Fichte** f abeto m rojo
**Fieber** n fiebre f; 2**frei** sin fiebre; 2**haft** febril; ~**mittel** n antipirético m, febrífugo m; ~**thermometer** n termómetro m (clínico)
**fies** P despreciable
**Figur** f figura f; fig tipo m; (Spiel) pieza
**Filet** n filete m, solomillo m; ~**steak** n bistec m de solomillo
**Filiale** f sucursal
**Film** m película f; ~**aufnahmen** fpl rodaje m; 2**en** rodar, filmar; ~**festspiele** npl festival m cinematográfico; ~**kamera** f tomavistas m, Am filmadora; ~**kassette** f chasis m; ~**schauspieler**(in f) m actor (actriz) m de cine; ~**star** m estrella f de cine;

~**vorführung** f función
**Filter** m filtro; ~**papier** n papel m filtro; ~**zigarette** f cigarrillo m emboquillado
**filtrieren** filtrar
**Filz** m fieltro; ~**stift** m rotulador, marcador
**Finale** n final m (Sp f)
**Finanz|amt** f delegación f de Hacienda; ~**en** pl finanzas fpl; 2**iell** financiero; 2**ieren** financiar
**finden** encontrar, hallar; fig estimar, considerar; **wie ~ Sie ...?** ¿qué le parece a usted ...?
**Finger** m dedo; ~**abdruck** m huella f dactilar; ~**hut** m dedal; ~**nagel** m uña f; ~**spitze** f punta del dedo
**Fink** m pinzón
**finster** oscuro; sombrío; 2**nis** f oscuridad
**Firma** f casa, empresa
**Firnis** m barniz
**Fisch** m pez (im Wasser); pescado; 2**en** pescar; ~**erboot** n barco m pesquero; ~**erei** f, ~**fang** m pesca f; ~**filet** n filete m de pescado; ~**geschäft** n pescadería f; ~**markt** m mercado m de pescado; ~**messer** n cuchillo m para pescado; ~**otter** n nutria f; ~**teich** m vivero; ~**vergiftung** f Med ictismo m
**fit** en forma
**fix** rápido, vivo; **~ und fertig** listo y pronto; fig F rendido, hecho polvo; ~**en** P drogarse; 2**ieren** fijar

**FKK** *f* (des)nudismo *m*, naturismo *m*; **~Gelände** *n* zona *f* de nudistas; **~Strand** *m* playa *f* de nudistas

**flach** plano; *Geogr* llano
**Fläche** *f* superficie; plano *m*; **~ninhalt** *m* área *f*
**Flachland** *n* llanura *f*
**Flachs** *m* lino
**Flachzange** *f* alicates *mpl*
**flackern** oscilar; (*Feuer*) flamear
**Flagge** *f* bandera
**flambiert** flambeado
**Flamencosänger** *m* cantaor(d)or
**Flamme** *f* llama
**Flanell** *m* franela *f*
**Flanke** *f* flanco *m*
**Fläschchen** *n* frasco *m*
**Flasche** *f* botella; (*Parfüm usw*) frasco *m*
**Flaschen|bier** *n* cerveza *f* embotellada; **~öffner** *m* abridor, abrebotellas; **~wein** *m* vino embotellado
**flattern** aletear; (*im Wind*) flotar
**flau** flojo
**Flaum** *m* pelusilla *f*
**Flaute** *f* *Mar* calma chicha; *Hdl* desanimación
**Flechte** *f* *Bot* liquen *m*; *Med* herpe *m*; **~n** trenzar
**Fleck** *m* mancha *f*; punto, sitio; **~enentferner** *m* quitamanchas *m*; **~fieber** *n* tifus *m* exantemático; **2ig** manchado
**Fledermaus** *f* murciélago *m*
**Flegel** *m* paleto, mal educado
**flehen** suplicar
**Fleisch** *n* carne *f*; (*Frucht2*) pulpa *f*; **~brühe** *f* consomé *m*, caldo *m*
**Fleischer** *m* carnicero; **~ei** *f*, **~laden** *m* carnicería *f*
**Fleisch|kloß** *m* albóndiga *f*; **~wolf** *m* máquina *f* de picar carne
**Fleiß** *m* diligencia *f*, aplicación *f*; **2ig** aplicado, estudioso; trabajador
**flick|en** remendar; *Reifen:* poner un parche (a); **2en** *m* remiendo; **2zeug** *n* caja *f* de parches
**Flieder** *m* lila *f*
**Fliege** *f* mosca
**fliegen** volar; ir en avión
**Fliegen|fänger** *m* papel matamoscas; **~gewicht** *n* *Sp* peso *m* mosca; **~gitter** *n* tela *f* metálica; **~pilz** *m* oronja *f* falsa, amanita matamoscas
**Flieger** *m* aviador, piloto; **~horst** *m* *Mil* base *f* aérea
**fliehen** huir
**Fliese** *f* baldosa; (*Wand2*) azulejo *m*
**Fließ|band** *n* cinta *f* sin fin; **2en** correr, fluir; circular; **2end** corriente
**flimmern** titilar, vibrar
**flink** ágil, vivo
**Flinte** *f* escopeta
**Flirt** *m* flirteo; **2en** flirtear
**Flitter** *m*, **~gold** *n* oropel *m*; **~wochen** *fpl* luna *f* de miel
**Flocke** *f* copo *m*
**Floh** *m* pulga *f*
**Flor** *m* crespón

**Flora** f flora
**florieren** florecer, prosperar
**Floß** n balsa f, almadía f, Am a changada f
**Flosse** f aleta
**Flöte** f flauta
**flott** alegre; ágil; guapo, elegante
**Flotte** f flota; armada
**Fluch** m maldición f; **~en** jurar, maldecir
**Flucht** f fuga; huida; **in die ~ schlagen** poner en fuga
**flüchten** huir, escaparse; **~ig** fugitivo; (Blick) rápido, (Arbeit) poco esmerado; **~ling** m Pol refugiado
**Flug** m vuelo; **~blatt** n octavilla f; **~dauer** f duración del vuelo
**Flügel** m ala f; (Tür~, Fenster~) batiente; Mus piano de cola
**Flug|gast** m pasajero; **~hafen** m aeropuerto; **~hafengebühr** f tasa de aeropuerto; **~karte** f pasaje m de avión; **~linie** f línea aérea; **~lotse** m controlador aéreo; **~plan** m horario del servicio aéreo; **~platz** m aeródromo; **~reise** f viaje m en avión; **~sicherung** f control aéreo; **~steig** m puerta f (de embarque); **~ticket** n billete m; **~verbindung** f comunicación aérea; **~verkehr** m tráfico aéreo
**Flugzeug** n avión m; **~führer** m piloto; **~träger** m portaviones
**Flunder** f platija

**Flur** m pasillo; zaguán
**Fluß** m río; fig flujo; **~ab-(~auf-)wärts** río abajo (arriba); **~bett** n lecho m, cauce m
**flüssig** líquido, fluido; (Stil) suelto; **~keit** f líquido m
**flüstern** cuchichear
**Flut** f marea alta; fig torrente m; **~licht** n luz f difusa
**Fohlen** n potro m
**Folge** f consecuencia; serie; continuación; **zur ~ haben** tener por consecuencia; **~ leisten** obedecer a; corresponder a
**folgen** j-m: seguir; (gehorchen) obedecer a; **daraus folgt** de ello se deduce; **~d** siguiente; **~dermaßen** como sigue
**folger|n** deducir; **~ung** f deducción; conclusión
**folg|lich** por consiguiente; **~sam** obediente
**Folie** f lámina
**Folklore** f folklore m, Am folclor m
**Folter** f tortura; fig **auf die ~ spannen** tener suspenso; **~n** torturar, atormentar
**Fön** m secador de mano
**Fonds** m fondo
**fönen** secar con secador
**Fontäne** f fuente; surtidor m
**fordern** exigir
**fördern** j-n: favorecer; et: fomentar, promover; Erz usw: extraer
**Forderung** f exigencia, reclamación
**Förderung** f fig promoción,

**Forelle**

fomento *m*
**Forelle** *f* trucha
**Form** *f* forma; (*Kleid*) hechura; (*Guß*) molde *m*
**formal** formal; ⩴**itäten** *fpl* formalidades, trámites *mpl*
**Format** *n* tamaño *m*
**Formel** *f* fórmula
**formen** formar
**förmlich** formal; ceremonioso
**formlos** sin ceremonias
**Formular** *n* formulario *m*, impreso *m*
**forsch|en** indagar, investigar; ⩴**end** *m* escrutador; ⩴**er** *m* investigador; (*Land*) explorador; ⩴**ung** *f* investigación
**Forschungs|institut** *n* instituto *m* de investigaciones; ⩴**reise** *f* expedición
**Forst** *m* bosque, monte
**Förster** *m* inspector de montes; guarda forestal
**fort** ido, marchado; **... ist** ~ ha desaparecido; **in einem** ~ sin cesar; **und so** ~ etcétera; ⩴**bestehen** continuar existiendo, subsistir
**fortbewegen: s.** ~ moverse
**Fortbildung(skurs** *m*) *f* (cursillo de) perfeccionamiento *m*
**fort|fahren** salir; *fig* continuar; ⩴**gehen** marcharse, salir; ⩴**geschritten** adelantado; avanzado; ⩴**schaffen** quitar, llevarse
**Fortschritt** *m* progreso; ⩴**lich** progresista
**fortsetz|en** continuar; ⩴**ung** *f* continuación; ⩴**ung folgt**

316

continuará
**fort|während** continuo; ⩴**werfen** tirar
**Foto** *n* foto *f*; ⩴**apparat** *m* máquina *f* fotográfica; ⩴**geschäft** *n* tienda *f* fotográfica; ⩴**graf** *m* fotógrafo; ⩴**grafie** *f* fotografía; ⩴**grafieren** fotografiar; ⩴**kopie** *f* fotocopia; ⩴**kopieren** fotocopiar; ⩴**zelle** *f* célula fotoeléctrica
**Foyer** *n* vestíbulo *m*
**Fracht** *f* carga; *Mar* cargamento *m*; (*Geld*) porte *m*, flete *m*; ⩴**brief** *m* carta *f* de porte; ⩴**schiff** *n* buque *m* de carga
**Frack** *m* frac
**Frage** *f* pregunta; *fig* cuestión; **das kommt nicht in** ~ F de eso nada; **in ~ stellen** poner en duda; **ohne** ~ sin duda; ⩴**bogen** *m* cuestionario; ⩴**n** preguntar (**j-n nach** a alg por; **nach j-m** por alg); ⩴**zeichen** *n* signo *m* de interrogación
**fraglich (sein)** (ser) dudoso; en cuestión
**Franc** *m* franco (**französischer, belgischer** francés, belga)
**Franken** *m*: **Schweizer** ~ franco suizo
**frankieren** franquear
**Franse** *f* franja
**fräsen** fresar
**Fratze** *f* mueca
**Frau** *f* mujer; señora; (*Ehe*⩴) esposa; ⩴**enarzt** *m* ginecólogo; ⩴**enrechtlerin** *f* femi-

**friedlich**

nista
**Fräulein** n señorita f
**frech** fresco, descarado; ~**heit** f insolencia, F frescura
**frei** libre; gratuito; (*Stelle*) vacante; ~ **haben** tener (su día) libre; ~**e Hand lassen** dar carta blanca
**Frei|bad** n piscina f al aire libre; 2**beruflich** de profesión liberal; 2**denker** m librepensador; ~**e** n: **im** ~**en** al aire libre; ~**exemplar** n ejemplar m gratuito; 2**geben** poner en libertad; fig desbloquear; autorizar; 2**gebig** generoso; **gepäck** n equipaje m libre (*od* incluido *od* franco); **hafen** m puerto franco; 2**halten** *Platz*: reservar
**Freiheit** f libertad; ~**sstrafe** f pena privativa de libertad
**Frei|karte** f entrada gratuita; ~**körperkultur** f (des-)nudismo m; 2**lassen** soltar, emancipar; **lassung** f liberación, emancipación; 2**lich** claro está; por cierto que ...; ~**lichtbühne** f teatro m al aire libre; ~**lichtkino** n cine m al aire libre
**freimachen** *Platz*: desocupar; *Weg*: despejar; **s. ~** *Med* desabrigarse
**Frei|maurer** m masón; 2**mütig** franco; 2**sprechen** absolver; ~**spruch** m absolución f; 2**stehen**: **es steht Ihnen frei** ~ (usted) es muy dueño de ...; ~**stoß** m *Sp* saque libre

**Freitag** m viernes
**Frei|treppe** f escalinata; 2~**willig**, ~**willige(r)** m voluntario; ~**zeit** f ratos mpl, horas fpl de ocio
**fremd** extraño; desconocido; extranjero, ajeno; (*von auswärts*) forastero; 2**artig** extraño, exótico; 2**e** f extranjero m; 2**e(r)** m (*Orts*~) forastero; extranjero
**Fremden|führer** m guía; ~**verkehr** m turismo; ~**verkehrsamt** n oficina f de turismo; ~**zimmer** n habitación f
**Fremd|sprache** f idioma m extranjero; 2**sprachig** de idiomas; in otro idioma; ~**wort** n extranjerismo m
**Frequenz** f frecuencia
**Fresko** n fresco m
**fressen** (*Tiere*) comer
**Freud|e** f alegría; placer m; **mit** ~**en** con mucho gusto; 2**ig** alegre, gozoso
**freuen**: **s. ~ über** alegrarse de; **s. ~ auf** esperar gozoso (*ac*); **es freut mich** me alegro
**Freund** m amigo; *fig* aficionado (**von** a); ~**in** f amiga; 2**lich** amable; complaciente, agradable; ~**lichkeit** f amabilidad; ~**schaft** f amistad; 2**schaftlich** amistoso
**Frieden** m paz f; **lassen Sie mich in ~**! déjeme en paz; ~**svertrag** m tratado de paz
**Friedhof** m cementerio
**friedlich** pacífico; *fig* apacible, tranquilo

**frieren** tener frío; **es friert está helando, hiela**

**Fries** m Arch friso

**Frikassee** n fricasé m

**frisch** fresco; nuevo; limpio; fig vivo; ~ **gestrichen** recién pintado; **auf ~er Tat** en flagrante

**Frische** f frescura; **~haltepackung** f envase m de conservación

**Friseu|r** m peluquero; **~se** f peluquera

**frisier|en** peinar; **2salon** m peluquería; **2tisch** m tocador; **~umhang** m peinador

**Frist** f plazo m; **2los** sin (pre)aviso

**Frisur** f peinado m

**froh** contento, alegre

**fröhlich** alegre; feliz

**fromm** piadoso, religioso

**Fronleichnam** m (día del) Corpus

**Front** f Arch fachada; Mil, Pol frente m; **2al** frontal; **~antrieb** m tracción f delantera

**Frosch** m rana f; **~mann** m hombre rana

**Frost** m helada f

**frösteln** tiritar

**frostig** fig frío

**Frostschutzmittel** n anticongelante m

**Frot|teetuch** n toalla-esponja f; **2tieren** frotar

**Frucht** f fruto m; **2bar** fértil; fecundo; **~eis** n sorbete m; **~fleisch** n pulpa f; **2los** infructuoso; **~saft** m zumo de frutas

**früh (zu)** ~ temprano; **heute** ~ esta mañana; **2e** f: **in aller 2e** de madrugada; **~er** antiguo; anterior; adv antes; **2jahr** n, **2ling** m primavera f; **2messe** f primera misa; **~morgens** muy de mañana, de madrugada; **~reif** precoz

**Frühstück** n desayuno m; **2en** desayunar

**frühzeitig** temprano; a tiempo

**Fuchs** m zorro; (Pferd) alazán; **~schwanz** m (Säge) serrucho

**Fuge** f Mus fuga; Tech juntura, ranura

**füg|en**: **s.** ~ someterse, allanarse

**fühl|bar** palpable; perceptible; **~en** palpar; sentir; **s. ~en** sentirse

**Fuhre** f carretada

**führen** conducir, guiar; Ware: llevar; vi conducir; **s.** ~ portarse

**Führer** m guía m (Person); guía f (Buch); Kfz conductor; Pol caudillo; **~schein** m carnet de conducir, Am a pase, licencia f; **internationaler ~schein** carnet internacional

**Führung** f dirección; gestión; visita guiada; fig conducta; **~skraft** f ejecutivo m, directivo m; **~szeugnis** n certificado m de buena conducta

**Fuhrunternehmen** n empresa f de transportes

## Futter

**Fülle** f: **in Hülle und ~ en** gran abundancia

**füllen** llenar (**mit** de, con); *Gastr* rellenar; **in Flaschen ~** embotellar

**Füll(federhalt)er** m estilográfica f, *Am* a estilógrafo

**Füllung** f relleno m; (*Zahn*) empaste m, *Col* calza

**fummeln** f manosear

**Fund** m hallazgo

**Fundament** n fundamento m

**Fund|büro** n oficina f de objetos perdidos; **~sache** f objeto m hallado

**fünf** cinco; **~hundert** quinientos; **~zehn** quince; **~zig** cincuenta

**Funkbild** n telefoto f

**Funke(n)** m chispa f

**funkeln** brillar, centellear; **~nagelneu** flamante

**funk|en** radiografiar; **2er** m radiotelegrafista; **2gerät** n aparato m de radiotelegrafía; **2sprechgerät** n radioteléfono m; **2spruch** m radiograma; **2streifenwagen** m (coche radiopatrulla); **2wagen** m unidad f móvil

**für** para; por, en lugar de; **~ dich** para ti; **~ zwei Mark (Tage)** por dos marcos (días)

**Furche** f surco m

**Furcht** f miedo m, temor m; **2bar** temible, terrible

**fürchte|n**: **s. ~ (vor)** tener miedo (a); temer (ac); **ich ~, daß ...** (me) temo que ...

**fürchterlich** horrible, tremendo

**furcht|los** sin miedo, impávido; **~sam** miedoso, temeroso

**Furnier** n chapa f (*od* hoja f) de madera

**Fürsorge** f asistencia f, **~r(in** f) m asistente *oc* social

**Fürsprache** f intervención

**Fürst** m príncipe; **~entum** n principado m; **2lich** *fig* regio

**Furt** f vado m

**Furunkel** m *Med* forúnculo

**Furz** m V pedo m; **2en** V peer, *Am* pedear(se)

**Fusel** m F aguardiente malo

**Fuß** m pie; *fig* base f; **zu ~ a** pie

**Fußball** m balón; (*Spiel*) fútbol; **~ spielen** jugar al fútbol; **~platz** m campo de fútbol; **~spieler** m futbolista; **~toto** n quinielas fpl (de fútbol), *Am* a polla f

**Fuß|boden** m suelo; **~bremse** f freno m de pie

**Fussel** f pelus(ill)a

**Fußgänger** m peatón; **~überweg** m paso de peatones

**Fuß|matte** f estera; **~note** f nota (al pie); **~pflege** f pedicura; **~sohle** f planta del pie; **~spitze** f: **auf ~spitzen** de puntillas; **~spur** f pisada; **~tritt** m puntapié, patada f; **~weg** m camino para peatones

**Futter** n alimento m; (*Trocken2*) pienso m; (*Grün2*) forraje m; (*Kleider2*) fo-

rro m
**Futteral** n funda f; estuche m
**füttern** dar de comer; *Vieh:* echar de comer (a); *Kleidung:* forrar
**Fütterung** f alimentación

# G

**Gabe** f talento m; presente m, donativo m
**Gabel** f tenedor m; (*Fahrrad*) horquilla
**gabeln: s. ~** bifurcarse
**gackern** cacarear
**gaffe|n** F papar moscas; **2r** m F mirón
**Gage** f honorarios mpl
**gähnen** bostezar
**galant** galante
**Galerie** f galería
**Galgen** m horca f, patíbulo; **~frist** f respiro m de gracia; **~humor** m humor patibulario
**Galle** f bilis; hiel
**Gallen|blase** f vesícula biliar; **~kolik** f cólico m biliar; **~stein** m cálculo biliar
**Galopp** m galope; **2ieren** galopar
**Gammler** m melenudo, pasota
**Gang** m marcha f; modo de andar; *Kfz* velocidad f; (*Haus, Esb*) pasillo; (*Speise*) plato
**gängig** corriente; *Hdl* de fácil venta
**Gangschaltung** f cambio m de velocidades
**Gangster** m gángster
**Gangway** f escalerilla
**Ganove** m tunante
**Gans** f ganso m, oca

**Gänse|braten** m ganso asado; **~haut** f: **ich bekomme e-e ~haut** se me pone carne de gallina; **~klein** m menudillos mpl de ganso; **~leberpastete** f paté m de fuagrás; **~marsch** m: **im ~marsch** en fila india
**ganz** todo; entero; completo; **nicht ~** no del todo; **~ und gar nicht** de ningún modo; **~ gut** bastante bien
**gar** a punto; *adv* **~ nicht** no ... del todo (*od* en absoluto); **es ist ~ nicht leicht** no es nada fácil; **~ nichts** absolutamente nada
**Garage** f garaje m
**Garantie** f garantía; **2ren** garantizar; **~schein** m certificado de garantía
**Garbe** f gavilla
**Garderobe** f *Thea* guardarropa m; (*Künstler2*) camarín m; **~nmarke** f ficha de guardarropa; contraseña
**Gardine** f cortina
**gären** fermentar
**Garn** n hilo m
**Garnele** f gamba, *Am* camarón m
**garnieren** guarnecer
**Garnison** f guarnición
**Garnitur** f (*Satz Gläser usw*) juego m
**Garten** m jardín; **~bau** m

**gebraten**

horticultura f; **~grill** m barbacoa f; **~laube** f cenador m; **pabellón** m; **~stadt** f ciudad jardín

**Gärtner** m jardinero; **~ei** f horticultura, jardinería

**Gärung** f fermentación

**Gas** n gas m; **~geben** (wegnehmen) acelerar (cortar el gas); **~anschluß** m toma f de gas; **~anzünder** m encendedor de gas; **~feuerzeug** n mechero m de gas; **~flasche** f bombona de gas; **~hahn** m llave f de gas; **~heizung** f calefacción de gas; **~maske** f careta antigás; **~pedal** n acelerador m

**Gasse** f calleja, callejón m; **~njunge** m golfo

**Gast** m huésped; invitado; **~arbeiter** m trabajador extranjero

**Gästebuch** n álbum m de visitantes

**Gast|freundschaft** f hospitalidad; **~geber(in)** f) m anfitrión (señora de la casa); **~haus** n fonda f, posada; **~hörer** m oyente; **~lich** hospitalario, acogedor; **~ronomie** f gastronomía; **~stätte** f restaurante m; **~wirt** m fondista, posadero; dueño

**Gas|vergiftung** f intoxicación por gas; **~werk** n fábrica f de gas; **~zähler** m contador de gas; **~zug** m Kfz cable del acelerador

**Gatt|e** m marido, esposo; **~in** f esposa, señora

**Gattung** f género m; fig clase, tipo m

**Gaul** m rocín

**Gaumen** m paladar

**Gauner** m pícaro, pillo; **~ei** f bribonada, estafa

**Gaze** f gasa

**Gazelle** f gacela

**Gebäck** n pasteles mpl

**gebacken** frito; (im Backrohr) cocido al horno, Am horneado

**Gebärde** f ademán m

**gebär|en** (a Tier) parir; Kind: dar a luz; **2mutter** f matriz, útero m

**Gebäude** n edificio m

**geben** dar; presentar; **es gibt** hay; **was gibt es?** ¿qué pasa?

**Gebet** n oración f

**Gebiet** n región f, territorio m; fig campo m, terreno m

**gebieterisch** imperioso, imperativo

**gebildet** instruido

**Gebirg|e** n montaña f; sierra f; **2ig** montañoso; **~kette** f cordillera; **~spaß** m puerto, paso

**Gebiß** n dentadura f (**künstliches** postiza)

**Gebläse** n soplete m, ventilador m

**geblümt** floreado

**geboren** nacido; **~in** natural de; **~er Deutscher** alemán de nacimiento

**geborgen** a salvo

**Gebot** n a Rel mandamiento m

**gebraten** asado; (in der

Uni Dtsch.-Span. 11

**Gebrauch**

*Pfanne)* frito
**Gebrauch** *m* uso, empleo; ~ **machen von** hacer uso de; **2en** usar; servirse de
**gebräuchlich** usual; de uso; habitual, corriente
**Gebrauchs|anweisung** *f* modo *m* de empleo; **2fertig** listo para el uso
**Gebraucht...** *in Zssgn* usado; de segunda mano, de ocasión; **~wagen** *m* coche usado (*od* de ocasión)
**Gebrech|en** *n* defecto *m*; **2-lich** caduco; decrépito
**Gebrüder** *pl Hdl* hermanos *mpl*
**Gebrüll** *n* rugido *m*; (*Rind*) mugido *m*
**Gebühr** *f* tasa, tarifa; derecho *m*; **2end** debido; *adv* debidamente, como es debido
**gebühren|frei** exento de derechos; **~pflichtig** sujeto a derechos; (*Autobahn*) de peaje
**Geburt** *f* nacimiento *m*
**Geburten|kontrolle** *f* control *m* de nacimientos; **~rückgang** *m* descenso de la natalidad
**gebürtig ...** de nacimiento
**Geburts|datum** *n* fecha *f* de nacimiento; **~helfer** *m* tocólogo; **~jahr** *n* (*ort* *m*) año *m* (lugar) de nacimiento; **~tag** *m* cumpleaños; **~urkunde** *f* partida de nacimiento
**Gebüsch** *n* arbustos *mpl*, matorral *m*

**Gedächtnis** *n* memoria *f*
**gedämpft** atenuado; apagado; (*Speise*) estofado
**Gedanke** *m* pensamiento; idea *f*; **s. ~n machen** (**über**) pensar (*ac*); preocuparse (por); **in ~n sein** estar ensimismado; **~ngang** *m* razonamiento; **2nlos** distraído, irreflexivo; **~nstrich** *m* raya *f*; **~nübertragung** *f* telepatía
**Gedeck** *n* cubierto *m*
**gedeihen** criarse bien; prosperar
**gedenken** (*gen*) acordarse de; **~ zu** proponerse, pensar + *inf*
**Gedenk|feier** *f* (**~tafel** *f*) fiesta (placa) conmemorativa; **~tag** *m* aniversario
**Gedicht** *n* poesía *f*
**gediegen** sólido; *fig* serio
**Gedränge** *n* apretura *f*, gentío *m*
**Geduld** *f* paciencia *f*; **2en: s. 2en** esperar, aguantar; **2ig** paciente
**gedünstet** estofado
**geeignet** apropiado, adecuado; apto; (*Zeit*) oportuno
**Gefahr** *f* peligro *m*; riesgo *m*; **~ laufen zu** correr el riesgo de; **auf eigene ~** a propio riesgo; **bei ~** en caso de peligro
**gefähr|den** exponer, comprometer; arriesgar; **~lich** peligroso; *Med* grave
**gefahrlos** sin peligro
**Gefährt|e** *m* compañero; **~in** *f* compañera

# Gehacktes

**Gefälle** n declive m, desnivel m
**gefallen** adj caído; vi gustar, complacer; **s. et ~ lassen** tolerar u/c
**Gefallen 1.** m favor; **2.** n placer m, gusto m
**gefällig** complaciente; **2keit** f complacencia; favor m
**gefangen**, **2e(r)** m prisionero; **2enlager** n Mil campo m de prisioneros; **~nehmen** Mil hacer prisionero; **2schaft** f cautividad
**Gefängnis** n cárcel f, prisión f; **~wärter** m carcelero
**Gefäß** n recipiente m, vasija f
**gefaßt** fig sereno; **auf alles ~** preparado para todo
**Gefecht** n combate m
**Gefieder** n plumaje m
**Geflecht** n mimbre m; (Draht) enrejado m
**Geflügel** n aves fpl; **~geschäft** n pollería f; **~zucht** f avicultura
**Geflüster** n cuchicheo m
**Gefolge** n séquito m
**gefragt** (muy) solicitado
**gefräßig** voraz, comilón
**Gefreite(r)** m cabo
**gefrier|en** helar(se); **2fach** n congelador m; **2fleisch** n carne f congelada; **~punkt** m punto m álgido; **~trocknen** liofilizar; **2truhe** f congelador m
**Gefrorene(s)** n helado m, Méj nieve f
**gefügig** dúctil, acomodaticio
**Gefühl** n sentimiento m, impresión f; sensación f; **2los**

insensible; duro; **2voll** sensible, sentimental; delicado
**gefüllt** Gastr relleno
**gegebenenfalls** en su caso
**gegen** contra; para (con); (Zeit, Ort) hacia; (Tausch) en cambio de, por; **~Quittung** contra recibo; **2angriff** m contraataque
**Gegend** f región
**Gegen|dienst** m servicio recíproco; **2einander** un(o) contra otro(s); **~gewicht** n contrapeso m; **~gift** n contraveneno m; antídoto m; **~licht** n contraluz f; **~partei** f parte contraria; **~satz** m contraste; **im ~satz zu** contrariamente a; **~seite** f lado m opuesto
**gegenseitig** mutuo, recíproco; **2keit** f reciprocidad
**Gegenstand** m objeto (a fig); fig tema; **~teil** n lo contrario; **ganz im ~teil** al contrario
**gegenüber** enfrente; prp enfrente de; (Person) (para) con; **2stellung** f confrontación; jur careo m
**Gegen|verkehr** m circulación f en sentido opuesto; **~wart** f actualidad; (v Personen) presencia; Gr Presente m; **2wärtig** adj actual, del momento; **~wehr** f resistencia; **~wert** m contravalor; equivalente; **~wind** m viento contrario
**Gegner** m adversario; rival
**gegrillt** asado a la parrilla
**Gehackte(s)** n carne f picada

11-

**Gehalt**

(*Am* a molida)
**Gehalt 1.** *m* contenido; sustancia *f*; **2.** *m* sueldo *m*; **Qlos sin valor, insignificante; sempfänger** *m* asalariado; **serhöhung** *f* aumento *m* de sueldo; **²voll** rico, sustancioso
**gehässig** odioso; **Qkeit** *f* odiosidad; feo *m*
**Gehäuse** *n* caja *f*, estuche *m*; *Kfz* cárter *m*
**Gehege** *n* vedado *m*
**geheim** secreto; **Qnis** *m* secreto *m*; misterio *m*; **nisvoll** misterioso; **Qpolizei** *f* policía secreta; **Qratsecken** *fpl* F entradas; **Qsender** *m* emisora *f* clandestina
**gehen** ir, andar (*a Uhr*), marchar; salir (*Zug*); *Tech* funcionar; *Hdl* darse, venderse; **wie geht's?** ¿qué tal?; **wie geht es Ihnen?** ¿cómo está usted?; **es geht mir gut** estoy bien; **das geht nicht** no puede ser; *fig* **um** tratarse de; **s. lassen** dejarse
**Geheul** *n* aullido *m*
**Gehilfe** *m* ayudante, asistente
**Gehirn** *n* cerebro *m*; *Anat* encéfalo *m*; **erschütterung** *f* conmoción cerebral; **schlag** *m* apoplejía *f*
**Gehöft** *n* granja *f*, casa *f* de labor, finca *f*, *RPl, Chi* chacra *f*
**Gehölz** *n* bosque *m*
**Gehör** *n* oído *m*
**gehorchen** obedecer

**gehören** pertenecer a, ser de; **zu** formar parte de; **das gehört s. nicht** eso no se hace
**gehorsam** obediente
**Geh|steig** *m*, **weg** *m* acera *f*, *Süda* vereda *f*, *Col* andén
**Geier** *m* buitre
**Geige** *f* violín *m*; **r** *m* violinista; **rzähler** *m* contador Geiger
**Geisel** *m* rehén *m*; **nahme** *f* toma de rehenes
**Geißel** *f* fig azote *m*
**Geist** *m* espíritu *m*; mente *f*; ánimo; (*Spuk*) espectro; **erbahn** *f* tren *m* fantasma **geistes|abwesend** distraído, ausente; **Qblitz** *m* rasgo de ingenio; **Qgegenwart** *f* presencia de ánimo; **krank** alienado; **Qzustand** *m* estado mental
**geistig** mental, intelectual
**geistlich** clerical; **Qe(r)** *m* clérigo
**geistreich** ingenioso
**Geiz** *m* avaricia *f*; **hals** *m* avaro, tacaño; **Qig** avaro
**gekakelt** embadornado
**Ge|klapper** *n* tableteo *m*; **knatter** *m* traqueteo *m*
**gekocht** cocido; hervido
**Gekritzel** *m* garrapato *m*
**gekünstelt** afectado
**Ge|lächter** *n* risa *f*, carcajada *f*; **lage** *n* francachela *f*
**gelähmt** *Med* paralítico
**Gelände** *n* terreno *m*; **fahrzeug** *n* vehículo *m* todo terreno
**Geländer** *n* pasamano *m*;

baranda f
**gelangen** llegar (**zu** a); alcanzar (*ac*)
**gelassen** sereno, sosegado; ℒheit *f* serenidad
**Gelatine** *f* gelatina
**geläufig** corriente, usual, familiar
**gelaunt: gut** (**schlecht**) ~ de buen (mal) humor
**Geläut** *n* toque *m* de las campanas
**gelb** amarillo; ℒ**fieber** *n* fiebre *f* amarilla; ~**filter** *m* Fot filtro amarillo; ℒ**sucht** *f* ictericia
**Geld** *n* dinero *m*; moneda *f*; ~**anweisung** *f* giro *m* postal; ~**beutel** *m* monedero; ~**einwurf** *m* (*Schlitz*) ranura *f*; ~**mittel** *npl* recursos *mpl*, medios *mpl*; ~**schein** *m* billete de banco; ~**schrank** *m* caja *f* de caudales; ~**strafe** *f* multa; ~**stück** *n* pieza *f*, moneda *f*; ~**wechsel** *m* cambio
**Gelee** *n* jalea *f*; gelatina *f*
**gelegen** situado; *fig* oportuno; *adv* a propósito; **mir ist daran** ~ me importa (que), tengo interés en (que)
**Gelegenheit** *f* ocasión; **bei dieser** ~ con este motivo
**gelehr**|**ig** dócil; ~**t**, ℒ**te**(**r**) *m* sabio, erudito
**Geleit** *n* escolta *f*
**Gelenk** *n* articulación *f*; *Tech* juntura *f*; ℒ**ig** flexible
**Geliebte**(**r**) *su* querido (-a *f*) *m*, amante *su*
**gelingen** salir bien; **es gelingt mir zu** logro ..., consigo ...
**gellend** estridente
**geloben** prometer; *Rel* hacer un voto
**gelten** ser válido; valer; **das gilt nicht** esto no vale; ~ **als** pasar como; ~ **lassen** admitir; ~**d** vigente
**Geltung** *f* validez; *jur* vigor *m*; **zur** ~ **bringen** hacer valer
**Gelübde** *n* voto
**gemächlich** cómodo, lento
**Gemälde** *n* cuadro *m*; ~**galerie** *f* galería de pinturas
**gemäß** conforme a, según; ℒ**igt** moderado; (*Klima*) templado
**gemein** común; ordinario, vulgar; infame; (*Soldat*) raso
**Gemeinde** *f* municipio *m*; *Rel* parroquia *f*; ~**rat** *m* concejo; ~**vorsteher** *m* alcalde
**Gemein**|**heit** *f* bajeza; infamia; (*Tat*) canallada; ℒ**nützig** de utilidad pública; ℒ**sam** común
**Gemeinschaft** *f* comunidad; ℒ**lich** *adv* en común
**Gemetzel** *n* carnicería *f*, matanza *f*
**Gemisch** *n* mezcla *f*; ℒ**t** mezclado; mixto
**Gemse** *f* gamuza
**Gemurmel** *n* murmullo *m*
**Gemüse** *n* verduras *fpl*, hortalizas *fpl*; ~**garten** *m* huerto; ~**händler** *m* verdulero; ~**suppe** *f* sopa de verduras

**gemütlich** cómodo; acogedor; íntimo; 2keit f ambiente m acogedor (od íntimo)

**gemütskrank** melancólico
**genau** exacto; preciso; justo; **es ist ... zwei Uhr** son las dos en punto; 2igkeit f exactitud; precisión
**genauso ... wie ...** como
**genehmig|en** permitir, autorizar; 2ung f autorización, aprobación, permiso m
**geneigt** inclinado (a fig); fig (zu) dispuesto (a)
**General** m general; **... in** Zssgn ... general; **~untersuchung** f Med chequeo m
**Generation** f generación
**Generator** m generador
**generell** general; adv en general
**genes|en** convalecer, restablecerse; 2ung f convalecencia
**genial** genial
**Genick** n nuca f, cerviz f
**Genie** n ingenio m; genio m
**genieren: s...** avergonzarse
**genieß|bar** comestible; potable; fig tolerable; **~en** saborear; fig gozar, disfrutar de
**genormt** estandarizado, normalizado
**Genosse** m Pol compañero, camarada su; **~nschaft** f cooperativa
**genug** bastante; suficiente
**Genüge** f: **zur ...** ser suficientemente; 2en bastar;

(*Pflicht*) cumplir con; 2end suficiente, bastante; 2sam contentadizo; sobrio
**Genugtuung** f satisfacción
**Genuß** m consumo; goce, placer; fig disfrute; **~mittel** npl estimulantes mpl
**geöffnet** abierto
**Geo|graphie** f geografía; **~logie** f geología; **~metrie** f geometría
**Gepäck** n equipaje m, bagaje m; **~abfertigung** f facturación de equipajes; **~annahme** f recepción de equipajes; **~aufbewahrung** f consigna; **~ausgabe** f entrega de equipajes; **~brücke** f Kfz portaequipajes m; **~netz** n rejilla f; **~schein** m talón de equipajes; **~schließfach** n consigna f automática; **~stück** n bulto m; **~träger** m mozo (Rad) portaequipajes; **~versicherung** f seguro m de equipaje; **~wagen** m furgón
**ge|panzert** blindado; **~pflegt** bien cuidado; 2polter n estrépito m
**gerade** recto, derecho; adv precisamente, justamente, (Zeit) ahora mismo; **~dabei sein zu ...** estar a punto de; 2 f recta; **~aus** todo derecho; **~biegen** enderezar; **~heraus** francamente, sin rodeos; **~(für) et.** responder (de u/c); dar la cara; **~wegs** directamente; **~zu** verdaderamente;

**geradlinig** rectilíneo; *fig* recto

**Gerät** *n* aparato *m*; (*Werkzeug*) herramienta *f*

**geraten** *vi* salir; caer (**in** en); **in Schwierigkeiten** ~ encontrar dificultades; **außer s.** ~ ponerse fuera de sí

**Geräteturnen** *n* ejercicios *mpl* con aparatos

**Geratewohl** *n*: **aufs** ~ al azar, a la buena de Dios

**geräuchert** ahumado

**geräumig** espacioso, amplio

**Geräusch** *n* ruido *m*; ⁓**los** silencioso; ⁓**voll** ruidoso

**gerbe**|**n** curtir; ⁓**rei** *f* curtiduría

**gerecht** justo; legítimo; (*Person*) recto; (*Strafe*) merecido; ⁓**fertigt** justificado; ⁓**igkeit** *f* justicia

**Gerede** *n* habladurías *fpl*, chismes *mpl*

**gereizt** irritado

**Gericht** *n* plato *m*, comida *f*; *jur* tribunal *m*; ⁓**lich** judicial; forense

**Gerichts**|**akten** *fpl* autos *mpl*; ⁓**barkeit** *f* jurisdicción; ⁓**kosten** *pl* costas *fpl*; ⁓**saal** *m* sala *f* de audiencia; ⁓**stand** *m* jurisdicción *f* competente; ⁓**verhandlung** *f* vista; ⁓**vollzieher** *m* ejecutor, alguacil

**gering** pequeño; módico; bajo; **nicht im** ⁓**sten** de ninguna manera; ⁓**fügig** insignificante; ⁓**schätzig** despreciativo; despectivo; *adv* con menosprecio; ⁓-

**geschäftlich**

**schätzung** *f* menosprecio *m*, desprecio *m*

**gerinnen** coagular(se); (*Milch*) cuajar

**Gerippe** *n* esqueleto *m*

**Germanistik** *f* filología germánica

**gern** con mucho gusto; **j-n** ~ **haben** querer a alg; **geschehen!** de nada; **ich möchte** ~ ... quisiera ...

**Geröll** *n* cantos *mpl* rodados

**geröstet** tostado

**Gerste** *f* cebada; ⁓**nkorn** *n Med* orzuelo *m*

**Gerte** *f* vara

**Geruch** *m* olor; perfume; (*Sinn*) olfato; ⁓**los** inodoro

**Gerücht** *n* rumor *m*

**Gerümpel** *n* trastos *mpl* viejos

**Gerüst** *n* andamio *m*

**gesalzen** salado

**gesamt** total, entero; global; ⁓**ansicht** *f* vista de conjunto; ⁓**betrag** *m* importe total; ⁓**eindruck** *m* impresión *f* general; ⁓**heit** *f* totalidad, conjunto *m*; ⁓**schule** *f* colegio *m* de enseñanza básica

**Gesandt**|**e**(**r**) *m* ministro plenipotenciario; ⁓**schaft** *f* legación

**Gesang** *m* canto *m*; ⁓**verein** *m* orfeón

**Gesäß** *n* posaderas *fpl*, nalgas *fpl*

**Geschäft** *n* tienda *f*, *RPl* negocio *m*; casa *f*, oficina *m*; *fig* negocio *m*, comercio *m*; ⁓**ig** activo; ⁓**lich** comercial,

**Geschäftsabschluß**

de negocios
**Geschäfts|abschluß** m conclusión f del negocio; transacción f; **~freund** m corresponsal; **~führer** m gerente, encargado; **~mann** m hombre de negocios; **~ordnung** f reglamento m interior; **~reise** f viaje m de negocios; **~schluß** m cierre; **~stunden** fpl horas de oficina; **~zweig** m ramo de comercio
**geschält** pelado, mondado
**geschehen** suceder, ocurrir; pasar; 2 n suceso m, acontecimiento m
**gescheit** discreto; fig razonable
**Geschenk** n regalo m; **~papier** n papel m regalo
**Geschicht|e** f historia; Lit cuento m; **2lich** histórico
**Geschick|lichkeit** f habilidad, maña; **2t** hábil, mañoso
**geschieden** (j) divorciado; (Ehe) disuelto
**Geschirr** n vajilla f; servicio m; **~spülautomat** m, **~spüler** m lavaplatos, Am a lavavajillas
**Geschlecht** n generación f; casta f, raza f; Anat, Zo sexo m; Gr género m
**Geschlechts|krankheit** f enfermedad venérea; **~organ** n órgano m sexual; **~verkehr** m comercio carnal
**geschlossen** cerrado
**Geschmack** m sabor; gusto; **2los** soso, insípido; **2voll** de buen gusto

**geschmeidig** flexible, suave
**Ge|schmorte(s)** n estofado m; **~schöpf** n criatura f; **~schoß** n piso m, planta f; (Waffe) proyectil m; **~schrei** n gritos mpl; **~schütz** n pieza f, cañón m; **~schwader** n escuadra f; **~schwätz** n habladuría f
**Geschwindigkeit** f velocidad; **~sbegrenzung** f limitación de velocidad; **~sübertretung** f exceso m de velocidad
**Geschwister** pl hermanos mpl
**geschwollen** hinchado
**Geschworene(r)** m jurado
**Ge|schwulst** f hinchazón; tumor m; **~schwür** n úlcera f
**Gesell|e** m oficial; operario; **2ig** sociable
**Gesellschaft** f Hdl sociedad; compañía (a fig); (Abend2) reunión, velada; **~leisten** hacer compañía; **~er** m Hdl socio; **2lich** Pol social; **~sordnung** f orden m social; **~sreise** f viaje m colectivo; **~sspiel** n juego m de sociedad (od de mesa)
**Gesetz** n ley f; **~buch** n código m; **~gebung** f legislación; **2lich**, **2mäßig** legal; legítimo; **2los**, **2widrig** ilegal; contrario a la ley
**Gesicht** n cara f; ins **~sagen** dar en el rostro con; **sein wahres ~zeigen** descubrir la oreja
**Gesichts|ausdruck** m ex-

presión f de la cara; ~kreis m horizonte; ~maske f (Kosmetik) mascarilla; ~punkt m aspecto, punto de vista; ~wasser n loción f facial; ~züge mpl facciones fpl

Gesindel n canalla f, gentuza f

Gesinnung f ideas fpl; mentalidad

gesittet civilizado, decente

Gesöff n P brebaje m (infame)

gesondert separado; aparte

Gespann n tiro m; 2t tenso, tirante; 2t auf ansioso de

Gespenst n fantasma m; espectro m

gesperrt (Straße) cortado

gespickt mechado

Gespött n: zum ~ machen poner en ridículo

Gespräch n conversación f; Tel llamada f; (Fern2) conferencia f, Am llamada f de larga distancia; 2ig comunicativo; ~igkeit f locuacidad

Gesprächs|partner m interlocutor; ~stoff m, ~thema n tema m de conversación

gespreizt abierto; fig amanerado

Gestalt f forma, figura; estatura; 2en formar; estructurar; organizar; ~ung f formación; configuración

Gestammel n balbuceo m

Geständnis n confesión f; ein ~ ablegen confesar

Gestank m hedor, mal olor

gestatten permitir; tolerar; ~ Sie? con su permiso

Geste f gesto m

gestehen jur confesar, reconocer; offen gestanden a decir verdad

Gestell n estante m; Tech bastidor m, tablado m; (Brille) montura f

gestern ayer; ~ abend anoche; ~ morgen ayer por la mañana

gestikulieren gesticular

Ge|stirn n astro m; 2storben muerto; 2streift rayado

gestrig de ayer

Ge|strüpp n matorral m; ~stüt n acaballadero m, RPl haras m; ~such n solicitud f; petición f

gesund sano; saludable; ~ werden sanar, curarse; ~heit f salud; 2heit! ¡Jesús!

Gesundheits|amt n delegación f de Sanidad; 2schädlich insalubre; 2wesen n sanidad f; 2zustand m estado de salud

Getränk n bebida f; ~ekarte f carta f de bebidas

Getreide n cereales mpl

getrennt separado; aparte; adv por separado

Getriebe n Tech engranaje m; Kfz caja f de cambios; ~öl n aceite m para la caja de cambios

ge|trocknet secado; 2trost confiadamente; 2tue n afectación f, melindres mpl; 2tuschel n cuchicheo m

**Gewächs** n planta f
**gewachsen:** e-r Sache ~ **sein** estar a la altura de
**Gewächshaus** n invernadero m, Am a estufa f
**gewagt** atrevido, arriesgado
**Gewähr** f garantía f; **2en** conceder, otorgar; permitir; **2en lassen** dejar hacer; **2-leisten** garantizar
**Gewahrsam** m guardia f; custodia f
**Gewalt** f poder m; potencia; autoridad; fuerza, violencia; **höhere** ~ fuerza mayor; **mit** ~ a viva fuerza; fig a todo trance; **mit** ~ **aufbrechen** forzar; ~ **haben über** j-n tener autoridad sobre; **2ig** potente; fuerte; enorme, grandioso; **2sam** violento; adv a la fuerza; **2tätig** violento, brutal
**gewandt** ágil; diestro
**Gewässer** n agua(s) f(pl)
**Gewebe** n tejido m
**Gewehr** n fusil m; escopeta f
**Geweih** n cornamenta f
**geweiht** sagrado; bendito
**Gewerbe** n industria f; oficio m; ~**gebiet** m polígono m industrial; ~**schein** m licencia f industrial
**gewerb|lich** industrial, comercial; **2smäßig** profesional
**Gewerkschaft** f sindicato m (obrero); ~**(l)er** m, **2lich** sindicalista
**Gewicht** n peso m; fig importancia f; ~**heben** n levantamiento m de pesos

**gewieft** astuto, taimado
**Gewimmel** n hervidero m, hormigueo m
**Gewinde** n Tech rosca f, filete m
**Gewinn** m ganancia f; Hdl beneficio m; (Lotterie) premio; **2bringend** lucrativo, beneficioso; **2en** ganar; ~**er** m acertante; ~**spanne** f margen m de beneficio; ~**ung** f (Erze) extracción; Chem obtención
**Gewirr** n enredo m; laberinto m
**gewiß** cierto, seguro; adv seguramente; **aber** ~**!** claro que sí; **ein gewisser (Herr)** ... un tal ...
**Gewissen** n conciencia f; **2-haft** concienzudo, escrupuloso; **2los** sin escrúpulos
**Gewissens|bisse** mpl remordimientos; ~**frage** f caso m de conciencia
**Gewißheit** f certeza; **s.** ~ **verschaffen** cerciorarse
**Gewitter** n tormenta f; ~**schauer** m chubasco m; ~**wolke** f nubarrón m
**gewitzt** escarmentado
**gewöhnen** habituar, acostumbrar; **s.** ~ **(an)** acostumbrarse (a), familiarizarse (con)
**Gewohnheit** f costumbre f
**gewöhnlich** habitual; común, ordinario; adv ordinariamente, de costumbre
**gewohnt** habituado, acostumbrado **(an, zu** a)
**Gewölbe** n bóveda f

**Gewühl** n apretura f, gentío m
**Gewürz** n especia f, condimento m; ~**gurke** f pepinillo m en vinagre; ~**nelke** f clavo m; 2t condimentado; aromático
**ge|zackt** dentado; 2**zeiten** pl marea f; ~**ziert** afectado; 2**zwitscher** n gorjeo m; ~**zwungen** fig forzado, afectado
**Gicht** f gota
**Giebel** m hastial, frontón
**gierig** ávido
**gieß|en** verter; *Blumen*: regar; *Tech* fundir; *Form*: moldear; **es ~t** llueve a cántaros; 2**erei** f fundición; 2**kanne** f regadera
**Gift** n veneno m; *Med* tóxico m; ~**gas** n gas m tóxico (*od* asfixiante); 2**ig** venenoso; ~**pilz** m hongo venenoso; ~**schlange** f serpiente venenosa
**Gin** m ginebra f
**Ginster** m retama f
**Gipfel** m cumbre f, cima f; fig apogeo f; **das ist der ~!** es el colmo
**Gips** m yeso; ~**verband** m vendaje de escayola
**Giraffe** f jirafa
**Girlande** f guirnalda
**Girokonto** n cuenta f corriente
**Gischt** m espuma f
**Gitarre** f guitarra
**Gitter** n reja f; (*Tür*) cancela f; ~**fenster** n ventana f enrejada

**Gladiole** f gladiolo m
**Glanz** m brillo, lustre; fig esplendor
**glänzen** brillar, resplandecer; ~**d** brillante; fig espléndido
**glanz|los** sin brillo; mate; 2**papier** n *Fot* papel m satinado; ~**voll** brillante, espléndido
**Glas** n cristal m; vidrio m; (*Trink*2) vaso m; (*Stiel*2) copa f; **Gläser** pl (*Brille*) cristales mpl; ~**aal** m angula f
**Gläschen** n vasito m, copita f
**Glaser** m vidriero
**gläsern** de vidrio (*od* cristal)
**glas|ieren** vidriar; esmaltar; *Kuchen*: garapiñar, glasear; ~**ig** vidrioso; 2**scheibe** f vidrio m, cristal m; 2**scherbe** f casco m de vidrio; 2**tür** f puerta vidriera; 2**ur** f vidriado m; esmalte m; glaseado m; 2**wolle** f lana de vidrio
**glatt** liso; llano; plano; (*rutschig*) resbaladizo, *Am* resbaloso; *adv* sin dificultad, fácilmente
**Glätte** f lisura; pulimento m; (*Straße*) estado m resbaladizo
**Glatteis** n hielo m (resbaladizo)
**glätten** alisar, desarrugar
**glattrasiert** apurado
**Glatz|e** f calva; 2**köpfig** calvo
**Glaube** m fe f; religión f, confesión f; ~**n schenken**

**glauben** dar crédito; 2n creer
**Glaubens|bekenntnis** n credo m; **~freiheit** f libertad de cultos
**glaubhaft** (digno) de crédito, creíble
**gläubig**, 2e(r) m fiel; 2er m Hdl acreedor
**glaubwürdig** digno de fe
**gleich** 1. igual; **das ist ~ es** igual, es lo mismo; 2. ~ (Zeit) en seguida; ahora mismo; (Ort) directamente; **bis ~** hasta luego; **~groß** del mismo tamaño; **~altrig** de la misma edad; **~artig** similar; **~bedeutend** sinónimo, equivalente; **~berechtigt sein** tener los mismos derechos
**gleichen** vi u refl parecerse a
**gleich|falls** igualmente, asimismo; **~gewicht** n equilibrio m; **~gültig** indiferente; 2heit f igualdad; 2klang m consonancia f; **~lautend** conforme; **~mäßig** proporcionado, regular; **~mut** m ecuanimidad f; **~namig** del mismo nombre (od apellido); Gr homónimo
**Gleich|nis** n Rel parábola f; **~richter** m El rectificador; 2**schalten** Tech sincronizar; **~schritt** m: **im ~schritt** a compás; **~strom** m corriente f continua; **~ung** f Math ecuación f; 2**wertig** equivalente; 2**zeitig** adv al mismo tiempo
**Gleis** n vía f, Am a carrilera f

**Gleit|boot** n deslizador m; **~en** resbalar, deslizar; pasar; **~flug** m vuelo planeado; **~schutz** m antideslizante
**Gletscher** m glaciar; **~spalte** f grieta de ventisquero
**Glied** n miembro m; (Ketten~) eslabón m; **in Reih und ~** en fila; 2**ern** dividir, clasificar; **~erung** f disposición, estructura; **~maßen** pl miembros mpl
**glimmen** arder sin llama
**glitschig** resbaladizo, Am resbaloso
**glitzern** centellear
**Globetrotter** m trotamundos
**Globus** m globo
**Glocke** f campana
**Glocken|blume** f campanilla; **~geläut** n toque m de campanas; **~spiel** n carillón m; **~turm** m campanario
**Glück** n felicidad f; fortuna f, suerte f; **zum ~** por suerte
**Glucke** f clueca
**glück|en** salir bien; **~lich** feliz; fig afortunado; **~licherweise** afortunadamente
**Glücks|fall** m golpe de fortuna; **~spiel** n juego m de azar
**Glückwunsch** m felicitación f, enhorabuena f; **herzlichen ~!** mi cordial felicitación
**Glüh|birne** f bombilla, Am a foco m, Col bombillo m; 2**en** vi arder; **~end** ardiente; **~würmchen** n luciérnaga f

**greifen**

**Glut** f brasa, ascua; ardor m
**Glyzerin** n glicerina f
**Gnade** f gracia; merced; ohne ~ sin piedad; ⁀nfrist f plazo m de gracia
**gnädig** benigno; (dat) propicio a
**Gobelin** m (tapiz) gobelino
**Gold** n oro m; ⁀barren m lingote de oro; ⁀en (de oro); dorado; ⁀fisch m pez dorado; ⁀medaille f medalla de oro; ⁀schmied m orfebre
**Golf** 1. m golfo; 2. n Sp golf m; ⁀platz m campo de golf; ⁀schläger m palo (de golf)
**Gondel** f góndola
**gönnen** no envidiar (ac) a; **s. et** ~ permitirse u/c
**Gönner** m protector
**Göre** f rapaz(a f) m, chaval(a f) m
**Gosse** f arroyo m a fig
**Gotik** f (estilo m) gótico m
**Gott** m Dios; ~ **sei Dank!** gracias a Dios; **um ~s willen!** ¡por Dios!; ⁀esdienst m oficio
**Göttin** f diosa; ⁀lich divino
**gottlos** impío, ateo
**Götze** m ídolo
**Gouverneur** m gobernador
**Grab** n tumba f, sepulcro m; ⁀en cavar; ⁀en m foso; ⁀hügel m túmulo; ⁀mal n monumento m fúnebre; ⁀stein m lápida f (sepulcral)
**Grad** m grado; ⁀einteilung f graduación
**Graf** m conde
**Gräfin** f condesa
**Grafschaft** f condado m

**grämen: s.** ~ afligirse (**über** con, de, por)
**Gramm** n gramo m
**Grammatik** f gramática
**Granatapfel** m granada f
**Granate** f granada
**Granit** m granito
**Grapefruit** f pomelo m, Am a grape-fruit m
**Graphik** f artes fpl gráficas; grabado m; ⁀ker m dibujante; ⁀sch gráfico
**Graphit** m grafito
**Graphologe** m grafólogo
**Gras** n hierba f, Am a yerba f, Am a pasto m; ⁀en pacer; ⁀halm m tallo (de hierba)
**gräßlich** atroz, horrible
**Grat** m cresta f
**Gräte** f espina (de pescado)
**gratis** gratuitamente, gratis
**Gratulation** f felicitación; ⁀lieren felicitar (**j-m zu** a alg por)
**grau** gris; ⁀brot n pan m de centeno
**grauen: mir graut (vor)** me da horror (u/c od inf); 2 n horror m, espanto m; ⁀haft horrible
**grauhaarig** cano(so)
**Graupen** fpl cebada f mondada
**grausam** cruel; inhumano; ⁀keit f crueldad; atrocidad
**gravierend** grave
**gravitätisch** grave, solemne
**Grazie** f gracia; ⁀iös gracioso
**greifbar** al alcance de la mano; fig concreto; ⁀en asir, tomar; **um s.** ⁀en pro-

**Greis** *m* anciano
**grell** (*Licht*) deslumbrante; (*Ton*) agudo, estridente; (*Farbe*) llamativo
**Grenz|bahnhof** *m* estación *f* fronteriza; ~**e** *f* límite *m*; *Pol* frontera
**grenzen an** confinar con, lindar con; *fig* rayar en; ~**los** ilimitado; inmenso
**Grenz|gebiet** *n* región *f* fronteriza; ~**polizei** *f* policía *f* de fronteras; ~**posten** *m* guardia fronterizo; ~**stein** *m* mojón, hito; ~**übergang** *m* paso de la frontera; ~**zwischenfall** *m* incidente fronterizo
**Greuel** *m* abominación *f*, horror; ~**tat** *f* atrocidad
**Grieben** *fpl* chicharrones *mpl*
**Grieß** *m* sémola *f*; ~**brei** *m* papilla *f* de sémola
**Griff** *m* asa *f*, asidero; puño, (*Tür*) tirador; (*Ringkampf*) llave *f*; ~**ig** fácil de agarrar; de fácil manejo; (*Reifen*) antideslizante
**Grill** *m* parrilla *f*
**Grille** *f* grillo *m*; cigarra; *fig* capricho *m*
**grillen** asar a la parrilla
**Grimasse** *f* mueca
**grinsen** reír burlonamente
**Grippe** *f* gripe, *Am a* gripa
**grob** grueso, burdo; (*Stoff*) burdo; (*j*) grosero, rudo, brusco; *fig* grave; 2**heit** *f* grosería
**Grog** *m* grog
**grölen** berrear

**Groll** *m* rencor; 2**en** *j-m*: guardar rencor a *alg*
**groß** grande; amplio; ~**artig** grandioso, imponente; 2**aufnahme** *f* primer plano *m*; 2**betrieb** *m* gran empresa *f*; 2**buchstabe** *m* mayúscula *f*
**Größe** *f* tamaño *m*; talla *f* (*a Konfektion*); extensión, dimensión; *fig* grandeza
**Groß|eltern** *pl* abuelos *mpl*; ~**grundbesitzer** *m* latifundista; ~**handel** *m* comercio al por mayor; ~**macht** *f* gran potencia; ~**maul** *m* bocón; 2**mütig** generoso; ~**reinemachen** *n* limpieza general; 2**spurig** arrogante; ~**stadt** *f* gran ciudad
**größtenteils** (*od en*) la mayor parte; en general
**Groß|vater** *m* abuelo; ~**wild** *n* caza *f* mayor; 2**ziehen** criar; 2**zügig** generoso
**grotesk** grotesco
**Grotte** *f* gruta
**Grübchen** *n* hoyuelo *m*
**Grube** *f* fosa, hoyo *m*; mina *f*
**grübeln** cavilar
**Gruft** *f* cripta
**grün** verde; ~**e Welle** onda verde; ~**werden** verdecer; 2**anlage** *f* parque *m*, zona verde
**Grund** *m* fondo; *fig* causa *f*, razón *f*; motivo *m*; **im** ~ en el fondo, bien mirado; **ohne** ~ sin motivo; **aus diesem** ~ por esta razón, con este motivo; ~**bedingung** *f* condi-

## Güterwagen

ción fundamental; ~besitz m terreno; ~buch n registro m de la propiedad
gründ|en fundar, establecer; 2er m fundador
Grund|fläche f base; ~gebühr f tarifa básica; ~gehalt m sueldo m base; ~gesetz n ley f fundamental; ~lage f base, fundamento m; 2legend fundamental, elemental
gründlich profundo; adv a fondo
grundlos infundado; sin motivo
Gründonnerstag m Jueves Santo
Grund|riß m planta f, plano; ~satz m principio; 2sätzlich de (adv en) principio; ~schule f escuela primaria; ~steuer f contribución territorial; ~stück n finca f, inmueble m; solar m
Gründung f fundación
Grundwasser n agua f subterránea
grün|en verdear; 2kohl m col f común; ~lich verdoso; 2span m cardenillo
grunzen gruñir
Gruppe f grupo m; ~nreise f viaje m colectivo; ~nsex m sexualidad f de grupo
gruppieren agrupar
gruselig escalofriante
Gruß m saludo; Grüße bestellen mandar (od dar) recuerdos a
grüßen saludar
gucken mirar

Guerill|a(krieg m) f guerra f de guerrillas; ~ero m guerrillero
Gulasch n estofado m (picante) a la húngara
Gulden m florín
gültig válido; valedero; ~keit f validez; 2keitsdauer f plazo m de validez
Gummi m goma f; caucho m; ~band n cinta f elástica; ~knüppel m porra f; ~stiefel mpl botas fpl de goma; ~zug m elástico
günstig favorable, ventajoso
Gurgel f garganta, gorja; 2n hacer gárgaras
Gurke f pepino m; ~nsalat m ensalada f de pepinos
Gurt m correa f, faja f; Kfz, Flgw cinturón
Gürtel m cinturón, Am a cinto, correa f; ~tier n armadillo m
Guß|eisen n hierro m colado; ~form f molde m
gut bueno; adv bien; im ~en por las buenas; kurz und ~ en suma; ~ aussehend de buena presencia, de buen ver
Gut n finca f rústica; ~achten n dictamen m, peritaje m; 2artig de buen natural; Med benigno
Gutdünken n: nach ~ a discreción
Güte f bondad; Hdl calidad; du meine ~! ¡Dios mío!
Güter npl mercancías fpl; ~bahnhof m estación f de mercancías; ~wagen m va-

**Güterzug**

gón; ~**zug** m tren de mercancías (*Am* de carga)
**gut**|**gelaunt** de buen humor; ~**gläubig** de buena fe; 2**haben** m crédito m; ~**heißen** aprobar
**gütig** bondadoso; ~**lich** amistoso, amigable
**gutmütig** bondadoso
**Gutsbesitzer** m hacendado, *Arg* estanciero
**Gut**|**schein** m vale, bono; 2~**schreiben** acreditar (*od* abonar) en cuenta; ~**schrift** f abono m
**Gymnasium** n colegio m; *Span* instituto m de segunda enseñanza
**Gymnastik** f gimnasia
**Gynäkologe** m ginecólogo

# H

**Haar** n pelo m; (*Kopf*) cabello m; **um ein** ~ por poco ...;
~**ausfall** m caída f del pelo;
~**bürste** f cepillo m para el pelo; ~**festiger** m fijador;
2**klein** con pelos y señales;
~**klemme** f clip m; ~**nadel** f horquilla; ~**nadelkurve** f curva en herradura; ~**netz** n redecilla f; ~**schnitt** m corte de pelo; ~**spray** m laca f;
2**sträubend** espeluznante;
~**teil** m postizo m; ~**trockner** m secador; ~**wasser** n loción f capilar; ~**wuchsmittel** n crecepelo m, *Am* vitalizador m
**Habe** f bienes mpl
**haben** *vt* tener; **wir** ~ **den 3. Mai** estamos a tres de mayo; **was** ~ **Sie?** ¿qué le falta a usted?; **bei s.** ~ llevar (consigo)
**Habenichts** m pobre diablo, F pelagatos
**Habgier** f codicia; 2**ig** codicioso
**Habicht** m azor
**Habseligkeiten** fpl chismes mpl
**Hack**|**braten** m rollo asado de carne picada; ~**e** f azada; ~**en** m talón; 2**en** picar; *Holz*: cortar; ~**fleisch** n picadillo m, carne f picada (*Am* a molida)
**Hafen** m puerto; ~**becken** n dársena f; ~**behörde** f administración del puerto, capitanía; ~**gebühr** f derechos mpl portuarios; ~**polizei** f policía del puerto; ~**stadt** f ciudad marítima
**Hafer** m avena f; ~**flocken** fpl copos mpl de avena
**Haft** f detención, arresto m; **in** ~ **nehmen** arrestar; 2~**bar** responsable; ~**befehl** m auto de prisión
**haften** (**an**) pegar a; ~ **für** (**mit**) responder de (con)
**Häftling** m detenido
**Haftpflicht**(**versicherung**) f (seguro m de) responsabilidad civil
**Haftschalen** fpl lentes de contacto
**Haftung** f responsabilidad

# halten

**Hagebutte** f escaramujo m
**Hagel** m granizo, *Span a* piedra f; **~schauer** m granizada f
**hager** flaco, magro
**Hahn** m gallo; *Tech* grifo, llave f; (*Gewehr*♀) gatillo; **~enkampf** m riña f (*od* pelea f) de gallos
**Hai** m tiburón
**Hain** m bosquecillo, floresta f
**Häkchen** n ganchillo m
**häkel|n** hacer ganchillo; **~nadel** f ganchillo m, *Am a* gancho m de croché
**Haken** m gancho; corchete; **~kreuz** n svástica f, cruz f gamada
**halb** medio; *adv* a medias, por la mitad; *in Zssgn* semi...; **~e-~e Stunde** media hora; **auf ~em Wege** a la mitad del camino; **~ leer (voll)** medio vacío (lleno); **~ zwölf** las once y media; **~ so groß** la mitad de grande
**Halb|dunkel** n penumbra f; **~finale** n semifinal f; **~gefrorene(s)** n sorbete m
**halbieren** partir en dos
**Halb|insel** f península; **~jahr** n semestre m; **~kreis** m semicírculo; **~kugel** f hemisferio m; **~laut** a media voz; **~mond** m media luna f; **♀nackt** medio desnudo; **♀offen** entreabierto; **~pension** f media pensión; **~roh** (*Steak*) poco hecho
**Halb|schlaf** m: **im ~schlaf** medio dormido; **~schuh** m

zapato; **~starke(r)** m gamberro; **♀stündlich** cada media hora; **♀tägig** de medio día; **~tagsarbeit** f trabajo m de media jornada; **~zeit** f *Sp* (medio) tiempo m
**Halde** f escombrera, escorial m
**Hälfte** f mitad f; **zur ~** a mitad
**Halle** f vestíbulo m; (*Fabrik*♀) nave f; (*Hotel*) hall m; **♀n resonar; ~nbad** n piscina f cubierta
**hallo!** ¡hola!; ¡oiga!
**Halm** m tallo
**Hals** m cuello; (*Kehle*) garganta f; **aus vollem ~e** a voz en cuello; **~ über Kopf** atropelladamente; **~band** n collar m; **~entzündung** f faringitis; **~kette** f collar m, cadena; **~Nasen-Ohren-Arzt** m otorrinolaringólogo; **~schmerzen** mpl dolor m de garganta; **♀starrig** testarudo; **~tuch** n pañuelo m
**Halt** m alto, parada f; *fig* apoyo, sostén; **¡~!** ¡alto!; un momento; **♀bar** sólido, durable
**halten** *vi* hacer alto; parar; (*fest, dauerhaft sein*) estar fijo, durar; *vt* cumplir; *Rede*: pronunciar; *Wort*: cumplir; **den Mund ~** callarse la boca; **~ für** tomar por, creer; **~ von** pensar o de; **was ~ Sie davon?** ¿qué le parece?; **s. ~** mantenerse; (*Essen*) conservarse

**Halte|platz** m estacionamiento; ~**signal** n señal f de parada; ~**stelle** f parada; ~**verbot** n parada f prohibida
**haltmachen** pararse
**Haltung** f actitud, porte m; (Körper2) postura
**Halunke** f pillo, bribón
**Hamburger** f Gastr hamburguesa f
**Hammel** m carnero; ~**braten** m cordero asado; ~**fleisch** n cordero m
**Hammer** m martillo
**Hämorrhoiden** fpl hemorroides fpl, almorranas fpl
**Hampelmann** m títere
**Hamster** m hámster
**Hand** f mano; bei der ~, zur ~ a mano, al alcance (de la mano)
**Hand|arbeit** f labor; hecho a mano; ~**ball** m balonmano; ~**bewegung** f ademán m; ~**bremse** f freno m de mano; ~**buch** n manual m
**Händedruck** m apretón de manos
**Handel** m comercio
**handeln** vi proceder, obrar; comerciar (**mit** con); ~ **von** tratar de (od sobre); **s.** ~ **um** tratarse de
**Handels|abkommen** n acuerdo m comercial; ~**kammer** f Cámara de Comercio; ~**marine** f marina mercante; ~**niederlassung** f factoría, casa f comercial; ~**schule** f escuela f de comercio; ~**zweig** m ramo comercial
**Hand|feger** m escobón; ~**fläche** f palma de la mano; ~**gelenk** n muñeca f; ~**gelenktasche** f bolso m unisex(o), F maricona; ~**gemenge** n riña f, pelea f; ~**gepäck** n equipaje m de mano; ~**granate** f bomba de mano; 2**haben** manejar
**Händler** m comerciante; marchante
**handlich** manejable
**Handlung** f acto m; acción (a Thea); Hdl tienda; ~**sreisende(r)** m viajante
**Hand|schellen** fpl esposas; ~**schrift** f letra, escritura; 2**schriftlich** manuscrito; adv por escrito; ~**schuh** m guante; ~**schuhfach** n guantera f; ~**stand** m Sp vertical f; ~**tasche** f bolso m, Am a cartera; ~**tuch** n toalla f; ~**voll** f puñado m
**Handwerk** n oficio m; ~**er** m artesano; ~**sbetrieb** m empresa f artesanal; ~**szeug** n útiles mpl
**Hanf** m cáñamo
**Hang** m cuesta f, pendiente f; fig inclinación f, tendencia f
**Hänge|brücke** f puente m colgante; ~**lampe** f lámpara de suspensión; ~**matte** f hamaca, Am a chinchorro m
**hängen** vi colgar, pender; vt suspender; fig ~ **an** tener apego a; ~**bleiben** quedar enganchado
**Hantel** f pesa

# Haushälterin

**Happen** m bocado
**Harfe** f harpa
**Harke** f rastrillo m; ⁓n rastrillar
**harmlos** inofensivo (a Med)
**Harmo|nie** f armonía; ⁓nisch armonioso
**Harn** m orina f; ⁓blase f vejiga; ⁓drang m ganas fpl de orinar
**Harpune** f arpón m
**hart** duro (a Ei); firme; fig rudo; (j) severo
**Härte** f dureza
**Hart|geld** n moneda f metálica; ⁓gummi n ebonita f; ⁓herzig duro; ⁓näckig obstinado; pertinaz (a Med)
**Harz** n resina f
**Hasch** n F, **⁓isch** n hachís m
**Haschee** n picadillo m de carne
**Hase** m liebre f
**Haselnuß** f avellana
**Hasenscharte** f labio m leporino
**Haß** m odio
**hassen** odiar
**häßlich** feo; **⁓keit** f fealdad
**Hast** f prisa; **⁓ig** precipitado
**Hauch** m soplo, aliento; ⁓en soplar
**hauen** pegar (j-n a alg); übers Ohr ⁓ timar
**Hauer** m Zo colmillo
**Haufen** m pila f; fig montón
**häufen** apilar, acumular
**haufenweise** a montones
**häufig** frecuente; adv a menudo; **⁓keit** f frecuencia
**Häufung** f acumulación
**Haupt** n cabeza f

**Haupt...** in Zssgn principal, central, mayor; **⁓bahnhof** m estación f central; **⁓darsteller** m protagonista; **⁓eingang** m entrada f principal; **⁓gericht** n plato m fuerte; **⁓gewinn** m gordo
**Häuptling** m jefe de tribu; Am cacique
**Haupt|mann** m capitán; **⁓postamt** n Central f de Correos; **⁓quartier** n cuartel m general; **⁓rolle** f papel m principal; **⁓sache** f lo principal; **⁓sächlich** principal, esencial; adv sobre todo; **⁓saison** f temporada; **⁓sicherung** f fusible m principal; **⁓stadt** f capital; **⁓straße** f calle principal; **⁓verkehrsstraße** f carretera general; **⁓verkehrszeit** f horas fpl (de) punta
**Haus** n casa f; **nach (zu) ⁓e** (en) casa; **⁓angestellte** f empleada doméstica; **⁓apotheke** f botiquín m; **⁓arbeit** f quehaceres mpl domésticos; (Schule) deber m; **⁓arzt** m médico de cabecera; **⁓bar** f mueble-bar m; **⁓bewohner** m inquilino
**Häuschen** n casita f
**Hausdiener** m (Hotel) mozo
**Häuserblock** m manzana f (de casas), Am cuadra f
**Haus|flur** m zaguán m; **⁓frau** f ama de casa; **⁓friedensbruch** m allanamiento de morada; **⁓halt** m casa f; Pol presupuesto; **⁓hälterin** f ama de gobierno (od de lla-

**Haushaltungskosten** 340

ves); ~haltungskosten *pl* gastos *mpl* domésticos; ~herr *m* amo de la casa
**Hausierer** *m* buhonero
**häuslich** casero; doméstico
**Haus|mädchen** *n* criada *f*; ~meister *m* portero, conserje; ~mittel *n* remedio *m* casero; ~ordnung *f* reglamento *m*; ~schlüssel *m* llave *f* de la casa; ~schuhe *mpl* zapatillas *fpl*; ~telefon *n* teléfono *m* interior; ~tier *n* animal *m* doméstico; ~tür *f* puerta de la calle, *Am* a portón *m*; ~wirt *m* dueño de la casa; ~wirtschaft *f* economía doméstica; ~zelt *n* tienda *f* familiar
**Haut** *f* piel; (*bsd Gesicht*) cutis *m*; ~abschürfung *f* desolladura *m*; ~arzt *m* dermatólogo; ~ausschlag *m* erupción *f* cutánea; exantema *m*
**Häutchen** *n* membrana *f*; película *f*
**Hautcreme** *f* crema para el cutis
**häuten**: s. ~ *Zo* mudar (la piel)
**haut|eng** muy ceñido, ajustado; 2farbe *f* tez; 2krankheit *f* enfermedad cutánea
**Havarie** *f* avería
**Hebamme** *f* comadrona, partera
**Hebel** *m* palanca *f*
**heben** levantar; alzar, elevar
**hebräisch** hebreo
**Hecht** *m* lucio; ~sprung *m* salto de carpa

**Heck** *n Mar* popa *f*; *Kfz* parte *f* trasera
**Hecke** *f* seto *m* vivo
**Hecken|rose** *f* rosa silvestre; ~schütze *m* emboscado
**Heck|klappe** *f* puerta trasera; ~motor *m* motor trasero; ~scheibe *f* lun(et)a trasera
**Heer** *n* ejército *m*
**Hefe** *f* levadura
**Heft** *n* cuaderno *m*; folleto *m*; número *m*
**heften** *Naht*: hilvanar; *Blick*: clavar, fijar
**heftig** vehemente, violento; impetuoso; 2keit *f* vehemencia; impetuosidad
**Heft|klammer** *f* grapa; ~maschine *f* grapadora, cosedora; ~pflaster *m* esparadrapo *m*; (*Schnellverband*) tirita *f*, *Am* curita *f*; ~zwecke *f* chinche, chincheta *f*
**hegen** abrigar; cuidar; proteger
**Hehler** *m* encubridor; ~ei *f* encubrimiento *m*
**Heide** *m* pagano
**Heide** *f* brezal *m*; ~kraut *n* brezo *m*
**Heidelbeere** *f* arándano *m*
**heidnisch** pagano
**heikel** delicado
**Heil** *n* felicidad *f*; *Rel* salud *f*; **sein ~ versuchen** probar fortuna
**Heiland** *m* Salvador
**Heil|anstalt** *f* sanatorio *m*; 2bar curable; 2en curar, sanar; ~gymnastik *f* gim-

nasia terapéutica
**heilig** santo, sagrado; ℒ**abend** m Nochebuena f; ℒ**enbild** n imagen f; ℒ**e(r)** m santo; **~sprechen** canonizar; ℒ**tum** n santuario m

**Heil|kraft** f virtud (de curar); **~kräuter** npl hierbas fpl medicinales; **~mittel** n remedio m; **~sam** sano; fig saludable; **~sarmee** f Ejército m de Salvación; **~ung** f curación; **~verfahren** n tratamiento m, terapéutica f

**heim** a casa; a mi usw tierra
**Heim** n asilo m; residencia f; fig hogar m; **~arbeit** f trabajo m a domicilio
**Heimat** f patria; **~hafen** m puerto de matrícula; ℒ**los** sin domicilio (od familia, patria); **~ort** m pueblo natal; **~vertriebene(r)** m expulsado
**Heim|fahrt** f regreso m, vuelta f; ℒ**isch** local; familiar; **s.** ℒ**isch fühlen** sentirse como en casa; **~kehr** f regreso m a casa (od a la patria)
**heimlich** secreto; clandestino; adv en secreto, a escondidas
**heim|tückisch** alevoso; ℒ**weg** m vuelta f; ℒ**weh** n nostalgia f
**Heirat** f casamiento m; ℒ**en** casarse (j-n con)
**Heirats|antrag** m propuesta f de matrimonio; **~anzeige** f participación de boda; **~**schwindler m estafador de bodas; **~urkunde** f acta matrimonial

**heiser** ronco; enronquecido; ℒ**keit** f ronquera

**heiß** caliente; (Klima) cálido; caluroso; **es (mir) ist ~** hace (tengo) calor
**heißen** llamarse; significar; **das heißt (daß)** es (od quiere) decir (que); **es heißt daß** se dice que

**heiter** despejado, alegre; (Himmel) despejado; ℒ**keit** f serenidad; hilaridad

**heiz|bar** con calefacción; **~en** calentar; Ofen: encender; ℒ**er** m fogonero; ℒ**kissen** n almohadilla f eléctrica; ℒ**körper** m radiador; ℒ**lüfter** m calentador; ℒ**material** n combustibles mpl; ℒ**öl** n aceite m combustible; ℒ**sonne** f radiador m parabólico; ℒ**ung** f calefacción f

**Hektar** n hectárea f

**Held** m héroe; ℒ**enhaft** heroico; ℒ**entat** f hazaña

**helfe|n** ayudar, socorrer; asistir; ℒ**r** m asistente, ayudante; ℒ**rshelfer** m cómplice

**hell** claro; (Farbe a) vivo; iluminado; **es wird ~** amanece; ℒ**igkeit** f claridad; luminosidad; ℒ**seher** m vidente

**Helm** m casco; hist velmo

**Hemd** n camisa f; **~bluse** f camisero m

**hemmen** detener; impedir, entorpecer; Biol inhibir

**Hemmung** f fig escrúpulo m; 2**slos** desenfrenado; sin escrúpulos

**Hengst** m (caballo) semental

**Henkel** m asa f

**Henker** m verdugo

**Henne** f gallina

**her** (hacia) aquí; **von ... ~** desde ...; **es ist ... ~ hace ...**

**herab** hacia abajo; **von oben ~** de arriba abajo; **~hängen** colgar; **~lassen** bajar; **~lassend** condescendiente; **~setzen** j-n: desacreditar; Preis: bajar, reducir; **~steigen** descender; **~stürzen** despeñar

**heran** por aquí; **~kommen** acercarse; **~wachsen** crecer; **~ziehen** llamar a

**herauf** hacia arriba; **~beschwören** evocar; **~kommen** subir; **~ziehen** (Gewitter) amenazar

**heraus** fuera; afuera; **von innen ~** desde dentro; **~bekommen** resolver; Geld: recibir la vuelta; **~bringen** Lit publicar; Hdl lanzar; fig sacar, averiguar; **~fordern** provocar; Sp retar, desafiar; **~forderung** f Sp, fig reto m, desafío m; **~geben** devolver; Lit editar, sacar; **~holen** sacar; **~kommen** salir; Lit publicarse; **~lassen** dejar salir; **~nehmen** sacar, quitar; **~ragen** fig sobresalir (**aus** en); **~stellen** poner de relieve; **s. ~stellen** resultar; mostrarse; **~ziehen** retirar

**herb** acerbo; áspero; (Wein) seco

**herbei|eilen** acudir; **~holen** ir a buscar

**Herberge** f albergue m; posada

**herbringen** traer

**Herbst** m otoño; 2**lich** otoñal

**Herd** m cocina f, Am a estufa f; fig, Med foco

**Herde** f rebaño m, hato m

**herein** adentro; hacia el interior; **~!** ¡adelante!; **~bitten** hacer pasar; **~fallen** fig llevarse un chasco; **~kommen** entrar; **~lassen** dejar entrar; **~legen** fig engañar

**Her|fahrt** f viaje m de ida; **~gang** m marcha f; lo ocurrido

**Hering** m arenque

**herkommen** venir; proceder (**von** de); **wo kommen Sie her?** ¿de dónde viene usted?; ¿de qué país es usted?

**herkömmlich** usual, corriente; tradicional

**Herkunft** f procedencia, origen m

**hermetisch** hermético

**Heroin** n heroína f

**Herr** m señor; caballero

**Herren...** in Zssgn de (od para) caballero(s); **~anzug** m traje de caballero, Ven flux, Pe terno, RPl ambo, Col a vestido; **~friseur** m peluquero de caballeros; **~konfektion** f confección para caballeros; 2**los** aban-

# Hetzkampagne

donado; *(Tier)* sin dueño; ~schneider *m* sastre; ~tasche *f* bolso *m* unisex(o), F maricónera

**Herr|in** *f* ama; dueña; ℒisch imperioso; autoritario; ℒlich magnífico

**Herrschaft** *f* dominación; dominio *m*, mando *m*; **meine ~en!** ¡señores!; ℒlich señorial

**herrsch|en** dominar; gobernar; *a fig* reinar; ℒer *m* soberano

**her|rühren** proceder, emanar **(von** de); ~**sagen** recitar; ~**schicken** enviar (aquí); ~**stammen** ser natural de; proceder de

**herstell|en** establecer; crear; fabricar, producir; ℒer *m* fabricante, productor; ℒung *f* fabricación, producción

**herüber** a este lado; hacia aquí

**herum** alrededor (de); **im Kreis ~** a la redonda; ~**drehen** dar la vuelta a; *Kopf:* volver; ~**führen** servir de guía a; dar la vuelta **(um** *a* alrededor de); ~**irren** andar errando; ~**liegen** estar aquí y allá; ~**reichen** pasar; ~**stehen** rodear; ~**treiben**: **s. ~treiben** callejear; andar por

**herunter** (hacia) abajo; ~**fallen** caer (al suelo); ~**klappen**, ~**lassen** bajar; ~**nehmen** descender

**hervor** adelante; ~**bringen** producir; *Worte:* proferir; ~**gehen** salir **(aus** de; **als** *ac*); ~**heben** poner de relieve; destacar; ~**holen** sacar de; ~**ragend** sobresaliente, destacado; excelente; ~**rufen** *fig* causar, provocar

**Herz** *n* corazón *m*; *(Karten)* copas *fpl*; **s. zu ~en nehmen** tomar a pecho; ~**anfall** *m* ataque cardíaco; ~**beklemmung** *f* opresión de corazón

**Herzenslust** *f*: **nach ~** a pedir de boca

**herz|ergreifend** conmovedor; ℒfehler *m* lesión *f* cardíaca; ℒinfarkt *m* infarto del miocardio *(Am* cardíaco); ℒklopfen *n* palpitaciones *fpl*; ℒkrank cardíaco; ℒleiden *n* afección *f* cardíaca

**herzlich** cordial; afectuoso; ~ **gern** con mucho gusto; ℒkeit *f* cordialidad

**herzlos** insensible

**Herzog** *m* duque; ~**in** *f* duquesa

**Herz|schlag** *m* latido; *Med* apoplejía *f*; ~**schrittmacher** *m* *Med* marcapasos; ~**tropfen** *mpl* gotas *fpl* cardíacas; ~**versagen** *n* fallo *m* cardíaco; ℒzerreißend desgarrador

**Hetze** *f* prisa; trajín *m*; ajetreo *m*; *bsd Pol* agitación; ℒn acosar; ~**jagd** *f* caza de acoso; ~**kampagne** *f* cam-

paña difamatoria
**Heu** n heno m; ~**boden** m henil
**Heuch|elei** f hipocresía; ~**ler** m hipócrita
**Heuernte** f siega
**heulen** aullar; (*Wind*) bramar
**Heu|schnupfen** m fiebre f de heno; ~**schober** m henil; ~**schrecke** f langosta, saltamontes m
**heut|e** hoy; ~**e morgen** (**abend, nacht**) esta mañana (noche); ~**e in ...** de hoy en ...; ~**ig** de hoy; actual; ~**zutage** hoy día
**Hexe** f bruja; ~**nschuß** m lumbago
**Hieb** m golpe
**hier** aquí; ¡toma!; ~ **ist** (**sind**) está (están) aquí; ~**auf** después de esto; ~**bei** en (*od* haciendo) esto; ~**bleiben** quedarse aquí; ~**durch** por aquí; *fig* por esto, así; ~**für** para esto; ~**her** (para) acá; **bis** ~**her** hasta aquí; ~**herum** aquí cerca; **über** ~ por esto; ~**mit** con esto; ~**zu** para esto
**hiesig** de aquí; *Hdl* de esta plaza
**Hi-Fi-Anlage** f equipo m de alta fidelidad
**Hilfe** f ayuda; socorro m; asistencia; (**zu**) ~! ¡socorro!; **mit** ~ **von** mediante, con la ayuda de; **Erste** ~ cura de urgencia, primeros auxilios *mpl*; ~**ruf** m grito de socorro

**hilflos** desamparado; abandonado
**Hilfs|aktion** f acción de socorro; ~**arbeiter** m peón; 2**bedürftig** necesitado; 2**bereit** servicial; ~**mittel** n remedio m; ~**motor** m motor auxiliar
**Himbeere** f frambuesa
**Himmel** m cielo; **unter freiem** ~ al aire libre, al raso; 2**blau** celeste; ~**fahrt** f Ascensión; (*Mariä*) Asunción
**Himmels|körper** m cuerpo celeste; ~**richtung** f punto m cardinal
**himmlisch** celeste; *Rel* divino, angélico; *fig* encantador
**hin** hacia; ~ **und wieder** de vez en cuando; ~ **und zurück** ida y vuelta
**hinab** (hacia) abajo; ~**fahren**, ~**gehen**, ~**steigen** bajar
**hinauf** (hacia) arriba; ~**fahren** subir; ~**klettern** trepar a (**an por**)
**hinaus** (hacia) afuera; ~**begleiten** acompañar a la puerta; ~**gehen** salir; (*Fenster*) dar a; ~**lehnen**: *s.* 2**lehnen** asomarse; ~**schieben** *fig* diferir, alargar; ~**werfen** echar (**aus** por, a); ~**zögern** retardar
**Hinblick** m: **im** ~ **auf** en vista de, con miras a
**hinder|lich** embarazoso; impeditivo; ~**n** impedir, estorbar; detener; 2**nis** n obs-

táculo m; estorbo m; ℒnisrennen n Sp carrera f de obstáculos
hindurch a través de; (zeitl.) durante; **die ganze Nacht** ~ toda la noche
hinein (a)dentro; en; ~gehen entrar; ~lassen dejar entrar; ~passen caber
Hinfahrt f viaje m de ida
hin|fallen caerse; ~fällig caduco; nulo; ~flug m vuelo de ida (nach a); ~gabe f fervor m; ~gebungsvoll con fervor
hinken cojear
hin|legen poner, colocar; s. ~legen tenderse; ~nehmen aceptar, tolerar; ℒreise f viaje m de ida; ~richten ejecutar; ℒrichtung f ejecución
Hinsicht f: **in dieser** ~ a este respecto; **in gewisser** ~ en cierto modo; ℒlich respecto a
hinstellen poner, colocar
hinten detrás; en el fondo; al final; **von** ~ por detrás
hinter detrás de; ~achse f eje m trasero; ℒbliebene(n) mpl supervivientes; ~e posterior; trasero; ~einander uno tras otro; ~grund m fondo; ~hältig disimulado; ℒhaus m traspuesta f; ~her detrás de; (zeitl.) después
Hinter|kopf m cogote; ~land n interior m; ℒlassen dejar; jur legar; ℒlegen depositar; ℒlistig alevoso; ~mann m Sp zaguero

Hintern m F trasero
Hinterrad n rueda f trasera; ~antrieb m tracción f posterior
hinterrücks por la espalda
Hinter|treppe f escalera de servicio; ~tür f puerta f trasera, puerta de servicio; ℒziehen defraudar
hinüber al otro lado
hinunter abajo; ~schlucken tragar
Hinweg m: **auf dem** ~ a la ida
hinweg|sehen über no hacer caso de; ~setzen: s. ~setzen über sobreponerse a
Hinweis m indicación f; ℒen indicar (**auf** u/c)
hinziehen dar largas a; s. ~ extenderse; (zeitl.) prolongarse
hinzu a eso; además; ~fügen añadir; ~ziehen consultar, llamar
Hirn n cerebro m; Gastr sesos mpl; ~gespinst n quimera f; ~hautentzündung f meningitis
Hirsch m ciervo; ~kuh f cierva
Hirse f mijo m
Hirt m pastor
Hispanist m hispanista; ℒik f filología hispánica
hissen izar
Histor|iker m historiador; ℒisch histórico
Hit m éxito
Hitze f calor m; ~welle f ola de calor
hitz|ig acalorado, fogoso;

**Hitzkopf**

**2kopf** m hombre arrebatado; **2schlag** m insolación f
**Hobby** n afición f, hobby m
**Hobel** m cepillo; **2n** (a)cepillar
**hoch** alto; elevado; **~!** ¡viva!; **2** n (Wetter) anticiclón m
**Hoch|achtung** f gran estima; **2achtungsvoll** le saluda atentamente; **~amt** n misa f mayor; **~antenne** f antena alta; **~betrieb** m actividad f intensa
**Hochdruck** m alta presión f; **mit ~ arbeiten** trabajar a toda marcha; **~gebiet** n zona f de alta presión
**Hoch|ebene** f meseta, altiplanicie, Am altiplano m; **2empfindlich** suprasensible; **~format** n tamaño m alto; **~gebirge** n altas montañas fpl; **2geschlossen** (Kleid) cerrado; **~haus** n edificio m, Span ∼ a torre f; **2kant** de canto; **~land** n tierras fpl altas; **2mütig** orgulloso, altanero
**Hoch|ofen** m alto horno; **2prozentig** concentrado; **2rot** rojo vivo; **~saison** f plena temporada; **~schule** f universidad f; **~seefischerei** f pesca de altura; **~spannung** f alta tensión; **~sprung** m salto de altura
**höchst** más alto (od elevado); máximo; sumo; **im ~en Grade** sumamente
**Hochstapler** m estafador
**Höchst|belastung** f carga máxima; **2ens** a lo sumo (od más); **~geschwindigkeit** f velocidad máxima; **~leistung** f rendimiento m máximo; potencia máxima
**hochtrabend** grandilocuente
**Hoch|verrat** m alta traición f; **~wasser** n inundación f; crecida f; **2wertig** de alto valor
**Hochzeit** f boda; **~sreise** f viaje m de novios
**hocken** estar en cuclillas; estar agachado
**Hocker** m taburete
**Höcker** m corcova f, giba f
**Hockey**, **~n** n hockey m
**Hode** f, **~** m testículo m
**Hof** m patio; **am ~e** en la corte
**hoffen** esperar; **~tlich** espero que ...; ojalá ...
**Hoffnung** f esperanza; **2slos** desesperado; **2svoll** lleno de esperanza; prometedor
**höflich** cortés; **2keit** f cortesía
**Höhe** f altura; fig colmo m
**Hoheits|gebiet** n territorio m (de soberanía); **~gewässer** npl aguas fpl territoriales
**Höhen|krankheit** f mal m de las alturas, Am soroche m; **~messer** m altímetro; **~sonne** f sol m artificial; **~unterschied** m desnivel
**Höhepunkt** m punto culminante, apogeo
**höher** más alto; superior
**hohl** hueco; vacío; cóncavo

**Hummer**

**Höhle** f cueva, caverna; Zo guarida
**Hohn** m escarnio
**höhnisch** sarcástico, escarnecedor
**holen** ir a buscar; Atem, Rat: tomar; Med **s.** ~ pescar; ~ **lassen** mandar por
**Höll|e** f infierno m; **~isch** fig enorme
**holp(e)rig** escabroso; áspero
**Holunder** m saúco
**Holz** n madera f; (Brenn2) leña f
**hölzern** de madera
**Holz|fäller** m leñador, talador; **~ig** leñoso; **~kohle** m carbón m vegetal; **~schnitt** m grabado en madera; **~schnitzerei** f talla(do m); **~wolle** f virutas fpl; **~wurm** m carcoma f
**Homöopath** m homeópata
**homosexuell** homosexual, invertido
**Honig** m miel f
**Honorar** n honorarios mpl
**Hopfen** m lúpulo
**hopsen** brincar
**Hör|apparat** m (für Schwerhörige) audífono; **~bar** oíble, audible
**horchen** escuchar
**Horde** f horda
**höre|n** oír; **auf j-n ~n** escuchar a alg; **~n Sie mal!** ¡oiga!; **2r** m oyente; Tel auricular
**Horizont** m horizonte; **~al** horizontal
**Hormon** n hormona f
**Horn** n cuerno m; (Stier) asta f
**Hörnchen** n Span croissant m, Am media luna f
**Hornhaut** f callo(sidad f) m; (des Auges) córnea
**Horoskop** n horóscopo m
**Hör|rohr** n trompetilla f; **~saal** m aula f; **~spiel** n guión m radiofónico; **~weite** f: **in ~weite** al alcance del oído
**Hose** f pantalón m
**Hosen|anzug** m traje (de) pantalón; **~bein** n pernera f; **~schlitz** m bragueta f; **~träger** mpl tirantes
**Hostess** f azafata
**Hostie** f hostia
**Hotel** n hotel m; **~halle** f hall m
**Hubraum** m cilindrada f
**hübsch** guapo, mono; lindo
**Hubschrauber** m helicóptero
**huckepack** a cuestas
**Huf** m uña f, casco; **~eisen** n herradura f
**Hüft|e** f cadera f; **~gürtel** m, **~halter** m faja f
**Hügel** m colina f; **2ig** montuoso
**Huhn** n gallina f
**Hühnchen** n pollo m
**Hühner|auge** n callo m; **~brühe** f caldo m de gallina; **~brust** f Gastr pechuga de pollo; **~frikassee** n pepitoria f; **~stall** m gallinero
**Hülle** f envoltura, funda
**Hülsenfrüchte** fpl legumbres
**Hummel** f abejarrón m
**Hummer** m bogavante

# Humor

**Humor** m humor
**humpeln** cojear
**Hund** m perro
**Hunde|futter** n alimento m para perros; **~hütte** f perrera; **~kuchen** m perruna f; **~leine** f cuerda; **~marke** f chapa
**hundert** ciento; cien; **2jahrfeier** f centenario m
**Hundewetter** n tiempo m de perros
**Hündin** f perra
**Hunger** m hambre f; **2n** pasar hambre; **~snot** f hambre; **~streik** m huelga f del hambre
**hungrig** hambriento
**Hupe** f bocina, claxon m; **2n** tocar la bocina
**hüpfen** brincar
**Hürde** f Sp valla; fig obstáculo m; **~nlauf** m carrera f de vallas
**Hure** f ramera, puta

**hüsteln** tosquear
**husten** toser; 2 m tos f; **2saft** m jarabe (contra la tos)
**Hut** 1. m sombrero; 2. f: **auf der ~ sein** estar sobre aviso
**hüten** guardar; Vieh a: apacentar; **das Bett ~** guardar cama; **s. ~ vor** guardarse de
**Hut|geschäft** n sombrería f; **~krempe** f ala
**Hütte** f cabaña, choza; Tech planta siderúrgica; (Schutz2) refugio m
**Hyäne** f Zo hiena
**Hyazinthe** f jacinto
**Hydrant** m boca f de riego
**hydraulisch** hidráulico
**Hygien|e** f higiene; **2isch** higiénico
**Hymne** f himno m
**Hypno|se** f hipnosis; **2tisieren** hipnotizar
**Hypothek** f hipoteca
**Hysterie** f histerismo m, histeria; **2sch** histérico

# I

**ich** yo; **~ bin's** soy yo
**ideal** ideal
**Idee** f idea
**ident|ifizieren** identificar; **~isch** idéntico (**mit** a); **2ität** f identidad
**ideologisch** ideológico
**Idiot** m, **2isch** idiota
**idyllisch** idílico
**Igel** m erizo
**ignorieren** no hacer caso a, desatender (ac)
**ihm** a él; le
**ihn** a él; le, lo

**ihnen** a ellos, a ellas; les; 2 a usted(es pl); les
**ihr** sg a ella; le; (gen) sg su; pl sus; 2 su; pl sus; de usted(es pl)
**illegal** ilegal
**Illusion** f ilusión
**Illustrierte** f revista ilustrada
**Iltis** m turón
**Image** n imagen f pública
**Imbiß** m colación f, refrigerio; f piscolabis, tentempié; **~halle** f, **~stube** f cafetería;

**bar** m, *Am* a lonchería, salón m de onces
**Imitation** f imitación
**Imker** m apicultor
**Immatrikulation** f matrícula
**immer** siempre; ~ **besser** cada vez mejor; ~ **noch** todavía, aun; **für** ~ para siempre; **~fort** siempre; continuamente; **~hin** con todo eso, sea como sea; **~zu** sin cesar
**Immobilien** pl bienes mpl inmuebles; **~makler** m corredor de fincas, agente de la propiedad inmobiliaria
**immun** inmune
**Imperialismus** m imperialismo
**Impf|bescheinigung** f certificado m de vacuna; **2en** vacunar; **~ung** f vacunación; **~zwang** m vacunación f obligatoria
**imponieren** impresionar; **~d** imponente
**Import** m importación f; **~eur** m importador; **2ieren** importar
**imposant** imponente
**impotent** impotente
**imprägniert** impregnado; impermeabilizado
**improvisieren** improvisar
**impulsiv** impulsivo
**imstande: (nicht)** ~ **sein** (no) ser capaz (**zu** de)
**in** en; (*zeitl.*) en; dentro de; ~ **die Schule gehen** ir a la escuela; ~ **Madrid** en Madrid

**Inbegriff** m síntesis f; **2en: alles 2en** todo incluido
**inbrünstig** adv con fervor
**Index** m índice
**Indian|er** m, **2isch** indio, *Am* a amerindio
**indirekt** indirecto
**indiskret** indiscreto
**individuell** individual
**Indizien** npl indicios mpl
**Industrialisierung** f industrialización
**Industrie** f industria; **~gebiet** n región f industrial, polígono m industrial
**Infektion** f infección; **~skrankheit** f enfermedad infecciosa
**infizieren (s.)** infectar(se)
**Inflation** f inflación
**infolge** a consecuencia de; **~dessen** por consiguiente
**Information** f información; **~sbüro** n oficina f de información
**informieren (s.)** informar (-se) (**über** de, sobre)
**Infra|rotstrahler** m radiador infrarrojo; **~struktur** f infraestructura
**Ingenieur** m ingeniero
**Ingwer** m jengibre
**Inhaber** m propietario; *Hdl* portador; tenedor; titular
**inhalieren** inhalar
**Inhalt** m contenido; **~sverzeichnis** n índice m (de materias)
**Initiative** f iniciativa; **aus eigener** ~ por propia iniciativa
**Injektion** f inyección

**inklusive** inclusive, incluido
**Inland** n interior m
**inländisch** del país; interior
**Inlandsflüge** mpl vuelos nacionales
**inmitten** en medio de
**innen** (a)dentro; **von ~ de** dentro; **nach ~** adentro; **2architekt** m arquitecto-decorador; **2ministerium** n Ministerio m del Interior; **2politik** f política interior; **2stadt** f centro m de la ciudad
**inner** interior, interno; íntimo; **2e(s)** n interior m; fig **im 2en** en su fuero interno; **~halb** dentro de; **~lich** interior; íntimo; Med para uso interno
**innig** entrañable; efusivo
**Innung** f gremio m, corporación
**Insasse** m ocupante
**insbesondere** particularmente
**Inschrift** f inscripción
**Insekt** n insecto m
**Insekten|mittel** n insecticida m; **~schutzmittel** n repelente m; **~stich** m picadura f de insecto
**Insel** f isla; **~bewohner** m isleño
**Inser|at** n anuncio m, Am aviso m; **2ieren** poner un anuncio (**in** en)
**insgesamt** en total; todos juntos
**insofern** en esto; en cuanto que

**Inspektion** f inspección; Kfz, Tech revisión
**Installateur** m (Wasser) fontanero, Am plomero, Chi gasfiter; El lampista, electricista
**instand: ~halten** mantener; **~setzen** arreglar, componer
**Instanz** f instancia
**Instinkt** m instinto
**Institut** n instituto m; **~ion** f institución
**Instrument** n instrumento m
**Insulin** n insulina f
**Inszenierung** f puesta en escena
**intakt** intacto
**intelligen|t** inteligente; **2z** f inteligencia
**intensiv** intenso; **2station** f unidad de cuidados intensivos (od de vigilancia intensiva)
**interes|sant** interesante; **2se** n interés m; **~sieren** interesar
**Internat** n internado m
**inter|national** internacional; **~nieren** internar; **2nist** m médico internista; **2pret** m intérprete; **2vention** f intervención; **2view** n entrevista f, interviú f
**intim** íntimo
**intra|muskulär** intramuscular; **~venös** intravenoso
**Intrige** f intriga
**Invalide** m inválido; (Kriegs2) mutilado
**Invasion** f invasión

**Inventur** f inventario m
**invest|ieren** invertir; **≈ition** f inversión
**inwiefern** hasta qué punto
**inzwischen** entretanto
**irdisch** terrenal, de este mundo
**irgend|ein** algún; **~einer, ~jemand** alguno; alguien; **~etwas** algo; **~wann** algún día; **~wie** de cualquier manera; **~wo** en alguna parte; **~wohin** a no importa dónde
**Ironi|e** f ironía; **≈sch** irónico
**irre** loco, demente; **≈(r)** su loco m, loca f; **~führen** desorientar, extraviar; **~n** vi andar errante; fig estar equivocado; **s. ~n** equivocarse; **≈nanstalt** f manicomio m
**irrig** erróneo, equivocado
**Irr|licht** n fuego m fatuo; **~sinn** m locura f; **~tum** m error, equivocación f; **≈tümlich** adv equivocadamente
**Ischias** m ciática f
**Islam** m islam(ismo); **≈isch** islámico
**Isolier|band** n cinta f aislante; **≈en** aislar; Gefangene: incomunicar; **~ung** f aislamiento m
**Israelit** m Rel israelita

# J

**ja** sí
**Jacht** f yate m
**Jacke** f, **~tt** n chaqueta f, Span a americana f, Am saco m
**Jagd** f caza, Am cacería f; **≈bar** cazable; **~gewehr** n escopeta f; **~revier** n coto m; **~schein** m licencia f de caza
**jagen** vt cazar; fig perseguir
**Jäger** m cazador; Flgw aviador
**jäh** súbito
**Jahr** n año m; **seit ~en** desde (od durante) años
**Jahres|...** in Zssgn anual; **~tag** m aniversario; **~zeit** f estación
**Jahr|gang** m año; **~hundert** n siglo m
**jährlich** anual; adv cada año
**Jahr|markt** m feria f; **~-**
**zehnt** n decenio m
**jähzornig** iracundo
**Jalousie** f persiana, celosía
**jämmerlich** lastimoso; lamentable
**jammern** lamentarse
**Januar** m enero
**Jasmin** m jazmín
**jäten** escardar
**Jauche** f estiércol m líquido
**jauchzen** lanzar gritos de júbilo
**jaulen** aullar
**Jazzband** f orquesta de jazz
**je** jamás, nunca; cada; **~ zwei** (von) dos de cada uno; **j-m ~ zwei geben** dar dos a cada uno; **~ ein** sendos; **~ desto** cuanto ... (tanto) ...; **~ nachdem** según el caso; **~ nachdem ob** según que,

**jede**

depende de
**jede, ~r, ~s** cada (uno)
**jedenfalls** sea como fuera
**jeder|mann** todo el mundo; **~zeit** en cualquier momento
**jedesmal** cada vez (**wenn** que)
**jedoch** pero, sin embargo
**jemals** jamás
**jemand** alguien, alguno
**jen|e, ~er, ~es** aquel, aquella, aquello; **~seits** (*gen*, *dat*) al (*u del*) otro lado de
**Jesuit** *m* jesuita
**jetz|ig** de ahora (*od* hoy), actual; **~t** ahora, al presente
**jeweils** respectivamente
**Jodtinktur** *f* tintura de yodo
**Jogging** *n* jogging *m*
**Joghurt** *m* yogur
**Johannisbeere** *f* grosella
**Johannisbrot** *n* algarroba *f*; **~baum** *m* algarrobo
**Jolle** *f* yola, balandro *m*
**Journalist** *m* periodista
**Jubel** *m* júbilo
**Jubiläum** *n* aniversario *m*
**juck|en** picar; **2reiz** *m* picor
**Jude** *m* judío

**jüdisch** judío, hebreo
**Jugend** *f* (*Zeit*) juventud; los jóvenes; **2frei** (*Film*) tolerado (para) menores; **~fürsorge** *f* protección de menores; **~herberge** *f* albergue *m* juvenil; **2lich** joven; juvenil; **~liche(r)** *su* menor
**Juli** *m* julio
**jung** joven; **2e** *m* muchacho, chico; **2e(s)** *n Zo* cría *f*
**jünger** más joven; menor
**Jungfrau** *f* virgen; *Rel* Virgen
**Junggesell|e** *m* soltero; **~in** *f* soltera
**Jüngling** *m* adolescente, joven
**jüngst** el (la) más joven; el (la) menor
**Juni** *m* junio
**Jurist** *m* jurista, abogado; **2isch** jurídico
**Jury** *f* jurado *m*
**Justiz** *f* justicia
**Juwel|en** *npl* joyas *fpl*; **~ier** *m* joyero
**Jux** *m* chanza *f*; F cachondeo

# K

**Kabarett** *n* café-teatro *m*
**Kabel** *n* cable *m*; **~fernsehen** *n* cablovisión *f*
**Kabeljau** *m* bacalao
**Kabine** *f* cabina; *Mar* camarote *m*; *Tel* locutorio *m*; **~nlift** *m* telecabina *f*; **~tt** *n Pol* gabinete *m*
**Kabriolett** *n* descapotable

*m*, *Am* convertible *m*
**Kachel** *f* azulejo
**Kacke** *f* F caca; **2n** F cagar
**Käfer** *m* escarabajo
**Kaff** *n* F poblacho *m*, pueblo *m* de mala muerte
**Kaffee** *m* café; **schwarzer ~** café solo, *Col* tinto; **~ mit wenig Milch** café cortado,

**~kanne** f cafetera; **~maschine** f cafetera (eléctrica); **~mühle** f molinillo m de café
**Käfig** m jaula f
**kahl** escueto; pelado; (*Kopf*) calvo; (*Baum*) deshojado
**Kahn** m barca f
**Kai** m muelle
**Kaiser** m emperador; **~in** f emperatriz; **~reich** n imperio m; **~schnitt** m Med cesárea f
**Kajak** m kayak
**Kajüte** f camarote m
**Kakao** m cacao; chocolate
**Kakerlak** m cucaracha f
**Kak|tee** f, **~tus** m cacto m, cactus m
**Kalb** n ternero m; **~fleisch** n ternera f
**Kaldaunen** fpl callos mpl
**Kalender** m calendario, almanaque
**Kalk** m cal f
**kalkulieren** calcular
**kalt** frío; **~es Büffet** ambigú m; **es ist ~** hace frío; **~ stellen** poner al fresco; **~ werden** enfriarse; **~blütig** adv con sangre fría
**Kälte** f frío m
**Kaltwelle** f permanente en frío
**Kamel** n camello m
**Kamera** (*Film*2) tomavistas m, cámara; (*Foto*2) máquina (fotográfica)
**Kamerad** m camarada, compañero; **~schaft** f compañerismo m
**Kamille** f manzanilla; **~ntee**
m infusión f de manzanilla
**Kamin** m chimenea f
**Kamm** m peine
**kämmen** (s.) peinar(se)
**Kammer** f cámara; **~musik** f música de cámara
**Kampf** m combate; lucha f
**kämpfen** combatir, luchar
**Kampfer** m alcanfor
**Kämpfer** m combatiente; luchador
**kampf|los** sin lucha; **~richter** m árbitro; **~unfähig sein** estar fuera de combate
**kampieren** acampar
**Kanal** m canal; **~isation** f alcantarillado f, canalización
**Kanarienvogel** m canario
**Kandidat** m candidato
**kandiert: ~e Früchte** fpl frutas escarchadas
**Kaninchen** m conejo m
**Kanister** m bidón, lata f
**Kännchen** n jarrita f
**Kanne** f jarro m, jarra
**Kanone** f cañón m
**Kante** f canto m; borde m
**Kantine** f cantina
**Kanu** n canoa f, piragua f; **~te** m piragüista
**Kanzel** f púlpito m
**Kanz|lei** f cancillería; **~ler** m canciller
**Kapazität** f capacidad
**Kapelle** f capilla; *Mus* banda, orquesta
**Kapern** fpl alcaparras
**kapieren** f entender
**Kapital** n capital m; **~ist** m, **₂istisch** capitalista
**Kapitän** m capitán; *Flgw* co-

**Kapitel** 354

mandante
**Kapitel** n capítulo m
**kapitulieren** capitular
**Kaplan** m capellán
**Kappe** f capucha, gorra
**Kapsel** f cápsula
**kaputt** F roto, estropeado;
(j) rendido; **~gehen** romperse; **~machen** estropear
**Kapuze** f capucha
**Karaffe** f garrafa
**Karambolage** f choque m;
(Billard) carambola
**Karamellen** fpl caramelos
mpl de café con leche
**Karat** n quilate m
**Karawane** f caravana
**Kardanwelle** f árbol m cardán
**Kardinal** m cardenal
**Karfreitag** m Viernes Santo
**kariert** de cuadros; (Papier) cuadriculado
**Karies** f caries
**Karikatur** f caricatura
**Karneval** m carnaval
**Karosserie** f carrocería
**Karotte** f zanahoria
**Karpfen** m carpa f
**Karre(n** m) f carro m, carreta f
**Karriere** f carrera
**Karte** f (Spiel2) carta, naipe m; Geogr mapa m; (Speise2) carta; (Eintritts2) entrada;
**~n spielen** jugar a las cartas
**Kartei** f fichero m, **~karte** f ficha
**Kartoffel** f patata, Am papa f
**~brei** m, **~mus** n puré m de patatas, Col naco m, **~salat** m ensalada f de patatas

**Karton** m cartón; caja f
**Karussell** n tiovivo m, Am a carrusel m
**Karwoche** f Semana Santa
**Käse** m queso; **~brot** n bocadillo m de queso
**Kaserne** f cuartel m
**Kasino** n casino m
**Kaskoversicherung** f Kfz seguro m a todo riesgo
**Kasse** f caja; **~nzettel** m vale
**Kasserolle** f cacerola
**Kassette** f cajita, Fot chasis m, bastidor m, (Ton2) cas(s)et(t)e m u f; **~nrecorder** m grabadora f
**kassier|en** cobrar; **2er** m cajero
**Kastagnetten** fpl castañuelas
**Kastanie** f castaña; (Baum) castaño m
**Kästchen** n cajita f
**Kasten** m caja f, cajón
**Katalog** m catálogo
**Katarrh** m catarro
**Katastrophe** f catástrofe, desastre m
**Kater** m gato; F fig resaca f, Méj cruda f, Col guayabo m
**Kathedrale** f catedral
**Katholi|k** m, **2sch** católico
**Katze** f gato m, gata f
**Kauderwelsch** n chapurreo m
**kauen** mascar
**Kauf** m compra f, **2en** comprar
**Käufer** m comprador
**Kaufhaus** n (grandes) almacenes mpl; **~mann** m comerciante; **~vertrag** m

contrato de compraventa
**Kaugummi** *m* chicle
**kaum** apenas
**Kautabak** *m* tabaco de mascar
**Kaution** *f* fianza
**Kautschuk** *m* caucho
**Kavalier** *m* caballero
**Kaviar** *m* caviar
**Kegel** *m* Math cono; ~**bahn** *f* bolera; 2**n** jugar a los bolos
**Kehl|e** *f* garganta; ~**kopf** *m* laringe *f*
**Kehr|e** *f* curva, viraje *m*; recodo *m*; 2**en** barrer; ~**schaufel** *f* pala; ~**seite** *f* revés *m*
**Keil** *m* cuña *f*
**Keiler** *m* jabalí
**Keil|kissen** *n* travesero *m*; ~**riemen** *m* Kfz correa *f* del ventilador
**Keim** *m* germen; 2**en** germinar; 2**frei** esterilizado
**kein** ningún; *nach Su*: no ... alguno; *vor Verb*: no ...; ~**er** ninguno, nadie; ~**esfalls**, ~**eswegs** de ningún modo
**Keks** *m* galleta
**Kelle** *f* cucharón *m*; (*Maurer*2) paleta
**Keller** *m* sótano; cueva *f*
**Kellner** *m* camarero, Col, Méj mesero, Arg mozo, Chi garzón; ~**in** *f* camarera
**kenn|en** conocer; 2**enlernen** conocer a; 2**er** *m* conocedor; experto; 2**tnis** *f* conocimiento *m*; 2**tnisse** *pl* conocimientos *mpl*
**Kennzeichen** *n* característica *f*; Kfz matrícula *f*; 2**nen**

marcar; caracterizar
**kentern** zozobrar
**Keramik** *f* cerámica
**Kerbe** *f* muesca
**Kerl** *m* tipo; tío
**Kern** *m* núcleo; *fig* fondo; (*Obst*2) hueso; (*Apfel usw*) pipa *f*, pepita *f*; ~**energie** *f* energía nuclear; 2**gesund** rebosante de salud; ~**kraftwerk** *n* central *f* nuclear
**Kerze** *f* vela, *Col* esperma; Kfz bujía; ~**nhalter** *m* candelero
**Kessel** *m* marmita *f*; *a Tech* caldera *f*
**Ketchup** *n* Span catsup *m*, Am salsa *f* de tomate
**Kette** *f* cadena; (Hals2) collar *m*; ~**nraucher** *m* fumador empedernido
**Ketzer** *m* hereje; 2**isch** herético
**keuch|en** jadear, anhelar; 2~**husten** *m* tos *f* ferina
**Keule** *f* maza, porra; (*Huhn*) muslo *m*; pierna *f*
**keusch** casto
**Kicher|erbsen** *fpl* garbanzos *mpl*; 2**n** reírse sofocadamente
**Kiefer 1.** *m* mandíbula *f*; **2.** *f* pino *m*; ~**höhle** *f* seno *m* maxilar
**Kiel** *m* Mar quilla *f*
**Kiemen** *fpl* branquias, agallas
**Kies** *m* guijo
**Kilo(gramm)** *n* kilo(gramo) *m*
**Kilometer** *m* kilómetro; ~**stein** *m* mojón kilométrico

**Kilometerzähler**

~zähler *m* cuentakilómetros
**Kilowattstunde** *f* kilovatio-hora *f*
**Kind** *n* niño *m*; hijo *m*
**Kinder**|**arzt** *m* pediatra; ~bett *n* cuna *f*; ~garten *m* jardín de infancia, *Span* parvulario; *Am* a kinder (-garten) *m*; ~geld *n* puntos *mpl* por hijos; ~heim *n* asilo de niños; ~hort *m* guardería *f* infantil; ~lähmung *f* poliomielitis; 2los sin hijos; ~mädchen *n* niñera *f*; ~spielplatz *m* parque infantil; ~wagen *m* cochecito *m*
**Kind**|**heit** *f* infancia; ~lich aniñado, pueril; 2lich infantil
**Kinn** *n* barbilla *f*; ~haken *m* gancho a la mandíbula
**Kino** *n* cine *m*
**Kiosk** *m* quiosco
**kippen** *vt* volcar; *vi* perder el equilibrio
**Kirche** *f* iglesia; ~endiener *m* sacristán; 2lich eclesiástico; clerical; ~turm *m* campanario
**Kirmes** *f* *Span* verbena
**Kirsch**|**baum** *m* cerezo; ~e *f* cereza
**Kissen** *n* almohada *f*, *Am* cojín *m*; ~bezug *m* funda *f*
**Kiste** *f* caja *f*, F (*Auto*) cafetera rusa
**Kitsch** *m* cursilería *f*; 2ig cursi
**Kitt** *m* masilla *f*
**Kittchen** *n* F chirona *f*
**Kittel** *m* bata *f*

**kitten** enmasillar
**kitze**|**ln** cosquillear; ~lig cosquilloso
**Klage** *f* queja; lamentación; *jur* demanda, querella; 2n quejarse (**über** de); *jur* poner pleito (**gegen** a; **auf** por)
**Kläger** *m* actor, demandante; 2lich triste, lastimoso
**Klammer** *f* grapa; (*im Text*) paréntesis *m*, (*eckige*) corchete *m*
**Klang** *m* sonido
**Klapp**|**bett** *n* cama *f* plegable; ~e *f* tapa; válvula (*a Med*); 2en: es 2t (**nicht**) (no) cuaja, (no) va bien; 2ern tabletear; ~rad *n* bicicleta *f* plegable; ~sitz *m* silla *f* plegable; ~tisch *m* mesa *f* plegable
**Klaps** *m* palmada *f*
**klar** claro; limpio; (*Himmel*) despejado
**klären** *fig* aclarar
**Klarheit** *f* claridad
**Klasse** *f* clase; (*Schule*) curso *m*
**klassisch** clásico
**Klatsch** *m* chismes *mpl*; 2en chismear; *Beifall* 2en dar palmadas, aplaudir
**Klaue** *f* uña; garra
**klauen** F pispar
**Klavier** *n* piano *m*; ~spieler *m* pianista
**Klebe**|**band** *n* cinta *f* adhesiva (*Am* pegante); 2en *vt* pegar; *vi* adherirse a; ~rig pegajoso; ~stoff *m* pegamento, cola *f*

**Klee** m trébol
**Kleid** n vestido m, traje m
**Kleider|bügel** m percha f, colgador, Am a gancho; ~**haken** m colgadero; ~**schrank** m armario ropero
**kleid|sam** que viste mucho; ₂**ung** f vestidos mpl
**klein** pequeño; ₂**bus** m Span microbús, Am a buseta f; ₂**geld** n suelto m, cambio m, Am a menudo m; ₂**igkeit** f pequeñez; menudencia; fig bagatela; detalle m; ₂**kind** n párvulo m; ₂**laut** apocado; ~**lich** estrecho (de miras); mezquino; ₂**stadt** f ciudad pequeña
**Kleister** m cola f
**Klemm|e** f Tech borne m; fig **in der ~e sitzen** estar en un aprieto (od apuro); ₂**en** vt Finger: cogerse; vi (Tür) encajar mal, estar atascado
**Klempner** m fontanero, Am plomero, Chi gasfíter
**Klette** f bardana, lampazo m
**kletter|n** trepar, escalar (ac); ₂**pflanze** f planta trepadora
**Klima** n clima m; ~**anlage** f aire acondicionado
**Klinge** f hoja, cuchilla
**Klingel** f timbre m; ₂**n** tocar el timbre; **es ₂elt** llaman; Tel suena; ₂**en** sonar
**Klinik** f clínica
**Klinke** f picaporte m
**Klippe** f escollo m, roca
**klirren** tintinear
**klopfen** vt golpear; Steine: labrar; Teppich: sacudir; vi

(Herz) palpitar; (Motor) ratear; **es hat geklopft** han llamado a la puerta
**Klops** m albóndiga f
**Klosett** n Span servicio m, Am baño m
**Kloster** n monasterio m; convento m
**Klotz** m bloque; leño; (Hau₂) tajo
**Klub** m club
**klug** inteligente; prudente, sensato; ₂**heit** f inteligencia
**Klumpen** m pella f
**knabbern** mordiscar (ac); (Maus) roer
**Knäckebrot** n pan m crujiente
**knacken** vt Nüsse: cascar; vi crujir
**Knall** m estallido, estampido; ₂**en** estallar; detonar
**knapp** escasar
**knarren** rechinar, crujir
**knattern** traquetear
**Knäuel** m ovillo
**kneif|en** pellizcar; ₂**zange** f tenazas fpl
**Kneipe** f taberna, F tasca
**kneten** amasar
**Knick** m codo; (Papier) dobladura f; ₂**en** doblar
**Knie** n rodilla f; Tech codo m; ₂**beuge** f genuflexión; ₂**n** estar (u ponerse) de rodillas; ~**scheibe** f rótula; ~**strümpfe** mpl medias fpl cortas
**Kniff** m pliegue; fig treta f, truco
**knirschen** crujir; **mit den Zähnen ~** rechinar los

**knistern**

dientes
**knistern** crepitar
**knitter|frei** inarrugable; **~n** arrugarse
**Knoblauch** *m* ajo
**Knöchel** *m* (*Fuß~*) tobillo; (*Hand~*) nudillo
**Knochen** *m* hueso; **~bruch** *m* fractura *f*; **~mark** *n* médula *f* ósea; *Gastr* tuétano *m*, *RPl* caracú *m*
**Knolle** *f* bulbo *m*, tubérculo *m*
**Knopf** *m* botón; **~loch** *n* ojal *m*
**Knorpel** *m* cartílago
**Knospe** *f* botón *m*, capullo *m*
**Knoten** *m* nudo; **~punkt** *m* empalme
**Knüppel** *m* palo, garrote
**knurren** (*Hund*) gruñir
**knusprig** reseco, crujiente
**Koch** *m* cocinero; **~buch** *n* libro *m* de cocina; **2en** *vt u vi* (coc, guisar; cocinar; *Kaffee*: hacer; *vi* (*Wasser*) hervir; **~er** *m* hornillo (eléctrico); **~gelegenheit** *f* posibilidad *f* de cocinar; **~geschirr** *n* batería *f* de cocina
**Köchin** *f* cocinera
**Koch|nische** *f* rincón *m* de cocina, *Am* cocineta *f*; **~topf** *m* olla *f*, marmita *f*
**Köder** *m* cebo; *fig* gancho
**koffeinfrei** descafeinado
**Koffer** *m* maleta *f*, *Am a* valija *f*; (*gr.*) baúl; **~kuli** *m* carrito; **~radio** *n* radio *m* portátil; **~raum** *m Kfz* maleta *f*, portamaletas, *Am a* baúl

**Kognak** *m* coñac
**Kohl** *m* col *f*, berza *f*
**Kohle** *f* carbón *m*; **~nbekken** *n* brasero *m*; **~nsäure** *f* ácido *m* carbónico; **~npapier** *n* papel *m* carbón
**Kohlrabi** *m* colinabo
**Koje** *f* litera
**kokett** coqueta; **~ieren** coquetear
**Kokosnuß** *f* coco *m*
**Koks** *m* coque
**Kolben** *m Tech* émbolo, pistón; (*Gewehr*) culata *f*
**Kolik** *f* cólico *m*
**Kollege** *m* colega *su*
**Kölnischwasser** *n* (agua *f* de) colonia *f*
**Kolonie** *f* colonia
**Kolonne** *f* columna
**Kombi|nation** *f* combinación; **~wagen** *m* camioneta *f*, *Span F* rubia *f*
**Komfort** *m* confort, comodidades *fpl*; **~abel** cómodo, confortable
**Komi|ker** *m* cómico; humorista; **2sch** cómico; *fig* raro
**Komma** *n* coma *f*
**Kommando** *n* mando *m*; **~brücke** *f Mar* puente *m* de mando
**kommen** (*her*) venir; (*hin*) ir (a); **nach Hause** ~ volver a casa; **zu spät** ~ llegar tarde; **komm!** ¡ven!
**Kommentar** *m* comentario
**Kommis|sar** *m* comisario; **~sion** *f Pol*, *Hdl* comisión
**Kommode** *f* cómoda
**Kommun|albehörde** *f* municipalidad *f*; **~ismus** *m* co-

**Korbflasche**

munismo; ~ist(in f) m, ~istisch comunista
**Komödie** f comedia
**Kompanie** f compañía
**Kompaß** m brújula f
**Kompetenz** f competencia
**komplett** completo
**Kompli|kation** f complicación; ~ment n cumplimiento m; piropo m; ~ziert complicado
**Kom|ponist** m compositor; ~pott n compota f; ~presse f compresa; ~pressor m compresor; ~promiß m compromiso
**Kon|densmilch** f leche condensada; ~dition f Sp condición; ~ditorei f pastelería; 2dolieren dar el pésame; ~fekt m bombones mpl; ~fektion f confección; ~ferenz f conferencia; ~fession f confesión; ~flikt m conflicto
**Kongreß** m congreso; ~teilnehmer m congresista
**König** m rey; ~in f reina; 2lich real; ~reich n reino m
**Konjunktur** f coyuntura
**Konkurrenz** f competencia
**können** poder; (gelernt haben) saber; **es kann sein** puede ser, es posible
**konser|vativ** conservador; 2ve f conserva; ~vieren conservar
**konstru|ieren** construir; 2ktion f construcción
**Konsul** m cónsul; ~at n consulado m
**Konsum|ent** m consumidor; ~güter npl bienes mpl de consumo
**Kon|takt** m contacto; ~taktlinsen** fpl lentes de contacto; ~tinent m continente; ~tingent n contingente m; ~to n cuenta f; ~toristin f empleada de oficina; ~trast m contraste
**Kontroll|ampe** f lámpara piloto; ~e f control m; revisión; ~eur m inspector; revisor; 2ieren controlar, comprobar; revisar; ~marke f, ~zettel m comprobante m, contraseña f
**kon|ventionell** convencional; 2versation f conversación; ~zentrationslager n campo m de concentración; ~zentrieren concentrar; 2zern m consorcio m
**Konzert** n concierto m; (Solo2) recital m
**Konzession** f concesión
**Kopf** m cabeza f; ~hörer m auricular; ~kissen n almohada f; ~salat m lechuga f; ~schmerzen mpl dolor m de cabeza; ~schützer m pasamontañas; ~sprung m zambullida f; ~stütze f Kfz cabezal m, reposacabezas m; ~tuch n pañuelo m
**Kopie** f copia; 2ren copiar
**Kopierstift** m lápiz tinta
**Kopilot** m copiloto
**Koralle** f coral m
**Korb** m cesta f; ~ball m baloncesto, Am básquetbol; ~flasche f bombona, damajuana

**Korken** m corcho; ~zieher m sacacorchos, descorchador

**Korn** n grano m; cereales mpl; ~(branntwein) m aguardiente de trigo

**körnig** granulado

**Körper** m cuerpo; ~behinderte(r) m minusválido; ~lich corporal; físico; ~pflege f higiene

**Korresponden|t** m corresponsal; ~z f correspondencia

**Korridor** m corredor, pasillo

**korrigieren** corregir

**Korsett** n corsé m

**Kosmetik** f cosmética; ~salon m instituto de belleza

**kosmetisch** cosmético, de belleza

**Kost** f alimentación; comida

**kostbar** precioso

**kost|en** vt gustar, probar; vi costar, valer; was ~et ...? ¿cuánto vale (od cuesta)...?; ~en pl gastos mpl; ~enlos gratuito; adv gratis

**köstlich** delicioso

**Kost|probe** f degustación; ~spielig costoso

**Kostüm** n traje m sastre

**Kot** m barro; excremento

**Kotelett** n chuleta f; ~en pl patillas fpl

**Kotflügel** m guardabarros, aleta f

**Krabbe** f gamba, camarón m

**Krach** m ruido, estrépito; fig camorra f; ~en crujir; restallar

**krächzen** graznar

**Kraft** f fuerza; vigor m; potencia; ~brühe f consomé m

**Kraftfahr|er** m conductor; automovilista; ~zeug n automóvil m

**kräftig** fuerte; robusto

**kraft|los** débil, flojo; ²stoff m carburante; ²werk m central f eléctrica, Arg usina f

**Kragen** m cuello; ~weite f ancho m del cuello

**Krähe** f corneja

**krähen** (Hahn) cantar

**Kralle** f uña, garra

**Kram** m F trastos mpl

**Krampf** m convulsión f; calambre; ~adern fpl várices; ²haft convulsivo

**Kran** m grúa f

**krank** enfermo

**kränken** ofender, mortificar

**Kranken|haus** n hospital m; ~kasse f caja de seguro de enfermedad; ~pfleger m enfermero; ~schein m volante del seguro; ~schwester f enfermera; ~versicherung f seguro m de enfermedad; ~wagen m ambulancia f

**Krank|e(r)** m enfermo; ²haft morboso; enfermizo (a fig); ²heit f enfermedad

**kränklich** enfermizo

**Kranz** m corona f

**Krapfen** m buñuelo

**Krater** m cráter

**Krätze** f Med sarna

**kratz|en** rascar; rasguñar; vi picar; s. ~en rascarse; ²er m arañazo; raya f

## Küche

**kraulen** vt acariciar; vi nadar crol
**kraus** crespo; rizado
**Kraut** n hierba f; (Kohl) repollo m
**Kräuter|likör** m licor de hierbas aromáticas; ~**tee** m tisana f, infusión f, Col agua f aromática
**Krawall** m tumulto, alboroto
**Krawatte** f corbata
**Krebs** m cangrejo; Med cáncer
**Kredit** m crédito; ~**karte** f tarjeta de crédito
**Kreide** f tiza; Geogr creta
**Kreis** m círculo; distrito
**Kreis|el** m peonza f; ~**en** girar; ~**förmig** circular; ~**lauf** m circulación f; ~**laufmittel** n fármaco m circulatorio; ~**laufstörungen** fpl trastornos mpl circulatorios; ~**säge** f sierra f circular; ~**stadt** f capital de partido; ~**verkehr** m circulación f giratoria
**Krematorium** n crematorio m
**Kreole** m criollo
**krepieren** F estirar la pata
**Krepp** m (Stoff) crespón f; ~**(p)apier** n papel m crepé
**Kresse** f berro m
**Kreuz** n cruz f; Med riñones mpl; 2 **und quer** acá y allá; 2**en** cruzar; ~**er** m crucero; ~**fahrt** f crucero m; ~**gang** m claustro; ~**otter** f víbora; ~**schmerzen** fpl dolor m de riñones; ~**ung** f cruce m,

Zo, Bot cruzamiento m; ~**worträtsel** n crucigrama m
**kriechen** reptar, arrastrar(se)
**Krieg** m guerra f
**Kriegs|beschädigte(r)** m mutilado de guerra; ~**gefangene(r)** m prisionero de guerra; ~**schiff** n buque m de guerra; ~**verbrecher** m criminal de guerra
**Kriminal|film** m película f policíaca; ~**polizei** f policía judicial, Span brigada criminal; ~**roman** m novela f policíaca
**kriminell** criminal
**Krippe** f pesebre m; (Weihnachts2) Span belén m, Am pesebre m
**Krise** f crisis
**Kristall** m u n cristal m
**Kriti|k** f crítica; ~**ker** m, 2**sch** crítico
**Kroketten** fpl croquetas
**Krokodil** n cocodrilo
**Kron|e** f corona; (Baum2) copa; ~**leuchter** m araña f
**Kropf** m Med bocio
**Kröte** f sapo m
**Krücke** f muleta
**Krug** m jarro
**krumm** corvo; torcido
**krümmen** encorvar, doblar
**Krüppel** m lisiado, mutilado
**Kruste** f costra, corteza
**Kruzifix** n crucifijo m
**Krypta** f cripta
**Kübel** m cubo, Am balde
**Kubikmeter** m metro cúbico
**Küche** f cocina; **kalte ~**

**Kuchen**

fiambres *mpl*, platos *mpl* fríos
**Kuchen** *m* pastel; (*Obst*♀) tarta *f*
**Küchenchef** *m* cocinero jefe
**Kuckuck** *m* cuco, cucú
**Kugel** *f* bola; *Mil* bala; **~förmig** esférico; globular; **~lager** *n* cojinete *m* de bolas; **~schreiber** *m* bolígrafo, *Méj* atómica *f*, *Arg* birome, *Col* esfero; **~stoßen** *n* lanzamiento *m* de peso (*Am* de balas)
**Kuh** *f* vaca
**kühl** fresco; *en* refrescar, enfriar; ♀**er** *m* radiador; ♀**schrank** *m* refrigerador, nevera *f*, *RPl* heladera *f*; ♀**tasche** *f* bolsa isotérmica; ♀**truhe** *f* congelador *m*; ♀**wasser** *n* agua *f* de refrigeración
**kühn** atrevido
**Küken** *n* polluelo *m*
**Kultur** *f* cultura, civilización; *Biol*, *Med* cultivo *m*; **~beutel** *m* neceser de aseo; **~film** *m* documental
**Kümmel** *m* comino
**Kummer** *m* pena *f*; preocupación *f*
**kümmern: s. ~ um** (pre)ocuparse de, cuidar (*ac*)
**Kunde** *m* cliente; **~ndienst** *m* servicio posventa
**Kundgebung** *f* manifestación
**kündig|en** *j-m*: despedir; denunciar; ♀**ung** *f* denuncia, aviso *m*; ♀**ungsfrist** *f* plazo *m* de despido (*od* de denuncia)
**Kund|in** *f* clienta; **~schaft** *f* clientela
**Kunst** *f* arte *m* (*pl*: *f*); **~ausstellung** *f* exposición de arte; **~dünger** *m* abono químico; **~faser** *f* fibra sintética; **~gewerbe** *n* artesanía *f*; **~leder** *n* cuero *m* sintético
**Künst|ler(in** *f*) *m* artista *su*; ♀**lich** artificial, imitado; (*Haar, Gebiß*) postizo
**Kunst|sammlung** *f* colección de arte; **~stoff** *m* plástico; **~stück** *n* artificio *m*; ♀**voll** artificioso; **~werk** *n* obra *f* de arte
**Kupfer** *n* cobre *m*; **~stich** *m* grabado (en cobre)
**Kuppel** *f* cúpula
**Kupplung** *f* embrague *m*; **~spedal** *n* pedal *m* de embrague
**Kur** *f* cura, tratamiento *m*
**Kurbel** *f* manivela; **~welle** *f* cigüeñal *m*
**Kürbis** *m* calabaza *f*, *RPl*, *Bol*, *Pe*, *Chi* zapallo *m*, *Col* a ahuyama *f*
**Kur|gast** *m* bañista; **~ort** *m* balneario
**Kurs** *m* curso, cursillo; *Mar* rumbo; *Hdl* cambio; **~buch** *n* guía *f* de ferrocarriles
**Kürschner** *m* peletero
**Kurswagen** *m* coche directo
**Kurtaxe** *f* impuesto *m* balneario
**Kurve** *f* curva
**kurz** corto; breve; **vor ~em** hace poco; **~ vor ...** a poca distancia de; ♀**arbeit** *f* jor-

**Landungssteg**

nada reducida; **~ärmelig** de manga corta; **kürzen** reducir; abreviar **Kurz|film** m cortometraje; **2fristig** a corto plazo; **~geschichte** f cuento m, narración corta; **~parkzone** f zona azul; **~schluß** m cortocircuito; **2sichtig** miope;

**~welle** f onda corta
**Kuß** m beso
**küssen (s.)** besar(se)
**Küste** f costa; **~nstraße** f carretera (del) litoral
**Kutsche** f coche m; **~r** m cochero
**Kutte** f hábito m
**Kutter** m cúter

## L

**labil** inestable
**Labor** n laboratorio m
**Lache** f charco m
**lächeln** sonreír; 2 n sonrisa f
**lachen** reír (**über** de); 2 n risa f
**lächerlich** ridículo; **s. ~ machen** hacer el ridículo
**Lachs** m salmón
**Lack** m laca f; barniz; **2ieren** barnizar; **~leder** n charol m
**Laden** m tienda f, RPI negocio, Col almacén; 2 Waffe: cargar; **~schluß** m cierre de los comercios; **~tisch** m mostrador
**Ladung** f carga
**Lage** f situación; sitio m; (Schicht) capa; (Getränke) ronda
**Lager** n Hdl almacén m, depósito m; Tech cojinete m; Mil, Pol campo m; (Wild) cama f; **~feuer** n fogata f, hoguera f; 2n vt almacenar; vi acampar
**Lagune** f laguna
**lahm** cojo
**lähm|en** paralizar; **2ung** f

Med parálisis
**Laie** m profano; (Kirche) lego
**Laken** n sábana f
**Lakritze** f regaliz m
**Lamm** n cordero m
**Lampe** f lámpara; **~nschirm** m pantalla f
**Land** n campo m; Pol país m; Geogr tierra f; **an ~ gehen** ir a tierra
**Lande|bahn** f pista de aterrizaje; 2n vi aterrizar; Mar desembarcar
**Landenge** f istmo m
**Länderspiel** n encuentro m internacional
**Land|gut** n finca f, hacienda f; **~haus** n quinta f, casa f de campo; **~karte** f mapa m
**ländlich** rural, campesino
**Land|schaft** f paisaje m; **~smann** m compatriota, paisano; **~straße** f carretera; **~streicher** m vagabundo; **~ung** f Flgw aterrizaje m; (auf Wasser) amaraje m; Mar, Mil desembarco m; **~ungsbrücke** f desembarcadero m; **~ungssteg** m pa-

**Landweg**

sarela f; ~weg m: **auf dem ~weg** por vía terrestre; ~wein m vino corriente
**Landwirt** m agricultor; ~schaft f agricultura
**lang** largo; **zwei Wochen ~** durante quince días; **~e** adv mucho tiempo; **seit ~em** desde hace mucho tiempo
**Länge** f largo m; (Zeit) duración; 2r adv más (tiempo)
**Langeweile** f aburrimiento m
**lang|fristig** a largo plazo; ~**haarig** melenudo, cabelludo; 2**jährig** de muchos años; 2**lauf** m Skisp esquí de fondo
**läng|lich** alargado, ~**s** + gen a lo largo de
**lang|sam** lento; adv lentamente, despacio; 2**spielplatte** f disco m microsurco, L.P. m, elepé m
**längst** hace mucho tiempo
**Languste** f langosta
**langweil|en (s.)** aburrir(se); ~**ig** aburrido
**Lang|welle** f onda larga; 2**wierig** largo
**Lappen** m trapo
**Lärm** m ruido, barullo; 2**en** hacer ruido
**Larve** f Zo larva
**lassen** dejar; hacer; (zu~) permitir, tolerar; **laß das (sein)** ¡déjalo!
**lässig** dejado
**Last** f carga; ~**enaufzug** m montacargas
**Laster** m vicio m
**lästern** maldecir (**über** de)

**lästig** latoso, molesto
**Last|kahn** m gabarra f; ~(**kraft)wagen** m camión
**lateinisch** latino
**Laterne** f linterna; (Straßen2) farol m; ~**npfahl** m poste de farol
**Latte** f ripia, listón m
**Latzhose** f pantalón m (de) peto
**lau** tibio
**Laub** n follaje m; ~**baum** m árbol de fronda; ~**e** f glorieta
**lauern** acechar (**auf** ac)
**Lauf** m corrida f; **im ~** (gen) en el curso de; ~**bahn** f fig carrera; 2**en** correr; andar; (Gefäß) irse; (Film) proyectarse; Tech marchar; 2**end** corriente; 2**enlassen** soltar a alg
**Läufer** m alfombra f; Sp medio; (Schach) alfil
**Lauf|masche** f carrera; ~**stall** m corralito, ~**steg** m (Mode) pasarela f
**Lauge** f lejía
**Laun|e** f humor m; capricho m; **gute (schlechte) ~e haben** estar de buen (mal) humor; 2**isch** caprichoso
**Laus** f piojo m
**lauschen** (dat) escuchar
**Lause|junge** m rapaz, golfillo; 2**ig** a fig piojoso
**laut** ruidoso; alto, fuerte; prp (gen) según, conforme a; 2 m sonido; ~**en** decir, rezar
**läuten** llamar; Glocken: tocar

## Leichtigkeit

**laut|los** silencioso, sin ruido; **2sprecher** *m* altavoz, *Am* altoparlante; **2stärke** *f* volumen *m*, potencia

**lauwarm** tibio, templado

**Lava** *f* lava

**Lawine** *f* alud *m*, avalancha

**leb|en** vivir; **wohl!** ¡adiós!; **2en** *n* vida *f*; **endig** viviente; vivo

**Lebens|gefahr** *f* peligro *m* de muerte; **haltungskosten** *pl* coste *m* de la vida; **2länglich** vitalicio, *für* perpetuo; **lauf** *m* curriculum vitae, *Am* a hoja *f* de vida

**Lebensmittel** *npl* víveres *mpl*, comestibles *mpl*; **geschäft** *n* tienda *f* de comestibles, *RPl* almacén *m*, *Col* tienda *f*; **vergiftung** *f* botulismo *m*, intoxicación alimenticia

**lebens|müde** cansado de vivir; **2standard** *m* nivel *m* de vida; **2unterhalt** *m* subsistencia *f*; **2versicherung** *f* seguro *m* de vida; **2wandel** *m* conducta *f*

**Leber** *f* hígado *m*; **tran** *m* aceite de hígado de bacalao

**Lebewesen** *n* ser *m* vivo, organismo *m*

**lebhaft** vivo, animado

**Lebkuchen** *m* pan de especies

**leblos** inanimado

**leck:** ~ **sein** destramarse, hacer agua; **en** *vt* lamer

**lecker** apetitoso, sabroso; **2bissen** *m* golosina *f*

**Leder** *n* cuero *m*; piel *f*; **waren** *fpl* artículos *mpl* de piel; (*Kunst*) marroquinería *f*

**ledig** soltero

**leer** vacío; (*Batterie*) descargado; **en** vaciar; **2gewicht** *n* peso *m* muerto; **2lauf** *m* *Kfz* punto muerto; **2ung** *f* (*Post*) recogida

**legal** legal

**legen** poner, meter; colocar; (*Friseur*) marcar; **Karten** ~ echar las cartas; **s.** ~ calmarse; (*Wind*) amainar

**Legende** *f* leyenda

**Legierung** *f* aleación

**Lehm** *m* barro

**Lehn|e** *f* apoyo *m*, arrimo *m*; **2en** (**s. 2en**) apoyar(se) (**an** contra; **auf** en); **stuhl** *m* sillón

**Lehr|buch** *n* manual *m*; (*Schule*) libro *m* de texto; **e** *f* aprendizaje *m*; *fig* lección; *Rel usw* doctrina; **2en** enseñar; **er(in** *f*) *m* profesor(a); **gang** *m* cursillo; **ling** *m* aprendiz; **stuhl** *m* cátedra *f*; **zeit** *f* aprendizaje *m*

**Leib** *m* vientre, cuerpo

**Leibes|erziehung** *f* educación física; **übungen** *fpl* gimnasia *f*; **visitation** *f* cacheo *m*

**Leibwächter** *m* guardaespaldas

**Leiche** *f* cadáver *m*

**leicht** ligero; (*einfach*) fácil; **2athletik** *f* atletismo *m*; **fertig** aturdido; ligero; **gläubig** crédulo; **2igkeit** *f*

**Leichtmetall**

facilidad; ~**metall** n metal m ligero; ~**sinn** m ligereza f; ~**sinnig** ligero

**leid: es tut mir** ~ lo siento; **er tut mir** ~ me da pena; 2 n pena f; sufrimiento m; ~**en** vi sufrir, padecer; **nicht** ~**en können** no poder tragar a; 2**en** n sufrimiento m, dolor m

**Leidenschaft** f pasión; 2~**lich** apasionado

**leid|er** desgraciadamente; ~**lich** tolerable

**Leierkasten** m organillo

**Leih|bücherei** f biblioteca comercial; 2**en** j-m: prestar, dejar; (sich) tomar prestado; ~**gebühr** f alquiler m; ~**haus** n monte de piedad; ~**wagen** m coche de alquiler sin chófer; 2**weise** prestado

**Leim** m cola f

**Lein|e** f cuerda; ~**en** n tela f; ~**samen** m linaza f; ~**wand** f lienzo m; (Film2) pantalla

**leise** silencioso; adv (sprechen) en voz baja

**Leiste** f listón m; Anat ingle

**leisten** hacer, cumplir; prestar; **s.** ~ permitirse

**Leistung** f rendimiento m; resultado m, trabajo m; ~**en** fpl prestaciones

**Leit|artikel** m artículo de fondo; 2**en** dirigir, guiar; conducir; ~**er 1.** m director; gerente; jefe; Phys conductor; **2.** f escalera; ~**planke** f carril m protector; ~**ung** f dirección; Tech conducción; El línea; ~**ungswasser** n agua f del grifo

**Lektion** f lección

**Lektüre** f lectura

**Lende** f lomo m

**lenken** dirigir, guiar; Kfz conducir v; 2**en** ~ a manejar

**Lenk|rad** n volante m, Col timón m, Chi manubrio m; ~**stange** f manillar m, guía; ~**ung** f dirección; conducción

**Lepra** f lepra

**Lerche** f alondra

**lernen** aprender

**lesbar** legible

**Lese|lampe** f lámpara para lectura; 2**en** leer; ~**r** m lector; 2**rlich** legible; ~**saal** m sala f de lectura; ~**zeichen** n señal f

**letzt** último; extremo; (Zeit) pasado

**Leucht|e** f lámpara; 2**en** lucir, brillar; 2**end** luminoso; (Farbe) vivo; ~**er** m candelabro; ~**feuer** n Mar, Flgw fanal m; ~**reklame** f anuncio m luminoso; ~**turm** m faro; ~**zifferblatt** n esfera f luminosa

**leugnen** negar

**Leukämie** f leucemia

**Leute** pl gente f

**Lexikon** n (Sprach2) diccionario m; (Sach2) enciclopedia f

**liberal** liberal

**Licht** n luz f; **bei** ~ con luz; ~ **machen** dar la luz; ~**bild** n fotografía f; ~**bildervortrag** m conferencia f con proyecciones; ≈en *Mar:* die **Anker** ≈en levar anclas; s. ≈en aclararse; ~**hupe** *f* avisador *m* luminoso; ~**maschine** *f* dínamo; ~**schalter** *m* interruptor; ~**ung** *f* calvero *m*, claro *m*

**Lid** *n* párpado *m*; ~**schatten** *m* sombra *f* de ojos

**lieb** amable; querido; ≈e *f* amor *m*; afección; ~**en** querer; amar

**liebenswürdig** amable; ≈**keit** *f* amabilidad

**lieber** *adv* más bien; ~ *tun usw* preferir, gustar más ...

**Liebes|brief** *m* carta *f* de amor; ~**kummer** *m* penas *fpl* de amor

**lieb|evoll** cariñoso; ≈**ling** *m* favorito; cariño

**Lied** *n* canción *f*

**liederlich** desordenado, descuidado

**Liefer|ant** *m* proveedor *f*; ~**bar** entregable; disponible; ~**bedingungen** *fpl* condiciones *f* de entrega; ~**frist** *f* plazo *m* de entrega; ≈**n** entregar, suministrar; ~**schein** *m* talón de entrega; ~**ung** *f* entrega; suministro *m*; ~**wagen** *m* camioneta *f* de reparto

**Liege** *f* tumbona; ≈**n** estar echado (od tendido, colocado; situado); ≈**nlassen** dejar; olvidarse de; ~**sitz** *m* asiento tumbable (*od* reclinable); ~**stuhl** *m* hamaca *f*, silla *f* de extensión; ~**wagen** *m* coche-litera(s); ~**wagenkarte** *f* billete *m* de litera; ~**wiese** *f* prado *m* para baños de sol

**Lift** *m* ascensor *f*; ~**boy** *m* ascensorista

**Likör** *m* licor

**lila** lila

**Lilie** *f* lirio *m*

**Limonade** *f* limonada; (*Brause*) gaseosa

**Linde** *f* tilo *m*; ~**nblütentee** *m* (infusión *f* de) tila *f*

**linder|n** aliviar, mitigar; ≈**ung** *f* alivio *m*, mitigación *f*

**Lineal** *n* regla *f*

**Linie** *f* línea; ~**nflugzeug** *n*, ~**nmaschine** *f* avión *m* de línea; ~**nrichter** *m* *Sp* juez de línea, linier

**link** izquierdo; ≈**e** *f* izquierda; ~**s** a la izquierda; ≈**shänder** *m* zurdo

**Linse** *f* *Optik* lente; *bot* lenteja; ~**nsuppe** *f* sopa *f* de lentejas

**Lippe** *f* labio *m*; ~**nstift** *m* barrita *f* de carmín, lápiz labial

**lispeln** cecear

**List** *f* astucia

**Liste** *f* lista; especificación *f*

**listig** astuto

**Liter** *n od m* litro *m*

**Literatur** *f* literatura

**Litfaßsäule** *f* columna anunciadora

**Live-Sendung** *f* transmisión en directo

**Lizenz** *f* licencia; concesión *f*

**Lkw** *m* camión

**Lob** *n* alabanza *f*, elogio *m*; ≈**enswert** lau-

**Loch**

**Loch** n agujero m; abertura f; 2en agujerear; *Fahrkarte:* picar; **~er** m perforador; **~karte** f ficha perforada

**Locke** f rizo m; 2n atraer; **~nwickel** m rulo, bigudí

**locker** flojo; **~n** relajar; s. **~n** relajarse, aflojarse

**lockig** rizado

**Löffel** m cuchara f

**Loge** f *Thea* palco m

**logisch** lógico

**Lohn** m salario m; sueldo; **~büro** n oficina f de pagos; 2en: es 2t s. (nicht) (no) vale la pena; 2end ventajoso; rentable; **~erhöhung** f aumento m de salario; **~steuer** f impuesto m sobre el salario

**Loipe** f *Skisp* pista para esquí de fondo

**Lokal** n restaurante m

**Lokomotive** f locomotora

**Lorbeerblatt** n hoja f de laurel

**los!** ¡vamos!; ¡ya!; **was ist ~?** ¿qué pasa?

**Los** n billete m de lotería; fig suerte f, destino m; **das große ~** el gordo

**losbinden** desatar

**Löschblatt** n (papel m) secante m; 2en *Durst, Licht:* apagar; *Feuer:* extinguir; *Mar* descargar; *Waren:* desembarcar

**lose** flojo; suelto; *Hdl* a granel

**Lösegeld** n rescate m

**losen** echar suertes

**lösen** soltar; *Fahrkarte:* sacar; *Vertrag:* anular; *Aufgabe:* resolver

**loslassen** soltar; s. **~reißen** soltarse

**Lösung** f solución

**loswerden** desembarazarse de, librarse de

**Lot** n plomada f; *Mar* sonda f

**löt|en** soldar; 2**kolben** m soldador; 2**lampe** f lámpara para soldar

**Lotse** n práctico; **~ndienst** m servicio m de práctico

**Lötstelle** f soldadura

**Lotterie** f lotería

**Löwe** m león

**Lücke** f vacío m; omisión f

**Luder** n carroña f; fig pej pajarraca f

**Luft** n aire m; **~... in** Zssgn aéreo; **~ballon** m globo; **~dicht** hermético; **~druck** m presión f atmosférica

**lüften** ventilar, airear

**Luftfahrt** f aviación; **~gesellschaft** f compañía aérea

**Luft|fracht** f flete m aéreo; **~gewehr** n escopeta f de aire comprimido; **~kissenboot** n aerodeslizador m; **~krankheit** f mareo m; **~kühlung** f refrigeración por aire; **~kurort** m estación f climática; 2**leer** vacío; **~loch** n *Flgw* bache m; **~matratze** f colchón m neumático; **~pirat** m pirata aéreo; **~post** f correo m aéreo; **mit ~post** por avión; **~pumpe** f bomba neumá-

**mal**

tica; ~röhre f tráquea
**Lüftung** f ventilación
**Luftwaffe** f fuerzas fpl aéreas
**Lüg|e** f mentira; 2en mentir; ~ner m mentiroso
**Luke** f tragaluz m; Mar escotilla
**Lump** m canalla; ~en mpl harapos
**Lunchpaket** n bolsa f de merienda
**Lunge** f pulmón m; ~nentzündung f pulmonía

**Lupe** f lupa
**Lust** f ganas fpl; placer m; (**keine**) ~ **haben zu** (no) tener ganas de
**lüstern** lascivo
**lustig** alegre; divertido; **s.** ~ **machen über** burlarse de
**Lustspiel** n comedia f
**Lutscher** m caramelo de palo, piruli
**Luxus** m lujo; ~hotel n hotel m de lujo
**lynchen** linchar
**Lyri|k** f lírica; 2sch lírico

# M

**mach|en** hacer; dar; **wieviel ~t es?** ¿cuánto es?; **das ~t nichts** no importa
**Macht** f poder m; autoridad; ~haber m dirigente
**mächtig** poderoso; fig enorme, imponente
**machtlos** impotente
**Mädchen** n muchacha f, chica f; ~name m apellido de soltera
**Made** f cresa
**Magazin** n almacén m; (Waffe) cargador m
**Magd** f sirvienta
**Magen** m estómago; ~bitter m estomacal; ~geschwür n úlcera f del estómago; ~schmerzen mpl dolores de estómago
**mager** flaco; magro; 2milch f leche desnatada
**Magnet** m imán
**Mäh|drescher** m segadora--trilladora f, cosechadora f;

2en segar
**Mahl** n comida f; (Fest2) banquete m; 2en moler; ~zeit f comida
**Mähmaschine** f segadora
**Mähne** f crines fpl; fig melena
**mahn|en** reclamar; 2ung f Hdl reclamación
**Mai** m mayo; ~feiertag m Fiesta f del Trabajo; ~glöckchen n muguete m
**Mais** m maíz; ~brot n borona f; ~kolben m mazorca f; (zarter) Am choclo
**Majoran** m mejorana f
**makellos** inmaculado
**Make-up** n maquillaje m
**Makkaroni** pl macarrones mpl
**Makler** m corredor, agente
**Makrele** f caballa
**Makrone** f macarrón m
**mal** Math: **zwei ~ zwei** dos por dos

**Mal**

**Mal** n vez f; **das nächste ~** la próxima vez
**Malaria** f paludismo m
**mal|en** pintar; **2er** m pintor; **2erei** f pintura
**Malz|bier** n cerveza f de malta; **~kaffee** m malta f
**man: ~ sagt** se dice, dicen; **~ muß** hay que
**Manager** m directivo, ejecutivo
**manch|e, ~er, ~es** alguno, alguna; **~e** pl algunos, varios; **~mal** algunas veces, a veces
**Mandarine** f mandarina
**Mandel** f almendra; *Anat* amígdala; **~entzündung** f amigdalitis, angina(s) f(pl)
**Manege** f pista de circo
**Mangel** m defecto; vicio; falta f, carencia f (**an** de); **2haft** defectuoso
**Mangold** m acelgas fpl
**Manieren** fpl maneras, ademanes mpl
**Maniküre** f (*Tätigkeit*) manicura; (*Person*) Span manicura, Am manicurista
**Mann** m hombre
**Männchen** n Zo macho m; fig hombrecillo m
**Mannequin** n (*Person*) maniquí f
**mannigfaltig** variado, diverso
**männlich** masculino; Zo macho
**Mannschaft** f equipo m
**Manöver** n maniobra f
**Mansarde** f mansarda, buhardilla

**Manschette** f puño m; **~knopf** m gemelo, *Méj* mancuerna f, *Col* mancorna f, *Chi* collera f
**Mantel** m abrigo; (*Reifen2*) cubierta f
**Mappe** f cartera, carpeta
**Märchen** n cuento m; **~buch** n libro m de cuentos; **2haft** fabuloso
**Marder** m marta f
**Margarine** f margarina
**Marinade** f escabeche m
**Marine** f marina; (*Kriegs2*) armada
**mariniert** en escabeche
**Marionette** f títere m, fantoche m, marioneta
**Mark** 1. f marco m; 2. n médula f, tuétano m
**Marke** f *Hdl* marca; (*Spiel2, Tel*) ficha; (*Brief2*) sello m, *Süda* estampilla, *Méj* timbre m; **~nartikel** m artículo de marca
**markier|en** marcar, señalar; **2ung** f señales fpl
**Markise** f marquesina
**Markt** m mercado; **~halle** f mercado m cubierto; **~platz** m plaza f
**Marmelade** f mermelada
**Marmor** m mármol
**Marone** f castaña (comestible)
**Marsch** m marcha f; **2ieren** marchar; **~route** f itinerario m
**Märtyrer** m mártir su
**Marxist, 2isch** m marxista
**März** m marzo
**Marzipan** n mazapán m

**Masche** f malla; fig F truco m; **~ndraht** m tela f metálica

**Maschine** f máquina; aparato m; Flgw avión m

**Maschinen|gewehr** n ametralladora f; **~pistole** f pistola ametralladora, metralleta; **~raum** m sala f de máquinas; **~schaden** m avería f

**Maschineschreiben** n mecanografía f

**Maschinist** m maquinista

**Masern** pl sarampión m

**Maske** f máscara; disfraz m

**Maß** n medida f; fig grado m; **nach ~** a medida

**Massage** f masaje m

**Maßanzug** m traje m a medida

**Masse** f masa

**Massen|artikel** m artículo de gran consumo; **~grab** n fosa f común; **2haft** inmenso, en masa; **~medien** npl medios mpl de comunicación social

**Masseur** m masajista

**maß|gebend, ~geblich** decisivo; competente; **~halten** contenerse

**massieren** dar un masaje a

**mäßig** moderado; **~en** moderar, contener; s. **~en** moderarse

**maß|los** desmesurado; excesivo; **2nahme** f medida; **2stab** m escala f; fig norma f; **~voll** mesurado

**Mast** m poste; Mar mástil

**Mastdarm** m recto

**mästen** cebar, engordar

**Mater|ial** n material m; **~ie** f materia; **2iell** material

**Mathematik** f matemáticas fpl; **~er** m matemático

**Matinee** f función de mañana

**Matratze** f colchón m

**Matrose** m marinero

**matt** mate (a Schach, Fot); (Glas) opaco; (j) débil

**Matte** f estera

**Mauer** f muro m; (Stadt2) muralla

**Maul** n boca f; **~beerbaum** m morera f; **~esel** m macho; **~korb** m bozal; **~tier** m mulo m; **~wurf** m topo

**Maurer** m albañil, Span F a paleta

**Maus** f ratón m; **~efalle** f ratonera

**mausern: s. ~** Zo estar de muda

**Mausoleum** n mausoleo m

**Maut** f peaje m; **~straße** f carretera de peaje

**Mayonnaise** f mayonesa

**Mecha|nik** f mecánica; **~niker** m, 2nisch mecánico; **~nismus** m mecanismo

**Medaill|e** f medalla; **~on** n medallón m

**Medikament** n medicamento m, medicina f

**Medizin** f medicina; 2isch médico; medicinal

**Meer** n mar m; **~blick** m vista f al mar; **~enge** f estrecho m; **~rettich** m rábano picante; **~schweinchen** n cobayo m, Col curí m, Pe cuy m, Par chanchito m de

**Meerwasser**

la India; ~wasser *n* agua *f* de mar

**Mehl** *n* harina *f*

**mehr** más; ~ **als** (*ohne Vergleich*) más de; (*mit Vergleich*) más que; **immer** ~ más y más; **nichts** ~ nada más; **um so** ~ tanto más; ~**deutig** ambiguo

**mehrere** varios

**mehr|fach** múltiple, *adv* repetidas veces; 2**gewicht** *n* exceso de peso; 2**heit** *f* mayoría; ~**mals** varias veces; ~**tägig** de varios días; 2**zahl** *f* *Gr* plural *m*

**meiden** evitar

**Meile** *f* *Mar* milla marina (*od* náutica); (*Land*2) legua

**mein**, ~**e** mi(s)

**Meineid** *m* perjurio

**meinen** pensar, opinar; querer decir

**meinetwegen** por mí; ¡sea!

**Meinung** *f* opinión; ~**verschiedenheit** *f* disentimiento *m*, discrepancia

**Meise** *f* paro *m*

**Meißel** *m* cincel

**meist**: **der, die, das** ~**e** la mayor parte (de); **am** ~**en** más; ~**ens** generalmente, las más veces

**Meister** *m* maestro; patrono; *Sp* campeón; ~**schaft** *f* maestría; *Sp* campeonato *m*; ~**werk** *n* obra *f* maestra

**melden** avisar, anunciar; **s.** ~ presentarse; **s. krank** ~ darse de baja como enfermo

**Meld|eschluß** *m* cierre *m* de inscripciones; ~**ung** *f* aviso

*m*; noticia; *Mil* parte *m*

**melken** ordeñar

**Melodie** *f* melodía

**Melone** *f* melón *m*; (*Wasser*2) sandía; (*Hut*) sombrero *m* hongo

**Menge** *f* cantidad; montón *m*; *fig* muchedumbre

**Mensa** *f* comedor *m* universitario

**Mensch** *m* hombre

**menschen|leer** despoblado, desierto; 2**menge** *f* muchedumbre; 2**rechte** *npl* derechos *mpl* del hombre; ~**scheu** huraño

**Mensch|heit** *f* género *m* humano, humanidad; 2**lich** humano; ~**lichkeit** *f* humanidad

**Menstruation** *f* menstruación

**Menthol** *n* mentol *m*

**Menü** *n* menú *m*, cubierto *m* fijo

**Merk|blatt** *n* hoja *f* informativa; 2**en** notar, percibir; **s.** 2**en** no olvidar; 2**lich** perceptible; ~**mal** *n* característica *f*; ~**würdig** distintivo *m*; 2**würdig** curioso

**Meß|band** *n* cinta *f* métrica; 2**bar** mensurable

**Messe** *f* *Rel* misa; *Hdl* feria; ~**gelände** *n* recinto *m* de la feria; ~**halle** *f* pabellón *m* de feria

**messen** medir

**Messer** *n* cuchillo *m*; (*Taschen*2, *Rasier*2) navaja *f*; ~**schnitt** *m* corte *m* de navaja

**Messing** *n* latón *m*, *bsd Am*

**cobre** m amarillo
**Metall** n metal m; **~arbeiter** m obrero metalúrgico
**meteorologisch** meteorológico
**Meter** m od n metro m
**Methode** f método m
**Metzger** m carnicero; **~ei** f carnicería
**Meuterei** f motín m
**mich** me; (a) mí
**Mieder** n corpiño m
**Miene** f cara
**Miesmuscheln** fpl mejillones mpl
**Miet|e** f alquiler m, Am a arriendo m; **2en** alquilar, Méj rentar, Súda arrendar; **~er** m inquilino; **~wagen** m coche de alquiler
**Migräne** f jaqueca
**Mikro|phon** n micrófono m; **~skop** n microscopio m
**Milch** f leche; **~bar** f granja; **~flasche** f (fürs Kind) biberón m, Col tetero m; **~kaffee** m café con leche; **~mixgetränk** n batido m de leche; **~pulver** n leche f en polvo; **~reis** m arroz con leche; **~zahn** m diente de leche
**mild** suave, atenuado; **~ern** suavizar, atenuar; templar
**Militär** n milicia f; **2isch** militar
**Milli|arde** f mil millones mpl; **~meter** m od n milímetro m; **~on** f millón m
**Milz** f bazo m
**Minarett** n alminar m
**minder** menor; inferior; 2-

**heit** f minoría; **~jährig** menor (de edad); **~wertig** (de) inferior (calidad)
**mindest** el, la menor; **~ens** al (od por lo) menos; **2lohn** m salario mínimo; **2preis** m precio mínimo
**Mine** f mina
**Mineral** n mineral m; **~wasser** n agua f mineral (**mit** (**ohne**) **Kohlensäure** con (sin) gas)
**Mini|bus** m Span microbús, Am a buseta f; **~golf** n minigolf m; **~kleid** n minivestido m; **2mal** mínimo; **~rock** m minifalda f
**Minister** m ministro; **~ium** n ministerio m
**minus** menos; **~ 15 Grad** 15 grados bajo cero
**Minute** f minuto m
**mir** me; a mí; **mit ~** conmigo
**misch|en** mezclar; Karten: barajar; **2ung** f mezcla
**miserabel** miserable
**Mispeln** fpl nísperos mpl
**miß|achten** desatender; **2-bildung** f deformidad; **~-billigen** desaprobar; **2-brauch** m abuso; **~-brauchen** abusar de; **2erfolg** m fracaso; **~ernte** f mala cosecha; **2geburt** f engendro m; **2geschick** n adversidad f, percance m; **~handeln** maltratar
**Mission** f misión f; **~ar** m misionero
**miß|lingen** fracasar; **~-trauen** desconfiar (dat de);

## Mißtrauen

&trauen n desconfianza f; ~trauisch desconfiado, suspicaz; &verständnis n malentendido m; ~verstehen entender mal; &wirtschaft f desgobierno m

**Mist** m estiércol f; ~haufen m estercolero; ~stück n F pej pájaro f, mal bicho m

**mit** con; ~ dem Auto (dem Zug) fahren ir en coche (en tren); &arbeiter m colaborador; ~bringen traer; &bürger m conciudadano; ~einander uno(s) con otro(s); &gefühl n simpatía f; ~gehen acompañar (a); &lied n miembro m, socio m; &liedsbeitrag m cuota f (de socio); &liedskarte f carné m (o credencial) de socio; ~kommen ir (mit con)

**Mitleid** n compasión f; &ig compasivo, piadoso

**mit|nehmen** llevar (consigo); &reisende(r) m compañero de viaje; ~schuldig cómplice (an de); ~schüler m condiscípulo

**Mittag** m mediodía; **zu ~ essen** almorzar, Span a comer; ~essen n almuerzo m, Span a comida f

**mittags** a mediodía; &pause f descanso m de mediodía; &ruhe f siesta

**Mitte** f medio m; centro m

**mittei|len** comunicar, participar; &ung f comunicación, informe m

**Mittel** n medio m; (Heil&)

remedio m; ~alter n Edad f Media; &alterlich medieval; ~deck n cubierta f media; ~finger m dedo del corazón; &los sin recursos; &mäßig mediano; ~ohrentzündung f otitis media; ~punkt m centro; ~schule f colegio m de enseñanza media; ~streifen m Vkw mediana f; ~welle f onda media

**mitten:** ~ **in** en medio de; ~ **unter** entre

**Mitternacht** f medianoche

**mittlere** (del) medio f, fig mediano

**Mittwoch** m miércoles

**mitunter** de vez en cuando

**mitwirk|en** cooperar; &ung f cooperación

**Mix|becher** m coctelera f; &en mezclar; ~er m batidora f

**Möbel** npl muebles mpl; ~politur f pulimento m para muebles; **Am** a lustramuebles m; ~wagen m camión de mudanzas (Col de trasteo)

**Mobilmachung** f movilización

**möbliert** amueblado

**Mode** f moda

**Modell** n modelo m (Person f)

**Mode(n)schau** f desfile m de modelos

**modern** moderno; ~isieren modernizar

**Modeschmuck** m bisutería f

**modisch** a la moda
**mogeln** F hacer trampa
**mögen** querer; **ich möchte ...** quisiera, desearía ...
**möglich** posible; ⎔**keit** f posibilidad
**Mohammedaner** m mahometano, musulmán
**Mohn** m amapola f; (*Schlaf*-⎔) adormidera f
**Möhre** f, **Mohrrübe** f zanahoria
**Mokka** m moca
**Mole** f muelle m
**Molkerei** f lechería
**Moment** m momento; instante; **~aufnahme** f Fot instantánea
**Monarchie** f monarquía
**Monat** m mes; ⎔**lich** mensual; ⎔**skarte** f abono m mensual; **~srate** f mensualidad
**Mönch** m monje
**Mond** m luna f; **~fähre** f módulo m lunar; **~finsternis** f eclipse m lunar; **~landung** f alunizaje m; **~schein** m luz f de la luna
**Montag** m lunes
**Mont|age** f montaje m; ajuste m; ⎔**ags** los lunes; **~eur** m ajustador; mecánico; ⎔**ieren** montar
**Moor** n pantano m; **~bad** n baño m de lodo
**Moos** n musgo m
**Moped** n ciclomotor m
**Moral** f, ⎔**isch** moral
**Morast** m lodo, fango
**Morchel** f Bot, Gastr colmenilla

**Mord** m asesinato
**Mörder** m asesino
**morgen** mañana; **~ früh** mañana por la mañana; ⎔ m mañana f; **⎔ guten** ⎔**!** ¡buenos días!; ⎔**dämmerung** f alba, amanecer m; ⎔**rock** m bata f; **~s** de (*od* por la) mañana
**morgig** de mañana
**Morphium** n morfina f
**morsch** podrido
**Mörtel** m mortero
**Mosaik** n mosaico m
**Moschee** f mezquita
**Moskitonetz** n mosquitero m
**Most** m mosto; sidra f
**Motel** n motel m
**Motor** m motor; **~boot** n lancha f (motora); *Süda* a voladora f; **~haube** f capó m; **~öl** n aceite m de motor; **~rad** n motocicleta f; **~roller** m scooter, escúter; **~schiff** n motonave f
**Motte** f polilla
**Möwe** f gaviota
**Mücke** f mosquito m; **~nstich** m picadura f de mosquito
**müd|e** cansado, fatigado; ⎔**igkeit** f cansancio m; fatiga
**muffig:** **~ riechen** oler a enmohecido
**Mühe** f pena; esfuerzo m; ⎔**los** sin esfuerzo, fácilmente
**Mühle** f molino m; (*Spiel*) tres m en raya
**mühsam** penoso; fatigoso;

arduo
**Mulatte** m mulato
**Mulde** f hondonada
**Müll** m basura f; ~**abfuhr** f recogida de basuras; ~**aufbereitung** f transformación de basura; ~**beutel** m bolsa f para basura
**Mullbinde** f venda de gasa
**Mülleimer** m cubo de la basura, *Col* caneca f, *PR* zafacón
**multiplizieren** multiplicar
**Mumps** m f paperas fpl
**Mund** m boca f; ~**art** f habla
**münden** desembocar
**Mundharmonika** f armónica
**münd|ig** mayor de edad; ~**lich** verbal; oral
**Mundstück** n boquilla f
**Mündung** f desembocadura; *Tech* boca
**Mundwasser** n agua f dentífrica
**Munition** f munición
**munter** alegre; vivo, despierto
**Münz|e** f moneda; ~**fernsprecher** m teléfono público
**murmeln** murmurar
**murren** gruñir

**mürrisch** huraño; gruñón, acedo
**Muschel** f concha; (*Mies*~) mejillón m; (*Venus*~) almeja
**Museum** n museo m
**Musik** f música; ~**alisch** musical; música; ~**box** f máquina tocadiscos; ~**er** m músico; ~**instrument** n instrumento m de música
**Muskat|eller(wein)** m moscatel; ~**nuß** f nuez moscada
**Muskel** m músculo; ~**kater** m agujetas fpl; ~**zerrung** f distorsión muscular
**muskulös** musculoso
**Muße** f ocio m
**müssen** deber, tener que, estar obligado a
**Muster** n modelo m; *Hdl* muestra f; ~**gültig** ejemplar; ~**n** examinar; ~**ung** f *Mil* reclutamiento m
**Mut** m ánimo, valor; ~**ig** animoso, valiente; ~**maßlich** presunto, supuesto
**Mutter** f madre; *Tech* tuerca; ~**mal** n lunar m; ~**sprache** f lengua materna
**mutwillig** petulante
**Mütze** f gorro m; (*Schirm*~) gorra (de visera)
**Mythos** m mito

# N

**Nabel** m ombligo
**nach** (*Ort*) a, para; hacia; (*Zeit*) después de, tras; al cabo de; *fig* según; ~ **und** ~ poco a poco
**nachahm|en** imitar; copiar;

~**ung** f imitación
**Nachbar** m vecino; ~**schaft** f vecindad
**nach|bestellen** *Hdl* hacer un nuevo pedido; ~**bildung** f copia; ~**dem** después de

**Nachtzug**

(que); **je ~dem** eso depende; **~denken** reflexionar, meditar; **~denklich** pensativo; **~drücklich** enérgico; insistente; **~eifern** (*dat*) emular a; **~einander** uno(s) tras otro(s); **2folger** *m* sucesor; **2forschung** *f* indagación, pesquisa; **2frage** *f* *Hdl* demanda; **2füllen** echar, rellenar; **~geben** ceder, condescender; (*Stoff usw*) doblegarse; **2gebühr** *f* sobretasa; **~gehen** (*Uhr*) retrasar; **2geschmack** *m* resabio, gustillo; **~giebig** indulgente, deferente

**nachher** después

**Nach|hilfestunde** *f* clase (*od* lección) de repaso; **2holen** recuperar; **~komme** *m* descendiente; **~kriegszeit** *f* pos(t)guerra; **~kur** *f* cura ulterior; **~laß** *m Hdl* rebaja *f*; **jur** herencia *f*; **2lassen** *v/i* ceder; relajarse; calmarse; (*Wind*) amainar; **~lässig** negligente, dejado; **2lösen** *Fahrkarte*: pagar un suplemento; **2machen** imitar

**Nachmittag** *m* tarde *f*; **am ~ = 2s** por la tarde

**Nachnahme** *f*: **gegen ~** contra reembolso

**nach|prüfen** comprobar, verificar; **2prüfung** *f* verificación; **~rechnen** repasar; **2richt** *f* noticia, información, aviso *m*; **2richten** *pl* noticiario *m*, diario *m* hablado; **2richtenagentur** *f* agencia *f* de noticias; **2rich-**

**tensatellit** *m* satélite de comunicaciones

**nach|rücken** avanzar; **2ruf** *m* necrología *f*; **2saison** *f* postemporada, fin *m* de temporada; **~schicken** hacer seguir; reexpedir; **2schlagewerk** *n* obra *f* de consulta; **2schlüssel** *m* llave *f* falsa; **2schub** *m* acarreo; **~sehen** revisar; ver (**ob** si); **~sichtig** indulgente

**nächst** próximo; siguiente; **~e Woche** la próxima semana; **in den ~en Tagen** en los días siguientes; **am ~en** más cercano

**Nacht** *f* noche; **~...** *in Zssgn* nocturno; **gute ~!** ¡buenas noches!; **~dienst** *m* servicio nocturno

**Nachteil** *m* desventaja *f*; perjuicio; **2ig** desventajoso

**Nacht|flug** *m* vuelo nocturno; **~geschirr** *n* orinal *m*; **~glocke** *f* timbre *m* de noche; **~hemd** *n* camisón *m*, camisa *f* de noche

**Nachtisch** *m* postre

**Nacht|klub** *m*, **~lokal** *n* sala *f* de fiestas, club *m* nocturno

**Nach|trag** *m* suplemento; **j-m et 2tragen** guardar rencor a por u/c; **2träglich** posterior; suplementario

**nacht|s** durante la noche; **2schicht** *f* turno *m* de noche; **~tisch** *m* mesita *f* de noche; **2tischlampe** *f* lámpara de mesilla; **2wächter** *m* sereno; **2zug** *m* tren nocturno

**Nach|weis** m prueba f; ⁞**weisen** comprobar, demostrar; ⁞**wirkung** f repercusión, reacción; ⁞**zahlen** pagar un suplemento; ⁞**zählen** recontar; ⁞**zahlung** f pago m rezagado; ⁞**zügler** m rezagado
**Nacken** m nuca f
**nackt** desnudo; ⁞**kultur** f (des)nudismo m
**Nadel** f (Näh⁞) aguja; (Steck⁞) alfiler m; Bot pinocha; ⁞**wald** m bosque de coníferas
**Nagel** m clavo; Anat uña f; ⁞**bürste** f cepillo m de uñas; ⁞**feile** f lima de uñas; ⁞**lack** m laca f para uñas; ⁞**lackentferner** m quitaesmaltes; ⁞**n** clavar
**nage|n** roer (**an** ac); ⁞**tier** n roedor m
**nah(e)** cercano; próximo; adv cerca
**Nähe** f proximidad, cercanía
**nähen** coser
**näher** más cercano; ⁞**n: s.** ⁞**n** aproximarse, acercarse
**Näh|garn** n hilo m; ⁞**kästchen** n, ⁞**körbchen** n costurero m; ⁞**maschine** f máquina de coser; ⁞**nadel** f aguja
**nahr|haft** nutritivo; ⁞**ung** f alimento m; ⁞**ungsmittel** npl alimentos mpl
**Naht** f costura; ⁞**los** sin costura
**naiv** ingenuo
**Name** m nombre; ⁞**nstag** m (día del) santo; ⁞**ntlich** nominal; fig particularmente
**namhaft** notable; considerable
**nämlich** adv a saber; es que
**Napf** m escudilla f
**Narbe** f cicatriz
**Narkose** f narcosis
**Narr** m loco, chiflado
**Narzisse** f narciso
**Nase** f nariz
**Nasen|bluten** n hemorragia f nasal; ⁞**loch** n ventana f de la nariz; ⁞**tropfen** mpl gotas fpl para la nariz
**Nashorn** n rinoceronte m
**naß** mojado; ⁞ **machen** mojar
**Nassauer** m F pej gorrón, aprovechado
**Nässe** f humedad
**naßkalt** frío y húmedo
**Nation** f nación
**national** nacional; ⁞**ität** f nacionalidad; ⁞**mannschaft** f equipo m nacional, selección
**Natron** n sosa f; F bicarbonato m
**Natur** f naturaleza; ⁞**ereignis** n fenómeno m natural; ⁞**forscher** m naturalista; ⁞**getreu** al natural; ⁞**katastrophe** f catástrofe de la naturaleza
**natürlich** natural
**Naturschutz|gebiet** n reserva f; ⁞**park** m parque nacional
**Nebel** m niebla f; ⁞**ig** brumoso; ⁞**scheinwerfer** m faro antiniebla; ⁞**schluß-**

**leuchte** f luz posterior de niebla
**neben** al lado de; *fig* además de; **~an** al lado; **2anschluß** m Tel extensión f; **2apparat** m Tel supletorio; **~bei** de paso; **2beschäftigung** f ocupación accesoria; **~einander** uno(s) al lado de otro(s); **2gebäude** n dependencia f; **2kosten** pl gastos mpl accesorios; **2straße** f calle lateral; **2stelle** f Tel extensión; **2verdienst** m ingresos mpl extra; **2wirkung** f efecto m secundario
**Necessaire** n neceser m
**Neffe** m sobrino
**Negativ** n negativo m; **~film** m película f negativa
**Neger(in** f) m negro (negra)
**nehmen** tomar; **Platz ~** tomar asiento, sentarse
**Neid** m envidia f; **2isch** envidioso
**neig|en** inclinar; *fig* tender a; **s. ~en** inclinarse; **2ung** f inclinación; *fig* propensión
**nein** no
**Nelke** f *Bot* clavel m; (Gewürz) clavo m
**nennen** llamar; nombrar; **~swert** notable
**Neonröhre** f tubo m de neón
**neppen** F clavar, robar
**Nerv** m nervio m
**Nerven|arzt** m neurólogo; **~heilanstalt** f hospital m (*od* sanatorio m) siquiátrico; **2krank** neurópata, neurótico; **~zusammenbruch** m ataque nervioso
**nervös** nervioso
**Nervosität** f nerviosidad
**Nerz** m visón
**Nesselfieber** n urticaria f
**Nest** n nido m
**nett** amable; bonito
**netto** neto; **2preis** m precio neto
**Netz** n red f; **~anschluß** m conexión f a la red; **~haut** f retina; **~strumpf** m media f de rejilla (*od* de malla)
**neu** nuevo; fresco; **von ~em** de nuevo; **~artig** nuevo; **2bau** m casa f en construcción; edificio nuevo; **2erung** f innovación, reforma
**Neugier** f curiosidad; **2ig** curioso
**Neu|heit** f novedad; **2igkeit** f novedad; **2jahr** n año nuevo m; **2lich** recientemente, el otro día; **2mond** m luna f nueva
**neun** nueve
**Neuralgie** f neuralgia
**neutral** neutral
**neuvermählt** recién casado
**nicht** no; **~ ganz** no del todo; **~ einmal** ni siquiera; **~ mehr** ya no; **~ wahr?** ¿verdad?
**Nichte** f sobrina
**Nichtraucher** m(pl) no fumador(es)
**nichts** nada
**Nichtschwimmer** m(pl) no nadador(es)
**nicken** inclinar la cabeza
**nie** nunca, jamás; **noch ~ habe ich ...** en mi vida

**nieder** abajo; por tierra; **~drücken** apretar hacia abajo; **~geschlagen** abatido, deprimido; **~knien** ponerse de rodillas; **2lage** f derrota

**niederlassen: s. ~** establecerse

**nieder|legen** Amt: renunciar (ac); **2schlag** m precipitaciones fpl; fig reflejo; **~schlagen** abatir; **~trächtig** infame

**niedlich** bonito, mono

**niedrig** bajo

**niemand** nadie; ninguno

**Niere** f riñón m; **~nentzündung** f nefritis; **~nkolik** f cólico m renal; **~nstein** m cálculo renal

**niesel|n: es ~t** llovizna

**niesen** estornudar

**nikotinarm** pobre en nicotina

**Nippsachen** fpl bibelots mpl

**nirgends** en ninguna parte

**Nische** f nicho m; hornacina

**nisten** anidar

**Niveau** m nivel m

**noch** todavía, aún; **~ ein (eine)** otro (otra) ...; **~ etwas?** ¿algo más? **~mals** una vez más, otra vez

**Nockenwelle** f árbol m de levas

**Nonne** f monja, religiosa

**Nonstopflug** m vuelo sin escala

**Norden** m norte

**nördlich** del norte; **~ von a**l norte de

**Nord|licht** n aurora f boreal; **~osten** m nordeste; **~pol** m

Polo Norte; **~westen** m noroeste

**nörgeln** criticizar

**Norm** f norma

**normal** normal; **2benzin** n gasolina f normal; **2isierung** f normalización, vuelta a la normalidad

**Nostalgiewelle** f moda retro

**Not** f miseria; necesidad; pena; **~ ... in** Zssgn de urgencia, de emergencia

**Notar** m notario

**Not|arzt** m médico de urgencia; **~ausgang** m salida f de emergencia; **~bremse** f freno m de alarma; **~dienst** m servicio de urgencia (od de emergencia) (Apotheke) turno; **2dürftig** provisional, improvisado

**Note** f nota

**Notfall** m caso de emergencia, urgencia f

**notieren** apuntar, anotar

**nötig** necesario; **~ haben** necesitar; **~enfalls** si fuera necesario

**Notiz** f nota, apunte m; noticia; **~block** m bloc de notas; **~buch** n agenda f, libreta f

**Not|lage** f aprieto m, apuro m; **~landung** f aterrizaje m forzoso; **~leidend** necesitado; **~quartier** m alojamiento m provisional; **~ruf** m Tel llamada f de urgencia; **~ruf(anlage** f) (an Autobahn) teléfono m SOS; **~signal** n señal f de socorro; **~sitz** m traspuntín; **~verband** m vendaje provisio-

**Ofenrohr**

nal; ~wehr f legítima defensa; ℒwendig necesario, indispensable; ~zucht f estupro m
**Nougat** m turrón m
**Novelle** f novela corta
**November** m noviembre
**nüchtern** en ayunas; fig sobrio, prosaico
**Nudeln** fpl pastas; (Faden℘) fideos mpl
**Nudist** m desnudista su
**null**, ℒ f cero m
**numerier|en** numerar; ℒung f numeración
**Nummer** f número m; ~n-nal; ~wehr f legítima defensa; ℒwendig necesario, indispensable; ~zucht f estupro m
schild n matrícula f, Am a chapa f, placa f
**nun** ahora; pues (bien); was ~? ¿y ahora qué?
**nur** sólo, solamente
**Nuß** f nuez; ~baum m nogal; ~knacker m cascanueces
**Nutte** f F fulana
**nütz|en** vt utilizar; vi ser útil, servir (zu para)
**Nutz|en** m utilidad f; provecho; ~last f carga útil
**nützlich** útil
**nutzlos** inútil; perdido
**Nylon** n nilón m

## O

**ob** si; **als ~** como si
**obdachlos** sin domicilio (od asilo)
**obduzieren** practicar la autopsia
**oben** arriba; en lo alto; **~auf** (por) encima (de); **~hin** fig a la ligera
**Ober** m camarero, Col, Méj mesero, Arg mozo, Chi garzón
**Ober|arm** m brazo; ~deck n (Bus) imperial f; Mar cubierta f superior
**obere, ~r, ~s** superior; alto
**Ober|fläche** f superficie; ~flächlich** superficial, somero; adv por encima; **~halb** por encima de; **~hemd** n camisa f; ~kellner m maître; ~körper m busto; ~schenkel m muslo; ~schwester f enfermera jefe

**Oberst** m coronel
**oberste, ~r, ~s** superior; supremo
**Oberteil** m od n parte f superior
**obgleich** aunque
**Obhut** f guardia, protección
**Objekt** n objeto m; ~iv n objetivo m
**Obst** n fruta(s) f(pl); ~baum m árbol frutal; ~garten m huerto; ~geschäft n frutería f; ~händler m frutero; ~salat m ensalada f de fruta; ~wein m vino de fruta
**obszön** obsceno
**Obus** m trolebús
**obwohl** aunque, bien que
**Ochse** m buey
**öde** desierto, yermo
**oder** o (vor o- od ho- u)
**Ofen** m estufa f; Tech horno; ~rohr n tubo m de estufa.

**Ofensetzer**

~**setzer** m fumista
**offen** abierto; *fig* franco; (*Problem*) pendiente; (*Stelle*) vacante; (*Wein*) en garrafa
**offen|bar** evidente; *adv* por lo visto, evidentemente; 2~**heit** f franqueza; ~**kundig** manifiesto; ~**lassen** dejar abierto; fig dejar en suspenso; ~**sichtlich** manifiesto, evidente
**Offensive** f ofensiva
**öffentlich** público; 2**keit** f público m; publicidad
**offiziell** oficial
**Offizier** m oficial
**öffn|en** abrir; 2**ung** f abertura; 2**ungszeiten** fpl horas de apertura
**oft** a menudo, con frecuencia, frecuentemente; ~**wie ...?** ¿cuántas veces?
**öfter(s)** con más frecuencia, muy a menudo
**ohne** sin; ~ **weiteres** sin más (ni más)
**Ohn|macht** f desmayo m; 2**mächtig** desmayado; 2**mächtig werden** desmayarse
**Ohr** n oreja f; oído m (innen)
**ohren|betäubend** ensordecedor; 2**schmerzen** mpl dolor m de oídos; 2**tropfen** mpl gotas fpl óticas
**Ohr|feige** f bofetada; F torta; ~**ring** m pendiente
**Ökolog|ie** f ecología; 2**isch** ecológico
**Oktober** m octubre
**Öl** n aceite m; *Mal* óleo m; (*Erd~*) petróleo m; 2**en** aceitar, engrasar; ~**farbe** f pintura al aceite (*Mal* al óleo); ~**gemälde** n cuadro m al óleo; ~**heizung** f calefacción de aceite
**Olive** f aceituna; ~**nbaum** m olivo; ~**nöl** n aceite m de oliva
**Öl|kanister** m lata f (od bidón) de aceite; ~**kanne** f aceitera; ~**sardinen** fpl sardinas en aceite; ~**stand** m nivel del aceite; ~**wechsel** m cambio de aceite
**olympisch:** 2**e Spiele** npl Juegos mpl Olímpicos
**Ölzeug** n traje m de aguas
**Omelett** n tortilla (francesa)
**Omnibus** m autobús; autocar; ~**bahnhof** m estación f de autobuses
**Onkel** m tío
**Oper** f ópera
**Operation** f operación; ~**saal** m quirófano
**Operette** f opereta
**operieren** operar; **s. ~ lassen** operarse
**Opernglas** n gemelos mpl de teatro
**Opfer** n sacrificio m; (*Person*) víctima f; 2**n** sacrificar
**Opium** n opio m
**Opposition** f oposición
**Optiker** m óptico
**Optimist** m, 2**isch** optimista
**orange**, 2 f naranja f; 2**ade** f naranjada; ~**nbaum** m naranjo; ~**nsaft** m zumo de naranja

**Orchester** n orquesta f
**Orchidee** f orquídea
**Orden** m condecoración f; Rel orden f
**ordentlich** ordenado; esmerado; decente
**ordinär** vulgar
**ordn|en** ordenar, arreglar; ~**er** m clasificador; ~**ung** f orden m; ~**ungsstrafe** f multa
**Organ** n órgano m; ~**isation** f organización; ~**isch** orgánico; ~**isieren** organizar
**Orgel** f órgano m
**Orient** m oriente; ~**alisch** oriental
**orientier|en**: s. ~**en** orientarse; ~**ung** f orientación
**original**, 2 n original m
**originell** original, raro
**Ort** m lugar; sitio

**Orthographie** f ortografía
**orthopädisch** ortopédico
**örtlich, Orts...** local
**Ortschaft** f población, localidad
**Orts|gespräch** n llamada urbana (od local); ~**zeit** f hora local
**Öse** f corchete m
**Osten** m este; **Naher (Mittlerer, Ferner)** ~ Próximo (Medio, Extremo) Oriente
**Ostern** n Pascua f (de Resurrección)
**östlich** al este; oriental
**Otter** f víbora
**oval** oval(ado)
**Overall** m mono, bsd Am overol
**oxydieren** oxidarse
**Ozean** m océano
**Ozelot** m ocelote

# P

**Paar** n par m; pareja f; **ein** 2 ... un par de ...; 2**weise** a pares, dos a dos
**Pacht** m arriendo m; 2**en** arrendar
**Pächter** m arrendatario
**Pachtvertrag** m contrato de arrendamiento
**Päckchen** n (pequeño) paquete m
**pack|en** Koffer: hacer (las maletas); j-n: agarrar; ~**end** cautivador; 2**ung** f paquete m; embalaje m; Med envoltura
**Paddel** n canalete m; ~**boot** n canoa f, piragua f; 2**n**

remar con canalete
**Page** m (Hotel) botones m
**Paket** n paquete m; ~**karte** f boletín m de expedición
**Pakt** m pacto
**Palast** m palacio
**Palm|e** f palmera; **j-n auf die ~e bringen** F sacar a alg de quicio; ~**sonntag** m Domingo de Ramos
**Pampelmuse** f pomelo m
**paniert** empanado
**Panik** f pánico m
**Panne** f avería; ~**nhilfe** f auxilio m en carretera, servicio m de averías
**Panorama** n panorama m

**Pantoffel**

**Pantoffel** m pantufla f
**pantschen** F bautizar
**Panzer** m tanque; Zo caparazón; ~schrank m caja f fuerte
**Papa** m papá
**Papagei** m papagayo, loro
**Papier** n papel m; ~e pl documentación f; ~korb m cesto de papeles; ~serviette f servilleta de papel; ~taschentuch n pañuelo m de papel
**Pappe** f cartón m
**Pappel** f álamo m
**Paprika** m pimentón; ~schote f pimiento m, (rote) pimiento m morrón
**Papst** m papa
**Parade** f desfile m, revista
**Paradies** n paraíso m
**Paragraph** m artículo m
**parallel** paralelo
**Pärchen** n parejita f
**Parfüm** n perfume m; ~erie f perfumería
**Park** m parque
**parken** vt u vi aparcar, Col parquear, RPl estacionar
**Parkett** n entarimado m; Thea patio m
**Park|gebühr** f tasa de aparcamiento; ~haus n garaje m; ~lücke f hueco m para aparcar (Am parquear od estacionar); ~platz m aparcamiento, RPl, Chi, Pe playa f de estacionamiento, Col parqueadero; ~scheibe f disco m de control; ~uhr f parquímetro m; ~verbot n prohibición f de aparcamiento
**Parlament** n parlamento m; Span Cortes fpl
**Parodie** f parodia
**Partei** f partido m; jur parte; ~isch parcial; ~los sin partido; independiente
**Parterre** n planta f baja, Am (außer RPl) primer piso m; Thea platea f
**Partie** f partida; Sp partido m
**Partisan** m guerrillero; partisano
**Partner** m compañero; Hdl socio; (Tanz2) pareja f
**Party** f guateque m, fiesta
**Parzelle** f parcela, Am a lote m
**Paß** m pasaporte; Geogr puerto, paso
**Passage** f pasaje m
**Passagier** m pasajero; ~schiff n barco m de pasaje
**Passant** m transeúnte su
**passen** convenir, venir bien; ser apropiado; (Kleid) sentar bien; ~d conveniente, adecuado; pertinente; ~d zu (Kleider, Möbel usw) a juego con, a tono con
**passier|en** atravesar; 2schein m pase, salvoconducto
**Passionszeit** f cuaresma
**passiv** pasivo
**Paßkontrolle** f control m de pasaportes
**Pastete** f empanada; pastel m (de carne usw)
**pasteurisiert** pasteurizado
**Pastor** m pastor
**Pate** m padrino; ~nkind n

ahijado m
**Patent** n patente f
**Patient(in** f) m paciente
**Patin** f madrina
**patriotisch** patriótico
**Patronatsfest** n fiesta f mayor
**Patrone** f cartucho m
**Patsche** f: **in der ~ sitzen** estar en un apuro (Col en la olla)
**Pauke** f timbal m, bombo m
**pauschal** global; **2e** f importe m global
**Pause** f pausa, recreación; descanso m; **2nlos** incesante; adv sin cesar (od descanso)
**Pauspapier** n papel m de calcar
**Pavillon** n pabellón; quiosco
**Pech** n fig mala pata (od sombra) f; **~vogel** m cenizo
**Pedal** n pedal m
**Pediküre** f (Tätigkeit) pedicura; (Person) Span pedicura, Am pedicurista
**peinlich** desagradable, embarazoso; precario; **~ genau** escrupuloso
**Peitsche** f látigo m, Am a fuete m
**Pelikan** m pelícano
**Pelz** m piel f; **~geschäft** n peletería f; **~jacke** f chaquetón m de piel; **~mantel** m abrigo de pieles
**Pendelverkehr** m vaivén
**Penis** m pene
**Penizillin** n penicilina f
**Pension** f pensión; **~är** m

pensionista; **2iert** jubilado; Mil retirado
**perfekt** perfecto
**Pergamentpapier** n papel m pergamino
**Periode** f período m (a Med)
**Perl|e** f perla; **2en** burbujear; **~mutt** n nácar m
**Persianer** m astracán
**Person** f persona
**Personal** n personal m; **~ausweis** m documento nacional de identidad, Am cédula f; **~ien** pl datos mpl personales
**Personen|(kraft)wagen** m turismo, Am (außer RPI) carro; **~zug** m (tren) ómnibus
**persönlich** personal, individual; adv en persona; **2keit** f personalidad; personaje m
**Perücke** f peluca
**pervers** perverso
**Pesete** f peseta
**Pest** f peste
**Petersilie** f perejil m
**Petroleum** n petróleo m
**Pfad** m sendero; **~finder** m explorador
**Pfahl** m palo
**Pfand** n prenda f; **~haus** n monte m de piedad, casa f de empeños, Col prendería f; **~leiher** m prestamista
**Pfanne** f sartén; **~kuchen** m (aus Eiern) crepé, Am panqueque; (Gebäck) buñuelo
**Pfarrei** f parroquia; **~er** m párroco, cura; (ev.) pastor
**Pfau** m pavo real
**Pfeffer** m pimienta f; **~ku-**

**Pfefferkuchen**

**chen** m pan de especias
**Pfefferminz|e** f menta; **~tee** m infusión f de menta
**Pfeffer|mühle** f molinillo m de pimienta; **~streuer** m pimentero
**Pfeife** f pipa; *Sp* silbato m, pito m; **2n** silbar, tocar el pito; **~ntabak** m tabaco para pipa
**Pfeil** m flecha f
**Pfeiler** m pilar
**Pferd** n caballo m; **~ernnbahn** f hipódromo m; **~rennen** n carrera f de caballos; **~estall** m caballeriza f; **~estärke** f caballo m (de) vapor
**Pfiff** m pitada f, silbido
**Pfifferling** m cantarela f
**Pfingsten** m Pentecostés m
**Pfirsich** m melocotón, *Süda* durazno
**Pflanze** f planta; **2n** plantar; **~nschutzmittel** n plaguicida m
**Pflaster** n pavimento m, empedrado m; *Med* emplasto m; (*Heft2*) esparadrapo m; **~stein** m adoquín
**Pflaume** f ciruela
**Pflege** f cuidado m; *Med* asistencia; **2n** cuidar, atender a; **~r** m enfermero
**Pflicht** f deber m, obligación; **~bewußt** cumplidor; **~versicherung** f seguro m obligatorio
**Pflock** m tarugo, estaca f
**pflücken** coger
**Pflug** m arado
**pflügen** arar

**Pförtner** m portero
**Pfosten** m poste
**Pfote** f pata
**Pfropfen** m tapón
**Pfund** n libra f; (*beim Einkauf*) medio kilo m
**pfusche|n** chapucear; **2r** m chapucero
**Pfütze** f charco m
**Phanta|sie** f imaginación, fantasía; **2stisch** fantástico
**Philo|loge** m filólogo; **~logie** f filología; **~soph** m filósofo; **~sophie** f filosofía
**Photo** *m usw* s **Foto**
**Physik** f física; **2alisch**, **~er** m físico
**Pickel** m pico; *Med* grano
**picken** picotear
**Picknick** n merienda f (campestre), pícnic m
**Pik** n espadas fpl
**pikant** picante
**Pilger** m peregrino
**Pille** f píldora; **die** (*Antibaby-*)**~** la píldora
**Pilot** m piloto
**Pilz** m hongo; seta f
**Pinie** f pino m
**Pinsel** m pincel; (*breiter*) brocha f
**Pinzette** f pinzas fpl
**Pionier** m *Mil* zapador
**Pirat** m pirata
**Pistazie** f pistacho m
**Piste** f pista
**Pistole** f pistola
**Pkw** m (coche de) turismo
**Plage** f molestia; **2n** atormentar; **s. 2n** ajetrearse
**Plakat** n cartel m, *Am* afiche m

**Plakette** f placa; pegatina
**Plan** m plan; proyecto; (Arch, Stadt≳) plano; ~e f lona; ≳en proyectar
**Planet** m planeta
**planieren** aplanar
**Planke** f tablón m, tabla
**plan|los** sin plan (od método); ~mäßig metódico; Esb, Flgw regular
**Plantage** f plantación
**Plan|ung** f planificación; ~wirtschaft f economía dirigida
**Plastik** n plástico m; ~beutel m, ~tüte f bolsa f de plástico
**Platane** f plátano m
**platt** aplanado, aplastado; (Nase) chato
**Platte** f plancha, placa; (Schall≳) disco m; kalte ~ plato m de fiambres
**plätten** s bügeln
**Platten|spieler** m tocadiscos; ~form f plataforma; ~fuß m pie plano; F Kfz pinchazo
**Platz** m plaza f; sitio; (Sitz≳) asiento; Thea localidad f; ~anweiserin f acomodadora; ≳en reventar, estallar; ~karte f reserva de asiento; ~miete f alquiler m; ~regen m chubasco
**Plauder|ei** f charla; ≳n charlar
**Pleite** f quiebra; ≳ sein F estar sin blanca
**plissiert** plisado
**Plombe** f precinto m; Med empaste m, Am a cal-
za; ≳ieren Hdl precintar; Med empastar
**plötzlich** súbito, repentino; adv de repente
**plump** torpe, grosero
**plünder|n** saquear; ~ung f saqueo m, pillaje m
**plus** más; ≳zeichen n signo m de adición
**Pöbel** m populacho
**pochen auf** invocar (ac)
**Pocken** f/pl viruelas; ~schutzimpfung f vacunación antivariólica
**Podium** n estrado m
**Pokal** m copa f
**Pökelfleisch** n carne f salada, adobado m
**Poker** n póquer m
**Pol** m polo
**Police** f póliza
**polieren** pulir; lustrar
**Politesse** f mujer policía; Arg chica policía, Chi paca, Col mota
**Poli|tik** f política; ~tiker m, ≳tisch político; ~tur f pulimento m, lustre m
**Polizei** f policía; ~revier n comisaría f; ~streife f patrulla de policía; ~stunde f hora de cierre; ~wache f puesto m de policía
**Polizist** m (agente de) policía, guardia
**Polster** n acolchado m, almohada f
**Pommes frites** pl patatas fpl fritas, Am papas fpl a la francesa
**Pony** 1. n pony m; 2. m flequillo

13*

**Popcorn** n palomitas fpl
**Popo** m F pompis, Am cola f
**populär** popular
**Pore** f poro m
**Pornographie** f pornografía
**porös** poroso
**Porree** m puerro
**Portemonnaie** n portamonedas m, monedero m
**Portier** m portero
**Portion** f ración, Am porción
**Porto** n porte m, franqueo m; **2frei** franco de porte
**Porträt** n retrato m
**Portwein** m oporto
**Porzellan** n porcelana f
**Posaune** f trombón m
**Position** f posición
**positiv** positivo; afirmativo
**Posse** f farsa
**Post** f correo m; **~amt** n oficina f de correos; **~anweisung** f giro m postal; **~bote** m cartero
**Posten** m puesto, empleo, cargo; Mil partida f, lote; Mil centinela
**Post|fach** n apartado m, Südá casilla f; **~karte** f (tarjeta) postal; **~lagernd** lista de correos; **~leitzahl** f cifra postal directriz
**Postscheck** m cheque postal; **~amt** n oficina f de cheques postales; **~konto** n cuenta f de cheques postales
**Post|sparbuch** n libreta f de ahorro postal; **~sparkasse** f caja postal de ahorros; **~stempel** m matasellos; **2-**

**wendend** a vuelta de correo
**Pracht** f esplendor m
**prächtig** magnífico
**prahlen** alardear; jactarse (**mit** de)
**Prakti|kant** m practicante; **~kum** n práctica f; **2sch** práctico; **~scher Arzt** m médico general; **2zieren** practicar
**Praline** f bombón m, chocolatina
**prall** apretado, tenso
**Prä|mie** f prima; premio m; **~parat** n preparado m; **~servativ** n preservativo m; **~sident** m presidente
**prasseln** crepitar, crujir
**Praxis** f práctica; Med consulta, bsd Am consultorio m; jur bufete m
**predig|en** predicar; **2t** f sermón m
**Preis** m precio m; fig premio; **~ausschreiben** n concurso m
**Preiselbeeren** fpl arándanos mpl encarnados
**Preis|erhöhung** f aumento m (od subida) de precio; **~ermäßigung** f reducción (od rebaja) de precio; **~gekrönt** premiado; **~lage** f categoría de precios; **~liste** f lista de precios; **~senkung** f reducción de precios; **2-wert** barato; a buen precio
**Prellung** f contusión
**Presse** f prensa; **2n** prensar, apretar
**Preßluftbohrer** m perfora-

dor neumático
**prickeln** picar, hormiguear
**Priester** m sacerdote
**prima** F estupendo, de primera, *Col*, *Ven* a chévere
**primitiv** primitivo, simple
**Prinz** m príncipe; **~essin** f princesa
**Prinzip** n principio; 2**iell** en principio
**Prise** f toma; *Mar* presa; *Gastr* pizca
**privat** privado; particular; 2**besitz** m propiedad f particular; 2**leben** n vida f privada; 2**patient** m paciente particular; 2**strand** m playa f particular; 2**stunde** f clase particular
**Privileg** n privilegio
**pro**: **~ Person** por cabeza
**Probe** f prueba; *a Thea* ensayo m; *Hdl* muestra; **~fahrt** f viaje m de prueba, **~n** ensayar; 2**weise** como (*od* a título de) prueba
**probieren** probar
**Problem** n problema m; **~stellung** f enfoque m
**Produkt** n producto m; **~ion** f producción; fabricación
**produzieren** producir
**Professor** m catedrático, *Am* profesor
**Profi** m *Sp* profesional
**Profil** n perfil m
**profitieren**: **von et ~** aprovecharse de u/c
**Programm** n programa m; *TV* **erstes ~** primera cadena; 2**ieren** programar; **~**

**vorschau** f avance m de programa
**Projekt** n proyecto m; **~or** m proyector
**Promenade** f paseo m; **~ndeck** n cubierta f de paseo
**Promille** n tanto m por mil
**prominent** prominente
**prompt** inmediato, pronto
**Propaganda** f propaganda
**Propangas** n (gas m) propano m
**Propellerflugzeug** n avión m de hélice
**pro**|**phezeien** profetizar; **~sit!** ¡a su salud!; 2**spekt** m prospecto, folleto; 2**stituierte** f prostituta; 2**test** m protesta f; **~testieren** protestar; 2**testsong** m canción f protesta; 2**these** f prótesis; 2**tokoll** n acta f; 2**viant** m víveres mpl; 2**vinz** f provincia; 2**vision** f comisión; **~visorisch** provisional, *bsd Am* provisorio; 2**vokation** f provocación; **~vozieren** provocar; 2**zent** n por ciento m; 2**zeß** m proceso; *jur* a pleito; 2**zession** f procesión
**prüde** gazmoño
**prüf**|**en** examinar; revisar; comprobar; **~ung** f examen m; revisión
**Prügel** pl paliza f; 2**n**: s. 2**n** pegarse
**prunkvoll** pomposo, suntuoso
**Psych**|**iater** m siquiatra; 2**isch** síquico; **~oanalyse** f sicoanálisis m; 2**ologisch** sicológico

**Publikum** n público m
**Pudding** m budín
**Pudel** m perro de aguas (od de lanas)
**Puder** m polvos mpl; ~dose f polvera; 2n empolvar
**Puff** m (Möbel) puf; (Bordell) burdel, prostíbulo
**Pullover** m jersey, Am pulóver, suéter
**Puls** m pulso
**Pult** n pupitre m
**Pulver** n polvo m (meist pl)
**Puma** m puma, Am a león
**Pumpe** f bomba; 2n bomb(e)ar
**Punkt** m punto
**pünktlich** puntual; a la hora

**Punsch** m ponche
**Pupille** f pupila
**Puppe** f muñeca
**pur** puro
**Püree** n puré m
**Purzelbaum** m voltereta f
**Pustel** f pústula
**pusten** soplar
**Pute** f pava; ~r m pavo
**Putsch** m pronunciamiento
**putz|en** limpiar; 2er, 2frau f asistenta; 2lappen m trapo de limpieza; 2macherin f modista
**Puzzle** n rompecabezas m
**Pyjama** m pijama, Am piyama f od m
**Pyramide** f pirámide

## Q

**Quacksalber** m curandero
**Quadrat** n, 2isch cuadrado m; ~meter m metro cuadrado
**quaken** croar
**Qual** f pena, tormento m
**quälen** atormentar; maltratar; s. ~ afanarse
**Qualität** f calidad
**Qualle** f medusa, Am aguamala
**Qualm** m humazo; 2en humear
**Quarantäne** f cuarentena
**Quark** m requesón
**Quartal** n trimestre m
**Quartier** n alojamiento m
**Quarz** m cuarzo
**Quaste** f borla
**Quatsch** F m tontería f
**Quecksilber** n mercurio m

**Quell|e** f fuente, manantial m; 2en hincharse
**quer** transversal; adv a través (de); ~feldein a campo traviesa; 2format n tamaño m apaisado; 2schnitt m sección f transversal; 2straße f travesía, bocacalle
**quetsch|en** aplastar; magullar; 2ung f contusión
**quietschen** rechinar
**Quirl** m batidor; 2en batir
**quitt**: ~ sein estar en paz (od pagados)
**Quitte** f membrillo m; ~nbrot m carne f de membrillo
**quitt|ieren** dar recibo de; 2ung f recibo m
**Quiz** n concurso m radiofónico (bzw televisivo)
**Quote** f cuota

# R

**Rabatt** m descuento, rebaja f
**Rabbiner** m rabino
**Rabe** m cuervo
**Rache** f venganza
**Rachen** m faringe f
**rächen** vengar
**Rad** n rueda f; (Fahr≈) bicicleta f
**Radar** n radar m
**Radau** F m alboroto
**radfahren** ir en bicicleta; ≈er m ciclista; ≈weg m pista f para ciclistas
**radieren** borrar; ≈gummi m goma f (de borrar); Am a borrador; ≈ung f grabado m al agua fuerte
**Radieschen** n rabanito m
**Radio** n radio f; ~ hören escuchar la radio; ≈aktiv radioactivo; **~hörer** m radioyente; **~recorder** m Span radio-cassette, Am radio-grabadora f
**Radius** m radio
**Rad|kappe** f tapacubos m; **~rennen** n carrera f ciclista; **~sport** m ciclismo; **~tour** f excursión en bicicleta
**raffiniert** fig astuto, refinado
**Ragout** n guisado m, ragú m
**Rahmen** m marco; (Fahrrad≈) cuadro
**Rakete** f cohete m
**rammen** Mar abordar
**Rampe** f Esb rampa; Thea proscenio m
**Ramsch** m pacotilla f
**Rand** m borde, margen

**randalieren** alborotar
**Rand|bemerkung** f nota marginal; **~streifen** m (Straße) arcén, escalón lateral
**Rang** m categoría f; grado; rango; Thea anfiteatro
**rangieren** Esb maniobrar
**Ranke** f zarcillo m; (Wein≈) pámpano m; ≈n: s. ≈n trepar
**Ranzen** m mochila f; fig F panza f
**ranzig** rancio
**rar** raro; ≈ität f rareza
**rasch** rápido; **~eln** crujir
**Rasen** m césped
**rasen** correr a toda velocidad; **~d** furioso, enfurecido; loco; frenético
**Rasier|apparat** m maquinilla f de afeitar; (elektr.) afeitadora f; **~creme** f crema f de afeitar; ≈en (s.) afeitar(se); **~klinge** f hoja de afeitar, cuchilla; **~pinsel** m brocha f de afeitar; **~schaum** m espuma f de afeitar; **~seife** f jabón m de afeitar; **~wasser** n loción f para el afeitado
**Rasse** f raza
**Rast** f descanso m; alto m; **~machen** descansar; **~haus** n albergue m de carreteras, Am motel m; **~platz** m lugar de descanso; (Autobahn) área f de descanso (od de reposo); **~stätte** f restaurante m de carreteras; (Autobahn) área de servicio

**Rasur** f afeitado m
**Rat** m consejo (a *Körperschaft*); (*Person*) consejero
**Rate** f cuota; *Hdl* plazo m; **in ~n** a plazos
**raten** aconsejar (**j-m et** u/c a alg); (*er~*) adivinar
**Ratenzahlung** f pago m a plazos
**Rat|geber** m consejero; **~haus** n ayuntamiento m
**ration|alisieren** racionalizar; **~ieren** racionar
**rat|los** perplejo; indicado; **2schlag** m consejo
**Rätsel** n acertijo m, adivinanza f; *fig* enigma m; **2haft** enigmático
**Ratte** f rata
**Raub** m robo; **2en** robar
**Räuber** m ladrón
**Raub|mord** m asesinato con robo; **~tier** n animal m de presa; **~überfall** m atraco; **~vogel** m ave f de rapiña
**Rauch** m humo; **2en** vi echar humo; vt u vi fumar; **Pfeife 2en** fumar en pipa; **~en verboten!** prohibido fumar; **~er** m fumador; **~erabteil** n departamento m de fumadores
**räuchern** ahumar
**Rauch|fahne** f penacho m de humo; **2ig** humoso; **~wolke** f humareda
**rauf|en** (s.) **~en** reñir, F andar a la greña; **2erei** f pelea, camorra
**rauh** áspero; duro, rudo; (*Stimme*) ronco; **2reif** m escarcha f

**Raum** m espacio; lugar; (*Zimmer*) habitación f
**räumen** desocupar; *Straße*, *Saal:* despejar
**Raum|fähre** f transbordador m espacial; **~fahrt** f astronáutica; **~flug** m vuelo espacial
**räumlich** del espacio, espacial
**Raum|pflegerin** f asistenta; **~schiff** n astronave f
**Räumung** f evacuación; desocupación
**Raupe** f oruga
**Rausch** m borrachera f; **2en** murmurar; **~gift** n estupefaciente m, droga f
**räuspern: s. ~** carraspear
**Razzia** f redada
**reagieren** reaccionar
**real** real; efectivo; **~istisch** realista; **2ität** f realidad
**Rebe** f sarmiento m, vid
**Rebell** m rebelde; **2ieren** rebelarse
**Rebhuhn** n perdiz f
**Rechen** m rastro, rastrillo
**rechen** rastrillar
**Rechen|aufgabe** f problema m de aritmética; **~fehler** m error m de cálculo; **~maschine** f calculadora
**Rechenschaft** f cuenta; **~ ablegen über** dar cuenta de; **zur ~ ziehen wegen** pedir cuenta por
**rechn|en** calcular; contar (**auf, mit** con); **2ung** f cálculo m; *Hdl*, *Lokal* cuenta; *Hdl* factura

**recht** derecho; *fig* justo; ~ **haben** tener razón
**Recht** n derecho m; **im ~ sein** tener razón
**Rechteck** n rectángulo m; **2ig** rectangular
**recht|fertigen** justificar; **~lich** jurídico; **~mäßig** legítimo; **2schreibung** f ortografía
**rechts** a la derecha
**Rechts|anwalt** m abogado; **~berater** m consejero jurídico
**recht|gültig** legal; **~kräftig** válido; **2schutzversicherung** f seguro m de protección jurídica; **~widrig** ilegal
**recht|winklig** rectangular; **~zeitig** adv a tiempo
**Reck** n barra f fija
**Recorder** m grabadora f
**Redakt|eur** m redactor; **~ion** f redacción
**Rede** f discurso m; alocución f
**red|en** hablar; **2ensart** f locución; **2ner** m orador
**Reede** f rada; **~rei** f compañía naviera
**reell** real; (j) leal; formal; *Hdl* bueno, sólido
**refle|ktieren** reflejar; **2x** m reflejo (a Med)
**Reform** f reforma; **~haus** n tienda f de alimentación de régimen
**Regal** n estante m, estantería f

**Regatta** f regata
**rege** activo; vivo, animada
**Regel** f regla; norma; **2mäßig** regular; **2n** arreglar; *Verkehr*: regular; **~ung** f arreglo m; *mst Tech* regulación
**regen**: s. ~ moverse
**Regen** m lluvia f; **~bogen** m arco iris; **~haut** f impermeable m de plástico; **~mantel** m impermeable; **~schauer** m chubasco; **~schirm** m paraguas, *Am* a sombrilla f; **~wasser** n agua f pluvial; **~wurm** m lombriz f de tierra; **~zeit** f estación de lluvias
**Regie** f dirección artística
**regier|en** gobernar; **2ung** f gobierno m
**Regim|e** n régimen m; **~ent** n *Mil* regimiento m
**Region** f región f
**Regisseur** m director artístico, realizador
**Regis|ter** n registro m; (*Buch*) índice m; **2trieren** registrar
**Regler** m regulador
**regn|en** llover; **es ~et** está lloviendo; **~erisch** lluvioso
**regulieren** regular
**regungslos** inmóvil
**Reh** n corzo m
**rehabilitieren** rehabilitar
**Reh|braten** m asado de corzo; **~kitz** n corcito m
**Reib|e(isen)** n) f rallador m; **2en** frotar, fregar; *Gastr* rallar; **~ung** f fricción, rozamiento m

**reich**

**reich** rico; ≈ n imperio m
**reich|en** pasar; vi alcanzar, llegar, extenderse (**bis** hasta); **es ~t** es suficiente; **~haltig** abundante; **~lich** abundante; adv bastante; ≈**tum** m riqueza f, ≈**weite** f alcance m
**reif** maduro; ≈e f madurez f; **~en** madurar
**Reifen** m aro; Kfz neumático, Col llanta f; **~druck** m presión f del neumático; **~panne** f pinchazo m, reventón m; **~wechsel** m cambio del (de los) neumático(s)
**Reihe** f fila; serie; **der ~ nach** por turno; **ich bin an der ~** es mi turno; **~nfolge** f sucesión; turno m; **~nhaus** n Span chalé m adosado, Am casa f de serie
**reimen: s. ~** rimar
**rein** limpio; fig puro; Hdl neto
**Reinemachefrau** f mujer de limpieza, Span asistenta
**Reinheit** f pureza
**reinig|en** limpiar; ≈**ung** f (chemische) lavado m en seco; (Geschäft) tintorería, F tinte m, Am lavandería
**Reis** m arroz
**Reise** f viaje m; **gute ~!** ¡buen viaje!; **~andenken** n recuerdo m de viaje; **~apotheke** f botiquín m; **~büro** n agencia f de viajes; **~führer** m (Buch) guía f; **~gepäck** n equipaje m (facturado); **~gepäckversicherung** f seguro m de equipa-

jes; **~gesellschaft** f grupo m; **~krankheit** f mareo m; **~leiter** m acompañante, guía
**reisen** viajar; ≈**de(r)** m viajero; Hdl viajante
**Reise|omnibus** m autocar; **~paß** m pasaporte; **~route** f itinerario m; **~ruf** m mensaje personal (od de urgencia); **~scheck** m cheque de viaje(ros); **~tasche** f bolsa de viaje, Süda valija; **~unfallversicherung** f seguro m contra accidentes de viaje; **~verkehr** m tráfico de viajeros; **~zeit** f temporada de turismo (od viajes); **~ziel** n destino m (del viaje)
**Reiß|brett** n tablero m de dibujo; **~en** vi romperse; ≈**end** (Strom) impetuoso; **~feder** f tiralíneas m
**Reiß|verschluß** m cremallera f, Méj cíper, Süda cierre relámpago; **~zwecke** f chinche, Span chincheta
**reit|en** ir a caballo; (als Sport) hacer equitación; ≈**er** m jinete; ≈**pferd** n caballo m de montar (od brida); ≈**sport** m equitación f; **~stiefel** mpl botas fpl de montar; ≈**turnier** n concurso m hípico
**Reiz** m sensación f; (An≈) estímulo; **~en** (anregen) estimular; (ärgern) irritar; ≈**end** encantador
**Reklam|ation** f reclamación f, ≈**e** f propaganda, publicidad; ≈**ieren** reclamar

**Rekord** m marca f, récord (**aufstellen** establecer; **brechen** batir); **~zeit** f tiempo m récord

**Re|krut** m recluta; **²lativ** relativo; **~lief** n relieve m

**Religion** f religión; **²iös** religioso

**Reling** f borda

**Rendezvous** n cita f

**Renn|bahn** f allg pista, carrera; **~boot** n bote m de carreras; **²en** correr; **~en** in carrera f; **~fahrer** m corredor; **~pferd** n caballo m de carreras; **~wagen** m coche de carreras

**renovieren** renovar

**rentabel** rentable, lucrativo

**Rent|e** f pensión; Hdl renta; **~ner** m jubilado, pensionado

**Reparatur** f reparación; **~werkstatt** f taller m de reparaciones

**reparieren** reparar

**Report|age** f reportaje m; **~er** m reportero

**Reproduktion** f reproducción f

**Republik** f república; **²anisch** republicano

**Reserve** f reserva; **~...** in Zssgn de reserva; de recambio (od repuesto); **~rad** n rueda f de recambio; **~tank** m depósito de reserva

**reservier|en** reservar; **~t** reservado; **²ung** f reserva f

**Respekt** m respeto (**vor** a); **~losigkeit** f falta de respeto

**Rest** m resto, (Speise) sobras

fpl

**Restaurant** n restaurante m

**Rest|betrag** m saldo; **²lich** restante; **²los** entero, total

**rett|en** salvar; **²er** m salvador

**Rettich** m rábano

**Rettung** f salvación

**Rettungs|aktion** f operación de salvamento; **~boot** n bote m salvavidas; **~mannschaft** f equipo m de salvamento; **~ring** m salvavidas; **~station** f puesto m de socorro; **~weste** f chaleco m salvavidas

**retuschieren** Fot retocar

**Reue** f arrepentimiento m

**Revanche** f desquite m, revancha; **²ieren**: s. **²ieren** a fig desquitarse

**Revier** n distrito m; (Forst) coto m; (Polizei) comisaría f

**Revolution** f revolución; **~volver** m revólver; **~vue** f revista; **²zension** f reseña

**Rezept** n receta f; **²frei** sin receta; **~ion** f recepción

**Rhabarber** m ruibarbo

**Rhesusfaktor** m factor Rh(esus)

**Rheuma** n reuma(tismo) m

**Rhythmus** m ritmo

**richten (auf)** dirigir (a); fijar (en); Waffe: apuntar; (gerade~) enderezar; **s. ~ nach** (dat) ajustarse a

**Richt|er** m juez; **²ig** justo; bien; correcto; **~en** rectificar; **~linien** fpl directivas, directrices; **~ung** f dirección

**riechen** oler (**nach** a); **an e-r Blume ~** oler una flor
**Riegel** m cerrojo
**Riemen** m correa f; tirante
**Ries**|**e** m gigante; **~eln** correr; manar; lloviznar; **~ig** gigantesco
**Riff** n arrecife m
**Rille** f ranura; *Phono* surco m
**Rind**(**vieh**) n vacuno m, *Süda* res f
**Rinde** f corteza, costra
**Rind**|**erbraten** m asado m de vaca; **~fleisch** n carne f de vaca (*Süda* de res); **~kost** n pleuresía
**Ring** m anillo; *Sp* ring; **~en** luchar; **~en** n, **~kampf** m lucha f; **~er** m luchador; **~finger** m anular
**rings**(**her**)**um** alrededor (de)
**rinn**|**en** correr; **~stein** m arroyo (*a fig*)
**Ripp**|**e** n chuleta f; **~e** f costilla; **~enfellentzündung** f pleuresía
**Risiko** n riesgo m (**eingehen** correr)
**risk**|**ant** arriesgado; **~ieren** arriesgar; **s-n Kopf ~ieren** jugarse el pellejo
**Riß** m raja f, grieta f; (*im Stoff*) rasgón, desgarrón
**rissig** agrietado (*a Haut*)
**Ritter** m caballero; **~lich** caballeroso
**ritzen** arañar
**Rivale** m rival
**Rizinusöl** n aceite m de ricino
**Roastbeef** n rosbif m

**Robbe** f foca
**röcheln** respirar con dificultad, estar con el estertor
**Rochen** m *Zo* raya f
**Rock** m falda f
**rodel**|**n** ir en trineo; **~schlitten** m trineo
**roden** desmontar
**Rogen** m huevas fpl de pez
**Roggen** m centeno
**roh** crudo; *fig* rudo; (*Stoffe, Hdl*) bruto; **~kost** f régimen m crudo
**Rohr** n tubo m, cañón m; *Bot* caña f; (*Brat~*) horno m; **~bruch** m reventón de tubería
**Röhre** f tubo m; *El* válvula
**Rohr**|**leitung** f cañería; tubería; **~post** f correo m neumático
**Rohstoff** m materia f prima
**Rolladen** m persiana f
**Roll**|**bahn** f *Flgw* pista; **~brett** n monopatín m; **~e** f rollo m; *Thea u fig* papel m; **~en** rodar; **~er** m (*Spielzeug*) patinete f; **~film** m carrete; **~kragen** m cuello m (de) cisne; **~kragenpullover** m jersey cuello (de) cisne, *Col* buzo; **~mops** m arenque enrollado; **~schuh** m patín de ruedas; **~splitt** m gravilla f (suelta); **~stuhl** m sillón de ruedas; **~treppe** f escalera mecánica (*od móvil*), *Am a* escalador m
**Roman** m novela f; (*Stil, Sprache*) románico; **~ist** m romanista; **~tisch** m romántico

**römisch** romano
**röntgen** radiografiar; ♀**arzt** m radiólogo; ♀**aufnahme** f radiografía; ♀**untersuchung** f radioscopia
**rosa** rosa(do)
**Rose** f rosa
**Rosen|kohl** m col f de Bruselas; **~kranz** m Rel rosario; **~öl** n esencia f de rosas
**Roséwein** m vino rosado
**Rosine** f pasa
**Rosmarin** m romero
**Roßhaar** n crin f (de caballo), cerda f
**Rost** m herrumbre f; (Brat♀) parrilla f; ♀**en** oxidarse, aherrumbrarse
**rösten** tostar
**rost|frei** inoxidable; **~ig** oxidado; **~schutzmittel** n anticorrosivo
**rot** rojo; **~ werden** ponerse colorado; **~es Kreuz** Cruz f Roja; **~haarig** pelirrojo
**Rotkohl** m col f morada
**rötlich** rojizo
**Rot|stift** m lápiz rojo; **~wein** m vino tinto (Süda rojo); **~wild** n venado m
**Roulade** f asado m enrollado, Süda arrollado m
**Route** f ruta, itinerario m
**Routine** f rutina
**Rowdy** m camorrista
**Rübe** f nabo m; **rote ~** remolacha morada
**Rubin** m rubí
**Ruck** m arrancada f; tirón m
**rücken** vt mover; vi correrse
**Rücken** m lomo; Anat espalda f; **auf dem ~** (liegen)

boca arriba; (tragen) a cuestas; **~lehne** f respaldo m, (r)espaldar m; **~mark** n médula f espinal; **~schmerzen** mpl dolor m de espaldas; **~schwimmen** n natación f de espalda; **~wind** m viento por atrás, Süda viento de cola
**Rück|erstattung** f rembolso m; reintegro m; **~fahrkarte** f billete m de ida y vuelta; **~fahrt** f vuelta; **~fall** m jur, Med recaída f; **~flug** m vuelo de vuelta; **~gabe** f devolución; **~gang** m descenso, Hdl a baja f; ♀**gängig machen** anular
**Rück|grat** n espina f dorsal; **~kehr** f vuelta, regreso m; **~licht** n luz f trasera; **~reise** f viaje m de regreso
**Rucksack** m mochila f
**Rück|schritt** m retroceso; **~seite** f dorso m; reverso m; **~sendung** f devolución; **~sicht** f consideración f; ♀**sichtslos** desconsiderado
**Rück|sitz** m asiento trasero; **~spiegel** m retrovisor; ♀**spulen** Fot rebobinar; **~stand** m resto; residuo; **im ~stand sein mit** estar (od quedar) atrasado en; **~tritt** m dimisión f; **~trittbremse** f freno m de contrapedal; ♀**wärts** hacia atrás; **~wärtsgang** m marcha f atrás; **~weg** m vuelta f; ♀**wirkend** retroactivo; ♀**zahlung** f rembolso m; **~zug** m retirada f

**Rudel** n manada f
**Ruder** n remo m; (Steuer) timón m; ~boot m barco m de remos, bote m; 2n remar
**Ruf** m grito; llamada f; fig reputación f; 2en llamar; gritar; ~name m nombre de pila
**Rüge** f reprensión
**Ruhe** f silencio m; calma; (Ausruhen) descanso m; in ~ lassen dejar en paz; 2n descansar; ~pause f descanso m; ~stand m retiro; ~tag m día de descanso
**ruhig** tranquilo
**Ruhm** m gloria f, fama f
**rühmen** elogiar, alabar; s. ~ (gen) gloriarse de
**Ruhr** f Med disentería
**Rühr|eier** npl huevos mpl revueltos; 2en revolver; fig conmover; 2end conmovedor; ~ung f emoción
**Ruine** f ruina
**rülpsen** eructar
**Rum** m ron
**Rummel** m jaleo; ~platz m (ständiger) parque de atracciones; (Jahrmarkt) feria f
**Rumpelkammer** f trastero m

**Rumpf** m tronco
**Rumpsteak** n entrecot m
**rund** redondo; 2blick m panorama; 2e f ronda; Sp vuelta; asalto m; 2fahrt f vuelta (en coche usw)
**Rundfunk** m radio f; ~gebühr f cuota de radio; ~gerät n (aparato m de) radio f; ~hörer m radioyente; ~programm n radioprograma m; ~sender m emisora f; ~sprecher m locutor
**Rund|gang** m vuelta f; 2herum en redondo; 2lich regordete; ~reise f paseo, viaje m circular; ~schreiben n circular f
**Runzel** f arruga; 2n: die Stirn 2n fruncir las cejas
**rupfen** Geflügel: desplumar (a fig)
**Ruß** m hollín, tizne
**Rüssel** m trompa f
**rüst|en** armar; s. ~en (zu) prepararse, disponerse (a); ~ig vigoroso; 2ung f Mil armamento m; (Ritter) armadura f
**Rute** f vara
**rutschen** resbalar
**rütteln** vibrar; sacudir (an u/c); (Falke) cerner

# S

**Saal** m sala f
**Saat** f siembra
**Säbel** m sable
**Sabotage** f sabotaje m
**Sach|bearbeiter** m ponente; ~beschädigung f daño

m material; ~e f cosa; objeto m; asunto m, caso m; ~en pl efectos mpl; 2kundig perito; 2lich objetivo
**sächlich** Gr neutro
**Sach|schaden** m daño mate-

rial; **~verhalt** m estado de cosas, hechos mpl; **~verständige(r)** m experto, perito

**Sack** m saco; **~gasse** f callejón m sin salida

**säen** sembrar

**Safari** f safari m

**Safe** m caja f fuerte

**Saft** m jugo; (Frucht2) zumo; 2ig jugoso

**Sage** f leyenda

**Säge** f sierra; **~mehl** n serrín m

**sagen** decir; **offen gesagt** a decir verdad

**säge|n** aserrar; 2späne mpl virutas fpl; 2werk n aserradero m

**Sahne** f nata, crema

**Saison** f temporada; **~zuschlag** m suplemento de temporada

**Saite** f cuerda; **~ninstrument** n instrumento m de cuerda

**Sakko** m Span americana f, Am saco

**Sakristei** f sacristía

**Salami** f salame m

**Salat** m ensalada f; (Kopf2) lechuga f

**Salbe** f ungüento m, pomada

**Salbei** m salvia f

**Salmiakgeist** m amoníaco

**Salmonellen** fpl salmonelas

**salopp** descuidado

**Salpeter** m salitre; **~säure** f ácido m nítrico

**Salut** m salva f

**Salz** n sal f; 2en salar; 2ig salado; **~kartoffeln** fpl patatas cocidas; **~säure** f ácido m clorhídrico; **~streuer** m saler(it)o; **~wasser** n agua f salada

**Same(n)** m semilla f; Biol esperma

**Sammel|fahrschein** m billete colectivo; 2n coleccionar; reunir; recoger

**Sammlung** f colección; (Geld2) colecta, cuestación

**Samstag** m sábado

**Samt** m terciopelo

**Sanatorium** n sanatorio m

**Sand** m arena f

**Sandale** f sandalia

**Sand|bank** f banco m de arena, barra; 2ig arenoso; **~papier** n papel m de lija; **~stein** m arenisca f; **~strand** m playa f de arena; **~wich** m od n sandwich m

**sanft** suave, dulce

**Sänger(in** f) m cantante su

**sanitä|re Anlagen** fpl instalaciones sanitarias; 2ter m enfermero, socorrista; Mil sanitario

**Saphir** m zafiro (a Phono)

**Sard|elle** f anchoa; **~ine** f sardina

**Sarg** m ataúd

**Satellit** m satélite

**Satire** f sátira

**satt** harto; **~ sein**, fig **es ~ haben** estar harto (de)

**Sattel** m silla f; 2n ensillar

**Satz** m salto; Gr frase f; (Garnitur) juego; (Boden2) posos mpl, sedimento (a Chem); Hdl tarifa f; tipo;

**Satzung**

*Sp* serie *f*; ~**ung** *f* estatuto *m*
**Sau** *f* puerca, cerda
**sauber** limpio; ~**keit** *f* limpieza; aseo *m*; ~**machen** = säubern limpiar
**sauer** agrio; F *fig* enfadado; ~ **werden** agriarse; (*Milch*) cuajarse; ~**kraut** *n* chucrut *m*; ~**stoff** *m* oxígeno; ~**stoffmaske** *f* careta de oxígeno
**saufen** (*Tier u P Mensch*) beber; P emborracharse
**Säufer** F *m* bebedor
**saugen** chupar
**säuge|n** amamantar; dar el pecho a; ~**tier** *n* mamífero *m*
**Saug|fläschchen** *n*, ~**flasche** *f* biberón *m*, *RPl*, *Chi* mamadera *f*, *Col* tetero *m*
**Säugling** *m* niño de pecho, lactante
**Säule** *f* columna
**Saum** *m* dobladillo
**säumen** *Kleid*: hacer un dobladillo; ribetear
**Sauna** *f* sauna *f*, *RPl m*
**Säure** *f* ácido *m*
**sausen** zumbar, silbar; F correr
**S-Bahn** *f* ferrocarril *m* urbano
**Schabe** *f* cucaracha; ~**n** raer
**schäbig** raído; *fig* mezquino
**Schach** *n*: ~ **spielen** jugar al ajedrez; ~**brett** *n* tablero *m* de ajedrez; ~**matt** jaque mate; ~**spiel** *n* juego *m* de ajedrez
**Schacht** *m* pozo
**Schachtel** *f* caja, cajita (de cartón)
**schade** qué lástima; **es ist** ~, **daß** ... es una lástima que
**Schädel** *m* cráneo; ~**bruch** *m* fractura *f* del cráneo
**schaden** dañar; 2 *m* daño; perjuicio; 2**ersatz** *m* indemnización *f*; ~**froh** malicioso
**schadhaft** deteriorado; defectuoso
**schäd|igen** perjudicar; ~**lich** dañoso; perjudicial; nocivo; 2**ling** *m* animal nocivo
**Schaf** *n* oveja *f*
**schaffen** (*hin-*) llevar; (*er-*) crear; **es** ~ llevarlo a cabo
**Schaffner** *m* *Esb* revisor; (*Bus*) cobrador
**Schaft** *m* mango; asta *f*; ~**stiefel** *m* bota *f* alta
**schal** soso
**Schal** *m* bufanda *f*
**Schale** *f* cáscara; piel; (*Gefäß*) bandeja; ~**n** *pl* mondaduras
**schälen** mondar, pelar
**Schall** *m* sonido; ~**dämpfer** *m* silenciador; ~**dicht** a prueba de sonidos; insonorizado; ~**mauer** *f* barrera del sonido; ~**platte** *f* disco *m*; ~**plattengeschäft** *n* tienda *f* de discos, *Am* a disquería *f*
**schalt|en** *El* conmutar; conectar; *Kfz* cambiar de velocidad; 2**er** *m* interruptor; (*Bank*, *Post*) ventanilla *f*; *Esb* taquilla *f*; 2**hebel** *m* *Kfz* palanca *f* de cambio de velocidad; 2**jahr** *n* año *m* bi-

**Scham** f pudor m; vergüenza

**schämen: s. ~** (gen od **wegen**) tener vergüenza de, avergonzarse (**für** por)

**scham|haft** pudoroso; **~los** impúdico; desvergonzado

**Schande** f deshonra; vergüenza

**Schanktisch** m mostrador

**Schar** f grupo m, banda

**scharf** agudo; cortante; (Messer) afilado; (Speise) picante; Fot nítido

**Schärfe** f agudeza f; **2n** afilar

**Scharlach** m Med escarlatina f

**Scharnier** n bisagra f, charnela f

**scharren** escarbar

**Schatt|en** m sombra f; **2ig** sombrío; sombroso

**Schatz** m tesoro

**schätzen** apreciar, estimar (a Hdl)

**Schatzkammer** f tesoro m

**Schau** f vista; exhibición f; **zur ~ stellen** exhibir

**schauderhaft** horrible

**schauen** mirar, ver

**Schauer** m Med escalofrío; fig estremecimiento

**Schaufel** f pala

**Schaufenster** n escaparate m; Am vitrina f, vidriera f

**Schaukel** f columpio m; **2n** columpiar(se); **~pferd** n caballo m de columpio, balancín m; **~stuhl** m mecedora f

**Schaum** m espuma f

**schäumen** espumar

**Schaum|gummi** m goma f espuma; **~wein** m vino espumoso

**Schauplatz** m escenario; teatro

**Schauspiel** n espectáculo m; **~er(in** f) m actor m, actriz f

**Scheck** m cheque; **~buch** n talonario m de cheques, Am chequera f; **~karte** f tarjeta de crédito

**Scheibe** f disco m; (Glas2) vidrio m, cristal m; (Brot) rebanada f; **~nbremse** f freno m de disco; **~waschanlage** f Kfz lavaparabrisas m; **~wischer** m limpiaparabrisas

**Scheid|e** f vagina; Anat vagina; **2en** vt separar; vi despedirse; **s. lassen** divorciarse; **~ewand** f Arch, Med tabique m; **~ung** f divorcio m

**Schein** m luz f; brillo m, fig apariencia f; (Geld) billete m; **2bar** aparente; **2en** lucir; fig parecer; **die Sonne 2t** hace sol; **~werfer** m Kfz faro

**Scheiße** P f mierda; **2n** V cagar; **~r** V cagón a fig; **~rei** f V caguera

**Scheitel** m raya f

**scheitern** naufragar; fig fracasar

**Schelm** m pícaro

**schelten** vt reñir

**Schema** n esquema m; **2tisch** esquemático

**Schemel** m taburete

**Schenke** f taberna f; **~l** m

**schenken** 402

muslo; ⸨n regalar
**Scherbe** f casco m, tiesto m
**Schere** f tijeras fpl
**Schereien** fpl molestias
**Scherz** m broma f; burla f; ⸨en bromear; ⸨haft burlesco
**scheu** tímido
**Scheuerlappen** m bayeta f; ⸨n fregar
**Scheune** f granero m
**Scheusal** n monstruo m
**scheußlich** horrible
**Schi** s **Ski**
**Schicht** f capa; (*Arbeits*⸨) turno m; *fig* clase
**schick** elegante
**schicken** enviar; mandar
**Schicksal** n destino m
**Schiebedach** n techo m corredizo; **~fenster** n (*senkrecht*) ventana f de guillotina; (*waagerecht*) ventana f corrediza; ⸨n empujar; **~tür** f puerta corrediza
**Schiedsrichter** m árbitro
**schief** oblicuo; inclinado; **~gehen** salir mal
**schielen** bizcar
**Schienbein** n tibia f; **~e** f a *Esb* carril m, rail m, *Am* riel m; *Med* tablilla; **~enbus** m autovía f, ferrobús
**schießen** disparar, tirar, *Am* a abalear; *Sp Tor*: marcar; ⸨**erei** f tiroteo m, *Am* a abaleo m, balacera; ⸨**platz** m campo de tiro; ⸨**scharte** f tronera; ⸨**scheibe** f blanco m
**Schiff** n buque m, barco m;

*Arch* nave f
**Schiffahrt** f navegación
**schiffbar** navegable; **~bruch** m naufragio; ⸨**brüchige(r)** m náufrago
**Schiffsagentur** f agencia marítima; **~arzt** m médico de a bordo; **~karte** f pasaje m; **~reise** f viaje m en barco; **~verkehr** m tráfico marítimo
**Schikane** f vejación, bsd *Süda* chicana f; ⸨**ieren** vejar, chicanear
**Schiläufer** m esquiador; s **Ski...**
**Schild** 1. n letrero m; placa f; 2. m escudo; **~drüse** f tiroides m; **~ern** describir; **~erung** f descripción; **~kröte** f tortuga
**Schilf** n cañaveral m
**schillern** irisar
**Schilling** m chelín
**Schimmel** m *Zo* caballo blanco; *Bot* moho; ⸨**ig** mohoso; ⸨**n** enmohecer
**schimmern** brillar
**schimpfen** echar pestes (**auf** contra); ⸨**wort** n injuria f
**Schinken** m jamón (**roher** serrano, *Am* crudo; **gekochter** dulce *od* York, *Am* cocido)
**Schirm** m pantalla f; (*Regen*⸨) paraguas
**Schiß** m P canguelo
**Schlacht** f batalla; ⸨**en** matar
**Schlächter** m carnicero
**Schlacke** f escoria

**Schlaf** m sueño; **~anzug** m pijama, Am piyama f od m

**Schläfe** f sien

**schlafen** dormir; **~ gehen** acostarse

**schlaff** flojo

**schlaflos** insomne; *adv* sin dormir; **2igkeit** f insomnio m

**Schlafmittel** n somnífero m

**schläfrig** soñoliento

**Schlaf**|**sack** m saco de dormir; **~wagen** m coche-cama; **~zimmer** n dormitorio m

**Schlag** m golpe; **~ader** f arteria; **~anfall** m apoplejía f; **~baum** m barrera f; **2en** vt golpear, pegar; Mil vencer; vi (Herz) latir; (Uhr) dar la hora; **~er** m canción f de moda; éxito

**Schläger** m Sp raqueta f, pala f; (Rowdy) matón; **~ei** f pelea

**schlag**|**fertig** pronto a replicar; **2loch** n bache m; **~sahne** f nata batida; **~zeile** f titular m; **2zeug** n Mus batería f

**Schlamm** m fango, **2ig** fangoso

**schlampig** desaseado, desordenado

**Schlange** f serpiente f; **~ stehen** hacer cola

**schlängeln: s. ~** serpentear

**Schlangen**|**biß** m mordedura f de serpiente; **~fraß** m P bazofia f; **~linie** f línea sinuosa

**schlank** delgado, esbelto; **2-**

**heitskur** f cura de adelgazamiento

**schlapp** flojo; **2e** F f fracaso m; **~machen** F no poder más

**schlau** astuto, taimado

**Schlauch** m manga f; tubo; Kfz cámara f de aire; **~boot** n bote m neumático; **2los: 2loser Reifen** m neumático sin cámara

**schlecht** malo(o); (Luft) viciado; (Essen) echado a perder; **mir wird ~** me siento mal, me mareo; **2igkeit** f maldad

**schleichen** andar despacio; ir a pasos de lobo; **~d** furtivo; oculto, latente

**Schleier** m velo; **2haft** misterioso

**Schleif**|**e** f lazo m; cinta; **2en** aguzar, afilar; (Edelstein: tallar); (Kleid) arrastrar; **~maschine** f afiladora; **~stein** m piedra f de amolar, muela f

**Schleim** m mucosidad f; **~haut** f mucosa; **2ig** mucoso

**schlemmen** regalarse

**schlendern: durch die Straßen ~** callejear

**schlenkern** bambolear, menear (**mit** ac)

**Schlepp**|**e** f cola; **2en** cargar (con); Mar remolcar; **~er** m Mar remolcador; **~kahn** m (lancha f de) remolque; **~seil** n cable m de remolque

**Schleuder** f honda; **2n** vt arrojar; vi Kfz patinar, derrapar; **~n** n derrape m

**Schleuse**

**Schleuse** f esclusa
**schlicht** sencillo; **~en Streit**: arreglar
**schließen** cerrar; *Vertrag*: concluir; *fig* deducir
**Schließ|fach** n consigna f automática; **2lich** finalmente; **~ung** f cierre m
**schlimm** mal(o); **~er** peor
**Schling|e** f lazo m; **2ern** balancearse; **~pflanze** f enredadera
**Schlips** m corbata f
**Schlitten** m trineo; F (*Auto*) cacharro
**Schlittschuh** m patín; **~laufen** patinar; **~läufer** m patinador
**Schlitz** m ranura f, raja f
**Schloß** n cerradura f; *Arch* palacio m, castillo m
**Schlosser** m cerrajero
**schlottern** temblar
**Schlucht** f barranco m
**schluchzen** sollozar
**Schluck** m trago, sorbo; **~auf** m hipo; **2en** tragar; **~impfung** f vacunación por vía bucal
**Schlund** m fauces fpl
**Schlüpf|er** m bragas fpl, *Am* a pantalones fpl, trusas fpl, bombachas fpl; **2rig** resbaladizo
**Schlupfwinkel** m escondrijo, guarida f
**schlürfen** sorber
**Schluß** m fin; término; **zum ~ por** fin
**Schlüssel** m llave f; **~bein** n clavícula f; **~bund** n llavero m; **~loch** n bocallave f, agujero m

**404**

**Schluß|folgerung** f conclusión; **~licht** n luz f trasera
**schmächtig** delicado
**schmackhaft** sabroso
**schmal** estrecho
**schmälern** reducir
**Schmal|film** m película f estrecha; **~spur...** *in Zssgn* de vía estrecha, *Am* de trocha angosta
**Schmalz** n manteca f de cerdo
**Schmarotzer** m parásito
**schmeck|en** vt gustar; vi saber (**nach** a); **gut ~en** tener buen gusto; **es ~t mir gut** me gusta
**Schmeichel|ei** f lisonja; **2haft** lisonjero; **2n** (*dat*) lisonjear, adular
**schmeißen** lanzar, tirar
**schmelzen** fundir(se), derretirse
**Schmerz** m dolor; **2en** doler; **2haft, 2lich** doloroso; **2los** indoloro; **~mittel** n analgésico m; **2stillend** analgésico
**Schmetterling** m mariposa f
**Schmied** m herrero; **~e** f herrería; **2en** forjar; *fig* **Pläne ~en** hacer planes
**schmier|en** lubrificar; F *fig* untar, sobornar; **2geld** n F unto m, soborno m; **2ig** grasoso; *fig* sucio; **2öl** n aceite m lubrificante; **2seife** f jabón m blando
**Schminke** f maquillaje m; **2n** maquillar; **s. 2n** ponerse

## Schnur

colorete
**Schmirgelpapier** n papel m de lija
**schmollen** poner cara de enfadado, estar picado
**Schmor|braten** m estofado; ~en nt guisar vi fig asarse
**Schmuck** m adorno; (~stükke) joyas fpl
**schmücken** adornar
**schmuddelig** mugriento
**Schmuggel** m contrabando; ~n hacer (vt introducir de) contrabando
**Schmutz** m suciedad f; barro; **~ig** sucio
**Schnabel** m pico
**Schnalle** f hebilla
**schnapp|en** atrapar, coger; **nach Luft ~en** jadear; **~messer** n navaja f de resorte; **~schuß** m Fot instantánea f
**Schnaps** m aguardiente
**schnarchen** roncar
**schnattern** Zo graznar; fig parlotear
**schnauben** resoplar; **s. (die Nase)** ~ sonarse
**schnaufen** resollar
**Schnauze** f hocico m
**Schnecke** f caracol m
**Schnee** m nieve f; **~ball** m bola f de nieve; **~fall** m nevada f; **~flocke** f copo m de nieve; **~gestöber** n torbellino m de nieve; **~ketten** fpl Kfz cadenas antideslizantes; **~matsch** m nieve f fundida; **~pflug** m quitanieves; **~regen** m aguanieve f; **~sturm** m ventisca f; **~**

**wehe** f nieve amontonada; **~weiß** blanco como la nieve
**Schneid|brenner** m soplete cortante; **~e** f corte m; **~en** cortar; **s. in den Finger ~en** cortarse el dedo; **~er** m sastre; **~erin** f modista
**schneien** nevar
**Schneise** f vereda (de bosque)
**schnell** rápido, veloz; pronto; adv de prisa; **~hefter** m clasificador; **~igkeit** f rapidez, velocidad; **~imbiß** m bar, cafetería; **~paket** n paquete m postal exprés; **~zug** m (tren) expreso
**schneuzen: s. (die Nase) ~** sonarse
**Schnitt** m corte, cortadura f; **~blumen** fpl flores de corte; **~e** f rebanada; **~lauch** m cebollino; **~muster** n patrón m; **~punkt** m bsd Math punto de intersección; **~wunde** f corte m
**Schnitzel** n escalope m, escalopa f (**Wiener ~**) a la vienesa od milanesa)
**schnitz|en** tallar (en madera); **~erei** f talla
**Schnorchel** m tubo (de respiración); (U-Boot) esnórquel
**schnüffeln** (Hund) husmear; fig curiosear
**Schnuller** m chupete
**Schnulze** f canción dulzona
**Schnupfen** m constipado, catarro
**schnuppern** oliscar
**Schnur** f cordel m, cuerda;

**schnüren** cordón m
**schnüren** atar
**Schnurrbart** m bigote
**Schnür|schuh** m zapato de cordones; **~senkel** m cordón
**Schock** m choque (a Med); **~ieren** chocar
**Schokolade** f chocolate m
**Scholle** f Zo solla
**schon** ya
**schön** hermoso; bello; adv bien
**Schon|bezug** m Kfz funda f, cubreasientos; **~en** tratar con cuidado; s. **~en** cuidarse
**Schönheit** f belleza; **~ssalon** m salón de belleza
**Schon|kost** f régimen m, dieta; **~zeit** f Zo veda
**schöpf|en** sacar; fig Verdacht: concebir; **~er** m creador
**Schorf** m costra f, escara f
**Schornstein** m chimenea f; **~feger** m deshollinador
**Schoß** m regazo; fig seno
**Schote** f vaina
**Schotter** m balasto
**schräg** oblicuo; (Dach:) en declive
**Schramme** f raya f; Med arañazo m
**Schrank** m armario
**Schranke** f barrera
**Schraub|e** f tornillo m; Mar hélice f; **~en** atornillar; **~enmutter** f tuerca; **~enschlüssel** m llave f de tuercas; **~enzieher** m destornillador; **~stock** m tornillo de

banco
**Schreck** m susto; **vor ~ de susto**; **~lich** terrible; **~schuß** m tiro al aire
**Schrei** m grito
**schreib|en** escribir; **~en** n carta f; **~fehler** m falta f de ortografía; **~maschine** f máquina de escribir; **~papier** n papel m de escribir; **~tisch** m escritorio; **~waren** fpl artículos mpl de escritorio; (Geschäft:) papelería f
**schreien** gritar
**Schrift** f escritura; **~lich** (por) escrito; **~steller** m escritor; **~stück** n escrito m; documento m; **~wechsel** m correspondencia f
**schrill** estridente
**Schritt** m paso; **~ fahren!** ¡ir al paso!; **~macher** m Sp guía; (Herz:) marcapasos
**schroff** escarpado; fig brusco, áspero
**Schrot** m trigo m triturado; Jagd perdigones mpl; **~flinte** f escopeta de caza
**Schrott** m chatarra f
**Schrubber** m fregona f
**Schub|fach** n cajón m, bsd Am gaveta f; **~karre** f carretilla
**schüchtern** tímido
**Schuft** m granuja; **sich ~ en** matarse trabajando, deslomarse
**Schuh** m zapato; **~anzieher** m calzador; **~bürste** f cepillo m para zapatos; **~geschäft** n zapatería f; **~größe**

# Schwarzbrot

f número m (de zapato); ~**krem** f betún m; ~**macher** m zapatero; ~**putzer** m Span limpiabotas, Am embolador, lustrabotas; ~**reparatur** f reparación de calzado; ~**sohle** f suela

**Schukosteckdose** f enchufe m con puesta a tierra

**Schul**|**arbeiten** fpl deberes mpl, Am tareas; ~**buch** n libro m de texto

**schuld**: ~ **sein an** tener la culpa de; **ich bin daran** ~ es culpa mía

**Schuld** f culpa; ~**en** pl deudas; 2**en** deber; 2**ig** culpable; 2**los** inocente; ~**ner** m deudor; ~**schein** m pagaré

**Schule** f escuela; (*private Fach*2) academia; **die** ~ **ist aus** ha terminado la clase

**Schüler(in** f) m alumno (alumna)

**Schul**|**ferien** pl vacaciones fpl escolares; 2**frei haben** no tener clase; ~**freund** m compañero de clase; ~**leiter** m director; ~**pflicht** f enseñanza obligatoria

**Schulter** f hombro m; ~**blatt** n omóplato m

**Schul**|**ung** f instrucción, formación; ~**zeit** f años mpl escolares

**Schuppen** 1. m cobertizo, tinglado, *bsd Am* galpón; 2. fpl caspas; *Zo* escamas

**schüren** atizar

**Schurke** m canalla

**Schürze** f delantal m

**Schuß** m tiro

**Schüssel** f fuente

**Schußwaffe** f arma de fuego

**Schuster** m zapatero

**Schutt** m escombros mpl

**Schüttel**|**frost** m escalofríos mpl; 2**n** sacudir; agitar; *Hand*: apretar

**schütten** echar; verter

**Schutz** m protección f; abrigo; ~**blech** n guardabarros m; ~**brille** f gafas fpl protectoras

**schützen** proteger; defender (**vor** contra)

**Schutz**|**heilige(r)** m patrón; ~**hütte** f refugio m; ~**impfung** f vacunación preventiva; 2**los** desamparado; ~**mann** m guardia, policía

**schwach** débil

**Schwäch**|**e** f debilidad; 2**en** debilitar

**schwach**|**sinnig** imbécil; 2**strom** m corriente f de baja tensión

**Schwager** m cuñado

**Schwägerin** f cuñada

**Schwalbe** f golondrina

**Schwamm** m esponja f

**Schwan** m cisne

**schwanger** embarazada; 2**schaft** f embarazo m

**schwanken** vacilar

**Schwanz** m cola f

**Schwarm** m (*Vogel*2) bandada f; (*Bienen*2) enjambre; *fig* ideal

**schwärmen** *fig* entusiasmarse (**für** por)

**Schwarte** f corteza

**schwarz** negro; ~ **werden** ennegrecer; 2**brot** n pan m

**Schwarzweißfilm** 408

negro; 2**weißfilm** m película f (de) blanco y negro; 2**wurzeln** fpl salsifies mpl negros

**schwatzen** charlar, parlotear

**Schwebe: in der ~** en suspenso, pendiente; **~bahn** f teleférico m; 2**n** flotar; colgar

**Schwefel** m azufre

**schweig|en** callar; 2**en** in silencio m; **~sam** taciturno, callado

**Schwein** n cerdo m, Am a marrano m (Col), chancho m (RPl); **~efleisch** n carne f de cerdo; **~erei** f fig porquería; **~estall** m a fig pocilga f

**Schweiß** m sudor; **~brenner** m soplete para soldar; 2**en** soldar

**schwelen** quemarse lentamente (echando humo)

**Schwell|e** f umbral m; Esb traviesa, Am durmiente m; 2**en** hincharse; **~ung** f hinchazón

**schwenken** vt agitar; vi virar

**schwer** pesado; fig difícil, penoso; grave, serio; (Wein, Tabak) fuerte; 2**arbeit** f trabajo m duro; 2**athletik** f atletismo m pesado; **~beschädigte(r)** m mutilado; **~fällig** torpe; **~hörig** tardo de oído; 2**industrie** f industria pesada; 2**kraft** f gravitación; **~krank** gravemente enfermo; 2**punkt** m Phys centro de gravedad;

fig punto esencial

**Schwert** n espada f; **~fisch** m pez espada, emperador

**schwer|verdaulich** indigesto; **~wiegend** serio

**Schwester** f hermana; (Kranken2) enfermera

**Schwieger|eltern** pl suegros mpl; **~mutter** f suegra; **~sohn** m yerno; **~tochter** f nuera; **~vater** m suegro

**Schwiele** f callo m

**schwierig** difícil; 2**keit** f dificultad

**Schwimm|bad** n piscina f; **~becken** n piscina f, Méj alberca f, RPl pileta f; 2**en** nadar; **~er** m nadador; Tech flotador; **~flossen** fpl Sp aletas; **~flügel** mpl flotadores; **~halle** f piscina cubierta; **~weste** f chaleco m salvavidas

**Schwind|el** m Med vértigo; fig estafa f, patraña f; 2**elfrei** libre de vértigo; 2**eln** mentir; **~ler** m estafador; 2**lig** mareado; **mir wird 2lig** me da un vahido

**schwing|en** vt agitar; vi vibrar; 2**ung** f vibración

**Schwips** F m: **e-n ~ haben** estar achispado

**Schwitz|bad** n baño m de vapor; 2**en** sudar, transpirar

**schwören** jurar

**schwul** P invertido

**schwül** sofocante, bochornoso; 2**e** f bochorno m

**Schwule(r)** m P marica

**Schwung** m impulso (a fig);

**~rad** n volante m
**Schwurgericht** n tribunal m de jurados
**sechs** seis; 2 f seis m; 2**tagerennen** n Sp los seis días; 2**tel** n sexto m
**See 1.** m lago; **2.** f mar m u f; **an der ~** en la playa; **~bad** n playa f; **~fahrt** f pescado de mar; **~gang** m marejada f; **~hund** m foca f; **~klima** n clima m marítimo; 2**krank** mareado; **~krankheit** f mareo m
**Seel|e** f alma; 2**isch** (p)síquico; **~sorge** f cura de almas
**See|luft** f aire m de mar; **~mann** m marinero; **~meile** f milla marina; **~not** f peligro m marítimo; **~reise** f viaje m por mar; **~stern** m estrella f de mar; **~weg** m vía f marítima; **~zunge** f lenguado m
**Segel** n vela f; **~boot** n barco m de vela; **~fliegen** n, **~flug** m vuelo m sin motor; **~flugzeug** n planeador m; **~jacht** f yate m de vela; 2**n** navegar a vela; **~schiff** n buque m de vela; **~sport** m deporte m de vela; **~tuch** n lona f
**Seg|en** m bendición f; 2**nen** bendecir
**sehen** ver; 2 n vista f
**sehens|wert** digno de verse; 2**würdigkeit** f curiosidad
**Sehne** f cuerda f; Anat tendón m
**sehnen**: s. ~ nach anhelar (ac)
**Sehnen|scheidenentzündung** f tendovaginitis; **~zerrung** f distensión de un tendón
**Sehn|sucht** f anhelo m; 2**süchtig** ansioso, anheloso
**sehr** (bei Verben) mucho; (vor adj u adv) muy
**Sehstörungen** fpl trastornos mpl de la vista
**seicht** poco profundo, Am a pando
**Seide** f seda
**Seife** f jabón m
**Seil** n cuerda f; **~bahn** f teleférico m, funicular m
**sein** (dauernd) ser; (vorübergehend) estar
**sein**, **~e** su, pl sus
**seiner|seits** de su lado; **~zeit** en su tiempo
**seit** desde (hace); **~ e-r Woche ...** hace una semana que ...; **= ~dem** cj desde que; adv desde entonces
**Seite** f lado m; costado m; (Buch) página
**Seiten|eingang** m entrada f lateral; **~stechen** n punto m de costado; **~straße** f calle lateral; **~wind** m viento m de costado
**seither** desde entonces
**seitlich** lateral
**Sekre|tariat** n secretaría f; **~tärin** f secretaria
**Sekt** m vino espumoso; **~or** m sector m
**Sekunde** f segundo m
**selbst** mismo; (a) hasta; **von ~** por sí mismo
**selbständig** independiente
**Selbst|auslöser** m Fot dis-

# Selbstbedienungsladen

parador automático; ~bedienung (sladen m f) (tienda f de) autoservicio m; ~beherrschung f dominio m sobre sí mismo; 2bewußt confiado; seguro; 2klebend autoadhesivo

Selbst|kostenpreis m precio de coste; 2los desinteresado; ~mord m suicidio; 2sicher seguro de sí mismo; 2süchtig egoísta; 2verständlich natural; adv naturalmente, claro (que sí); ~vertrauen n confianza f en sí mismo; ~verwaltung f autonomía; ~wählverkehr m Tel servicio automático

**Sellerie** m f apio m
**selten** raro; adv raras veces; 2heit f rareza
**Seltersswasser** n agua f de Seltz
**seltsam** raro, extraño
**Semester** n semestre m
**Semmel** f panecillo m
**send|en** enviar, mandar; Rf emitir; 2er m emisora f; 2ung f envío m; Rf emisión
**Senf** m mostaza f
**sengend** abrasador
**Senk|blei** n plomada f; 2en bajar; s. 2en desplomarse; 2recht vertical; ~rechtstarter m Flgw avión de despegue vertical; F fig trepador
**Sensation** f sensación
**Sense** f guadaña
**September** m se(p)tiembre m
**Serie** f serie

**seriös** serio, formal
**Serpentine** f serpentina
**Serum** n suero m
**Serv|ice** n servicio m; 2ieren servir; 2iererin f camarera; ~iette f servilleta
**Sessel** m butaca f; ~lift m telesilla f
**seßhaft** sedentario
**setzen** colocar; poner; (Spiel) apostar (auf por); s. ~ sentarse
**Seuche** f epidemia
**seufz|en** suspirar; 2er m suspiro
**sexuell** sexual
**Shampoo** n champú m
**Sherry** m jerez
**Shorts** pl short(s) m(pl)
**Show** f show n; e-e ~ abziehen F fig dar el (od un) espectáculo; ~business n (mundo m de la) farándula f
**sich** sí; (unbetont) se; bei ~ haben tener (od llevar) consigo
**Sichel** f hoz
**sicher** seguro; cierto; ~ vor asegurado contra; 2heit f seguridad; Hdl garantía
**Sicherheits|gurt** m cinturón de seguridad; 2halber para mayor seguridad; ~nadel f imperdible m; ~schloß n cerradura f de seguridad
**sicher|lich** ciertamente, por cierto; ~n asegurar; 2ung f protección; El fusible m
**Sicht** f vista; in ~ kommen aparecer; 2bar visible; ~vermerk m visto bueno;

**~weite** f: **in ~weite** al alcance de la vista
**sie** ella; la; pl ellos (m), ellas (f); los, las; 2 usted(es pl); le(s)
**Sieb** n colador m; Tech criba f
**sieben** siete; 2 f siete m
**sieden** hervir
**Siedl|er** m colono; **~ung** f colonia
**Sieg** m victoria f
**Siegel** n sello m; **~lack** m lacre; **~ring** m anillo de sellar
**sieg|en** vencer (über a); **2er** m vencedor
**Signal** n señal f
**Silbe** f sílaba
**Silber** n plata f; **~hochzeit** f bodas fpl de plata; **2n** de plata
**Silvester** n día m de San Silvestre; **~abend** m Nochevieja f
**simulieren** simular
**Sinfonie** f sinfonía
**sing|en** cantar; **2vogel** m pájaro cantor
**sinken** bajar; (Schiff) hundirse
**Sinn** m sentido; significación f; **~bild** n símbolo m; **2lich** sensual; **2los** absurdo
**Sintflut** f diluvio m
**Siphon** m sifón
**Sippe** f estirpe, progenie; clan m
**Sirup** m jarabe
**Sit-in** n sentada f
**Sitt|e** f costumbre f; **2lich** moral

# Sohle

**Sitz** m asiento; (Wohn2) domicilio; **2en** estar sentado; (Kleid) sentar bien; **~platz** m asiento; **~ung** f sesión, reunión
**Skala** f escala
**Skandal** m escándalo
**Skelett** n esqueleto m
**skeptisch** escéptico
**Ski** m esquí; **2laufen** esquiar; **~läufer** m esquiador; **~lift** m telesquí; **~stiefel** mpl botas fpl para esquiar
**Skizze** f esbozo m, croquis m
**Sklave** m esclavo
**Skorpion** m escorpión
**skrupellos** sin escrúpulos
**Skulptur** f escultura
**Slip** m braga f
**Slipper** m (Schuh) mocasín
**Smaragd** m esmeralda f
**Smoking** m esmoquin, esmoquin
**so** así; (vor adj u adv) tan; **~ daß** (de modo que); **~bald** luego que, tan pronto como
**Socke** f calcetín m, Am media (de hombre)
**Sockel** m zócalo
**Soda** f Chem sosa; Am soda; **~wasser** n soda f
**Sodbrennen** n ardor m del estómago, acedía f
**soeben** ahora mismo
**Sofa** n sofá m
**so|fort** inmediatamente, en seguida; **~gar** hasta; **~genannt** llamado; **~gleich** en el acto
**Sohle** f planta; (Schuh2)

**Sohn**

suela
**Sohn** m hijo
**solange** cj mientras; adv tanto tiempo
**Solar|ium** n solario m; **~zelle** f panel m solar
**solch** tal
**Soldat** m soldado
**solide** sólido; serio
**Solist(in** f) m solista su
**Soll** n debe m; **2en** deber; (müssen) haber de
**Sommer** m verano; **~en** en verano; **~ferien** pl vacaciones fpl de verano; **~frische** f veraneo m; **~frischler** m, **~gast** m veraneante; **~kleid** n vestido m de verano; **~lich** de verano, veraniego; **~schlußverkauf** m liquidación f de verano; **~sprosse** f peca; **~zeit** f horario m de verano
**Sonder|angebot** n oferta f especial; **~ausgabe** f (Zeitung) número m extraordinario; **2bar** singular; **~fahrt** f viaje m discrecional; **~fall** m caso particular; **~genehmigung** f autorización f especial; **~marke** f sello m especial
**sondern** sino; **nicht nur ..., ~ auch** no sólo ... sino también
**Sonder|schule** f escuela f especial; **~tarif** m tarifa f especial; **~zug** m tren especial
**Sonnabend** m sábado
**Sonne** f sol m; **in der ~e** al sol; **2en: s. 2en** tomar el sol

**Sonnen|aufgang** m salida f del sol; **2ad** n baño m de sol; **~blume** f girasol m; **~brand** m quemadura f del sol; **~brille** f gafas fpl del sol; **~dach** n toldo m; **~deck** n cubierta f del sol; **~finsternis** f eclipse m solar; **2gebräunt** tostado, bronceado; **~öl** n aceite m bronceador; **~schein** m sol; **~schirm** m quitasol, sombrilla f; **~schutzkrem** f crema bronceadora; **~stich** m insolación f; **~terrasse** f solario m; **~uhr** f reloj m de sol; **~untergang** m puesta f del sol
**sonn|ig** soleado; **2tag** m domingo; **~tags** los domingos; **2tagsdienst** m servicio de domingo
**sonst** de lo contrario; (noch) además; **~ jemand?** ¿alguien más?; **~ niemand** ningún otro; **~ noch etwas?** ¿alguna otra cosa?, ¿algo más?; **~ nichts** nada más
**Sorg|e** f preocupación; **2en für** cuidar de; **s. 2en** inquietarse (**um** por); **2fältig** cuidadoso; **2los** despreocupado
**Sorte** f clase, especie; **2ieren** clasificar; **~iment** n surtido m
**Soße** f salsa
**Souvenir** n recuerdo m
**so|viel** tanto; **~weit** en cuanto; **wir sind ~weit** ya estamos; **~wie** (así) como;

**wieso** así como así
**sowjetisch** soviético
**sowohl:** ~ ... **als auch** tanto ... como
**sozial** social; **~demokratisch** social-demócrata; **2fürsorger** m asistencia social; **2fürsorgerin** f asistente social; **~istisch** socialista; **~versicherung** f seguro m social
**Soziussitz** m asiento trasero
**Spachtel** m espátula f
**Spaghetti** pl espagueti m
**Spalt|e** f abertura, hendidura; grieta; **~en** hender; fig dividir
**Span** m astilla f; **~ferkel** n lechón m, cochinillo m
**Spange** f (Haar2) pasador m
**Spann** m empeine; **2en** vt tender; vi apretar; **~end** cautivador; **~ung** f tensión (a El); El voltaje m
**Spar|buch** n libreta f de ahorros; **~büchse** f hucha; Am a alcancía; **2en** ahorrar; **~er** m ahorrador
**Spargel** m espárragos mpl
**Spar|kasse** f caja de ahorros; **~sam** económico
**Spaß** m broma f; placer; **es macht (mir)** ~ eso (me) hace gracia, eso (me) divierte
**spät** adv tarde; **wie ~ ist es?** ¿qué hora es?; Am a **¿qué horas son?**; **zu ~** tarde
**Spaten** m pala f
**spät|er** posterior; adv más tarde; **~estens** lo más tarde
**Spatz** m gorrión m

**spazier|engehen** pasearse, dar un paseo; **2gang** m paseo; **2stock** m bastón
**Specht** m pico, pájaro carpintero
**Speck** m tocino
**Spediteur** m agente de transportes; **~ion** f agencia de transportes
**Speer** m jabalina f; **~werfen** n lanzamiento m de jabalina
**Speiche** f rayo m
**Speichel** m saliva f
**Speicher** m almacén; (Dach2) buhardilla f, desván; (Korn2) granero; **2n** almacenar
**Speise** f comida; plato m; **~eis** n helado m, Méj nieve f; **~kammer** f despensa; **~karte** f lista de platos, minuta; **2n** comer; **~röhre** f esófago m; **~saal** m comedor; (Kloster) refectorio m; **~wagen** m coche restaurante
**Spekulation** f especulación f
**spend|abel** F liberal; **~e** f regalo m, dádiva f; **~en** dar; donar (a Blut); **2er** m donador; **~ieren** f regalar
**Sperr|e** f barrera; **2en** cerrar; barrear; bloquear; **~Strom:** cortar; **~gebiet** n zona f prohibida; **~gut** n mercancías fpl de gran bulto; **~holz** n madera f contrachapeada; **~ig** voluminoso; **~stunde** f hora de cierre
**Spesen** fpl gastos mpl
**Spezialität** f especialidad f; **~enrestaurant** n restaurante m típico

**spezi|ell** especial; **~fisch** específico
**spicken** *Gastr* mechar; *Schule* copiar
**Spiegel** m espejo; **~ei** n huevo m al plato; **2n** reflejar; **~reflexkamera** f máquina reflex
**Spiel** n juego m; *Sp* partido m; **~automat** m tragaperras; **~bank** f casa (o banca) de juego; **2en** jugar (a); *Mus* tocar; **~er** m jugador; **~feld** n campo m; **~karte** f naipe m; **~kasino** n casino de juegos; **~marke** f ficha; **~plan** m programa; **~platz** m campo de juego; **~regel** f regla del juego; **~verderber** m aguafiestas; **~zeug** n juguete(s) m(pl)
**Spieß** m asador
**Spikes(reifen** m/pl neumáticos claveteados
**Spinat** m espinacas fpl
**Spinn|e** f araña; **2en** hilar; F estar chiflado; **~gewebe** n telaraña
**Spion** m espía; (*Tür*) mirilla f; **~age** f espionaje m; **2ieren** espiar
**Spirale** f espiral
**Spirituosen** pl bebidas fpl alcohólicas
**Spiritus** m alcohol; **~kocher** m infiernillo, *Col, Ven* reverbero, *RPl, Chi, Pe* primus
**spitz** agudo; **2bart** m barba f de chivo, *Am* chivera f; **2e** f punta; (*Gewebe*) encaje m; **~en** afilar (*a fig*);

**2enleistung** f *Sp* récord m; *Tech* rendimiento m máximo
**spitz|findig** sutil; **2hacke** f pico m; **2name** m apodo
**Splitter** m casco; (*Holz*) astilla f, espina f; **2n** vi astillarse
**spontan** espontáneo
**Sport** m deporte; **~treiben** practicar el deporte; **~artikel** mpl artículos de deporte; **~bericht** m reportaje deportivo; **~flugzeug** n avioneta f; **~halle** f sala de gimnasia, polideportivo m (cubierto); **~ler(in** f) m deportista su; **2lich** deportivo; **~platz** m campo de deportes; **~verein** m club deportivo; **~wagen** m *Kfz* automóvil de deporte; (*für Kinder*) cochecito inglés
**Spott** m burla f; **2billig** regalado, tirado, *Am* a botado; **2en über** burlarse de
**spöttisch** burlón
**Sprach|e** f lengua; idioma m; **~führer** m manual de conversación; **~kurs** m curso de idioma; **~los** *fig* atónito
**Spray** n spray m; aerosol m; (*Haar2*) laca f
**Sprech|anlage** f intercomunicador m, *Col* citófono m; **2en** hablar; **~er** m orador; (*Radio*) locutor; **~gebühr** f tarifa telefónica; **~stunde** f horas fpl de consulta; **~stundenhilfe** f ayudante de consulta; **~zimmer** n sala f

# Stamm

de consulta
**spreizen** extender
**spreng|en** hacer saltar; (*mit Wasser*) regar; ⁓**stoff** m explosivo; ⁓**ung** f voladura
**Sprichwort** n refrán m
**Spring|brunnen** m surtidor; ⁓**en** saltar; (*Haut, Holz*) agrietarse; (*Glas*) rajarse; ⁓**er** m Sp saltador; (*Schach*) caballo
**Sprit** m F gasolina f, RPl nafta f
**Spritz|e** f jeringa; Med e-e ⁓**e geben** poner una inyección; ⁓**en** vi salir a chorro
**spröde** frágil; (*Haut*) áspero; fig esquivo
**Sprosse** f escalón m
**Spruch** m dicho; sentencia f; jur fallo
**Sprudel** m agua f mineral con gas; ⁓**n** surtir; (*Getränk*) burbujear
**sprüh|en** chisporrotear; ⁓**regen** m llovizna f
**Sprung** m salto; (*Riß*) hendidura f, raja f; ⁓**brett** n trampolín m; ⁓**federmatratze** f colchón m de muelles; ⁓**schanze** f trampolín m; ⁓**tuch** n tela f salvavidas; ⁓**turm** m torre f de saltos
**Spuck|e** f saliva; ⁓**en** escupir
**Spuk|en: es** ⁓**t** hay duendes
**Spule** f carrete m; El bobina
**spül|en** lavar; *Wäsche*: aclarar; ⁓**mittel** n detergente m; ⁓**ung** f lavado m; (*W.C.*) sifón m
**Spur** f huella
**spür|bar** sensible; ⁓**en** sentir
**spurlos** sin dejar rastro (*od* huella)
**Staat** m Estado; ⁓**enlos** apátrida; ⁓**lich** del Estado, estatal; público
**Staats|angehörigkeit** f nacionalidad; ⁓**anwalt** m fiscal; ⁓**bürger** m ciudadano
**Stab** m bastón; vara f; ⁓**hochsprung** m salto de pértiga
**stabil** estable
**Stachel** m Zo púa f, aguijón; Bot espina f; ⁓**beere** f uva crespa, grosella espinosa; ⁓**draht** m alambre de púas; ⁓**ig** espinoso; ⁓**schwein** n puerco m espín
**Stadion** n estadio m
**Stadt** f ciudad; ⁓**bahn** f ferrocarril m metropolitano (*od* urbano); ⁓**bezirk** m distrito
**städtisch** urbano; municipal
**Stadt|mitte** n centro urbano; ⁓**plan** m plano de la ciudad; ⁓**rundfahrt** f vuelta por la ciudad; ⁓**teil** m, ⁓**viertel** n barrio
**Staffel|lauf** m (carrera f de) relevo m; ⁓**ei** f caballete m; ⁓**ung** f escalonamiento m
**Stahl** m acero; ⁓**möbel** npl muebles mpl metálicos; ⁓**werk** n planta f siderúrgica
**Stall** m establo; (*Pferde*⁓) cuadra f
**Stamm** m tribu f; Bot tronco; (*Geschlecht*) linaje

**stammen:** ~ von, aus provenir de; (j) ~ aus ser natural de

**Stamm|gast** m, ~**kunde** f (cliente) habitual; parroquiano

**stampfen** (mit den Füßen) patalear; (Schiff) cabecear

**Stand** m situación f, posición f; Hdl stand, puesto; nivel; ~**bild** n estatua f

**Ständer** m soporte

**Stand|esamt** n registro m civil; ~**haft** constante; 2~**halten** resistir (a)

**ständig** permanente, continuo

**Stand|licht** n luz f de población; ~**ort** m lugar, posición f; ~**punkt** m punto de vista

**Stange** f percha, pértiga; vara; (Zigaretten) cartón m

**Stapel** m pila f; 2~**lauf** m botadura f; 2**n** amontonar

**Star** m Zo estornino; Thea estrella f; Med grauer ~ catarata f; grüner ~ glaucoma

**stark** rígido, robusto

**Stärke** f fuerza; Tech potencia; (Dicke) espesor m; fig fuerte m; (Wäsche2) almidón m; 2**n** fortalecer; Wäsche: almidonar

**Starkstrom** m corriente f de alta tensión

**Stärkung** f refresco m; ~**smittel** n tonificante m

**starr** rígido; fijo; ~**en auf** mirar fijamente

**Start** m salida f; Flgw despegue; 2~**bahn** f pista f de despegue; 2**en** vi salir; despegar; vt poner en marcha; ~**zeichen** n Sp señal f de partida

**Station** f estación f; Med departamento m clínico, pabellón m

**Statist|(in** f) m comparsa su; ~**ik** f estadística

**Stativ** n trípode m

**statt** en lugar de; ~**finden** tener lugar, celebrarse; ~**lich** vistoso

**Statue** f estatua f

**Statut** n estatuto m

**Stau** m Kfz embotellamiento, tapón, Col trancón, Ven galleta f

**Staub** m polvo; 2**ig** polvoriento; ~**sauger** m aspirador; ~**tuch** n trapo m de limpieza

**Staudamm** m presa f, dique, Am represa f

**stauen: s.** ~ congestionarse

**staunen** asombrarse (**über** de)

**Stausee** m pantano, embalse

**Steak** m bistec m, biftec m, RPl bife m

**stech|en** pinchar; punzar; (Insekt, Sonne) picar; in See ~**en** hacerse a la mar; ~**end** punzante; 2~**mücke** f mosquito m

**Steck|brief** m orden f de búsqueda y captura; ~**dose** f enchufe m; 2**en** vt meter, poner; 2~**enbleiben** atascarse; fig a cortarse; 2~**enlassen** dejar metido; ~**er** m (clavija f de) enchufe; ~**na-**

## Stich

del f alfiler m
**Steg** m pasarela f; (Boots❬) embarcadero
**stehen** estar en pie; (Uhr) estar parado; (Kleidung j-m) sentar; **im ⚹ estar** de pie; **~bleiben** detenerse, pararse; **~lassen** dejar
**stehlen** hurtar, robar
**Stehplatz** m Thea localidad f sin asiento; Bus usw plaza f de pie
**steif** tieso, inflexible; duro
**steig|en** subir (**auf, in** a); **~ern** acrecentar; **~erung** f aumento m; alza, subida; **⚹ung** f Kfz cuesta
**steil** escarpado; **~hang** m tajo; **~küste** f acantilado m
**Stein** m piedra f; Med cálculo; (Spiel) pieza f; (Obst) hueso; **~bruch** m cantera f; **~butt** m rodaballo; **⚹ig** pedregoso; **~kohle** f hulla; **~schlag** m caída f de piedras
**Stell|dichein** m cita f; **~e** f sitio m, lugar m; (Beruf) empleo m; **auf der ~e** en el acto; **⚹en** colocar; poner; Uhr: poner en hora; Frage: hacer; **~enangebot** n oferta f de colocación; **~platz** m Kfz estacionamiento m; **~ung** f posición, colocación, puesto m, empleo m; **~vertreter** m sustituto m; **~werk** n puesto m de enclavamiento
**Stemm|eisen** n formón m; **⚹en** levantar; **s. ⚹en gegen** apoyarse (od estribarse) contra
**Stempel** m sello; **~kissen** n

tampón m, almohadilla f de tinta; **⚹n** sellar; timbrar
**Stengel** m tallo
**steno|graphieren** taquigrafiar; **~typistin** f taquimecanógrafa
**Steppdecke** f colcha (pespunteada)
**sterbe|n** morir; **⚹sakramente** npl últimos sacramentos mpl; **⚹urkunde** f partida f de defunción
**Stereo|anlage** f equipo m de alta fidelidad; **~platte** f disco m estereofónico
**steril** estéril
**Stern** m estrella f; **~bild** n constelación f; **~fahrt** f rallye m; **⚹förmig** estrellado; **~schnuppe** f estrella fugaz; **~warte** f observatorio m (astronómico)
**stet|ig** constante; **~s** siempre
**Steuer 1.** f impuesto m. **2.** n timón m; Kfz volante m, Chi manubrio m; Col timón m; **~bord** n estribor m
**Steuer|erklärung** f declaración de impuestos; **~frei** libre de impuestos
**Steuer|knüppel** m palanca f de mando; **~mann** m timonel; **⚹n** Mar gobernar; Flgw pilot(e)ar; Kfz conducir; **~ung** f Kfz dirección
**Steuerzahler** m contribuyente
**Steward** m Mar camarero; Flgw auxiliar de vuelo; **~eß** f azafata, auxiliar de vuelo, Am aeromoza
**Stich** m (Naht) punto; (In-

## stichhaltig

*sekten*2) picadura *f*; *Mal* grabado; (*Karten*) baza *f*; **im ~ lassen** abandonar; **~haltig** a prueba, plausible; **~probe** *f* prueba hecha al azar; **~tag** *m* día fijado; **~wort** *m* Thea pie *m*; (*im Wörterbuch*) voz *f* guía; **~wunde** *f* pinchazo *m*, punzada

**Stickerei** *f* bordado *m*

**stick|ig** sofocante; **2stoff** *m* nitrógeno

**Stiefel** *m* bota *f*

**Stief|mutter** *f* madrastra; **~müttterchen** *n* Bot pensamiento *m*; **~sohn** *m* hijastro; **~tochter** *f* hijastra; **~vater** *m* padrastro

**Stiel** *m* mango, astil; *Bot* tallo

**Stier** *m* toro; **~kampf** *m* corrida *f* de toros; **~kampfarena** *f* plaza *f* de toros; **~kämpfer** *m* torero

**Stift** *m* clavija *f*; **~ n** Rel convento *m*; **2en** fundar; donar; *Unheil* *m* causar desgracia; **~ung** *f* fundación; dotación; **~zahn** *m* diente de espiga

**Stil** *m* estilo

**still** tranquilo; silencioso; **2e** *f* tranquilidad; calma; **~en** *Hunger*, *Durst*: satisfacer; *Kind*: dar de mamar; *Blut*: restañar; *Schmerz*: calmar; **2stand** *m* paro/parada *f*

**Stimm|e** *f* voz; *Pol* voto *m*; **2en** *Mus* afinar; **2en** (**für**, **gegen**) votar (por, contra); **das 2t** (**nicht**) eso (no) es verdad (*od* cierto); **~recht** *n* derecho *m* de voto; **~ung** *f* disposición *f* de ánimo, humor *m*, talante *m*

**stinken** heder

**Stipendium** *n* beca *f*

**Stirn** *f* frente; **~höhle** *f* seno *m* frontal

**Stock** *m* bastón

**Stöckelschuh** *m* zapato de tacón alto

**stock|en** pararse; paralizarse; **~fisch** *m* bacalao; **2ung** *f* interrupción; (*Verkehr*) congestión; **2werk** *n* piso *m*, planta *f*

**Stoff** *m* materia *f*; (*Tuch*) tela *f*, tejido

**stöhnen** gemir

**Stollen** *m* galería *f* con)\

**stolpern** tropezar (**über**)

**stolz** orgulloso; **~ sein auf** gloriarse de; **2 m** orgullo

**stopfen** zurcir; *Pfeife*: cargar; **2garn** *n* hilo *m* de zurcir; **2nadel** *f* aguja de zurcir

**stopp|en** *vt Zeit*: cronometrar; *vi* (*anhalten*) parar; **~uhr** *f* cronómetro *m*

**Stöpsel** *m* tapón

**Stör** *m* esturión

**Storch** *m* cigüeña

**stör|en** estorbar; molestar; **2ung** *f* molestia; perturbación (**a** *Rf*); **2ungsstelle** *f Tel* servicio de reparaciones (*od* averías)

**Stoß** *m* golpe; choque; (*Haufen*) pila *f*; **~dämpfer** *m* amortiguador; **2en** empujar; chocar (**an**, **gegen** contra); *fig* **2en auf** dar

# streitsüchtig

con; ~stange f parachoques m; ~verkehr m horas fpl punta, Am horas fpl pico
**stottern** tartamudear
**straf|bar** penable, punible; ~bare Handlung infracción; ⁀e f castigo m; jur pena; (Geld⁀) multa; ~en castigar
**straff** tieso; tirante
**straf|frei** impune; ⁀gesetzbuch n código m penal; ⁀porto n sobretasa f de franqueo; ⁀punkt m Sp punto de falta; ⁀raum m Sp zona f de penalty; ⁀recht n derecho m penal; ⁀stoß m Sp penalty
**Strahl** m chorro; Phys rayo; ⁀en radiar; relucir; ⁀end radiante; brillante; ~ung f radiación
**Strähne** f (Haar⁀) mechón m; (Garn, Wolle) madeja
**stramm** tieso
**Strampel|höschen** n pelele m, Am a esquimal m; ⁀n patalear
**Strand** m playa f; ~anzug m traje de playa; ~bad n playa f; ~en encallar; ~korb m sillón m de playa; ~promenade f paseo m marítimo; ~wächter m guardacostas
**Strapaze** f fatiga
**strapazierfähig** resistente
**Straße** f calle; (Land⁀) carretera
**Straßen|bahn** f tranvía m; ~bau m construcción f vial; ~beleuchtung f alumbrado m público; ~ecke f esquina; ~händler m vendedor ambulante; ~karte f mapa m de carreteras; ~kreuzung f cruce m; ~verkehr m tráfico, circulación f; ~verkehrsordnung f código m de la circulación; ~verzeichnis n callejero m; ~wacht f (servicio m de) auxilio m en carreteras; ~zustand m estado de las carreteras
**sträuben** erizar; fig s. ~ gegen oponerse a
**Strauch** m arbusto
**Strauß** m Zo avestruz; Bot ramo
**streb|en nach** aspirar a; ~sam ambicioso, asiduo
**Strecke** f recorrido m, trayecto m; Esb usw línea
**streck|en** estirar; extender; ⁀verband m vendaje de extensión
**Streich** m fig travesura f; ~eln acariciar; ~en rayar; fig cancelar; (Farbe: pintar; ~en über pasar por; ~holz n cerilla f; ~käse m queso para extender (od untar); ~orchester n orquesta f de instrumentos de arco
**Streif|band** n faja f; ~e f patrulla; ~en m tira f; (Muster) raya f; ~en rozar; ~enwagen m coche patrulla
**Streik** m huelga f; ⁀en estar en huelga
**Streit** m riña f; controversia f; ⁀en reñir; altercar; ~kräfte fpl fuerzas armadas; ⁀süchtig pendenciero

*140*

**streng** severo; riguroso
**streuen** esparcir
**Strich** *m* raya *f*; línea *f*
**Strick** *m* cuerda *f*; ~**arbeit** *f*, ~**erei** *f* labor de punto; **₂en** hacer labores de punto; ~**jacke** *f* chaqueta de punto; (*Damen₂*) rebeca
**Strieme** *f* cardenal *m*
**strikt** estricto
**Stroh** *n* paja *f*; ~**halm** *m* paja *f*, *Col*, *Ven* pitillo *m*; ~**hut** *m* sombrero de paja; ~**sack** *m* jergón
**Strom** *m* río; *El* corriente *f*; ~**anschluß** *m* toma *f* de corriente; ~**ausfall** *m* apagón
**strömen** correr; *fig* afluir
**stromlinienförmig** aerodinámico
**Strom|schnelle** *f* rápido *m*, catarata; ~**stärke** *f* intensidad de la corriente
**Strömung** *f* corriente
**Stromverbrauch** *m* consumo de corriente
**Strudel** *m* remolino
**Strumpf** *m* media *f*; ~**halter** *m* liga *f*; ~**haltergürtel** *m* faja *f*; ~**hose** *f* medias *fpl* pantalón, panty *m*, *Am a* pantaleta
**Stube** *f* cuarto *m*; ~**nmädchen** *n* camarera *f*
**Stück** *n* pieza *f* (*a Thea*); (*Teil*) pedazo *m*, trozo *m*; (*Seife*) pastilla *f*; (*Zucker*) terrón *m*; **₂weise** a pedazos; por piezas
**Student(in** *f*) *m* estudiante *su*
**Studenten|austausch** *m* intercambio de estudiantes; ~**heim** *n* residencia *f* de estudiantes
**studi|eren** estudiar; **₂um** *n* estudios *mpl*
**Stufe** *f* escalón *m*
**Stuhl** *m* silla *f*; ~**gang** *m* evacuación *f* del vientre; ~**verstopfung** *f* estreñimiento *m*
**stumm** mudo
**Stummel** *m* colilla *f*, *RPl* pucho, *Col* chicote; *Zo* muñón
**Stumpf** *m Med* muñón, (*a Baum*) tocón
**stumpf** romo; (*Klinge*) sin filo; (*-sinnig*) estúpido
**Stunde** *f* hora; (*Schul₂*) lección, clase
**Stunden|kilometer** *mpl* kilómetros por hora; ~**lohn** *m* salario por hora; ~**plan** *m* horario escolar
**stündlich** cada hora
**stur** testarudo
**Sturm** *m* tempestad *f*, tormenta *f*
**stürm|en** *vi* precipitarse; **es ₂t** hay tormenta; **₂er** *m Sp* delantero; ~**isch** tempestuoso; *fig* turbulento; (*Beifall*) frenético
**Sturmwarnung** *f* aviso *m* de tempestad
**Sturz** *m* caída *f*
**stürzen** *vt* derribar; *vi* caer; *fig* precipitarse
**Sturz|flug** *m* vuelo *m* en picado; ~**helm** *m* casco de protección
**Stute** *f* yegua

**Stütze** f soporte m, sostén m (a fig); fig ayuda
**stutzen** vt (re)cortar; vi titubear
**stütz|en** apoyar; **s. ~en auf** apoyarse en; **2punkt** m Mil, Flgw base f
**subtrahieren** sustraer
**Such|aktion** f, **~e** f busca; **2en buscar; ~er** m Fot visor
**Sucht** f manía
**süchtig** toxicómano, habituado
**Süd|en** m sur; **2lich** meridional; **2lich von** al sur de; **~osten** m sudeste; **~pol** m Polo Sur; **~westen** m sudoeste; **~wind** m viento sur
**Sühne** f expiación
**Sülze** f fiambre m en gelatina
**Summe** f suma; total m
**summen** zumbar
**Sumpf** m pantano
**Sünde** f pecado m
**Super|-8-Film** m película f súper-8; **~benzin** f gasolina f súper; **~markt** m

supermercado
**Suppe** f sopa
**Suppen|fleisch** n carne f para cocido; **~teller** m plato sopero
**Surf|brett** n tabla f (deslizadora) a vela; **2en** practicar el surf
**surren** zumbar
**süß** dulce; F (Kind) mono; **~en** endulzar; **2igkeiten** fpl dulces mpl; **2speise** f dulce m; **2stoff** m sacarina f; **2wasser** n agua f dulce
**Swimming-pool** m piscina f, Méj alberca f, RPl pileta f
**symbolisch** simbólico
**sympathisch** simpático
**Symptom** n síntoma m
**Synagoge** f sinagoga
**synchronisiert** (Film) doblado
**synthetisch** sintético
**System** n sistema m; **2atisch** sistemático
**Szene** f escena

# T

**Tabak** m tabaco; **~laden** m tabaquería f; Span estanco; **~(s)pfeife** f pipa; **~waren** fpl tabacos mpl
**Tabelle** f tabla, cuadro m
**Tablett** n bandeja f; **~e** f comprimido m
**Tachometer** m velocímetro m
**Tadel** m reprensión f; **2los** irreprochable; **2n** reprender; censurar

**Tafel** f tabla, tablero m; (Schokolade) tableta
**Täfelung** f revestimiento m de madera
**Tag** m día; **guten ~!** ¡buenos días! bzw ¡buenas tardes!; **am ~e** de día; **es wird ~** amanece, clarea
**Tage|buch** n diario m; **~lang** días y días; **2n** celebrar sesión
**Tages|anbruch** m amane-

cer; ~kurs m cambio del día; ~licht n luz f del día; ~ordnung f orden m del día
**täglich** diario, cotidiano; adv al día; todos los días
**tagsüber** durante el día
**Tagung** f sesión f; congreso m
**Taille** f talle m
**Takelage** f jarcias fpl
**Takt** m tacto, Mus compás; Tech tiempo; ~ik f táctica; 2los indiscreto; 2voll discreto, delicado
**Tal** n valle m
**Talent** n talento m
**Talg** m sebo
**Talkumpuder** m polvos mpl de talco
**Talsperre** f presa, Am represa
**Tampon** m tapón
**Tang** m alga f marina
**Tank** m depósito; 2en tomar (od echar) gasolina; ~stelle f puesto m de gasolina, gasolinera, estación f de servicio, Col bomba, Pe grifo m; ~wart m encargado del surtidor, Arg naftero, Pe grifero
**Tanne** f abeto m
**Tante** f tía
**Tanz** m baile; ~abend m velada f de baile; 2en bailar
**Tänzer(in)** f m bailador(a); (Berufs2) bailarín m, bailarina f
**Tanz/fläche** f pista de baile; ~kapelle f orquesta de baile; ~lokal n salón m de baile
**Tapete** f papel m pintado
**tapezieren** empapelar
**tapfer** valiente

**Tarif** m tarifa f
**tarn|en** camuflar, enmascarar; 2ung f disimulación; camuflaje m
**Tasche** f bolsillo m; bolsa; (Hand2) bolso m, Am cartera
**Taschen/buch** n libro m de bolsillo; ~dieb m ratero; ~geld n dinero m para gastos menudos (od de bolsillo); ~lampe f linterna; ~messer n navaja f; ~rechner m calculadora f de bolsillo; ~tuch n pañuelo m; ~uhr f reloj m de bolsillo
**Tasse** f taza f, Am a pocillo m
**Taste** f tecla
**Tat** f hecho m; acto m; jur crimen m
**Tät|er** m autor; 2ig activo; ~igkeit f actividad
**tätlich**: ~ werden pasar a las vías de hecho
**tätowieren** tatuar
**Tatsache** f hecho m; 2sächlich real; efectivo
**Tatze** f zarpa, pata
**Tau** 1. n cuerda f; 2. m rocío m
**taub** sordo
**Taube** f paloma
**taubstumm** sordomudo
**tauch|en** vt (vi) sumergir (-se); vi bucear; 2er m buceador; 2erbrille f gafas fpl de buceo; 2sieder m hervidor m de inmersión; 2sport m submarinismo
**tau|en** deshelarse; es ~t hay deshielo
**Tauf|e** f bautismo m; 2en bautizar; ~kapelle f baptis-

terio m; ~**pate** m padrino; ~**patin** f madrina; ~**schein** m partida f de bautismo

**taug|en** servir; ser bueno (**zu** para); ... ~**nichts** ... no vale nada; ~**lich** útil; apto

**taumeln** tambalearse

**Tausch** m cambio; **2en** cambiar

**täuschen** engañar; **2ung** f engaño m

**tausend** mil; **2stel** n milésimo m

**Tauwetter** n deshielo m

**Taxe** f tasa

**Taxi** n taxi m; ~**fahrer** m taxista; ~**stand** m parada f de taxis

**Techn|ik** f técnica; ~**iker** m, **2isch** técnico

**Tee** m té; ~**beutel** m bolsita f de té; ~**gebäck** n pastas fpl; ~**kanne** f tetera; ~**löffel** m cucharilla f, cucharita f

**Teer** m alquitrán

**Teesieb** n colador m de té

**Teich** m estanque

**Teig** m masa f; pasta f; ~**waren** fpl pastas alimenticias

**Teil** m o d m parte f; porción f; **zum** ~ en parte; **2en** dividir, partir; ~**haber** m socio; ~**nahme** f participación

**teilnehm|en** tomar parte (**an** en); participar (**en**), asistir (**a**); **2er** m participante; Tel abonado

**teils** ... ~**s** parte ... parte; **2ung** f división; ~**weise** parcial; adv en parte

**Telefon** n teléfono m; ~**buch** n guía f de teléfonos, Am directorio m telefónico; ~**gespräch** n conversación f (od llamada f) telefónica; **2ieren** telefonear; ~**isch** telefónico; por teléfono; ~**istin** f telefonista, operadora; ~**marke** f ficha de teléfono; ~**nummer** f número m de teléfono; ~**zelle** f cabina telefónica; ~**zentrale** f central telefónica, Am conmutador m

**telegrafieren** telegrafiar

**Telegramm** n telegrama m; ~**adresse** f dirección telegráfica; ~**formular** n formulario m para telegramas; ~**gebühr** f tasa de telegrama

**Teleobjektiv** n teleobjetivo m

**Teller** m plato

**Tempel** m templo

**tempera|mentvoll** brioso, vivo; **2tur** f temperatura

**Tempo** n velocidad f; Mus tiempo m

**tendenziös** tendencioso

**Tennis** n tenis m; ~**spielen** jugar al tenis; ~**ball** m pelota f de tenis; ~**platz** m pista f (Am cancha f) de tenis; ~**schläger** m raqueta f

**Teppich** m alfombra f; ~**boden** m Span moqueta f, Am alfombrado

**Termin** m término; plazo; **s. e-n** ~ **geben lassen** (Arzt usw) pedir hora; ~**kalender** m agenda f

**Terrasse** f terraza

**Terrine** f sopera

**Terrorist** m terrorista

# Tesafilm

**Tesafilm** *m* celo
**Test** *m* prueba *f*
**Testament** *n* testamento *m*
**testen** probar
**Tetanus** *m* tétanos; **~spritze** *f* inyección antitetánica
**teuer** caro; **wie ~ ist das?** ¿cuánto cuesta?; **zu ~** demasiado caro
**Teufel** *m* diablo
**Text** *m* texto
**Textilien** *pl* tejidos *mpl*
**Theater** *n* teatro *m*; **~kasse** *f* despacho *m* de localidades
**Theke** *f* mostrador *m*
**Thema** *n* asunto *m*, tema *m*
**Theolo|ge** *m* teólogo; **~gie** *f* teología
**Theorie** *f* teoría
**Therapie** *f* terapéutica
**Thermalbad** *n* estación *f* termal
**Thermo|meter** *n* termómetro *m*; **~sflasche** *f* termo *m*; **~stat** *m* termostato
**These** *f* tesis
**Thunfisch** *m* atún
**Thymian** *m* tomillo
**ticken** hacer tic tac
**tief** profundo, hondo; (*Ton*) bajo
**Tief** *n*, **~druckgebiet** *n* zona *f* de baja presión; **~e** *f* profundidad; **~gang** *m* calado; **~garage** *f* garaje *m* subterráneo; 2**gefroren**, 2**gekühlt** congelado; 2**kühltruhe** *f* arca congeladora, congelador *m*
**Tier** *n* animal *m*; bestia *f*; **~arzt** *m* veterinario; 2**isch** animal; *fig* bestial; **~-**

**schutzverein** *m* sociedad *f* protectora de animales
**Tiger** *m* tigre
**tilgen** borrar; *Hdl* amortizar
**Tinktur** *f* tintura
**Tinte** *f* tinta
**Tinten|fisch** *m* calamar; **~stift** *m* lápiz de tinta
**Tip** *m* consejo, sugerencia *f*; *Sp* pronóstico
**tippen** apostar (**auf** por); F escribir a máquina; (*Toto*) jugar a las quinielas
**Tisch** *m* mesa *f*; **bei ~** a la mesa; **nach ~** después de la comida; **~lampe** *f* lámpara de mesa; **~ler** *m* carpintero, ebanista; **~tennis** *n* ping pong *m*; **~tuch** *n* mantel *m*, tapete *m*; **~wein** *m* vino de mesa
**Titel** *m* título
**Toast** *m* pan tostado; *fig* brindis; **~er** *m* tostador de pan
**toben** enfurecerse; (*Kinder*) retozar
**Tochter** *f* hija
**Tod** *m* muerte *f*
**Todes|anzeige** *f* esquela de defunción; **~strafe** *f* pena capital
**tödlich** mortal
**Toilette** *f* lavabo *m*, aseo *m*, wáter *m*, servicio *m*, *Am* baño
**Toiletten|artikel** *mpl* artículos de tocador; **~papier** *n* papel *m* higiénico
**toll** loco; F estupendo; 2**wut** *f* rabia; **~wütig** rabioso
**Tomate** *f* tomate *m*; **~nsaft**

*m* zumo de tomate; **~nsoße** *f* salsa de tomate
**Tombola** *f* rifa, tómbola
**Ton** *m* arcilla *f*
**Ton** *m* sonido; *Mus*, *fig* tono; **~abnehmer** *m* pick-up; **~band** *n* cinta *f* magnetofónica; **~bandgerät** *n* magnetófono *m*
**tönen** *vi* sonar; *vt Haar*: matizar
**Tonerde** *f*: **essigsaure ~** acetato *m* de alúmina
**Tonfilm** *m* película *f* sonora
**Tonne** *f* tonelada *f*, barril *m*, tonel *m*
**Tönung** *f* matiz *m*
**Topf** *m* marmita *f*; olla *f*; (*Blumen*~) tiesto, maceta *f*
**Töpferwaren** *fpl* alfarería *f*, barros *mpl*
**Tor** *n* puerta *f*; *Sp* gol *m*; meta *f*; **~einfahrt** *f* puerta cochera
**Torf** *m* turba *f*
**töricht** necio; insensato
**torkeln** tambalearse, zigzaguear
**Törtchen** *n* pastel *m*
**Torte** *f* tarta, torta
**Torwart** *m* portero, guardameta
**tosen** bramar
**tot, Tote(r)** *m* muerto
**Totalschaden** *m* siniestro total
**töten** matar
**Totenschein** *m* certificado de defunción
**Toto** *m* quinielas *fpl*
**Totschlag** *m* homicidio
**toupieren** cardar

**Tour** *f* excursión; **~ist(in** *f*) *m* turista *su*; **~istenklasse** *f* clase turista; **~istik** *f* turismo *m*
**Trabrennen** *n* carrera *f* al trote
**Tracht** *f* traje *m*
**Tradition** *f* tradición
**Trafo** *m* transformador
**trag|bar** portátil; **2e** *f* angarillas *fpl*; *Med* camilla
**träge** lento, flemático
**tragen** llevar; **bei s. ~** llevar consigo
**Träger** *m* viga *f*, soporte
**Trag|fläche** *f* ala; plano *m* de sustentación; **~flächenboot** *n*, **~flügelboot** *n* hidroala *m*, barco-avión *f*
**Tragödie** *f* tragedia
**Tragweite** *f* alcance *m*
**Trai|ner** *m* entrenador; **2nieren** entrenar(se); **~ning** *n* entrenamiento *m*; **~ningsanzug** *m* chándal
**trampeln** patear, zapatear
**tranchieren** trinchar
**Träne** *f* lágrima; **~ngas** *n* gas *m* lacrimógeno
**tränken** abrevar
**Transfer** *m* transferencia *f*
**Transistorradio** *n* transistor *m*
**Transit|passagier** *m* pasajero de tránsito; **~verkehr** *m* tráfico (*od* comercio) de tránsito; **~visum** *n* visado *m* (*Am* visa *f*) de tránsito
**Transport** *m* transporte; **2fähig** transportable; **2ieren** transportar; **~kosten** *pl* gastos *mpl* de transporte;

**~unternehmen** n empresa f de transportes
**Traube** f racimo m; (Wein2) uva
**Trauben|saft** m zumo de uva; **~zucker** m glucosa f
**trauen** vi (dat) confiar en; vt casar; **s. nicht** ~ no atreverse; **s. ~ lassen** casarse
**Trauer** f luto m; **~feier** f funerales mpl; **~kleidung** f luto m; **2n** estar de luto (**um** por)
**träufeln** instilar
**Traum** m sueño
**träumen** soñar (**von** con)
**traurig** triste; **2keit** f tristeza
**Trau|ring** m alianza f, Col argolla f; **~ung** f (standesamtlich) matrimonio m civil; (kirchlich) bendición nupcial; **~zeuge** m padrino de boda
**treff|en** Ziel: acertar; j-n: encontrar; **~end** acertado, preciso; **2punkt** m punto de reunión
**treiben** vt empujar; vi Mar flotar; **Sport** ~ practicar un deporte
**Treib|haus** n invernáculo m, invernadero m; **~jagd** f batida; **~stoff** m carburante
**trenn|en** separar; cortar; **2ung** f separación f; **2wand** f tabique m
**Treppe** f escalera
**Treppen|absatz** m descansillo; **~geländer** n pasamano m; **~haus** n caja f de la escalera

**Tresor** m caja f de caudales
**Tretboot** n barca f de pedales
**treten (auf)** pisar (en); (**in**) entrar (en); **über die Ufer ~** desbordarse
**treu** fiel, leal; **2e** f fidelidad; **~los** infiel, desleal
**Tribüne** f tribuna
**Trichter** m embudo
**Trick** m truco; **~film** m dibujos animados, Méj, Col F monitos mpl
**Trieb** m instinto; Bot brote; (An2) impulso; **~kraft** f fuerza motriz; **~wagen** m automotor
**triefen** chorrear
**triftig** plausible, concluyente
**Trikot** n malla f
**trink|bar** potable; **~en** beber; **2er** m bebedor; **2geld** n propina f; **2halm** m Span paja f, canuto, Col, Ven pitillo; **2wasser** n agua f potable
**Triptyk** n tríptico m
**Tritt** m paso; (Fuß2) puntapié; **~brett** n estribo m
**trocken** seco (a Wein); árido; **2batterie** f pila seca; **2haube** f secador m; **2heit** f sequedad; **2legen** Sumpf: desaguar; Kind: cambiar los pañales a; **2milch** f leche en polvo; **2rasierer** m afeitadora f
**trocknen** vt secar; vi secarse
**Trödelmarkt** m Rastro (bsd Madrid)
**Trommel** f tambor m;

**bremse** f freno m de tambor; **~fell** n Anat tímpano m; **~n** tocar el tambor
**Trompete** f trompeta
**Tropen** pl trópicos mpl; **~helm** m casco colonial, salacot; **~klima** n clima m tropical
**tropf|en** gotear; **~en** m gota f; **~enweise** a gotas
**tropisch** tropical
**Trost** m consuelo
**trösten** consolar
**trost|los** desconsolado; **~preis** m accésit
**trotz** (gen) a pesar de
**Trotz** m obstinación f; **~dem** no obstante; **~ig** obstinado, terco
**trübe** (Flüssigkeit) turbio; (Glas) empañado; (Himmel) nublado
**Trubel** m jaleo
**trübsinnig** melancólico, triste
**Trüffel** f trufa
**trügerisch** engañoso
**Truhe** f arca
**Trümmer** pl escombros mpl; ruinas fpl
**Trumpf** m triunfo
**Trunk|enheit** f embriaguez; **~sucht** f alcoholismo m
**Trupp** m cuadrilla f, grupo; **~e** f Mil tropa; Thea compañía
**Truthahn** m pavo, Méj guajalote
**Tube** f tubo m

# Tyrann

**Tuberkulose** f tuberculosis
**Tuch** n trapo m; pañuelo m; (Stoff) paño m
**tüchtig** hábil, capaz
**tückisch** pérfido, traidor
**Tugend** f virtud
**Tülle** f pico m
**Tulpe** f tulipán m
**Tümpel** m charco
**Tumult** m tumulto
**tun** hacer; ~ als ob aparentar, fingir + inf
**tünchen** blanquear
**Tunke** f salsa
**Tunnel** m túnel
**Tür** f puerta
**Turban** m turbante
**Turbine** f turbina
**Turbomaschine** f Flgw turbopropulsor m
**Türklinke** f picaporte m
**Turm** m torre f
**Turn|anzug** m traje de gimnasia; **~en** hacer gimnasia; **~er(in** f) m gimnasta su; **~halle** f gimnasio m
**Turnier** n torneo m
**Turnus** m turno
**Turnverein** m club gimnástico
**Tusche** f tinta china
**Tüte** f bolsa (de papel, de plástico)
**Typ** m tipo
**Typhus** m tifus
**typisch** típico
**Tyrann** m tirano; **~ei** f tiranía; **~isch** tiránico

# U-Bahn

## U

**U-Bahn** f metro m, Arg subte m
**übel** mal(o); adv mal; **mir wird ~** me mareo, siento náuseas; **2keit** f náuseas fpl; **~nehmen** tomar a mal
**üben** ejercitar
**über** sobre, encima de; (mehr als) más de; **~all** por todas partes
**über|backen** adj gratinado; **~belasten** sobrecargar; **~belichtet** sobreexpuesto; **2blick** m resumen; vista f de conjunto; **~blicken** abarcar con la vista; **~bringen** entregar; transmitir; **2bringer** m portador; **~dauern** sobrevivir a
**überdies** además
**über|drehen** torcer; **2druck** m sobrepresión f; **2druß** m saciedad f; **~eilt** precipitado
**überein|ander** uno(s) sobre otro(s); **~kommen** ponerse de acuerdo; **~stimmen** concordar (mit con), estar conforme (con); **2stimmung** f concordancia
**über|empfindlich** hipersensible; **~fahren** Kfz atropellar; **2fahrt** f travesía; pasaje m
**Überfall** m atraco; bsd Mil asalto; **~en** atracar
**über|fällig** retrasado; Hdl vencido; **~fliegen** sobrevolar; fig recorrer; **~fließen** desbordarse; **2fluß** m abundancia f; **~flüssig** superfluo; **~fluten** inundar; **2führung** f paso m superior; **~füllt** repleto; **2gabe** f entrega; **2gang** m transición f; **2gangszeit** f período m transitorio
**übergeben** entregar; **s. ~** vomitar
**Über|gepäck** n Flgw exceso m de equipaje; **~gewicht** n Med sobrepeso m; fig preponderancia f; **~griff** m abuso; **~häufen mit** colmar de
**überhaupt** generalmente; en suma; **~ nicht** de ningún modo
**über|heblich** presuntuoso; **~holen** revisar, repasar; Kfz adelantar; **~holt** fig anticuado; **2holverbot** n prohibición f de adelantar; **~kochen** rebosar hirviendo; salirse; **~lassen** dejar; ceder; **~lasten** sobrecargar; **~laufen** vi derramarse; **~laufen** adj muy concurrido; **~leben** sobrevivir (a); **2lebende(r)** m superviviente; **~legen** pensar, reflexionar; **~legen** adj superior; **2legung** f reflexión; **~mäßig** excesivo; **~mitteln** transmitir; **~morgen** pasado mañana; **~mütig** loco de alegría; (Kind) travieso
**übernacht|en** pasar la noche, pernoctar; **2ung** f per-

noctación
**Über|nahme** *f* toma; aceptación; ⁓**natürlich** sobrenatural; ⁓**nehmen** tomar, aceptar; ⁓**prüfen** examinar, revisar; ⁓**queren** atravesar; ⁓**ragen** sobresalir (entre); ⁓**raschen** sorprender; ⁓**raschung** *f* sorpresa; ⁓**reden** persuadir (**zu** a); ⁓**reichen** entregar; ⁓**runden** adelantar a; ⁓**schallgeschwindigkeit** *f* velocidad supersónica; ⁓**schätzen** sobrestimar; et ⁓**schlafen** consultar u/c con la almohada
**überschlagen** *Kosten:* calcular; *Seite:* saltar; **s. ~** volcar(se), dar una vuelta de campana
**überschneiden: s. ~** cruzarse; (*zeitlich*) coincidir
**über|schreiten** exceder, traspasar; ⁓**schrift** *f* título *m*; ⁓**schuß** *m* excedente; ⁓**schwemmung** *f* inundación; ⁓**seeisch** de ultramar; ⁓**sehen** no ver; dejar pasar; ⁓**senden** enviar
**übersetz|en** *vt Text:* traducir; ⁓**er** *m* traductor; ⁓**ung** *f* traducción; *Tech* transmisión, multiplicación
**Übersicht** *f* vista general; resumen *m*; ⁓**lich** claro
**über|siedeln** (**nach**) trasladarse (a); ⁓**stehen** *vt* pasar; vencer; ⁓**steigen** sobrepasar, exceder; ⁓**stunden** *fpl* horas extraordinarias; ⁓**stürzt** precipitado; ⁓**tragbar** transferible; ⁓**tragen** *Hdl* trasladar; *Rf*, *TV* transmitir; ⁓**tragung** *f* transmisión; ⁓**treffen** superar; ⁓**treiben** exagerar; ⁓**treten** *Gesetz:* infringir; ⁓**vorteilen** engañar; ⁓**wachen** vigilar; ⁓**wachung** *f* vigilancia; control *m*; ⁓**wältigen** vencer
**überweis|en** transferir, girar; ⁓**ung** *f* transferencia, giro *m*
**über|wiegen** predominar, preponderar; ⁓**wiegend** preponderante; ⁓**winden** superar, vencer; ⁓**zeugen** convencer; **s. ~ zeugen von** convencerse, cerciorarse de; ⁓**zeugung** *f* convicción *f*; ⁓**ziehen** *Mantel:* ponerse; (**mit**) forrar (de); ⁓**zogen** (*Konto*) en descubierto; ⁓**zug** *m* forro
**üblich** usual
**U-Boot** *n* submarino *m*
**übrig** sobrante, restante; **die ~en** los demás; **bleiben** quedar, sobrar; **~ens** por lo demás; **~lassen** dejar
**Übung** *f* ejercicio *m*; *fig* práctica
**Ufer** *n* orilla *f*; **am ~** a orillas (de)
**Uhr** *f* reloj *m*; (*Zeit*) hora; ⁓**macher** *m* relojero; ⁓**zeiger** *m* aguja *f* de reloj
**Ulk** *m* broma *f*; ⁓**ig** cómico
**Ultra|kurzwelle** *f* onda ultracorta, frecuencia modulada; ⁓**schall** *m* ultrasonido

**um** 430

**um** *prp* (**herum**) alrededor de; (*zeitlich*) a; (~ ... *willen*) por (amor de); (*Preis*) por, al precio de; ~ **zwei Uhr** a las dos; ~ **so besser** tanto mejor; *cj* ~ **zu** para + *inf*
**um|arbeiten** transformar; **~armen** abrazar; **♀armung** *f* abrazo *m*; **~binden** *Krawatte*: ponerse; **~blättern** volver la hoja; **~bringen** matar; **~buchen** *Reise*: modificar la reserva; **~disponieren** cambiar las disposiciones
**umdreh|en** volver; **♀ung** *f* vuelta; *Tech* revolución *f*
**um|fallen** volcar; **♀fang** *m* circunferencia *f*; volumen, extensión *f*; **~fangreich** voluminoso; **~fassen** *fig* comprender; abarcar; **~formen** transformar; **♀frage** *f* encuesta; **~füllen** transvasar
**Umgang** *m* trato; ~ **haben mit** tratar; **mit guten (schlechten) ~ haben** tener buena (mala) compañía
**Umgangs|formen** *fpl* modales *mpl*; **~sprache** *f* lenguaje *m* familiar
**umgeb|en** rodear (**mit** de); **♀ung** *f* ambiente *m*; (*Gegend*) alrededores *mpl*
**umgehen** *vt* eludir; **~end** inmediatamente; **♀ungsstraße** *f* carretera de circunvalación
**um|gekehrt** invertido, inverso; *adv* al revés; **~graben** cavar, remover; **♀hang** *m* capa *f*

**umher** alrededor; **~gehen** pasearse
**Umhüllung** *f* envoltura
**Umkehr** *f* vuelta; **♀en** volver, dar media vuelta; **~film** *m* película *f* reversible
**um|kippen** volcar; **~klammern** agarrar
**Umkleide|kabine** *f* cabina; **~raum** *m* vestuario
**umkommen** perecer
**Umkreis** *m* circuito, redonda *f*
**umleit|en** desviar; **♀ung** *f* desviación
**um|liegend** (circun)vecino; **~pflanzen** trasplantar; **~quartieren** dar otro alojamiento; **~rahmen** encuadrar
**umrechn|en** convertir; **♀ungstabelle** *f* tabla de conversión
**um|ringen** rodear; **♀riß** *m* contorno; **~rühren** remover; **♀satz** *m Hdl* ventas *fpl*; movimiento *m*; **~schalten** conmutar; **♀schlag** *m* (*Brief♀*) sobre; *Med* compresa *f*; (*Buch♀*) forro; (*Wetter♀*) cambio brusco; **~schlagen** *vi* volcar; **~schnallen** ceñir; **♀schwung** *m* cambio repentino
**umsehen: s.** ~ mirar atrás; (*besichtigen*) dar una vuelta
**um|sichtig** circunspecto; **~sonst** gratis; *fig* en vano; **♀stand** *m* circunstancia *f*
**Umständ|e** *mpl* circunstancias *fpl*; **unter diesen ~en**

en estas condiciones; **in anderen ~en** encinta; **²lich** circunstanciado; *(Person)* ceremonioso

**Umstandskleid** *n* conjunto *m* maternal

**Umsteige|fahrschein** *m* billete de correspondencia; **²n cambiar** (de tren, tranvía, autobús)

**umstellen** reorganizar; **s. ~ (auf)** adaptarse (a)

**um|stoßen** volcar; *fig* anular; **~stritten** discutido; **²sturz** *m* subversión *f*; **~stürzen** volcar

**Umtausch** *m* cambio; **²en** cambiar

**umwandeln** transformar; **²lung** *f* transformación

**umwechseln** cambiar

**Umweg** *m* rodeo

**Umwelt** *f* medio m ambiente; **~... in Zssgn** ecológico; **~schutz** *m* protección *f* del medio ambiente

**um|wenden** volver; **~werfen** derribar, volcar, tumbar

**umziehen** mudarse de casa; **s. ~** mudarse

**Umzug** *m* mudanza *f* (de casa), *Col* trasteo; *(Festzug)* desfile; *Rel* procesión *f*

**unab|hängig** independiente; **~kömmlich** ocupado; **~lässig** incesante; **~sichtlich** involuntario; **~wendbar** inevitable

**unachtsam** descuidado, inadvertido

**unan|gebracht** inoportuno; **~genehm** desagradable; **~nehmbar** inaceptable; **²nehmlichkeit** *f* disgusto *m*; **~ständig** indecente

**un|appetitlich** poco apetitoso; **~artig** travieso

**unauf|fällig** discreto; **~findbar** imposible de hallar; **~merksam** distraído, desatento; **~schiebbar** inaplazable

**unaus|führbar** irrealizable, impracticable; **~stehlich** insoportable

**unbarmherzig** despiadado

**unbe|denklich** sin vacilar; **~deutend** insignificante; **~dingt** *adv* en todo caso; **~fahrbar** intransitable; **~fangen** imparcial; despreocupado; **~friedigend** poco satisfactorio; **~fugt** no autorizado; **~greiflich** incomprensible; **~grenzt** ilimitado; **~gründet** infundado; **~haglich** desagradable, incómodo; **~holfen** torpe; **~kannt** desconocido; **~kleidet** desnudo; **~liebt** impopular; **~mannt** sin tripulación; **~merkt** inadvertido; **~obachtet** inobservado

**unbequem** incómodo, molesto; **²lichkeit** *f* incomodidad

**unbe|rührt** intacto; **~schädigt** sin daño, en buen estado; **~schränkt** ilimitado; **~schreiblich** indescriptible; **~sonnen** atolondrado; **~ständig** inconstante, inestable; variable; **~stechlich**

# unbestimmt

incorruptible; ~**stimmt** indeterminado, inseguro; ~**teilig** desinteresado; ~**wacht** no vigilado; ~**weglich** inmóvil; ~**wohnt** despoblado; (*Haus*) deshabitado; ~**zahlbar** impagable; ~**zahlt** no pagado

**unbrauchbar** inutilizable, inútil; inservible

**und** y, (*vor* i *und* hi) e; ~ **zwar** a saber; **na** ~? ¿y qué?

**un|dankbar** ingrato; ~**denkbar** inimaginable; ~**deutlich** indistinto; ~**dicht** permeable; ~**durchlässig** impermeable; ~**durchsichtig** opaco; *fig* impenetrable

**un|eben** desigual; áspero; ~**echt** falso; ilegítimo; ~**eigennützig** desinteresado; ~**eingeschränkt** ilimitado; ~**einig** desunido; ~**empfindlich** insensible; ~**endlich** infinito

**unent|behrlich** indispensable; ~**schieden** indeciso; (*Spiel, Wahl*) empatado; 2~**schieden** *n Sp* empate *m*; ~**schlossen** indeciso; 2~**schlossenheit** *f* indecisión

**uner|fahren** inexperto, ~**heblich** insignificante; ~**hört** inaudito; ~**klärlich** inexplicable; ~**läßlich** indispensable; ~**laubt** ilícito; ~**müdlich** infatigable; ~**reichbar** inaccesible; ~**sättlich** insaciable; ~**-**

**schöpflich** inagotable; ~**setzlich** insustituible; ~**träglich** insoportable; ~**wartet** inesperado; repentino; *adv* de improviso; ~**wünscht** indeseable

**un|fähig** incapaz; ~**fair** injusto; *Sp* sucio

**Unfall** *m* accidente; ~**flucht** *f* fuga del conductor (responsable de un accidente); ~**station** *f* puesto *m* de socorro; ~**verhütung** *f* prevención de accidentes; ~**versicherung** *f* seguro *m* de accidentes

**un|fehlbar** infalible; ~**fertig** incompleto; ~**förmig** informe; ~**frankiert** no franqueado; ~**freundlich** poco amable

**Unfug** *m* abuso; (*Streich*) travesura *f*; **grober** ~ desorden grave

**unge|bildet** inculto; ~**bräuchlich** poco usado; ~**bührlich** inconveniente; ~**duldig** impaciente; ~**eignet** inadecuado, impropio; ~**fähr** *adv* aproximadamente; ~**fährlich** sin peligro, inofensivo; ~**heuer** enorme; 2~**heuer** *n* monstruo *m*; ~**horsam** desobediente; ~**legen** inoportuno; ~**mütlich** poco confortable; ~**nau** inexacto; ~**nießbar** imbebible *od* incomible; ~**nügend** insuficiente; ~**pflegt** descuidado; ~**rade** (*Zahl*) impar; ~**recht** injusto

# untätig

**ungern** de mala gana
**unge|schickt** torpe; ~**schützt** no protegido; ~**setzlich** ilegal; ~**stört** tranquilo; ~**sund** malsano; (*Klima*) insalubre; ~**wiß** incierto; ~**wöhnlich** extraordinario; ~**wohnt** desacostumbrado; 2**ziefer** *n* bichos *mpl*; ~**zogen** mal educado, (*Kind*) travieso; ~**zwungen** *fig* desenvuelto
**un|glaublich** increíble; ~**glaubwürdig** inverosímil; (*Person*) de poco crédito; ~**gleichmäßig** desigual
**Unglück** *n* desgracia *f*; malaventura *f*; 2**lich** desgraciado; (*j*) infeliz; 2**licherweise** por desgracia
**un|gültig** nulo; inválido; ~**günstig** desfavorable; ~**handlich** inmanejable; ~**heilbar** *Med* incurable; ~**heimlich** inquietante; *adv* enormemente; ~**höflich** descortés; ~**hygienisch** antihigiénico
**Uni|form** *f* uniforme *m*; ~**on** *f* unión *f*; ~**versität** *f* universidad
**un|klar** poco claro; ~**klug** imprudente; 2**kosten** *pl* gastos *mpl*; 2**kraut** *n* mala hierba *f*; ~**leserlich** ilegible; ~**lösbar, löslich** insoluble; ~**mäßig** inmoderado; ~**merklich** imperceptible; ~**mittelbar** inmediato; ~**modern** pasado de moda, anticuado; ~**möglich** imposible; ~**mündig** menor de edad; ~**nachgiebig** inflexible, intransigente; ~**natürlich** poco natural; afectado; ~**nötig, ~nütz** inútil, innecesario
**unord|entlich** desordenado; 2**nung** *f* desorden *m*
**un|parteiisch** imparcial; ~**passend** inconveniente; ~**päßlich** indispuesto; ~**persönlich** impersonal; ~**pünktlich** poco puntual; ~**rasiert** sin afeitar
**Unrecht** *n* injusticia *f*; 2**haben** no tener razón; 2**mäßig** ilegítimo
**un|regelmäßig** irregular; ~**reif** no maduro; ~**richtig** inexacto, incorrecto; falso; 2**ruhe** *f* inquietud; intranquilidad; 2**ruhen** *pl Pol* disturbios *mpl*; ~**ruhig** inquieto, intranquilo
**uns** (*unbetont*) nos; (*betont*) a nosotros, -as; **ein Freund von** ~ un amigo nuestro
**un|sauber** sucio; ~**schädlich** inofensivo; ~**scharf** *Fot* borroso; ~**scheinbar** poco vistoso; ~**schlüssig** indeciso
**Unschuld** *f* inocencia *f*; 2**ig** inocente
**unser** nuestro, -a; ~**e** *pl* nuestros, -as
**un|sicher** inseguro; 2**heit** *f* inseguridad
**Un|sinn** *m* disparate, absurdo; 2**sinnig** absurdo; 2**sittlich** inmoral; 2**sympathisch** antipático; 2**tätig** inactivo

**unten** abajo; **von ~** de abajo; **nach ~** hacia abajo

**unter** *prp* debajo de; bajo; (*zwischen*) entre; *adj* inferior; **~arm** *m* antebrazo; **~belichtet** expuesto insuficientemente; **2bewußtsein** *n* subconsciente *m*; **~bieten** ofrecer mejor precio

**unterbrech|en** interrumpir; cortar; suspender; **2er** *m Kfz* interruptor; **2erkontakt** *m* platino; **~ung** *f* interrupción

**unter|bringen** colocar; *Gast*: alojar; **2bringung** *f* alojamiento *m*; **2deck** *n* cubierta *f* baja; **2dessen** entretanto; **~drücken** suprimir, reprimir; **~e, ~er, ~es** inferior; **~einander** entre sí; **~entwickelt** subdesarrollado; **2führung** *f* paso *m* inferior; **2gang** *m* ruina *f*; *Mar* hundimiento *m*; **2gebene(r)** *m* subordinado; **~gehen** *Mar* hundirse; (*Sonne*) ponerse

**Untergrund|bahn** *f* metro *m* (-politano) *m*, *RPl* subterráneo *m*; **~bewegung** *f* movimiento *m* subversivo

**unterhalb** (*gen*) debajo de

**Unterhalt** *m* sustento *f*; **2en** sustentar, *fig* distraer; **s. 2en** conversar; distracción, **~ung** *f* conversación, distracción, pasatiempo *m*

**Unter|hemd** *n* camiseta *f*; **~hose** *f* calzoncillos *mpl*, *Col* pantaloncillo *m*; **~kunft** *f* alojamiento *m*; **~lage** *f* base; **2lassen** dejar (de); omitir; **~leib** *m* vientre; **2liegen** sucumbir; **~mieter** *m* subinquilino

**unternehm|en** emprender; **2en** *n* empresa *f*; **2er** *m* empresario

**Unter|offizier** *m* suboficial; **~richt** *m* enseñanza *f*; instrucción *f*; **2richten** enseñar, instruir; informar; **~rock** *m* combinación *f*, *Am* fondo; (*Halbrock*) enagua(s) *f(pl)*, *Am* medio fondo; **2schätzen** subestimar; **2scheiden** distinguir; **~schenkel** *m* pierna *f*; **~schied** *m* diferencia *f*; **2schlagung** *f* defraudación *f*; **2schreiben** firmar; **~schrift** *f* firma; **~seeboot** *n* submarino *m*; **~setzer** *m* (*für Gläser*) posavasos

**unterste(r)** el (la) más bajo (-a)

**unter|stellen** *Auto*: poner (en el garaje), guardar; **~streichen** subrayar; **~stützen** apoyar, socorrer; **2stützung** *f* apoyo *m*; socorro *m*; (*Geld*) subsidio *m*

**untersuch|en** examinar; *Med* reconocer; **2ung** *f* examen *m*; *jur* indagación; *Med* reconocimiento *m*; **2ungshaft** *f* prisión preventiva; **2ungsrichter** *m* juez de instrucción

**Unter|tasse** *f* platillo *m*; **~tauchen** sumergir; **~teil** *n od m* parte *f* inferior; **~titel** *m* subtítulo *m*; (*Film*) rótulo

# urinieren

~wäsche f ropa interior
**Unterwassersport** m submarinismo
**unterwegs** en el camino; durante el viaje
**Unterwelt** f mundo m del hampa
**unter|würfig** sumiso; ~**ziehen** someter; (*Kleidung*): ponerse debajo
**Un|tiefe** f bajo m, bajío m; ⁓**tragbar** insoportable; ⁓**trennbar** inseparable; ⁓**treu** infiel; ⁓**treue** f infidelidad
**unüberlegt** irreflexivo; desconsiderado; ~**sichtlich** poco claro; ~**troffen** sin par
**ununterbrochen** continuo, ininterrumpido
**unver|änderlich** invariable; ~**ändert** inalterado; ~**antwortlich** irresponsable; ~**besserlich** incorregible; ~**bindlich** sin compromiso; ~**daulich** indigesto; ~**einbar** (**mit**) incompatible; ~**geßlich** inolvidable
**unver|gleichlich** incomparable; ~**heiratet** soltero; ~**käuflich** invendible; ~**letzt** ileso; ~**meidlich** inevitable; ~**mutet** imprevisto; ~**nünftig** imprudente; ~**packt** sin embalar, *Am* sin empacar
**unverschämt** insolente
**unver|sehrt** incólume; intacto; ~**ständlich** incomprensible; ~**zollt** sin pagar aduana; ~**züglich** inmediato
**unvoll|kommen** imperfecto; ~**ständig** incompleto
**unvor|bereitet** desprevenido; ~**hergesehen** imprevisto; ~**sichtig** imprudente, incauto; ~**stellbar** inimaginable
**unwahr** falso; ~**heit** f falsedad; ~**scheinlich** improbable
**un|weit** (*gen*) cerca de; ~**wesentlich** insignificante; ⁓**wetter** n tempestad f, temporal m; ~**wichtig** sin importancia; ~**widerstehlich** irresistible; ~**willkürlich** maquinal, instintivo; ~**wirksam** ineficaz; ~**wohl** indispuesto; ⁓**wohlsein** n indisposición f, malestar m; ~**würdig** indigno; ~**zählig** innumerable; ~**zerbrechlich** irrompible, inquebrantable; ~**zertrennlich** inseparable; ~**züchtig** impúdico
**unzu|frieden** descontento; ~**gänglich** inaccesible; ~**länglich** insuficiente; ~**lässig** inadmisible; ~**rechnungsfähig** irresponsable; ~**verlässig** inseguro, informal
**üppig** exuberante; (*Mahl*) opulento
**Ur|aufführung** f riguroso estreno m; ~**enkel** m bisnieto; ~**großmutter** f bisabuela; ~**großvater** m bisabuelo
**Urin** m orina f; ⁓**ieren**

# Urkunde

orinar
**Urkunde** f documento m
**Urlaub** m permiso, vacaciones fpl; Mil licencia f; **~er** m turista; **~sreise** f viaje m de vacaciones
**Urne** f urna
**Urologe** m urólogo
**Ursache** f causa, motivo m; keine ~! ¡de nada!
**Ur|sprung** m origen; **2sprünglich** primitivo, original; **~teil** m juicio m; jur sentencia f; **2teilen (über)** juzgar (de); **~wald** m selva f virgen, Am selva f
**Utensilien** pl utensilios mpl
**utopisch** utópico

# V

**Vagabund** m vagabundo
**vage** vago, poco seguro
**Vanille** f vainilla; **~eis** n helado m de vainilla
**Varieté** n teatro m de variedades
**Vase** f vaso m, florero m
**Vaseline** f vaselina
**Vater** m padre; **~land** n patria f
**väterlich** paterno, paternal
**Vegetar|ier** m, **2isch** vegetariano
**Veilchen** n violeta f
**Ve|ne** f vena; **~enentzündung** f flebitis
**Ventil** n válvula f; **~ator** m ventilador
**verabred|en** convenir; s. **~en (mit)** darse cita (con); **2ung** f cita
**verabschieden** despedir
**ver|achten** despreciar; **2achtung** f desprecio m; **~allgemeinern** generalizar; **~altet** anticuado
**veränder|lich** variable; **~n**, s. **~n** cambiar; **2ung** f cambio m, alteración
**veranlass|en** ocasionar; **2ung** f motivo m, causa; orden
**veranstalt|en** organizar; **2er** m organizador; **2ung** f organización; reunión; acto m; espectáculo m
**verantwort|en** responder de; s. **~en** justificarse; **~lich** responsable; **2ung** f responsabilidad
**verarbeit|en** labrar, elaborar; **2ung** f elaboración
**Verband** m asociación f; Med vendaje; **~kasten** m botiquín (de urgencia); **~zeug** n vendajes mpl
**verbergen** esconder, ocultar
**verbesser|n** mejorar; corregir; **2ung** f mejora(miento m); corrección
**verbeug|en: s. ~en** inclinarse; hacer una reverencia; **2ung** f inclinación
**ver|biegen** torcer, deformar; **~bieten** prohibir; **~billigen** abaratar, rebajar; **~binden** unir, juntar; Wunde: vendar; **~bindlich** obligatorio; (j) amable; **2bindung** f unión; relación;

# Verfassung

*Verkehr, Tel* comunicación; *Esb* enlace *m*; *Chem* combinación
ver|blassen perder el color; ~blüfft perplejo, atónito; ~blühen desflorecer(se); ~bluten desangrarse; ~borgen *adj* escondido
Verbot *n* prohibición *f*; 2en prohibido
verbrannt quemado
Verbrauch *m* consumo; 2en consumir; *Geld*: gastar; ~er *m* consumidor
Verbrech|en *n* crimen *m*; ~er *m*, 2erisch criminal
verbreit|en difundir; ~ern ensanchar; 2ung *f* difusión, propagación
verbrennen quemar(se); 2ung *f* combustión; *Med* quemadura
ver|bringen *Zeit*: pasar; ~brühen escaldar
verbünd|en: s. ~en (mit) aliarse (con); 2ete(r) *m* aliado
verbürgen garantizar; s. ~ für responder de
Verdacht *m* sospecha *f*
verdächtig sospechoso; ~en sospechar de
ver|dammen condenar; ~dampfen *vi* evaporarse; ~danken (j-m et) deber
verdau|en digerir; ~lich digestible; 2ung *f* digestión; 2ungsbeschwerden *fpl* indigestión *f*
Ver|deck *n* capota *f*; 2dekken cubrir, tapar; 2derben *vt* deteriorar, *vi* echarse a perder; 2derblich corruptible
verdien|en ganar; *fig* merecer; 2st *n* mérito *m*; 2st *m* ganancia *f*, beneficio; *Sp*: sueldo
ver|doppeln doblar; ~dorben pasado, podrido; ~drängen desalojar; *fig* suprimir; ~drehen torcer; ~drießlich mohino, malhumorado; ~duften F largarse; ~dunkeln oscurecer; ~dünnen diluir; ~dunsten evaporarse; ~dursten morir de sed; ~dutzt atónito; ~edeln refinar
verehr|en venerar, adorar; 2er *m* adorador; 2ung *f* veneración
vereidig|en juramentar; ~t jurado
Verein *m* unión *f*; asociación *f*; *Sp* club; 2baren convenir, ponerse de acuerdo sobre; ~barung *f* acuerdo *m*; 2fachen simplificar; 2igen unir; igung *f* unión
ver|einzelt aislado; ~eiteln frustrar; ~engen: s. ~engen estrecharse; ~erben legar; ~fahren extraviarse; 2fahren *n* procedimiento *m* (*a jur*)
Verfall *m* decadencia *f*; 2en desmoronarse; *Hdl* perder la validez; *fig* decaer; *adj* caduco; ~tag *m* fecha *f* de vencimiento
ver|fänglich capcioso; ~fassen componer; 2fasser *m* autor; 2fassung *f* estado *m*;

**verfaulen** 438

*Pol* constitución; **~faulen** pudrirse
**verfehl|en** Ziel: errar; Zug: perder; *j-n*: no encontrar; **~t** equivocado
**ver|filmen** llevar a la pantalla; **~fliegen** evaporarse; (*Zeit*) pasar; **~fluchen** maldecir; **~flucht** maldito
**verfolg|en** perseguir; Ziel: proseguir; *j-n* perseguidor; **2ung** *f* persecución
**verfüg|bar** disponible; **~en** *vt* disponer, ordenar; *vi* **~en über** disponer de; **2ung** *f* disposición
**verführ|en** seducir; **~erisch** seductor; **2ung** *f* seducción
**vergangen** pasado; **2heit** *f* pasado *m*
**Vergaser** *m* carburador
**vergeb|en** dar; *fig* perdonar; **~ens** en vano; **~lich** vano, inútil
**vergehen** cesar; pasar; **s. ~ an** violar (*ac*); **2 n** falta *f*; delito *m*
**vergelt|en** (*j-m et*) devolver, pagar; **2ung** *f* desquite *m*, venganza
**ver|gessen** olvidar; **~geßlich** olvidadizo; **~geuden** prodigar, dilapidar, despilfarrar; **~gewaltigen** violar
**vergewissern: s. ~** asegurarse, cerciorarse
**ver|gießen** derramar, verter; **~giften** envenenar, intoxicar; **2giftung** *f* intoxicación; **2gißmeinnicht** *n* nomeolvides *m*, miosotis *m*; **2gleich** *m* comparación *f*;

*jur* arreglo; **~gleichbar** comparable; **~gleichen** comparar
**vergnüg|en: s. ~en** divertirse; **2en n** placer *m*; **viel 2en!** ¡que se diverta(n)!; **~t** alegre; **2ungsreise** *f* viaje *m* de placer
**ver|goldet** dorado; **~graben** *vt* enterrar; **~griffen** agotado; **~größern** agrandar; engrandecer; *Fot* ampliar; **2größerung** *f* engrandecimiento *m*; *Fot* ampliación *f*; **2günstigung** *f* preferencia; **2gütung** *f* remuneración, retribución
**verhaft|en** detener; **2ung** *f* detención
**verhalten: s. ~** portarse; **2 n** conducta *f*, *a Biol* comportamiento *m*
**Verhältnis** *n* relación *f*; proporción *f*; **~se** *pl* condiciones *fpl*, situación *f*; **2mäßig** relativo
**verhand|eln** tratar (**über** de), negociar; **2lung** *f* negociación; *jur* vista
**verheimlichen** ocultar
**verheirate|n: s. ~n** casarse; **~t** casado
**verhinder|n** impedir; **~t sein** no poder asistir
**Verhör** *n* interrogatorio *m*; **2en** interrogar; **s. 2en** entender mal
**ver|hüllen** cubrir; **~hungern** morir de hambre; **~hüten** evitar
**verirren: s. ~** extraviarse
**ver|jähren** *jur* prescribir; **~**

**jüngen** rejuvenecer
**Verkauf** m venta f; 2**en** vender; **zu** 2**en** en venta
**Verkäuf|er** m vendedor; **~erin** f vendedora; 2**lich** vendible
**Verkaufs|preis** m precio de venta; **~stand** m puesto
**Verkehr** m circulación f; tráfico; 2**en** circular; **mit** j**-m** 2**en** tener trato con
**Verkehrs|ampel** f semáforo m, Span a disco m; **~amt** n, **~büro** n oficina f de turismo; **~flugzeug** n avión m comercial; 2**lassen** dejar; abandonar; **s. ~lassen auf** fiarse de; **~läßlich** digno de confianza; fiable, seguro servicio de teleruta; **~insel** f refugio m; **~mittel** n medio m de transporte; **~ordnung** f reglamento m de tráfico; **~polizei** f policía f de tráfico; **~polizist** m agente de tráfico; **~sicherheit** f seguridad del tráfico; **~stauung** f embotellamiento m, tapón m, Col, Ven trancón m, Ven galleta f; **~stockung** f congestión; **~teilnehmer** m usuario; **~unfall** m accidente m de tráfico; **~zeichen** n señal f de tráfico
**verkehrt** invertido; (falsch) falso
**ver|klagen** demandar a alg; **~kleiden** Tech revestir; **s. ~kleiden** disfrazarse; **~kleinern** disminuir; **~körpern** representar; personificar
**ver|krampft** convulso; **~krüppelt** estropeado; **~künden** anunciar; **~kür-**

# verlogen

**zen** acortar
**verlad|en** cargar; Mar embarcar; 2**ung** f carga; Mar embarque m
**Verlag** m editorial f
**verlangen** pedir, exigir; 2 n deseo m
**verlänger|n** alargar; (zeitlich) prolongar; 2**ung** f alargamiento m; prolongación; 2**ungsschnur** f cordón m de empalme; 2**ungswoche** f semana de prolongación
**Verlauf** m curso; f. en pasar; **s.** 2**en** perder el camino
**ver|leben** extraviar; Wohnsitz usw: trasladar; Termin: aplazar; Buch: publicar; adj tímido; 2**legenheit** f apuro m; 2**leger** m editor; 2**leih** m alquiler; **~leihen** prestar; **~leiten** inducir (**zu** a); **~lernen** desaprender
**verletz|en** herir, lesionar; 2**te(r)** m herido; 2**ung** f herida, lesión
**verleumd|en** calumniar; 2**ung** f calumnia
**verlieben: s. ~** enamorarse (**in** de)
**verlieren** perder
**verlob|en: s. ~en** prometerse; 2**te** f prometida; 2**te(r)** m prometido; 2**ung** f esponsales mpl, bsd Span petición de mano
**ver|lockend** tentador, seductor; **~logen** mentiroso;

**ver|lorengehen** perderse; **~losen** sortear; **ℒlosung** f sorteo m

**Verlust** m pérdida f

**ver|machen** (j-m et) legar; **~mehren**, s. **mehren** aumentar; **~meiden** evitar

**Vermerk** m nota f

**vermessen** medir; adj temerario

**vermiet|en** alquilar, Süda arrendar, Méj rentar; **ℒer** m alquilador, Süda arrendador; **ℒung** f alquiler m, Süda arrendamiento m

**ver|mindern** disminuir; reducir; **~missen** echar de menos; **~mißt** (Person) desaparecido; **~mitteln** intervenir; mediar; vt proporcionar; **ℒmittler** m Hdl intermediario; (Streit) mediador; Am conmutador m; **ℒmittlung** f intervención; mediación; Tel central, Am conmutador m; **ℒmögen** n fortuna f; bienes mpl, patrimonio m; **~mögend** adinerado

**vermut|en** suponer; **~lich** presunto; **ℒung** f suposición

**ver|nachlässigen** descuidar; **~nehmen** percibir, oír; jur interrogar; **ℒnehmung** f toma de declaración, interrogatorio m; **~neigen**, s. **neigen** inclinarse; **~neinen** negar; **~nichten** aniquilar, destruir; **~nickelt** niquelado; **ℒnunft** f razón; **~nünftig** razonable; (j) sensato; **~öf-**

**fentlichen** publicar

**verordn|en** ordenar; **ℒung** f orden; Med prescripción

**ver|pachten** arrendar; **ℒpächter** m arrendador; **~packen** embalar, bsd Am empacar; **ℒpackung** f embalaje m, bsd Am empaque m; **~passen** Zug: perder; **~pfänden** empeñar; **~pflanzen** Med trasplantar

**verpfleg|en** alimentar; **ℒung** f alimentación, comida

**ver|pflichten** obligar; s. **~en zu** comprometerse a; **ℒung** f obligación, compromiso m

**ver|prügeln** dar una paliza a; **ℒputz** m enlucido; **~rat** m traición f; **~raten** traicionar; **~räter** m traidor

**verrechn|en** poner en cuenta; s. **~en** equivocarse en sus cálculos; **ℒung** f compensación; **ℒungsscheck** m cheque cruzado

**ver|reisen** irse de viaje; **ℒrenken** dislocar; **ℒrenkung** f dislocación; **~riegeln** echar el cerrojo a; **~ringern** disminuir; reducir; **~rosten** oxidarse

**verrückt** loco; **ℒheit** f locura

**ver|rufen** adj mal reputado; **~rutschen** correrse

**Vers** m verso

**ver|sagen** vt (j-m et) negar; vi Tech fallar; **ℒsagen** n a Tech, Med fallo m, Am falla f; **~salzen** adj demasiado salado

**versamm|eln** reunir; **ℒung**

# Versöhnung

*f* reunión, asamblea, junta
**Versand** *m* expedición *f*; envío; ~**haus** *n* casa *f* de ventas por correspondencia (*od* catálogo)
**ver|säumen** omitir; desaprovechar; *Esb* perder; ~**schaffen** procurar; ~**schärfen** agravar; ~**schenken** regalar; ~**scheuchen** ahuyentar; ~**schicken** enviar, expedir; ~**schieben** (*zeitlich*) aplazar, *Chi*, *Arg* a postergar
**verschieden** diferente; diverso; ~**artig** de varias clases; 2**farbig** de varios colores; 2**heit** *f* diferencia, diversidad
**ver|schiffen** embarcar; ~**schimmeln** enmohecerse; ~**schlafen** *adj* soñoliento
**verschlechter|n** empeorar; 2**ung** *f* empeoramiento *m*
**ver|schleppen** *j-n*: secuestrar; deportar; ~**schleudern** *Hdl* malvender; ~**schließen** cerrar; ~**schlimmern** agravar
**verschlucken** tragar; **s.** ~ atragantarse, atorarse
**Ver|schluß** *m* cierre; *Fot* obturador; ~**schmähen** despreciar, desdeñar; 2**schmelzen** fundir(se); 2**schmieren** tapar; *Papier*: emborronar; 2**schneit** nevado; 2**schnüren** atar con cuerda; 2**schollen** desaparecido; 2**schönern** embellecer
**verschreiben** *Med* prescribir, recetar; **s.** ~ equivocarse al escribir
**ver|schrotten** desguazar; ~**schütten** derramar; ~**schweigen** callar
**verschwend|en** gastar, prodigar; desperdiciar (*bsd Zeit*); ~**erisch** pródigo; 2**ung** *f* disipación, prodigalidad
**ver|schwiegen** callado; discreto; ~**schwinden** desaparecer; ~**schwommen** vago, difuso; *Fot usw* borroso
**Verschwör|er** *m* conspirador; ~**ung** *f* conspiración
**versehen** *Amt usw*: desempeñar; ~ **mit** proveer, dotar de; **s.** ~ equivocarse; 2 *n* equivocación *f*, error *m*; **aus** 2, ~**tlich** equivocadamente, por error
**ver|senden** enviar; ~**sengen** chamuscar; ~**senken** hundir, sumergir; ~**setzen** trasladar; *Schlag*: asestar; (*als Pfand*) empeñar; ~**seucht** infestado, contaminado; 2**seuchung** *f* contaminación
**versicher|n** asegurar; *fig* aseverar; 2**ung** *f* seguro *m*; aseveración
**Versicherungs|gesellschaft** *f* compañía de seguros; **grüne ~karte** *f* *Kfz* carta verde; tarjeta (internacional) de seguros; ~**police** *f* póliza de seguro
**ver|siegeln** sellar; ~**sinken** hundirse
**versöhn|en** reconciliar; 2**ung** *f* reconciliación

**versorgen**

**versorg|en** proveer (**mit** de); cuidar (de *alg*); ~**ung** *f* abasto *m*
**verspät|en: s. ~en** retrasarse; (*j*) llegar tarde; ~**ung** *f* retraso *m* (**haben** llevar)
**ver|sperren** obstruir; ~**spotten** burlarse de
**versprechen** prometer; **s. ~** equivocarse al hablar; 2 *n* promesa *f*
**ver|staatlichen** nacionalizar; ~**stand** *m* entendimiento, razón *f*
**verständig|en** enterar; **s. ~en** entenderse; ~**ung** *f* acuerdo *m*; comunicación *f*
**verständ|lich** inteligible; comprensible; ~**nis** *n* entendimiento *m*; comprensión *f*; ~**nisvoll** comprensivo
**verstärk|en** reforzar; amplificar; ~**er** *m* amplificador; ~**ung** *f* refuerzo *m*; *Phono* amplificación *f*
**verstauchen** torcer; ~**ung** *f* torcedura
**verstauen** *Mar* arrumar
**Versteck** *n* escondrijo *m*; 2**en** esconder
**verstehen** entender; comprender; **s. ~** entenderse
**Versteigerung** *f* subasta
**verstell|bar** graduable; ajustable; ~**en** trasladar; ajustar, regular; **s. ~en** disimular
**ver|stimmt** de mal humor; *Mus* desafinado; ~**stohlen** furtivo; ~**stopfen** atascar, tapar; ~**stopft** atascado;

*Kfz* obstruido; 2**stopfung** *f* obstrucción; *Med* estreñimiento *m*; ~**storben** difunto
**Verstoß** *m* falta *f*; 2**en gegen** faltar a
**ver|streichen** (*Frist*) vencer; (*Zeit*) pasar; ~**stümmeln** mutilar; ~**stummen** enmudecer
**Versuch** *m* ensayo; prueba *f*; experimento; 2**en** probar; ensayar; 2**en zu** tratar de + *inf*, intentar + *inf*, procurar + *inf*
**ver|tagen** aplazar; ~**tauschen** cambiar
**verteidig|en** defender; ~**er** *m* defensor; *Sp* defensa; ~**ung** *f* defensa
**ver|teilen** distribuir; repartir; ~**tiefen** ahondar; 2**tiefung** *f* ahondamiento *m*; ~**tilgen** exterminar; *fig* F comerse
**Vertrag** *m* contrato; *Pol* tratado; 2**en** aguantar; **ich** 2**e ... nicht** no me prueba ...; **s. gut (nicht)** 2**en** llevarse bien (mal); ~**swerkstatt** *f* taller *m* concesionario
**vertrau|en** (*dat*) confiar en; 2**en** *n* confianza *f*; ~**lich** confidencial; ~**t** íntimo; familiar
**vertreiben** expulsar; **s. die Zeit ~** pasar el rato
**vertret|en** representar; *j-n*: remplazar; ~**er** *m* su(b)stituto; *Hdl* representante; 2**ung** *f* representación *f*
**Vertrieb** *m* venta *f*

# Videorecorder

**ver|trocknen** secarse; **~tuschen** ocultar, echar tierra a; **~unglücken** sufrir un accidente, accidentarse; **~unreinigen** ensuciar; **2ung** f polución; **~untreuen** malversar; **~ursachen** causar, ocasionar

**verurteil|en** condenar; **2ung** f condena

**ver|vielfältigen** multicopiar, Am mimeografiar; Fot reproducir; **~vollkommnen** perfeccionar; **~vollständigen** completar; **~wahrlost** descuidado; **~wahrung** f custodia; **in 2wahrung geben** dar en depósito (od custodia)

**verwalt|en** administrar; **2er** m administrador; **2ung** f administración

**verwand|eln** transformar, cambiar (**in** en); **2lung** f transformación; cambio m

**verwandt** (**mit**), **2e(r)** m pariente (de); adj fig afín; **2schaft** f parentesco m; (die **2en**) parentela

**Verwarnung** f amonestación

**verwechs|eln** confundir; **2lung** f confusión

**ver|wegen** temerario; **~weigern** denegar; **2weis** m reprensión f; (Buch usw) remisión f; **~welken** marchitarse; **~welkt** marchito; **~wenden** utilizar, emplear; **2wendung** f empleo m, uso m; **~werten** utilizar, aprovechar; **~wickeln** enredar (**in** en); **~wirklichen** realizar

**verwirr|en** enmarañar; **~t** confuso; **2ung** f embrollo m, confusión

**ver|wischen** borrar; **~witwet** viudo; **~wöhnen** mimar, Am a consentir; **~wunden** herir; **2wunderung** f admiración; **~wundete(r)** m herido; **2wundung** f lesión, herida; **~wünschen** maldecir; **~wüsten** devastar

**verzählen: s. ~** equivocarse contando

**verzaubern** encantar

**Verzehr** m consumición f; **2en** consumir

**Verzeichnis** n lista f, registro m; inventario m

**verzeih|en** perdonar; **2ung** f perdón m

**verzerrt** deformado

**Verzicht** m renuncia f; **2en** renunciar (**auf** a)

**verziehen: s. ~** (Wolken) disiparse; F fig largarse

**Verzierung** f adorno m, ornamento m

**verzöger|n** retardar; **s. ~n** retrasarse; **2ung** f retraso m, demora

**verzollen** aduanar; declarar (en aduana)

**verzweif|eln** desesperar; **2lung** f desesperación

**Vesper** f merienda f, Am a onces fpl

**Vetter** m primo

**Video|kassette** f videocas(s)et(t)e m u f; **~recorder**

**Vieh**

videograbadora *f*, magnetoscopio, video

**Vieh** *n* ganado *m*; **⁓zucht** *f* cría de ganados; ganadería

**viel** mucho; **sehr ⁓** muchísimo; **nicht ⁓** poco, no mucho; **zu ⁓** demasiado ⁓; **⁓fach**, **⁓fältig** múltiple

**vielleicht** quizá(s)

**viel|mals** muchas veces; **⁓mehr** antes (*od* más) bien; **⁓sagend** significativo; **⁓seitig** variado; **⁓versprechend** prometedor

**vier** cuatro; **⁓bettkabine** *f* camarote *m* de cuatro camas; **⁓eck** *n* cuadrángulo *m*; **⁓eckig** cuadrangular; **⁓fach** cuádruplo; **⁓taktmotor** *m* motor de cuatro tiempos

**Viertel** *n* cuarto *m*; **⁓jahr** *n* trimestre *m*; **⁓stunde** *f* cuarto *m* de hora

**Villa** *f* hotelito *m*, villa, chalé *m*

**violett** violeta

**Violine** *f* violín *m*

**Visitenkarte** *f* tarjeta de visita

**Visum** *n* visado *m*, *Am* visa *f*

**Vitamin** *n* vitamina *f*

**Vogel** *m* pájaro, ave *f*; **⁓futter** *n* alpiste *m*; **⁓scheuche** *f* espantapájaros *m*

**Vokabel** *f* vocablo *m*

**Vokal** *m* vocal *f*

**Volk** *n* pueblo *m*; nación *f*

**volks|eigen** nacionalizado; **⁓fest** *n* fiesta *f* popular; **⁓hochschule** *f* universidad popular; **⁓kunst** *f* arte *m* popular; **⁓lied** *n* canción *f* popular; **⁓republik** *f* república popular; **⁓schule** *f* escuela primaria; **⁓tanz** *m* danza *f* popular; **⁓tümlich** popular; **⁓wirtschaft** *f* economía nacional; **⁓wirtschaftslehre** *f* economía política

**voll** lleno; (*Bus, Raum usw*) completo; repleto; *fig* pleno; **halb ⁓** medio lleno; **⁓und ganz** totalmente; **⁓automatisch** completamente automático; **⁓bad** *n* baño *m* entero; **⁓bart** *m* barba *f* cerrada; **⁓enden** acabar, terminar

**Volleyball** *m* balón-volea

**Vollgas** *n*: **⁓ geben** hundir el pedal; **mit ⁓** a toda marcha

**völlig** completo, entero

**voll|jährig** mayor de edad; **⁓kaskoversicherung** *f* seguro *m* todo riesgo; **⁓kommen** completo; *fig* perfecto; *adv* completamente; **⁓kornbrot** *n* pan *m* integral; **⁓macht** *f* poder *m*; **⁓milch** *f* leche entera; **⁓mond** *m* luna *f* llena; **⁓pension** *f* pensión completa; **⁓schlank** algo corpulento; **⁓ständig** completo, entero, total; **⁓tanken** llenar el depósito; **⁓waise** *f* huérfano *m* de padre y madre; **⁓wertig** de valor integral; **⁓zählig** completo

**Volt** *n* voltio *m*

**von** de; *örtl. u zeitl. a* desde; (*beim Passiv*) por; **ein**

**Freund ~ mir** un amigo mío; **~einander** uno(s) de otro(s)

**vor** (*örtlich*) delante de; (*zeitlich*) antes de; *fig* de, por; **~ drei Tagen** hace tres días; **~ Freude** de alegría

**Vorabend** *m*: **am ~** (*gen*) en vísperas de

**voran** delante de; **~gehen** ir delante; **⁓meldung** *f* Tel previso *m*

**Vorarbeiter** *m* capataz

**voraus** hacia adelante; **im ~** de antemano; **~gesetzt, daß ~** suponiendo que ...; **~sagen** predecir; **⁓setzung** *f* suposición; condición previa; **~sichtlich** probable(mente); **⁓zahlung** *f* pago *m* anticipado

**Vorbehalt** *m* reserva *f*

**vorbei** por delante (**an** de); (*zeitlich*) pasado; **~fahren, ~gehen** pasar; **~lassen** dejar pasar

**vorbe|reiten** preparar (**auf** para); **⁓reitung** *f* preparación; **~stellen** (hacer) reservar; **⁓stellung** *f* reserva *f*; *Hdl* pedido *m* anticipado; **~straft** con antecedentes penales

**vorbeugen** prevenir; **s. ~en** inclinarse hacia adelante; **~end** preventivo; **⁓ungsmaßnahme** *f* medida preventiva

**Vorbild** *n* modelo *m*

**vorder, ⁓...** delantero; **⁓achse** *f* eje *m* delantero; **⁓grund** *m* primer plano; **⁓haus** *n* casa *f* exterior; **⁓rad** *n* rueda *f* delantera; **⁓seite** *f* cara; *Arch* fachada; **⁓sitz** *m* asiento delantero; **⁓teil** *m* od *n* (parte *f*) delantera *f*

**Vor|druck** *m* formulario; **⁓eilig** precipitado; **⁓eingenommen** con prejuicio, prevenido; **⁓erst** por lo pronto; **⁓fahrt** *f* prioridad, preferencia de paso, *Am* a vía; **⁓fahrtstraße** *f* calle *bzw* carretera preferente; **~fall** *m* suceso, acontecimiento; **~finden** encontrar

**Vorführ|dame** *f* demostradora; **⁓en** demostrar; exhibir, presentar; **~ung** *f* exhibición, presentación, demostración

**Vor|gang** *m* suceso; proceso; **~gänger** *m* antecesor; **~garten** *m* jardín delantero; **⁓gehen** proceder; (*Uhr*) adelantar; **~gesetzte(r)** *m* superior; jefe; **⁓gestern** anteayer; **⁓haben** proponerse; pensar hacer; **~haben** *n* intención *f*; proyecto *m*; **~halle** *f* vestíbulo *m*

**vorhanden** existente; **~ sein** existir

**Vor|hang** *m* cortina *f*; *Thea* telón; **~hängeschloß** *n* candado *m*

**vorher** antes; **~gehend** precedente, anterior; **~sehen** prever

**vorhin** hace un momento

**vorig** pasado

**vorkomm|en** existir, encontrarse; suceder, ocurrir,

**Vorkommen**

(*scheinen*) parecer; ⁓en n existencia f; ⁓nis n suceso m
**Vorkriegszeit** f anteguerra
**vorlad|en** citar; ⁓ung f citación
**Vor|lage** f presentación; (*Muster*) modelo m; ⁓läufig provisional; ⁓legen presentar; ⁓lesen leer; ⁓lesung f curso m, clase; ⁓letzt penúltimo; ⁓liebe f predilección (**für** por)
**vorliebnehmen**: ⁓ **mit** (*dat*) contentarse con
**vor|liegen** existir; ⁓malig anterior; ⁓mals antes; ⁓marsch m avance; ⁓merken apuntar
**Vormittag** m mañana f; **am** ⁓, ⁓s por (*Uhrzeit*: de) la mañana
**Vormund** m tutor; ⁓schaft f tutela
**vorn** delante; **nach** ⁓ hacia delante; **von** ⁓ por delante
**Vor|name** m nombre (de pila); ⁓nehm noble; ⁓nehmen: **s.** ⁓**nehmen** proponerse (**et** u/c; **zu** + *inf*); ⁓nehmlich ante todo
**vornherein**: **von** ⁓ desde un principio
**vornüber** hacia adelante
**Vorort** m barrio periférico, suburbio; ⁓zug m tren suburbano
**Vor|rat** m provisión f; **Hdl** existencias fpl; ⁓rätig disponible; ⁓recht n privilegio m; ⁓richtung f dispositivo m; ⁓rücken vt, vi avanzar; ⁓runde f Sp eliminatoria;
⁓saison f pretemporada; ⁓sätzlich premeditado
**Vorschein** m: **zum** ⁓ **kommen** aparecer
**Vor|schiff** n proa f; ⁓schlag m propuesta f; ⁓schlagen proponer; ⁓schreiben prescribir; ⁓schrift fig prescripción; ⁓schuß m adelanto m
**vorseh|en**: **s.** ⁓**en** guardarse; ⁓ung f Providencia
**Vorsicht** f precaución; cuidado m; ⁓ig prudente, cauto; *adv* con cuidado
**Vor|silbe** f prefijo m; ⁓sitzende(r) m presidente; ⁓sorglich previsor; ⁓speise f entremeses, ⁓speisen pl a entremeses mpl; ⁓spiel n preludio m; Thea prólogo m; ⁓sprung m Arch resalto m; fig ventaja f; ⁓stadt f arrabal m; ⁓stand m junta f directiva, comité director
**vorstell|en** j-n: presentar; **s.** ⁓**en** j-m: presentarse; *et*: figurarse; ⁓ung f presentación; fig idea; Thea representación, función; (*Kino*) sesión
**Vor|strafen** fpl antecedentes mpl penales; ⁓teil m ventaja f; ⁓teilhaft ventajoso; ⁓trag m conferencia f; ⁓tragende(r) m conferenciante, Am conferencista; ⁓trefflich excelente; ⁓treten adelantarse
**vorüber** pasado; ⁓gehend pasajero
**Vor|urteil** n prejuicio m;

**wahrnehmen**

**verkauf** m venta f anticipada; **~wählnummer** f prefijo m; **~wand** m pretexto
**vorwärts** adelante
**vor|werfen** reprochar (**j-m et** u/c a alg); **≈wort** n prefacio m; **≈wurf** m reproche; **≈zeichen** n augurio m; **~zeigen** presentar; **~zeitig** prematuro; **~ziehen** preferir; *Vorhang*: correr; **≈zimmer** n antesala f; **≈zug** m preferencia f; **~züglich** excelente; **≈zugspreis** m precio de favor
**vulgär** vulgar
**Vulkan** m volcán; **≈isieren** vulcanizar, recauchutar, *Am a* reencauchar

# W

**Waage** f balanza; **≈recht** horizontal
**wach** despierto; **~ werden** despertarse; **≈e** f guardia; **~en** velar (**bei** a); **~en über** vigilar (ac)
**Wacholder** m enebro
**Wachposten** m centinela
**Wachs** n cera f
**wachsam** vigilante
**wachs|en** vi crecer; fig aumentar; vt encerar; **≈tum** n crecimiento m
**Wächter** m guarda
**wack|(e)lig** tambaleante, destartalado; (*Möbel*) cojo; **~eln** tambalear(se); (*zB Tisch*) bailar
**Wade** f pantorrilla
**Waffe** f arma
**Waffel** f barquillo m, *Am a* waffle m
**Waffenschein** m licencia f de armas
**wagen** aventurar, arriesgar; **s. ~** atreverse a
**Wagen** m coche, *Am (außer RPl)* carro; **~heber** m gato; **~schlag** m, **~tür** f portezuela f; **~wäsche** f lavado m de coche
**Waggon** m vagón
**Wagnis** n riesgo m
**Wahl** f elección
**wähl|en** escoger, bsd Pol elegir; *Tel* marcar; **≈er** m elector; **~erisch** difícil de contentar
**Wahl|kampf** m campaña f electoral; **~lokal** n colegio m electoral; **~recht** n derecho m de votar; sufragio m; **~versammlung** f reunión f electoral
**Wahnsinn** m locura f, demencia f; **≈ig** loco
**wahr** verdadero; verídico; **das ist (nicht) ~** (no) es verdad; **nicht ~?** ¿verdad?; **~en** cuidar de
**während** prp (gen) durante; cj mientras (que); **~dessen** entretanto
**wahr|haft** veraz; verídico; adv verdaderamente; **≈heit** f verdad; **~nehmen** perci-

**wahrsagen**

bir; *Gelegenheit*: aprovechar

**wahrsag|en** profetizar; **⁀erin** *f* adivina

**wahrscheinlich** probable; **⁀keit** *f* probabilidad

**Währung** *f* moneda

**Wahrzeichen** *n* símbolo *m*

**Waise** *f* huérfano *m*, huérfana *f*; **⁀nhaus** *n* orfanato *m*

**Wal** *m* ballena *f*

**Wald** *m* bosque; **⁀brand** *m* incendio forestal; **⁀hüter** *m* guardabosque; **⁀ig**, **⁀reich** cubierto de bosques; **⁀weg** *m* camino forestal

**Wall** *m* valladar; (*Erd⁀*) terraplén

**Wallfahrt** *f* peregrinación

**Walnuß** *f* nuez

**Walze** *f* rodillo *m*

**wälzen** arrollar; *Buch*: manejar; **s. ⁀** (*Tiere*) revolcarse

**Walzer** *m* vals

**Walzwerk** *n* laminador *m*

**Wand** *f* pared; muro *m*

**Wandel** *m* mudanza *f*, cambio; **⁀bar** variable; **⁀halle** *f* galería, pasillo *m*; **⁀n** *vt* cambiar

**Wander|ausstellung** *f* exposición ambulante (*od* circulante); **⁀karte** *f* mapa *m* de turismo; **⁀n** caminar, hacer excursiones a pie; **⁀ung** *f* excursión; caminata

**Wandlung** *f* cambio *m*, transformación

**Wand|schirm** *m* biombo, mampara *f*; **⁀schrank** *m* alacena *f*, *Am Cent*, *Col*, *Méj* clóset, *RPl* placar; **⁀teppich** *m* tapiz

**Wange** *f* mejilla

**wanken** vacilar

**wann** cuando; **seit ⁀?** ¿desde cuándo?

**Wanne** *f* tina

**Wanze** *f* chinche; F *fig* micro-espía *m*, chinche

**Wappen** *n* armas *fpl*, escudo *m*

**Ware** *f* mercancía, *Am a* mercadería

**Waren|automat** *m* distribuidor automático, máquina *f* expendedora; **⁀haus** *n* (grandes) almacenes *mpl*; **⁀zeichen** *n* marca *f*

**warm** caliente; caluroso; (*Klima*) cálido (*a fig*); **ein ⁀er Bruder** F un marica; **es (mir) ist ⁀** hace (tengo) calor

**Wärm|e** *f* calor *m*; **⁀en** calentar; **⁀flasche** *f* bolsa de goma

**warmlaufen** *Tech* calentarse

**Warn|blinkanlage** *f* sistema *m* de alarma intermitente; **⁀dreieck** *n* triángulo *m* de peligro; **⁀en** (**vor**) advertir (*ac*); prevenir (de); **⁀ung** *f* advertencia, aviso *m*; **⁀zeichen** *n* señal *f* de aviso (*od* de alarma)

**Warte|halle** *f* sala de espera; **⁀n** *vi* esperar (**auf** *a*); *vt Tech* entretener

**Wärter** *m* guardián

**Warte|raum** *m*, **⁀saal** *m*, **⁀zimmer** *n* sala *f* de espera; **⁀zeit** *f* tiempo *m* de espera

**Wartung** f Tech entretenimiento m, cuidado m
**warum?** ¿por qué?
**Warze** f verruga
**was** que lo, que lo cual; **~?** ¿qué?; **~ für (ein)** qué
**Wasch|anlage** f Kfz lavacoches m; **~bar** lavable; **~becken** n lavabo m
**Wäsche** f ropa; (das Waschen) lavado m; **~geschäft** n lencería f; (für Herren) camisería f; **~klammer** f pinza para la ropa
**wasch|en** lavar; **s. ~en** lavarse; **~en** n lavado m, Am a lavada f
**Wäsche|rei** f lavandería; **~schleuder** f centrifugadora; **~schrank** m ropero
**Wasch|korb** m cesto para la ropa; **~küche** f lavandería; **~lappen** m trapo para lavarse; **~maschine** f lavadora; **~pulver** n detergente m; **~raum** m lavabo m; **~schüssel** f palangana, jofaina; **~tisch** m lavabo
**Wasser** n agua f; **fließendes ~** agua corriente; **zu ~** por mar; **~anschluß** m toma f de agua; **~bad** n baño m maría; **~dicht** impermeable; **~fall** m salto de agua; **~flugzeug** n hidroavión m; **~hahn** m grifo, Am a llave f (del agua); **~kraftwerk** n central f hidroeléctrica; **~kühlung** f refrigeración por agua; **~leitung** f tubería (Am cañería) de agua; **~melone** f sandía

**wassern** Flgw amarar
**wässern** aguar; remojar
**wasser|scheu** hidrófobo; **2schi** f **2ski** m esquí m náutico (od acuático); **2sport** m deporte acuático; **2stoff** m hidrógeno; **2stoffsuperoxyd** n agua f oxigenada; **2versorgung** f abastecimiento m de agua; **2wacht** f servicio m de salvamento; **2welle** f (b.Friseur) marcado m
**wäßrig** acuoso; (Essen) aguado
**waten** vadear
**Watte** f algodón m; **~bausch** m tapón de algodón
**web|en** tejer; **~stuhl** m telar
**Wechsel** m cambio, mudanza f; alteración f; Hdl letra f de cambio; (Wild) paso; **~geld** n cambio m; vuelta f; **~getriebe** n engranaje m de cambio; **~kurs** m (tipo de) cambio; **2n** cambiar; (Kleid) mudar; **~strom** m corriente f alterna; **~stube** f oficina f de cambio; **~wäsche** f muda
**weck|en** despertar; **2er** m despertador; **j-m auf den 2er fallen** F fig dar la lata a alg
**weder: ~ ... noch ...** ni ... ni ...
**weg** (et) perdido; (j) salido; **~ weit ~** muy lejos; **... ist ~ ...** ha desaparecido; **~ da!** ¡deja!
**Weg** m camino; ruta f; vía f; **s. auf den ~ machen** po-

# wegen

nerse en camino
**wegen** (*gen*) por, a causa de
**weg|fahren** salir; **~geben** deshacerse de; **~gehen** irse, marcharse; **~nehmen** quitar; **~rücken** remover; **~schicken** enviar, mandar; **~stoßen** empujar; **~tun** apartar
**Wegweiser** *m* indicador de camino
**weg|werfen** echar; tirar; **~ziehen** *vt* retirar; *vi* mudarse de casa
**weh**: ~ **tun** doler; *j-m*: causar dolor (a); **2en** *fpl* dolores *mpl* del parto
**wehen** soplar; (*Fahne usw*) ondear
**wehmütig** melancólico
**Wehr** *f* presa *f*
**Wehrdienst** *m* servicio militar; **~verweigerer** *m* objetor de conciencia
**wehr|en**: **s. ~en** defenderse; **~los** indefenso; **2pflicht** *f* servicio *m* militar obligatorio
**Weib** *n* mujer *f*; **~chen** *n* Zo hembra *f*; **~erheld** *m* F tenorio; **2isch** afeminado; **~lich** femenino
**weich** blando, tierno, muelle; **~ werden** ablandarse
**Weiche** *f* Esb aguja
**weich|en** (*im Wasser*) remojar; **~gekocht** (*Ei*) pasado por agua; **2spüler** *m* (*Wäsche*) suavizador
**Weide** *f* pasto *m*; Bot sauce *m*
**weiger|n**: **s. ~n** negarse a, resistirse a; **2ung** *f* negativa
**Weihnachten** *n* Navidad *f*; **fröhliche ~!** ¡felices Pascuas!; ¡feliz Navidad!
**Weihnachts|abend** *m* Nochebuena *f*; **~baum** *m* árbol de Navidad; **~lied** *n* villancico *m*
**Weih|rauch** *m* incienso; **~wasser** *n* agua *f* bendita
**weil** porque
**Weile** *f* rato *m*; **eine ganze ~** un buen rato
**Wein** *m* vino, Bot vid *f*; **~bau** *m* viticultura *f*; **~berg** *m* viña *f*; **~brand** *m* coñac
**wein|en** llorar; **2en** lágrimas *fpl*
**Wein|glas** *n* copa *f* para vino; **~handlung** *f* almacén *m* de vinos, bodega; **~karte** *f* lista de vinos; **~keller** *m* bodega *f*; **~lese** *f* vendimia; **~lokal** *n* taberna *f*; **~probe** *f* cata (de vinos); **~stube** *f* bodega; **~trauben** *fpl* uvas *fpl*
**weise** sabio; **2** *f* manera, modo *m*; Mus melodía, aire *m*
**Weisheitszahn** *m* muela *f* del juicio
**weiß** blanco; **2brot** *n* pan *m* blanco; **~haarig** cano; **~kohl** *m*, **2kraut** *n* repollo *m*; **2wein** *m* vino blanco
**Weisung** *f* orden
**weit** ancho, amplio; (*Kleid*) holgado, ancho; (*Weg*) largo; (*entfernt*) lejano; *adv* lejos; **wie ~?** ¿hasta dónde?; **wie ~ ist es (bis) ...?** ¿a qué distancia está ...?; **von ~em** de lejos

# Wertangabe

**weiter** otro; **~ nichts** nada más; **und so ~** etcétera; **~fahren** continuar el viaje; **~gehen** continuar su camino; **~kommen** adelantar; **~machen** continuar; 2**reise** f continuación del viaje

**weit|gehend** amplio; **~her** de lejos; **~läufig** vasto; **~sichtig** présbita; fig perspicaz; **~verbreitet** muy frecuente; 2**winkelobjektiv** n (objetivo m) grangular m

**Weizen** m trigo

**welch|e, ~er, ~es** relativ: que, el (la, lo) cual; fragend: ¿qué?

**welken** marchitarse

**Well|blech** n chapa f ondulada; **~e** f onda, ola

**Wellen|bad** n piscina f de olas; **~brecher** m rompeolas; **~förmig** ondulatorio; **~gang** m oleaje; **~länge** f Radio: longitud de onda; **~linie** f línea ondulada; **~reiten** n aguaplana f; **~sittich** m periquito

**Welt** f mundo m; **~all** n universo m; **~anschauung** f ideología f; 2**berühmt** de fama mundial; **~karte** f mapamundi m; **~krieg** m guerra f mundial; 2**lich** mundano; **~meister** m campeón mundial; **~meisterschaft** f campeonato m mundial; **~raum** m espacio sideral; **~reise** f vuelta al mundo; **~rekord** m marca f (od récord) mundial

**wem?, wen?** ¿a quién?

**Wende** f vuelta

**Wend|eltreppe** f escalera de caracol; **~emantel** m gabardina f reversible; 2**en** volver; (Auto) virar; **~en an** dirigirse a; **~ung** f vuelta); Kfz viraje m

**wenig** poco; **ein ~** un poco; **~er** menos; **am ~sten** lo menos; **~stens** al (od por lo) menos

**wenn** si; (zeitlich) cuando; **selbst ~** aun cuando

**wer** el que, quien; **~?** ¿quién?

**Werbe|abteilung** f sección de publicidad; **~fernsehen** n televisión f comercial; **~film** m película f publicitaria; **~funk** m emisiones fpl publicitarias; 2**n (für)** hacer propaganda (por); **(um)** pretender a

**Werbung** f publicidad

**werd|en** ponerse, hacerse; Passiv: ser; **Arzt ~en** hacerse médico

**werfen** echar, tirar; lanzar

**Werft** f astillero m

**Werk** n fábrica f; fig obra f; **~ans ~ gehen** poner manos a la obra; **~meister** m capataz, contramaestre; **~statt** f taller m; **~stoff** m material; **~tag** m día laborable; **~tags** los días de trabajo; **~zeug** n herramienta f

**Wermut** m (Wein) vermut

**wert** precio m; **~sein** valer; **es ist nicht viel ~** no vale gran cosa

**Wert** m valor m; **~angabe** f

## Wertbrief

declaración del valor; ~**brief** m carta f de valores declarados; ~**gegenstand** m objeto de valor; 2**los** sin valor; ~**sendung** f envío m con valor declarado; 2**voll** precioso

**Wesen** n ser m; (Natur) naturaleza f

**wesentlich** esencial

**weshalb** por lo que; ~? ¿por qué?

**Wespe** f avispa

**wessen** cuyo; ~? ¿de quién?

**Weste** f chaleco m

**West|en** m oeste; ~**ern** m película f del Oeste; 2**lich (von** dat**)** del (al) oeste (de), occidental

**Wett|bewerb** m concurso; Sp competición f; Hdl competencia f; ~**e** f apuesta; **um die ~e** a porfía; ~**eifern** competir; 2**en** apostar

**Wetter** n tiempo m; ~**bericht** m boletín meteorológico; ~**dienst** m servicio meteorológico; ~**leuchten** n relampagueo m; ~**vorhersage** f pronóstico m del tiempo

**Wett|kampf** m Sp competición f; campeonato; ~**lauf** m carrera f; ~**streit** m competencia f; rivalidad f

**Whisky** m whisky

**wichtig** importante; 2**keit** f importancia

**wickeln** Kind: fajar

**wider** (ac) contra; 2**haken** m garfio; ~**legen** refutar; ~**lich** repugnante; ~**rechtlich** ilegal; ilícito; ~**rufen** revocar; ~**setzen: s. ~setzen** (dat) oponerse (a); ~**sinnig** absurdo; ~**spenstig** rebelde, renitente; ~**sprechen** (dat) contradecir (ac); 2**spruch** m contradicción f, oposición f, protesta f; 2**stand** m resistencia f; 2**wille** m repugnancia f; ~**willig** con repugnancia; a (od con) disgusto

**widm|en (s. ~en)** dedicar (-se) (dat a); 2**ung** f dedicatoria

**wie** como; ~? ¿cómo?

**wieder** de nuevo; ~ **tun** volver a hacer; 2**aufbau** m reconstrucción f; ~**bekommen** recobrar; 2**belebungsversuche** mpl esfuerzos para reanimar; ~**bringen** devolver; ~**erkennen** reconocer; ~**finden** hallar; 2**gabe** f reproducción; ~**geben** reproducir

**wiedergutmach|en** reparar; 2**ung** f reparación f

**wieder|herstellen** restablecer; ~**holen** repetir; recapitular; 2**holung** f repetición; ~**sehen** volver a ver; **auf** 2**sehen** hasta la vista, adiós; 2**wahl** f reelección

**Wiege** f cuna

**wiegen** vt u vi pesar; Kind: mecer

**Wiese** f prado m, pradera

**wieso?** ¿cómo?

**wieviel?** ¿cuánto?, Col, Méj a ¿qué tanto?

**wild** salvaje; Zo bravo; Bot silvestre; (Kind) travieso

**Wild** n caza f; **~leder** n ante m; gamuza f; **~nis** f desierto m; **~park** m coto de reserva; **~schwein** n jabalí m; **~westfilm** m película f del Oeste
**Wille** m voluntad f
**willkommen** (j) bienvenido; (et) oportuno
**Willkür** f arbitrariedad f; **2~lich** arbitrario
**wimmeln** (**von**) hormiguear (de)
**Wimper** f pestaña; **ohne mit der ~ zu zucken** fig sin rechistar; **~ntusche** f rim(m)el m
**Wind** m viento; **~beutel** m suspiro de monja
**Winde** f (Seil 2) torno m
**Windel** f pañal m
**winden**: s. ~ retorcerse
**wind**|**geschützt** al abrigo del viento; **~ig** ventoso; **2~pocken** pl varicela f; **~schutzscheibe** f parabrisas m; **2~stärke** f fuerza (od intensidad) del viento; **2~stille** f calma; **2~stoß** m ráfaga f
**Windung** f recodo m; (Fluß) meandro m
**Wink** m seña f; fig aviso
**Winkel** m ángulo
**winken** hacer señas
**Winter** m invierno; **im ~** en invierno; **~fahrplan** m horario m de invierno; **~garten** m jardín de invierno; **~kurort** m estación f de invierno; **2~lich** invernal; **~mantel** m abrigo de invierno; **~sport** m deportes mpl de invierno
**Winzer** m viñador, viticultor
**winzig** diminuto, minúsculo
**Wipfel** m cima f, copa f
**wir** nosotros (-as)
**Wirbel** m remolino, torbellino; Anat vértebra f; F fig **2~n** vt (vi) remolinar (-se); **~säule** f columna vertebral; **~sturm** m ciclón
**wirken** producir efecto; fig obrar
**wirklich** real; efectivo; **2~keit** f realidad
**wirk**|**sam** eficaz; **2~ung** f efecto m; **~ungslos** ineficaz
**Wirkwaren** fpl géneros mpl de punto
**wirr** confuso
**Wirsing**(**kohl**) m col f rizada
**Wirt** m dueño; fondista, posadero; **~in** f dueña
**Wirtschaft** f economía; (Gast 2) restaurante m, fonda; **2~en** gobernar (od llevar) la casa; **~erin** f ama de llaves; **2~lich** económico; rentable
**Wirtshaus** n fonda f, mesón m
**wisch**|**en** fregar; **2~lappen** m rodilla f
**wissen** saber; **2** n saber m; conocimiento m
**Wissenschaft** f ciencia; **~ler** m hombre de ciencia; **2~lich** científico
**witter**|**n** olfatear, ventear; **2~ung** f tiempo m; (Wild) olfato m
**Witwe** f viuda; **~r** m viudo

**Witz** *m* chiste, broma *f*; ~**bold** *m* F gracioso
**wo** donde; ~**?** ¿dónde?; ~**anders** en otro sitio
**Woche** *f* semana; **in zwei ~n** en quince días
**Wochen|ende** *n* fin *m* de semana; ~**lang** (durante) semanas enteras; ~**lohn** *m* semanal; ~**schau** *f* noticiario *m*, actualidades *fpl*; ~**tag** *m* día de semana
**wöchentlich** semanal
**Wochen|schrift** *f*, ~**ung** *f* semanario *m*
**Wodka** *m* vodka
**wo|durch** por donde; ~**her?** ¿de dónde?; ~**hin?** ¿adónde?
**wohl** bien; (*ungefähr*) más o menos; **s. ~ fühlen** sentirse bien
**Wohl** *n* bien *m*; **auf Ihr ~!** ¡a su salud!; ~**befinden** *n* bienestar *m*; ~**behalten** *bien sano y salvo*; ~**habend** bien acomodado; ~**riechend** oloroso; ~**schmeckend** sabroso; ~**stand** *m* prosperidad *f*; ~**tätigkeit** *f* beneficencia; ~**tuend** agradable; ~**wollen** *n* benevolencia *f*
**Wohn|block** *m* bloque de viviendas; ~**en** vivir, habitar; ~**haft** *m* domiciliado en; ~**haus** *n* casa *f*; ~**ort**, ~**sitz** *m* domicilio; ~**raum** *m* espacio habitable; ~**ung** *f* vivienda, habitación; piso *m*; ~**wagen (anhänger)** *m* Kfz remolque de camping, caravana *f*, rulota *f*, Arg casa *f* rodante, *Col* cabina *f*; ~**zimmer** *n* sala *f* de estar
**Wölbung** *f* bóveda
**Wolf** *m* lobo
**Wolke** *f* nube
**Wolken|bruch** *m* lluvia *f* torrencial; ~**kratzer** *m* rascacielos; ~**los** despejado
**wolkig** nublado
**Woll|decke** *f* manta (*Am* a cobija, frazada) de lana; ~**e** *f* lana
**wollen** querer
**Wollstoff** *m* tela *f* de lana
**wo|mit** con que; ~**nach?** ¿(a, por) qué?
**Wonne** *f* delicia
**wor|an** que; ~**auf** sobre que; ~**aus** de que; ~**in** en que
**Wort** *n* palabra *f*; término *m*; **in ~en** en letras
**Wört|erbuch** *n* diccionario *m*; ~**lich** literal; textual
**wort|los** sin decir nada; ~**wechsel** *m* disputa *f*; ~**wörtlich** al pie de la letra
**wor|über** sobre (*od* de) que; ~**um** de que
**wo|von**, ~**vor** de que; ~**zu** para que
**Wrack** *n* buque *m* naufragado
**wringen** retorcer
**Wucher** *m* usura *f*; ~**... in** *Zssgn* usurario; ~**n** *Bot* lozanear; ~**ung** *f* Med proliferación
**Wucht** *f* empuje *m*; ~**ig** violento, impetuoso
**wühlen (in)** revolver (*ac*)
**Wulst** *m* abombamiento

**wund** excoriado; (s.) **~ reiben** excoriar(se); **2e f** herida

**Wunder** n milagro m; **2bar** milagroso, maravilloso; **2n: s. 2n** asombrarse, extrañarse (**über** de)

**Wundstarrkrampf** m tétanos

**Wunsch** m deseo; **auf ~** a petición

**wünschen** desear; (wollen) querer

**wunschgemäß** conforme a los deseos

**Würd|e** f dignidad; **2ig** (gen) digno (de); **2igen** apreciar

**Wurf** m tiro; Zo camada f

**Würfel** m dado; Math cubo; **~becher** m cubilete; **2n** jugar a los dados; **~zucker** m azúcar en terrones

**würgen** j-n: estrangular

**Wurm** m gusano; **2stichig** (Obst) agusanado; (Holz) carcomido

**Wurst** f embutido m; (Hart-2) salchichón m; (Brüh2, Brat2) salchicha; **~brot** n bocadillo m de salchichón

**Würstchen** n salchicha f

**Würze** f condimento m

**Wurzel** f raíz

**würz|en** condimentar; **~ig** aromático

**Wüst|e** f desierto m; **~ling** m F libertino

**Wut** f furor m, rabia

**wütend** furioso; **~ werden** enfurecerse

# Z

**Zacke** f punta; **~nbarsch** m mero

**zaghaft** temeroso, tímido

**zäh**(**e**) resistente, tenaz; (Fleisch) duro

**Zahl** f número m; **2bar** pagadero; **2en** pagar

**zählen** contar

**zahlenmäßig** numérico

**Zähler** m Math numerador; El, Tech contador

**Zahl|karte** f (impreso m para) giro m postal; **2los** innumerable; **~meister** m Mar contador; **2reich** numeroso; **~ung** f pago m

**Zählung** f numeración

**Zahlungs|anweisung** f orden de pago; **~bedingungen** fpl condiciones de pago; **~mittel** npl medios mpl de pago

**Zählwerk** n mecanismo m contador

**zahm** manso

**zähmen** amansar, domesticar

**Zahn** m diente; (Backen2) muela f; **~arzt** m dentista; **~bürste** f cepillo m de dientes; **~ersatz** m prótesis f dental; **~fleisch** n encías fpl; **~lücke** f mella; **~pasta** f pasta dentífrica

**Zahnrad** n rueda f dentada; **~bahn** f ferrocarril m de cremallera

**Zahn|schmerzen** mpl dolor

*m* de muelas; ~**stocher** *m* palillo *m*; ~**techniker** *m* protésico dental
**Zander** *m* lucioperca *f*
**Zange** *f* tenazas *fpl*
**Zank** *m* disputa *f*, riña *f*; 2**en** v. s. 2**en** reñir; disputar (**um** de, por; **über** sobre)
**Zäpfchen** *n* Med supositorio *m*
**Zapfen** *m* Tech espiga *f*; Bot cono *m*
**Zapfsäule** *f* surtidor *m* (de gasolina)
**zart** tierno; delicado; *fig* suave, débil; 2**gefühl** *n* delicadeza *f*
**zärtlich** cariñoso; 2**keit** *f* caricia *f*
**Zauber** *m* encanto *f* (*a fig*); 2**haft** encantador; ~**künstler** *m* prestidigitador *m*; 2**n** hechizar; hacer juegos de manos
**zaudern** vacilar
**Zaum** *m* brida *f*, freno *m*
**Zaun** *m* cercado, valla *f*
**Zebrastreifen** F *m* paso cebra
**Zehe** *f* dedo *m* del pie; **große** ~ dedo *m* gordo
**zehn** diez; 2**kampf** *m* decatlón; 2**tel** *n* décimo *m*
**Zeichen** *n* signo *m*; señal *f*; ~**block** *m* bloque de dibujo; ~**erklärung** *f* explicación de los signos; (*auf Karten*) leyenda; ~**papier** *n* papel *m* para dibujar; ~**trickfilm** *m* (película *f* de) dibujos *mpl* animados
**zeichn|en** dibujar; 2**ung** *f* dibujo *m*

**Zeige|finger** *m* índice; 2**n** enseñar, mostrar; ~**r** *m* aguja *f*, manecilla *f*
**Zeile** *f* renglón *m*, línea
**Zeit** *f* tiempo *m*; (*Uhr*2) hora *f*; **keine** ~ **haben** no tener tiempo; **s.** ~ **lassen** dar tiempo al tiempo; ~**angabe** *f* hora; ~**ansage** *f* indicación de la hora; ~**aufnahme** *f* Fot foto con exposición; 2**gemäß** moderno; oportuno; 2**ig** temprano; ~**karte** *f* abono *m*; ~**lupe** *f* cámara lenta; ~**punkt** *m* momento; ~**raum** *m* período; ~**schrift** *f* revista
**Zeitung** *f* periódico *m*; diario *m*
**Zeitungs|kiosk** *m*, ~**stand** *m* quiosco (*od* puesto) de periódicos; ~**papier** *n* papel *m* de periódico
**Zeit|unterschied** *m* diferencia *f* de la hora; ~**verlust** *m* pérdida *f* de tiempo; ~**vertreib** *m* pasatiempo; 2**weise** de vez en cuando; ~**wort** *n* verbo *m*; 2**zeichen** *n* señal *f* horaria
**Zell|e** *f* célula; (*Gefängnis*2) celda; ~**stoff** *m* celulosa *f*
**Zelt** *n* tienda *f*, Am carpa *f*; 2**en** acampar, hacer camping; ~**lager** *n* campamento *m*; ~**platz** *m* (terreno *m* de) camping
**Zement** *m* cemento
**Zensur** *f* censura *f*; (*Schule*) nota
**Zentimeter** *n* centímetro *m*;

# ziemlich

~maß n cinta f métrica
**Zentner** m cinquenta kilos mpl
**zentral** central; 2**e** f central; 2**heizung** f calefacción central
**Zentrum** n centro m
**zer|beißen** romper con los dientes; **~brechen** vt romper; vi romperse; **~brechlich** quebradizo; ¡frágil!; **~drücken** aplastar
**Zeremonie** f ceremonia
**zer|fallen** desmoronarse; **~fressen** vt corroer; **~kleinern** desmenuzar; **~knittert** arrugado; **~kratzen** rasgar, arañar; **~legbar** desmontable; **~legen** Tech descomponer; **~platzen** reventar; **~quetschen** machacar; **~reißen** vt romper; vi romperse
**zerren** tirar (**an** de)
**zerrissen** roto
**Zerrung** f distensión
**zer|schlagen**, **~schmettern** romper; **~schneiden** cortar, partir; **~setzen** descomponer; **~splittern** (vi) hacer(se) astillas; **~springen** romperse, estallar
**zerstäub|en** pulverizar; Flüssigkeit: vaporizar; 2**er** m pulverizador; vaporizador, atomizador
**zerstör|en** destruir, demoler (a fig); arruinar; 2**ung** f destrucción
**zerstreu|en** dispersar; fig distraer; **~t** fig distraído; 2**ung** f fig distracción
**zer|stückeln** desmenuzar; **~teilen** dividir; **~treten** pisotear, aplastar; **~trümmern** destruir, demoler
**Zerwürfnis** n desavenencia f, desacuerdo m
**zerzaust** despeinado
**Zettel** m papel
**Zeug** n cosas fpl; F chismes mpl; **dummes ~** tonterías fpl
**Zeug|e** m, **~in** f testigo su; 2**en von** demostrar (ac); **~nis** n certificado m; (Schul2) boletín m escolar
**Zickzack** m zigzag
**Ziege** f cabra
**Ziegel(stein)** m ladrillo; (Dach2) teja f; **~ei** f ladrillar m
**Ziegen|bock** m macho cabrío; **~käse** m queso de cabra
**ziehen** vt tirar; Zahn: extraer; Strich: trazar; vi tirar (**an** de); (Tee) estar en infusión; (**s.**) **in die Länge ~** prolongar(se), dar largas a; **es zieht** hay corriente
**Zieh|harmonika** f acordeón m; **~ung** f sorteo m
**Ziel** n fin m; objeto m; Sp meta f, llegada f; 2**bewußt** resuelto
**zielen** apuntar (**auf** a)
**Ziel|fernrohr** n mira f telescópica; **~gerade**, **~linie** f Sp recta, línea de llegada; **~scheibe** f blanco m
**ziemlich** bastante

**zieren**: s. ~ melindrear, remilgarse
**zierlich** grácil
**Ziffer** f cifra; ~blatt n esfera
**Zigarette** f cigarrillo m, Span F a pitillo m, cigarro m
**Zigaretten|automat** m distribuidor automático de cigarrillos; ~etui n pitillera f; ~spitze f boquilla
**Zigar|illo** m purito, ~re f puro m, cigarro m, Am a tabaco m
**Zigeuner(in** f) m gitano m (gitana f)
**Zimmer** n habitación f, cuarto m; ~antenne f antena interior; ~decke f techo m, Am cielorraso m; ~mädchen n camarera f (de piso), Arg, Chi mucama f, Méj recamarera f
**Zimmer|mann** m carpintero; ~schlüssel m llave f de la habitación
**zimperlich** melindroso
**Zimt** m canela f
**Zink** n cinc m
**Zinke** f diente m
**Zinn** n estaño m
**Zins** m interés m; ~en pl intereses; ~fuß m tipo de interés
**Zipfel** m punta f
**Zirkel** m compás f; fig círculo m
**Zirkus** m circo
**zischen** silbar
**Zisterne** f cisterna, aljibe m
**Zitadelle** f ciudadela
**Zitat** n cita f
**Zitrone** f limón m

**zitronen|gelb** amarillo limón; ~limonade f limonada; ~schale f cáscara de limón
**Zitrusfrüchte** fpl agrios mpl
**zittern** temblar; 2 n temblor m
**zivil** civil; **in** 2 de paisano; 2**bevölkerung** f población civil; 2**dienst** m servicio civil; 2**isieren** civilizar; 2**ist** m paisano, civil
**Zofe** f doncella
**zögern** tardar, titubear
**Zoll** m (Maß) pulgada f
**Zoll** m aduana f; ~en mpl (de aduana); ~abfertigung f despacho m aduanero; ~amt n aduana f; ~beamte(r) m funcionario de aduana; ~erklärung f declaración de aduana; ~frei exento de aduana; ~grenze f frontera aduanera; ~kontrolle f control m aduanero; 2**pflichtig** sujeto a aduana; ~tarif m arancel de aduana; ~verwaltung f administración de aduanas
**Zone** f zona
**Zoo(logischer Garten)** m jardín zoológico
**Zopf** m trenza f
**Zorn** m cólera f; 2**ig** encolerizado; 2**ig werden** ponerse furioso
**zu**: **(um)** para; ~ f cerrado; ~**r Tür hinaus** por la puerta; ~ **Hause** en casa; ~ **Beginn** al principio; adv (a ~ **viel**) demasiado; ~ **lang** demasiado largo

**Zubehör** n accesorios mpl
**zubereit|en** preparar, guisar; **♀ung** f preparación
**zubinden** atar
**Zubringer|dienst** m servicio de enlace; **♀straße** f carretera de acceso
**Zucchini** fpl calabacines mpl
**Zucht** f disciplina; *Zo* cría; *Bot* cultivo m
**züchten** *Zo* criar; *Bot* cultivar
**Zuchthaus** n presidio m
**zucken** palpitar; **mit den Achseln ~** encogerse de hombros
**Zucker** m azúcar; **~dose** f azucarera, **♀krank** diabético; **~krankheit** f diabetes; **♀n** azucarar; **~rohr** n caña f de azúcar; **~rübe** f remolacha azucarera
**Zuckung** f convulsión; *(Herz)* palpitación
**zudecken** cubrir, tapar
**zudem** además
**zudrehen** *Hahn*: cerrar
**zudringlich** importuno, pesado
**zuerst** primero
**Zufahrt(sstraße)** f carretera de) acceso m
**Zufall** m casualidad f; **♀fällig** casual, fortuito; *adv* por casualidad, por acaso; **~flucht** f refugio m
**zufrieden** contento; **♀heit** f contento m; satisfacción; **~stellen** satisfacer
**zu|frieren** helarse; **~fügen** *Schaden:* causar; **♀fuhr** f aprovisionamiento m

**Zug** m tirón; *Esb* tren; *(Spiel)* jugada f; *(Luft♀)* corriente f de aire; *(v e-r Zigarette)* chupada f; *(Schluck)* trago
**Zu|gabe** f *Mus* extra m; *Hdl* añadidura, encime m, *Am* ñapa, yapa; **~gang** m acceso; **♀gänglich** accesible; **♀geben** añadir; *fig* confesar; **♀gehen** *(Tür)* cerrarse; **~gehen auf** dirigirse a; **~gehörigkeit** f pertenencia
**Zügel** m rienda f; **♀los** desenfrenado; **♀n** refrenar
**Zuge|ständnis** n concesión f; **♀stehen** (j-m et) conceder; **♀tan** (dat) afecto, propenso a
**Zugführer** m *Esb* jefe del tren
**zugig: es ist ~** hay corriente de aire
**zugleich** a la vez
**Zug|luft** f corriente f de aire; **~maschine** f tractor m
**zugreifen** *(b. Essen)* servirse
**zu|grunde: ~ gehen** perderse; perecer; **~ richten** arruinar
**Zugschaffner** m revisor
**zugunsten** *(gen)* a *(od* en) favor de
**Zug|verbindung** f comunicación ferroviaria; **~verkehr** m servicio de trenes; **~vogel** m ave f de paso
**zu|halten** tener cerrado; **♀hälter** m rufián; **~heilen** cerrarse; **~hören** escuchar; **♀hörer** m oyente; **~kleben** pegar; **~knöpfen** abotonar
**Zukunft** f porvenir m; futu-

**zukünftig**

ro *m* (*a Gr*); **in~** en el futuro
**zukünftig** futuro
**Zulage** *f* aumento *m* de sueldo, sobrepaga
**zu|lassen** admitir; permitir; **~lässig** admisible; **2lassung** *f* admisión; *Kfz* patente de circulación; **~letzt** en último lugar, al final
**zuliebe** (*dat*) por amor de
**zu|machen** cerrar; **~meist** las más veces; **~mindest** por lo menos; **~nächst** en primer lugar; **~nageln** clavar; **~nähen** coser; **2nahme** *f* aumento *m*; **2name** *m* apellido
**zünd|en** encender(se); **2holz** *n* cerilla *f*, fósforo *m*; **2kabel** *n* cable *m* de encendido; **2kerze** *f* bujía *f*; **2schloss** *n* cerradura *f* de arranque; **2schlüssel** *m* llave *f* de contacto; **2ung** *f* encendido *m*; **2verteiler** *m* distribuidor *m* de encendido
**zu|nehmen** aumentar; crecer; (*an Gewicht*) engordar; **2neigung** *f* inclinación
**Zunge** *f* lengua
**zunichte**: **~ machen** *Plan*: desbaratar, echar a perder; *Hoffnung*: frustrar
**zupacken** echar la zarpa
**zurechtfinden**: **s. ~** orientarse
**zurechtlegen** arreglar
**zurechtweisen** reprender
**zu|reden** (*dat*) tratar de persuadir a; **~richten** preparar; *übel* **~richten** dejar maltrecho

460

**zurück** atrás; **~bekommen** recuperar; **~bleiben** quedarse atrás; **~bringen** devolver; **~drängen** hacer retroceder; **~erstatten** restituir; **~fahren**, **~fliegen** volver; **~führen auf** reducir a; **~geben** devolver; **~gehen** volver; **~gift** disminuir; **~gezogen** retirado
**zurückhalten** retener; **s. ~** contenerse; **~d** reservado
**zurück|kommen** volver; **~lassen** dejar (atrás); **~legen** *Ware*: reservar; *Weg*: recorrer; **~nehmen** *fig* revocar; **~prallen** rebotar; **~schicken**, **~senden** devolver; **~schlagen** rechazar; **~setzen** *fig* j-n: postergar; **~stellen** dejar para más tarde; aplazar; *Uhr*: atrasar; **~treten** retroceder; *fig* dimitir; renunciar (**von** *e-m Vorhaben* a); **~weisen** rechazar; **~werfen** devolver; **~zahlen** rembolsar
**zurückziehen** (**s. ~**) retirar(se)
**Zuruf** *m*: **durch ~** por aclamación
**Zusage** *f* afirmativa, promesa; **2n** *vt* prometer; *vi* gustar
**zusammen** juntos (-as); juntamente; **2arbeit** *f* cooperación; **~bauen** montar; **~binden** atar; **~brechen** derrumbarse; hundirse; (*Person*) desmayarse; **~bruch** *m* fracaso; *Med* colapso; **~drücken** compri-

**zutraulich**

mir; ~**fallen** *zeitlich:* coincidir (**mit** con); ~**falten** plegar; ~**fassen** (*kurz*) resumir; ~**fügen** juntar; ~**gehören** formar un conjunto; 2**hang** *m* conexión *f*; relación *f*
**zusammenklapp|bar** plegable; ~**en** doblar, plegar
**zusammen|kommen** reunirse; 2**kunft** *f* reunión; ~**passen** armonizar
**Zusammenprall** *m* choque; 2**en** chocar (**mit** con)
**zusammen|rechnen** sumar; ~**rücken** *vi* correrse; ~**rufen** convocar; ~**schieben** juntar
**zusammensetz|en** componer; combinar; *Tech* montar; **s.** ~ **aus** componerse de; 2**ung** *f* composición *f*
**zusammenstell|en** *allg* hacer; combinar; compilar; 2**ung** *f* combinación *f*
**Zusammenstoß** *m* choque, colisión *f*; 2**en** entrar en colisión, chocar
**zusammen|stürzen** hundirse; ~**treffen** encontrarse; ~**zählen** sumar
**zusammenziehen** contraer; reunir; **s.** ~ contraerse
**Zu|satz** *m* adición *f*; 2**sätzlich** adicional
**zuschau|en** estar mirando; 2**er** *m* espectador; 2**erraum** *m* sala *f* (de espectadores)
**zuschicken** enviar a domicilio, remitir
**Zuschlag** *m* suplemento;

2**en** *Tür:* cerrar de golpe; ~**karte** *f* suplemento *m*
**zu|schließen** cerrar con llave; ~**schneiden** cortar; 2**schnitt** *m* corte; ~**schnüren** atar, *Am* amarrar; ~**schrauben** atornillar; ~**schrift** *f* carta; (*Zeitung*) comunicado *m*; 2**schuß** *m* subsidio, (*staatl.*) subvención *f*; ~**sehen** estar mirando; 2**sehends** a ojos vistas, visiblemente; ~**senden** enviar; ~**setzen** *vt* añadir; *Geld:* perder; *vi fig* **j-m** ~**setzen** apretar (*od* acosar) a alg
**zusicher|n** asegurar; 2**ung** *f* promesa
**zuspitzen: s.** ~ *fig* hacerse crítico
**Zustand** *m* estado; condición *f*; 2**e bringen** llevar a cabo, realizar, efectuar; 2**e kommen** realizarse
**zu|ständig** competente; ~**stehen** corresponder
**zustell|en** entregar; repartir; 2**gebühr** *f* tasa de reparto; 2**ung** *f* entrega *f*; (*Post*) reparto *m*
**zustimm|en** consentir; 2**ung** *f* consentimiento *m*
**zu|stopfen** tapar; ~**stoßen** (*dat*) suceder, pasar a; 2**strom** *m* afluencia *f*; 2**taten** *fpl* ingredientes *mpl*
**zuteil|en** (*j-m et*) distribuir; 2**ung** *f* distribución *f*
**zutragen: s.** ~ pasar
**zutrau|en** (*j-m et*) creer a alg capaz de; ~**lich** confiado

**zutreffen** ser exacto (*od* verdad); **~d** justo

**zu|trinken** *j-m*: beber a la salud de; **2tritt m** entrada *f*; **2tritt verboten** prohibido el paso; **~unterst** en el fondo

**zuver|lässig** seguro, cierto; (*j*) formal, fiel; **2lässigkeit** *f* seguridad; formalidad; **2sicht** *f* confianza; **~sichtlich** lleno de confianza

**zuviel** demasiado

**zuvor** antes; **~kommen** (*dat*) adelantarse a; prevenir (*ac*); **~kommend** atento

**Zu|wachs** *m* aumento; **~weilen** a veces; **2weisen** asignar; **2wenden** *Gesicht, Rücken*: volver (*ac*); **2wenig** demasiado poco; **2widerhandeln** contravenir (*a*); **2winken** (*dat*) hacer señas (*a*)

**zuziehen** *Vorhang*: correr; *j-n*: consultar; *s.* **~** *Med* contraer

**zuzüglich** más (*ac*)

**Zwang** *m* fuerza *f*; coacción *f*; **2los** desenvuelto; *adv* sin ceremonia

**Zwangs|jacke** *f* camisa de fuerza; **~lage** *f* situación forzosa; **~maßnahme** *f* medida coercitiva; **2weise** por fuerza

**zwar** pues; **und ~** a saber

**Zweck** *m* fin, propósito; objeto

**Zwecke** *f* chinche

**zweck|los** inútil; **~mäßig** conveniente

**zwecks** con el fin de

**zwei** dos; **2** *f* dos *m*

**Zweibett|kabine** *f* camarote *m* doble; **~zimmer** *n* habitación *f* doble

**zwei|deutig** de doble sentido, equívoco; **~erlei** de dos clases; **~fach** doble

**Zweifel** *m* duda *f*; **2haft** dudoso; **2los** indudable; *adv* sin duda; **2n** dudar (**an** de)

**Zweig** *m* ramo (*a fig*); **~geschäft** *f* sucursal *f*; **~stelle** *f* sucursal *f*

**zwei|händig** a dos manos; **~jährig** de dos años; **2-kampf** *m* duelo; **~mal** dos veces; **~motorig** bimotor, **~reihig** (*Jackett*) cruzado; **~seitig** bilateral; **2sitzer** *m* coche (*od* avión) de dos plazas; **~spurig** *Kfz* de dos carriles; **~stöckig** de dos pisos

**zweit: zu ~** de a dos; (*Reihe*) dos a dos

**Zweitaktmotor** *m* motor de dos tiempos

**zwei|teilig** de dos partes; **~tens** en segundo lugar

**Zwerchfell** *n* diafragma *m*

**Zwerg** *m* enano

**Zwetsch(g)e** *f* ciruela

**zwicken** pellizcar

**Zwieback** *m* bizcocho

**Zwiebel** *f* cebolla; *Bot* bulbo *m*

**Zwie|licht** *n* media luz *f*; **~tracht** *f* discordia

**Zwillinge** *mpl* gemelos, mellizos, *Ven* morochos

**zwingen** forzar (**zu** a); **~d**

obligatorio; (*Notwendigkeit*) imperativo, forzoso
**zwinkern** guiñar (los ojos)
**Zwirn** *m* hilo
**zwischen** entre; ~**deck** *n* entrepuente *m*; ~**durch** de vez en cuando; ~**fall** *m* incidente; ~**händler** *m* intermediario
**Zwischen|landung** *f* escala; ~**raum** *m* espacio; ~**ruf** *m* grito; ~**stecker** *m* ladrón; ~**stück** *n* pieza *f* intermedia; ~**wand** *f* tabique *m*

**Zwischenzeit** *f*: **in der** ~ entretanto
**zwitschern** gorjear
**Zwölffingerdarm** *m* duodeno
**Zyankali** *n* cianuro *m* de potasio
**Zylinder** *m* cilindro; (*Hut*) sombrero de copa; ~**förmig** cilíndrico; ~**kopf** *m* *Kfz* culata *f*
**zynisch** cínico
**Zypresse** *f* ciprés *m*
**Zyste** *f* quiste *m*

# Geographische Namen, Nationalitäts- und Einwohnerbezeichnungen

*Nombres propios geográficos y gentilicios*

**Aachen** n Aquisgrán
**Adria** f Adriático m
**Afghan|istan** n Afghanistán m; ~e m, 2isch adj afgano
**Afrika** n Africa f; ~ner m, 2nisch adj africano
**Ägäis** f Egeo m
**Ägypten** n Egipto m; ~er m, 2isch adj egipcio
**Alban|ien** n Albania f; ~er m, 2isch adj albanés
**Alexandria** n Alejandría f
**Algeri|en** n Argelia f; ~er m, 2sch adj argelino
**Algier** n Argel
**Alpen** pl Alpes mpl; 2in adj alpino
**Alte Welt** f Mundo m Antiguo
**Amerika** n América f; ~ner m, 2nisch adj americano
**Andalusi|en** n Andalucía f; ~er m, 2sch adj andaluz
**Anden** pl Andes mpl; ~, aus den ~ andino
**Andorra** n Andorra f; ~ner m, 2isch adj andorrano
**Angola** n Angola f; ~ner m, 2nisch adj angolano
**Antarkti|k** f Antártida f; 2sch adj antártico

**Antillen** pl Antillas fpl
**Antwerpen** n Amberes
**Apennin** m Apeninos mpl
**Äquatorialguinea** n Guinea f Ecuatorial
**Arab|er** m, 2isch adj árabe; ~ien n Arabia f
**Aragoni|en** n Aragón m; ~er m, 2sch adj aragonés
**Argentini|en** n Argentina f; ~er m, 2sch adj argentino
**Arkti|k** f Artico m; 2sch adj ártico
**Ärmelkanal** m Canal m de la Mancha
**Armeni|en** n Armenia f; ~ier m, 2isch adj armenio
**Aserbaidschan** n Azerbeiyán m; ~er m, 2isch adj azerbeyano
**Asi|at** m, 2atisch adj asiático; ~en n Asia f
**Asturi|en** n Asturias fpl; ~er m, 2sch adj asturiano
**Athen** n Atenas
**Äthiopi|en** n Etiopía f; ~er m, 2sch adj etíope
**Atlanti|k** m Atlántico m; 2sch adj atlántico
**Australi|en** n Australia f; ~er m, 2sch adj australiano

**Azoren** pl Azores mpl

**Baham|as** pl Bahamas fpl; ~**er** m, **~isch** adj bahameis

**Bahrain** n Bahrein m; ~**er** m, **~isch** adj bahreino

**Balearen** pl Baleares fpl

**Balkan** m Balcanes mpl; ~**halbinsel** f Península f balcánica; ~**länder** npl países mpl balcánicos

**Bangladesch** n Bangladesh m; **aus (von)** ~ de Bangladesh

**Barbad|ier** m, **~isch** adj barbadense; ~**os** m Barbada f

**Barcelon|a** n Barcelona f; ~**ese** m, **~a** adj barcelonés

**Basel** n Basilea

**Bask|e** m, **~isch** adj vasco; ~**enland** n Vascongadas fpl

**Basutoland** n Basutolandia f

**Bayer** m, **~isch** adj bávaro; ~**n** n Baviera f

**Belgi|en** n Bélgica f; ~**er** m, **~sch** adj belga

**Belgrad** n Belgrado

**Benelux** m Benelux m

**Bengal|en** n Bengala f; ~**e** m, **~isch** adj bengalí

**Berber** m, **~isch** adj bereber

**Berlin** n Berlín m; ~**er** m, adj, **~erisch** adj berlinés

**Bern** n Berna

**Bhutan** n Bután m; ~**er** m, **~isch** adj butanés

**Birma** n Birmania f; ~**ne** m, **~nisch** adj birmano

**Biskaya** f Viscaya f

**Bodensee** m Lago m de Constanza

**Böhm|en** n Bohemia f; ~**e** m, **~isch** adj bohemio

**Bolivi|en** n Bolivia f; ~**aner** m, **~anisch** adj boliviano

**Bordeaux** n Burdeos

**Bosporus** m Bósforo m

**Brasili|aner** m, **~anisch** adj brasileño, Am a brasilero; ~**en** n Brasil m

**Brit|e** m, **~isch** adj británico

**Brügge** n Brujas

**Brüssel** n Bruselas

**Bulgar|e** m, **~isch** adj búlgaro; ~**ien** n Bulgaria f

**Bundesrepublik** f **Deutschland** República f Federal de Alemania

**Burgund** n Borgoña f; ~**er** m, **~isch** adj borgoñón

**Ceylon** n Ceilán m; ~**ese** m, **~esisch** adj ceilanés

**Chile** n Chile m; ~**ne** m, **~nisch** adj chileno

**Chin|a** n China f; ~**ese** m, **~esisch** adj chino

**Costa Rica** n Costa Rica f; ~**ricaner** m, **~ricanisch** adj costarricense

**Côte d'Azur** f Costa f Azul

**Dalmati|en** n Dalmacia f; ~**ner** m, **~nisch** adj dálmata

**Dän|e** m, **~isch** adj danés; ~**emark** n Dinamarca f

**Den Haag** n La Haya

**deutsch** adj, **~er** m alemán; ~**land** n Alemania f

**Deutsche Demokratische Republik** f República f Democrática Alemana

**Dominikan|ische Repu-**

**blik** f República f Dominicana; ~**er** m, **2isch** adj dominicano
**Donau** f Danubio m

**Ecuador** n Ecuador m; ~**ianer** m, **2ianisch** adj ecuatoriano
**Edinburg** n Edimburgo
**Elfenbeinküste** f Costa f de Marfil
**El Salvador** n El Salvador m
**Els|aß** n Alsacia f; ~**ässer** m, **2ässisch** adj alsaciano
**Engl|and** n Inglaterra f; ~**änder** m, **2isch** adj inglés
**Est|e** m, **2ländisch** adj estonio; ~**land** n Estonia f
**Estremadura** f Extremadura f; **aus**~ adj extremeño
**Eurafrika** n Euráfrica f
**Eurasien** n Eurasia f
**Europ|a** n Europa f; **2äer** m, **2äisch** adj europeo

**Fernost** m Extremo Oriente m
**Feuerland** n Tierra f del Fuego
**Finn|e** m, **2isch** adj finlandés; ~**land** n Finlandia f
**Fl|ame** m, **2ämisch** adj flamenco
**Flandern** n Flandes m
**Floren|z** n Florencia f; ~**tiner** m, **2tinisch** adj florentino
**Fr|anke** m, **2änkisch** adj franconiano; ~**anken** n Franconia f
**Fran|kreich** n Francia f; ~**zose** m, **2zösisch** adj francés
**Freiburg** n Friburgo
**Freie Welt** f Mundo m Libre
**Fries|e** m, **2isch** adj frisio; ~**land** n Frisia f

**Gabun** n Gabón m; ~**er** m, **2isch** adj gabonés
**Galicien** n (span. Provinz) Galicia f; ~**er** m, **2sch** adj gallego
**Galizien** n (Osteuropa) Galicia f
**Gambi|a** n Gambia f; ~**er** m, **2sch** adj gambiano
**Genf** n Ginebra; ~**er** m, adj ginebrino
**Genu|a** n Génova; ~**ese** m, **2esisch** adj genovés
**Georgi|en** n Georgia f; ~**er** m, **2sch** adj georgiano
**Ghana** n Ghana m; ~**er** m, **2isch** adj ghanés
**Griech|e** m, **2isch** adj griego; ~**enland** n Grecia f
**Grönl|and** n Groenlandia f; ~**änder** m, **2ändisch** adj groenlandés
**Großbritannien** n Gran Bretaña f
**Guatemal|a** n Guatemala f; ~**teke** m, **2tekisch** adj guatemalteco
**Guayan|a** n Guyana f; ~**er** m, **2sch** adj guyano
**Guine|a** n Guinea f; ~**er** m, **2isch** adj guineano
**Guinea-Bissau** n Guinea-Bissau f

**Haiti** n Haití f; ~**aner** m,

₂anisch *adj* haitiano
**Hamburg** *n* Hamburgo
**Havanna** *n* La Habana
**Himalaya** *n* Himalaya *m*
**Holl|and** *n* Holanda *f*; ~änder *m*, ₂ändisch *adj* holandés
**Hondura|s** *n* Honduras *m*; ~ner *m*, ₂nisch *adj* hondureño

**Iber|er** *pl* iberos *mpl*; ₂isch *adj* ibérico
**Iberische Halbinsel** *f* Península *f* Ibérica
**Ind|er** *m*, ₂isch *adj* indio; ~ien *n* India *f*
**Indochin|a** *n* Indochina *f*; ~ese *m*, ₂esisch *adj* indochino
**Indonesi|en** *n* Indonesia *f*; ~er *m*, ₂sch *adj* indonesio
**Irak** *n* Irak *m*; ~er *m*, ₂isch *adj* iraqués, iraquí
**Iran** *n* Irán *m*; ~er *m*, ₂isch *adj* iraní, iraniano
**Ir|e** *m*, ₂isch *adj* irlandés; ~land *n* Irlanda *f*
**Isl|and** *n* Islandia *f*; ~änder *m*, ₂ändisch *adj* islandés
**Israel** *n* Israel *m*; ~i *m*, ₂isch *adj* israelí
**Istanbul** *n* Istanbul, Estambul
**Italien** *n* Italia *f*; ~er *m*, ₂isch *adj* italiano

**Jamaika** *n* Jamaica *f*; ~ner *m*, ₂nisch *adj* jamaicano
**Japan** *n* Japón *m*; ~er *m*, ₂isch *adj* japonés
**Jemen** *m* Yemen *m*; ~it *m*,

₂itisch *adj* yemenita
**Jerusalem** *n* Jerusalén
**Jordan** *m* Jordán *m*
**Jordani|en** *n* Jordania *f*; ~er *m*, ₂sch *adj* jordano
**Jugoslawi|e** *m*, ₂isch *adj* yugoslavo; ~ien *n* Yugoslavia *f*
**Jütland** *n* Jutlandia *f*

**Kairo** *n* El Cairo
**Kalifornile|n** *n* California *f*; ~er *m*, ₂sch *adj* californiano
**Kambodscha** *n* Camboya *f*; ~ner *m*, ₂nisch *adj* camboyano
**Kamerun** *m* Camerún *m*; ~er *m*, ₂isch *adj* camerunés
**Kanad|a** *n* Canadá *m*; ~ier *m*, ₂isch *adj* canadiense
**Kanar|e** *m*, ₂isch *adj* canario; ~en *pl* Canarias *fpl*
**Kap der Guten Hoffnung** Cabo *m* de la Buena Esperanza
**Kapstadt** *n* Ciudad *f* del Cabo
**Kapverden** *pl* Cabo *m* Verde
**Karibik** *f* Caribe *m* (mar)
**Karpaten** *pl* Cárpatos *mpl*
**Kaspisches Meer** *n* Mar *m* Caspio
**Kastili|en** *n* Castilla *f*; ~er *m*, ₂sch *adj* castellano
**Katal|ane** *m*, ₂anisch *adj* catalán; ~onien *n* Cataluña *f*
**Katar** *n* Qatar *m*
**Kaukasus** *m* Cáucaso *m*
**Kenia** *n* Kenia *f*; ~ner *m*, ₂nisch *adj* keniano
**Kleinasien** *n* Asia *f* Menor

**Köln** n Colonia
**Kolumbi|en** n Colombia f; **~aner** m, **~anisch** adj colombiano
**Komoren** pl Comoras fpl
**Kongo** n Congo m; **~lese** m, **~lesisch** adj congoleño
**Kopenhagen** n Copenhague
**Korea** n Corea f; **~ner** m, **~nisch** adj coreano
**Kors|e** n Corso m; corso; **~ika** n Córcega f
**Kreta** n Creta f
**Krim** f Crimea f
**Kroat|ien** n Croacia f; **~e** m, **~isch** adj croata
**Kuba** n Cuba f; **~ner** m, **~nisch** adj cubano
**Kurd|e** m, **~isch** adj kurdo; **~istan** n Kurdistán m
**Kuwait** n Kuwait m; **~er** m, **~isch** adj kuwaití

**Lao|s** n Laos m; **~te** m, **~tisch** adj laosiano
**Lappl|and** n Laponia f; **~änder** m, **~ändisch** adj lapón
**Lateinamerika** n América f latina; **~ner** m, **~nisch** adj latinoamericano
**Lettl|and** n Letonia f; **~e** m, **~isch** adj letón
**Liban|ese** n, **~esisch** adj libanés; **~on** m Líbano m
**Liberia** n Liberia f; **~ner** m, **~nisch** adj liberiano
**Liby|en** n Libia f; **~er** m, **~sch** adj libio
**Liechtenstein** n Liechtenstein m; **~er** m, **~isch** adj de Liechtenstein

**Lissabon** n Lisboa
**Litau|en** n Lituania f; **~er** m, **~isch** adj lituano
**Loire** f Loira m
**Lombard|ei** f, **~isch** adj lombardo; **~ei** f Lombardía f
**London** n Londres
**Lothringen** n Lorena f
**Löwen** n Lovaina f
**Lüttich** n Lieja
**Luxemburg** n Luxemburgo m; **~er** m, **~isch** adj luxemburgués
**Luzern** n Lucerna f

**Maas** f Mosa m
**Madagas|kar** n Madagascar m; **~se** m, **~sisch** adj malgache
**Madeira** n Madeira f
**Maghreb** m Magreb m; **~nisch** adj magrebí
**Mähren** n Moravia f
**Mail|and** n Milán; **~änder** m, **~ändisch** adj milanés
**Mainz** n Maguncia
**Malaie** m, **~isch** adj malayo
**Malawi** n Malawi m; **~er** m, **~sch** adj malawiano
**Malay|sia** n Malasia f; **~sier** m, **~sisch** adj malasio
**Malediven** pl Maldivas fpl
**Mali** n Mali m; **~er** m, **~sch** adj maliense
**Mallor|ca** n Mallorca f; **~kiner** m, **~kinisch** adj mallorquín
**Malt|a** n Malta f; **~eser** m, **~esisch** adj maltés
**Mancha**: **die ~** la Mancha; **von (aus) der ~** manchego

**Mandschu** *m*, &risch *adj* manchú; **~rei** *f* Manchuria *f*
**Marokk|aner** *m*, &anisch *adj* marroquí; **~o** *n* Marruecos *m*
**Marseille** *n* Marsella
**Martinique** *n* Martinica *f*
**Matterhorn** *n* Cervino *m*
**Mauretani|en** *n* Mauretania *f*; **~er** *m*, &sch *adj* mauretanio
**Mazedoni|en** *n* Macedonia *f*; **~er** *m*, &sch *adj* macedonio
**Mekka** *n* la Meca *f*
**Melanesi|en** *n* Melanesia *f*; **~er** *m*, &sch *adj* melanesio
**Menor|ca** *n* Menorca *f*; **~kiner** *m*, &kinisch *adj* menorquín
**Mesopotamien** *n* Mesopotamia *f*
**Mexik|aner** *m*, &anisch *adj* mejicano, mexicano; **~o** *n* Méjico *m*, México *m*
**Mikronesi|en** *n* Micronesia *f*; **~er** *m*, &sch *adj* micronesio
**Mittelamerika** *n* Centroamérica *f*; **~ner** *m*, &nisch *adj* centroamericano
**Mittelmeer** *n* Mediterráneo *m*
**Mon|aco** *n* Mónaco *m*; **~egasse** *m*, &egassisch *adj* monegasco
**Mongol|e** *m*, &isch *adj* mongol; **~ei** *f* Mongolia *f*
**Mosel** *f* Mosela *f*
**Moskau** *n* Moscú; **~er** *m*, *adj* moscovita

**Mozambique** *n* Mozambique *m*
**Münch|en** *n* Munich; **~ner** *m*, *adj*, &nerisch *adj* muniqués

**Nationalchina** *n* China *f* nacionalista
**Navarr|a** *n* Navarra *f*; **~ese** *m*, &esisch *adj* navarro
**Neap|el** *n* Nápoles; **~olitaner** *m*, &olitanisch *adj* napolitano
**Nepal** *n* Nepal *m*; **~ese** *m*, &esisch *adj* nepalés
**Neufundland** *n* Terranova *f*
**Neuguinea** *n* Nueva Guinea *f*
**Neusee|land** *n* Nueva Zelanda *f*; **~länder** *m*, &ländisch** *adj* neozelandés
**Neue Welt** *f* Nuevo Mundo *m*
**New York** *n* Nueva York
**Nieder|lande** *pl* Países *mpl* Bajos; **~länder** *m*, &ländisch *adj* neerlandés
**Niger** *n* Níger *m*; **~er** *m*, &isch *adj* nigerino
**Nigeria** *n* Nigeria *f*; **~ner** *m*, &nisch *adj* nigeriano
**Nikaragua** *n* Nicaragua *f*; **~ner** *m*, &nisch *adj* nicaragüense
**Nil** *m* Nilo *m*
**Nippon** *n* Nipón *m*
**Nordamerika** *n* América *f* del Norte
**Nördliches Eismeer** *n* Océano *m* Glacial Ártico
**Nordsee** *f* Mar *m* del Norte
**Norweg|en** *n* Noruega *f*; **~er**

*m*, ˎisch *adj* noruego
**Nubien** *n* Nubia *f*
**Nürnberg** *n* Nuremberg

**Ostsee** *f* Báltico *m*
**Österreich** *n* Austria *f*; ~er *m*, ˎisch *adj* austríaco
**Ozeanien** *n* Oceanía *f*

**Pakistan** *n* Pakistán *m*; ~i *m*, ˎisch *adj* pakistaní
**Palästin|a** *n* Palestina *f*; ~enser *m*, ˎensisch *adj* palestino
**Panama** *n* Panamá *f*; ~er *m*, ˎisch *adj* panameño
**Papua-Neuguinea** *n* Papua Nueva Guinea *f*; ~s *pl* papúes *mpl*
**Paraguay** *n* Paraguay *m*; ~er *m*, ˎisch *adj* paraguayo
**Paris** *n* París; ~er *m*, **aus (von)** ~er *adj* parisino
**Patagonien** *n* Patagonia *f*
**Pazifik** *m* Pacífico *m*
**Peking** *n* Pekín
**Peloponnes** *m* Peloponeso *m*
**Perpignan** *n* Perpiñán
**Pers|er** *m*, ˎisch *adj* persa; ~ien *n* Persia *f*
**Peru** *n* Perú *m*; ~aner *m*, ˎanisch *adj* peruano
**Pfalz** *f* Palatinado *m*
**Philippin|en** *pl* Filipinas *fpl*; ~er *m*, ˎisch *adj* filipino
**Pol|e** *m* polaco, *Am a* polonés; ~en *n* Polonia *f*; ˎnisch *adj* polaco
**Polynesi|en** *n* Polinesia *f*; ~er *m*, ˎsch *adj* polinesio

**Pommern** *n* Pomerania *f*
**Portug|al** *n* Portugal *m*; ~iese *m*, ˎiesisch *adj* portugués
**Prag** *n* Praga
**Preuß|e** *m*, ˎisch *adj* prusiano; ~en *n* Prusia *f*
**Proven|ce** *f* Provenza *f*; ˎzalisch *adj* provenzal
**Puerto Rico** *n* Puerto Rico *m*; ~rikaner *m*, ˎrikanisch *adj* puertorriqueño
**Pyrenä|en** *pl* Pirineos *mpl*; ˎisch *adj* pirenaico

**Regensburg** *n* Ratisbona
**Rhein** *n* Rin *m*; ~land *n* Renania *f*; ~länder *m*, ˎländisch *adj* renano
**Rhodesi|en** *n* Rodesia *f*; ~er *m*, ˎsch *adj* rodesiano
**Rhone** *f* Ródano *m*
**Rom** *n* Roma *f*
**Röm|er** *m*, *adj*, ˎisch *adj* romano
**Rotes Meer** *n* Mar *m* Rojo
**Rumän|ien** *n* Rumania *f*; ~e *m*, ˎisch *adj* rumano
**Russ|e** *m*, ˎisch *adj* ruso
**Rußland** *n* Rusia *f*

**Saar** *f* (*Fluß*), **Saargebiet** *n* Sarre *m*
**Sachs|e** *m* sajón; ~n *n* Sajonia *f*
**sächsisch** *adj* sajón
**Salvadorian|er** *m*, ˎisch *adj* salvadoreño
**Samoa** *n* Samoa *f*; ~ner *m*, ˎnisch *adj* samoano
**Sansibar** *n* Zanzíbar *m*
**Santo Domingo** *n* Santo

Domingo *m*
**São Tomé e Príncipe** Santo Tomé y Príncipe
**Saragossa** *n* Zaragoza
**Sard|e** *m*, **2isch** *adj* sardo; **~inien** *n* Cerdeña *f*
**Saudiarabien** *n* Arabia *f* Saudita
**Schlesi|en** *n* Silesia *f*; **~er** *m*, **2sch** *adj* silesiano
**Schott|land** *n* Escocia *f*; **~e** *m*, **2isch** *adj* escocés
**Schwarzes Meer** *n* Mar *m* Negro
**Schwarzwald** *m* Selva *f* Negra
**Schwed|e** *m*, **2isch** *adj* sueco; **~en** *n* Suecia *f*
**Schweiz** *f* Suiza *f*; **~er** *m*, *adj*, **2erisch** *adj* suizo
**Seine** *f* Sena *m*
**Senegal** *n* Senegal *m*; **~ese** *m*, **2esisch** *adj* senegalés
**Serb|e** *m*, **2isch** *adj* servio; **~ien** *n* Servia *f*
**Sibiri|en** *n* Siberia *f*; **~er** *m*, **2sch** *adj* siberiano
**Siebenbürgen** *n* Transilvania *f*
**Sierra Leone** *n* Sierra *f* Leona
**Sikkim** *n* Sikkim *m*
**Singapur** *n* Singapur *m*; **~er** *m*, **2isch** *adj* singapurense
**Sizili|en** *n* Sicilia *f*; **~aner** *m*, **2anisch** *adj* siciliano
**Skandinavi|en** *n* Escandinavia *f*, **~er** *m*, **2sch** *adj* escandinavo
**Slowak|ei** *f* Eslovaquia *f*; **~e** *m*, **2isch** *adj* eslovaco
**Slowen|ien** *n* Eslovenia *f*; **~e**

*m*, **2isch** *adj* esloveno
**Somali|a** *n* Somalia *f*; **~er** *m*, **2sch** *adj* somalí
**sowjet|isch** *adj* soviético; **2union** *f* Unión *f* Soviética
**Spani|en** *n* España *f*; **~er** *m*, **2sch** *adj* español
**Sparta** *n* Esparta
**Sri Lanka** *n* Sri Lanka *m*
**Steiermark** *f* Estiria *f*
**Stockholm** *n* Estocolmo
**Straßburg** *n* Estrasburgo
**Südafrika** *n* Africa *f* del Sur; **~ner** *m*, **2nisch** *adj* surafricano
**Südamerika** *n* Sudamérica *f*, América *f* del Sur; **~ner** *m*, **2nisch** *adj* sudamericano
**Sudan** *n* Sudán *m*; **~ese** *m*, **2esisch** *adj* sudanés
**Südliches Eismeer** *n* Océano *m* Glacial Antártico
**Syri|en** *n* Siria *f*; **~er** *m*, **2isch** *adj* sirio

**Taiwan** *n* Taiwán *m*
**Tanger** *n* Tánger
**Tansani|a** *n* Tanzania *f*; **~er** *m*, **2sch** *adj* tanzaniano
**Texa|ner** *m*, **2nisch** *adj* tejano; **~s** *n* Tejas *m*
**Thai|land** *n* Tailandia *f*; **~länder** *m*, **2ländisch** *adj* tailandés
**Themse** *f* Támesis *m*
**Tibet** *n* Tibet *m*; **~(an)er** *m*, **2(an)isch** *adj* tibetano
**Tirol** *n* Tirol *m*; **~er** *m*, **~er**, **2(er)isch** *adj* tirolés
**Togo** *n* Togo *m*; **~er** *m*, **2isch** *adj* togolés

**Tongainseln** pl Tonga m
**Toulon** n Tolón
**Toulouse** n Tolosa (*Francia*)
**Trient** n Trento
**Trier** n Tréveris
**Trinidad und Tobago** n Trinidad y Tobago
**Tripolis** n Trípoli
**Tschad** m Chad m; ~er m, isch adj chadiano
**Tschech|ei**, ~oslowakei f Checoslovaquia f
**Tunesi|en** n Tunicia f; ~er m, isch adj tunecino
**Tunis** n Túnez
**Turin** n Torino
**Turkestan** n Turquestán m
**Türk|e** m, isch adj turco; ~ei f Turquía f
**Tyrrhenisches Meer** n Tirrénico m (*mar*)

**Ugand|a** n Uganda m; ~er m, isch adj ugandés
**Ukrain|e** f Ucrania f; ~er m, isch adj ucraniano
**Ungar** m, isch adj húngaro; ~n n Hungría f
**Union f der Sozialistischen Sowjetrepubliken** Unión f de Repúblicas Socialistas Soviéticas
**Ural** m Urales mpl
**Uruguay** n Uruguay m; ~er m, isch adj uruguayo

**Vatikan** m Vaticano m; ~stadt f Ciudad f del Vaticano
**Venedig** n Venecia
**Venez|olaner** m, olanisch adj venezolano; ~uela n Venezuela f
**Vereinigte Arabische Emirate** pl Emiratos Árabes Unidos
**Vereinigtes Königreich** n Reino m Unido
**Vereinigte Staaten** mpl **von Amerika** Estados mpl Unidos de América
**Vesuv** m Vesubio m
**Vietnam** n Viet Nam m; ~ese m, esisch adj vietnam(ita)
**Vogesen** pl Vosgos mpl
**Volksrepublik China** f República f Popular de China

**Warschau** n Varsovia
**Weichsel** f Vístula f
**Westfalen** n Westfalia f
**Westindische Inseln** pl, **Westindien** n Indias fpl Occidentales
**Wien** n Viena; ~er m, adj, erisch adj vienés
**Wolga** f Volga m

**Zaire** n Zaire m
**Zyp|ern** n Chipre m; ~rer m, risch adj chipriota

# Spanische Abkürzungen

*Abreviaturas españolas*

| | |
|---|---|
| a.c. | año corriente *laufendes Jahr* |
| a/c. | a cuenta *auf Rechnung* |
| AIA | Asociación Internacional del Automóvil *Internationaler Automobilclub* |
| art. | artículo *Artikel* |
| Av(da). | Avenida |
| Bco. | Banco *Bank* |
| bto. | bulto *Gepäckstück* |
| c., cap. | capítulo *Kapitel* |
| c.a. | corriente alterna *Wechselstrom* |
| CC. | Código Civil *Bürgerliches Gesetzbuch* |
| CC.OO. | Comisiones obreras *Arbeiterkommissionen* |
| CEDE | Compañía Española de Electricidad *Spanische Elektrizitätsgesellschaft* |
| C.E.E. | Comunidad Económica Europea *Europäische Gemeinschaft (EG)* |
| cents. | centavos |
| cénts. | céntimos |
| CGT | Confederación General del Trabajo *Allgemeiner Gewerkschaftsbund* |
| Cía. | Compañía *Gesellschaft* |
| CNT | Confederación Nacional de Trabajadores *(Spanische Gewerkschaft)* |
| cs., cts. | céntimos; centavos |
| CV | caballo de vapor *Pferdestärke (PS)* |
| D. | Don |
| D.ª | Doña |
| dep. | departamento *Departement, Abteilung* |
| EE.UU. | Estados Unidos *Vereinigte Staaten* |
| etc. | etcétera *und so weiter (usw.)* |
| f/c. | ferrocarril *Eisenbahn* |
| gral. | general *allgemein* |
| Hnos. | hermanos *Gebrüder* |
| nº, núm. | número *Nummer (Nr.)* |
| O.N.U. | Organización de las Naciones Unidas *UNO* |
| O.P. | Obras Públicas *Öffentliche Arbeiten* |
| O.T.A.N. | Organización del Tratado del Atlántico Norte *NATO* |

| | |
|---|---|
| OVNI | Objeto Volante No Identificado *unbekanntes Flugobjekt (Ufo)* |
| p. | por *für* |
| P.A. | por autorización *im Auftrag (i.A.)* |
| pág(s). | página(s) *Seite(n) (S.)* |
| PB | planta baja *Erdgeschoß (E)* |
| PCE | Partido Comunista Español *Spanische Kommunistische Partei* |
| pdo. | pasado *vergangen* |
| p.ej. | por ejemplo *zum Beispiel (z.B.)* |
| P.P. | por poder *in Vollmacht*; porte pagado *frachtfrei* |
| PSOE | Partido Socialista Obrero Español *Spanische Sozialistische Arbeiterpartei* |
| pta(s). | Peseta(s) |
| pzs. | piezas *Stücke* |
| R.A.E. | Real Academia Española *Königlich Spanische Akademie* |
| RENFE | Red Nacional de Ferrocarriles Españoles *Staatliches Netz der spanischen Eisenbahnen* |
| RNE | Radio Nacional de España *Spanischer staatlicher Rundfunk* |
| r.p.m. | revoluciones por minuto *Umdrehungen pro Minute (U/min)* |
| RTVE | Radiotelevisión Española *Spanischer Rundfunk und Fernsehen* |
| S.A. | Sociedad Anónima *Aktiengesellschaft (AG)* |
| SEAT | Sociedad Española de Automóviles Turismo *Spanische FIAT-Werke* |
| S.P. | Servicios Públicos *Öffentliche Dienste* |
| Sr(es). | Señor(es) *Herr(en)* |
| Sr(t)a. | Señora (Señorita) *Frau (Fräulein)* |
| Sría. | Secretaría *Sekretariat* |
| TALGO | Tren Articulado Ligero Goicoechea Oriol *spanischer Gliederzug aus Leichtmetall* |
| UCD | Unión de Centro Democrático *Union des demokratischen Zentrums* |
| UGT | Unión General de Trabajadores *Allgemeine Arbeiterunion (Gewerkschaft)* |
| U., Ud(s). | Usted(es) *Sie (E)* |
| V. | véase *siehe*; voltio *Volt* |
| V., Vd(s). | Usted(es) *Sie (pl)* |

# Speisenkarte

*Lista de platos*

## Entremeses *Vorspeisen*

aceitunas *Oliven*
alcachofas *Artischocken*
anchoas *Sardellen*
berenjenas *Auberginen*
butifarra *katalan. Bratwurst*
canelones *Canneloni*
cangrejos *Krebse*
caracoles *Weinbergschnecken*
empanada *Fleisch-, Fischpastete*
fiambres *Aufschnitt*
huevos rusos *Russische Eier*

jamón *Schinken*; ~ serrano *roher S.*; ~ de York *gekochter S.*
langostas *Langusten*
ostras *Austern*
pastel de hojaldre *Blätterteigpastete*
picatostes *gebackene Brotstreifen*
salchichón *span. Salami*
sardinas en aceite *Ölsardinen*

### Gerichte und Salate

boquerones fritos *gebackene Sardellen*
calamares fritos *gebackene Tintenfische*
gambas a la plancha *geröstete Krabben*
espárragos con dos salsas *kalter Spargel mit zweierlei Soßen*
alcachofas con jamón *Artischocken mit Schinken*
guisantes con jamón *Erbsen mit Schinken*

## Sopas *Suppen*

caldo *Fleischbrühe*; ~ de gallina *Hühnerbrühe*
consomé *Kraftbrühe*
puré *dicke Suppe*; ~ de guisantes *Erbsensuppe*
sopa *Suppe*; ~ de espárragos *Spargelsuppe*; ~ juliana *Gemüsesuppe*

## Eintopfgerichte

sopa de ajo *Knoblauch-Brot-Suppe*
gazpacho *kalte Suppe mit Paprikaschoten, Tomaten, Knoblauch, Öl*
cocido, puchero *Eintopf mit Fleisch, Wurst, Kichererbsen, Gemüse, Kartoffeln, Huhn*
paella *Reis mit Fleisch, Hühnerfleisch, Fisch, Schalentieren*
pisto manchego *Gemüsetopf mit Paprikaschoten, Zucchini, Tomaten*
pote gallego *Gemüse (Bohnen) mit Schweinefleisch, Schinken, Wurst*
fabada *dicke Bohnen mit Fleisch*

## Aves *Geflügel*

faisán *Fasan*
gallina en pepitoria *Hühnerfrikassee*
ganso *Gans*
menudillos de ganso *Gänseklein*
muslo *Keule*
pato *Ente*
pavo *Truthahn, Puter*
pechuga de pollo *Hühnerbrust*
perdiz *Rebhuhn*
pichón *Taube*
pollo *Hähnchen*

## Pescado y mariscos *Fische und Meeresfrüchte*

almejas *Venusmuscheln*
anguila *Aal*
atún *Thunfisch*
besugo *Seebrassen*
bogavante *Hummer*
bonito *Thunfisch*
caballa *Makrele*
camarones *Garnelen*
carpa *Karpfen*
centolla *Seespinne*
cigala *kleine Languste*
chanquete *kleine Sprotte*
esturión *Stör*
gambas *Krabben*
langosta *Languste*
lenguado *Seezunge*
lucio *Hecht*
luciperca *Zander*
mejillones *Miesmuscheln*
merluza *Seehecht*
perca *Barsch*
percebes *Entenmuscheln*
pulpo *Art Tintenfisch*
raya *Rochen*
rodaballo *Steinbutt*
salmón *Lachs*
salmonete *Meerbarbe*
trucha *Forelle*

## Carnes  *Fleischgerichte*

albóndiga *Fleischklößchen*
asado *Braten*
biftec, bistec *Beefsteak*
buey *Ochse*
carne *Fleisch*; ~ adobada *Pökelfleisch*; ~ de vaca *Rindfleisch (in Span. oft = Kalbfleisch)*; ~ picada *Hackfleisch*
cecina *Rauchfleisch*
cerdo *Schwein*
cochinillo *Spanferkel*
conejo *Kaninchen*
cordero *Lamm*; ~ lechal *Milchlamm*
croquetas *Kroketten*
chanfaina *geschmorte Leber und Lunge*
chorizo *Paprikawurst*
chuleta *Kotelett*
empanada *Pastete*
escalope a la vienesa *Wiener Schnitzel*
estofado *Schmorbraten*
filete *Scheibe Fleisch*
fricasé *Frikassee*
galantina *gefülltes Fleisch in*

Sülze
gigote *Hackbraten*
granadina *Kalbsmedaillon (mit Schinken gespickt)*
guisado *Ragout*
hígado *Leber*
jabalí *Wildschwein*
lacón *geräucherte Schweineschulter*
lechón asado *Spanferkel*
lengua *Zunge*
liebre *Hase*
lomo de corzo *Rehrücken*
pata de cerdo *Schweinshaxe*
pierna de ternera *Kalbskeule*
pisto *geschmorte Paprikaschoten, Tomaten usw.*
riñonada *Kalbsnierenbraten*
riñones *Nieren*
rosbif *Roastbeef*
salchicha *Würstchen*
sesos *Hirn*
solomillo *Filet, Lendenstück*; ~ de cerdo *Schweinefilet*; ~ de ternera *Kalbfilet*
ternera *Kalb*
tostón asado *Spanferkel*

### Typische Fleisch- und Fischgerichte

bacalao a la vizcaina *Stockfisch mit Tomatensoße*
lacón con grelos *Schweineschulter mit Rübenblättern*
callos a la madrileña *Kutteln (Madrid)*
calamares en su tinta *Tintenfisch in eigener Soße*

caldereta *geschmorter Fisch mit Zwiebel und Paprikaschoten*
zarzuela de pescado *Fischeintopf mit Schalentieren*
cazuela de merluza verde montañesa *Seehecht in grüner Soße mit Erbsen*

## Legumbres *Gemüse*

- alubias *weiße Bohnen*
- apio *Sellerie*
- batatas *Süßkartoffeln*
- berzas *Kohl*
- brócol *Brokkoli*
- calabacines rellenos *gefüllte Zucchini*
- calabaza *Kürbis*
- cantarelas *Pfifferlinge*
- coles de Bruselas *Rosenkohl*
- champiñones *Champignons*
- chucrut *Sauerkraut*
- ensalada *Salat*
- escarola *Endiviensalat*
- espárragos *Spargel*
- espinacas *Spinat*
- garbanzos *Kichererbsen*
- grelos *Steckrüben*
- guisantes *Erbsen*
- habas *Saubohnen*
- judías *Bohnen*
- lechuga *Kopfsalat*
- lentejas *Linsen*
- nabo *weiße Rübe*
- patatas, Am papas *Kartoffeln*; ~ fritas *Pommes frites*
- pimiento *grüne Paprikaschote*
- remolacha *rote Rübe*
- repollo *Weißkohl*
- setas *Pilze*
- zanahorias *Mohrrüben*

## Platos de huevos *Eierspeisen*

- huevos *Eier*; ~ al plato *Spiegeleier*; ~ duros *hart gekocht*; ~ escalfados *poschiert*; ~ fritos *Spiegeleier*; ~ revueltos *Rührei*
- tortilla *Omelett, Eierkuchen*; ~ a la francesa *einfach*; ~ a la jardinera *mit Gemüse*; ~ de patatas *mit Kartoffeln*

## Quesos *Käse*

- manchego *Mancha-Schafkäse*
- quesitos *Streichkäse*
- queso *Käse*; ~ de bola *Holländer Käse*; ~ de cabra *Ziegenkäse*; ~ de cabrales *Edelpilz-Ziegenkäse*; ~ de Gruyère *Schweizer Käse*; ~ de oveja *Schafkäse*; ~ de Parma *Parmesankäse*; ~ de Villalón *Weichkäse*; ~ fresco *Schichtkäse*; ~ para extender *Streichkäse*
- requesón *Quark*

## Postres *Nachspeisen*

- compota *Kompott*
- copa nuria *Eiercreme*
- dulce *Süßspeise*
- flan *Karamelpudding*
- gelatina *Götterspeise*
- helado *Eis*
- manjar *Dessert aus Mandeln und Grieß*
- natillas *Cremespeise*
- peras en almíbar *Birnenkompott*
- tarta *Torte*
- yemas *Dessert aus Eigelb und Zucker*